公共政策分析

PUBLIC POLICY ANALYSIS

主　编　李国正
副主编　艾小青　杨腾原
　　　　朱相宇　马　亮
　　　　乔小勇　张　克
　　　　谭　爽　张学艺

首都师范大学出版社
CAPITAL NORMAL UNIVERSITY PRESS

图书在版编目（CIP）数据

公共政策分析／李国正主编．—北京：首都师范大学出版社，2019.3（2023.6 重印）

ISBN 978-7-5656-4897-7

Ⅰ.①公… Ⅱ.①李… Ⅲ.①公共政策—政策分析—高等学校—教材 Ⅳ.①D035-01

中国版本图书馆 CIP 数据核字（2019）第 003938 号

GONGGONG ZHENGCE FENXI

公共政策分析

主编　李国正

责任编辑　张成水

首都师范大学出版社出版发行

地　址　北京西三环北路 105 号

邮　编　100048

电　话　68418523（总编室）　68982468（发行部）

网　址　http://cnupn.cnu.edu.cn

印　刷　三河市明华印务有限公司

经　销　全国新华书店

版　次　2019 年 3 月第 1 版

印　次　2023 年 6 月第 2 次印刷

开　本　787mm×1092mm　1/16

印　张　32.5

字　数　599 千字

定　价　78.00 元

前　言

在本书的编写过程中，一方面融入了国内外公共政策学研究领域的最新理论知识，另一方面结合了党的十八大以来新的理论前沿、时政热点与政策案例。

公共政策是政府施政与职能发挥的重要渠道，是维护、保障与增进人民福祉的重要方式。本书认为，理解公共政策，关键要把握住三点：第一，公共性，这是公共政策最根本的特性，说到底，公共政策要以增进公共利益为出发点，而不能以权谋私，这就要从制度上预防、减少、杜绝“寻租”。第二，科学性，科学是公共政策的核心元素，公共政策的有效性有赖于科学的理据支撑；这一方面要求公共政策制定者不断增加知识储备，另一方面要强化“智囊团”的作用。第三，民主性，公共政策是要增进公共利益的，故而，一项政策的制定要能代表大多数人的合法权益，其中，民主就是重要的保障措施。

当前，国内外公共政策学的相关教材和专著已经很多，本书在借鉴这些经典教材与专著的基础上，形成了以下三个方面的特色：第一，引介了公共政策学的诸多最新研究理论与前沿的研究成果，比如政策扩散、公共政策制定过程的社会化、公共政策问题的网络空间性等；第二，引入了诸多最新的案例，使读者能够更直观地理解公共政策的相关理论；第三，对公共政策模型和方法进行了重新梳理。

此外，值得一提的是，本书汇聚了全国十余所高校公共政策学研究专家的智慧。具体而言，本书编写工作的具体安排如下：

第一、三、十一章	李国正	北京工业大学
第二章	朱相宇	北京工业大学
第四章	乔小勇	北京工业大学

第五章	蒋敏娟	中国社会科学院大学
第六章	谭　爽	中国矿业大学（北京）
第七章	马　亮	中国人民大学
第八章	杨腾原	内蒙古大学
第九章	张　克	中央党校（国家行政学院）
第十章	张学艺	北京科技大学
第十二章	艾小青	北京工业大学

目录

上篇　公共政策概述

中篇　公共政策过程

下篇　公共政策分析模型与方法

上篇
公共政策概述

第一章

公共政策学的起源与发展

从当前我国的学科划分来看，公共政策学（政策科学，Policy Science）是公共管理学的一个重要分支学科。同时，作为纯理论研究和纯操作性研究之间的一个过渡性研究领域，公共政策学不仅具有重要的理论探索价值，也具有广泛的社会应用价值；从某种意义上来讲，当今政府职能的发挥，一个主要的途径就是政策（战略）的制定和实施①，比如“二孩政策”“小汽车摇号”“商品房限购”“医疗改革”“养老政策”“科技创新政策”“环保政策”“贸易政策”“税收政策”“人才吸引政策”“户籍政策”“土地流转政策”等。故而，无论是对于公共管理专业的学习，还是公共管理领域的实践，都必须了解进而掌握公共政策（政策科学）的相关概念、理论与方法。

---

① 李国正．公共管理学［M］．北京：首都师范大学出版社，2018 年版。

第一节 公共政策的含义、学科性质、研究范围与类型

研究一门学科，首先应该对它的概念进行界定，并对它的研究对象、学科性质、研究范围及研究方法进行清晰地描述，这是公共政策学最基本的问题之一，本节所探讨的就是这方面的问题。

一、什么是公共政策

习惯上，“公共政策（学）”（public policy）、“政策科学”（policy sciences）、“政策分析”（policy analysis）和“政策研究”（policy research）这几个词是经常用来表示这一学科领域的术语。在西方文献中，这些术语有时被当作同义词而不加区别地交替使用，有时则被有区别地加以界定。为了表达的方便，本书将不加区别地交替使用这些术语，不再区别其细微差异。

公共政策以社会政治生活的政策领域，即现实的政策实践、政策系统及政策过程作为研究对象，它的基本目标是端正人类社会发展方向，改善公共决策系统，提高公共政策制定质量。因此，公共政策有自己相对独立的研究领域，这是作为一个独立学科的公共政策形成和发展的基本前提。

学界关于公共政策本质内涵的代表性观点，大致可分为以下几种①：

1. “现代行政学之父”伍德罗·威尔逊（Woodrow Wilson）认为：公共政策是“政治家即具有立法权者制定的而由行政人员执行的法律和法规。”② 但是，这个定义带有明显的“政治—行政二分法”特征，且缩小了公共政策的范围和制定主体。一方面，公共政策不仅包括法律法规，还包括政府的计划、指示、决议；另一方面，参与公共政策制定的人员不仅仅有政治家，还包括人民代表、专家学者等，尤其是在当今“行政国家”时代，随着政府职能的急剧扩张和行政裁量权的广泛应用，行政当局参与制定公共政策的主动性日益增强。

---

① 陈庆云．公共政策的理论界定［J］．中国行政管理，1995 年第 11 期。
② 伍启元．公共政策［M］．香港：商务印书馆（香港）有限公司，1989 年版。

2. 政策科学的创立者哈罗德·拉斯韦尔（Harold Lasswell）和亚伯拉罕·卡普兰（A. Kaplan）认为公共政策是“一种含有目标、价值与策略的大型计划”①。这个定义既包含了公共政策的工具理性（策略），又注意到了公共政策的价值理性（目标和价值），应该说极有见地。但宽泛地把公共政策等同于计划则是不可取的。计划可以是政策，但是政策并不天然就是计划，它还包括指示、决议、法律、法规以及政府发出的其他符号系统。

3. 托马斯·戴伊（Thomas R. Dye）认为“凡是政府决定做或者不做某件事的行为就是公共政策。”② 虽然，这一定义不仅看到了政府的“为”，又注意到了政府的“不为”，具有明显的行为主义色彩，体现了公共政策实践性的学科特征；但是，它把政府执行政策的行为等同于公共政策本身是不恰当的。

4. 后行为主义政治学家戴维·伊斯顿（David Easton）从其政治系统分析理论出发，认为“公共政策是对全社会的价值做有权威的分配”③。换言之，“一项政策的实质在于通过那项政策不让一部分人享有某些东西而允许另一部分人占有它们。”④ 这个观点指出了公共政策的价值分配功能，因而颇受学界的青睐。但是，如若仔细研究，那究竟什么是价值？公共政策仅有分配功能吗？公共政策是向整个社会分配价值吗？故而，我们会发现这一定义仍然有很多问题值得细细推敲。

5. 詹姆斯·E·安德森（James E Anderson）认为，公共政策是“政府的一个有目的的活动过程，这一过程是由一个或一批行为者为处理某一问题或事务采取的”⑤。这一定义强调公共政策是政府官员的活动过程，是政府实际做的事情而不是政府打算或者将要做的事情，指出了公共政策的动态性和实证性。但这种理解忽视了价值判断与政策方法的重要性，尤其是忽略了政策执行的重要性。

此外，国内学者关于公共政策也有诸多见解，具有代表性的有以下几种：

1. 北京大学陈庆云教授认为，如果不考虑非政府公共组织，公共政策是政府为了实现在特定时期的目标，对社会中的各种利益进行选择与整合，在有效增进与公平分配社会利益过程中所制定的行为准则。⑥

---

① 林水波，张世贤．公共政策［M］．台北：五南图书出版公司，1982 年版。

② Tomas R. Dye. Understanding Public Policy［M］. New Jersey：Pearson，1975.

③ 伍启元．公共政策［M］．香港：商务印书馆（香港）有限公司，1989 年版。

④ 戴维·伊斯顿．政治体系——政治学状况研究［M］．马清槐译．北京：商务印书馆，1993 年版。

⑤ 詹姆斯·E·安德森．公共决策［M］．唐亮译．北京：华夏出版社，1990 年版。

⑥ 陈庆云．公共政策分析［M］．北京：北京大学出版社，2006 年版。

2. 厦门大学陈振明教授认为，公共政策就是国家、执政党及其他政治团体在特定时期为实现一定的社会、政治、经济和文化目标所采取的整治行动或所规定的行为准则，是一系列法令、措施、条例的总称。①

3. 南京大学严强教授认为，公共政策是以执政党和政府为主的公共机构，在一定的政治背景下，经论辩、竞争、合作的民主途径，以科学方法选择适合的工具，采取行动解决社会公共问题，求得社会进步的活动过程。② 这一定义突出了公共政策的公共性：（1）强调公共政策活动主要发生在社会公共领域；（2）强调在公共政策活动中，执政党组织和政府部门需要运用公共权力；（3）强调在公共政策活动中需要协调的是公共利益；（4）强调在公共政策活动中应当遵循和坚持的是公共价值。

4. 中国人民大学谢明教授认为，公共政策是社会公共权威在特定情境中，为达到一定目标而制定的行动方案或行动准则。③ 其作用是规范和指导有关机构、团体或个人的行动，其表达形式包括法律法规、行政规定或命令、国家领导人口头或书面的指示、政府大型规划、具体行动计划及相关策略等。

由上述这些定义可以看出，目前学术界对公共政策的定义尚未达成共识，但一般都承认公共政策以政策系统及政策过程为研究对象，这正是公共政策成为一个独立学科的关键原因。公共政策的定义总是与人们现实的社会治理任务联系在一起，在不同时期、不同阶段，人们总是要概括出与现实社会治理相适合的、具有某种相对性的公共政策定义。因此，可以一般地将公共政策定义为：公共政策是政府依据特定时期的目标，综合运用各种知识和方法来研究政策系统和政策过程，探求公共政策的实质、原因和结果，从而解决公共政策问题，提高公共政策质量，实现公共利益的过程。

这个定义所揭示的公共政策的内涵有以下几点：

1. 公共政策活动是以解决公共问题为取向的。公共政策是以政府为主的公共机构为解决社会公共问题而采取的行动，发展并确认社会公共问题是政府公共政策活动中最为重要的前提。

2. 公共政策活动是以政府及其公共部门为主导的。在转型社会中，公共政策的主体是一个社会网络，在这一社会网络中，政府及其部门发挥着主导作用。

---

① 陈振明．政策科学——公共政策分析导论（第二版）[M]．北京：中国人民大学出版社，2003 年版。

② 严强．公共政策学 [M]．北京：社会科学文献出版社，2008 年版。

③ 谢明．公共政策分析概论 [M]．北京：中国人民大学出版社，2011 年版。

3. 公共政策活动是以公共权力的运用为依托的。公共政策是对社会进行政治统治和政治管理的方式。

4. 公共政策活动是以科学民主决策为生命的。公共政策活动的目标是为了回应社会民众提出的要求，制定和实施正确的规划、方针、措施，来解决那些阻碍人民生活水平的提高、妨碍社会持续发展的社会公共问题。

5. 公共政策活动是以维护公共利益为目标的。以公共政策作为主要手段和途径的政府公共管理的根本目的是对社会公共利益进行协调和平衡。特别是在社会主义国家中，政府是人民利益的代表者，其公共管理的根本宗旨只能是为人民，即绝大多数公众服务。

二、公共政策的学科性质①

（一）公共政策是将各门社会科学综合地运用于解决社会公共问题的一门应用性学科，可以简称为社会科学的综合应用学科

公共政策的研究目的在于为解决社会公共问题寻找有效的方案和途径。这就表明，公共政策并不是一门仅仅局限于对客观事件做出某种解释的学科，而是一门以行动为目标取向的学科，即一门应用性学科。在这门学科的研究过程中，虽然也要运用某些自然科学的原理和方法，例如定量分析技术，但从总体上讲，主要是运用社会科学的基本原理和方法来解决社会公共问题。不过，这门学科在对社会科学的应用时与其他社会科学的应用学科有所不同。这种不同主要在于：一般说来，其他社会科学的应用学科主要是应用某一门社会科学来解决社会中某一方面的问题，如工商管理学主要是运用经济学的基本原理和方法来解决企业的经济管理问题；财政学主要是运用经济学的基本原理来解决政府的财政管理问题，等等。公共政策则不同，由于其所研究的对象是公共问题的解决途径和公共政策过程中的规律问题，对象的公共性质决定了其研究方法上的综合性。因此，在公共政策科学的研究过程中，不仅要运用政治学、经济学、社会学、法学的理论原理与方法，而且要运用管理学、心理学、哲学、统计学以及各种定量分析技术。公共政策正是在上述学科的基础上产生和发展起来的，如果没有这些学科的支撑，公共政策就无法形成，也无法继续存在下去。当然，公共政策绝不是将这些不同学科的知识杂乱无章地堆积在一起，而是把它们有机地结合起来。通过这种有机的结合，形成了一种新的学科体系并具有自己特色的研究方法。其基本特点是以研究问题和解决问题为中心，而不是以建

① 胡象明．关于政策科学学科性质的辨析［J］．江苏行政学院学报，2004 年第 3 期。

立某种学科的逻辑体系为中心，主要将各种知识应用于解决社会公共问题，应用于政府的公共决策过程，以提高公共政策的质量。因此，公共政策既具有应用科学的特征，又具有综合性学科的特征。同时，与自然科学相比，它又具有社会科学的特征。正是从这三重意义上说，我们把公共政策的学科性质规定为社会科学的综合性应用学科。

（二）公共政策是现代公共管理学科的一门基础性学科之一

公共管理学是研究政府以及非政府公共机构管理社会公共事务的过程及其规律的应用性学科。从政府的角度来看，政府对社会公共事务的管理主要是通过政策调控来实现的，公共政策是政府用来管理社会公共事务的基本工具和手段，政府主要是通过制定和执行公共政策来达到管理社会公共事务的目的。因此，在整个公共管理过程中，公共政策都发挥着十分重要的作用。正是从这个意义上说，研究公共管理必须研究公共政策，公共政策是现代公共管理学科的一门基础性学科。

（三）公共政策是当代方兴未艾的软科学学科群中的一个重要组成部分

软科学是相对于硬科学而言的。人们通常所说的硬科学是指那些需要运用定量分析手段和实验技术来研究某一个专门领域的精确科学，如数学、物理学、化学、生物学、计算机科学与技术、工程科学与技术等；人们所说的软科学是指那些应用各种相关学科知识的理论与方法，对包括人和社会在内的广泛对象进行跨学科研究的知识领域，如人工智能、战略研究、系统分析、未来研究等。软科学已经经历了较长的发展历史，在它发展的不同阶段呈现出不同的特点，并具有不同的重点。按照我国的一些学者的说法，软科学在 20 世纪 50 年代的发展重点是科学学，尤其是科学社会学的研究；20 世纪 60 年代的重点是运筹学；20 世纪 70 年代的重点是未来学及预测学；到了 20 世纪 80 年代，其重点已经转向政策科学了。公共政策实际上构成决策科学化和民主化的主要支持学科，它在解决政策问题和促进社会发展方面的重大作用正为越来越多的人所认识。

（四）政策科学不仅是描述性学科，而且是一门规范性学科

描述性是指对事实的描述：即对某一人口总体或社会现象的特征进行系统、精确的测量和叙述，进而形成命题和假设的研究类型。它的主要目标是回答“是什么”或“怎么样”的问题。描述情况和事件是社会研究的主要目的之一。在描述性研究中，研究者对所研究的社会现象进行周密而仔细的科学观察，然后从特征、状况、规模、程度等方面详尽地把它们描述出来。公共政策是描述性的，因为它是关心事实，追求有关公共政策的性质、原因和结果的知识。规范性是指对价值的分析：社会有各种的价值，如自由、人权、平等……不一而足。自由主义、社会主义、国家主义等各种主义，都有各自的价值，把它们所揭示的价值，作为批判现状的研究方法，就是规范性研究。政策科学则明确地以价值为取向。政策科学可以说是对一般选择理论的研究，而选择则以价值（观）作为基础，更关心价值和行动；它不仅是描述的，而且也是规范的。说它是规范的，是因为它重视价值取向和价值评价，它的一个重要目标是创造和批评有关的公共政策价值的知识主张，或推荐应该采取的行动过程。

三、公共政策的研究范围

公共政策涉及的范围十分广泛，目前尚难以划出准确的边界。它的主要研究内容包括政策系统、决策体制及政策过程，政策分析方法和技术，政策思维，政策价值观，未来研究，政策战略（元政策研究），政策规划，重大工程项目的论证与评估，从大政方针到各层次、各部门的具体政策研究等。

按照克朗（Krone）的说法，政策科学把如下五个方面的内容作为研究的重点：（1）政策战略；（2）政策分析；（3）政策制定系统的改进；（4）评估；（5）政策科学的进展。[①]

德罗尔（Yehezkel Dror）则认为，公共政策的核心部分是认识和端正社会发展方向，把不同层次（跨国的、全国的、地区的）政策制定系统的改进作为追求的目标，同时也作为自己的研究成果。在他看来，政策科学的主要焦点有：（1）政策分析；（2）备选方案创新；（3）重大政策（基本政策）；（4）评估和反馈；（5）重大政策的改进等。他在20世纪80年代又把改善政策制定系统及政策制定研究与通知方式、政府中决策系统研究结合起来，特别是在探索逆境中的政策制定、高层政策推理、超优政策分析方面取得了新的进展，这丰富了宏观政策理论的研究，拓展了公共政策的研究领域。

四、公共政策的类型

在现代社会里，公共政策作为政府对团体和个人行动的有效干预手段，存在于社会生活的各个领域，其数量繁多、形式多样，有时令人难以辨别。公共政策的分类并无定式，根据不同的标准，可以做不同的分类，如根据措施规定的详细程度，公共政策可分为计划性政策与纲领性政策，前者明确规定了具体的行动方向和步骤，后者只是规定了总的方向和目标；再如根据涉及的不同领域，公共政策可分为国防政策、外交政策、经济政策、人口政策、教育政策等。

---

① R. M. 克朗．系统分析和政策科学［M］．陈东威译．北京：商务印书馆，1985年版。

下面有关分类方法的介绍将使读者对公共政策的涉及范围、多样性和目标的差异有深刻的理解。

（一）元政策

在公共政策的层级系统中，元政策是最深层的政策。

元政策是“关于政策的政策”，是“用以指导和规范政府政策行为的一套理念和方法的总称”，其基本用途在于“如何正确地制定公共政策和有效地执行公共政策”。

1. 元政策的第一种类型是价值性的元政策：“自由”“民主”“公正”“法治”“效率”。

2. 元政策的第二种类型是方向性的元政策：“以经济建设为中心”“改革开放”。

3. 元政策的第三种类型是程序性的元政策：民主集中制。

（二）基本政策

基本政策通常是高层次的、大型的、长远的、带有战略性的政策方案。

元政策侧重于价值陈述，它为所有的政策提供价值评判的标准；基本政策则侧重于目标陈述，为相关范畴内的所有具体政策规定总目标。

（三）具体政策

凡是在元政策和基本政策的范畴以外的政策，都可归入具体政策。它的具体性表现在以下四个方面：

1. 具体政策是针对特定而具体的公共政策问题做出的政策规定。

2. 具体政策表现为一系列的行动步骤和行动方案。

3. 具体政策必然要求有对应的部门或机构来具体实施。

4. 具体政策的实施效果是在经验基础上可以直接观察到并可以评价的。

（四）物质性政策和象征性政策

按照所要分配的利益类型分类，公共政策还可以分为物质性政策和象征性政策。

1. 物质性政策是将有形的资源和实质性的权利分配给受益人，比如，确立最低工资标准、给低收入群体提供收入补贴等政策在内容和效果上都具有物质性特征。

2. 象征性政策对人们几乎没有什么真正的物质性影响。它所分配的并不是有形的利益，它的初始用意是让目标群体以为他们关心的问题已经得到解决或正在解决之中，从而减轻对政府的压力或激发起某种精神。

实际上，绝大多数政策既非纯粹的象征性政策，也不是完全的物质性政策。相反，这两类政策可以被看作一个物体的两端，大多数政策落在这两端当中，可依据象征性或物质性的程度来确定其在物体中的位置。

（五）涉公政策和涉私政策

1. 涉公政策是指涉及公共物品提供的政策，公共物品具有非排他性，即没有任何有效的方法可以在向某些人提供此种服务的同时把其他人排除在外；也不能计算哪些人比其他人从此项服务中得到更多的收益。比如，海洋中的灯塔、国防安全等，这些公共物品的提供由于搭便车现象的存在，很难从中获得利益，因此必须由政府通过税收来获得。因此涉及公共物品提供的这类政策就是涉公政策。

2. 涉私政策是指涉及私人物品提供的政策。与公共物品相比，私人物品可以任意进行拆分，并且可以通过市场进行买卖，让使用者和受益者付费。因此，他人就可以被轻易排除在外。在某些情况下，政府所提供的公共物品也具有私人物品的特征，像博物馆、国家公园、垃圾收集等。

人们普遍认为，只有公共物品才是公共政策需要关注的对象。因为公共物品的提供涉及绝大多数人的利益，而且如果没有政府，公共物品很难由私人提供出来，所以，凡认为具有公共物品性质的东西，人们都希望由政府提供。但是，20 世纪 80 年代以来，一些国家的政府所倡导的私有化运动代表了一股对长期以来扩大社会物品提供范围的反对力量。支持私有化运动的人认为，私营部门在行使这些职能方面比公共部门花费更少、效率更高，这也代表了今后公共物品提供的一种发展方向。

（六）罗威与萨利斯伯瑞的分类

为了帮助政府政策制定者了解不同政策的性质与特色，提高政策制定的品质，通过类型建构（Typical Construction）对公共政策进行分类是必要的。罗威（Theodore Lowi，1992）和萨利斯伯瑞（Robert Salisbury，1968）根据受“问题”影响人数的多少及其关系将公共政策分为以下四种类型：

1. 分配性政策（Distributive Policy）

分配性政策涉及将服务和利益分配给人口中特定部分——个人、团体、公司、社区等。一般来说，分配性政策涉及使用公共资金，仅来支持特定的团体、社区或产业。那些寻求利益的人们并不相互直接竞争，这类利益并不意味着由任何特定团体支付，而是由公共财政承担，即由所有纳税人支付。因此，分配性政策一般只产生受益者，而没有明确的受损者。因此，绝大部分项目在进入决策程序后往往支持者众多而反对者寥寥。

此种政策基本上是一种“非零和博弈”（Non－Zero Sum Game）的政策，因为政策的执行，并不构成一方之所得建立在另一方所失的基础上，不具备义务和利益的排他性。例如，担保贷款、政府补贴、房屋抵押贷款、税款减免、免费的公立学校等。

2. 再分配性政策（Re－Distributive Policy）

再分配性政策是政府有计划的积极行动，涉及在社会各阶层和团体之间财富、收入、财产、权利的转移性分配。例如，穷人和富人之间的利益再分配。再分配性政策的通常模式是资源从有产者流向无产者。但是，这个流向也可能会出现相反的情况。由于再分配性政策多涉及金钱、权利或权力的配置，所以往往难以制定和通过，那些拥有财富和权力的人很难心甘情愿地放弃他们的既得利益。总之，再分配性政策不仅难以通过，而且难以维持。对大多数人来说，结果或条件的平等对他们其实并没有太大的吸引力，他们更为关注的是机会上的平等。

这种政策出现利益上的排他性，乃是一种“零和博弈”（Zero Sum Game）的政策。例如，累进收入税率制、医疗保险和医疗补贴、扶贫计划等。

3. 管制性政策（Regulatory Policy）

管制性政策是对个人和团体的行为加以限制和约束的政策。其中的一类是竞争性的管制政策，它会限制特定物品和服务的供应商。或者说，这类政策减少了受管制对象的自由和权利。管制性政策不同于分配性政策，后者的实施只会增加利益者的自由与权利。管制性政策更多地集中在商业领域，例如，对污染的控制和对汽车的控制。实际上，管制性政策最重要的领域还是在个人权利、财产保护、打击犯罪、防范恐怖等社会管制方面，这类政策主要包括平等就业、物权保障、刀具管制等，其中也会涉及对个人行为的一些规定。

从博弈论①的角度分析，此类政策属于“零和博弈”（Zero Sum Game）的政策，

---

① 博弈论主要研究公式化了的激励结构间的相互作用，是研究具有斗争或竞争性质现象的数学理论和方法。博弈论考虑游戏中个体的预测行为和实际行为，并研究它们的优化策略。囚徒困境是博弈论中非零和博弈的代表性例子：两个共谋犯罪的人被关入监狱，不能互相沟通情况。如果两个人都不揭发对方，则由于证据不确定，每个人都坐牢一年；若一人揭发，而另一人沉默，则揭发者因为立功而立即获释，沉默者因不合作而入狱十年；若互相揭发，则因证据确实，二者都判刑八年。由于囚徒无法信任对方，因此倾向于互相揭发，而不是同守沉默，最终导致纳什均衡仅落在非合作点上的博弈模型。纳什均衡是指博弈中这样的局面，对于每个参与者来说，只要其他人不改变策略，他就无法改善自己的状况。纳什证明了在每个参与者都只有有限种策略选择并允许混合策略的前提下，纳什均衡定存在。以两家公司的价格大战为例，价格大战存在着两败俱伤的可能，在对方不改变价格的条件下既不能提价，否则会进一步丧失市场；也不能降价，因为会出现赔本甩卖。于是两家公司可以改变原先的利益格局，通过谈判寻求新的利益评估分摊方案。相互作用的经济主体假定其他主体所选择的战略为既定时，选择自己的最优战略的状态，也就是纳什均衡。

因为此类政策的执行，常会使一方获利，而使另一方失去利益。这类政策会对个人或者团体加以限制和约束，或者说，这类政策会减少受管制对象的自由和权利，不论他们是什么样的主体。例如，交通管制、环境污染管制、小汽车限购、商品房限购、枪支管制等。

4. 自我管制性政策（Self－Regulatory Policy）

自我管制性政策同竞争性的管制政策类似，同样涉及对某些物品或某些团体的限制和控制，但是，二者的不同点在于，自我管制性政策受到被管制团体更多的控制，而且他们把其用作保护和促进自身成员利益的一种手段。

它是一种“非零和博弈”（Non－Zero Sum Game）的政策类型，因为政策的执行通常不至于牺牲其他团体的利益为其代价，也就是说没有利益上的排他性。这类政策涉及对某些事物或者团体的限制和控制，往往用作保护成员利益，而不损害其他个人或者团体的利益。例如，专业执照、行业标准等。

第二节 政策科学的起源、发展与意义

无论在中国还是在西方，对政策的研究都具有十分悠久的历史。在西方，早在亚里士多德、柏拉图、阿奎那、马基亚维利等古代贤哲的政治著作中就有许多有关政策和政策研究的论述，作为现代政策研究组织——思想库前身的智囊及智囊制度在西方国家也出现得很早。[①] 在中国五千多年的文明历史中，不仅涌现了诸如《史记》《资治通鉴》《孙子兵法》《战国策》等一大批与政策和政策研究密切相关的著述，而且还为后世留下了诸如未出茅庐而知三分天下的诸葛亮和对唐太宗敢言直谏的魏征等古人在政策分析和政策评估方面的成功佳话。然而，作为一门学科的政策科学（或曰公共政策学），是第二次世界大战后首先在西方发达国家兴起的一个跨学科、综合性的崭新研究领域。政策科学的产生被誉为当代西方社会科学发展过程中的一次“科学革命”。[②]

一、政策科学的起源

政策科学的诞生源于社会发展的日益复杂化，人们希望有一门技术来更好地解决社会问题，而通过科学来推动政策的发展，可以更好地解决社会问题。换言之，实践推动着理论的发展。反过来，理论的发展也进一步指导着实践。

拉斯韦尔（Harold Lasswell）等人认为，分析公共政策的专门程序和专业知识的出现，不仅与来自自治程度较高的部落的文明有关，而且与世界的城市文明的扩展和分化有关。[③] 按照拉斯韦尔的观点，公共政策所关注的是政策相关知识，即公共决策过程知识和公共决策过程中的知识。由此定义来看，随着文明的出现，尤其是阶级和国家的产生，需要处理公共或社会问题，就必须有政策研究活动，用相应的程序和方法，产生政策相关知识。随着人类社会的发展，作为一种专门化活动的政

---

① 丁煌．发展中的中国政策科学——我国公共政策学科发展的回眸与展望［J］．管理世界，2003 年第 2 期。

② 陈振明．政策科学［M］．北京：中国人民大学出版社，1998 年版。

③ Harold D. Lasswell. A Pre – view of Policy Sciences［M］. New York：Elsevier Inc.，1971.

策研究以及研究者的角色地位和政策相关知识产生的程序、方法就会发生相应的变化。

当人类的文明进化到这样的阶段，即人类开始自觉地反思知识与行动的关系，追求政策相关知识的时候，公共政策学及政策分析就发端了。在古代文明发祥地，我们可以找到政策研究的最初尝试。

产生于公元前18世纪的《汉谟拉比法典》（The Code of Hammurabi）可能是已知最早的与公共政策有关的文献。它涉及司法程序、财产权、贸易和商业、家庭和婚姻关系以及公共责任等。在古希腊，有一个“智者”阶层，他们中的许多人充当统治者的“智囊”（柏拉图曾是西西里统治者的顾问，亚里士多德是亚历山大的私人教师）；从柏拉图、亚里士多德、马基亚维利等西方圣哲先贤的哲学和政治学著作中，可以找到大量的有关公共政策和政府管理的论述，如柏拉图的《理想国》（神创等级论：第一等级哲学家，第二等级武士，第三等级农民和手工业者；正义国家论：人们各守其位，就是实现政治正义）、亚里士多德的《政治学》（人是天生的政治动物；政体分类：君主政体、贵族政体、民主政体、专制政体、寡头政体；最好的城邦政治就是以中产阶级为基础的民主政体）、马基亚维利的《君主论》（政治关系的基础是财产关系；狐狸—狮子说）等。

在古代中国，“士”[①] 阶层出现得很早，他们中的很多人是辅助统治者审时度势、选择时机、进行政策咨询的谋士。统治者注重权势稳定，强调安邦治国，因而重视政策制定与执行等朴素的政策思想。如，“世异则事异，事异则备变”的政策应变；“不患寡而患不均”的政策倾向；“惠民”“养民”的政策传统；“重农抑商”“轻徭薄赋”“罢黜百家，独尊儒术”的政策主张；“以民为本”“政在得民”的政策原则；“天时”“地利”“人和”的政策管理；“政通人和”的政策功能；“无为而治”的政策方案，等等。另外，统治者赏识谋臣贤士，重视智囊制度，得天下英才而辅佐之。最早进行政策咨询的智囊上可追溯到夏商之家臣，西周之命士；春秋战国时期群雄争霸，有识之士挟术怀策周游列国。《战国策》[②] 专门记录了这些策士们

---

① “士”，上古掌刑狱之官。商、西周、春秋时为贵族阶层，多为卿大夫的家臣。春秋末年以后，逐渐成为统治阶级中知识分子的统称。战国时的“士”，有著书立说的学士，有为知己者死的勇士，有懂阴阳历算的方士，有为人出谋划策的策士等。如荆轲为燕太子丹刺秦王、冯谖客孟尝君、苏秦连横等。“士农工商”即古代所谓“四民”，指读书的、种田的、做工的、经商的。

② 《战国策》是一部国别体史学著作，又称《国策》。记载了西周、东周及秦、齐、楚、赵、魏、韩、燕、宋、卫、中山各国之事，记事年代起于战国初年，止于秦灭六国，约有240年的历史。分为12策，33卷，共497篇，主要记述了战国时期的游说之士的政治主张和言行策略。

的言行，可以说是人类历史上第一部较为完整的政策研究及咨询的著作。如，“日中则移，月满则亏，物盛则衰”“以财交者，财尽而交尽；以色交者，华落而爱渝”“狡兔有三窟，仅免其死耳”“圣人从事，必藉于权而务兴时”“郑袖争宠”① “冯谖客孟尝君”，等等。道家、兵家、墨家、法家等诸子百家的著作也包含了大量的政策研究的思想和经验。概言之，中华民族为人类留下了丰富的政策思想遗产。

中世纪城市文明的分化和扩展产生了一种方便于专门知识发展的职业化结构，政策相关知识以及这种知识的产生者的角色在缓慢地发生演化，封建统治者召集各种专家来提供公共领域的政策建议，特别是那些统治者自己难以做出决策的领域。根据马克斯·韦伯（Max Weber）的说法，这些领域主要是财政、战争和法律。中世纪政策相关知识的产生者的角色已经分化，主要的团体是专家官员或韦伯所称的“职业政治家”，教会牧师包括基督教徒、婆罗门教徒和佛教徒等，他们是专门知识的生产和传播的主要团体，大学教师是中世纪新出现的知识分子群体，大学培养出来的法官以及人文主义的文学家等在政策制定中的作用也相当突出。

当然，在古代和中世纪产生政策相关知识的程序和方法基本上是不科学的。他们主要依赖于神秘的手段或宗教仪式来预见未来。

到了近代，随着工业革命的来临和经验研究的成长，政策研究或政策相关知识的产生逐步变成一种相对自主的活动，并逐步建立在系统的经验数据的基础上。在 19 世纪，应用社会科学作为了解和控制社会复杂性的手段成长起来，先是以统计学和人口统计学的形式，后又以经济学、社会学、政治学和行政学的形式确立起来。因此，这一时期政策研究中新的东西是理解社会及其问题的程序或方法上的变化，神秘主义、魔术和神圣的东西让位于科学，这反映了经验的、定量的科学方法的成长。这种方法论上的变化并不仅仅是经验科学发展的结果，而且也是人类社会由农业文明向工业文明过渡的必然产物。新方法应用的主要目的并不是取得科学真理，而是统治者要利用科研成果来控制和管理社会。

进入 20 世纪，政策研究领域出现了一个明显的变化，即主要的社会科学学科，如经济学、社会学、政治学及行政学的职业化。如果说 19 世纪产生政策相关知识的

---

① 郑袖知王以己为不妒也，因谓新人曰：“王爱子美矣。虽然，恶子之鼻。子为见王，则必掩子鼻。”新人见王，因掩其鼻。王谓郑袖曰：“夫新人见寡人，则掩其鼻，何也?”郑袖曰：“妾知也。”王曰：“虽恶，必言之。”郑袖曰：“其似恶闻君王之臭也。”王曰：“悍哉!”令劓之，无使逆命。

团体主要是银行家、工业家、记者以及统计学会的学者的话，那么20世纪则主要是大学教授，尤其是社会科学学者了。这些教授学者从事专门的教学科研，他们也为政府提供有关政策制定和行政管理的建议。就其背景、经验和动机而言，他们是社会科学职业化的成员。职业化的社会科学家，对政策制定的实践产生越来越重要的影响。在美国，社会科学家在威尔逊政府和胡佛政府时期开始产生积极影响，然而，他们向政府部门的大量流动是在罗斯福的“新政”时期，在这一时期建立起许多新的政府机构，其成员大部分由社会科学家担任。第二次世界大战以及战后的调整给社会科学家们提供了机会以证明他们在解决社会问题中的价值。①

但是，需要特别指出的是，在19世纪和20世纪上半叶，在拉斯韦尔提倡政策科学之前，社会科学特别是经济学、社会学、政治学领域已经积累起相当丰富的政策研究的理论和方法。例如，在经济学领域，经济政策的研究早就倍受重视，英国古典政治经济学②带有明显的经济政策研究的性质，涉及经济领域中公共政策制定原则和政策建议及其选择问题；20世纪30年代出现的凯恩斯理论是为经济政策服务的。可以说，在政策科学形成之前，经济学关于经济政策的研究已经取得长足的发展，其内容包括政策制定原则、政策评价标准、政策目标体系、政策工具选择等。

总之，政策科学并不是突然降生的，它经历了漫长的历史孕育时期。古代和中世纪的政策研究思想和经验是政策科学的早期思想源泉，近现代经验研究的成长、应用社会科学的成长及其职业化是政策科学发展中的重要事件，而近现代社会科学对政策研究理论和方法的讨论则构成当代政策科学的先导。随着第二次世界大战后社会政治、经济和科技的发展，最终导致政策科学的诞生。

二、西方公共政策学的形成时期（20世纪50—60年代）

第二次世界大战以后，以哈罗德·拉斯韦尔等为代表的一些美国的行为主义政治学家，以敏锐的眼光看到了公共政策学发展的必然性，于是首先开始倡导建

① 威廉·N·邓恩. 公共政策分析导论（第二版）［M］. 谢明等译. 北京：中国人民大学出版社，2002年版。

② 古典政治经济学是西欧资本主义产生时期的资产阶级政治经济学。产生于17世纪中叶，完成于19世纪初。主要成果是奠定了劳动价值论的基础，并在不同程度上探讨了剩余价值的各种形式，如利润、利息和地租等问题。受历史条件的限制，它把经济关系和各种经济范畴都看成是自然的、永恒的，不可避免地存在着庸俗的因素。古典政治经济学在英国从威廉·配第开始，中经亚当·斯密的发展，到李嘉图结束；在法国从布阿吉尔贝尔开始，到西斯蒙第结束。

立公共政策学，并得到了政治学、经济学、社会学、心理学、人类学等相关学科专家学者的响应。20 世纪 50 年代初，在纽约卡耐基财团的资助下，许多学者在美国斯坦福大学召开了“关于国际关系理论革命性、发展性学术讨论会”，简称“斯坦福学术会议”。该会第一次对公共政策学的有关问题进行了广泛的讨论。1951 年，斯坦福大学出版社出版了由哈罗德·拉斯韦尔（Harold Lasswell）和丹尼尔·勒纳（Daniel Lerner）主编的《政策科学：近来在范围和方法上的发展》一书。该书首次提出并界定了“政策科学”这一概念，指出“政策科学是用于解决社会问题，特别是解决那些结构和关系都很复杂的社会问题的工具”。这本书被誉为“公共政策学的开山之作”“公共政策学的经典著作”，[①] 被人们认作公共政策学诞生的标志。此后，在美国兴起了一场旷日持久的“政策科学运动”（Policy Sciences Movement），并形成了这个研究领域的一个主导范式，即拉斯韦尔—德罗尔的政策科学传统。

拉斯韦尔被誉为“现代政策科学的创立者”。在《政策科学》，尤其是其中的“政策方向”一文中，他第一次对政策科学的对象、性质、发展方向和政策过程等问题加以论述，奠定了政策科学发展的基础。拉斯韦尔提倡政策科学的一个基本原因是他对当时社会科学的零碎的专门化的不满和担忧。在他看来，哲学、自然科学和社会科学的专门化是不可避免的，但这种专门化的结果却是科学（理论）与实践的脱离。他认为，政策科学应当超越社会科学的零碎的专门化（超越社会科学各学科的门户界限），确立起一种全新的、统一的、跨学科的社会科学。政策科学将与过去决裂，应致力于一般选择理论的研究，应关心“社会中人的基本问题”；“关心解释政策制定和政策执行过程，关心搜集数据并提供对特定时期政策问题的解释”。政策科学采取一种全球观点，强调政策的历史脉络，尤其是面向未来，重视对变化、创新和革命的研究。[②]

在拉斯韦尔看来，政策科学具有以下几个基本特征：

（1）政策科学是关于民主主义的学问。公共政策是与个人选择相关联的学问，必须以民主的政治体制作为前提。政府必须首先弄清楚公民个人对公共政策的反应，然后再进行政策干预。

（2）政策科学的目标是追求政策的“合理性”。它必须使用分析模型、数学公

---

① 药师寺泰藏. 公共政策［M］. 张丹译. 北京：经济日报出版社，1991 年版。

② Daniel Lerner，Harold Lasswell. The Policy Sciences：Recent Development in Scope and Method［M］. Stanford，CA：Stanford University Press，1951.

式和实证数据，用科学的方法论作为研究、分析的工具，以建立起可检验的理论。

（3）政策科学是一门对于时间和空间都非常敏感的学问。当选择某一模型进行政策分析时，这个分析模型必须在时间和空间上有明确的记录。也就是说，公共政策是特定时空环境中公共问题的解决方案，记住这一点对于政策研究来说极其重要。

（4）政策科学具有跨学科的性质。拉斯韦尔指出政策科学不等于政治学，它融合了其他社会科学，要依靠政治学、经济学、社会学、心理学等学科的知识来确立自己崭新的学术体系。

（5）政策科学是一门需要学者和政府官员共同研究的学问。从公共政策学研究对象的特殊性来说，学者们非常需要了解政府官员对公共政策的认识和所掌握的数据；同时，政府官员也需要了解学者们的研究思路与政策建议。

（6）政策科学具有“发展建构”的概念。政策科学是一门以社会变迁和发展变化为研究对象、以动态模型为核心的学问。公共政策必须重视发展的概念，强调对变化、创新和革命的研究。当研究一项以社会发展为前提的公共政策的实施时，必须注重观察它究竟给社会带来了哪些积极的变化。

在后来的著作中，拉斯韦尔继续致力于政策科学的研究。在《政策科学的未来》（1963 年）一书中，他将政策科学看作重建政治科学的主要方向，呼吁政治科学家致力于这方面的研究，特别是集中关注政策制定中选择理论的研究，更多地关注政策和社会问题。他说：“政策科学要面向未来，就必须采取这样一种明确的立场，即以知识和政策的高层次的思想和组织的创造性整合作为重要的出发点。必须认识到各种不同研究途径的有效协调已经为政治科学家提供了一种过去只是部分地被利用了的机会，即取得一种一致的看法——建立一门以社会中人的生活的更大问题为方向的解决问题的学科。”①

在《政策科学展望》（1971 年）一书中，他对政策科学做了进一步的讨论，将政策科学定义为对政策制定过程的知识和政策制定过程中的知识的研究，而将政策科学家定义为那些关注掌握公共和市政秩序的脉络中开明决策相关技巧的人。② 在这里，他强调了政策分析中技巧的重要性，而关于历史的、跨文化的、多元方法的“脉络”的论述则体现出他对过去的政策科学概念的更深刻的承诺。他认为政策科学家在政策过程中可做出三方面的贡献：一是确定一项公共政策的目标与价值；二是收集和提供与决策相关的信息；三是提出备选政策方案并比较其优劣，以做出最

① Harold D. Lasswell. The Future of Political Science［M］. New York：Atherton，1963.

② Harold D. Lasswell. A Preview of Policy Sciences［M］. New York：Elsevier Inc.，1971.

佳选择。[①]

在《决策过程》等论著中，拉斯韦尔对政策过程进行探索，并把注意力集中在政策过程中的各种功能活动上，提出了包含七个因素，即信息（情报）、建议、规定、执行、运用、评价和终止在内的“功能过程理论”。[②]

拉斯韦尔的贡献在于：他第一次对政策科学的对象、性质、发展方向和政策过程等问题加以论述，奠定了政策科学发展的基础，深刻地影响了美国的“政策科学运动”。有人将他称为政策科学发展的第一个分水岭、第一块里程碑[③]。拉斯韦尔这一代人对政策科学的理解中有许多科学合理的方面，比如对民主主义和实证主义合理性的赞赏、政策科学的跨学科性、时空观念的必要性、发展观念的重要性、政府官员应参与公共政策的学术研究等，这些对公共政策学的健康成长无疑是有帮助的。但是，由于这一时期行为主义事实上在美国的社会科学中已经占据统治地位，各门学科都普遍接受了行为主义，政治学的行为主义完全取代了规范的、理性的研究传统。在这种背景下，拉斯韦尔等人创立的公共政策学完全浸染了行为主义的色彩。他们过分看重自然科学的方法，将这种方法等同于理性。他们唯一感兴趣的是对行为进行量化处理，用数据说话。人们在进行政策分析时，不考虑伦理价值，使公共政策游离于价值判断之外。这种冰冷的、生硬的、粗鲁的公共政策学“不可能对推动社会前进、执行具体政策的人产生任何影响。公共政策学的第一个分水岭，就这样脆弱地崩溃了”[④]。

在这之后，许多学者特别是叶海卡·德罗尔（Yehezkel Dror）等人直接沿着拉斯韦尔所规定的作为一门全新的、综合的、统一的政策科学的方向前进；而另一些学者则吸收了拉斯韦尔的有关政策科学的思想，对政策科学的发展进行反思，致力于探索公共政策研究的新范式。

三、西方公共政策学的发展时期（20 世纪 70 年代）

叶海卡·德罗尔是现代政策科学发展史上的另一个关键人物。他是以色列希伯来大学的教授，后到美国哈佛大学读书，曾担任兰德研究发展公司的高级顾问。1968—1971 年，他出版了政策科学“三部曲”：《重新审查公共政策的制定过程》

---

① Daniel Lerner and Harold D. Lasswell. The Policy Sciences: Recent Development in Scope and Method［M］. Stanford, CA: Stanford University Press, 1951.

② 詹姆斯·E·安德森. 公共决策［M］. 唐亮译. 北京：华夏出版社，1990 年版。

③ 药师寺泰藏. 公共政策［M］. 张丹译. 北京：经济日报出版社，1991 年版。

④ 药师寺泰藏. 公共政策［M］. 张丹译. 北京：经济日报出版社，1991 年版。

(1968)、《政策科学探索：概念与适用》(1971)、《政策科学构想》(1971)，并发表了一批政策科学论文。德罗尔面对即将崩溃的公共政策学，勇敢地进行了重建工作。他认为应当批判行为主义，对整个政策科学的基础进行建设。他主张对制定政策的系统加以研究，并提出了政策制定的若干设想。他继承和发展了拉斯韦尔的政策科学理论，对政策科学的对象、性质、理论和方法等问题做了进一步具体而详尽的论证，从而形成了拉斯韦尔—德罗尔的政策科学传统。这是政策科学发展的第二个分水岭①、第二块里程碑。

德罗尔对政策科学的贡献主要有：

1. 批判行为主义对政策科学的妨碍

德罗尔认为，行为科学分为理论行为科学和应用行为科学，前者提供有关人的行为的理论分析框架；后者以直接应用为标志。有人将上述划分与自然科学分为理学和工学等量齐观，这是错误的。因为自然科学研究的是产品和物质，而行为科学研究的是具有主观能动性的人，二者不可同日而语。另外，行为科学回避了复杂而生动的社会问题的伦理价值判断问题，陷入了完美主义的泥潭。自然科学对它的研究对象是不加任何价值评价的，但社会科学的研究却必须以某种价值判断为前提。行为主义者宣称他们的研究方法和结论是纯客观的，是没有任何价值色彩的，这只能是“掩耳盗铃”的真实谎言，因为面对具有是非价值标准的社会现象而采取所谓的价值中立态度，本身就是一种价值选择。

2. 提出宏观分析模式，规范政策分析

在反思审查政策科学自创始以来发展情况的基础上，德罗尔认为，政策科学之所以发展缓慢，主要是因为缺少一种规范的研究模式。这种研究模式应该将相关的知识融为一体，与此同时，这种规范分析模式应该包括总体政策目标、政策调适范围、政策有效时间、政策风险承受力、渐进或革新的政策策略、普遍性或特殊性的政策选择、均衡时或侧重时的政策选择等分析环节。德罗尔提出这种规范分析模式，为政策分析模式的探索做出了贡献。

3. 强调公共政策学的创新性质

德罗尔将政策科学的出现看作一场“科学革命”，认为与传统的常规科学相比，政策科学有如下一系列的创新：②

(1) 政策科学主要关心的是理解和改善全社会的发展方向。因此，它主要关注

---

① 药师寺泰藏．公共政策［M］．张丹译．北京：经济日报出版社，1991 年版。

② Yehezkel Dror. Design for Policy Science［M］. New York：Elsevier，Inc.，1971.

全社会的指导系统，特别是公共决策系统的改进和公共政策质量的提高，它直接关注的并不是具体的政策问题，而是改进了的政策制定系统的方法和知识。

（2）政策科学所研究的是公共政策制定的宏观层次，即地方的、全国的和跨国的政策制定系统。政策制定系统的次级因素因其在政策系统中的作用而构成政策科学的主题。所以，政策科学处理个人的、团体的和组织的决策过程，并从公共政策制定的观点上看待它们。

（3）政策科学在传统的学科特别是行为科学和管理科学之间架起桥梁。政策科学必须整合来自各种学科的知识，构成一个集中关注政策制定的跨学科系统。它以行为科学和管理科学的融合为基础，但也吸收来自其他相关学科的知识因素。

（4）政策科学在通常纯粹的研究和应用的研究之间架起了桥梁。在政策科学中，这两种研究的整合是通过将政策制定系统的改善作为最终目标而实现的。因此，真实世界构成政策科学的主要实验室，而大部分抽象的政策科学理论的最终检验是看他们是否对政策制定的改进有所贡献。

（5）政策科学除了使用常规的研究方法外，还将不证自明的知识和个人的经验当作重要的知识来源。努力提炼政策实践者不证自明的知识，并将高水平的政策制定者吸收进来，作为政策科学建设的合作者，这是政策科学区别于当代常规科学（包括行为科学和管理科学）的一个重要的特征。

（6）与当代常规科学一样，政策科学既关心工具规范的知识（工具理性），又重视政策价值观（价值理性）的研究。政策科学突破了当代科学与伦理学、价值哲学的严格界限，并将建立一种具有可操作性的价值理论作为政策科学的一部分。

（7）有组织的创造性是构成政策科学各部分的一个重要因素。因此，鼓励和刺激这种创造性是政策科学的一个主题和重要的方法论之一。

（8）政策科学对于时间非常敏感，它将现在看作过去和未来之间的桥梁。因此，它拒绝当代科学尤其是行为科学和管理科学的非历史的方法。它既强调历史发展，又注重未来研究，以此作为改善了的政策制定的脉络。

（9）政策科学对于变化的过程和动态的环境十分敏感。对于社会变化条件以及指导变化的政策制定的强烈关注构成政策科学的基本模式、概念和方法论的前提条件。

（10）政策科学涉及系统化的知识和结构化的合理性对公共政策制定的贡献，但政策科学也明显地认识到超理性（如创造性、直觉、魅力和价值判断）和非理性过程（如深层动机）的重要作用。

（11）政策科学既修正已被接受的科学原则和基本方法论，又将它们扩展到已被接受的科学研究的界限之外。

（12）政策科学要成为自觉的社会科学，就必须寻求自己的范式、假定和理论。

（13）政策科学为它自己在实际政策制定中日益增加的应用性和职业化而奋斗。

（14）政策科学尽管有种种的创新，但它属于科学的事实，并为科学的传统（如实证和有效性）而努力。

4. 指出政策科学进入新阶段后的发展方向

德罗尔在1986年出版了著作《逆境中的政策制定》，检查了政策科学之前二三十年的发展，提出政策科学需要在14个方面加以突破，包括：提供关于政策制定和政策科学的哲学和思想的基础；增加历史和比较的认识；真实地处理政策实际；探求宏观理论；政策范式批判；探讨宏观政策创新；研究元政策制定乃至统治方式的重建；考虑改善政策制定的途径；探索政策制定的输入方式；加强学科基础；开发多维方法和技术等。①

显然，德罗尔的政策科学“范式”是对拉斯韦尔的政策科学理论的发展和完善，构成政策科学发展史上的又一里程碑。拉斯韦尔—德罗尔的政策科学传统是美国政策科学运动的主导“范式”之一，为许多政策科学研究者所赞同和遵守。但是，另一方面，由于拉斯韦尔和德罗尔提倡的跨学科、综合性的全新的政策科学过于宏伟博大，没有明确的边界条件，不但要求将行为主义和管理科学纳入其中，而且他要把更多的其他学科汇集到政策科学之中，从而使政策科学几乎成为一门凌驾于所有社会科学之上的总科学（统一的社会科学）。这是一种需要长期奋斗才能实现的理想，难以在短期内取得全面突破。同时，它也遭到一些社会科学家的批评，如有的社会科学家批评拉斯韦尔和德罗尔等人所建立的政策科学不是科学，而是意识形态；有人则认为“德罗尔的失败就在于：他试图在统一的公共政策学的旗帜下统率其他相关学科”。②

四、西方公共政策学的反思时期（20世纪80年代）

尽管拉斯韦尔、德罗尔等人的研究促进了20世纪60年代至70年代西方政策科学的发展，但他们所提倡的政策科学研究范式由于其自身的局限性而在20世纪70年代的发展中碰到了一些难题，主要表现在以下几个方面：

1. 将政策科学当作一个统一的社会科学，造成了在科学共同体中建立共识的困

---

① 叶海卡·德罗尔．逆境中的政策制定［M］．王满传等译．上海：上海远东出版社，1996年版。

② 药师寺泰藏．公共政策［M］．张丹译．北京：经济日报出版社，1991年版。

难，包括在划定学科范围边界、建立学科理论体系和形成特有研究方法等方面的困难。

2. 政策科学为自己确立的目标过于宏伟，难以在短时间内突破，而且它抽象地大谈改善全人类公共决策系统，端正人类社会发展方向，回避各个国家和地区的价值观念、意识形态和政治制度的差异。

3. 拉斯韦尔和德罗尔所确立的政策科学范式过分注重政策制定的研究，对政策过程的其他环节关注较少。这些问题一直困扰着政策科学的持续发展，到了 20 世纪 80 年代中期仍然未能得到解决。

在上述背景下，有些学者对政策科学的发展进行反思和批判，取得了新的突破，主要表现在以下几个方面：

1. 加强政策价值观或公共政策与伦理关系问题的研究

政策科学可以说是对一般选择理论的研究，而选择则以价值作为基础。因此，价值、伦理问题在政策科学及政策分析中占有突出的重要地位，以至于有的学者，如邓恩称公共政策学为应用伦理学。20 世纪 80 年代以来美国政策科学中对政策价值观的研究主要通过三种途径：

（1）从政治哲学的立场探讨政策伦理的最一般方法，如罗尔斯（John Rawls）的《正义论》主张用分配的正义取代传统的功利主义伦理学；

（2）从特定的伦理案例分析政策伦理或价值，如从国家安全、社会福利、堕胎、死刑等类案例引申出伦理问题，这方面的著作有布坎南（James M. Buchanan）的《伦理与公共政策》等；

（3）从政府机构或职业组织的伦理问题入手分析公共责任与义务，即探讨政策分析的职业伦理规范问题，代表作有高斯罗普（Gawthrop）的《公共部门的管理、系统与伦理学》等。

2. 加强政策效率和比较公共政策方面的研究

在政策效率方面，西方学者并不仅仅局限于就政策的效率去考究效率，而是从两个更为深入的角度去研究政策效率问题。

一个角度是从公共政策产生与运行及其生态方面去考究效率，尤其是政策执行与政策评估的研究。哈佛大学肯尼迪政府学院首先发表了一篇《公共政策执行问题的报告》，指出政策执行的政治与行政方面往往为人们所忽视；有些学者如哈格罗夫指出，在政策制定与政策成功之间存在着被忽略或错失了的环节，就是政策执行，必须加强对政策执行的研究与监控，才能使政策生效；加州大学的普雷斯曼（T. L. Pressman）和韦尔达夫斯基（A. Wildavsky）则通过对相关案例的追踪研究，写成了经典的《政策执行》一书，该书令人信服地指出，再好的政策方案，如果没有正确、有效地执行，仍将导致无效而失败。

另一个角度就是从公共政策的比较中研究效率。这种政策的比较，不仅是就一个国家内部各项政策而言，而且还对国家间的政策进行比较分析。按照安德森（C. W. Anderson）在《比较政策分析中的系统和策略》一文中的说法，比较公共政策研究到20世纪70年代早期还是一个“不存在的研究领域”，从70年代中期开始，伴随比较政治学的发展，该领域的研究开始起步，80年代之后这个领域逐步成熟，成为政策科学研究的一个重要分支，出现了一批颇有影响的著作，如阿尔蒙德（Gabriel A. Almond）[①] 的《比较政治学》和海登海默（Heidenheimer）等人的《比较公共政策》。

3. 开展政策信息多元化方面的研究，强调政策学家与政治家合作

西方学者认识到政策研究在提供分析技术、解决人类社会面临的问题方面的能力是有限的。政策研究只能促成政策的形成，但不能取代政策的决定。因此，政策科学家不再自认为是政策方案的设计者，他们的主要任务是要从诸如立法机关、联邦政府、州政府、地方政府、政党、法院、新闻媒体等与政策制定和执行有关联的政策利害人那里获取政策信息；政策科学家的主要任务也不是协助决策者找出一个解决问题的最佳方案，而是要在许多不同的政策利害人中，取得共识，制定出能够平衡不同观点和意见的满意政策。与此同时，政策科学家认识到过去过分强调科学家和政治家各自拥有一套分离的价值标准和规范，政策科学家采取中立的、远离政治的立场是不合理的。相反，政策科学家应当在政治领域中发展政策科学规范，政策分析家应当与政治家合作，融入政策制定过程之中，与政策制定者成为知识上的伙伴。

五、西方公共政策学的拓展时期（20世纪90年代）[②]

20世纪90年代，经济全球化所带来的国际政治经济环境的变化对各国国内政策的影响和压力与日俱增。苏联、东欧诸国的制度变迁，世界贸易组织的创立及其

---

① 阿尔蒙德（1911. 01. 12—2002. 12. 25）是美国政治学家，结构功能主义的创立者，也是行为主义政治学的代表人物之一。他提出了以政治系统、功能、角色等新的概念术语来代替国家、权力、职位等传统的政治学术用语。他认为政治系统是由各个不同的结构相互互动所组成，包括选民、利益团体、立法与官僚机构等，以形成一个正当性的公权力。另外，结构功能主义是指侧重对社会系统的制度性结构进行功能分析的社会学理论，形成于第二次世界大战后，由社会有机体论和早期功能主义发展而来，主张用功能分析方法认识和说明整个社会体系和社会制度之间的关系，认为社会生活之所以能维持下去，是因为社会找到了一种手段（结构）去满足人类的需要（功能）。

② 陈潭．公共政策学［M］．长沙：湖南师范大学出版社，2003年版。

新规则的形成，联合国组织介入地区冲突和重大事件的作用明显增强，欧洲共同体的实质性进展和欧洲统一货币制度的推行，亚洲金融危机引发的经济震荡和全球恐慌，所有这些政治经济事变和发展在不同程度上对各国政府的政策制定和执行产生了深刻的影响。从政策制定者到政策分析家和学者，开始深刻感受到加强宏观政策分析和拓展政策研究新方向对于国家兴衰、政权命运、经济社会可持续发展的重要性。

这一时期，公共政策研究的拓展主要表现在以下几个方面：

1. 重视宏观政策研究，促进政策制定系统改革

宏观政策研究和分析更加重视国家总体政策制定，重视战略性大政方针和政策范式的改进与创新。“欧共体”各国在全民公决《马斯特里赫特条约》后陆续重视并审视本国政策与“欧共体”规则的一致性；美国政府于 1993 年成立“国家绩效评议委员会”，对联邦政府的政策制定框架和政策绩效进行评估，开展了“重塑政府运动”；韩国在民主化改革后又开始“第二次建国运动”，对国家总体发展战略从大政方针到公共文化进行全面革新；日本政府的“新行政审议会”不断推出改革政府政策制定的新思路，促进了《行政程序法》《政府情报公开法》等一系列政策法规的出台，大力推动了政府政策制定体制和程序的改进。我国在启动市场化改革以后，着手进行政治体制改革和公共管理体制改革，革新政府政策理念（以人为本、可持续发展、和谐社会），完善政策制定体制，强化政策方案执行，扩大公民在公共政策过程中的有序参与，提高了公共政策的科学化、民主化程度。这一时期宏观政策研究的主要代表作有：叶海卡·德罗尔的《面向大政方针的宏观政策分析》，海伦·英格拉姆（Helen Ingram）的《为实现民主的公共政策》《制高点》，马克·莫尔（Mark H. Moore）的《创造公共价值——政府中的战略管理》等。

2. 开辟新的研究领域，开展公共政策调查

政策科学家将研究的兴趣转向一系列新的社会问题，比如电脑犯罪、网络陷阱、温室效应、试管婴儿、艾滋病防治、克隆技术等。因为这些新的公共问题既是对人类的挑战，也是对公共政策研究的挑战。不少研究者感到单靠以往的纯客观研究方法不能完全解决这些问题，还必须采用后实证主义等主观研究方法。如曼纽尔·卡斯泰尔的《网络社会的崛起》等。新的研究领域的开辟，增强了公共政策的应用性。

另一方面是公共政策调查的兴起。以往政策科学家过于重视以经济与技术理性为主体的政策抉择研究，总是强调如何使“利益最大、损失最小”，强调如何

依据政策制定者的偏好，排列方案的优先顺序。这种研究方法在实际生活中已经暴露出弊端。许多政策科学家转向政策调查研究。他们认为不存在一个最佳的，即能为社会全体大众所接纳的政策。所谓好政策就是具有法律正当性的政策。为此，就必须通过政策调查、政策辩论获得合理性，并由此确定出是否接受某项政策的前提条件。

3. 公共政策学与公共管理学日益融合，促成公共政策新的研究范式

公共政策与公共管理犹如一个硬币的两面，密切相关，难分彼此。公共政策必须靠公共管理来推行，而公共管理主要是对公共政策的管理。梅尔斯纳和贝拉维塔在《政策组织》一书中提出了政策管理、政策沟通、政策组织、政策行动等四者的相互联系理论；林恩在《管理公共政策》一书中提出组织行为、政治理论与公共政策的融合思想，他认为把公共管理与组织行为以及政治与政策形成理论融于一体，才能有效管理公共政策。美国政策科学与政策分析的最权威组织——政策分析与管理学会的成立，目的之一就是希望沟通政策分析研究与管理研究，促进组织政治与公共政策的融合。这种融合，最终导致了新公共管理运动的出现。新公共管理运动对传统的政策科学提出了严峻的挑战，这种范式正逐步取代传统的政策科学范式而成为当代西方政策科学与公共管理研究的主流。

综上，从时间上对公共政策学产生与发展所做的历史考察表明它走过了“孕育—形成—发展—反思—拓展”的道路，如若从性质上对公共政策学进行界定，可以看出这是一门与社会实践紧密结合，随社会政治、经济、文化变迁而创新发展，由自己的特殊程序所指导，并不断为政策制定者提供政策相关知识和信息，以使他们做出正确决定的学科。

六、公共政策学的意义

公共政策学不仅具有很强的社会应用性，也具有深刻的理论研究价值。因此，对公共政策的深入研究不仅能改善公共政策系统，提高政策制定的质量，更好地为人民提供优质的服务，而且能促进公共政策这一学科的深入发展。

1. 可以改进政策系统，提高政策质量

公共政策的制定和执行是公共权力机关的基本活动，这种活动的出发点和归宿是人民群众的根本利益。但是，这一根本的价值取向只有通过科学决策和民主决策才能得以实现。公共政策学的研究使我们认识到，一项好的政策的制定并取得令人满意的政策结果，仅仅凭借良好的主观愿望是远远不够的，还要进行科学的政策分

析，并通过分析洞察到有哪些因素影响政策制定和执行的方向，是怎么样影响的，影响的深度和广度如何，在政策系统内部做出什么样的改进就可以使政策的制定和执行取得更好的结果；同时还可以洞察一项政策的实施会对政策对象产生什么样的作用，对作为政策环境的事物有什么作用，在产生积极的、好的作用的同时会不会产生消极的负面作用，等等。通过这个过程，公共政策的制定和执行就可以成为遵循客观规律办事的自觉行动，人们就可以通过政策的制定和执行来有效地改造自然与社会，提升政策质量，创建一个更好的社会环境，公共政策研究的宗旨就是保证政府采取正确的政策以实现合理的目标。

为了制定出优良的公共政策，社会也需要职业的政府公共管理人员，包括公共政策的制定者、执行者和监控者。这样的公共管理者应该具有现代管理理念和科学政策理念；具有积极的创新精神、面对未来的领导观念、敏锐的预测能力和准确的判断能力；需要开放的思维结构、持续的学习能力、丰富的经验和渊博的知识；需要有为人民服务的精神和实事求是的精神；有长远的发展战略和现实的实施策略，有承担责任的勇气和领导大众的智慧。这就需要公共管理者掌握公共政策的基本理论，熟悉政府决策的科学程序，通晓政策分析的主要方法。公共政策学在实践中的应用不仅能提升公共管理人员的素质和管理能力，也能使其掌握现代化的管理方法，从而不断提升公共政策的质量。

2. 公共政策可以教育群众，使其运用政策争取和保护自身和公共利益，以适当的方式向公共组织，特别是公共权力组织提出政策建议

通过掌握公共政策学的有关知识、理论和研究方法，人们一方面可以破除对公共决策的神秘感、无力感，了解政策的制定过程和执行过程，了解随着一项政策的实施会带来什么样的利益和价值的重新分配以及这种分配对个人生活和社会结构产生什么样的影响，从而乐意更好地运用政策去争取和保护自己的和公共的利益；另一方面还可以通过对公共政策类型划分以及政策过程的诸阶段、诸环节的了解，更加理性地决定通过什么样的渠道、以什么样的方式向政府提出自己的政策建议，使公共政策的制定和执行能够更全面、更真实地体现人民群众的根本利益，以避免盲目式的政治参与。

3. 公共政策学可以推动社会科学和自然科学各学科的研究工作具有公共政策研究的取向

虽然推动社会科学和自然科学各学科研究的根本宗旨和动力都是认识世界和改造世界，但是通过公共政策学的学习和研究，人们才能更加自觉地认识到，公共政

策是联接认识世界和改造世界这二者的至关重要的桥梁。因此，社会科学和自然科学各学科的研究工作都有必要从公共政策学这个视角去思考自身的研究工作的意义和价值，当然，这种思考不应是形而上学的和绝对化、片面化的，而应当是实事求是地进行全面的衡量。

第三节　中国公共政策科学化问题、困境与对策

科学是公共政策的核心元素，其重要性毋庸置疑。公共政策的有效性有赖于科学的理据支撑。但时至今日，科学在公共政策领域中的使用却未如理想。作为政策制度的基石，如何确保公共政策科学化是世界各地政府改革所面对的一个核心议题。中国的公共决策体系与西方国家决策制度有明显不同，整个决策过程体现了高度的“内输入”性①。当前中国公共政策科学化面临着民众政策参与度不足等多方面的问题，加强中国公共政策科学化是一个长期而系统的工程，需要政府与社会共同努力。②

一、公共政策与科学的关系

最先将“政策”与“科学”联系在一起的学者是拉斯韦尔。按照拉斯韦尔的定义，政策科学是关于政策知识的应用和生产，以及知识在政策中的应用和生产③。知识在政策中的应用，意味着政策制定者要成功解决政治议程中的问题应该懂得如何利用最好和可靠的知识；而政策知识的应用则需要政策制定者知道政策的过程如何演变。显然，两者的关系是：政策制定者如果对政策知识越熟识④，他便越能够在政策中运用知识。这意味着协助政策制定者的政策分析者需要发展两种技巧，一

---

① 按照美国政治学家戴维·伊斯顿的分析框架，可以将公共政策过程看作一个系统，它由政策输入、政策转换、政策输出三个环节构成。政策输入是向政策系统提出要求和支持的过程，政策输入分为内部输入和外部输入两类。如果支持和要求主要来自政策制定系统内部——在中国主要是执政党和政府系统，即为内部输入；如果支持和要求主要来自政策制定系统外部——执政党和政府系统以外的个人和社团，诸如利益集团、大众传媒、个人等，则为外部输入。政府输入过程实质上是利益表达和综合的过程。

② 区耀荣，蒋敏娟．当代中国公共政策科学化面临的问题、挑战与改革途径探析［J］．行政论坛，2015 年第 1 期。

③ R. Hoppe. The Governance of Problems：Puzzling，Powering and Participation［M］. Bristol，UK：The Policy Press，2011.

④ R. Hoppe. The Governance of Problems：Puzzling，Powering and Participation［M］. Bristol，UK：The Policy Press，2011.

是懂得如何在政策中综合利用各学科知识，二是必须在政治与科学之间取得平衡，正如学者魏因加（P. Weingart）所指出的“科学与政策关系的发展就是政策/政治科学化和科学政治化的一个辩证过程”①。由此可见，提升政策制定者的知识储备是何等重要。

要使政策科学化，并不是要令政策分析与政治相分离，这实际亦不可能。事实上，科学本身亦并非价值中立的，它也承载着造福人类，促进社会发展的重要道德使命，科学研究必须要在一定的道德价值规范下进行②。美国政府禁止科学家进行人类克隆的实验便是科学受制于道德价值规范的明显例子。最大程度地善用科学知识，完善政策制定，促进社会发展才是科学的价值意义所在。对政策来说，科学有五个重要功能，包括：（1）确认问题；（2）测量问题大小和严重性；（3）检视可行的政策方案；（4）系统地评估各政策方案可能出现的结果——包括预期和非预期、渴望与不想出现的结果；（5）评估政策实际带来的结果。这些功能实际上充满着政治和价值因素的考虑，要有效运用科学知识于政策中，政策制定者除了要对相关的自然科学知识有认识，同时要对社会科学有充分的了解。因为人类社会的发展一方面离不开科学技术这一重要的推动力，另一方面公共管理者也需要用价值标准去把握社会发展的方向。因此，社会科学的相关方法和理论有助于我们理解如何利用社会和自然科学知识作为政策过程中的证据。换言之，社会科学对如何正确使用科学知识在政策过程中起着指导性的作用。

综上，“政策的科学化”可以理解为在社会科学相关理论的指导下，采用科学合理的决策程序，全面综合地利用社会科学和自然科学的相关理论知识与方法作为制定及评估政策的证据的过程。

二、中国公共政策科学化面临的问题与挑战

基于我国政治、经济与社会发展状况，当前中国公共政策科学化还面临诸多的问题，并且伴随着我国政府管理理念的发展、市场机制的完善、公民意识的觉醒、互联网的普及、公共事务的复杂化等，中国公共政策科学化在未来也面临着诸多挑战。

案例 1－3－1　天津落户政策“打补丁”

2018 年 5 月 16 日，天津市正式对外发布了“海河英才”行动计划，放宽对学

---

① P. Weingart. Scientific Expertise and Political Accountability: Paradoxes of Science in Politics [J]. Science and Public Policy, 1999, 26(3).

② 林坚，黄婷. 科学技术的价值负载与社会责任 [J]. 中国人民大学学报，2006 年第 2 期。

历型人才、资格型人才、技能型人才、创业型人才和急需型人才的落户条件：对本人或直系亲属名下无合法住房的，可在其长期租赁房屋所在社区落集体户口；拓宽突出贡献引进人才政策受众面，从外地在津投资企业扩展到全部在津注册企业；对在本市高职院校毕业的外省市毕业生在津就业并申报落户的，由毕业2年以内调整为30周岁（含）以下。

致天下之治者在人才。早前，全国不少二线城市纷纷抛出“撒手锏”，出台“送房子”“送户口”“送钱”等措施，吸引高端人才落户。就在各城市“抢人大战”如火如荼之时，天津放出了这个“大招”。作为东部沿海发达地区的直辖市，天津以其独特的地理位置和教育优势吸引了不少北方年轻人前去落户。就在天津落户政策公布的第一天内，就有30万人申请办理天津落户。

天津人才引进落户新政发布还未满月，楼市就已开始躁动。已经有专家和公众认为天津落户新政就是变相地给楼市松绑。

随着落户天津的升温，天津官方4天内接连对政策进行3次解读，被外界视为官方对5月16日政策打的“补丁”。先是5月17日，天津官方解释中将“按要求填写落户审批表并带齐相关证明材料到各区行政服务中心联审窗口现场办理落户准迁手续”写入通告中。这也是天津人才落户政策的第一次改变。5月18日，官方发布了第二个“政策补丁”，提出“按照市人力社保局要求，对无工作、无名下住房，拟落户北方人才集体户的人员，需本人在北方人才办理个人人事档案存档手续后，再到各区行政许可中心引进人才联审窗口办理准迁手续”。5月19日，“重磅补丁”上线，官方明确“在外省市有工作单位的人员，不能按在津无工作单位申报落户”。

至此，有人狂喜，有人不甘，只有极少部分幸运的人成为“新天津人”。不可否认，天津在吸引高端人才上面存在优势，但是如何留住落户人才的心才是关键。在用优厚待遇吸引人才的同时，当地更应注重为人才提供事业平台，营造创新创业生态环境。同时，在政策制定上为人才提供制度保障，解决他们的后顾之忧。

“任天下之智力，以道御之，无所不可。”这里的“道”是一种持续的制度保障和良性的人才生态。吸引人才、留住人才，加快城市转型升级，提升城市核心竞争力，以人才引领创新，带动城市发展。由此，城市与人才形成良性循环，释放出源源不断的人才红利。（资料来源：央视网新闻、搜狐财经等）

（一）中国公共政策科学化面临的问题①

1. 决策质量容易受领导个人和官僚组织因素影响

在中国这种“内输入”的决策模式下，政策问题是否被列入议程，应采用何种政策措施，甚至对政策成效的评估判断都取决于领导人的看法和重视程度。领导人的决策个人因素如对问题的认知、判断能力、个人背景、经历等都对决策过程有着重要的影响。但是，这样很难避免政策因决策者个人判断的误差而出错。事实上，诺贝尔经济学奖得主赫伯特·西蒙早已提出了这样的问题，他认为人不可能完全理性地决策，只能在有限知识、信息、经验和能力下，做出满意而非最佳的决策。因此，尽管领导人期望做出符合人民利益的决策，但亦很难保证每项政策都是最佳、最大化广大人民的利益。加上从中央到地方层级繁多，部门复杂，各级政府、部门出于自身利益的考量，导致信息上传下达失真、变味，隐瞒、假报的现象时有发生，这不仅阻碍经济的发展，更导致中央制定政策出现偏差，进一步增加领导人错误决策的风险。②

2. 民众的政策参与度不足

如上所述，民间社会在推动中国政策过程中并非是主要动力。目前，民众参与政策的正式渠道主要有两个方面：一是通过选举人大代表和推荐政协委员参与国家政策制定；二是党与政府领导以体察民情的形式开设的来信来访、领导接代日、不定期的座谈会，亦有非正式渠道如通过各种媒介（如传媒及互联网），或给领导直接写信等方式表达意见③。然而，由于我国人口基数太大，相对来说，每个市民对政府政策的影响力便显得十分小，故此在理性无知（即理性的人不会花时间了解或参与公共事务）和政策参与渠道不足的情况下，领导官员要正确客观地了解社会问题，与公民进行政策讨论、咨询等互动，从而制定出符合民众利益需求的政策便困难重重。尽管近几年来，国家提出要“集民智，促发展”，但更多地局限在理论层面而疏于可操作性，缺少更多、更有效的渠道和机制去实现政策的科学化。

3. 中国的民间社团或非政府组织（NGO）发展尚未成熟

这从某程度上制约了公民参与，未能发挥出在政策过程中让公民讨论、协商互动，

---

① 区耀荣，蒋敏娟．当代中国公共政策科学化面临的问题、挑战与改革途径探析［J］．行政论坛，2015 年第 1 期。

② 张小明．我国公共政策输入面临的问题及挑战［J］．中国行政管理，2013 年第 7 期。

③ 梁波．我国公共政策制定过程中的参与机制［J］．中国特色社会主义研究，2007 年第 4 期。

促进价值共融的纽带作用。在一个发展成熟的公民社会，非政府组织通常扮演着十分重要的角色，与政府、企业共同承担起社会治理的责任。民间组织拥有非常丰富的与公民生活密切相关的微观、具体层面的信息，通过组织化参与公共政策制定，可弥补政府的信息匮乏和决策的不足，同时可以克服因个体参与资源不足、力量薄弱、缺乏理性等导致的参与水平低下、参与效果差等缺陷，从而提高公共政策制定的科学性。相较于其他发达国家来说，目前中国的非政府组织发展仍然很不成熟，在现行的制度下，由于实行“挂靠制”的非政府组织缺乏一定的自主性，因此较难有效履行职责和代表公民利益的诉求；另一方面是由于不少非政府组织的内部管理制度不完善，导致社会对它们的认同度不足，抑制了公民参与政策制定的积极性。

4. 公共政策评估仍然很不足

做好政策评估是政策科学化的一个重要环节，但目前，中国的公共政策评估在大多数地方还没有成为一个正式的环节，很多政策在制定和执行后都没有正式的政策评估，一般没有重大政策问题，领导都不太重视该项政策的评估工作，加上缺乏科学的评估指标体系、规范化的程序和公民参与，政策评估工作都难以有效推动政策科学化①。政策评估的缺失导致决策者责任意识的缺失。在我国公共政策实际运作过程中存在不少的“三拍”决策，即决策前拍脑袋、决策中拍胸脯、决策后拍屁股，侵害了国家和人民的利益。

5. 公共政策过程缺乏制度化的规范

目前，无论政策的咨询还是公民参与和政策评估，其制度化和法律化的安排仍然十分不足，令整个政策程序欠缺规范化和标准化的保证，以致不同政府部门领导的政策制定过程出现较大差异，整体科学化的成效存疑。例如，有学者对天津市不同政府部门的领导进行调查，发现他们的个人背景因素（如学历、知识、能力等）的不同会影响他们是否咨询学者专家意见的决定②，这反映在非制度化的环境下，科学决策与否很大程度上取决于领导本身，“人治”管理模式下的随意性对政策科学化造成很大的阻力。

6. 公共政策学科发展本身科学化的程度亦不足

如前所述，科学在政策中的使用需要社会科学知识（尤其是公共管理学）的指

① 李长文. 我国公共政策评估：现状、障碍与对策［J］. 兰州大学学报（社会科学版），2009 年第 4 期。

② 朱旭峰，王倩茹. 政府决策者能力与专家咨询选择：基于天津市政府官员的实证研究［J］. 公共行政评论，2010 年第 4 期。

导。但是，目前中国的公共管理学科发展的科学化程度本身也不足，未能全面运用数据进行实证的研究[①]，为政策制定者提供决策参考。

（二）中国公共政策科学化面临的挑战

具体地说，中国公共政策科学化面对着以下挑战[②]：

1. 利益集团开始逐步影响公共决策，使政策向其倾斜

随着改革开放后中国经济迅速发展，社会利益近年开始出现分化，代表某特定利益的集团逐步出现，并尝试通过各种手段（包括游说、贿赂、人事关系等）影响公共政策过程，包括政府决策人事任免、公共投资、政策法规的制定等[③]。有学者分析《中华人民共和国劳动合同法》的制定过程，利益集团的影响已逐渐渗透到由党、人大、政府组成的决策核心圈，出现了多重的利益博弈和互动，影响力不可小觑。[④] 利益集团逐步介入政策过程，但对目前利益分配不均衡、政策规范不全面的情况下，如何摆脱个别利益集团的影响对科学决策是一项重要的挑战。

2. 民众参与政策过程的意识日渐高涨

随着中国经济社会的迅速发展，政府的政策常常面对着不同利益的冲突，部分地区的居民甚至尝试采取社会运动的方式反对政策的执行，造成不稳定局面。如何在社会利益冲突、群众运动日益增加的情况下，利用科学证据为政策护航，通过政策过程的对话、互动和协商，达成政策共识，防止民众采取非理性的手段干扰政策的制定和执行是政策科学化面对的一大挑战。

3. 决策的成本不断增加

由于中国十三亿多的人口数目十分庞大，是其他发达国家的几倍甚至数十倍，因此，在完善政策制定时决策者不得不考虑决策的成本问题。事实上，决策的成本与参与决策的人数成正比，参与决策的人数越多，其决策所消耗的成本（包括时间和资金）便会越大，因此有必要根据不同政策情况找出参与决策人数的均衡点。就中国而言，随着未来民众的参与意识日渐增强，可以预期公共政策过程中所涉及的各种参与、协商成本会越来越大，如何在决策民主和效率之间取得平衡也显得十分

① 陈振明．寻求政策科学发展的新突破——中国公共政策学研究三十年的回顾与展望［J］．中国行政管理，2012 年第 4 期。

② 区耀荣，蒋敏娟．当代中国公共政策科学化面临的问题、挑战与改革途径探析［J］．行政论坛，2015 年第 1 期。

③ 张小明．我国公共政策输入面临的问题及挑战［J］．中国行政管理，2013 年第 7 期。

④ 陈水生．中国公共政策模式的变迁——基于利益集团的分析视角［J］．社会科学，2012 年第 8 期。

重要。

4. 媒体影响科学决策

媒体在政策过程尤其是政策议程设定当中扮演十分重要的角色，媒体报道会影响领导官员以及社会大众对问题的看法和价值观。虽然被喻为“第四权力”的媒体常常揭发社会问题、监督政府，但同时它们亦经常采取夸张的报道手法，甚至为了吸引读者的注意或牟取利润而倾向性报道某些议题，从而误导社会对有关问题的看法。由于媒体不同于学术期刊，其报道并不需要经过严格的科学审查，真实性存有一定疑问。同时，现代媒体尤其是新媒体的普及，改变了传统的信息传播方式，其传播速度之快、范围之广前所未有。很多政策制定者和政策分析员都会被这些媒体的时事报道所影响，从而忽略了一些隐性、不显眼但对社会发展很重要的问题，在中国这个日益商业化的社会，如何防止媒体影响科学决策也显得十分重要。

5. 在社会物质财富日益充盈的情况下，官员个人很难摆脱利益诱导

根据公共选择理论，官员也是理性的“经济人”，也会为自己谋取私利。虽然不可否认大部分官员都是抱着为民服务的崇高精神履行职责，中国的精英决策模式也是基于此，但由于领导官员众多，很难避免有部分官员会为了谋取个人私利而做出违背科学化的决策，尤其在现今经济迅速发展、物质主义日益盛行的年代，官员的违背公益的行为可能性大大增加，对政策科学化构成重大威胁。

三、中国公共政策科学化的提升路径

1. 不断推进党内民主化决策机制建设

基层党员是党的重要组成部分，他们除了拥有党员的身份，同时也是公民的一员，与其他公民一样生活在中国社会里。通过日常与百姓生活的接触互动，他们对社会问题的了解和认识更多、更具体，加上不少党员本身亦拥有高等教育的水平和专业背景，具备一定的科学知识基础，因此，若党中央制定政策时，能够做到广纳党员的意见和建议，这将对中国公共政策科学化带来积极正面的影响。需要指出的是，在决策科学化的视角下，党内民主化并非单纯完善党内领导的选举制度，更重要的是如何在日常决策过程中做到不断吸纳不同专业背景的党员的意见，使更多科学客观的建议反映到政策内容中，减少精英决策可能出现的失误。当然，在可能的条件下，我们也应该尽可能地倾听党外群众的意见，完善现有的“听证制度”“市长信箱”“网上调查”“民主恳谈”等信息收集渠道，努力营造一种人人都能畅所欲言、建言献策的舆论氛围，只有充分收集制定政策的建议和意见，站在更广阔的层面汇集更多的智能和方案考虑，才能促进多种公共政策方案的优化与选择。

2. 促进非政府组织规范化和专业化发展，循序渐进地推动公民参与

中国人口众多，要实行全面决策民主化将面对一定的困难，所涉及的决策成本和群众非理性风险亦十分巨大，因此较为可行的途径是促进非政府组织的规范化和专业化发展。一方面，政府应鼓励民众多通过社会组织来参与社会事务和表达意见，另一方面，通过与非政府组织保持良好的互动关系，有效整合各个专业界别和群众的利益和意见，确保利益表达的规范化、组织化和专业化，以最小的成本达致政策科学化、民主化。

3. 加快政策过程的制度化、法制化

邓小平同志曾经说过，制度好可以使坏人无法任意横行，制度不好可以使好人无法充分做好事，甚至走向反面。要推动政策科学化需要的是领导的决心，但要建立政策科学化的长效机制，需要的是制度化和法制化的建设。制度化的政策过程是科学决策成效的最大保证，是实现政策科学化的前提。只有政策的前期研究、政策咨询期限、咨询对象、政策信息收集与公开、与民众的互动和意见收集方式、政策执行、政策监督、科学的政策评估指标等各个环节，都有严格的制度规范，才能减少政策制定者的主观随意性，避免政策可能出现的人为失误。

4. 加强党政决策官员的廉政建设

无论制度如何完善，都会存在制度的漏洞，加上商业社会的各种物质诱惑，领导官员利用制度漏洞谋取私利的可能性会大大增加。要确保官员严格按照法律法规进行科学化的决策，就有必要加强他们的廉洁道德意识和行为操守，避免他们受个别商业利益集团的贿赂而影响科学决策，使决策科学化不仅有严格的制度支持，还具有坚实的道德基础做后盾。

5. 加强政策制定者的科学素质和代表性

人大、政协等国家政策制定机构在人员的产生和组成方面有不少可以完善的空间，作为政策的制定和参与者，他们的个人能力素质对政策起关键作用。因此，在这些重要政策机关的人员产生和组成方面，需要进一步以更民主、更科学的方式产生和调整，包括吸纳不同专业界别的代表和加强代表的认同性，使政策过程中能够更有效地反映社会诉求和专业意见。

6. 加强科学证据在社会媒介的影响力

媒体对社会舆论的影响力十分大，为了避免民众被一些欠缺科学事实基础的媒体报道误导，一方面政策制定者本身要以事实为依据，开展调查研究，避免媒体的失实报道影响科学决策，同时要就媒体有关政策报道出现的错误，以不同形式向民众做出具有科学理据（论）基础的政策说明，以匡正社会的看法。

7. 完善公共政策学科的发展，加强咨询、智囊人员的素质训练

公共政策学科为政策科学化提供重要的理论指导基础，培养未来政策制定和分析的人才，因此要完善政策科学化，有必要加强公共政策学科的建设，例如提高相关学科学生科学实证的研究分析能力，培养学生的科学研究精神和态度，以及沟通、辩论的能力，使其政策建议能被政策制定者和社会大众所接纳，真正达到以“科学影响政治”的良好效果。

第四节　中国政策科学的发展与展望

政策科学作为一门以端正社会发展方向、引导社会全面进步为己任的新兴学科，自20世纪80年代中期引入中国至今，在我国已走过了30多年的光辉历程。但客观地讲，作为一门相对独立的学科，政策科学在中国则更多地属于“舶来品”，它之所以于20世纪80年代中期在中国兴起并得以快速发展，绝非偶然，从根本上源于人们对改革开放前公共政策实践的经验与教训，特别是政策失误所带来的不良后果的深刻反思和对改革开放后现代化建设实践对政府公共决策科学化、民主化及政策执行规范化、高效化的迫切需求。①

一、中国政策科学的发展历程

如前所述，我国古代积累了深厚的政策思想。然而，政策科学在20世纪50年代产生以后，直到80年代中期才引入我国，其根源在于政治、经济、社会的发展状态。众所周知，中国自20世纪50年代中期开始在经济建设和政治发展过程中走了不少弯路，当时的一个又一个公共政策上的重大失误在很大程度上与无视决策科学、缺乏科学民主的决策程序、仅凭政治领袖的个人意志决定中国命运的决策方式密切相关。

党的十一届三中全会以后，我们党和政府在拨乱反正、总结中华人民共和国成立以来公共政策实践经验和教训的过程中，经过对改革开放前一次又一次决策失误教训的深刻反思，逐渐明白了决策科学对于政府公共决策乃至国家的发展和民族的盛兴所具有的重要性，正如第七届全国人大常委会委员长万里所言：“我们没有决策科学，决策的科学性就无从检验，决策的失败难以受到及时有效的监督，现在到了非改不可的地步。”

如果说对改革开放以前我国公共政策实践教训的反思使我们更加清醒地认识到加强对公共政策制定过程的研究，以促进公共决策民主化和科学化进程，减少政府决策失误的重要性，那么改革开放后的现代化建设则迫切需要我们不仅要加强对公

① 丁煌．发展中的中国政策科学——我国公共政策学科发展的回眸与展望［J］．管理世界，2003年第2期。

共政策制定问题的研究，还要加强对公共政策执行的研究，从决策和执行两个方面来完善公共政策运行机制，提高政府管理的效率。就公共政策的制定而言，改革开放和现代化建设标志着我国进入了一个新的历史发展时期，新出现的各种公共政策问题使得我国政府面临的决策环境空前复杂化，特别是伴随着我国加入 WTO 而置身于一个市场竞争日益激烈的环境和全球经济一体化的格局之中，中国政府所面临的诸如如何通过公共政策创新来适应世贸组织规则和国际贸易惯例的问题，以及因国内改革进程中出现的深层矛盾而产生的诸多亟待回答的公共政策问题，均呼唤着公共政策研究者从理论上去探讨、去应对、去解答。而对于公共政策的执行来说，在改革开放以前实行“计划经济”体制时期，似乎并不存在太多的严重问题，那时由于权力的高度集中，加之利益表达机制的不健全，我国基本上是国家大一统的单一利益主体的利益格局。但在改革开放之后，随着中央向地方的分权和放权，特别是最近 10 年来，伴随着社会主义市场经济新体制的建立和完善，原有的利益格局已经被打破，各利益主体的利益边界正在变得越来越明晰，一种多元化的利益格局已经形成，此时，诸如“上有政策、下有对策”“有令不行、有禁不止”“政策走样”等政策执行阻滞的不良情况在我国的政策实践中屡有发生，甚至有愈演愈烈之势，严重妨碍现代化建设事业的顺利进行，为此，也迫切地需要通过对政策执行过程进行深入、系统的科学研究来寻求对策。所有这些问题的存在客观上极大地促进了中国公共政策科学的兴起与发展。

当然，作为一个以端正社会发展方向、引导社会全面进步为己任的学科，政策科学在中国的兴起与发展与党和政府的高度重视是分不开的。早在 1986 年 7 月全国软科学研究工作座谈会上，时任国务院副总理的万里在其题为《决策民主化和科学化是政治体制改革的一个重要课题》的报告中就明确提出了“政策研究”这一重大课题，对决策科学化、民主化问题做了深入探讨。1990 年，党的十三届六中全会《中共中央关于加强党同人民群众联系的决定》也指出要“建立和健全民主的、科学的决策和执行程序”；1991 年，江泽民在党的十四大报告中强调要“加速建立和健全民主的、科学的决策制度”；1994 年党的十四届四中全会《中共中央关于加强党的建设的几个重大问题的决定》进一步指出“要建立健全领导、专家、群众相结合的决策机构，逐步完善民主科学决策制度”。1997 年，江泽民在党的十五大报告中又强调，要“发展社会主义民主政治”，“实行依法治国”，要“健全民主制度”，要“把改革和发展的重大决策同立法结合起来。逐步形成深入了解民情、充分反映民意、广泛集中民智的决策机制，推进决策科学化、民主化，提高决策水平和工作效率”。党的十六大再一次明确地将“改革和完善决策机制”和“深化行政管理体制改革”作为今后一个时期我国政治建设和政治体制改革的重要内容提了出来，并且就政策制定机制的完善和政策执行效率的提高提出了十分具体的要求。党的十七大报告提出，“保障人民的知情权、参与权、表达权、监督权”，“从各个层次、各个领域扩大公民有序政治参与”。党的十八大报告提出“坚持科学决策、民主决策、依法决策，健全决策机制和程序，发挥思想库作用，建立健全决策问责纠错制度。凡是涉及群众切身利益的决策都要充分听取群众的意见，凡是损害群众利益的做法都要坚决防止和纠正”。习近平总书记在党的十九大报告中指出：“要改进党的领导方式和执政方式，保证党领导人民有效治理国家；扩大人民有序政治参与，保证人民依法实行民主选举、民主协商、民主决策、民主管理、民主监督。”所有这些无疑为政策科学在中国的兴起和发展提供了良好的政治环境。

正是在上述中国改革开放这一大的时代背景下，中国公共政策学科于 20 世纪 80 年代中期在引进西方政策科学研究成果的基础上应运而生，并在学界与政界的共同努力下，经过引进、吸收、消化、应用、挖掘、总结、探索、创新等阶段的发展，目前已成为中国公共管理学科乃至整个中国社会科学研究领域一个极为重要且富有活力的部分。① 总结三十多年的发展成果，中国政策科学取得了如下成就：（1）我国公共政策的学科建设及人才培养已取得长足进步；（2）公共政策的学术研究取得了丰硕的成果；（3）公共政策学知识的应用已经起步，前景较好。②

二、中国政策科学本土化困境

尽管中国学者一直在努力推进公共政策学的研究，并取得了一定的成就，但中国政策科学本土化仍旧存在较大的问题。毛寿龙曾经对中国公共政策学科发展的总体水平做出如下评价：到目前为止，公共政策的研究依然处于比较初级的阶段，在理论和方法方面的开发尤其如此。有学者指出：公共政策的理论研究滞后于实践研究，本土化研究与独创性成果的缺乏，对国外公共政策研究成果消化吸收的不足，是目前中国公共政策研究面临的最大困境。具体来说，目前中国政策科学发展中存在的主要问题表现为以下四个方面③：

---

① 丁煌．发展中的中国政策科学——我国公共政策学科发展的回眸与展望［J］．管理世界，2003 年第 2 期。

② 陈振明．寻求政策科学发展的新突破——中国公共政策学研究三十年的回顾与展望［J］．中国行政管理，2012 年第 4 期。

③ 肖生福．公共政策学本土化的困境与出路［J］．重庆科技学院学报（社会科学版），2015 年第 12 期。

1. 研究对象的非中国化

公共政策学的研究对象既有个性问题也有共性问题，既有本土化问题也有国际化问题。要实现公共政策学的本土化，就必须以中国公共政策问题为研究对象，扎根于中国本土，以中国人的行为方式为立足点，开展实事求是的研究。马骏、张成福等学者认为我国公共行政学研究存在的一个首要问题是研究重心的“非中国化”，实际上在我国公共政策学研究也同样存在这个问题。[①] 目前，许多研究者将研究重点放在美国和其他西方国家的公共政策理论与实践上，而非中国公共政策实践本身，有的公共政策学学者甚至言必称美国，忽视了中国社会问题的特殊性。公共政策学研究在我国起步较晚，初期将研究重点放在对西方公共政策理论的引进和消化上是可以理解的，而经过了30多年的发展，仍然将研究对象重点放在美国和其他西方国家的公共政策学研究上，则是令人担心的。实际上，目前国外的公共政策学研究也没有发展出一个适应全人类的具有普世意义的公共政策学理论，在公共政策学发源地也是公共政策学最发达的美国也不例外。如果不能实现研究对象的本土化转移，不能对中国本土政策问题展开深入研究，公共政策学的本土化就将只是空谈而已。

2. 研究方法的非科学化与西方化

研究方法的发展与成熟直接影响公共政策学本土化与国际化发展。国际上公共政策学科已形成规范化、科学化的研究方法体系，我国的公共政策学研究要走向世界，需要注意国际公共政策学研究的方法、模式和成果表达方式，遵守研究方法的科学化、规范化要求。而公共政策学理论研究的生命力在于为公共政策实践提供指导，这又要求研究方法必须具有针对性、特色化。因此，公共政策学研究在遵循已经成熟的规范化的科学方法的同时，还应该探索形成适合本国国情的研究方法，这是实现公共政策学本土化与国际化的必由之路。公共政策问题颇为复杂，研究方法与途径理应多样化、科学化，而且每种方法都应有其严格程序和质量标准。根据美国学者的分类，公共政策研究存在解释性研究、诠释性研究和批判性研究三种研究取向，每种研究模式又有其相应的具体研究方法和质量标准。[②] 在我国，公共政策学的许多研究成果都没有遵循解释性研究、诠释性研究和批判性研究的研究方法和标准，方法论上的科学化与规范化程度还非常低。另外，一些学者过于迷恋西方的

---

① 马骏，张成福，何艳玲．反思中国公共行政学：危机与重建［M］．北京：中央编译出版社，2009年版。

② 杰伊·D·怀特，盖·B·亚当斯．公共行政研究：对理论与实践的反思［M］．刘亚平，高洁译．北京：清华大学出版社，2005年版。

公共政策研究方法，热衷于实证研究。建立本土理论，确实需要有效地应用实证研究方法。不过，实证研究是事后分析，若环境已经发生剧变，则其研究结论就成了明日黄花。公共政策学研究应注意方法的多样性与有效性，尤其应该重视发展研究方法的本土特色。

3. 研究的“务虚化”

大多数研究者都只关注应然领域，对公共政策的形成过程、决策程序和公共政策的操作实施等实然领域的研究不够，不能深入政府部门进行调查，也不重视调查了解政府公共政策的实践情况，没有对公共政策案例与数据的分析，缺乏经验事实的支持。许多学者热衷于演绎推理，满足于写一些不痛不痒的文章，不愿意花工夫去做深入细致的调查研究。许多人对政府的决策过程和公共政策的运行机制及其所存在的问题了解甚少。因此，我国的公共政策学研究已经落后于公共政策管理实践和社会发展，缺乏对公共政策实践的指导能力，不能为公共政策发展提供有力的智力支持。作为一门应用学科，公共政策学的目的是科学地理解公共政策现象和改进公共政策实践。如果公共政策学的研究成果不能对指导我国公共政策实践有所贡献，那就不能体现出它作为应用学科的价值，其学科地位自然就会受到质疑。

4. 基础研究薄弱

一般而言，学科研究都可以分为基础研究和应用研究两大领域。两个领域的研究对学科的发展都很重要，其中基础研究尤其重要。任何一门学科都需要有深厚的基础研究做支撑，否则整个学科体系就会缺乏根基，应用研究也不可能取得先进的成果。我国的公共政策学目前在应用领域的研究尚未取得重大突破，基础研究也相当薄弱。我国的公共政策学至今没有一个公认的学科范式，学科共同体缺乏共同的信念，这主要是因为对基础研究不够重视所致。基础研究主要包括学科基础理论、方法论、学科史或学说史方面的研究。基础研究薄弱的主要表现是：(1) 我国的公共政策学研究仍然面临研究内容、中心议题、基本范畴不清的问题，这说明学科的基本范式还没有成型。(2) 对公共政策活动和公共政策学缺乏哲学反思，还没建立起公共政策哲学。公共政策哲学是公共政策理论的元理论，是公共政策学的理论基础。(3) 对公共政策研究方法论的探讨不够。公共政策学方法论是关于公共政策科学研究活动的规律性与逼近公共政策学真理的有效规则的学问，是关于公共政策学研究方法体系的学问。目前对公共政策学方法论的研究还极为薄弱，这成了制约我国公共政策学发展的瓶颈问题。(4) 对公共政策史学的研究不够，许多研究尚停留在对西方公共政策思想的介绍上，缺乏对它的深度挖掘和整理研究。学科意义上的公共政策学产生于西方，但我国的公共政策实践历史源远流长，在长期的公共政策实践活动中产生了大量的公共政策思想，各种涉及公共政策思想资源的文献保存得较完整。对中国传统公共政策思想资源的深入挖掘，对于公共政策学的本土化，建立中国特色公共政策学理论具有重要意义。

总之，我国的公共政策学至今没有形成一个公认的学科范式，学科共同体缺乏共同的信念，这主要是因为我们对基础研究不够重视所致。构建中国特色公共政策学理论体系，必须加大公共政策学基础研究的力度。

三、中国政策科学发展展望

目前，中国政策科学正面临着新发展与新突破的良好机遇。我国改革开放和市场经济发展急需公共政策的创新研究。随着全球化、信息化和知识经济时代的来临，当代国外公共政策的理论和实践发生了深刻变化；在我国改革开放和现代化建设实践中，产生了大量亟待解决的关于公共政策方面的重大问题，公共政策学科成为党和国家的战略需求及经济社会发展重大需求领域。近年来，党和国家领导人反复强调推进政治、行政、社会和文化的体制改革，强化公共服务及服务型政府建设，推进决策的科学化、民主化的重要性和迫切性。新形势要求我们迅速改变公共政策学的研究与教学还比较落后、水平不高的局面，努力克服目前学科发展中存在的问题与困难，寻求中国政策科学发展新的、更大的突破，以适应迅速变化着的公共政策与公共管理实践的需要。

陈振明教授认为，中国政策科学下一步发展的关注点有以下五个方面①：

1. 注重学术创新与学科理论构建

必须深入探讨公共政策的基本理论、方法论及分析技术问题，推动知识增长，构建学科的理论体系。加强公共政策的学科范式与学科体系的探索，加强政策研究方法、分析方法和技术的开发，加强政策系统及其运行（政策系统、政策活动者、政策过程、政策工具等）的分析。增强公共政策学研究的规范性，尤其克服重定性、轻定量，定量分析方法及技术的开发与应用不足的倾向。须知，没有定量分析手段，就没有政策科学以及政策分析，政策科学在很大程度上是建立在当代科学方法论以及运筹学、系统分析、数学、统计学、经济学的分析方法的基础之上的，是一门“硬知识”。“工欲善其事，必先利其器”，必须在研究方法及分析技术的开发上下苦功，特别注意研制和引入新的研究方法及分析技术。还必须注意政策科学研

① 陈振明．寻求政策科学发展的新突破——中国公共政策学研究三十年的回顾与展望［J］．中国行政管理，2012 年第 4 期。

究的本土化问题。在北京大学徐湘林教授看来，本土化涉及三个层面：（1）价值伦理层面的价值取向和价值定位；（2）政策实践的原创式的经验性研究；（3）概念、理论和方法的本土化和创新。应处理好规范化（国际化）与本土化（特色）、主观性与客观性、价值与真理之间的关系，在借鉴国外公共政策学研究的积极成果的同时，加强对中国政策实践以及中国模式和经验的总结分析，在形成有自己特色的公共政策学概念、理论和方法上下功夫。

2. 跟踪国外学科发展前沿

近一二十年来，国外的公共政策研究出现了一系列新变化与新趋势，已步入后现代主义或后实证主义的时代。北京大学陈庆云教授认为，当代公共政策的研究相当程度上处在四分五裂而无法统合的状态，而各方鼎立的研究态势可以归纳为政策分析与政治的公共政策、实证主义和后实证主义之争论，后实证主义者强调公共政策的政治内涵与价值冲突。目前，公共政策研究正变得越来越多样化，在本学科领域出现了大量的新途径、新理论、新方法；同时，也分散在其他学科领域对各种实质性政策（尤其是经济与社会政策）的研究之中。公共政策研究新途径涉及从理性主义、有限理性到理性选择及公共选择，制度分析与政策部门，政策网络及政策共同体、治理及合作模式，后现代主义及批判与话语分析等；政策科学的新理论包括政策主体或政策行为者的新研究（如国家的角色及其与市场和社会的关系、政策子系统、议题网络与政策网络等），政策过程的新理论（制度理性选择、多源流分析、倡导联盟框架、中断—平衡模式、政策扩散框架），以及对政策议程、政策执行、政策评估、政策周期与政策变迁（政策学习、政策传播、政策创新），政策分析与政治决策（政策分析设计、政策悖论、政策对话、政策论证、公民参与），政策工具（政策工具的特性、分类、选择、评价、应用和组合）等主题的拓展研究。公共决策研究方法的日趋多样化突出地表现为研究策略、调研方法尤其是田野调查、假说检验与有效性比较等方法的日益广泛的应用。因此，必须紧密跟踪国外政策科学的这些发展趋势及学术前沿，深入研究并借鉴国外先进的公共政策理论与方法成果。

3. 加强跨学科研究及学科间的合作

跨学科、综合性是政策科学的一个显著特征。与传统的人文社会科学的各学科（如政治学、经济学、社会学等）相比，政策科学或公共政策学具有更广泛的学术框架。公共政策研究不只是公共管理的一个分支，它也是经济学、政治学、社会学和文化研究等人文社会科学学科的重要组成部分（如经济学中的经济政策研究、社会学中的社会政策研究都有悠久的历史）。近一二十年来，在人文社会科学的各个学科尤其是经济学、政治学、社会学和文化研究等领域，公共政策研究取得长足发展，但政策分析的学科整合以及相关学科新知识吸收的进展相对缓慢。必须拓宽研究的视野，将公共政策视为一个相对独立的跨学科研究领域，加强跨学科研究及学科间的合作，重视对来自于经济学、政治学、社会学和文化研究等相关学科的公共政策研究成果的吸收，夯实学科的知识基础。同时，大力发展公共政策专业教育尤其是 MPP（公共政策专业硕士）教育，推动相对独立的公共政策学科建设。

4. 促进政策科学的学科分化

政策科学或公共政策研究包含着众多的分支或主题领域，如政策科学理论、政策分析方法、本国公共政策、比较公共政策、公共政策伦理、战略研究、未来研究、制度分析与公共选择等；对实质性政策的研究可以细分为政治政策、外交政策、经济政策、社会政策、文化政策及科技政策、教育政策等分支；对公共决策过程（政策过程）的基本环节或功能活动的分别研究也可形成专门的分支，如政策战略（元政策）、政策制定、政策执行、政策评估（或项目评估）、政策周期、政策实验、政策传播、政策变迁、政策创新扩散等的研究。而在我国，公共政策学的学科分化程度还比较低，除了政策科学理论、政策分析方法和若干实质性政策领域的研究之外，大部分分支学科并未分化、成型。针对这一缺陷，必须开拓公共政策的新研究领域，展开对各分支领域的研究，首先要做的就是在政策分析专业中，尽快开设实质性政策的主要领域和政策过程各基本环节的独立课程，加快学科分化步伐，建立健全中国公共政策学的学科体系。

5. 加大政策知识的开发与应用力度

应用性或实践性是政策科学的另一个显著特征，政策科学是一门以实践取向的学科，它将科学知识尤其是社会科学知识与公共决策过程密切联系起来，提倡以问题为中心而不是以学科为中心的知识产生方式，围绕政策问题的解决而整合来自于各种学科的知识和方法，它需要学界、政界和社会的紧密合作。因此，针对目前公共政策的理论研究滞后于实践研究，知识应用的体制机制不健全的弊端，必须立足于当代中国及世界的政策实践，在切实研究我国改革开放和现代化建设中出现的各种现实政策问题（政治的、经济的、社会的和文化的问题）的基础上，加强政策相关知识在政府决策过程中的应用，发挥政策科学理论在政策实践中的指导作用，突显中国政策科学的应用性、现实性和生命力；沟通学界、政界及社会联系桥梁，推进思想库建设，建立健全政策知识应用的体制机制，加大政策知识的开发力度，拓展政策知识的应用范围。

总之，中国政策科学研究三十多年的成就显著、困难不少，挑战与机会并存。必须顺应科学技术发展趋势和我国经济社会发展的现实需求，推动中国政策科学地进一步发展与突破。

【思考题】

1. 简述私人政策与公共政策的区别。
2. 简述拉斯韦尔—德罗尔的政策科学传统。
3. 简述拉斯韦尔对政策科学的贡献。
4. 简述德罗尔对政策科学的贡献。
5. 论述公共政策与科学的关系。
6. 论述中国公共政策科学化问题、困境与对策。

第二章

公共政策的本质、特征、功能与价值选择

公共政策的最本质属性是公共性，公共政策必须以增进公共利益为出发点。基于这一本质属性，公共政策具有导向、管制、调控与分配功能。

此外，整个政策活动究竟是围绕何种意图来安排和展开的，公共部门在规划和实施某项政策时究竟为了什么目的而下决心将一定量的人力、物力和财力资源配置起来，个体和群体、整个社会、民族和国家在政策活动中究竟得到什么。公共政策的价值就是要回答以上的问题。

第一节　公共性与公共利益

一、公共政策的本质——“公共性”

所谓本质是指事物本身所具有的决定事物性质和发展面貌的根本属性。公共政策的本质应该是指公共政策本身所具有的决定公共政策本身性质和发展状况的根本属性。很多国内学者分别从不同角度阐述了公共政策的本质。陈振明教授认为：“政策的本质主要集中表现在三个方面，政策集中反映或体现统治阶级的意志和愿望，是执政党、国家或政府进行政治控制或阶级统治的工具或手段；政策作为执政党、国家或政府的公共管理的工具或手段，服务于社会经济的发展和文化的进步；政策作为分配或调整各种利益关系的工具或手段，是各种利益关系的调节器。”① 陈庆云教授认为：“公共政策的本质是要解决社会公共利益的增进与分配问题，既包括物质利益的增进与分配，也包括精神利益的增进与分配。”②

为了探讨公共政策的本质，首先要界定公共政策的内涵。前面我们也曾讨论过，国内学者主要从三种角度诠释了公共政策的概念。③（1）基于现代政治学的理念：认为公共政策是政府对社会公共利益分配的动态过程。这一分配的基础是政府选择利益和综合利益，分配的关键是落实利益。④ 因此，在社会公共利益中，由利益选择到利益综合，由利益分配到利益落实，是公共政策的一个完整过程，而这一过程的价值取向，是与这种利益的价值取向完全一致的。（2）基于制度经济学的理念：以现代市场经济制度为背景，把公共政策理解为政府运用自己的职能来规范、引导经济法人实体、市场主体和个人行为，以及有效调动和利用社会经济资源，有利于

---

① 陈振明．政策科学——公共政策分析导论（第二版）［M］．北京：中国人民大学出版社，2003 年版。

② 陈庆云．公共政策分析［M］．北京：北京大学出版社，2006 年版。

③ 孔繁斌．中国公共政策的知识状况——主要论域描述［J］．中共长春市委党校学报，2004 年第 1 期。

④ 陈庆云．公共政策分析［M］．北京：北京大学出版社，2006 年版。

实现公平与效率目标的一种制度安排。因此，公共政策是调控现代市场经济不可或缺的一个重要方面和关键因素，社会经济发展的程度越高，公共政策的作用和影响也就越大。[①]（3）基于公共管理的理念：认为公共政策是以政府为主的公共机构，为确保社会朝着政治体系所确定、承诺的正确方向发展，通过广泛参与和连续的抉择以及具体实施产生效果的途径，利用公共资源达到解决社会公共问题，平衡、协调社会公众利益目的的公共管理活动过程。[②]

以上各种关于公共政策的定义虽各有不同，但也有其共性，即公共政策的“公共性”，也就是公共政策所固有的基本属性。公共政策是政府或公共权威为处理公共事务、提供公共服务、实现公共管理而制定和实施的公共行为规范、行为准则和活动策略的总和。它以国家权力为后盾，具有极强的公共权威性和普遍的社会影响力，制约性、导向性、管理性、调控性、分配性是它的基本功能。因此，公共政策在本质上是一种权威性的社会价值分配方案，必须具有不容置疑的公共性。

公共政策这种内生的、自然的属性及其内涵，我们应该从以下几个方面加以理解：

1. 公共政策主体具有公共性

直接或间接地参与公共政策的制定主体，主要是国家公共法权主体，即国家法定的公共权力主体、社会政治权力主体和社会非法权主体。公共政策的主体概念从管理活动的角度区别了公共管理与私域管理，区分了公共利益与私人利益。公共管理的主体是公共服务与公共产品的供给者，但不能说所有公共服务与公共产品的供给者都是公共管理的主体。任何缩小或无限扩大公共管理主体概念外延的做法，都会导致对公共利益的损害。公共政策主体行使的是社会的公共权力，代表社会进行管理，而不是某个组织或某个人的权力，权力指向的对象具有广泛性和公共性；公共管理主体存在与活动的合法性是建立在为公众创造福利、为公众服务的基础之上的，而不是立足于为少数人或为其自身利益服务的基础之上。作为公共政策主体重要组成部分的政府的公共性不仅仅在于政府提供公共产品和公共服务，更重要的是政府如何履行行政管理职能，为公众提供公共服务的问题。因而政府的公共性是一个政府与公民关系的伦理问题，必须上升到行政伦理的高度来认识。因此，公共政策制定的主体就是根据公众的需要来制定政策，提供公共服务，以实现社会公共利益的最大化，具有鲜明的公共性特征。

---

① 刘溶沧．中国经济体制转型与公共政策的重新定位［J］．财贸经济，1999年第1期。

② 胡宁生．现代公共政策研究［M］．北京：中国社会科学出版社，2000年版。

2. 公共政策对象具有公共性

从政策所要处理的社会公共问题来看，政策问题具有鲜明的公共性。政策问题解决的不是实现个人或少部分人的利益诉求，而是实现部分或大部分人的利益诉求，否则也就抹杀了政策问题和个人问题的界限了。所以，政策制定必须从全社会的整体利益出发，处理好全社会成员的利益以及各利益团体之间的利益关系，解决人与人、人与团体、团体与团体之间的利益冲突，从而维护社会的安定团结。在这方面，政策所维护的不是某个人或某个团体的利益，而是大部分人或大多数团体的利益。因此，从政策所要发生作用的社会成员的角度来看，公共政策的本质在于它的公共性。

3. 公共政策价值取向具有公共性

从公共政策的性质看，公共政策的性质是对社会公共利益进行价值分配，在进行价值分配的过程中公共政策体现出它的公共性。首先，公共政策的正当性来源于它的问题取向的公共性。政府制定的政策主要是为了解决某一社会问题，因此制定的政策应该适用于全社会，对全社会所有的成员发生作用（虽然有些人获益，有些人利益受到损失）。其次，公共政策作为在全社会范围内进行价值分配的过程，实际上是政府通过选择行为来完成利益协调和实现一定目标的过程，它必须遵循公平原则，而公平原则的正当性是以公共事务为前提的，是以全体公民获利为目标的。因而，公共政策的价值取向应该具有公共性。最后，公共政策的权威性也决定了它的公共性。由于公共政策一旦制定和执行，就对全社会发生作用，对全社会具有强制性，任何单位和个人都必须遵守。

4. 公共政策的目标取向具有公共性

从公共政策的目标取向看，公共政策是为了解决某一或某些社会公共问题而制定的，目的是实现一定的目标或达到一定的状态，因而具有明确的方向性。不管任何性质的政策，其最终目的都是服务于一定社会的政治、经济和文化的发展，维护和实现统治阶级的利益。政府作为公共政策的主体，为了维护统治阶级的利益，就必须实施社会管理职能，根据社会发展的情况，组织社会经济活动，发展科技文化事业。只有通过社会经济发展，创造更多的社会财富，才能积极化解各种利益矛盾，努力创造和谐稳定的政治局面。从这个角度来看，政府制定的各种政策在维护统治阶级政治统治的前提下，也有利于社会经济文化事业的发展，推动了整个社会的发展与进步。因此，公共政策的目标取向具有鲜明的公共性特征。

公共政策在具有公共性的同时，也具有一定程度的偏好性，可以说它是公共性和偏好性的矛盾体。政策过程对政策主体来说始终是一个选择的过程：政策问题的认定、政策方案的择定、政策工具的配置以及怎样进行政策评估等，所有的环节和功能活动的安排，都是政策主体选择的结果。而每个选择都体现着政策主体的偏好，这种偏好性是公共政策的本质属性之一，社会上存在着多种多样、错综复杂的政策问题，但是政府会根据一定的价值标准对其优先次序进行排列，这种排序是政府对社会的各个阶级、阶层、部门、地方、职业等的个人和群体提出的利益诉求进行的选择。决策者会选择那些与社会整体利益一致的方面。然后，由于这是一个各种社会力量博弈的过程，强势社会群体和弱势社会群体在利益诉求上通常是前者强、后者弱，所以政府的选择也就会比较充分地反映强势社会群体的偏好，甚至这种偏好直接转化为政府的偏好。另外，任何一项具体的政策都必须预设重点，没有重点就没有政策；而重点就意味着不同的个人和社会群体从这项政策的实施中或受益或不受益甚至受损，或受益大或受益小，或直接受益或间接受益，或近期受益或将来受益。显而易见，政策重点的预设体现的就是政府的偏好性。因此，政府制定和实施政策的过程，是一个政府综合地平衡各种利益诉求者之间的利益关系的过程，或者说是一个从利益诉求者具体的、特殊的利益中分离出抽象的、社会的共同利益的过程。

案例 2－1－1　深圳中考加分新规定①

2008 年中考前，一网友在网上爆料，称看到某学校发送给家长的材料中有关于深圳中考录取的优惠措施，其中有一条荒唐的规定："对于深圳金融界高层的子女，加 10 分投档录取。"该网友感叹，这真是"学好数理化，不如有个好爸爸"。要知道，加 10 分就超过了多少名学生啊！不少家长质疑：这条规定有法律依据吗？后有记者联系上了该校教导处的相关老师，该老师表示，学校确实收到过相关的文件，该文件由市教育局下达，名为《关于深圳市 2008 年高中阶段学校招生考试工作的意见》。其中第 9 页的第 5 大条录取说明里面的第 6 小条，就是关于金融界高层的子女加 10 分投档录取的内容。他说，这个规定已经实行了好几年，是由市教育局下达的红头文件，学校只是负责传达上面的精神。就此，记者又采访了深圳市教育局招生办的范主任。范主任表示，这项中考加分的规定在深圳已经实行了好几年，的确是由市教育局下达的。该规定是根据当年深圳市人民政府发布的关于扶植金融业发展的有关文件规定的精神制定的。范主任说，由于很多金融机构如银行、保险及证券等的总部设在深圳，为了留住这批人才，政府规定他们的子女读书过程中享有深圳

① 谢明．公共政策案例：分析与思考［M］．北京：中国人民大学出版，2010 年版。

户籍的待遇，同时在中考中给予适当加分。他说，事实上政府对该政策的执行控制得非常严格，每年中考能享受到这项政策的只有五六个人。这些人的名单，政府会在招考网上公示，包括学生父母的姓名和工作单位。

1. 发展地方经济不能以牺牲教育公平为代价。深圳为吸引金融高管人才，提出了金融高管子女中考可加10分的优惠政策。这一加分政策引发了广泛质疑。教育是公共资源，把父母从事的优势行业作为子女加分的条件，对绝大多数家长和学生不公平。

2. 公民享有平等受教育的权利。即使要对某些群体给予适当照顾，主导原则也应该是“损有余而补不足”。如国家对少数民族或军属烈属子女加分，体现了国家的民族政策和对军属烈属家庭的照顾；又如一些城市给予环卫工人子女入学照顾，体现的是对城市美容师的尊重。金融高管子女本已享有相对优越的条件，没有理由再让公共资源为之倾斜。

3. 考试加分的依据主要来自教育部的规定。虽然教育部每年都会发布相关考试招生工作的规定，但列明享受加分政策待遇的对象基本不变：少数民族学生、归侨子女、烈士子女等，而根本没有将金融高管子女列为可享受加分政策的行列。但这并不影响一些地方政府自行添加，类似的荒唐加分规定早就在其他很多地方出现过。譬如，福建省漳州市曾制定政策，规定民营企业纳税大户的子女中考可以加20分；乌鲁木齐也有过“重大投资项目的投资商子女，在录取时加计10分”的规定；浙江绍兴走得更远，规定在柯桥区买房者，其子女参加中考就可加10分。

二、公共利益的界定、困境与出路

综上所述，我们可以认为，公共政策的本质在于：政府通过对公共利益和自身利益的综合考量，通过制定和执行公共政策及时有效解决社会公共问题。它既可直接调整社会利益关系，包括对利益的生产、分配、交换和消费，也可能置公共利益于不顾，仅仅通过降低或转移公众的期望值来缓和其不满情绪。概言之，公共利益是公共政策的出发点和归宿。

那么，到底何为“公共利益”呢？

“公共利益”这一概念，在法学、政治学、社会学及管理学中都有使用。在各国法律中，这一概念出现的频率很高，在现实生活中，无论涉及哪一个领域，这一概念都经常被广泛使用，尤其是政府行政过程中、公共政策制定及执行过程中，“公共利益”更是经常出现并被作为一种标准。但是，这个被频繁使用的概念至今仍没有一个明确的、权威的解释。国内学者余少祥认为“公共利益是一定社会条件下或特定范围内不特定多数主体利益相一致的方面，它不同于国家利益和集团利益，也不同于社会利益和共同利益，具有主体数量的不确定性、实体上的共享性等特征，如何识别公共利益是司法和行政实践中的重要问题。”①

（一）关于“公共利益”的不同表述

1. 我国宪法关于公共利益的界定

我国宪法第十条规定，国家为了公共利益的需要，可以依照法律法规对土地实行征收或者征用并给予补偿；第十三条规定，国家为了公共利益的需要，可以依照法律规定对公民的私有财产实行征收或征用并给予补偿。与此同时，《宪法》第二十八条、五十一条、五十三条分别出现了“社会秩序”“国家安全”“社会治安”“国家利益”“社会利益”“集体利益”“共同秩序”等概念。

2. 美国、日本宪法及法国人权宣言关于公共利益的界定

美国宪法修正案第五条规定，非经正当程序，不得剥夺任何人的生命、自由或财产；非有公正补偿，私有财产不得征为公用。日本宪法第二十九条规定，财产权不得侵犯。财产权的内容，应由法律规定以适合公共之福祉，私有财产在公正补偿下得收归公有。法国人权宣言第十七条规定，财产是神圣不可侵犯的权利，除非当合法认定的公共需要所显然必须时，且在公平而预先补偿的条件下，任何人的财产不得受到剥夺。

以上文本中就出现了“公共需要”“正当法律程序”“公共之福祉”等概念，这些概念如果放在原本环境中理解，不难和我国宪法中的“公共利益”划上等号。据有关学者对当代宪法的统计，当代宪法中公共利益方面的规定大量增加，在被调查的157部宪法中有85个国家的宪法涉及“公共福利”或“促进公共福利”的规定，占总数的59.9%；涉及“公共利益”或“一般利益”之规定者有96个，占总数的67.6%。②

各国的宪法和法律条文中，对“公共利益”的表述有诸多不同，说明了两个方面的问题，一方面“公共利益”作为公法中的一个重要概念，已普遍引起了各国的重视，且将得到越来越多的关注；另一方面是各国法学界对这个概念的内涵和外延至今未能有权威的界定，导致各国宪法和法律在设定条文时的表述不尽相同。

---

① 余少祥．什么是公共利益——西方法哲学中公共利益概念辨析［J］．江淮论坛，2010年第12期。

② 亨利·范·马尔赛文，格尔·范·德·唐．成文宪法的比较研究［M］．陈云生译．北京：华夏出版社，1987年版。

3. 学界关于“公共利益”的争论

英国议会议员詹宁斯说：“公共利益是千百种集团利益的混合物”。[①] 即依据系统科学的等级层次原理，具有一定共同性的社会成员的利益经过一定的利益集团进行初次整合，再通过利益集团之间的博弈进一步整合为公共利益。德国学者阿尔弗莱德·弗得罗斯认为，公共利益既不是单个人所欲求的利益的总和，也不是人类整体的利益，而是一个社会通过个人的合作而生产出来的事物价值的总和。[②] 日本宪法中的“公共利益”包括自由国家公共利益（以平等地保障每个人的自由权为其首要目的）和社会国家公共利益（宪法不仅满足自由国家，还要进一步保障社会权，建立社会国家理念）两个侧面。[③] 马克思认为，公共利益不仅作为一种“普遍的东西”存在于观念中，而且作为彼此分工的个人之间的相互依存关系存在于现实中。[④] 哈耶克则认为，自由社会的共同福利或公共利益的概念，决不可定义为所要达到的已知的特定结果的总和，而只能定义为一种抽象的秩序。作为一个整体，它不指向任何特定的具体目标，而是仅仅提供最佳渠道，使无论哪个成员都可以将自己的知识用于自己的目的。[⑤]

此外，我国学者对公共利益也做了诸多的研究。有的学者认为，“公共利益是针对某一共同体内的少数人而言的，共同体的规模大到整个国家、社会，小到某一个集体。现在所谓的公共利益，往往就是指实定法上的公共利益。当然，由于立法者所代表的共同体不同，实定法上的公共利益是由不同层级的立法来完成的。”[⑥] 有的学者认为，“公共利益是基于宪法共同体价值而确定的价值标准，是社会成员物质和精神需要的综合体，体现了社会、国家与个人之间的利益关系。宪法是判断公共利益的基本依据，应从文本出发，具体分析公共利益的内涵与原则。”[⑦] 还有的学者认为，“公共利益其实就是私人利益的综合。”[⑧] 这种功利主义定义虽然过于简单，

---

① 埃弗尔·詹宁斯．英国议会［M］．蓬勃译，北京：商务印书馆，1959 年版。

② E. 博登海默．法理学：法律哲学与法律方法［M］．邓正来译．北京：中国政法大学出版社，1999 年版。

③ 宫泽俊义．日本国宪法精解［M］．董璠舆译．北京：中国民主法制出版社，1990 年版。

④ 马克思恩格斯全集（第 3 卷）［M］．北京：人民出版社，1960 年版。

⑤ 弗里德里希·冯·哈耶克．经济、科学与政治——哈耶克思想精粹［M］．冯克利译．南京：江苏人民出版社，2000 年版。

⑥ 胡锦光，王锴．论我国宪法中“公共利益”的界定［J］．中国法学，2005 年第 1 期。

⑦ 韩大元．宪法文本中“公共利益”的规范分析［J］．法学论坛，2005 年第 1 期。

⑧ 张千帆．“公共利益”是什么？——社会功利主义的定义及其宪法上的局限性［J］．法学论坛，2005 年第 1 期。

且不是完全没有问题，但是它至少坚持了方法论的个体主义，避免了整体论和有机论的谬误；这样一来，公共利益和私人利益并不是在本质上完全不同的两个概念，两者之间也不存在一道清晰的概念鸿沟。①

从这些研究可以看出，多年以来，各国学术界都在为“公共利益”的界定做着不懈的努力。这些努力为我们揭示了公共利益的特质与研究方向，比较一致的有这样三个方面：（1）公共利益是某一共同体内不确定的多数人的利益，利益的内容不仅包括物质性利益，还有政治、精神、文化方面的利益；（2）公共利益的内容不是一成不变的，它随着社会发展、人们的观念转变和价值取向的变化而变化，因此，对公共利益的标准判断应该用历史的眼光辩证地看待；（3）公共利益内容与主体的不确定性，要求我们在立法过程中必须以宪法为依据，逐步完善公共利益内涵，界定清晰其外延。

（二）“公共利益”实现的路径

如上所述，公共利益是一个很难界定的概念，进而导致在实践中出现的事件不少以“公共利益”为名，侵犯公民合法权益，甚至引发群体事件和社会不安定因素。近年来，伴随着城市改造和农村转型步伐的加快，土地征收和房屋拆迁成为频繁引发中国社会矛盾的根源。在征收过程中，政府或开发商的目的是不是符合“公共利益”，无论在理论还是实践上都有待进一步探讨。如果拆迁的目的是危房改造，征收显然符合“公共利益”；但如何拆迁的目的是商业开发，又如何认定呢？如果为了退耕还林而征收土地显然符合“公共利益”，为了工业建设而征地又如何呢？

公共利益虽然对国家的长治久安和持续发展起到十分关键的作用，但我们必须面对现实，逐步加大对公共利益使用的监督，这是公共利益实现的重要路径。具体而言，我们可以采取以下措施②：

1. 进一步健全和完善社会主义民主

民主和法治是一对孪生兄弟，既相互促进，又相互制约。近年来，我国在推进社会主义民主法制方面取得了长足的进步。也要看到，法律法规出现的速度和数量较之以前确实有很大的提高，但在宪法和法律法规的执行过程中还有许多不尽如人意的地方。“公共利益”作为涉及全国绝大多数人利益的法律概念在包括《宪法》在内的众多法律法规中出现，但滥用现象却比比皆是，屡禁不止。究其原因，主要

① 张千帆．“公共利益”的困境与出路——美国公用征收条款的宪法解释及其对中国的启示［J］. 中国法学，2005 年第 5 期。

② 王晓君．“公共利益”之界定［J］. 太原师范学院学报（社会科学版），2008 年第 3 期。

有两个方面：（1）作为权力和立法机关的人大在立法和监督方面还有待进一步加强；（2）作为受益和调整对象的广大人民的民主权利和民主觉悟还有待进一步提高。“公共利益”虽然仅仅是一个法律概念，但由于其本身的特定属性和涉及的范围，必须得到更大的关注和更为广泛的宣传。为此，进一步加强社会主义民主建设，提高权力机关的决策、监督水平和人民群众参与民主决策监督的主动性、积极性就显得尤为重要。

2. 完善和优化社会体制和机制

法律本身是为了保障社会公正、公平而设定的。那么，为了防止公共利益这一广泛使用的法律概念被扩大甚至滥用，就必须在体制和机制上找出办法来。公共利益是调整公权与私权的依据，国家政权既是公权的使用者，又代表着最广大人民的利益，换言之，就是既当裁判员又当运动员，身份是十分特殊的。为了解决这个问题，应该从两个方面入手：（1）进一步完善社会主义市场体系，把公共利益是否成立交给市场来判断，真正用市场经济规则对利益和价值做出准确的评判。同时对政权与权力进行严格限制，“凡是通过市场化运作能解决的问题，法律应禁止公权力介入”①。（2）完善和优化行政程序。为保证政府对“公共利益”判断的准确性和不被滥用，要进一步加强决策前的调查研究、决策中的民主评议和决策后的跟踪反馈，以求利益确实达到“公共”这一价值标准。同时，还要完善听证会、民意代表制度等措施，做到凡是反对意见较集中的问题不决策或暂缓决策，以此来限制政府决策可能出现的失误和权力的滥用，寻求实现“公共利益”的最佳途径。

3. 加强执法队伍的建设

鉴于“公共利益”内涵与外延的不确定性特点，执法者在处理个案时就必须根据自己对宪法或法律的观念、目的、原则、精神的理解，做出自己认为最适当的解释。这就对执法者本人的法律思想、理念及素质提出了较高的要求。我国正处在法治国家的建设过程中，执法体系建立时间不长，人员相对偏少，且基础法律教育尚不普遍，不仅缺乏对现行法律法规的研究，甚至缺乏对法律条文的认同感。加之我国的法律制度尚不完善，执法者的职业道德规范虚置，适用法律的能力偏低等，有些执法者在遇到诸如“公共利益”等不确定用语或法律规定不明确的条文时，往往认为是法律法规留给自己的任意裁量的空间，随意扩大或缩小其内涵和外延。这样

① 姜明安．关于法律界定“公共利益”含义和范围的必要性和可能性的对话［C］．修宪之后的中国行政法［M］．北京：中国政法大学出版社，2005 年版。

不仅给公民、国家和社会造成巨大损失，而且影响到社会的稳定和谐。因此，加强法律队伍建设就成为当前十分必要而又紧迫的任务。只有通过具有法律理念和法律精神的执法人员队伍建设，才能促进执法的公正、公平。

4. 加快部门法律中对“公共利益”内涵的确定

诚如我们前面所说的，宪法和法律中的公共利益具有不确定性，但当区域、相对人和时间确定之后，我们还是可以给宪法中公共利益的含义一个比较明确的描述，只是这个描述对具体案件仍然只能起到指示作用。《中华人民共和国宪法》是我国的根本大法，对其他法律法规具有指导作用，宪法中的公共利益是调整公权、私权的依据，对其他法律法规中出现的同类型概念同样也是标准和基础。为了避免硬行界定公共利益的含义与范围，导致因形式的公正而牺牲实质的公正，有必要加快对宪法之外的其他法律内相应条文的含义和范围加以明确。一方面部门法律只针对某一领域，相对人范围较小且事情比较具体，另一方面部门法律运用较为频繁，司法实践中案例佐证较多。这些都给列举工作带来了较好的条件。即使我们在部门法律中列举得不够充分，但总归聊胜于无，而且还可以再补充和完善。总之，通过部门法律中对公共利益的列举，不仅可以使司法实践更加准确、公平、公正，还可以促进我们对这一重要而关键的法律概念含义的理解，进而拓宽宪法的内涵与外延，并以此促进政府行政的规范和社会发展的和谐。

第二节 公共政策的基本特征与功能

一、公共政策的基本特征

公共政策的本质决定了它的基本特征。规定和把握公共政策的特征须遵循两个原则：一是从公共政策的本质出发来理解公共政策的特点，因为事物本质属性的外在表现便是事物的特征。二是必须紧扣不同类型、不同社会的公共政策的现实状况。基于这两条原则，我们认为公共政策有以下特征：

（一）权威性

公共政策的权威性主要指公共政策在其适用范围内具有普遍的约束力，得到广大社会成员的遵守和认同。公共政策之所以具有权威性，是由以下三方面的因素决定的：一是公共政策的制定主体——公共组织具有特定性，只有特定的组织或机构才具备公共政策制定主体的资格。这种特定性或来自于法律的明确授权，如政府及其部门、第三部门；或在长期的历史发展过程中形成的，如一些国家的执政党。二是公共政策的运作程序和规则具有严格性。在现代社会，无论公共政策的制定，还是执行，都必须是法定主体按照法定程序进行，任何组织和个人都不得违反。程序和规则的严格性，是公共政策合法性的源泉。因为没有程序的严格性不仅无法保证公共政策形式的合法性，而且公共政策内容的合法性也将失去根基。在一个法治社会，具有合法性的公共政策，在其管辖范围内的所有组织和人员必须遵守和服从，即公共政策面前一律平等。三是公共政策实施具有强制性。公共政策的实施主要不是依靠执行机构和目标群体的内在强制，而是依赖于外在强制。政府和第三部门制定的政策是由国家强制力保证实施的，政党政策是由党的组织纪律保证实施的；对拒不执行政策或歪曲政策的行为，都将做出相应的处罚，使其权利或者利益受到损失。

案例 2－2－1　拆除三峡明珠塔①

2009 年 1 月 5 日中午 12 时 46 分，随着一声巨响和一阵地动山摇的震动，昔日设

① 谢明．公共政策案例：分析与思考［M］．北京：中国人民大学出版，2010 年版。

计总投资3500余万元、建筑面积近5000平方米、主塔高92米、连同塔尖共135米、顶部有旋转观光厅、能俯瞰万州城全景、有万州形象工程之称的“三峡明珠观光塔”轰然倒塌，“悲惨谢幕”，在人们多年的期盼中，结束了其“光荣”的历史使命。“三峡明珠观光塔”始建于2004年，在2005年4月该塔修到12层时停工，成为烂尾工程。据《重庆时报》报道，重庆万州区有关领导称，拆除“三峡明珠观光塔”主要是因为规划调整。在2005年4月，万州区进行了行政体制调整，原来作为投资主体的开发区管委会被撤销，工程的投资主体变得不明晰，工程于是被迫停工。当时还差2000多万元投资，因为工程不可能赚钱，所以也没有商家愿意接手，以致一拖再拖。

一位当地居民手指倒塌的“三峡明珠观光塔”说：“三千多万呀，真是败家子!”这座“烂尾塔”的拆除，再次引发人们的感叹：“瞎折腾”的形象工程到底何时休？烂尾塔最终被拆，是当地政府的不得已之举。然而，引发人们质疑的是这既不中看也不中用的“形象”工程当初是如何决策立项的，是否经过了科学的论证和严格的审批？回想当年，“三峡明珠观光塔”通过专家评审时，明确被称为“一道亮丽的风景线”。何况，工程之所以会“被叫停”，也不是因为形象工程被曝光，而是因为万州进行行政体制调整。试想，如果没有这种“特殊情况”，“三峡明珠观光塔”恐怕早已“胜利完工”了。从“亮丽的风景线”到烂尾工程，再从“亮丽的风景线”到一片废墟，“三峡明珠观光塔”的“生灭记”充分暴露出“拍脑袋”决策的特点：一是草率上马“想当然”；二是凸显政绩“抓形象”；三是政改灯熄“成弃儿”；四是制度缺陷“少问责”。

近年来，类似“三峡明珠观光塔”这类“瞎折腾”的例子并不鲜见。2007年2月，年仅“19岁”的沈阳五里河体育场在我们的视线中消失；同年，只使用了13年的杭州“西湖第一高楼”被爆破拆除；2008年2月，被上海市民称为“上海第一弯”的上海延安路高架外滩下匝道开始拆除，这段著名的高架路设计使用寿命100年，建成不到11年即宣告“退休”；同年，高达98米、设计年限至少100年的无锡市第一人民医院大楼只存在了7年便被拆除。我们有多少财富能经得起这样的折腾？这类“瞎折腾”的工程不仅造成了巨大的浪费，而且严重损害了政府形象，“瞎折腾”会让政府决策部门蒙羞。

（二）公共性

由于公共利益的社会共享性和它所具有的相对普遍的影响力，因此确保公共利益的增进和分配是当代公共管理的根本目的①。公共政策作为公共组织实施公共管

---

① 张庆东．公共利益：现代公共管理的本质问题［J］．云南行政学院学报，2001年第4期。

理的重要措施和手段，自然内在地具有公共性的特征。

公共政策的公共性特征，首先表现在公共政策问题取向的公共性。在一个政治系统中，有各种各样的矛盾和问题，但是并不是所有的矛盾和问题都会成为公共政策解决的对象。实质上，有相当的矛盾和问题都未能纳入公共组织的视野。只有那些有助于保障和增进公共利益的矛盾和问题，才能进入公共政策的议程。一些矛盾和问题之所以未被列入公共政策议程，或许是因为公共组织暂时还无力解决，或许是因为它们本来就属于私人领域的范畴，应由私人政策予以解决。其次表现在公共政策目标取向的公共性。一旦公共政策问题确立之后，就进入解决公共政策问题阶段。在这一阶段中，无论公共政策的制定，还是执行，从理论上讲，都必须按照实现公共利益帕累托最优的原则，确定公共政策的目标，选择行动方案。也就是说，公共组织在借助公共政策手段行使公共权力、承担公共责任、解决政策问题的过程中，必须谋取公共利益，而不能在私人领域侵犯私权，或为少数人甚至公共组织自己谋取私利。

公共政策的公共性是由现代社会的政治特征和现实状况所决定的。现代社会的基本政治特征便是民主政治，政府只有获得多数民众的支持，才能行使公共权力，这就要求政府管理社会的主要手段也即公共政策必须代表民意、体现公意，否则，就可能导致政府的合法性危机。如果公共组织不能秉承服务和增进公共利益的宗旨，仅从纯粹私人的角度考虑，那么公共权力的合法（性）行使将是难以理解的。①

（三）选择性

无论公共政策目标的确定、方案的设计和决断，还是公共政策的执行、调整、评估和终结，均是相关公共组织进行选择的结果。一言以蔽之，公共政策的选择性特征贯穿于公共政策运行过程的始终。

公共政策的选择性特征是由人们认知的差异性、目标群体利益需求的多样性和公共政策资源的有限性所决定的。公共政策是客观见之于主观的产物，由于公共组织中的人员的经历、学识、价值偏好、思维方式、所处地位等诸多因素的不同，加之人类认识能力的有限性和公共政策环境的复杂性，必然导致人们在认知同一问题或矛盾产生的原因、影响以及解决方案方面存在一定的差异。公共政策只能从这些方案中选择或综合出一种方案作为行动的依据。

---

① 让－马克·夸克．合法性与政治［M］．佟心平，王远飞译．北京：中央编译出版社，2002 年版。

目标群体是指受公共政策影响的，必须对公共政策采取适当反应的群体或个体。目标群体的利益需求有眼前的、有长远的，有合理的、有不合理的，有个体的、有群体的，有物质的、有精神的，有固定的、有变动的，有独享的、有共享的，等等。很显然，公共组织面对如此复杂多样的利益需求，不可能一一予以满足，必须从中做出取舍。

政策资源涉及人、财、物、权威和信息等诸要素。公共组织进行公共政策制定、执行、评估，需要有一定的政策资源做支撑。在一定的时间内，由于受到公共政策环境系统总体状况的影响、公共组织能力的影响，公共组织所能提取和加以利用的政策资源，尤其是经费与物质设施方面的资源是有限的。与此同时，社会需要公共组织通过公共政策来解决的问题却非常广泛。资源的有限性和问题的广泛性，决定了公共组织在对待社会问题时，不可能也不应该眉毛胡子一把抓，只能将钱用在刀刃上。

（四）多样性

公共政策无论作为公共管理的手段，还是作为一门学科，都具有多样性的特征。作为公共管理手段的公共政策，其多样性表现在：首先，公共政策问题具有多样性。如有政治的、经济的、文化的、社会的，有国内的、国际的，有全局的、局部的，等等。其次，公共政策类型具有多样性。由于公共政策问题具有多样性，所以为解决公共政策问题而制定和实施的公共政策也有多种类型。如按其内容和地位可分为总政策、基本政策和具体政策；按其制定主体层次可分为中央政策和地方政策；按其适用范围可分为对外政策和对内政策；按其适用时间可分为短期政策、中期政策和长期政策；按其自身性质与要求可分为稳定性政策和探索性政策，等等。最后，公共政策的功能也具有多样性。如公共政策实施后，其效果有可能是积极的、消极的、无效的或喜忧参半的。

作为学科的公共政策，其多样性主要表现在公共政策分析模型和分析方法两个方面。就公共政策模型而言，在公共政策制定中经常使用的模型主要有：政治系统理论模型、精英理论模型、团体理论模型、理性决策理论模型、渐进决策理论模型等；在公共政策执行中经常使用的模型有：过程理论模型、相互调适理论模式、循环理论模式、浴盆模型等。公共政策的分析方法有定性分析方法和定量分析方法两种。定性分析方法有价值分析法、规范分析法、可行性分析法、德尔菲法、主观概率预测法、超觉理性分析法。定量分析法有预测分析法、效果分析法、投入产出分析法、模糊分析法等。

（五）政治性

公共政策是由政治性组织制定的，是国家、政府、政党为实现其政治目的而制定的行动方案和行为准则。因此，公共政策具有鲜明的政治性。在当代中国，执政党、国家权力机关、国家行政机关都制定政策，这些各有不同效能的政策都是一种政治措施，是对作为个人与群体的社会成员进行价值分配与调节的政治措施。这些政策虽然出自不同的政治主体，但都是同一种政治动机的产物，所以相互之间有着极其密切的联系。

（六）阶级性

公共政策总是为一定的统治阶级的利益服务的。在当代中国，党和政府旗帜鲜明地申明要为广大的无产阶级和劳动人民服务，公共政策是从维护无产阶级和广大劳动人民的根本利益出发的。虽然党和政府制定和执行的有些公共政策可能事与愿违，在一定程度上损害了劳动人民的利益，但那只是由于他们认识错误或缺乏经验而导致的决策失误，而制定政策的根本意图在一般情况下仍是为无产阶级和劳动人民的利益着想的。唯其如此，党和政府才会勇于及时终止和调整那些于人民大众不利的政策。由此可见，阶级性是公共政策一项本质属性。

二、公共政策的功能

（一）导向功能

为了解决某个政策问题，政府依据特定的目标，通过政策对人们的行为和事物的发展加以引导，使得政策具有导向性。也就是说，政策为社会的发展、人们的行动确定了方向，使整个社会生活由复杂的、多面的、相互冲突的、漫无目的的行为，有效地纳入到统一的、明确的目标上来，使之按既定目标有序前进。引导功能是政策的积极功能。这项功能表明政策不仅要告诉人们什么是该做的，什么是不该做的，而且还要使人们认识到为什么要这样做而不那样做，怎么样才能做得更好。公共政策的引导是行为的引导，也是观念的引导。

公共政策的导向功能具有两种作用方式，一是直接引导，二是间接引导。比如，我国改革开放后的农村政策既直接调动了农民发展农业生产的积极性，又引导他们走上脱贫致富的道路；而农村剩余劳动力向城市的大量流入，必然会对城市居民的工作与生活产生影响，起到了农村经济政策间接引导的作用。

公共政策的导向功能从其作用结果看，既有正向功能也有负向功能。所谓正向功能是指政策对事物发展方向的正确引导，体现了公共政策与事物发展方向的协调一致；所谓负向功能是指对事物发展方向的错误引导，表现了公共政策与事物发展规律的冲突和矛盾。这里需要强调的是，并非只有错误的政策才具有负向功能，一些正确的政策也可能产生负向功能。如西方某些国家的一些社会福利政策，对社会公平的实现有积极的作用，但它同时使社会寄生阶层受益，懒汉也越来越多，这无疑是它负向功能的表现。

案例 2－2－2　“限塑令”你准备好了吗①

国务院办公厅在 2007 年年底向各省、自治区、直辖市人民政府，国务院各部委、各直属机构下发《关于限制生产、销售、使用塑料购物袋的通知》。通知指出，鉴于购物袋已成为“白色污染”的主要来源，今后各地人民政府、各部委等应禁止生产、销售、使用超薄塑料购物袋，并将实行塑料购物袋有偿使用制度。自 2008 年 6 月 1 日起，在所有超市、商场、集贸市场等商品零售场所实行塑料购物袋有偿使用制度，一律不得免费提供塑料购物袋。从那时开始，人们一直关注着具体规定的出台。拟由商务部、发改委、国家工商总局联合发布的《商品零售场所塑料购物袋有偿使用管理办法（草案）》终于出现在公众视野并征求群众意见。随着 2008 年 4 月 14 日公开征求意见结束，经验告诉我们，用不了多久，《商品零售场所塑料购物袋有偿使用管理办法》就要出台了。果然，2008 年 4 月 16 日，商务部第五次部务会议审议通过《商品零售场所塑料购物袋有偿使用管理办法》，并经发改委、国家工商总局同意，予以公布，自 2008 年 6 月 1 日起施行。

在“限塑令”首日，北京收费塑料袋使用量骤减。次日，岳各庄批发市场领到首张“限塑罚单”，罚款 1 万元。

2008 年 6 月 1 日是“限塑令”施行首日，北京多家商场、超市均开始推广环保布袋，使用的塑料袋也加大加厚。部分商家称，由于此前对限塑规定已做了较为充分的准备，施行首日比较顺利，收费塑料袋使用量大幅减少。天客隆超市的两名收银员表示：“袋儿用得比以前少多了。塑料袋免费时顾客通常要求尽量细分包装，现在有顾客索性直接手捧多种商品离开。”检查人员发现，超市等连锁商场均严格执行塑料袋收费规定并公示收费标准，但一些批发市场的执行情况并不乐观。6 月 2 日凌晨 4 点，丰台工商分局对岳各庄市场进行突击检查发现，仍有八九个商户在使

① 谢明．公共政策案例：分析与思考［M］．北京：中国人民大学出版社，2010 年版。

用超薄塑料袋，在其中一个卖豆腐的柜台内，执法人员暂扣了160多个超薄塑料袋。当天，执法人员在岳各庄市场共查获了上百万个超薄塑料袋。据商户称，这些塑料袋都是以前剩下的。工商执法人员对卖豆腐的商户进行了处罚，而岳各庄市场主办方由于没有履行管理职责，被罚款1万元。这是“限塑令”实施以来北京市开出的首张罚单。

“限塑”并非指从2008年6月1日之后任何塑料袋都不能使用了。根据国家规定，6月1日开始不能继续使用的只是那些厚度低于0.025毫米的超薄塑料袋，而那些按“国标”生产的塑料袋则可照常使用，只不过是需要付费罢了。

然而，广大消费者是否真正改变了使用塑料袋的习惯？老百姓们能否真正理解、接受“限塑令”？你我的环保意识真的跟上国家政策的脚步了吗？“限塑令”到来，你真的准备好了吗？

坦白地讲，“限塑令”推出后，喜忧参半。喜的是大型超市执行情况良好，忧的是在农贸市场较难推行。

塑料袋“免费午餐”没了，市民在环保与便利之间的新支点在哪里？显然“限塑令”是一项利在长远的公共政策，但要取得好的实施效果，还需要引入利益平衡、责任均衡的理念，让生产者、经营者、消费者和政府管理部门都承担起相应的责任。也许，除了做“限塑令”的制定者、监督者和执行者，政府还有必要探索研究一些统筹兼顾的配套措施，从人性化管理理念出发，多在为消费者提供便利方面动动脑筋，设法减少服从成本，确保“限塑令”的畅行无阻。

实践证明，塑料购物袋并不是环境污染的罪魁祸首，缺乏良好的消费观念才是造成“白色污染”的根本原因。换句话说，塑料袋对环境的破坏其实不是塑料袋本身的过错，而首先是人们滥用和乱扔塑料袋的不良习惯造成的。要改变人们的这一习惯，才是推出“限塑令”的根本目的。因此，要治理好“白色污染”非常重要的一点是要推崇一种绿色环保理念和新的生活方式，要求人们尽量少用一点、回收一点、替代一点和降解一点，用多种方法共同治理。

（二）管制功能

政策问题的解决，可以通过政策对象不做什么来达成政策目标。政策主体要制约、禁止政策对象不做什么，或者说要使政策对象不发生政策主体不愿见的行为，就必须使政策对政策对象的行为具有管制功能。这种功能是通过政策的条文规定表现出来的。通常采取两种办法。一是积极性管制。政策条文的规定突出正激励原则，即对某种行为给予物质或精神方面的奖励，以增加这种行为重复出现的频率，从而达到减少其反向行为的目的。二是消极性管制。政策条文的规定突出负激励原则，即对某种行为加以物质或精神方面的惩罚，以抑制这种行为重复出现的可能性，从而达到有效管制的目的。

（三）调控功能

公共政策调控功能是指政府运用政策手段对社会生活中出现的利益冲突进行调节与控制。政策的调控作用主要体现在调控社会各种利益关系，特别是物质利益关系。在社会生活中人们有着不同的利益需求，利益的差别使冲突不可避免。为了平衡这种矛盾，保持社会的稳定和经济的发展，作为政府重要管理手段的公共政策需要承担起调控社会利益关系的重任。

公共政策不仅需要指明人们应该做什么和不该做什么，而且还需要指明人们应该先做什么和后做什么，并以此调控社会群体和个人的行为倾向。因此，公共政策的调控功能还常常表现出其特有的倾斜性。因为政府工作在不同时期会有不同的侧重点，因此公共政策就应对此加以倾斜，即在大的目标前提下，优先考虑某一地区或某一领域的发展，并相应对某些利益群体加以保护，比如，我国的特区经济政策和发展第三产业的政策等就表现了政策的倾斜性特征。

（四）分配功能

对社会公共利益进行分配是公共政策的本质特征。每一项具体政策都会涉及“把利益分配给谁”这样一个问题。人的利益需要是不同的，而社会的资源却是有限的，因此，政策对利益的分配不可能同时满足所有人的需要，往往是一部分人从中获得了较多的利益，另一部分人却不能从中获取利益或损失了原有的利益。政策的这种利益分配功能对社会的良性运行和稳定发展有着非常直接的影响。那些不合理的分配政策如果得不到及时的纠正，就可能激化社会的利益冲突，进而使物质利益上的矛盾转化为政治利益上的矛盾。

一般来说，能从公共政策中获益的社会公众通常有以下几类：

1. 与政府的主观偏好相一致的公众。政府是公共政策制定与推行的主体，也是社会公共资源分配的主体。任何政府要维持自身的存在与发展，一方面要考虑社会的总体利益，另一方面，也必然要维护与坚持其主观利益。因此，凡是与政府主观利益或主观偏好相一致的公众，必然会首先获利。

2. 能代表社会发展方向的公众。因为当人们采取的行动是和社会发展的方向相一致的，也就必定是符合社会运行变化规律的，朝着社会发展方向努力行进的公众能够创造出更高的效率和更大的效益。从长远来看，任何政府最终都会将公共政策的价值取向和社会发展方向一致起来，那些一直坚持按照社会发展方向行动的公众，最终会从政府的科学、合理的公共政策中获取最大利益。

3. 普遍获益的社会多数或绝大多数者。对大多数政府来说，它要维持自身的存在和发展，就必须考虑社会中绝大多数人的利益。如果一项政策遭到社会中绝大多数人的反对，那么结果就是要么政府垮台，要么政策贯彻不了。因此，政府在制定公共政策时，会顾及公众中的大多数人，尽量让社会中的大多数人受益。一般来说，在特定时期内政策受益的人越多，发生政策偏离的可能性就越小。

第三节　公共政策的价值选择、作用与论辩

一、公共政策中的问题、事实与价值

在公共政策系统内部生态和整个公共政策过程中，究竟何种因素居于主导地位，诸多政策研究者和分析者对这一问题的回答并不一致。相当多的人从公共政策的产生及其功能的角度来思考，认为在政策活动中解决公共问题是首要目的，从而政策问题应处于主导地位。公共政策的问题曾经成为许多政策研究者特别重视的因素。从以解决问题为政策活动的主导取向，很容易过渡到政策活动中的“以事实为中心”的取向。因为要确认政策问题就必须依据事实。如果缺乏事实，或看不清楚事实，就找不准政策问题，无法揭示政策问题的核心要素。为了获得体现政策问题的客观事实，就需要实证分析的技术和工具，包括“研究设计、对结果的监测、应用抽样技术收集数据，以及建立具有预测能力的因果关系模型”。通过这一途径，公共政策研究走上以事实和技术结合作为主导地位的道路。

这种从以政策问题为导向到以事实和技术相结合为导向的转变，在美国公共政策的发展过程中特别明显。由于受哈罗德·拉斯韦尔和叶海卡·德罗尔的影响，美国公共政策研究在二十世纪七八十年代曾一度陷入了“技术分析中心论”的误区。

此后，在美国公共政策的发展进程中，不少学者对在政策研究和分析领域中盛行的以问题为导向和以事实、技术为导向的主流观念提出了质疑，并围绕政策问题与主观价值、事实技术与价值选择的关系进行了广泛论辩。人们逐渐意识到并不存在脱离个体和群体利益的、处于“自然”状态的政策问题。政策问题是“思想作用于环境的产物；它们是通过分析从问题情境里抽取出的要素”建构出来的，归根到底是人的主观判断包括价值判断的产物。因而在政策问题与人的主观价值之间做比较，显然是政策价值因素更优先于政策问题因素。

更为激烈的争论是围绕着政策事实、政策技术与政策价值的关系而展开的。相当多的学者认为，在政策研究中之所以出现对政策问题相互冲突的定义和理解，并不是因为人们掌握的事实不一致，“而是因为政策分析人员、政策制定者及其他利

益相关者对人性、政府和通过公众行动来进行社会改革的良机持相互对抗的假设。”这些假设其实就是价值取向。

无论是信奉“技术专家治国论”，还是沉迷于“事实—技术中心论”，其要害无非都是将政策事实和政策价值相割裂，坚持“价值中立”的观点。这一轻视乃至否认政策价值的观点是由于不能正确、恰当地理解“社会行动的本质”所导致的。社会和世界不能单纯地被理解为一堆可测量的客观物体，事实上，它是一个“有组织意义的世界”，这些包含价值成分的意义，“大大影响着普通人规范地活动和解释他们所居住的世界，它们还大大影响社会科学家们选择用来探究社会的那些问题，更不用提他们选择用来研究他们的问题的工具了①。”

经过上述的充分论辩以后，从 20 世纪 80 年代中后期开始，西方尤其是美国的公共政策学界又转向了以政策价值为主导因素的研究范式。过于重视政策活动中的问题因素、事实因素及技术因素，轻视甚至忽略价值因素的现象，在中国的公共政策理论研究和实践操作中也比较流行。一些有社会科学知识基础的政策研究者特别关注对政策问题的分析，一些重视量化研究方法，尤其是具有数学基础的研究者则更偏重政策活动中的事实与技术因素。因此，总结国外公共政策研究中主导因素转变的经验，重视价值在政策活动中的作用是很有必要的。

在公共政策活动中，问题、事实、技术都是不可或缺的，但是在政治思维和政策实际操作中，价值一直处于核心的和主导的地位，一切政策活动都是围绕着政策价值进行的。政策价值一旦确定下来，就成为轴心，政策议程、政策规划、政策决策、政策执行、政策评估就会有序地展开。政策行动主体是为了自己的价值偏好而参与政策辩论的。公共部门制定、实施政策是为实现整个社会的价值。政策决策中执政党是以主流意识形态价值来评判政策方案的。政策的最终效果也是以社会价值作为评估标准的。

二、价值取向在公共政策活动中的作用

在公共政策的全部活动中，所有阶段和环节都是围绕着政策价值取向展开的。

第一，正是依据政策行为主体的主观价值判断才能确定和诊断公共政策问题。社会生活中存在的现象、事件和过程，究竟哪些是正常的、合乎秩序的，哪些是不正常的、有问题的，人们必须借助于价值标准来衡量才能得到结论。在政策活动中，

---

① 弗兰克·费希尔．公共政策评估［M］．吴爱明等译．北京：中国人民大学出版社，2003 年版。

确认和诊断问题非常重要。很多政策学家经常告诫人们不要犯第三类错误。所谓第三类错误就是政策分析人员找对了行动方案却解决了一个错误的问题。要保证提上议事日程准备解决的政策问题是存在的，并且对它的认识是准确的，关键就是要依靠政策价值来定位。具体的政策行动主体正是依据一定的主观价值来对政策问题进行认识、过滤和确认的。

第二，政策行动主体正是为了维护和实现自己的政策价值才参与政策辩论的。公共政策活动最重要的属性是民主性和科学性。只有具备民主性和科学性的政策活动才能收到成效。政策活动的民主性和科学性有多种实现方式，其中包括平等、充分的论辩、对话。政策行动主体之所以重视并积极参与政策论辩和对话，固然有利益方面的考虑，但是，更为重要的是，不同政策行动主体，包括组织机构及其代理人抱有不同的政策价值观。有些政策价值是立足于政策项目本身的，有些政策价值则是与整个社会进步、发展相联系的，有些政策价值则是与整个社会制度和意识形态相关联的。具有不同价值观的政策行动主体对政策问题的看法，对解决问题的目标和途径的选择是不相同的。为此人们就会展开价值对话，甚至开展价值辩论。

第三，政府制定、实施政策是为实现整个社会和制度的价值。公共政策是政府在社会治理中运用集体行动来解决社会公共问题的手段。作为一个家庭，确定和实施某种政策和策略，是为了实现家庭的价值。作为一个企业或团体，其决策是为了实现企业和团体的价值。作为政府部门，之所要制定和实施公共政策，显然是为了实现整个社会和制度的价值。在公共政策活动中，一个重要的矛盾就是政府组织及其部门机构和他们的政策代理人与社会组织、公众及其政策代理人这两类政策行动主体在利益追求和价值选择上存在差异，甚至冲突。从政策组织及其部门机构和它们的政策代理人这一方面的政策行动主体来衡量，其政策立场和态度总体上追求的是维护整体社会有序发展和巩固社会根本制度的价值。政府及其部门在政策活动中要做的工作是尽量防止自身的利益追求偏离整体社会发展和巩固根本社会制度这一价值选择，同时协调社会组织、工作及其政策代理人的利益追求，力求将他们的政策价值选择与政府的政策价值选择一致起来。

第四，政策决策中执政党是以主流意识形态价值来评判政策方案的。在中国特色社会主义建设与发展中，中国共产党是整个社会活动的领导力量，从而也是社会政策活动的领导力量。在具体的公共政策活动中，执政党组织及其政策代理人总是以主流意识形态和社会根本制度为价值标准来评判解决社会问题的政策方案的。在改革、开放和转型的条件下，社会主流意识形态发生了与时俱进的变化，整个社会遵循和倡导的是富强、民主、法治、公平、和谐构成的价值体系。作为执政党，在领导全社会的公共政策活动中，始终以这些被实践证明是符合社会发展要求和全体人民利益的价值体系为标准，以确保规划和实施的公共政策有利于解放发展生产力，有利于综合国力的提升，有利于改善人们的生活，实现共同富裕。

第五，政策的最终效果也是以社会价值作为评估标准的。政策价值的作用还体现在任何政策的制定和贯彻，其成功与否的最终评判标准依然是社会认可的价值体系。政策的规划、执行，都必须经过严格的民主程序和充分的科学论证。凡是不按照法定的程序进行，也没有动员与政策利益相关的个人、群体、组织反复协商、讨论，也违背政策自身运行的逻辑要求和科学方法的政策，肯定是要失败的。但是，所有政策过程都合乎程序，也贯彻了民主和科学精神，实施以后也最终获得了预期结果，能否就此得出结论说这样的政策就一定是成功的？当然不可以。因为判定一项政策成功与否还得以公众认可的社会价值为标准。凡是不符合多数人的利益要求，不能让大多数人满意的政策绝不是优良的政策。

三、公共政策价值的构成

政策价值需要回答的是：整个政策活动究竟是围绕何种意图来安排和展开的，公共部门在规划和实施某项政策时究竟为了什么目的而下决心将一定量的人力、物力和财力资源配置起来，个体和群体、整个社会、民族和国家在政策活动中究竟得到了什么。虽然政策活动中会包含若干阶段和环节，但是，无论在哪个阶段和环节，人们都会围绕上述问题反复地展开论辩和思考，不断地寻求合理的答案。

在公共政策活动过程中，常常会发生这样的情况，在开始争论某个政策问题是否值得解决时，因为是就问题情境谈问题，论辩处于政策活动的浅表层面，人们容易达成共识。但在联系到政策问题的解决对整体社会发展和社会制度的维持与巩固会产生何种影响时，分歧不是集中在具体的政策问题情境上面，也不是集中在不同政策方案成本的大小、结果的多少上面，而是集中在对于整个社会和制度来说，究竟是什么因素值得我们做出这些投入产出的安排上面。这实际上又回到了政策价值的选择问题上来。然而，现在争论的某个政策问题值得不值得花气力去解决，已经与一开始的政策价值争论不是处在同一层次上了，人们已经在探讨和争论更为深层的价值。在深层的政策价值上，不同的政策代理人，不同的组织机构并不容易达成共识。

在政策价值选择上，政策行动主体之间之所以难以形成一致意见，其中一个重要的原因是政策价值具有多层次性。这种多层次性可以从两个方面来考察。一方面，政策价值是由浅表层向纵深层延展的。处于整个政策价值体系最外表的是政策的项目价值，这是由政策项目本身规定的，要着力解决的是在一定的政策情境中存在的政策问题。并且，项目价值也并不是单一的，它可能是由多个政策目标构成的体系。政策价值向内伸展的一个层次是政策的社会价值，它是将单个的公共政策纳入整个社会系统之中，将具体政策问题的情境向外延展到整个社会生活，进而考察单个的公共政策运行可能给社会发展带来的影响。显然，具体政策的社会价值是以政策的项目价值为基础的，但又超出了政策的项目价值的范围。它将具体政策活动置于整个社会的运行和发展之中来考察其作用和功能。也许某一政策在一定的时空中，或者从权宜之计的角度来评估是有效的，能解决政府下决心要解决的具体政策情境下的问题。但是从更大的时空范围和更为长远的角度来评价，可能某一政策的贯彻对整个社会发展来说未必是有效的。例如，在落实农村扶贫政策时，一些地方政府为迅速改变某些特别贫困乡村的面貌，采取让项目、出资金、抽富帮穷、拉富救穷的政策，一些穷困的乡村变得富起来了，项目价值实现了，但是这种只靠输血不注重造血的政策，对整个社会的发展并不是十分恰当的，并没有通盘考虑政策的社会价值。另外，像靠接纳环境污染重、能源消耗大的项目赢得一段时间的高速增长和繁荣景象的政策，对整个社会的持续发展来说也是不妥当的。这同样只是考虑到政策的项目价值而忘记了社会价值。再进一步，就要考察政策的制度价值。某一具体政策的活动并不是稍纵即逝的，它不仅与其他的政策活动结合在一起产生延续效应，而且会在某种程度上影响整个社会制度的延续。如果将具体的政策活动与一定社会制度的维持和完善联系起来，人们审视的就是政策的制度价值。政策的制度价值要考虑的是某一公共政策的实施可能会带来社会的稳定，但是，它与这一社会维护和坚持的制度未必是吻合的，甚至是背道而驰的。在长达30年的“计划经济”模式下，公共部门采取了许多以维护整体社会稳定为目标的政策，虽然这些政策也的确使社会处于稳定、有序的状态，但它却没有充分发挥社会主义制度应有的优越性。

公共政策价值的多层次性还有另一方面的含义，即政策价值会在不同的社会生活领域体现出来。整体的社会生活是由多个领域有机构成的。现代社会结构理论认为，总体社会是由政治、经济、文化和狭义社会这四大领域组成的。因此，某一具体的公共政策的价值就会在这些社会领域中体现出来，表现为政策的政治价值、政策的经济价值、政策的文化道德价值和政策的社会价值。显然，某个具体的公共政策活动，其表现出来的价值反映在社会各个领域中并不一致，或政策的领域价值的比重是不相同的。有些公共政策活动的政治价值突出一些，而其经济价值可能并不显著或并不是主要的。比如，一个地方政府确定和实施举办全国性运动会的政策，虽然现在会展经济已经成为发展经济的一种重要方式，但地方政府决定实行这一政策的价值往往并不在于经济收益的多少，而更多的是着眼于其中所包含的政治价值、文化价值。要保障一项政策成为好的或是优良的政策，在政策行动主体设计和实施政策时，就必须既要突出其主要的领域价值，又要兼顾其他的领域价值，使政策的多领域价值能够相互协调，相得益彰，而不至于厚此薄彼，顾此失彼。

四、公共政策价值的论辩

公共政策的价值并不是一望即知的，不像白纸上的黑字那么显露、明了。政策价值尤其是深层次的政策价值必须经过政策行动主体之间的论辩才能被逐步揭示出来，并经过协商才能为政策相关者所接受。要保证不同政策行动主体之间的政策价值论辩能够正常进行并收到效果，必须考虑政策价值论辩的话语体系、原则、程序、规模和形式。

政策价值的论辩和辩论是有区别的。政策价值的论辩重点在论而不是辩。论就是论述、阐述，就是政策代理人将自己对解决已经进入政策议程的社会公共问题即政策问题的价值选择加以表达、阐释。不同的政策行动主体对政策价值的选择是不同的，因此，在价值论辩中除了阐述、论述之外，还有讨论、商量、争论，这就是辩。

与政策价值论辩密切相关的因素是社会的主流话语。话语是由某个或某一组语言和文字所表达的在某一特定时期社会治理和社会运行中起着主导作用的意识形态和思想观念。因此，某一时期社会中的主流话语在很大程度上会对人们的政策价值选择起着指引和控制作用。当政策行动主体在政策价值论辩中选择的是与社会主流话语相一致的政策价值时，就容易得到多数人的理解，从而形成共识。反之，如果政策行动主体的价值选择与主流话语不一致时，就会与多数人的看法有距离。这样，社会的主流话语就会给参与政策价值论辩的政策行动主体造成压力，人们往往会在压力下选择顺从主流意识形态。由此就出现了政策价值选择中的话语权问题。在政策价值论辩中，必须正确看待话语权。特别是在社会转型时期，社会变革需要的是政策创新，这就要求人们正确对待代表已经过时的或已经落后的意识形态和思想观念的主流话语，勇于革新，接受代表新的社会发展战略和趋势的新的话语，选择正确合理的政策价值，从而实现政策创新。

真正的、有效的政策价值论辩需要在平等的原则下进行。这种平等体现在两个方面：一是需要让政策行动主体都有平等的资格和机会参与政策价值论辩，不能人为地制造障碍和设置门槛，只让一部分政策代理人阐述政策价值，而把其他的政策代理人拒之政策价值论辩之外。二是每一个政策代理人的政策选择都应当受到同等程度的尊重。绝不能表面上让每个政策代理人都有政策价值选择的机会，但选择的结果却是不平等对待，只重视某些人的政策价值选择，而忽视或拒绝另一些人的政策价值选择。平等对待的原则要求，每个政策代理人的意见被最终考虑的情况都应该告知当事人，即便是某种政策价值选择被证明是不妥当的，最终没有被考虑，也必须向当事人解释缘由。

政策价值论辩必须依据一定的程序进行。虽然论辩的程度只是给论辩安排一种必要的次序，但是，只有程序具有正当性才能保证论辩过程和结果的正当性。政策价值论辩常常不是在一次会议上完成的，它有时需要延续较长时间，会经历多种不同场合。设置合理的程序是必要的。这种论辩程序中应当包含一些基本的环节，其中包括商定论辩的价值层次和议题，公布论辩参与者的姓名、身份，商定论辩发言的次序，汇集论辩观点并加以公布，决定下一轮价值论辩的层次与议题。这种程序会反复实施，直至政策论辩结束。

政策价值论辩必须控制在一定的规模上。如果人人都去论辩，大家一哄而上，七嘴八舌，必然是吵吵嚷嚷，最终不是政策价值的陈述，而是制造杂音。政策价值论辩也不能只让少数人控制论坛。这只能是不完整的声音，会使许多正确的价值无法得到阐述。更不能只让一个人阐述政策价值，那不是论辩，而是独白和舆论控制。政策论辩必须是经过选择的政策代理人，认真负责地反复论辩，在各种可能的政策价值得到充分阐释后，通过协商形成可被政策行动主体普遍接受的意见。

政策价值的复杂性还体现在政策价值的变迁性上。政策价值的变迁性有多种表现方式。一种最为常见的方式是不同层级的政策具有不同的价值定位。具体的公共政策是以不同层级的执政党组织和政府部门为主导力量所制定和实施的，由于历史条件不同，经济、政治、文化和社会发展状况的不平衡，政策情境就会产生差异甚至有较大悬殊。因此，不同层级的执政党组织和政府部门从实际情况出发，选择不尽相同的政策价值来处理和解决政策问题，以促进所管辖的行政区划和经济区域的持续发展。对于实行复杂单一制结构的国家来说，除了从上而下的重大公共政策，如基本国策及一定时期中央制定和实施的宏观调控政策，各地、各个层级的执政党组织和政府部门都必须坚持统一的、已经确定的价值导向外，其余的适应本地区、本层级经济社会发展要求的具体公共政策的价值选择则会表现出更多的变通性、特殊性和相对性。但即便是这种价值变迁的方式，也必须坚持具体政策价值选择上的变通要服从于某个时期公共政策体系的主导价值。

由此就可以过渡到政策价值变迁的另一种主要方式，即与政策周期相关联的政策价值演变。对于一个国家、一个地区来说，在经济社会发展的一定时期为了解决许多同时存在或相继产生的社会公共问题，就需要制定和实施一系列公共政策。虽然这些公共政策分布在不同的社会生活领域，出现在不同时间段，但构成了一定时期的政策体系。而在另一个时期，政策行动主体会制定和实施不同于前一个时期的政策体系。虽然这两个政策体系具有连续性，但也存在区别，从而显示出政策发展的周期性。

导致和标示政策活动周期性的重要因素是政策价值。政策周期的时间间隔的长短是相对的，有大周期和小周期之分。比如可以将中华人民共和国成立以后的30年视为一个政策周期，将20世纪70年代末至今看成一个政策周期。这都是大的政策周期。前一个政策周期中，政策体系的主导价值领域定位在政治价值，后一个政策周期中，政策体系的主导价值领域定位在经济社会领域，其优先指向的是解放和发展生产力，增强国力，实现共同富裕。在大的政策周期中也可以划分出小的周期。比如在改革开放至今的大政策周期中，可以相对地划分出1978—1989年、1992—2002年、2002年至今三个小的政策周期，分别对应着改革开放中三次大的思想解放和三次重要的战略选择。这三个政策周期中政策体系的主导价值定位是相同的，都是发展经济，但其价值的优先指向则有差异。在第一个小周期中，强调得较多的是先富发展；在第二个小周期中，强调的是增长发展；在第三个小周期中，强调的是和谐发展。

不同政策周期中的政策价值定位和指向的差异又同社会发展中制度的创新联系在一起。在一个结构、体制、机制都相对稳定的社会中，政策价值是由具体的社会规则体系即具体的体制、机制和制度安排约束的。在一种制度安排下，公共政策行动主体会选择与这种制度安排相适应的政策价值。例如，当一个社会在组织人事制度上、在奖惩的考核制度上都特别看重经济增长速度的快慢，这种制度安排必然驱使各级执政党组织和政府部门在制定和实施政策时，将保持经济的快速增长作为优先的价值选择，或将效率作为最重要的价值取向。但是，一旦在制度安排上强调社会公正、公平，那么各级执政党组织和政府部门则会将缩小社会贫富差距、追求社会和谐作为公共政策的基本价值取向。相对于以往在制度安排中强调无产阶级压倒资产阶级的制度安排，以经济建设为中心、突出经济增长速度的制度安排则是一种创新；而相对于只看重经济增长速度的制度安排来说，提倡社会公正和谐的制度安排又是一种更为深刻的制度创新。这些制度安排上的创新，主导着政策价值选择的变化。

无论是因政策情境的差异而发生的政策价值变迁，还是因政策周期和社会制度创新而促成的政策价值变迁，都不是简单的肯定或绝对的否定，即在选择某种价值定位和优先指向时，不是简单地否定其他的价值定位和优先指向。政策价值变迁的实质是人们可选择的政策价值在排序上发生变化。在一般情况下，人们不会轻易去消灭某种政策价值，而只是选择已经被人们认可的若干价值，并将其置于优先的地位。这样，政策价值的变迁就表现为一些原来处在优先位置上的政策价值可能被其他的政策价值选择所取代。

在现代公共政策活动中，除了重视公共政策的研究、分析和操作活动外，人们已经开始重视公共政策的管理活动。在政策管理中，政策价值的管理又格外受到关注。政策价值的管理主要包括政策价值的宣传、推广和组织采纳等方面。处于一定层级的执政党组织和政府部门，需要结合上位的执政党组织和政府部门倡导的核心政策价值，再结合管辖范围内的实际社情民意，形成一定时期合理的主导性政策价值观念，并在辖区范围内进行这种主导性政策价值的学习、宣传、推广，以便在具体的政策活动中促使政策的主客体贯彻、落实。

在实际的公共政策活动中，一些适应政策周期性变化和政策创新的主导性政策价值并不容易为公共政策的主体和客体所接受。除了通过具体政策价值的论辩，让人们逐步放弃某些陈旧的、过时的政策价值外，执政党组织和政府部门还可以进行主动的主导性政策价值观念的宣传和推广工作，让人们在新旧政策价值的比较中，认识新的政策价值观念的合理性和有效性，从而在制定和实施公共政策时，在政策价值上易于达成共识。这种主导性政策价值的宣传和推广工作应当着力总结那些采纳了新的政策价值，从而得到成功实施并取得成效的政策，并对未来的采纳这种新的价值取向的政策实施的光明前景做出预测，增强人们对新的主导性政策价值的信念。通过这种主导性政策价值观念的宣传与推广，可以减少政策价值论辩中的不一致性，可以引导人们自觉监测公共政策过程，也可以确立政策评估的合理标准。

【思考题】

1. 简述公共政策的本质。
2. 论述公共利益的界定与实现路径。
3. 论述公共政策的特征。
4. 论述公共政策的功能，并举例说明。
5. 论述公共政策的价值选择。

第三章 公共政策系统

公共政策系统是公共政策运行的载体，是政策过程展开的基础。按照一些西方学者的观点，政策系统是“政策制定过程所包含的一整套相互联系的因素，包括公共机构、政策制度、政府官僚机构以及社会总体的法律和价值观”①。本书认为：公共政策系统是由政策主体、政策客体、政策环境、政策组织、决策体制、政策工具构成的社会政治系统。政策系统是政策科学研究的一项重要内容，是研究政策过程的前提或出发点。政策系统内部各因素的联系是否得当，直接影响到政策的运行是否顺畅，并决定政策效果的好坏。

① E. R.克鲁斯克 B. M. 杰克逊．公共政策词典［M］．唐理斌等译．上海：上海远东出版社，1992 年版。

第一节　公共政策主体

一般而言，政策主体可以被界定为直接或间接地参与政策制定过程的个人、团体或组织。尽管世界各国的政策环境不尽相同，但政策主体的构成因素并无大的差别，只是它们对政策制定过程的作用方式和影响程度有所不同而已。目前学界比较有代表性的看法是：政策主体的构成因素主要包括立法机关、行政机关、司法机关、政治党派、利益集团、思想库、大众传媒和公民个人等。

政策主体的分类多以官方决策者和非官方参与者进行划分。安德森指出，官方决策者是指那些具有合法权威去制定公共政策的人，这些人包括国会议员、政府首脑、行政人员和法官。但是，除了他们之外，还有许多其他的人也参与了政策的制定过程，在这些参与者中不仅包括政治党派和利益群体的成员，还包括代表个人的普通公民。我们之所以把他们称为非官方参与者，主要是因为不管他们在各种政策场合多么重要或处于何种主导地位，他们自身通常并不拥有合法的权力去做出具有强制力的政策决定。

一、官方决策者：立法机关、行政机关、司法机关及执政党

（一）立法机关

立法机关是公共政策主体最重要的构成要素之一。它的主要任务是履行制定法律和政策这一政治系统中的主要职责以及立法。不过，由于世界各国政治制度不同，不同国家的立法机构在公共政策过程中所扮演的角色、所起的作用也不完全相同。立法机关在西方指国会、议会、代表大会一类的国家权力机构；在我国则指全国及地方各级人民代表大会及其常务委员会。但不论各国的政治体制如何，立法机关的职能或职权主要包括立法权和监督权，从而在根本上控制了公共政策过程。

在美国，一般而言，国家立法机关常常能够在独立决策意义上行使立法权，如在国会中，常设委员会对提交的法案通常拥有生杀大权，它们甚至可以置议会大多数成员的反对于不顾，强行通过有关法案。美国有关税收、人权、社会福利和劳动关系等方面的政策一般都是由国会指定的，但是，我们并不能因此认为立法机关具有完全独立的决策地位，在国防和外交政策的制定方面，总统比国会拥有更大的权力。

我国宪法规定，中华人民共和国的一切权力属于人民，人民行使国家权力的机关是全国人民代表大会和地方各级人民代表大会。全国人民代表大会是最高国家权力机关，它的常设机关是全国人民代表大会常务委员会，其制定的法律和政策具有最高法律效力，行政、司法机关制定的法规、政策一旦与全国人民代表大会制定的法律、政策相抵触，全国人民代表大会有权对其加以纠正或将其撤销。一般而言，全国人民代表大会具有立法权、决定权、任免权和监督权等职权。我国的立法权是统一的，不可分割的，并且只属于全国人大及其常务委员会。①

（二）行政机关

行政机关及其官员是公共政策主体的一个重要组成部分，尤其是在“行政国家”② 或“以行政为中心”的时代，行政权力扩张，行政机关在政策过程中的地位和作用就显得更加突出了。其中，行政机关是贯彻执行国家的法律和政策，管理国家的内政、外交等行政事务的机关，它掌握国家行政权力，运用公共政策对社会公共事务进行管理，是立法机构所确立的国家意志的执行者。③

在西方特别是美国，无论政策的制定，还是政策的执行，政府的效能从根本上说取决于行政领导尤其是总统。行政机构在政策过程中的作用巨大，这不仅在于行政机构是政策执行的主导机构，而且在当代它越来越多地参与政策制定的事务。行政部门自己可以制定某些法规或政策（尤其是行政法规），而且可以使别的国家机关制定的法律或政策不起作用。此外，在英、美等西方国家，行政部门还是立法或政策建议的重要来源，它们不仅积极提交法案，而且主动进行游说，向立法机关施加压力，以让他们采纳有关的建议。

在我国，政府作为管理机关，是政策主体的一个重要因素。政府机关不仅是政策执行的主要机构，而且它有权根据基本国策制定出具体的政策法规。政府部门制定出的政策具有如下两个特征：（1）具体性，行政机关制定的政策绝大部分是党和国家权力机关政策的具体化，它们要体现党和国家权力机关所制定出的政策的基本精神；（2）补充性，对党和国家权力机关政策所没有涉及的领域，行政机关有权制定出一些补充性的政策规定，以防止出现政策空白。

（三）司法机关

作为国家或政府组成部分的司法机关，在公共决策过程中也占有重要的一席之

① 蔡定剑．中国人民代表大会制度［M］．北京：法律出版社，1998 年版。

② 李国正．公共管理学［M］．北京：首都师范大学出版社，2018 年版。

③ 李国正．公共管理学［M］．北京：首都师范大学出版社，2018 年版。

地，它也是政策主体的构成要素之一。司法机关传统上被认为只是一个检察、审判的机构，但它在公共政策制定中却发挥着重要作用。例如，在美国，司法机关（法院）能通过司法审查权和法令解释权而对公共政策的性质和内容产生很大影响；通过判例对经济政策（财产所有权、合同、企业、劳动关系等）和社会政策（福利政策、基础设施建设等）产生影响。法院不仅参与政策制定，而且在其中扮演重要角色，它不仅规定政府不能做什么，而且规定政府应该采取何种行动以符合宪法和法律的要求。在我国，作为司法机关的人民法院和人民检察院是国家权力结构中的重要组成部分。按照宪法规定，人民法院是司法审判机关，独立行使审判权，人民检察院是司法监督机关，独立行使检察权。行政机关、社会团体和个人无权干涉。从我国目前的实际情况来看，司法机关的作用更多地表现在政策执行和监督方面，并没有真正成为政策制定的主体。

（四）执政党

政党尤其是执政党是公共政策主体中的一种核心力量。公共政策在很大程度上可以视为执政党的政策。现代国家的政治统治大多通过政党政治的途径来实现。

在西方实行政党制度的国家，政党尤其是执政党是公共政策制定中的核心力量之一。政党具有“利益表达”和“利益聚合”的功能，政党通过选举以及一系列的活动把民众以及利益团体的利益与要求转变成一般的公共政策方案，从而把政党的主张转变为政府的公共政策，这一过程是通过选举获得执政权力来实现的。政党在选举中为了迎合部分选民的需要，制定出“短视”的公共政策，从而损害长远公共利益的实现，这种现象也是经常出现的。

在我国，中国共产党是全国人民的领导核心，它在政策的制定、执行、评估和监控中起着主导作用。作为执政党，它代表着广大人民群众的根本利益和普遍意志，它在政策过程中的主要作用是政治领导和向国家机关，尤其是政府部门推荐重要干部。党的政治领导的主要内容是制定出具有综合指导性和根本性的总政策。其中，所谓综合指导性，是指这些政策具有总体性并涉及政治、经济、社会和文化生活的各个方面，其表现形式是党的纲领、路线、方针；所谓根本性，是指党通过制定政策，掌握国家和社会生活总的发展方向，社会各阶层的活动都要受之制约。同时，在共产党领导的多党合作制度下，政协及各民主党派也是我国政策主体不可或缺的一部分。政治领导、组织领导和思想领导体现了中国共产党在公共政策过程中发挥的作用及实现方式。

二、非官方参与者：利益集团、政党、公民、大众传播媒介及思想库

非官方的公共政策主体是指政治体制外的、不直接行使公共权力的政策过程的

参与者，主要包括利益集团、公民（选民）、大众传媒以及民间思想库等。相比官方决策者而言，尽管非官方的公共政策主体对政策制定过程的影响较为间接，但他们同样是政策制定过程中不可忽视的主体因素。

（一）利益集团

当某个群体提出一项政治要求时，政治过程就开始了。这种提出要求的过程称为利益表达，利益表达的主体称为利益集团。具体而言，所谓利益集团，是基于某种共同价值、共同利益、共同态度或者某种职业和行业而形成的正式、非正式团体和群体等社会组织。其目的在于建立、维持、增进共同利益和共同态度所蕴含的行为模式；其职责是履行利益聚合功能，以保障或增进其成员的利益作为最高目标。公共政策在某种角度上可以看作利益集团之间的互动、争斗和妥协的过程。各种利益团体参与和影响政策制定的形成过程，成为非官方政策主体的最重要构成要素之一，它在公共决策过程中起着显著作用。它是现代国家政治体制的一个显著特征。

利益集团的数量、成熟程度、合法化程度、组成方式以及对公共政策的影响力是有区别的，这是因为各国的政治体制、经济体制、文化特征等存在很大的差异。在西方市场经济发达的国家，利益集团是最主要的社会组织之一，利益集团之间的争斗成为政治过程的一个主要内容。西方国家的利益集团形形色色，有“体制化”利益集团，如行政机构、军队和教会等；也有结社性利益集团，如雇主组织（如美国的银行家协会、德国的工商大会、意大利工业总联合会等）、工会组织（如教育工会、产业工会、农业工会等）；政治性利益团体，如美国的“军事—工业联合体”是政界、军界和企业界三边权力互相渗透的结果。安德森认为，在美国，利益集团经常要求政府采取政策行动，他们是政策行为要求的主要来源之一。在我国随着社会主义市场经济的发展和多元化格局的出现，各种利益集团也会不断形成和发展，成为重要的社会力量，并将对公共政策产生日益重要的影响。

利益集团影响政策制定的方式或途径是多种多样的，其主要方式有：

1. 直接的游说和院外活动，这是最具有代表性的形式，即作为说客的利益集团的代表努力劝说立法官员或政府官员，希望他们能够支持利益集团所赞同的议案。包括在委员会的听证会上提供证据、与政府官员进行直接的接触、提供研究的结果，以及协助起草制定立法等。

2. 通过政治活动委员会向各候选人“发放”竞选赞助基金。

3. 人际交流，旅游、娱乐活动、一般的“闲谈扯皮”活动，以及在政府各部门和各组织间的相互结交活动等。

4. 通过在司法系统进行有意识的诉讼活动，来迫使政策的改变。

5. 通过全民动员活动（主要是鼓动选民个人和竞选捐助者向有关政府机构人员写信、打电话或亲自拜访）来影响政策制定。

社会发展的多元化趋势必然导致利益集团数量的增多及其规模、结构和活动方式的多样化。一般而言，某一利益集团只关注与其集团利益相关的政策领域，其行为动机无疑是追求集团利益的最大满足，这种需要的满足很可能会以牺牲公共利益为代价。因此，政策制定不应受个别或少数利益集团的操纵，而应该调和不同的利益需求或相互冲突的政策愿望。按照政治学的团体理论，公共政策不是某一利益团体的一厢情愿，而是团体冲突的一种平衡产物。

（二）政党

政党作为利益集团的一种特殊类型，往往以政治联盟的形式出现。其关注的政策范围要比一般的利益集团更广，对政策制定的影响当然也比一般利益的集团更大。现代国家的政治统治大多通过政党政治的途径得以实现，政党常常履行着一种“利益聚合”的功能，即政党努力将不同利益集团的特定需求转变为一般性可供选择的政策方案。

在不同国家、不同历史条件下，这种“利益聚合”的方式并不完全相同，不能一概而论。在西方两党制或多党制下，政党的中心任务是争取在竞争性选举中获胜，竞选获胜的政党或政党联盟有权分配政府的主要职位，组建政府，从而才有可能把自己的政治纲领和政策主张转换为真正意义上的公共政策。因此，政党对公共政策制定的影响往往是通过选举来实现的。在选举中没有获得执政和参政资格的反对党、在野党①则承担监督政府的职责。它们凭借在议会中的合法地位对政府进行监控，影响政府的政策制定。

（三）公民

公民或选民是公共政策主体的一个重要的组成部分，或者说是一种最广泛的非

① 在野党（Party out of power），是指政党政治国家内未执政的政党，和执政党是互斥的集合，通常也称反对党。特别是在民主国家中，主要在野党常以执政预备军的身份提出和执政党竞争的政策，是多党制国家的产物。例如，在英国，议会多数党领袖担任英国首相，并由他负责挑选本党人员组成内阁，而最大的在野党随之成为正式的反对党，并组织“影子内阁”。影子内阁（Shadow Cabinet）指实行多党制的国家中不执政的政党为准备上台执政而设的预备内阁班子，也叫“预备内阁”“在野内阁”。影子内阁往往由下议院中最大的反对党领袖，物色下议院中有影响的同党议员，按内阁形式组建而成。1907 年，英国保守党领袖奥斯丁·张伯伦首先使用这一名词，后为一些英联邦国家所采用。

官方政策主体。公民是指具有某国国籍并依照该国宪章享有权力和义务的个人，它表明了一个人对国家的隶属关系，既包括统治者，也包括被统治者。在当代，公民的含义更多地表达了法制和民主社会的基本准则。

在现代社会，公民参与政策过程的主要途径包括：

1. 以主权者身份，通过直接投票的方式决定某些重大的政策问题，直接行使个人的权利。

2. 通过代议形式，推选代表参与政策制定，间接行使个人的权利。

3. 使用威胁手段，如参加请愿、示威、罢工、罢课等活动，反对某项政策的出台，迫使政府修改或废止这一政策。

4. 通过参加政治党派和利益集团，借助团体的力量影响公共政策的制定。

5. 通过制造社会舆论或进行多方游说等手段，提出政策诉求，影响政策导向。

6. 以个人的知识活动为政策制定提供实证依据或理论指导。

民意与公共政策制定的关系是非常密切的，失去民意基础的公共政策最终将丧失其合法性基础并导致政策的失败。英国公共政策学者帕森斯（Parsons）认为“公共政策是民意的功能表现，政策需求决定政策供给”①。事实上，那些被政策制定者注意，并且加以测量与处置的民意，更证实了这种论点：政策议程是民意与公共权力的互动结果。

（四）大众传播媒介

现代大众传媒主要是指广播、电视、报纸、书籍、杂志、电影、因特网等人们借以表达思想和意愿、传播各种信息的舆论工具。它是现代社会最强有力、最直接、最方便的沟通手段，对政策制定过程有着非常重要的影响，被普遍视为政策主体的一个重要组成部分。决策中的信息总要借助于一定的媒体才能传播，大众媒体则是现代社会最为普遍的信息传播载体。大众传媒对全世界的政治、经济、文化正产生着越来越大、越来越广泛的影响。以至于在西方有人将大众传媒称作与立法权、行政权、司法权并列的“第四种权力”——“无冕之王”。

随着现代科技的发展，各种信息载体把整个世界联系在一起，其触角已经伸向社会的各个角落。大众传媒具有覆盖率高、信息量大、影响面广、冲击力强等特点。其主要作用是传播信息、制造舆论、沟通思想和传播知识。

大众传媒所发挥的重要作用主要体现在以下两个方面：

① W. Parsons. Public Policy：An Introduction to the Theory and Practice of Policy Analysis［M］. Aldershot，UK：Edward Elgar，1995.

1. 传播公共政策信息，实现政府与社会公众的双向沟通。大众传媒可以将政府的政策意图自上而下地迅速、及时、广泛、有效地告知公众，同时也可以把民情民意自下而上地告知和反馈给政策制定者，为公共政策的制定和调整提供客观依据。大众传媒是实现政府与社会公众双向信息沟通的重要媒介，为公众参与公共政策制定提供了途径。

2. 引导社会舆论，影响公共政策议程设置。大众传媒可以通过自己带有倾向性的报道和对新闻事件的分析、解释，引导和控制公众舆论的焦点和走向，使人们按照大众传媒给每个问题确定的重要性次序来分配自己的注意力。大众传媒通过影响和引导社会舆论，从而影响政府的公共政策议程的设置。

（五）思想库

思想库（think tank）或脑库（brain trust）是现代政策研究组织的别称。① 思想库是现代社会的产物。伴随着决策问题日益复杂、信息不断增多、科学技术发展、决策任务加重，所有这些为思想库的发展提供了活跃的时代和社会背景。现代科学决策离不开政策咨询，政策研究机构的日益崛起，代表了未来决策的发展趋势。

思想库是由专业人员组成的跨学科、跨领域的综合性政策研究组织，它的出现对改善政策系统和环境、促进决策质量的提高有着积极的影响。它是政策主体的一个十分独特而又非常重要的构成要素，例如布鲁斯金学会、胡佛研究所、兰德公司、野村研究所等一些世界闻名的思想库，在政策制定过程中发挥了非常重要的作用。其主要任务是提供咨询，为决策者献计献策、判断运筹，提出各种设计；反馈信息，对实施方案追踪调查研究，把运行结果反馈到决策者那里，便于纠偏；进行诊断，根据现状研究产生问题的原因，寻找解决问题的途径；预测未来，从不同的角度运用各种方法，提出各种预测方案供决策者选用。

思想库既从事理论研究又从事应用研究，既关注学术问题又关注实际问题。其服务对象、成员组合、研究领域和构成形式有很大差别，在政策制定过程中所起的作用当然也不相同。一般来讲，可以把它们划分为如下几种类型：

1. 官方思想库。官方思想库隶属于政府及其职能部门，或作为最高行政长官的智囊团，或隶属于不同职能部门，或具有相对独立的建制，它们具有明确的官方色彩，直接反映了政府的态度、立场和感兴趣的问题。

2. 半官方思想库。这类思想库处于民间，但与政府有着非常密切的关系。政府

---

① 关于思想库的相关研究，参考朱旭峰．中国思想库［M］．北京：清华大学出版社，2009年版。

可以通过投资或资助重点研究领域和方向，使其为政府服务，或者与思想库签订合同，建立相互依存的关系。思想库还可以与政府部门直接对口挂钩，直接为对口部门提供咨询服务。

3. 民间思想库。它是由民间发起并得到基金会和企业资助的社会性政策研究机构，它具有选题自由、研究范围广、社会联系多、不受政治局限、独立性强、灵活性大等特点。

4. 国际思想库。国际思想库是由不同国家的学者和官员组成的，以国际问题为研究对象的国际性政策研究组织。其研究范围往往涉及全人类共同关心的问题，如环境保护、气象服务、战争与和平、资源利用、人口控制等。

第二节　公共政策客体

公共政策客体指的是公共政策所发生作用的对象，包括公共政策所要处理的社会问题（事）和所要发生作用的社会成员（人）两个方面。[①] 公共政策最基本的特征就是充当“人们处理社会问题、进行社会控制以及调整人们之间关系，特别是利益关系”的工具或手段。

一、社会问题

从事的角度看，公共政策所要处理的是社会问题、公共问题或政策问题。严格说，这三个概念是有区别的，社会问题是外延最广的概念；社会问题的一部分涉及社会上相当部分人或影响较大，那么，这部分问题就是公共问题；政府所面临的公共问题很多，只有少数能被政府摆上议事日程，并加以处理，这些被处理的问题就是政策问题。

什么是社会问题？从抽象意义上讲，社会问题是指实际条件与应有条件之间的偏差，或者实际状态与期望状态之间的差距，而这种偏差或差距往往会导致社会的紧张状态，当社会上的一些人对社会生活的某方面表示焦虑和不满，或提出一些主张，或采取一定的行动时，那就显示已经发生了问题。是不是所有的社会问题都属于政府的政策范围呢？显然不是。社会所面临的问题很多，但在政府决策者看来，并非所有的问题都是需要政府解决的。有些问题可能通过民间渠道就能够进行处理；有些问题过于复杂，政府无力加以解决；有些问题已经成为历史，再无解决的必要。所以，只有一部分社会问题能够进入政府议程，这部分社会问题才能由此转化为政策问题。这也正是社会问题与公共政策问题的区别所在。

我们可以总结一下社会问题的特征：

1. 社会问题是一种客观条件。所谓客观条件是指它的存在状况及其数量大小能够被人们认识，如出生率倾向和失业问题等。客观条件是社会问题存在的必要前提，

---

① 陈庆云．公共政策分析［M］．北京：北京大学出版社，2006 年版。

但不是充分条件。没有客观条件就不可能形成社会问题，但仅仅有了客观条件还不足以构成社会问题。尽管两个不同地区的客观条件完全相同，但这种客观条件可能仅在一个地区会形成社会问题。比如，在公共场所吸烟在一些地区是一个社会问题，而在其他一些地区则不是。

2. 社会问题是主观构造的产物。社会问题不仅仅是一种客观的存在状况，而且是人们主观构造的产物，它是被人们感知、觉察到的状况，是由于价值、规范和利益冲突引起的，需要加以解决的状况。即他们明显感到目前的客观条件已经危及他们所珍视的社会价值观，是对他们所信仰的社会规范的一种背离。因此，一种社会状况构成社会问题或政策问题与否、问题的严重性程度如何是与人的主观判断密切相关的。

3. 社会问题是受价值判断影响的。研究社会问题不仅要研究其产生的客观条件，而且要研究身处其中的人们的价值判断，社会问题受价值判断的影响。这些价值判断使人们以不同的方式、从不同的角度看待同一种状态及其解决方法。人的价值判断不仅在被认定为社会问题的客观条件中起了一种非常重要的动因作用，而且对解决那些被定义为社会问题的客观条件有时还起到阻碍作用。这主要是因为人们并不愿意去支持那些要求他们损害或放弃固有信仰和制度的改良计划。

4. 社会问题是关系到大多数人的问题。如果问题只涉及个人别或少数人的利益，往往不能形成社会焦点，也难以引起人们的普遍重视，因而一般构不成社会问题。比如，工厂倒闭，一部分人失业，那只是他们个人的问题，但由于社会经济动荡而造成许多人失业就会形成社会问题。当然，这也并不等于说对少数人的事政府就可以弃之不管，而只是表明政府应更多地关注那些引起社会普遍反响的事情。

5. 社会问题往往是系统性的问题。社会问题的形成往往具有一个时间发展过程，社会问题不是突然发生的，而是逐渐形成的，它有一个从小到大、从潜到显、从一般到突出、从小范围到大范围的变化过程。任何一个社会问题都不是孤立存在的，它往往是整个社会问题系统中的一个有机组成部分。一个小范围的社会问题往往是一个更大范围的社会问题的局部，且这个小范围的社会问题的内部还有可能包含几个更小范围的社会问题。不同范围、领域、层次的社会问题存在着相互联系、相互制约的辩证统一关系。因此，社会问题的系统性特征要求我们在处理问题时必须从整体出发，从各个具体问题之间的相互关系上去把握，不能“头痛医头，脚痛医脚”。

社会问题数量庞大、种类繁多，而且各种问题相互交织在一起，因此，如何加以分类也是一个值得注意的问题。罗威根据受问题影响的人数多少及其关系，将问题分为分配性的、调节性的和再分配性的三种；邓恩按问题的特性，将政策问题分为三类，即结构良好问题、结构适中问题和结构不良问题。有的学者把社会问题或政策问题划分为实质性的和程序性的两种。实质性问题涉及人类活动所产生的实际后果（如言论自由、环境污染等）；程序性问题则与政府如何组织和如何采取行动有关。还有一种划分方法是将社会问题按问题的起因划分为内政问题和外交问题，内政问题包括教育、税收、犯罪、交通和福利等。

可以从通俗的角度来划分社会政策问题，即按社会生活领域的不同将政策问题分为政治、经济、社会（狭义）和文化等领域的问题：（1）政治领域问题，包括政治体制、机构、外交、军事、行政、人事、民族、阶级等方面的问题；（2）经济领域问题，如生产、流通、分配、消费等生产过程各环节的问题，或财政、金融、产业、分配等方面的问题；（3）社会领域问题，如环保、人口、治安、福利、保障等方面的问题；（4）文化领域的问题，包括科技、文教、体育、卫生等方面的问题。

显然，社会问题或政策问题的划分与政策的分类是一致的，用于处理特定领域问题的措施或办法就构成该领域的政策，如用来处理政治、经济、社会和文化领域的问题的措施或办法就分别是政治政策、经济政策、社会政策和文化政策。

二、目标群体

从人的角度看，公共政策所发生作用的对象是社会成员，公共政策总是表现为对一部分的利益进行分配或调解，这些受规范、制约的社会成员称为目标群体。政策有大有小，它们发生作用的范围不同。因而所要影响或调节、控制的社会成员及其行为的范围不同。党和国家的总政策和基本政策发生作用的范围最广，它们所涉及的几乎是所有的社会成员；而特殊政府部门或地方政府的政策法规发生作用的范围较窄，它们所涉及的仅仅是部分成员、某一阶层、某一行业或某一部门的就业者或某个地区的居民。

政策所要调整或规范的是人的行为以及人与人之间的关系尤其是利益关系。它们鼓励人们去从事某些活动，而禁止人们去从事另一些活动，引导人们朝向政府所期望的目标前进。人们在社会生产和生活中存在着各式各样的、错综复杂的关系，而其中最基本的是利益关系。社会成员及其形成的利益团体在社会的生产和生活中所处的地位不同，社会分工不同，因而必定产生各种不同层次、不同性质的利益要求。这些利益和要求相互影响、交流、撞击，就形成了各种利益关系。因此，党和国家的政策要指导人们处理好全社会成员的利益与各种利益团体利益之间的关系，解决人与人、人与团体、团体与团体之间的利益冲突，建立起一个有利于安定团结，促进生产力发展的利益格局。在这种格局中，国家、集体和个人三者的利益之间，整体利益与局部利益之间，长远利益与局部利益之间都能有效地协调起来。

目标群体的作用不可小视。政策能否落实，目标能否实现，不单纯取决于政策制定者或政策执行者的一厢情愿，它与目标群体的态度有着直接的联系。目标群体理解、接受、遵从政策的程度是衡量政策有效性的关键性因素。目标群体对公共政策的态度选择有两种形式，一是接受，二是不接受。但是，接受又可以划分为完全接受或部分接受、积极接受或消极接受；不接受可以划分为完全不接受或部分不接受、积极不接受或消极不接受。一项政策如果能使目标群体获得一定的利益，那么它相对就容易为目标群体所接受；反之，一项政策如果被目标群体视为对其利益的剥夺和损害，那么它就难以得到目标群体的认可。

目标群体能够接受、遵从和执行某一项公共政策的原因有很多，有的学者把其归因于政治社会化、传统思想观念和行为习惯的制约、政策合法化、成本利益衡量、顾全大局观念、基于私利、避免惩罚、情势变迁等，认为目标群体不接受政策的原因有价值观念冲突、同辈团体的社会化、传媒影响、追求目前利益、选择性认知不同、政策本身不妥等。

政策客体的识别具有不可忽视的重要意义。了解政策所发生作用的社会生活领域问题的性质和特点，了解政策涉及的社会成员（目标群体）的需要、利益和心态，有助于制定出适应具体情况，能被人民群众普遍接受或能被多数人理解的政策，有助于政策的顺利执行，充分发挥政策的作用，取得预期的政策结果。

第三节　公共政策环境

公共政策总是在一定环境中和一定条件下运行的，而且要以一定的物质资源、人力资源和权力资源作为基础。离开了这些资源和环境条件，公共政策无法运行。换言之，公共政策的制定、执行等每一个环节无不受到环境的制约。伴随着市场力量的壮大、非政府组织的崛起等，政府的每一项决策都必须考虑到环境的作用。

一、公共政策与政策环境的关系

所谓公共政策环境就是指影响公共政策产生、存在和发展的一切因素的总和。总的来说，公共政策是政策环境的产物，二者存在辩证统一的关系。环境决定和制约政策，起主导作用；政策则改善和塑造环境，具有反作用。

具体而言，公共政策与政策环境的关系如下：

1. 公共政策是随着社会的发展由环境的需要而产生的。由于私有制的出现、阶级的产生、统治集团的形成和国家机器的建立，才有了以社会管理为目标并代表统治阶级意志的公共政策的出现。如果没有这样的政治和社会环境的形成，公共政策也就没有存在的必要。

2. 公共政策必须适应政策环境。有什么样的政策环境，就应该有什么样的公共政策。如果公共政策与政策环境存在严重的对立和冲突，那么这样的政策必将走向失败。比如一些贫穷落后的国家，不考虑本国的基本国情，盲目移植、机械照搬一些西方发达国家的政策经验，其结果必将是由于不适应本土特色而走向失败。这也是为什么中国政府在借鉴别国政策经验的时候，融入了“中国特色”的概念。

3. 政策环境的发展变化必然导致公共政策的发展变化。随着历史的演进、社会的发展，政策环境不断地变化着，公共政策必须要适应这种变化的需要，否则就会阻碍社会系统的良性运转，产生消极的影响。

4. 公共政策也不完全是消极的和被动的，它对政策环境也具有一定的能动作用。正确认识和合理发挥这种作用，是政策实施的重要目标，也是研究政策环境的主要原因。公共政策的作用发挥得好，就能达到改善政策环境的目的，使政策环境不断地得到优化，按照公共政策的目标去发展；反之，公共政策的作用发挥得差，就会使政策环境不断恶化，成为政策环境良性发展的羁绊。

二、公共政策环境的构成

戴维·伊斯顿（David Easton）在《政治生活的系统分析》一书中将政策环境分为社会内部环境和社会外部环境两个部分。社会内部环境包括生态系统、生物系统、个人系统以及社会系统；社会外部环境是某社会本身以外的系统，它们是国际社会的功能部分，或者我们可以将其描述为“超社会”“超系统”环境。我们认为公共政策的一般环境包括经济环境、政治法治环境、社会文化环境和国际环境。

（一）经济环境

公共政策的经济环境是指制定与实施某一项具体政策时，对政策系统有重要影响的各种经济因素的总和，即整个世界经济的格局与运行状态，一国或一个地区经济体制、经济结构、经济发展速度、经济总量等诸要素的总和。社会的经济基础决定上层建筑，同时上层建筑对经济基础具有反作用，从而说明社会经济环境对公共政策制定具有决定性的影响。无论什么性质的国家或地区，其政府决策体制、目标、职能、行为、原则、方法等都要受到经济环境的制约。因为经济环境是人类社会生活中最基本的环境。政策系统不可能超越经济环境所提供的条件和要求。另一方面，政策系统对经济环境的反作用主要表现在它可以促进或阻碍生产力和科学技术的发展以及生产关系的健全与完善。只有正确地认识经济环境，才能有效地制定和执行公共政策。

（二）政治环境

公共政策的政治环境是指制定与实施具体的政策时，可能面对的总的政治状态，包括一个国家或一个地区的政治体制、政治结构、政治文化、政治关系等。政治环境对公共政策系统的影响表现为：首先，政治环境决定着公共政策系统的性质。特定的政治体制和政治结构决定了立法机关、行政机关、司法机关、政党、利益集团、非政府组织、公民等政策主体的权力及相互之间的关系。公共权力在各政策主体之间的分配方式以及运行机制的设计决定了公共政策系统的性质。其次，政治环境决定着公共政策系统的民主化程度。政治生活的核心问题是民主化。如果体制外的主体缺乏参与公共政策过程的制度化途径，体制内的主体与体制外的主体缺乏良性互动，政策系统就会成为封闭的、具有专制性质的系统。只有构建畅通的、制度化的参与途径，让个人和群体参与公共决策，形成多元主体间的良性互动，决策的民主化才能实现。最后，政治环境决定着公共政策的合法化程度。只有在一个法律制度健全，司法独立，真正做到依法治国、依法行政的社会中，公共政策才有可能从内容到形式都实现合法化。有了合法化的政策，再有完善的法治环境，公共政策才有可能得到有效贯彻实施。

（三）社会文化环境

主要包括社会环境和文化资源环境。公共政策的社会环境是指制定和实施具体政策时，可能面对的总的社会状况，它是社会人口、群体、职业、规范等的总和。公共政策的文化环境是指制定与实施具体政策时，可能会面临的总的文化状况，它是一国或一个地区教育、科技、道德等的总和。社会文化环境对公共政策系统的影响有两个方面：首先，社会文化环境影响公共政策系统运行所需的智力条件。一个教育、科技、文化比较发达的社会，能够为公共政策系统运行的各个环节配备高素质的人员，提供各种现代化的科技手段，准备信息收集和处理的工具和条件，从而提高政策系统运行的效率。其次，社会文化环境影响公共政策系统运行的伦理和心理条件。如果一个社会具有良好的伦理道德传统，政策的制定者和执行者具有正义感和责任感，政策目标群体具有良好的心理素质，政策系统运行起来就比较顺畅，摩擦较少。

（四）国际环境

公共政策的国际环境指的是对一个国家或地区的生存与发展产生影响的，由国家、国际组织相互间的竞争、合作、冲突所形成的带有一定稳定性的世界政治、经济、文化运行的秩序与格局。当代公共政策的国际环境虽然还没有从变动中完全稳定下来，但是，其主要的趋势已经显露出来。趋势之一即国际环境正朝着和平与发展的方向演变；趋势之二即全球化、市场化和信息化是当代人类社会发展的三大主要浪潮。

每个国家都置身于国际大背景中。一个国家的公共政策不仅受国内环境因素的影响，而且受国际环境因素的牵制和约束。把公共政策置于国际背景中，不仅是比较公共政策的优劣和效能的需要，同时也是每个国家制定和实施公共政策尤其是外交政策的基本需要。

首先，国际环境影响公共政策系统的价值选择。当今世界和平与发展的主题要求政策系统将注意力集中到经济建设上去，特别是对发展中国家而言，更应该以发展为中心，应利用稳定的国家环境加快本国经济社会发展，推进现代化。

其次，国际环境影响公共政策系统的参照系选择。全球化趋势要求一个国家或地区的公共政策系统打破故步自封，与其他国家或地区的政策系统开展竞争与合作。

政策系统之间的交流与互动为评价政策系统运行效能提供了新的参考系，为公共政策的目标定位和手段选择提供了参考依据。

最后，国际环境影响公共政策系统的性质。在全球化、市场化和信息化的影响下，一个国家或地区的公共政策系统越来越受到国际组织、跨国公司的制约。

总之，政策环境由多种要素构成，有政治的、经济的、文化的、人口的、国际的、国内的、自然的、社会的，等等，所涉及的范围很广。随着经济发展和科技革命的推动，公共政策领域呈现出更加多样化的趋势，不断出现一些前所未有的问题，而很多旧有的问题也发生了新的变化，使新旧问题呈现出相互交织的状态，因此，重视和研究政策环境及其对公共政策的重大影响在新时期仍然具有十分重要的意义。

案例 3－3－1　L 省林业产权体制改革

L 省地处中国中南部，是重点林区，森林覆盖率为 60.05%，位居全国第二。全省有林地面积 1.3 亿亩，林木蓄积量 3.5 亿立方米。林业在该省经济社会发展中占有相当大的比重，特别是重点林业县、乡，有的县 70% 以上的农民收入来自林业，不少县 40% 左右的财政收入来自林业。2004 年全年该省实现林业总产值 307 亿元。

但是，长期以来，如此丰富的林业资源却没有给山民们带来真正的实惠。改革开放之前，我国实行“一大二公”的计划经济模式。1958 年，为了解决日益严重的粮食紧张问题，中央号召各地开荒种地，该省的山民们纷纷毁林种地，造成该省历史上第一次大规模滥砍滥伐。1981 年，我国在农业方面实行家庭联产承包责任制、包产到户的政策，取得了成功。于是，这一条经验被推广到林业领域，实行了分山到户。可是，仅仅两年之后，分山到户的政策就出现了种种弊端。林业资源不同于种植业，其生产周期长达几十年的时间，而在当时，农民迫切需要解决温饱问题，对于短期内难以产生经济效益的林业资源缺乏热情。更加之农民担心政策多变，于是在短期利益的驱动下，产生了“多得不如现得”的心理，造成第二次大规模滥砍滥伐。等到中央对分山到户的政策“刹车”的时候，该省早已经把山林资源瓜分殆尽了。

随后，林业主管部门吸取两次毁林的经验教训，听取了专家的意见，提出了适度规模经营的模式。各级地方政府纷纷收回山林，创办乡村林场。这种做法在一段时间内产生了积极的效果，并在全国推广。但是，出于各种考虑，政府并没有收回山民手中的林权证。

但是，随着市场经济的逐步推进，该省的林业出现了许多新的问题。2004 年，省政府有关部门对林业展开了为期一个多月的调研，通过调研，发现当前林业发展存在一些比较突出的问题：一是产权不明晰，集体林80%以上属于集体所有，20世纪80年代初期虽然进行了林业“三定”，但后来很多地方把山又收回来了，没有收回来的也有很多没有确权发证，存在很多遗留问题。二是林业税费负担过重，林农没有积极性。税费操作是先保国家税收，其次是保育林基金，再保县乡村收费，剩下的才给林农。2003年，全省林业税费收入总额为9.35亿元，其中不合理收费就占了约3.5亿元。据对10个重点林业乡镇的调查，每立方米的原杉木本地平均市场销售价格是420.40元，但包括在收购运销环节缴交的各种税费平均为235.66元，占销售价格的56.06%，这严重挫伤了林农的积极性。三是对木竹经营管得过死，许多地方大搞地方保护主义，林农没有经营自主权。四是林木、林地流转不规范，造成国有集体林业资产流失，存在暗箱操作。五是重点林业县和林业部门包袱重，2003年，全省林业收费及财政预算安排支出总额为7.50亿元，其中，收费支出5.25亿元，占支出总额的70%；财政预算安排支出2.25亿元，占支出总额的30%。2003年年末，全省林业系统共有职工135 270人（不包括省级），欠债达35亿元。80%以上的林业行政事业单位没有列入财政预算，职工的工资靠育林基金，育林基金变成了“育人基金”。

问题：1.影响L省林业政策的主要政策环境因素有哪些？

2. L省的林业政策为什么会失效？

第四节　政策组织系统

现代公共政策的制定是一个有组织的过程，在不同的组织中公共政策主体承担着不同的职责和任务，从而构成了一个政策信息收集、政策内容研究与咨询、政策方案抉择、政策执行、政策监控以及评估等一个完整的政策组织系统。

现代化、科学化的公共政策系统是由信息、咨询（参谋）、决断、执行和监控等子系统所构成的大系统。政策过程及其各项功能活动是由这些子系统共同完成的，这些子系统各有分工、相互独立，又密切配合、协同一致，促使政策大系统的运行得以顺利地展开。

一、政策信息系统

这一系统主要负责政策信息的收集、整理与加工。由于决策信息的增多以及现代公共政策决策的复杂化与专业化，使得在决策中掌握准确与及时的信息越来越困难，因此，必须借助于专门的信息处理机构与处理系统。

信息系统的功能主要有：

1. 信息的收集。通过各种渠道收集与决策有关的信息。如通过领导以及公务人员进行调查研究，收集社会发展中的信息，了解社会发展的动态以及突出的社会问题；通过大众媒体收集并反映一般的社会信息；通过政府组织内部的专门信息机构收集信息，如政府的统计机构，定期收集反映社会政治、经济等各方面的信息；委托社会调查机构收集某一方面特定内容的信息等。这些都是制定公共政策所必不可少的信息资料。

2. 信息的加工与整理。收集的信息数量庞大、类别复杂，而制定公共政策往往需要相对集中与准确的信息，因此，必须对信息进行分门别类、去伪存真的分析与整理，以使所提供的信息准确、可靠与适用。

3. 信息的提供。信息系统要保证经过处理的信息，及时、准确以及有效地提供给政策的制定者。这就需要建立及时的信息传递系统，保证信息不延误；同时还要保证信息的准确，防止信息传递过程中的失误与失真。

二、政策咨询系统

随着社会公共事务的复杂化与专业化程度的提高，政府公共政策的制定更加需要外脑的支持，因此，现代的思想库应运而生，这些思想库就构成了公共政策的研究与咨询系统。现代公共政策思想库主要有以下四种类型：

（一）官方思想库

这类思想库通常隶属于不同国家或地区的政府及其职能部门，带有明确的官方色彩，反映了政府一定的态度、立场和感兴趣的问题。它们直接研究政策问题，为决策提供咨询。官方思想库也有几种类型。

1. 最高行政长官的研究咨询机构。它们由最高行政长官的办事机构和专门委员会组成。比如美国总统科学咨询委员会、荷兰政策科学评议会、日本审议会、法国总统府中的总秘书处等。这种机构与最高决策者保持密切联系，及时提供各方面的情报和资料，提供各种备选方案，作为政策制定者决策的依据与参考，对最高决策者起着巨大的影响作用。

2. 相对独立的研究咨询机构。它们与行政系统关系密切，成员由政府任命，但又保持自己相对独立的组织体系和研究方法。如法国的经济和社会委员会、荷兰的国务会议和社会经济理事会。这类思想库在西方政治生活中占有重要地位，对国家的立法、行政和司法都有很大影响。如法国的经济和社会委员会素有“第三议会”之称。

3. 部门的咨询机构。它们为各部门提供研究咨询服务，其形式多样，层次分明，构成一个相互关联、各司其职的系统。例如，日本政府各部都有相当数量的审议会作为咨询机构，通产省设有 3 个审议会，厚生省设有 21 个审议会，它们对专题进行研究，提出各种方案，供各部门决策选用。

（二）半官方思想库

西方国家为了让专家们能在民间的环境中工作，以保持其研究的独立性，同时又能够为政府部门服务，通过各种途径和方式，建立了许多半官方思想库。

1. 政府通过投资和资助重点研究领域和方向，把它们纳入为政府服务的轨道。如作为日本“智库总管”的综合研究开发机构的重要任务就是根据日本政府的需要拟定研究课题，分配给有关民间研究机构，并提供充足的资金保证。德国基尔世界经济研究所一半以上的经费由政府提供。西方政府正是通过资金上的援助与这些思想库建立了长期的、稳定的、密切的合作关系。

2. 政府通过和思想库签订合同，建立相互依存的关系。如斯坦福国际咨询研究所总收入的70%来自政府和军方的合同收入，它是主要为政府和军方服务的半官方研究咨询机构。

3. 与政府部门对口挂钩的思想库。虽然政府对这一类思想库的资助只占很小一部分，但它们与政府部门对口挂钩，直接为对口的政府部门提供研究咨询服务。因此，它们实际上也是半官方的研究咨询机构。如美国对外关系委员会（与国务院对口挂钩）、经济发展委员会（与商务部对口挂钩）、税务基金会（与财政部对口挂钩）。

（三）民间思想库

民间思想库是由民间发起，得到基金会和企业资助，为国家机构及其长官服务的政策研究机构，如美国现代问题研究所、美国企业公共政策研究所、外交政策研究所等。民间思想库是思想库的典型形式，其最大特点是独立性和客观性。它们熟悉技术方法，不为个人意志所左右，直接体察民情，既超脱又接近实际，研究成果更具客观性、正确性、全局性、有效性。民间思想库有两大优势：一是由于民间政策研究组织有一定社会性，在获取真实信息方面有较多优势和有利条件，可以克服行政性研究机构在搜集真实政策信息上的局限性；二是可以保持政策研究的连续性和系统性，克服行政性研究机构因领导人更迭和领导注意力转移而影响政策研究课题和条件的弊端，有利于提高决策的透明度、开放度与民众参与度，对社会政治经济的稳定有积极意义。民间思想库对公共决策的作用巨大。如二十世纪六七十年代，美国布鲁金斯学会出版的《制定国家优先项目》（每年1卷），由布鲁金斯学会的学者评价总统的全部规划，提出各种可供选择的方案，并对不同于总统设想的各种替代方案可能产生的影响做出评估，对政府的公共政策施加了很大的影响。

（四）跨国思想库

这是由世界各国科学家、经济学家、企业家、政策科学家组成的，以研究人类全球问题为主的思想库。首先，这类思想库研究的是在规模上具有全球性，在性质上涉及全人类的利益，在解决时需要世界各国协同努力、采取共同对策的问题。其次，它们经常与一些国家的政府首脑和著名政治家举行联席会议，共同磋商、讨论问题。最后，它们努力促进各国成员之间的交流，交流解决各国所面临的问题的经验方法，探讨各种专业知识的综合方法。例如，著名的跨国思想库罗马俱乐部，其研究报告始终广泛地吸引着世界各国政府，并引发了20世纪70年代以来在西方世界中占有重要地位的社会运动——生态和环境保护运动。跨国思想库以研究课题的魅力，不为任何国家、政党利益服务，只关心全人类的利益和人类未来的宗旨，发挥着其他思想库所难以发挥的作用，影响着人类的明天。

现代思想库有着提供政策信息、诊断政策问题、提供政策方案、评估政策得失的重要作用。重视和鼓励政策咨询机构的发展对于提高公共政策的科学化水平有着重要的意义。

三、政策决断系统

这是公共政策组织系统中的关键系统，一般由具有决断权力的领导者组成。可以是领导者个人也可以是领导集体。这个系统的职责是确定公共政策问题以及决策目标；对决策方案进行选择；推动决策的实施并对决策的后果负责。西方国家由于普遍采取的是议会制，因此，议会、政府（行政机构）分别承担着重大公共政策的决断权。虽然都实行的是议会制，但是由于各国的具体制度不同，在政府决策体制中也有一定的差异。如在实行总统制的国家，总统既是国家元首又是政府首脑，对公共事务有决定权。总统对议会通过的公共政策（如法律等）有否决权，议会通过的公共政策要经过总统的批准才能生效。同时，总统做出的公共政策也要受议会的监督和制约。内阁决策是以总统的意见为准，包括副总统在内的内阁成员只是总统的参谋与助手。实行内阁制的国家，议会是国家的最高权力中心，首相（或总理）是政府首脑，行政权属于首相。在内阁中，首相对公共事务做出重大的决策要广泛听取内阁成员的意见，最后以首相的意见为准，但是，首相领导的内阁要集体向议会负责，实行的是“责任内阁制”。而实行委员会制的国家，联邦委员会决策采取集体决策形式，包括总统（主席）、副总统（副主席）在内，委员们的地位完全平等，职权完全相同，政府的一切决策都由委员会集体讨论，以少数服从多数的原则予以通过。我国采取的是人民代表大会制度。

在公共政策的决断系统中，最重要的是要处理好“个人决策”与“集体决策”以及“谋”与“断”的关系。个人决策是指领导者个人具有较多的决断权，决策的成败与领导者的能力、素质有很大的关系，如果领导者高瞻远瞩，善于把握社会发展的方向，对重大社会问题做出正确的判断并及时做出决定，就会推动社会的发展，给民众带来幸福，但是如果领导者判断失误，做出错误的决策，也会给社会和民众带来痛苦甚至灾难。尤其是领导者把决策的运用演变成专断或独裁，其负面后果就更加严重。因此，在对重大的公共政策决策时，应该发挥集体的智慧，善于听取各方面的意见和咨询，并建立起监督机制，才能保证决策的合理性与科学性，从而避免重大决策失误。

四、政策执行系统

公共政策的执行是指具体落实决断系统所确定的公共政策的内容与目标的活动。政策执行系统包括执行的组织、执行的过程以及执行的手段等一系列内容。

公共政策执行是与政策制定有着同等重要意义的政策活动，但是，在实际工作中往往重政策的制定，轻政策的执行，许多正确和科学的决策由于没有得到认真执行，从而不能发挥政策的作用；有些政策因为执行中“走了样”，不仅没有发挥政策的良好作用，甚至是本末倒置走向了反面。可见，政策执行对于政策的成败有着至关重要的作用。

公共政策的执行需要依赖一定的组织与人员。一般来讲，政府依法设立的公共机构承担着公共政策执行的主要任务。如国家的教育政策与教育法规依靠从上到下的各级教育机构来承担，卫生政策需要各级卫生组织来执行，同时，政府为了某项公共政策的执行也可能单独成立专门或临时性的执行机构。

政策执行人员的政策观念、行政能力都对执行效果产生重要影响，因此，应当首先对政策执行人员进行政策与法律的宣传，使之先理解政策目标和政策内容，只有在理解的基础上，执行才会主动；其次，要通过培训等途径提高执行人员的水平与行政能力；再次，建立科学的执行评估制度，对执行人员的表现与贡献进行科学、公平的评估。

政策执行需要有一定的资源保证。资金、物资、设备等都需要配备，从而保证政策切实落实。如制定扶贫公共政策，就要明确资源从哪里来；是否落实了相应的预算，如果是实物补助，那么资金由哪儿出；用什么样的方式给付等。如果政策执行缺少资源保障，这种政策只能是纸上谈兵，根本无法执行下去，那么政策目标也就无法实现。

政策执行系统在公共决策活动中的作用是：（1）为政策方案或项目的执行做好准备；（2）将政策付诸实践，从事指挥、沟通、协调等方面的活动；（3）分析和总结执行情况。

五、政策监控与评估系统

公共政策的监控系统是监督公共政策从制定到执行的整个过程，既监督公共政策目标又监控决策的过程，同时还监控决策执行中的权力实施。监控系统分内部和外部两部分，外部是指有监控权力的组织和个人对公共政策制定与执行的监控，包括人民群众的监控，而内部监控是指公共组织内部对政策制定与执行的监控。

公共政策评估是公共政策过程的一个重要环节。通过公共政策评估，人们不仅能够判定某一政策本身的价值，从而决定这项政策应该继续、调整还是终结，而且能够对公共政策过程的各个阶段进行全面的考察和分析，总结经验，吸取教训，为以后的公共政策实践提供良好的基础。从这个意义上讲，公共政策评估也是迈向高质量的政策决策的必由之路。

案例 3－4－1 定海古城被毁事件

浙江舟山的定海古城见证了中国历史上的许多重大事件，明代抗倭斗争、南明抗清斗争和鸦片战争都发生于此。在第一次鸦片战争期间，定海是仅次于虎门的第二战场，发生过两次大的血战。在英军攻占定海城的最后时刻，定海守军1500名官兵浴血奋战，在惨烈的巷战中，一天内葛云飞、王锡明、郑国鸿三位总兵壮烈牺牲。县令姚怀祥不甘侵略者占领投水自尽。定海作为一座英雄的城市，保留了当年的许多历史遗址。经过历朝历代特别是清朝和民国时期的建设，形成了定海独有的历史文化风貌。这里许多民居的建筑风格既保留着汉文化传统，又吸纳了西洋石木结构的建筑特色，在建筑学上形成了独特的历史风格。由于定海处于中国对外开放的地理前沿，它还是近代民族工商业和外贸史上名扬海内外的宁波商帮的发祥地，近代和当代名人辈出。由于这里是兵家之地，遗留有官府宅第，如蓝总兵府；有工商界知名人士的故居，如朱葆兰、刘鸿生、刘显哉、安子介、董浩云，香港前特首董建华、文化名人三毛等人的祖居也在此地。这些故居都蕴含有大量的历史文化信息。

定海老城街区虽然在“大跃进”和“文革”时期遭到一些破坏，但整体格局保存相当完整。1986年，舟山行署推荐定海县城关镇为“历史文化名镇”时说：“（定海）城内主要街道分布大都依旧，东管庙弄、人民北路有较典型的清晚期的深院大宅，建筑考究、工艺精巧、木雕艺术生动优美。东西大街和中大街中，现仍保留着五道防火墙。城镇西区尚保留着原小城镇的古朴别致风貌，电影《玉色蝴蝶》的部分外景就在这里拍摄。”正因为有这些风格独特的老街区，浙江省人民政府于1991年将舟山市列为浙江省首批历史文化名城之一，并将该市定海区的老街区作为重点保护街区。1997年，舟山市政府制定了包括历史文化名城保护规划在内的《舟山市城市总体规划（1996—2010）》。

1996年，舟山开始了大规模的旧城改造。在“旧城改造”的名义下，舟山市把大片大片的古街区拆毁。旧城区中的北大街、前府街、陶家弄、东管庙弄、芙蓉洲路、东大街和西大街等几条街道上的许多连接成片的深宅大院被拆毁，盖起了一座座玻璃幕墙或瓷砖外装修的高楼，一座好端端的文化古城被搞得七零八落，面目全非。

舟山市拆毁定海古城的理由是：广大居民要求改善居住环境的呼声很高；城市的面貌需要不断更新；舟山市土地资源十分紧缺。凭借这样的理由，他们认为定海古城已无保护的必要。但是，就在1997年9月舟山市政府制定的《舟山市城市总体规划（1996—2010)》(以下简称《规划》）中，第十二章就是“历史文化名城保护规划”，在“重点保护整治地区”中称：根据历史文化名城的要求结合舟山市城市建设的实际，确定东至芙蓉洲路，南至东、西大街以南一带，西至总府弄，北至昌国路一片为古城绝对保护区。

在破坏古城的行为招惹众怒之后，舟山市自己制定的《历史文化名城保护规划》成为控诉的最有效证据。为此，舟山市城建委辩解说，这份经浙江省人民政府批准的《规划》，“该章节（《历史文化名城保护规划》）由市文物管理办公室编写，由于旧城改造在1993年就做了准备工作，1996年1月在县府街（即目前改造的总府路一带）开始了拆迁等工作，正式实施改造，而文物部门不了解这一情况，因此在具体保护区范围划定时将部分已做改造的城区划入了保护区，由于本委审稿把关不严，导致了部分错误，同时，在新制定的《规划》中由于文字表达不当，采用了‘绝对保护区’名称，导致人们误解，致使混淆‘区’与‘点’保护之间的关系(正确的表述应为：重点保护区)。”

1999年7月，定海老街的保与拆之争已进入白热化。1999年7月初，市委召开了扩大会议，“五套班子”统一认识，要求“旧城改造”的拆迁工作要加快进行。紧接着，定海区法院也发出了通知，将在7月12日张贴公告，“限期强制执行”拆迁。

眼看着大片大片的传统民居和历史街区被推倒铲平，剩下的也被搞得支离破碎，一座好端端的名城风貌元气大伤，舟山市的有识之士和一些群众不断呼吁，未能阻止政府的拆迁行为。1999年7月5日，刘家大院与蓝府产权人联合以政府拆迁办核发房屋拆迁许可证及发布拆迁公告行为违法并损害其财产权为由，向舟山市定海区人民法院提起行政诉讼。行政诉讼的提起引起了文物保护专家、法律界和新闻媒体的广泛关注。

1999年7月9日，中央人民广播电台《午间半小时》播出专题，就舟山市政府违背自己制定的城市规划、大肆毁坏历史文化名城的事件做了详细报道。第二天，《人民日报》刊登情况反映《舟山古城历史悠久应该珍惜》，同时配了两幅舟山市拆毁保护区内历史建筑的现场照片。

与此同时，专家们对舟山市的破坏行为也进行了不断的反对和阻止。7月初召开的全国历史文化名城专家委员会二届一次会议上，与会专家委员们表示焦虑：舟山这次破坏名城的行动来势凶猛，不设法阻止，这么多有价值的历史文化遗存很快便会毁之殆尽。同时有专家表示欣慰：以前都是这些白发苍苍的老专家们到处呼吁、到处救火，这次是群众自发地联合起来保护名城，其意义非比寻常。为了声援群众的这种行动，会上一致通过决议，要求浙江省舟山市立即停止拆迁工作，发出了“刀下留城”的呐喊。

1999 年 7 月 12 日，浙江省人大常委会主任会议也一致通过决议，要求舟山市停止对历史名城的破坏。次日，浙江省副省长鲁松庭批示，由浙江省文物局、省建设厅和省人大教科文卫委员会联合就此事进行调查。随即，建设部、国家文物局亦联合发文，“责令舟山市立即停止”。1999 年 7 月 16 日，由浙江省人大、省建设厅和文物局有关人员组成的联合调查组赶赴舟山市了解情况。

为了阻止舟山市继续将名城破坏下去，7 月 25 日，浙江省人大常委会批准通过了《浙江省历史文化名城保护条例》，成为我国最先出台此项法规的省份之一，给濒于毁灭的历史名城提供了一道法律的保护屏障。

1999 年 8 月 24 日，应浙江省建设厅的邀请，建设部委托全国历史文化名城保护专家委员会部分委员赴舟山了解情况。专家在听取了舟山市政府及有关部门的情况介绍和实地踏勘之后，对名城总体格局和风貌的破坏表示十分惋惜，并提出了 8 条中肯的保护意见。

然而，这些专家的意见、新闻舆论的呼吁乃至立法的手段都没能阻止当地政府拆除定海古城的行为。

1999 年 8 月 25 日，刘家大院与蓝府产权人状告舟山市政府破坏历史文化名城案在舟山市定海区人民法院开庭审理，并当庭做出原告败诉的判决。我国行政诉讼法领域许多权威专家都曾发表对此案的看法。全国人大内务司法委员会委员、国家行政学院法学部主任应松年教授尖锐地指出：“法院是保护法律的机构，而不是‘五套班子’的工具。法院应该向法律负责。就行政诉讼而言，法院是审查政府行为，而不是保护、维护政府的违法行为。严格来说，法院是对法律负责，舟山市的法院应该严格依法审理，不要再找一些歪道理来为政府的违法行为辩护。从此次保卫定海古城的过程来看，人民保护历史文化的觉悟远远超过当地一些领导，依法治国、依法行政首先要治官。”

2000 年 3 月 30 日，刘家大院产权人状告舟山市政府破坏历史文化名城上诉案在舟山市中级人民法院开庭审理。5 月 11 日，二审做出上诉方败诉的判决。判决书送达上诉方代理人后，刘家大院随之被全部拆毁。

为了防止这种悲剧在全国其他地方发生，文物专家、法律专家和新闻媒体仍然没有停止呐喊。2000 年 7 月 18 日，全国历史文化名城保护专家委员会专家、法学专家在京共同召开“历史文化名城保护与法治”座谈会，会后以书面形式向建设部和国家文物局递交了意见报告。报告提出保护历史文化名城立法刻不容缓，制定出明确程序，提出可操作的监督措施；对于舟山市破坏历史文化名城的做法应依上级部门的行政管辖权力做出严肃处理，并建议浙江省人民政府，如果历史文化名城的基本要素已遭破坏，应摘掉其名城的“帽子”。专家还建议在《历史文化名城保护法》出台前，应先制定《文化名城保护条例》以解燃眉之急。

2000 年 8 月，中央有关领导给浙江省委做出指示，要求省委、省政府对此事件予以关注。浙江省对批示非常重视，立即组成了由省建设厅、省文物局等部门负责人和专家组成的 15 人调查组进驻舟山市，进行为期 3 天的情况调查。调查组意见书（草稿）中指出：“舟山大肆破坏具有传统风貌的历史街区的行为是一起严重的违法事件，造成的严重后果是市政府主要领导严重的失误。”

问题：在定海古城被毁事件中，政策系统中各个组织系统各自负有什么责任?

第五节　公共决策体制

公共政策决策体制是指公共决策权力运用的制度框架，是决策权力分配的制度和决策程序、规则、方式等的总称。其中，决策权力是一种法律权力，它是法律所赋予的对公共事务进行决断的权力。也可以说是对社会公共事务进行作为与不作为的一种选择权力。决策权力与决策体制是密不可分的，权力的划分决定体制，同时，体制的确定也影响权力的划分。

一、决策权力的划分

公共政策决策权力的划分是由一个国家的基本政治制度和社会制度所决定的，它实际上反映了一个国家政府内部以及政府与社会的关系。

首先，公共决策权力的产生和维护以利益关系为基础。在现实中，公共决策权力与利益之间是互动的关系。利益的维护和发展需要借助公共决策权力的权威性来实现，而公共决策权力的权威性又来自社会公众的认可，必须通过增进公众利益，为公众利益服务来巩固和增强权力的合法性。

其次，公共决策权力的运行实质上就是各种利益相互博弈的过程。决策权力运行的过程就是各种利益之间互相讨价还价的过程，这种情况发生在体制外利益团体与决策者之间、利益团体之间，也发生在体制内各决策主体之间。它们都可以归结为个人利益、团体利益和公共利益之间相互博弈的过程。因此，最终以正式规则形式出现的决策并不是最优决策，而是在综合了各种利益要求的基础上形成的满意决策。

最后，公共决策权力体制因利益关系的改变而改变。随着经济、政治、文化等社会环境的变化，社会利益结构也必然发生改变，新的矛盾和冲突也随之而生，这要求公共决策权力体制做出相应的反应，改变既定的权力安排，通过权力体制的重组和创新，解决新问题可能带来的新的冲突，保持社会的稳定，以维护自身的合法性。当决策权力无法协调这些新情况时，改变现行决策体制的要求将带来更大的压力和挑战。

决策权力的划分具体来讲有四个方面：

1. 政府系统内部决策权力横向划分

即反映一个国家的社会公共事务决策的权力和责任由不同的政府组织来行使与承担。如美国实行三权分立，即公共事务的决策权分别由立法、司法和行政部门来行使，三种权力互相牵制，相互监督。

2. 政府系统内部纵向划分

即政府组织内中央与地方、上级与下级的权力划分。主要体现集权制与分权制的关系。集权制是指决策权集中于中央以及上级机关，中央和上级机关掌握着社会事务决策的重要权力，包括资源的占有与分配、人员的任命与管理等，下级政府与下级机关根据上级机关的指令来行事，没有或者很少有自主权；分权制是指由法律规定了中央与地方各自的权限，上级机关根据法律的规定给予下级机关在其管辖范围内的充分自主权，上级机关不能擅自改变或者剥夺。

集权制与分权制各有利弊。集权制的优点是在制定公共政策时能够统筹资源，协调各地方的利益，并能够高效率地执行；但是这种体制也容易忽略各地方的差异性，不能因地制宜进行决策，同时下级的积极性和主动性也不容易发挥出来。分权制的优点是遵循属地化和基层化的原则，有利于近距离地解决与处理社会公共事务，并由此调动下级的参与性与主动性；其缺陷是各方利益的协调比较困难，容易助长地方主义势力蔓延，从而对整体利益带来损害。采用集权制与分权制与每一个国家的基本政治制度、历史传统等有着密切的联系。

3. 政府系统内部个人权力与集体决策权力的划分

分为首长制与委员会制。这是指公共政策的决策权力是掌握在一人手里还是多人手里的一种权力的划分形式。首长制是指最高决策的权力主要掌握在某个人手中。如历史上的神权制、君主制以及法西斯独裁制等。在现代总统制的国家，行政权主要由总统一人掌握，副总统以及内阁成员都是总统的助手和参谋。委员会制是指决策权力由两个以上的人组成的委员会来行使的一种制度，又称为“合议制”。政府的最高决策权由多人通过集体表决的方式来行使，委员之间的关系是平等的，没有绝对的权力中心。瑞士是实行这一制度的国家。

首长制与委员会制也都各有利弊。首长制决策权力相对集中，有利于对社会事务与社会问题及时进行判断与做出决策，权力集中同时责任也明确，但也容易形成决策权力的专断，甚至走向个人独裁；委员会制的优点是可以集思广益、发挥集体的智慧进行决策，但也会容易使决策迟缓、责任不清、效率不高。

4. 政府系统与社会系统决策权力的划分

政府组织是社会公共事务管理与决策的主体，但不是唯一的主体。许多社会组织承担着公共事务的管理责任，同时也就具有了一定的公共决策的权力。政府接受社会的委托，代表社会来行使一部分公共权力，但是这种权力的行使要受到一定的限制。社会组织在一定范围内享有一定的自主权，这种权力就是自主地决定一定范围内的公共事务的权力也就是决策的权力，这种权力是社会组织固有的权力，政府组织不能侵犯或者取代。

二、决策体制的基本类型

公共政策的决策体制是一个国家政治制度的反映，也是决策权力行使的基本框架。从不同的角度对公共政策决策体制的划分有许多方法，综合起来主要有以下四种类型。

（一）议会制

这是西方国家普遍实行的制度。这个基本制度充分体现了国家元首、政府首脑、议会以及政党在制定公共政策中的权力以及权力分配的关系。但是由于各国的历史与文化传统存在差异，因此在议会制下的决策权力分配关系也有一定的差异，具体可划分为以下形式：

1. 总统制

以美国为代表的实行立法、司法与行政三权分立的政治体制。它的特点是：（1）总统既是国家元首又是政府首脑，对公共事务有决定权。（2）总统由民选产生，对选民负责，议会有权弹劾总统。（3）总统对议会通过的公共政策（如法律等）有否决权，议会通过的公共政策要经过总统的批准才能生效。同时，总统做出的公共政策也要受议会的监督和制约。（4）政府由总统组织，政府官员不得兼任议员。内阁决策以总统的意见为准，包括副总统在内的内阁成员只是总统的参谋与助手。

2. 内阁制

以英国为代表的政府组织形式。它的特点是：（1）议会是国家的最高权力中心，内阁由议会产生，内阁成员兼任国会议员，内阁向议会负责。（2）首相（或总理）是政府首脑，行政权属于首相。首相由议会中多数党的领袖担任。（3）议会可以对内阁提出不信任案，内阁也可以提请国家元首解散议会，重新选举以决定内阁的去与留。（4）在内阁中，首相对公共事务做出重大的决策要广泛听取内阁成员的意见，最后以首相的意见为准，但是，首相领导的内阁要集体向议会负责，实行的是“责任内阁制”。

3. 委员会制

这是以瑞士为代表的一种政府组织体制。它的特点是：（1）国家行政机关联邦委员会是由联邦议会选举产生的。联邦委员会是联邦议会的执行机关，它执行联邦议会制定的法律、政策以及做出的决定。它无权否决联邦议会通过的法律和做出的决定。联邦议会无权迫使联邦委员会辞职。（2）联邦委员会决策采取集体决策形式。包括总统（主席）、副总统（副主席）在内，委员们的地位完全平等，职权完全相同，政府的一切决策都由委员会集体讨论，以少数服从多数的原则予以通过。联邦委员会的委员由政党推荐，由议会选举产生，但他本人并不一定是该政党的领袖。委员一旦当选，不对其所属政党负责，而只能对委员会负责。联邦委员会委员不能兼任议员。

（二）独裁制

这是历史上出现过目前仍然有些国家还在实行的一种决策体制。独裁制有以下三种类型：

1. 宗教领袖型

伊朗伊斯兰共和国是这种类型的代表。伊朗宗教领袖霍梅尼领导人民推翻了近3000年的君主制，建立了伊斯兰共和国，霍梅尼被封为终身的“法吉赫”。他不是政府的一部分，不担任任何职务，但他的权力却超然于“三权”，对整个国家的政教事务起领导作用。虽然伊朗也仿效西方国家的三权分立的原则，规定立法、行政、司法三权分立，但立法权属于真主，没有宗教领袖组成的监护委员会，议会没有合法性，共和国总统是负责协调三权的国家元首，但伊朗并不是一个总统制的国家，而是一个宗教领袖制国家。但自霍梅尼去世以后，伊朗的神权体制有了一些变化。

2. 君主亲政型

君主亲政型与君主立宪型不同。前者君主的权力不受限制，而后者君主的权力受到宪法与其他机构的制约，现代君主制中的君主大多属于“虚位”君主。而君主亲政型的君主权力很大，如沙特阿拉伯是海湾地区最大的君主国，也是典型的君主亲政型的国家。国王是国家元首、家族族长和宗教领袖，国王通过他的家族牢固地控制着相当于内阁的王室长老委员会，并以政治联姻的形式来密切家族与教派首领的关系，实现政教合一，以真主的名义确认了统治家族和家族统治的合法性。

阿曼也是君主亲政型的国家，国家的立法、行政大权均掌握在国王手中，王族成员担任政府重要职位，国家的重大决策问题由王族及国王来决定。

3. 军人独裁型

是由军人发起军事政变从而取得国家的统治权，他们获得政权后，有的镇压反对派，加强专制统治，也有的引进“民主”政体，实行大选，结果多是军人首领成为总统，在“民主”外衣的掩盖下，军人统治的合法性得到增强。

（三）人民代表大会制度

人民代表大会制度是我国的根本政治制度，同时也规定了政府机关的公共权力机制以及相互之间的关系。其特征是：（1）中华人民共和国的一切权力属于人民。人民行使国家权力的机关是全国人民代表大会和地方各级人民代表大会。全国人民代表大会和地方人民代表大会都由人民选举产生。因此，包括人民代表大会在内的所有国家机关都要经常保持与人民群众的联系，倾听人民群众的意见和建议，为人民服务，对人民负责，接受人民监督。（2）人民代表大会通过选举的方式，将国家的行政权、审判权、监督权、军事权等权力分别委托给它所产生的各级政府、法院、检察院、中央军委等国家机关来行使。这些国家机关都要向全国人民代表大会以及地方各级人民代表大会负责，受其监督。其他国家机关与人民代表大会的关系不是平行关系而是从属关系，这与资本主义国家的“三权分立”是不同的。（3）民主集中制是我国国家机关的活动原则。国家机关的活动、做出的重要决定，都要充分发扬民主，在民主的基础上集中正确的意见，以做出正确的决定。

在我国实行人民代表大会制度有以下优越性：（1）人民代表大会制度适合中国的国情，具有很强的生命力。它是中国各族人民在中国共产党领导下，在长期的政权建设实践中建立的，是马克思主义政权建设理论与中国实际情况相结合的产物。（2）人民代表大会制度便于人民参与国家管理，行使当家做主的权力。（3）人民代表大会制度便于集中统一地行使国家权力。各级人民代表大会在行使国家权力的过程中处于主导支配地位，这体现了国家权力与人民权力行使的统一。（4）人民代表大会制度有利于保证中央的统一领导，同时有利于地方积极性和主动性的发挥。

三、人民代表大会制度与议会制的区别

人民代表大会制度是中国人民民主专政的政权组织形式，是中国的根本政治制度。在我国实行人民代表大会制度，是我们党把马克思主义基本原理同中国具体实际相结合的伟大创造，是近代以来中国社会发展的必然选择，是中国共产党带领全国各族人民长期奋斗的重要成果，反映了全国各族人民的共同利益和共同愿望。①

人民代表大会制和议会制，是人们追求民主的两个标准，但两者的差别是明显的。不仅是外在的名称和形式有区别，而且最主要的是其实质性的区别，具体表现

---

① 吴爱明，朱国斌，林震．当代中国政府与政治［M］．北京：中国人民大学出版社，2010年版。

为以下几个方面：

1. 与政党的关系不同

西方政党的职能是进行选举。从西方国家议会和政党的产生、发展历史来看，议会与政党存在着非常紧密的联系。概括起来说，西方国家议会民主制为政党的产生提供了制度空间，为政党的活动提供了合法性基础，同时，政党的出现也为议会运作提供了强大动力，促进议会民主制度的发展。政党脱胎于议会，议会是政党的母体，所以政党自其产生的那一刻起，就是以议会为活动场所的。而政党虽然也是一部分人组成的团体，但这个部分是整体的有机组成部分，它考虑问题的出发点是整体的利益，它为了整体而行动。①

我国人民代表大会受中国共产党的领导，坚持以下三原则：（1）加强中国共产党领导，是坚持和完善人民代表大会制度必须遵循的根本政治原则。中国共产党的领导，是加强人民代表大会制度建设、做好人大工作的基本前提和根本保证。（2）人民当家做主的原则，这是坚持和完善人民代表大会制度的本质要求，也是社会主义民主政治的本质要求。（3）依法治国的原则，这是建设社会主义法治国家和政治文明的重要内容，是中国共产党领导人民治理国家的基本方略。

2. 人民代表和议员之间的区别

人民代表和西方的议员在其代表的阶级基础、职权、有无特权及选举方式上有许多重要区别。

人民代表大会是最高国家权力机关，而西方议会通常只是立法机关。在中国，宪法明文规定，国家的一切权力属于人民，人民行使权利的机关是全国人民代表大会和地方各级人民代表大会。各级人大由民主选举产生，对人民负责，受人民监督。各级人大又受人民委托产生国家行政机关和司法机关，由它们来行使行政权和司法权。行政机关和司法机关要对人大负责，受人大监督，由此保证了人大作为国家权力机关的全权性与至上性。西方实行国家三权分立制度。在这种制度中，立法、行政和司法机关相互独立，它们之间是分工与相互制衡的关系，不存在领导和被领导的关系。例如：在美国，总统和国会在某一决策上有不同的意见可按照一定规则相互否决。在中国，人大一旦做出决议，行政、司法机关必须无条件执行。

3. 在组织形式、组织机构上不同

西方的议会制，大部分采取一院制、两院制；在组织结构上，西方议会由议员、

① 安德鲁·海伍德．政治学（第三版）［M］．张立鹏译．北京：中国人民大学出版社，2013 年版。

议长、委员会、议会党团、工作机构、国家元首组成。国外议员是专职的政治家和社会活动家。西方国家的议会有两院，它们分别产生，之间的关系不是产生与被产生、监督与被监督之间的关系。在立法方面，不能单独行使权力，而只能结合起来行使议会权力。

我国人民代表大会由常务委员会、专门委员会和一些工作机构组成。我国人大代表是兼职的。全国人民代表大会是由多层次间接选举产生的，除县、乡两级人民代表大会外，上级人民代表大会由下级人民代表大会选举产生。

4. 产生的社会历史条件不同

人民代表大会制产生于我国人民大革命斗争中。在中国，由于是先有政党，后有人大，人大是在共产党领导人民通过革命而夺取政权，取得执政地位后建立起来的。在中国，除共产党外还有八个民主党派，它们都公开声明接受共产党领导，与共产党“长期共存，互相监督”，它们之间是执政党和参政党的关系。

资产阶级的议会制产生于封建社会末期资产阶级革命过程中。在西方发达国家，由于先有议会，后有政党，政党是在议会中产生和发展起来的，并且逐步形成“多党竞争，轮流执政”的制度。政党之间是执政党和在野党的关系。政党在议会中的领导作用则主要通过自己党的议员党团来实现。

这两种制度代表了不同的阶级实现统治国家时采取的不同政权、组织形式。

5. 与政府的关系不同

西方的议会是三权分立中的立法机关，仅行使立法权，同政府是制约和分权的关系；我国的人民代表大会是国家的权力机关，统一行使国家权力，具有唯一性和最高性。

第六节 公共政策工具

一、政策工具研究的兴起

公共政策工具是人们为解决某一社会问题或某一政策目标而采用的具体手段和方式。在执行政策时，选用何种政策工具以及用哪一种标准来评价该政策工具的效果等问题对政府能否达成既定政策目标具有决定性影响。从这个意义上来说，政策工具研究是十分有必要的。

公共政策工具研究并不是一个全新的、突然出现的话题。其最早起源于社会科学领域，当初的研究主要集中于一点，即个人或公共组织通过什么样的方式和途径来有目的地影响和作用于社会进步。作为一个跨学科、综合性的研究领域，政策科学对政策工具的重视是在20世纪80年代之后。其兴起的原因是多方面的：一是政策执行的复杂性以及政策的失败导致了人们对政策执行工具或手段的反思，实际的政策执行对工具方面知识需求的增长；二是福利国家的失败以及政府工作的低效率，导致人们对工具途径的政治及意识形态上的支持；三是当代社会科学实践性的增强，特别是应用性社会科学领域越来越多地介入政府的政策和管理实践，导致这些学科的学者对包括工具性知识的更多的追求；四是政策科学研究领域自身的扩展导致了政策工具被纳入学科的视野之中。

20世纪80年代以后，在政策科学及公共行政学领域，出现了不少关于政策工具方面的论著。其中，在80年代最有影响的著作可能要算胡德的《政府的工具》(1983)①；在90年代，最有影响的著作是彼特斯和尼斯潘主编的《公共政策工具》一书②。

此外，与政策科学的其他主题领域的研究有所不同，政策工具研究的兴起及其大本营，并不只是在美国，欧洲大陆尤其是荷兰和德国的政策工具研究的势头更加

① Hood C. The Tools of Government [M]. London: Macmillan, 1983.

② 盖伊·彼得斯等. 公共政策工具：对公共管理工具的评价 [M]. 顾建光译. 北京：中国人民大学出版社，2007年版。

强劲。

二、政策工具的含义

关于政策工具的含义，研究者们有不同的认识，大致存在三种观点：

1. 因果论。这种观点认为政策工具是系统探讨问题症结与解决方案间因果关系的过程。这种观点对于政策工具的定义过于宽泛，公共政策过程本来就是寻找问题症结并设计有效的解决方案。

2. 目的论。这种观点认为政策工具是目的导向的，是一套解决问题、实现政策目标的蓝图。这种观点没有突出政策工具的特色，误将政策工具等同为政策方案。

3. 机制论。这种观点认为政策工具是将政策目标转换为具体政策行动的机制。政府在不同场合运用不同组合的工具来实现政策目标。

尽管对于政策工具的理解有多样性，但是在这种多样性的背后还有理解上的共通性，即人们都承认政策工具是政策目标的手段，这就揭示了政策工具本身所具有的基本属性。政策工具存在的理由是为了实现政策目标，它是作为目标和结果之间的桥梁而存在的。政策工具仅仅是手段，而不是目的本身。因此，我们可以将政策工具定义为：政策工具就是执政党和政府部门选择并确立的，用来实施政策方案，解决社会公共问题，以达到政策预期目的和目标的途径和手段。

三、政策工具的作用

首先，政策工具是实现政策目标的基本途径。政府为了有效地管理国家政治事务、经济文化事务和社会公共事务，必须根据政治、经济、文化和社会发展的情势，针对现实中出现的重大公共问题，制定相应的公共政策，并确定合理的政策目的、目标。被制定的政策通过有效执行最终达成了既定的目的、目标。在这一过程中，与政策目的、目标达成密切相关的是政策工具，政策目的、目标的实现必须以相应的政策工具作为媒介和手段。

其次，政策工具的选择是关系到政策成败的关键。政策执行的核心就是选择和设计有效的工具，政策执行过程实质上就是一个政策工具选择和确定的过程。[①] 在政策执行中，如何选择政策工具、选择何种政策工具以及用何种标准来评价政策工具的效力等问题对政策的有效执行和政策目标的顺利达成具有决定性的影响。

四、政策工具的分类

荷兰经济学家科臣（E. S. Kirschen）最早试图对政策工具加以分类，他着重研

---

① Hood C. The Tools of Government ［M］. London：Macmillan，1983.

究这样的问题，即是否存在着一系列的执行经济政策以获得最优化结果的工具。他整理出 64 种一般化的工具，但并未加以系统化地分类，也没有对这些工具的起源和影响加以理论化探讨。

美国政治学家罗威（Theodore Lowi）、达尔（Robert Alan Dahl）和林德布洛姆（C. E. Lindblom）等人也做过类似的研究，但他们倾向于将这些工具归入一个宽泛的分类框架中，如将工具分为规制性工具和非规制性工具两类。萨尔蒙推进了他们的讨论，增加了开支性工具和非开支性工具两种类型。

著名政策分析家狄龙（Vander Doelen）将政策工具划分为法律工具、经济工具和交流工具三类，每组工具都有其变种，可以限制和扩展其影响行动者行为的可能性。另一种更新近的三分法是将政策工具分为管制性工具、财政激励工具和信息转移工具。

胡德（Hood）提出了一种系统化的分类框架。他认为，所有政策工具都使用下列四种广泛的“政府资源”之一，即政府通过使用其所拥有的信息、权威、财力和可利用的正式组织来处理公共问题。

麦克唐纳尔（L. M. McDonell）和艾莫尔（R. F. Elmore）根据工具所要获得的目标将政策工具分为四类，即命令性工具、激励性工具、能力建设工具和系统变化工具。英格拉姆（H. M. Ingram）等人也做出了一个类似的分类，将政策工具分为激励、能力建设、符号和规劝、学习四类。

加拿大公共政策学者霍莱特（M. Howlett）和拉梅什（M. Ramesh）在《公共政策研究》（1995）一书中根据政策工具的强制性程度来分类，将政策工具分为自愿性工具（非强制性工具）、强制性工具和混合性工具三类。与其他分类方法相比，他们的分类框架更具解释力、更合理。本书将根据他们在《公共政策研究》中的论述，来介绍基本的政策工具。

（一）强制性政策工具

强制性工具（Compulsory instruments）也称指导性工具，它借助国家或政府的权威及强制力，迫使目标团体及个人采取或不采取某种行为。政府为实现其政策目标，可以通过选择管制、公共企业或官僚机构直接供给等手段或方式来履行其功能。政府可以命令某个公民从事特定的活动，可以组建政府控制的企业来履行政府必须承担的职能，或者直接通过政府机构提供物品和服务，来满足社会公众的需要。强制性政策工具体现了政府在处理社会公共问题、提供公共服务时具有较高的强制性，几乎不给政策标的个人、标的团体或标的组织留下自由裁量的余地。

1. 管制

根据里根（M. Reagan）的说法：管制指的是一种活动过程，在这种过程中，政府对个人和机构提出要求或规定某些活动，并经历一种连续的行政管理过程（一般是通过特别指定的管制机构来完成这项工作）。管制是由政府做出的，它们必须为目标团体及个人所遵守、服从，不遵守或不服从将受到惩罚。大部分管制通过行政法规来进行（有些管制实际上就是一般的法律），并由政府部门或特别的机构（如美国的独立管制委员会）来管理。管制采取了不同的形式，如规章、标准、许可、禁止、法律秩序和执行程序等。政府管制遍及于社会生活的许多领域，尤其是物品和服务的价格和标准等方面。政府的管制有经济的和社会的两种基本类型。经济管制是管制的传统形式。它控制诸如产品的价格和数量、投资回报，某一产业中公司的进入或退出等一类的事项，其目的是控制由市场运行所产生的不平衡；社会管制是一种较新的管制类型，它控制诸如健康、安全、职业歧视一类的社会事项。社会管制与经济管制不同，它并不集中在任何特殊的行业（如银行和电信）上，而是集中在诸如污染、安全或道德方面的广泛问题上。

作为一种政策工具，管制有其优缺点。主要优点是：所需的信息较少，较容易实施和管理，成本较低，效果具有直接性且更易见效，适应于作为处理危机的工具。其主要缺点是：扭曲自愿性或私人活动，可能导致经济上的无效率，不利于革新和技术进步，过于刻板而缺乏灵活性等。

2. 公共企业

公共企业也称国有企业。它可以看作一种强制性工具，它是政府管制的一种极端形式。因为在公共企业那里，政府做出特别的规定以控制它的所有活动，这些规定被当作内部管理的指令。政府凭借其所有权而可以为所欲为。

实际上并没有一套可以用来判定一个企业是否为公共企业的明确标准。但一般认为，公共企业具有如下三个特征：

一是它们具有某种程度上的公共所有权（少至50%，高至100%），分析家往往用一个武断的数字，即只要政府拥有一个公司的51%以上的所有权，那么，该公司就是公共企业；二是公共企业受到政府某种程度的控制或直接管理，一个完全摆脱政府控制的公司不能看作公共企业；三是公共企业生产的物品和服务要在市场上出售，这不同于诸如国防、路灯一类的公共物品（这种物品不能直接收费），因而，公共企业的销售收入与成本之间必须保持某种平衡。

作为一种政策工具，公共企业的优点是：在社会需要但私人企业因无利可图等原因而不愿提供的某些物品和服务领域中，它是一种有效的工具；在许多情况下，建立公共企业所必需的信息比管制或自愿性工具少；公共企业可以简化行政管理，并使公共基金（这些基金可以用于公共开支）自然增长。

作为一种政策工具，公共企业主要的缺点是：政府难以对公共企业加以有效的控制，因为公共企业的管理者可以采取很多规避手段；公共企业的运作是低效率甚至是无效率的，即使公共企业长期经营不善也不会破产倒闭，很多公共企业会成为“僵尸企业”①；公共企业的垄断经营常常将低效率的成本转嫁给消费者。

3. 直接提供

由政府机构及其雇员直接提供公共物品或服务，这是一种容易为人们所忽略的基本的和被广泛运用的政策工具。所谓直接提供是指政府为解决公共问题，满足社会公众的需要，直接运用政府的公共权力，由政府及其雇员直接为社会提供公共物品②和服务。政府直接提供公共物品和服务的范围是十分广泛的，政府所做的大量事情，如国防、外交、警察、消防、教育、社会保障、公共用地管理、公园和道路的维修、人口普查、地理测量等都采取这一途径或办法。

直接提供作为政策工具有其优点：其所需信息较少而容易确立；所要求的庞大机构规模，使其能够获得高工作绩效所必需的资源、技巧和信息；能够避免间接提供所出现的一些问题，如谈判、讨论和较高的信息要求；它使交易内在化，从而减少由间接提供所带来的交易成本。

直接提供的政策工具也有其缺点：官僚机构的直接提供往往以僵化刻板为特征，它反应迟缓；对于官僚机构及官员的政治控制容易降低为公众服务的质量；由于缺乏竞争机制，官僚机构没有成本意识而造成经费不足；政府机构内部或跨机构的冲突影响物品和服务的提供等。

（二）自愿性政策工具

自愿性政策工具是指通过个人、家庭、社会组织或市场发挥作用，在自愿的基础上解决公共问题的手段、途径与方法。自愿性工具的特征是它没有或很少有政府参与，它的任务是在自愿的基础上完成的。家庭、志愿者组织和市场之所以去处理某些本来属于公共服务方面的工作，更多的是出于自身的愿望，通过公共服务来求

---

① 僵尸企业是经济学家 Edward. J. Kane 提出的一个经济学概念，就是指那些无望恢复生气，但由于获得放贷者或政府的支持而免于倒闭的负债企业。僵尸企业不同于因问题资产而陷入困境的问题企业，能很快起死回生，僵尸企业的特点是“吸血”的长期性、依赖性，而放弃对僵尸企业的救助，社会局面可能更糟，因此具有绑架勒索性的特征。更多相关内容参考中国人民大学聂辉华教授等人的年度研究报告《中国僵尸企业研究报告——现状、原因和对策》。

② 李国正．公共管理学［M］．北京：首都师范大学出版社，2018 年版。

得道德或情感上的满足。政府在许多公共问题上往往不做什么事情或不主动介入，而留给社会去处理，因为它相信，市场、家庭或志愿者组织自身能够处理好这些问题。自愿性工具是执行经济政策和社会政策的重要工具。

1. 家庭与社区

家庭和社区是一种常见的非强制性工具。在任何社会中，亲戚、朋友和邻居都为个人提供无数的物品和服务，政府也往往有意识地来扩展它们在达成政策目标上的作用。

政府间接地通过削减服务职能而鼓励家庭和社区提供服务，或者政府直接将服务职能转交给社区及家庭。在转轨时期我国政府职能的转变以及加强社区建设的实践中可以明显地看到这一点。家庭和社区可以做许多政府不能做或做不好的事。在几乎所有的社会中，照顾家庭成员和其他亲属是个人及家庭的实质性责任。小孩、老人和病人往往是由家庭及个人来照管的。例如，在美国，据说80%的对老人的医疗卫生服务是由家庭提供的。在许多国家中，社区服务的范围十分广泛，从幼儿入托、老人照管到环境卫生、娱乐保健等无所不包。

将家庭和社区当作一种政策工具的优点在于，它们不花或很少花政府的钱（除非政府提供基金或补助）；在许多服务领域（如残疾人的照顾），家庭和社区比其他工具更合适；而且这种工具在大部分社会受到广泛的支持和欢迎。但是，家庭和社区作为一种政策工具，是虚弱无力的，首先，它们往往只能作为一种辅助工具来使用，面对复杂的经济问题，家庭与社区就显得很乏力；其次，这种工具也产生了公平方面的问题，尤其是对照顾者来说更是如此，毕竟社会上有许多人没有可依靠的人，或可依靠的人没有经济来源，或可依靠的人不愿去照顾他们，再次，与政府集中提供公共服务相比，家庭和社区分散提供的服务缺乏规模效应。可见，家庭和社区工具在解决社会问题时，往往只能作为其他政策工具的一种补充和调节。

2. 志愿者组织

志愿者组织也逐渐成为重要的政策工具。志愿者组织是指既不是在政府的强迫下成立，也不是以营利为目的的社会组织形式。作为一种政策工具，志愿者组织的活动免受国家强制力和经济利益分配的约束。志愿者组织提供某些社会服务，例如，慈善机构为穷人提供医疗保健、教育和食品；志愿者团体提供诸如清洁海滩和公园的公益服务等。

在传统社会里，志愿者或非营利组织就提供了大量的社会服务尤其是从事公益事业，现代福利国家的出现曾一度降低了它们发挥作用的重要性程度。

在当代社会中，志愿者组织被广泛地当作一种处理社会问题的重要手段。在美国这样一个崇尚个人主义和物质利益的典型国家里，非营利组织提供的服务比政府提供的服务要多得多。在我国，随着政府职能的转变，志愿者或非营利组织作为一种政策工具的地位和作用也将日趋重要。

将志愿者组织作为政策工具的优点在于：从理论上说，志愿者组织是一种提供社会服务的有效手段，因为建立在自觉自愿基础上提供的服务是可靠的和低成本的；这种手段也是灵活的和具有回应性的，能迅速满足服务者需要（例如，在救灾方面，志愿者组织的行动往往比政府快）；由志愿者提供社会服务还可以减少对政府的行动的需要或减轻政府的负担；志愿者组织的公共服务还是一种平等的、社会必需的政策工具，因为志愿者组织只有在真正需要的时候和地方才会存在，而且提供的公共服务都是处于基层的公众所需要的；志愿者组织的公共服务能在推动社区服务、促进社会团结以及平等有序地扩大政治参与方面发挥积极作用。

但是，志愿者组织这种政策工具的应用范围有限，大量的经济与社会问题不能通过这种手段来处理；志愿者组织也容易蜕化而变成准官僚机构，从而降低它的效能和效益；现代社会剧烈的竞争和外部较大的压力也使许多社会成员既没时间也没有所需的资源去从事公益劳动。

3. 市场

市场是一种最重要且最有争论的非强制性工具。买卖双方（消费者和厂商）之间的自愿的相互作用——消费者依靠其手中握有的有限数量的货币想尽可能多地购买商品，而厂商则寻求利润的最大化——往往会带来双方都满意的结果。尽管双方都是自利的经济人，但作为一个总体的社会可以从它们的相互作用中获益，即实现社会福利的最大化；而且社会上所需要的一切东西都可能通过市场以最低的价格获得。因此，那些对稀缺资源有需要者可以从为营利而运作的稀缺资源运营单位中购买相应的服务。作为一种应用广泛的工具，市场是提供私人物品的最有效益和效率的手段，是资源配置的有效工具；在某些公共物品和服务领域，市场工具也可能是改进效率和效益的一种有效途径。

然而，市场工具有其明显的局限性，在大部分公共物品和服务领域中，它并不是一种有效的工具，它不能有效地提供诸如国防、警察、路灯一类的纯公共物品；由于存在着不同类型的市场失灵①，市场在提供收费物品和公有池塘

① 市场失灵是指通过市场配置资源不能实现资源的最优配置。一般认为，导致市场失灵的原因包括垄断、外部性、公共物品和不完全信息等因素。

物品①上也存在困难；此外，市场工具也产生严重的公平方面的问题，它会拉大贫富差距，容易导致政治对立与社会动荡。因此，没有一个国家的政府会将市场作为唯一的政策工具，市场工具的应用往往需要有其他工具（如管制）来配合。

（三）混合性政策工具

混合工具结合了自愿工具和强制性工具两者的某些特征及优点。它们允许政府在一定程度上卷入非国家行动者的活动，而将最终的决策权留给私人部门。政府的介入，在最低程度上，可以发布导向信息；在最高程度上，可以对部分行为进行惩罚性课税；在中间程度上，既可以对需要鼓励的行为采取补贴措施，也可以在一些领域建立价格机制。这类工具主要包括信息传播、规劝、补贴、产权拍买、征税和使用者付费等。

1. 信息传播与规劝

信息传播是一种消极性的工具。它由政府向个人、公司及社会发布或提供信息，以期待所期望的行为发生。因为一旦人们获得相关问题的知识或信息，就能做出更明智的行动选择。例如，政府发布经济社会统计方面的信息，公司及个人可以从中做出关于经济社会状况的结论并做出相关的行动上的反应；又如政府要求烟草公司在烟盒上印上“吸烟有害健康”的标识，以引导公民不吸烟或少吸烟。在一些情况下，信息发布确实能引导人们采取行动，但在有些情况下，效果也不太明显，原因是公众没有义务必须按照信息指示行事。

规劝（或说服）是政府试图说服人们去做或不做某事，即力求改变被说服者的偏好和行动，而不只是发布信息而期待所要求的行为发生，但不通过强制性的奖惩来使行为发生。政府运用这种工具是力求改变被说服者的偏好和行动。政府规劝人们爱护环境，形成良好的生活习惯，参加体育锻炼，不要浪费水资源，使用公共交通工具等。

---

① 公共池塘资源（Common - pool resources）就是同时具有非排他性和竞争性的物品，是一种人们共同使用整个资源系统但分别享用资源单位的公共资源。正如奥斯特罗姆教授在《公共事物的治理之道》中所言：“公共池塘资源是一种人们共同使用整个资源系统但分别享用资源单位的公共资源。在这种资源环境中，理性的个人可能导致资源使用拥挤或者资源退化的问题。”最终导致“公地悲剧”的发生。“公地”作为一项资源或财产有许多拥有者，他们中的每一个都有使用权，但没有权利阻止其他人使用，而每一个人都倾向于过度使用，从而造成资源的枯竭。过度砍伐的森林、过度捕捞的渔业资源及污染严重的河流和空气，都是“公地悲剧”的典型例子。

信息传播和规劝工具的优点是：它们容易使用且较稳定；它们是政府对处理那些尚未有明确解决方案的问题的一个便利的出发点；而且通过这种工具而使问题得到解决的话，那么，就不必再做其他任何事情了；这种工具也是一种民主的手段，与重视自由、个人价值的民主规范相一致；运用这种工具在人力和财力的消耗方面是节约的，因为它几乎不需要财政支持或官方强制执行。

但是，信息传播和规劝这种工具是一种虚弱无力的工具，它只希望或要求人们做某事，而没有实际上要人们做某事。如果没有其他工具配合，这种工具的效果往往是有限的。

2. 补贴

补贴是指各种由政府或由政府指导的机构给个人、公司及社会团体的财政转移形式，目标是让得到资助者采取政府所希望发生的行为。尽管最后的选择权留给受资助者，但采取所期望发生的行为的可能性因补贴而增加。补贴有各种形式，包括拨款、税收减免和凭单等。拨款通常提供给生产者，目的是使生产者提供更多的所要求的物品或服务。这种开支来自于政府的财政收入，并必须经过立法机关批准，拨款的例子有政府给大中小学和公共交通的专款等。税收减免作为一种隐蔽的补贴形式，是一种对政府有相当吸引力的工具，它实施起来更容易，它不必经过立法机关批准，因为它实际上不花一分钱。凭单是一些具有面值、由政府给予某些消费者以某种特殊的物品和服务的文书，消费者将这种证明交给其所喜欢的供应商，后者又将这种证明交给政府以获得补偿。此外，低利息贷款也是一种补助形式。

补贴作为一种政策工具的优点有：一是当政府愿望与民众的偏好一致时，它易于确立并加以实施；二是对政府官员来说，它是一种灵活的工具，补贴能够引导人们做出决定；三是允许个人和企业自行选择回应方式，能够鼓励创新；最后，补贴政策易于接受，因为得益者集中于较小范围而政策成本却由全部人口分摊，因此政策能得到较少的受益者的坚决支持，具有更高的政治可行性。

补贴这类政策工具同样存在缺点：补贴需要财政资金（税收减免除外），而要钱总是困难的；获得关于补贴是否达成目的（即所希望的行为是否发生）方面信息的成本是昂贵的；它不是处理危机的合适工具；补助也往往因过多过滥而导致失效；此外，补贴一旦建立起来就难以取消。

3. 产权拍卖

作为一种混合工具，产权拍卖基于这样的假定：市场通常是最有效的配置工具，政府通过产权拍卖，在没有市场的公共物品和服务领域建立起市场。市场通过确定一定数量的对消费者指定的资源和可转移的产权而建立起市场，创造人为的稀缺，并让价格机制起作用。

这种工具使用的一个典型例子是污染防治。许多国家采用了这种工具来控制有害污染物的排放。基本思路是：政府确定可以进入市场的污染物的量，并定期拍卖可利用的释放数量的产权。计划在生产过程中使用污染物的企业必须首先在拍卖市场上购买使用权，然后才能购买污染物本身。这样，决定谁使用污染物以及使用多少的权力就交给了市场而非政府。在拍卖的情况下，企业要么寻求更便宜的替代资源，要么不得不进入市场购买污染物使用权。在我国已开始了这方面的试验（太原市的控制二氧化硫排放量就采用了这种办法）。另一个典型例子是控制城市道路机动车数量，尤其是小客车牌照的拍卖。此外，在水资源利用方面，我国也开始采用产权交易方式（典型例子是浙江省的义乌市与东阳市就水资源的使用进行了产权交易）。

产权拍卖的最大优点是它创造了市场，将竞争机制引入公共物品及服务的提供，政府只要确定允许存在的一定物品和服务的最大数量（即确定上限）即可，其他事情则交给市场去处理。并且它具有灵活性，政府可以对上限进行调整，而市场主体也能调整自己的行为，而且比较容易构建。产权拍卖政策工具也有缺点，最大的缺点是鼓励投机行为甚至产生欺诈行为，同时，由于拍卖按照购买力而非按需分配资源，因此它也是一种不公平的工具。

4. 征税和使用者付费

税收是一种法律上规定的由个人和公司对政府的强制性支付，其主要目的通常是增加政府开支的财政资源，以满足政府支出的需要。对征税的调节也可以用作一种政策工具以引发政府所希望的行为或限制所不希望的行为。税收工具在运用时可以采取多种形式，通过不同渠道发挥作用。

在许多国家，各种工资税被用来资助各种社会保险项目；征税还可以用来约束不受欢迎的行为，如政府通过对某些特殊的物品、服务或活动（如香烟、酒、博彩）征收附加税来间接地限制其消费或绩效。比如，20 世纪 90 年代，加拿大通过征税使香烟价格明显提高，从而减少了香烟的消费。

使用者付费可以看作税收这样一种政策工具的创新性应用形式。政府对某种物品、服务或行为确定“价格”，由使用者或行为者支付这种费用。这种价格可以看作对不受欢迎行为的惩罚。用户付费使企业必须付出额外成本，这使得企业不得不重新考虑成本收益关系。企业的选择有三种：一是决定完全终止那些因生产而需要缴费的产业；二是决定将某种产业维持在收益能够弥补成本的较低水平上；三是企业在降低成本的努力中会不断寻找替代品。所有这些都会使得被收费的行为不断减少。

使用者付费类似于产权拍卖，是管制和市场两种工具的混合。使用者付费经常被用于控制负外部性，特别是控制污染的领域，如污染控制中的排污费的收取就是一个很好的例子，如果对污染物排放行为收费，污染者就会将废水、废气、废料的排放控制在适当的水平上。如果这类收费过低将会导致过多的环境污染，而收费过高则会提高产品成本，最终会抬高消费者需要支付的价格水平，因此政府排污费的定价很重要，应力求将排污费水平维持在社会收益等于社会成本的均衡点上。否则，任何其他水平的定价都是低效率的。除此之外，使用者付费也常常被用于城市交通控制。

税收和使用者付费的主要优点有以下几个方面：一是这两种政策工具容易建构；二是可以提供财政激励，因为企业减少费用的支付就可以降低价格或增加收益，将这类行为最小化是符合他们自身利益的；三是使用者付费政策有助于革新，因为寻求更廉价的替代品与企业的利益息息相关；四是这类政策工具具有灵活性，为了使目标行为维持在合理的水平，政府可以不断地调整用户收费的水平和税率；五是减轻了政府的负担，政府机构不必为此过多地发挥强制作用。

税收和使用者付费这类政策工具的主要缺点有：税收和收费水平难以准确确定，为了将这类政策工具合理地应用到人们的行为之中，需要收集大量的信息来帮助政府制定正确的征税与收费水平；在得到一种最优化的收费标准的实验过程中，资源有可能被误置；这种政策工具在快速处理危机方面效果不好，而且不适合进行事先的安排计划。此外，这类政策工具管理成本高且繁杂。

四、公共政策工具的选择

古人云：“工欲善其事，必先利其器。”在政策制定与执行中，政策目标就是“事”的问题，而政策工具（执行手段）则是“器”的问题。当政策制定之后，影响政策有效执行的一个关键因素，就是能否选择恰当的政策工具。长期以来，我们对政府机构及其人员在政策执行中的正当角色和职责功能比较重视，而对如何选择合理的工具来执行政策以有效达成公共目标则较少关注。事实上，政策执行的核心在于选择和设计有效的政策工具。在政策执行中，选用何种政策工具以及用哪一种标准来评价该工具的效果，对政府能否达成既定政策目标具有决定性影响。

（一）政策工具选择的影响因素

1. 政策工具自身特征

“各种工具之间有重要的区别，没有哪一类工具具有普遍适应性。”[①] 从彼得斯

① 盖伊·彼得斯等．公共政策工具：对公共管理工具的评介［M］．顾建光译．北京：中国人民大学出版社，2007 年版。

的论断中可以得出两点：首先，政策工具各自有各自的特点，没有优劣之分；其次，每种政策工具都有他的适用情境，这是“由不同政策工具的影响程度、效果、公平性等差异决定的”①。比如，管制工具是政府凭借权威性用统一的标准进行干预，它的特点是效果直接且显著，但同时缺乏灵活性，抑制创新，它的不利方面是缓慢的、间接的。所以管制工具一般只作用于限制经济权力，促进分配公平以及保护公共环境和公共安全以弥补社会利益的分化、市场的失灵以及对自利原则的错误理解。而像解决宗教自由这样的问题，鉴于合法性和社会问题的产生，管制工具就不能使用。

2. 政策目标

政策目标是政策决策者运用政策工具所要达成的效果。权变主义者认为工具的选择是根据其绩效特征能否满足某种特定问题的需要而决定的。也就是说一旦政策目标明晰化了，需要做的就是到备用工具箱中找到最适宜的工具。可见目标对工具的选择有指导性。

首先，目标不是唯一的。从纵向上来说，有总分、远近之分，由此构成了一个由笼统到细致层层制约、相互依存的目标体系。从横向上来说有政治、经济、社会等，或者更多并列的中微观目标。任何政策目标都是针对政策问题提出的，政策问题本身就不是确定单一的而是动态多元的，由此产生的政策目标也不是唯一静止的。比如妇女回家问题涉及公平和效率、安全和自由目标中，既有一致性的地方也有相互冲突之处。所以当政策目标相互冲突难以确定时建立清晰的目标体系是至关重要的。

其次，政策目标是发展变化的。因为政策问题经过一个逐步发展的过程才会达到普遍和严重的程度，尤其是新的公共政策问题很可能是已有政策的遗留、衍生，也可能是环境与事态的新变化所致。所以，政策目标具有动态性，政策目标会随着国民经济、社会发展而变化，政策目标轻重缓急也会不同。

最后，政策目标是有预见性的。任何政策目标都是为了运用一定的政策工具并且实行政策行动在未来某个时间对政策问题加以解决。这种预见性面向未来，适合未来发展的需要。在制定政策目标过程中涉及对社会环境变化、人们价值观念变化等问题的把握。

3. 环境因素

（1）传统文化的影响

在任何一个社会中的公民都显示出价值观或思想信仰方面的趋同性，民族风格

---

① Salamon LM. Beyond Privatization：The Tools of Government Action［M］. Washington DC：Urban Institute Press，1989.

就是在此基础上形成的。这种趋同性不仅指导社会集体行动，同时约束个体行为，这就是国家文化的力量。在决定国家政策问题的事项上国家文化起的作用是举足轻重的，虽然现代化思潮冲击着中国人的思想领域，使我们自觉不自觉地参与到文化重构活动中来。但是，中国传统文化具有强大的连贯性、独立性以及抗变性，使得中国文化中的价值与信念直至今日而绵延不绝。

政策制定者、政策目标群体的教育背景、认识程度在政策工具选择中就发挥着潜移默化的作用。

（2）以往政策工具选择的影响

过去的努力固然无法绝对决定未来，却能在相当程度上规定和限制未来行动的可能性。一方面，政策执行者选择政策工具时往往是理性的，关注实现政策目标的效果，任何政策工具使用方面的信息都是在以往经验的基础上得到的，所以，过去的政策工具的实践直接影响当下政策设计的效果。另一方面，是保证政策的稳定性的需要。每一个政策都是根据当前社会发展的要求制定的，社会发展是个循序渐进的过程，在同一个社会发展时期，政策工具是相对稳定的。换言之，针对同一个政策目标，前一个政策工具和后一个政策工具之间要保持连续性和继承性。如果缺乏政策工具间的联系和过渡，则会导致政策多变，进而引发社会动荡和信任危机。

（3）当前价值标准的影响

弗朗西斯·纽曼曾经说过："探求公共组织如何与环境发生联系是公共行政所要解决的主要问题之一。"① 一个时代的政治环境下培育出主导的政治思想，专制还是民主，倡导什么，什么就是有效的。"效率"本身不是确定的价值标准，确定什么是有效的要看这个时代所追求的目标。我们期望有更多的政治自由，但问题是更多的政治自由意味着混乱、不安，或许危及经济发展。西方的个人自由、公民相对国家的权利等概念在中国缺乏一个强大的历史或者是文化的背景。中国不可能建立一个如同西方一样的所谓的民主体系。总之，由于不同的时代、不同的国家指导政策选择的价值观是不同的，所以对效率的性质、目标的确定亦是不同的。

（4）政策执行者和政策目标群体

政策执行者会以自己的利益意识考虑重视什么工具以及抵制什么工具。另外，政策执行者自身的政治素养、创新应变能力直接关系到他对政策的理解和实施效果，政策执行者的知识结构也会影响其对政策工具的偏好。比如：福利经济学家更偏向

---

① 雅米尔·吉瑞赛特．公共组织管理——理论和实践的演进［M］．李丹译．上海：上海译文出版社，2003 年版。

于强制性政策工具和混合性政策工具，用以弥补市场失灵；而政治学家则认为在自由民主的社会里，政府应该首先选择劝告、说服等强制性较低的政策工具。不同的目标群体对同一政策工具的反应是不同的。政策目标群体的利益取向、认知水平、群体力量决定了政府执行政策时所采用的工具。

（二）政策工具选择的评价标准

就公共政策工具而言，政府不能够把效率置于最高目标，经济性和数量化标准使得政府在提供服务和处理问题时丧失灵活性和公共性。尤其是在政策目标群体多元化的背景下，公平正义不仅关系到每个公民的权益，而且关系到政策工具的执行力和合法性。也可以说政策工具只有坚持公平、正义的价值理念才能维护最广大人民群众的根本利益，才能使广大人民群众能够积极地参与到实施政策工具的行动中来，最终实现全社会的共同发展和进步。

1. 效益

我们从两个方面来讨论效益问题，一方面是效果，另一方面是效率。效果侧重于结果，这个结果就是政策目标，是否能够实现初设的目标成为评价政策工具的一个标准。当然，在实际操作过程中我们遇到的困境是目标并不都能够被清晰地界定，尤其是社会效益并不像经济效益那样有具体的量化标准。所以，当前政策制定者的价值标准以及社会影响值得注意。再者，应对某个政策问题，并不一定是一个政策工具在起作用，往往是几个政策工具共同作用的结果，轻易评定某个政策工具是否有效果显然是轻率的。效率侧重成本和收益的比率。当所耗成本越少得到收益越多时，效率显然是高的。但是，政策工具的成本并不仅仅是政府在运用政策工具时所投入的人力、物力、财力，更多地关注政策对象接受政策工具的成本。过高的时间成本、经济成本、法律成本只能让政策对象望而却步，当接受成本超出政策对象的可承受能力时便会产生抵触情绪。所以，政府要创造条件降低成本。正如萨拉蒙所认为的：“在提供公共服务或进行管制时，要降低行动对象所付出的代价。”政府单方面追求政策工具的高效率是不明智的，好的政策工具应该是集成本和其他评价标准于一身的，实现成本和收益“最佳的平衡”。

2. 公平

公平强调社会基本价值取向的正当性，又强调衡量标准的一致性。哈特曾这样解释：“如果一些人在从事一个共同事业的时候，由于限制性条件失去了一些自由，那么他们就有权力要求因为他们的服从而受益的人也要做出同样的服从。”[①] 这个表

① 乔治·克洛斯科．公平原则与政治义务［M］．毛兴贵译．南京：江苏人民出版社，2009 年版。

述表达了“类似的人应该受到类似的对待”这样一种观念。公平不是绝对的而是相对的，我们想要什么很大程度上取决于别人拥有什么。公平的问题很复杂，其构成要素既包括概念性的也包括实质性的。也就是说用一种公平标准评价一种分配模式之前，标准的确定就是存在争议的。

公平有四个方面的含义。首先，普遍意义上的公平，个人所付出的成本和得到的收益之间要达到平衡。只有满足权利义务、权力责任相对应的社会才是公平的。其次，程序公平。程序公平侧重于形式公平而非实际结果的公平。戴维·米勒解释说：“程序公平就是个人、机构或制度向其他人分配利益或分担负担的规则或途径。”① 一方面，决策信息要公开。只有在透明的环境中政府行为才能受到监督，公众才能有效参与，政府才能成为合法的政府。另一方面，政策工具的选择要多方参与。当前，公众参与意识和参与途径不断扩大，尤其是相关利益者和具备专业知识的人，他们有意愿、能力和责任参与到政策制定中来。再次，机会公平。所选择的政策工具要最大限度地满足公众对“作为资源”的机会的拥有。机会作为一种事先的努力比事后补救要重要得多。政府在设计和选择政策工具的时候就要有意识地创造一些有助于机会公平的条件，为此“必须给予那些天赋较低和出生较不利的社会地位的人更多的关注”②。最后，再分配公平，即对由于各种原因已造成的不公平现象进行调整，对弱势群体进行补助，以实现社会整体的公平。

3. 可执行性

政策工具的控制性是针对已选择的政策工具，采取一系列活动宣传、试点、实施、调整、反馈等，从而将合法化的政策工具转化为实际操作，以实现政策目标的动态过程。整个政策的效果有赖于政策工具的执行力。埃里森（G. T. Allison）这样评价执行的重要性：“方案的确定在实现政策目标中仅仅占10%，有效的执行则占到了90%。”制定者对选择的政策工具虽然会做预测，最终的检验还是要在执行后才下定论。可是，往往政策工具的实践转化并不像决策者预想的那样按部就班地得到有效的执行，它受到主客观条件的制约：（1）充足的经费和优良的基础设施保证；（2）公共政策工具执行人员的专业素质以及政治素养；（3）要有辅助政策工具实施的科学技术和科技产品；（4）可靠的信息资源和畅通的信息传播渠道；（5）完备的制度。

---

① 戴维·米勒．社会正义原则［M］．应奇译．南京：江苏人民出版社，2001年版。

② 约翰·罗尔斯．正义论［M］．何怀宏，何包钢，廖申白译．北京：中国社会科学出版社，2009年版。

4. 适应性

稳定性和适应性是对立统一的关系。政策工具在选择过程中既要保持一定的连续性和继承性，又要与时俱进、勇于创新。第一，政策工具要与时俱进。俗话说："世异则事异，事异则备变。"政策工具也不例外，它要随着政策环境的变化而变化。政策环境是个集复杂性、多元性、特殊性、可变性于一体并且拥有多个层面和多种价值观的体系，它源源不断地给政策工具以压力，使政策工具在不断调节、改善与变革中促进政策目标的实现。同时，政策工具的选择也具有能动性，反作用于政策环境。当今政府影响力日益加大，政府通过选择适当的政策工具引导政策环境的变化。第二，政策工具要与其他相关的政策工具以及政策实施机制相协调。当下政策主体多元化，中央政府和地方政府、政府各相关部门由于立场不同、利益取向不同，在政策工具的选择上就会有所偏爱，加之政策工具和政策问题并不是一一对应的关系，解决某个政策问题所要配合使用的政策工具是多种多样的，政策工具价值取向、实施目标相抵触的话，必然不能实现政策目标。

5. 合法性

胡德认为"合法化是政策工具选择的实质"。尤尔根·哈贝马斯也说"经过政治秩序而被认可的价值是合法化的体现……政治秩序在事实上的被承认也说明了政治秩序的稳定性"①。可见政策工具合法化也可以理解为赋予政策工具法律力量，使其得到批准，具有权威性。首先，政策工具的选择要以公共利益为基础。现实中不乏投机取巧者用暗箱操作的手段以局部的、短期的利益换取全局的、长期的利益，虽然赢得了一时的眼前经济利益，但对整个国家的利益、对最广大人民群众的利益却是贻害无穷。其次，政治意义上合法。政策工具的选择要通过公民参与、听证、信息公开、协商谈判等，使得政策工具得到公众的认同和支持，真正促进公共利益。最后，法律程序上合法。政策工具要通过立法机构的审批首要条件就是要符合宪法和法律的要求。政策工具选择、制定、执行的每一步都要符合大多数人的利益，不得侵犯公民的权利。

（三）公共政策工具的选择

关于公共政策工具的选择，大致有三种模型：

1. 经济学模型

新古典经济学和福利经济学对于国家在经济中发挥的作用持不同见解，由此对

① 尤尔根·哈贝马斯．合法化危机［M］．刘北成，曹卫东译．上海：上海人民出版社，2000 年版。

政策工具的选择存在一定的分歧。虽然两者都偏好自愿性工具，但相比而言，福利经济学更主张运用强制性工具和混合性工具来纠正市场失灵。而新古典经济学认为，只有在提供纯粹公共物品时，才能使用强制性工具和混合性工具，以任何其他理由使用强制性工具和混合性工具都将扭曲市场功能。

福利经济学对国家干预更为宽容，对政策工具选择的分析也更为系统。它倾向于将政策工具的选择视为一种严格的技术性配对演练，即首先评估各种政策工具的特性，再将它们与不同类型的市场失灵相配对，估算它们的相对成本，然后就特定的市场失灵问题选择一个最有效的政策工具。

新古典经济学家通常运用公共选择理论来分析政策工具的选择问题。他们主张，在民主社会中，选民、政治家和官僚都是由自利动机支配的，这将导致政府的税收和支出不断攀升，提高管制和国有化的水平和规模。在民主政治中，政府倾向于选择这样的政策工具，即能够将收益集中于边际选民，以获取他们的支持，同时将成本分摊到全体民众，尽可能使选民不知晓政策的真实成本。

无论是福利经济学，还是新古典经济学，它们对政策工具选择的分析都过于依靠演绎推理，而缺乏对在现实中政府究竟如何选择的扎实经验研究。它们对政策工具选择的分析是建立在政府应该做什么的理论假设之上的，而不是建立在政府实际做什么的经验研究之上。经济学模型对理论简约性的追求，使其忽视了影响政策工具选择的诸多复杂因素。

2. 政治学模型

政治学家对政策工具选择的分析着重于经验层面，力图把握政策工具的复杂性，归纳出政策工具选择的模型。

多恩等人假设所有政策工具在技术层面上是可以替换的，即在理论上任何一个政策工具都可以完成任何选定的目标。由此出发，多恩等人认为在一个民主的社会中，政府倾向于采用强制性较低的政策工具。只有在面临民众不服从或者面临要求换用强制性更高的政策工具的持久社会压力情况下，政府才会使用强制性更高的政策工具。也就是说，政策工具选择的模式是，政府首先选择强制性较低的工具，比如规劝，而后逐步提高政策工具的强制性，最后采用直接提供工具。

胡德认为，政策工具的选择并非是技术性的，而是关乎“信仰和政治”的问题。他认为影响政策工具的选择有四个方面的因素，即：（1）资源约束；（2）政治压力；（3）法律约束；（4）从以往政策工具失败中得到的教训。在胡德看来，政策工具的选择是政府的目标与资源、目标群体的组织与能力的一个函数。当目标群体规模较大且组织良好时，政府倾向于采用消极的（自愿性）工具，而非积极的（强制性）工具。当政府试图获取目标群体自愿服从时，政府倾向于尽可能避免采用强制性工具，而不论目标群体规模大小。当政府打算进行资源再分配时，必然要采用强制性工具。

林德和彼得斯在前人的研究基础上，认为影响政策工具选择的关键因素有：（1）政策工具的特性，具体包括资源的密集程度、目标的精确性和明确性、政治风险、对政府行为的约束限制；（2）该国的政策风格和政治文化，以及社会分化程度；（3）有关机构的组织文化以及它们与顾客、其他机构的关系；（4）政策问题的环境、时间约束以及受影响者的范围。同时，林德和彼得斯认为决策者个人的主观偏好在政策工具的选择中起着关键性作用。

总的来说，政治学模型认为政策工具的选择是多因素综合作用的结果，包括政策工具的特性、需解决的问题的性质、政府在过去处理类似问题的经验、决策者的主观偏好、受影响的社会群体的可能反应等方面。

3. 综合模型

霍莱特和拉梅什试图将经济学模型和政治学模型综合起来，认为两类模型在建构各自的分析框架时都或隐或显地使用了两个相互联系的变量。第一个变量是国家能力，或者说国家影响社会行为者的组织能力。第二个变量是政策子系统的复杂程度，特别是政府在执行政策时面对的行为者的类型和数目。设定这两个变量，就可以形成一个政策工具选择的模型。

（1）国家能力强，政策子系统高度复杂。当政府面对的社会行为者的类型和数量比较多且彼此间相互冲突时，政府难于辨析孰优孰劣。如果政府对社会具有较强的管制能力，可以利用市场工具实现自由竞争，通过市场这只“看不见的手”来配置资源。

（2）国家能力强，政策子系统低度复杂。当政府对于社会行为者的管制能力较强，而且面对的社会行为者的类型比较单一、数量不多时，决策者可以采用管制、公共企业、直接提供等强制性政策工具。

（3）国家能力弱，政策子系统高度复杂。在这种情形下，政府没有足够的能力进行管理，只能采用自愿性工具，如家庭与社区、志愿者组织，借助社会民间的力量来推行政策。

（4）国家能力弱，政策子系统低度复杂。在这种情形下，决策者可以根据实际情况选用混合性政策工具，比如信息传播和规劝、补贴、产权拍卖、税收和使用者付费。

【思考题】

1. 简述公共政策系统。

2. 简述利益集团影响政策制定的方式。

3. 简述公民参与政策过程的主要途径。

4. 简述公共政策与政策环境的关系。

5. 简述思想库的含义、作用及类型。

6. 简述中国人民代表大会制度与西方议会制的区别。

7. 简述政策工具的含义及作用。

8. 结合政策工具，谈谈如何解决当前城市交通拥堵问题。

9. 伴随着我国逐步进入老龄化社会，结合政策工具，谈谈如何解决养老问题。

10. 结合政策工具，谈谈如何解决“入学难”问题。

11. 你认为“限购令”是抑制房价上涨的有效政策工具吗?

12. 针对城市交通拥堵问题，为了控制城市私家车数量，北京采取了“摇号”措施，上海出台了“拍卖”措施，结合政策工具，谈谈你的看法。

13. “绿水青山，就是金山银山”，结合政策工具，谈谈如何减少工业污染，进而处理好经济发展与环境保护的关系。

14. 结合实际，从政策工具的角度，谈谈中国政府是如何推进新能源汽车发展的。

15. 你认为公共企业是政府弥补市场失灵的一项有效政策工具吗?

16. 从政策工具视角谈谈你对2017年以来天津、武汉、重庆、长沙等地人才吸引政策的看法。

17. 简述政策工具选择的影响因素。

18. 简述政策工具选择的评价标准。

中篇
公共政策过程

第四章

公共政策问题界定与构建

在传统的政策范式理论中，社会问题作为“既定的事实”，一直被认为是公共政策的逻辑起点，政策科学的目的就是探讨如何缓解乃至根除既定的社会问题。但是，这种观点忽视了政策问题部分是人们主观构造的产物，要想有效地解决问题，必须首先界定正确的问题。在一定程度上，社会问题是一种“公共问题”，是对全体社会成员或部分社会成员及对社会进步不利的或有害的社会现象，社会问题是一种“公众认定”，是引起社会大多数人关注、一致确认并希望改变和解决的社会现象。因此，在现代的政策范式理论中，公共政策问题构建成为了政策活动的逻辑起点。如何科学地对政策问题进行界定，在政策制定的研究中具有重要的地位。美国著名政治学者托马斯·戴伊曾说：“决定哪些问题成为政策问题甚至比决定这些问题的解决办法更为重要”。①

---

① 托马斯·R·戴伊. 理解公共政策（第十二版）[M]. 谢明译. 北京：中国人民大学出版社，2011 年版。

第一节　公共政策问题的内涵、性质与分类

一、公共政策问题的内涵与界定

（一）公共政策问题的内涵

公共政策问题是一种特殊的社会问题，对于公共政策问题的含义，学术界并没有统一的看法。美国学者安德森认为，公共政策问题与社会环境、一些人的需求、要求补偿、开展活动有关，公共政策总是表现为某种社会环境对一部分人构成影响，他们的需求得不到满足，展开活动，要求进行必要的补偿等；美国学者邓恩指出，公共政策问题与公共行动、需求、机会有关，公共政策问题表现为通过公共行动去追求某些需求的机会；中国台湾学者林水波认为，公共政策问题是社会上大多数人觉察到的，与他们的价值目标相冲突的，从而利益被剥夺、必须向权威当局提出的、当局认为在其权限范围内可以采取行动来解决的社会问题；中国大陆学者张金马则认为公共政策问题与个人与集团、政府部门、政府行动、政府议程有关，公共政策问题乃是通过个人与团体提出的、属于政府某些部门权限范围之内的、能列为政府议程的、必须采取行动的社会问题等。

从上述不同的界定可以看出，公共政策问题具有以下特征：（1）客观存在的社会问题；（2）这些问题已经被社会上多数人觉察、认同、感受出来了；（3）这些问题显然与既定的价值、规范、利益发生冲突；（4）这些问题已经由社会中的团体与个人表达出来了；（5）这些问题属于政府管辖的范围并且能被列入政府的政策议程。

综上所述，本书认为，公共政策问题，是基于特定的社会问题而产生的，这些问题对社会上多数人的利益、生存、发展条件、价值规范、生活空间与网络空间行为等产生重大影响，并经一定的渠道和途径反映到政府有关部门，由政府列入政策议程并为政策制定者所分析和研究，等待政府采取行动加以解决的社会问题。

案例 4－1－1　艾滋政治：从私人问题到政策问题

自 1985 年首次报告艾滋病病人以来，艾滋病在中国的流行大致经历了三个阶

段：国外病例传入期（1985—1988）、散播期（1989—1993）和高速增长期（1994—现在）。为了预防与控制艾滋病，中国政府、社会各界以及国际组织投入了空前巨大的力量，国务院更是在2004年把这项工作提到了“关系经济发展、社会稳定、国家安全和民族兴衰”的高度。[①] 卫生部把这一论断诠释为：“艾滋病防治工作作为关系民族素质和国家兴亡的大事”，必须“作为一项关系全局的战略性任务”，“也是中国对国际社会和人类生存发展高度负责的具体体现。”[②] 2015年12月，中国疾病预防控制中心性病艾滋病预防控制中心发布数据报告显示，目前我国估计存活的艾滋病病毒感染者和艾滋病病人约占总人口的0.06%，即每1万人中可能有6人感染了艾滋病病毒。截至2015年10月底，全国报告存活的艾滋病病毒感染者和病人共计57.5万例，死亡17.7万人。

艾滋病之所以在目前的中国被定义为这样一个重大的“问题”，具有其深刻的社会背景与社会内涵。实际上，对于整个社会与社会的运行来说，艾滋病的最大危害不仅是感染者或死亡人数的上升，更是它所带来的社会恐慌。在中国，原本属于慢性传染病的艾滋病，被赋予了太多的道德含义，甚至某些旨在预防艾滋病的宣传教育也不自觉地强化这种道德含义。“艾滋病恐慌”即由此产生，而且恐慌的程度会几何式地大于实际的传播程度。2002年初发生在天津的谣传“艾滋病人扎针”的事件，不仅造成了当时当地最大的一次社会恐慌，而且相当严重地波及到了北京。[③] 进入21世纪以来，中国社会出现的最重大变化，就是对“以人为本”理念的确立与彰显。越来越多的人开始认识到：艾滋病危害的不仅仅是个体生命与公共卫生，还是我们社会最根本的价值理念与相应的制度安排。一种共识正在中国政府与社会中逐渐形成：传统的囿于医学—生物学模式的应对策略亟需在人文社会科学的指导下发展为全局性的战略设计；预防与控制艾滋病的成功更多地有赖于和谐社会的建设。因此，各种对策性研究具有现实的紧迫性。

由以上分析可以看出，自20世纪80年代初发现AIDS，艾滋病就成为各国的重大社会公共问题之一，亟需政府做出及时、有效的应对政策，因此，艾滋政治应运而生。所谓艾滋政治，主要指受到AIDS影响的个人、不同群体和社会文化，在政

---

① 参考《国务院关于切实加强艾滋病防治工作的通知》（国发〔2004〕7号），2004年3月16日。

② 参考卫生部：《关于认真学习贯彻胡锦涛总书记、温家宝总理重要指示精神，进一步加强艾滋病防治工作的通知》，2004年12月6日。

③ 该事件的过程参见2002年1月24日《南方周末》，《天津“艾滋患者持针扎人”事件调查》。

治层面上应对 AIDS 流行时的反应。由于政治、文化及风俗习惯等因素的影响，艾滋预防工作遇到阻力。非政府组织领导人中最早指出这一问题的是戴志澄教授，他指出 AIDS 问题也是社会问题、政治问题。

艾滋政治的重要性已逐渐被关注这一负面社会现象的众学者和媒体发现，并进一步得到了政府的高度重视，建立起政府领导、多部门合作和全社会参与的艾滋病预防和控制体系，《艾滋病防治条例》也在 2006 年 3 月 1 日起正式施行。这种种现象都表明我国的防艾措施已经初见成效，并在全社会的大力宣传配合下，艾滋政治得到了政府更多的政策支持。

2010 年北京“红丝带”国际“防艾”论坛上时任副总理的李克强提出中国政府应对艾滋的新四条。作为防治艾滋这一政治问题的公共政策的制定主体——中国共产党对于艾滋问题的认识上升到了国家意志的高度，并以法律条文的形式予以确定，“四免一关怀”政策的出台以及 2006 年 3 月 1 日起正式施行的《艾滋病防治条例》是强有力的例证。新法律要迈出大步也不容易。目前，中国艾滋病立法的一个症结是，将预防艾滋病与禁毒、禁娼结合起来，认为打击了高危人群（性工作者，注射吸毒者和男同性恋这三类边缘化人群）就可以切断艾滋病的来源。在我们看来，其实，这是中国艾滋病政策的最大失误。

我国的防艾措施已经初见成效，并在全社会的大力宣传配合下，得到了更多的政策支持。如安全套的推广、美沙酮替代等政策措施的实行，都反映出中国政府在相关决策中的一种智慧与理性。艾滋政治不仅继续需要我国高层政府与各级部门的密切合作与政策支持，价值观的正确认知以及防艾知识的普及更成为抗击艾滋成功的关键步骤。防治艾滋非政府组织在应对艾滋病的问题上，很大程度上填补了政府和市场的空白，很好地动用了社会资源，节约了社会成本。

问题：1. 艾滋病如何从一个公共问题成为一个公共政策问题？

2. 在防治艾滋病方面，政府运用了哪些政策工具？

（二）公共政策问题界定

实际上，所谓公共政策问题界定，就是用来产生关于公共政策问题性质及其潜在解决方法的政策分析程序及方法。公共政策问题的界定是公共政策分析过程中的第一步，也就是说，如果公共政策分析开始就没有正确地构造公共政策问题，随后的为问题寻求正确的解决方法就根本无从谈起。其中，最关键的环节是对问题进行诊断，即明晰问题所反映出的现实状态与理想状态之间的差距，并确定产生上述差距的原因，从而把复杂、混沌的问题情境总结、概括为清楚明了的实质性问题。

在现实生活中，我们常常是解决了错误的问题（第三类错误[①]），而不是找到正确的政策问题并去解决它。2016 年，一位东北女孩在北京某医院怒斥黄牛的视频成为各大社交媒体的热点，300 元一个号被黄牛炒至 4500 元，医院内部工作人员与黄牛互相勾结，黄牛垄断了医院的就医号，病人若要按时就医必须从黄牛手中高价购票等等。这又一次戳痛了大部分网友的就医难、挂号难的痛点，一时间网上群情激奋，并围攻了当事医院的微博。可问题就来了，早在多年以前原卫生部就宣布要实现互联网（后改名微医集团）挂号，北京等地区的三甲医院已经基本实现了线上挂号，而原卫生部批准成立的挂号网平台截至 2015 年已经服务了 2.5 亿人次，可为何仍发生如此恶劣情况呢？重点医院黄牛成为重灾区的背后深层次原因是什么？此问题如何成为公共政策问题、进入政策议程并得到有效解决呢？

二、公共政策问题的基本性质

（一）关联性与公共性

任何一个政策问题都不是孤立存在的，而是整个政策问题体系的一个组成部分，会与其他领域、地区或部门的政策问题有不同程度的相关性，彼此相互作用、相互影响。例如，环境问题与经济发展问题和科技问题等都有密切的相关性。这就要求我们在分析和解决公共政策问题时，要从政策问题系统和社会系统的高度去把握。

政策问题的公共性表现在政策问题是发生在社会公共领域的，一般都影响到国家或某一地区的大多数人，与多数人的生活息息相关，并且它必须通过公共权力机构来加以解决。公共权力机构对政策问题的解决，表现为法律、法规、行政命令或指示等形式的公共政策，对其所针对的所有人员都具有权威性和普遍的效力。比如水电站与水的枯竭、气候恶化、水权争夺、环境污染、地下水补给等。

（二）客观性和主观性

任何公共政策问题都基于一定客观的社会现实而得以成立。但是，同时它们又都是基于人们的主观价值判断、切身感受以及分析研究和其他主动行为才得以上升

---

① 第一类错误（Ⅰ型错误、拒真错误）：指拒绝了实际上成立的、正确的假设，为“弃真”的错误，其概率通常用 α 表示。假设检验是反证法的思想，依据样本统计量做出的统计推断，其推断结论并非绝对正确，结论有时也可能有错误，错误分为两类。第二类错误（Ⅱ型错误）：接受了实际上不成立的 HO，也就是错误地判为无差别，这类取伪的错误称为第二类错误，其概率用 β 表示。简单说就是：你的假设是错误，但你接受该假设。第三类错误：对错误的问题提出了所谓“正确”的解决方案。

到政策问题的高度，因而必然更具有主观性。面对同一状况，不同的人群从不同的标准、价值、利益和规范等出发就可能有不同的认识。现实中经常出现这样的情况：普通大众感受突出的公共政策问题在统治集团那里可能根本就不被当回事；统治集团感受到的公共政策问题也不一定为普通民众所认同。另外，不同国家的社会和政治制度、历史文化等也可能造成国家间对问题的不同认识。

（三）历史性与动态性

所谓历史性，是指公共政策问题从它的成因来看都不是突发的，而是要经过一个逐步发展的过程才会达到普遍化和严重化的程度，尤其新的公共政策问题很可能是已有政策遗留、衍生的，也可能是环境与事态的新变化所导致的，比如三农问题、流动人口子女教育问题。这些都说明公共政策问题常常具有历史性。从公共政策问题的历史性中我们又可获知政策问题还具有动态性。所谓动态性，是指一定的政策问题的性质及其严重程度，是随着成因的变化而变化的，比如民工失业与民工荒、人口出生高峰与就业问题、高校扩招与就业难问题、加入 WTO 与中国行政与贸易政策改革的压力等。当然，政策问题的动态性不但可以从纵向历史发展方面去看，而且可以从横向状态上来观察。

三、公共政策问题的分类

1. 威廉·N. 邓恩（William N. Dunn）从政策问题的结构角度，把政策问题划分为结构优良、结构适度和结构不良三种类型①。

（1）在结构优良的问题中，决策者人数较少，只有一个人或少数几个人；对于问题的解决方案也仅有几个。决策者在政策方案的效用或价值方面，能够达成一致，这也反映了他们对于政策目标的追求具有一致性。决策者也能够确定每一种备选方案所能够产生的结果，若存在风险，也可以通过计算确定其可能的存在范围。这一类问题通常发生在公共权力机构的较低层次。

（2）结构适度问题是指涉及一位或数位决策者在相对有限的备选方案中进行选择。方案的效用能够反映目标的一致性。但结果是不确定的，也无法加以计算，从而误差的概率无法估计。博弈论中的“囚徒困境”模型可以说明这类问题的特征，同时，由于结果的不确定性，可能使决策者难以抉择，对理性的选择可能带来严重的后果。

（3）结构不良问题通常涉及不同的决策者，其效用无法达成一致，目标之间相

---

① 威廉·N·邓恩．公共政策分析导论（第二版）［M］．谢明等译．北京：中国人民大学出版社，2002 年版。

互冲突。备选方案及其结果可能是未知的，也不能够确定其风险。而政府面临的很多政策问题都是结构不良问题。这是因为政策问题大多涉及许多的利益相关者，他们之间由于利益上的相互冲突，很难在价值方面达成一致。例如，税制结构问题就是结构不良问题，税制结构是一种分配政策和重分配性政策的集合，因此，税制结构与经济发展阶段的不协调实质上体现了政策结构不良问题，解决此类问题的方法必须采用创新的方式。

2. 从政策问题发生领域的不同，也可以将政策问题划分为政治问题、经济问题、文化问题、外交问题、民族问题等。

（1）政治政策问题主要涉及国家权力的分配、组织和运行，公民权利的维护等。在解决政治问题时，首要遵循的是合法性的原则。

（2）经济问题涉及经济制度和结构、经济运行与发展等，与其他问题相比，它更加注重效益的原则。

（3）在国际关系领域的政策强调的是维护国家的利益和主权原则。

3. 从作用范围看，公共政策问题可以分为全国性问题、区域性问题和地方性问题。国家既存在统一性的全国政策，又存在具有差异性的区域性和地方性的政策，它们构成了整个国家的政策问题体系。

4. 根据问题的性质可以分为实质性问题和象征性问题。实质性问题是对社会有重大影响的存在争议的问题；象征性问题是以公共问题为核心，并迅速地解决使之排除在政策议程之外的问题，对这类问题的回应多是为了减轻心理负担而不是改变政治系统的现状。

5. 按公共政策问题的确定程度，将政策问题分为确定的、比较确定的和不确定的问题。

第二节 公共政策问题的公共性

一、公共政策问题的公共性体现

公共性是蕴含于现代公共管理理念之中的基本价值取向，是政府治理和公共政策过程的出发点和归宿。“公共”一词一般来说有两种渊源：一是起源于古希腊语“pubes or maturity”，强调个人能够超出自身的利益去理解并考虑他人的利益，同时意味着具备公共精神和意识是一个人成熟并可以参加公共事务的标志；二是起源于古希腊词“koinon”，英语词“common”就起源于这个词，意为人与人之间在工作交往中相互照顾和关心的一种状态。无论“公共”一词来源于哪一个词源，都可以看出其中的共同点——社会层面的非个体性，或者说个体存在所体现出的相互依存性——社会公共性①。

公共性是公共政策的基本特征，“政策问题界定”作为政策过程的起始阶段，同样以公共性为基本价值，它的公共性主要通过参与主体的公共性和价值观的公共性来体现。价值观在政策问题界定过程中的作用尤为重要。美国学者金登认为，任何决策的提出都是在政策主体价值观和意志的作用下完成的。在民主法治健全的国家里，这种价值观在民主均衡机制下得以偏向公众利益，所构建的政策问题也指向公众的公共需求。对此，邓恩从政策问题结构的角度提出了价值观在“问题界定”上的重要性，他认为在结构不良的公共管理问题中，由于存在多个决策者、无限的备选方案、具有冲突的价值，使得政策结果无法估量，预测概率也不可知，无法通过简单的定量分析完成政策分析，因而需要公众价值观的参与。为了保证制定的政策符合公民大众的根本利益、以公民价值利益为指向，应当在政策问题界定的过程中加入公众参与，给予公众一定的途径和机会，让公众加入到政策主体行列来②。由此，公共政策问题是公众多元利益诉求的集合，应该体现

---

① 王鑫，周育国．公共性的解读［J］．大连海事大学学报（社会科学版），2010 年第 2 期。

② 杨小菊．我国“政策问题界定”的公共性趋势分析——以退休政策改革过程为例［J］．贵阳市委党校学报，2014 年第 2 期。

最广大人民群众的价值偏好，而不能被某些利益群体的偏好替代，亦不能等同于政府意愿。政策问题体现最广大人民群众的公共利益，才能实现对社会价值的权威性分配。比如，中国退休政策的调整已进入政府议事日程，而新政策的重新制定过程则逐渐体现出了政策过程的公共性趋势，即以公共性为根本价值取向，以公民参与政策问题界定为基本前提；2016 年中国老龄科学研究中心发布的《中国老年宜居环境发展报告（2015）》指出，当前老年宜居环境建设在政策、实践以及市场等方面虽然取得了较快的发展，但整体来看我国的老年宜居环境建设仍然处在初步阶段，存在诸多突出问题，比如公共政策支持体系也要相当完善，老年宜居环境建设区域发展出现失衡，老年宜居项目偏离市场需求，主要表现在一些项目过于高端，社区老年宜居水平亟待提升等。

二、公共政策问题公共性的主要内容与发展基础

（一）公共政策问题公共性的主要内容

公共政策问题“公共性”的实现需要以主体资格、地位的平等作为静态条件，以公民参与“问题界定”的程序民主作为动态保障，以公共政策问题的合法确认作为根本目标①。

1. 在公共性的指导下，公共政策问题构建过程要求多元主体的平等参与，各利益主体具有平等的话语表达权，利益偏好能够得到平等的关注与审视，使政策问题可以最大限度地涵盖多元主体的利益倾向，意图使政府投入有限的公共资源满足最广大人民的利益需求。从这个意义上说，平等性包括政策问题构建主体的机会平等、成分均衡和信息对称，是保证政策问题界定公共性取向的静态条件。

2. 公共政策问题本质上是公共利益的聚合，但学术界一直对是否存在公共利益、能否得到真正的公共利益存在分歧。公共政策问题涵盖的公共利益不可能实现极大化的全民利益，但可以通过正确、合理的程序建构使公共利益趋于最大化，因此，政策问题界定的民主性是对政策问题构建程序的根本要求。政策问题界定的程序民主主要包括公众参与的组织化程度；公众参与制度化渠道的信度和效度；利益博弈的辩论、协商和理性反思以及政府的回应等内容。民主性旨在保证程序建构合理公正。

3. “合法性” （the theory of legality）概念在社会科学（社会学、政治学

① 孙萍，许阳．我国“政策问题界定”公共性取向的现实偏离［J］．行政论坛，2013 年第 1 期。

等）中的使用有广义和狭义之分。广义的合法性概念被用于讨论社会的“秩序、规范”[①]，或“规范系统”[②③]。狭义的合法性概念被用于理解国家的“统治类型”[④]，或“政治秩序”[⑤]。笼统地讲，合法性就是人们对于统治地位的确认和服从。合法性是政治学的核心概念，主要是指社会公众对政治统治所固有的认同和接受的价值判断，来自于民众的自愿服从。基于合法性理论，可以将政策问题界定的合法性理解为公众对政策问题界定所做的一种价值判断，即通过政策问题界定的主体平等和程序民主，使政策问题真正体现社会价值和公共利益，保证公共政策问题的合理性、科学性和有效性，以此获得广大公众的认同和支持。也就是说，公共政策问题的合法性是问题界定的最终目标，其实现必须以主体平等、程序民主为基本前提。

（二）公共政策问题公共性的发展基础

公共性首先是一个哲学概念，立意于人的本性和发展问题的全部，具有高度的概括性。公共政策的公共性是哲学和政治领域的公共性内涵在公共政策领域的具体化和落实，在本质上是人性、价值理性在公共政策领域的贯彻。公共政策公共性的内涵在其影响公民权利的社会职能中体现出来。具有公共性的公共政策，应当具有促成社会资源平等分配、促进公民参与公共政治生活、促进公共利益的建设和维护三大基本社会职能。

政策问题界定的公共性是以公众参与为基本前提的，在此基础上，还需要保证公众参与的主体平等和程序民主。随着我国民主政治建设的不断发展，公民参与公共政策的形式也在不断创新和完善，政府在进行决策时会更多地选择听证会的形式来听取民众的声音，作为最后决策的重要信息来源和决策依据。党的十八大首次确认协商民主概念，提出完善协商民主的制度和工作机制，把推进协商民主的广泛、多层、制度化发展作为未来民主政治建设的重点。在未来发展中国式协商民主的进程中，社情民意的客观、准确、全面的发现和反映机制是一项重要相关制度，应纳

---

① 马克斯·韦伯．论经济与社会中的法律［M］．张乃根译．北京：中国大百科全书出版社，1998 年版。

② 尤尔根·哈贝马斯．合法化危机［M］．刘北成，曹卫东译．上海：上海人民出版社，2000 年版。

③ 尤尔根·哈贝马斯．公共领域的结构转型［M］．曹卫东等译．上海：学林出版社，1999 年版。

④ 马克斯·韦伯．新教伦理与资本主义精神［M］．于晓等译．北京：生活·读书·新知三联书店，1987 年版。

⑤ 尤尔根·哈贝马斯．交往与社会进化［M］．张博树译．重庆：重庆出版社，1989 年版。

入中国民主政治建设的议事日程，加速建设中国的社情民意调查系统。

伴随着经济的发展和政治体制的不断改革，我国的政策决策体制也不断完善，公共政策逐渐朝着公共性趋势发展，政策问题界定也具备了公共参与的基础：一是，公民社会的崛起，改革开放以来，我国市场经济和民主政治不断发展和完善，大众的公民意识、权利意识、责任意识普遍觉醒，公民逐渐具备了参与公共事务的意识和能力；二是，相关制度的完善，改革开放以来，我们党高度重视法治建设，把依法治国和依法执政确定为党领导人民治国理政的基本方略和基本方式，党对依法治国的领导，绝不是直接干预宪法和法律的实施，而是要通过一系列的制度机制来保证，在新时期我国建设“法治国家”的进程中，不断完善了问责制度、公民参与制度（如听证制度、行政复议制度、大众传媒的发展等）、电子政务（如政府网站、政务微博）等，为公民表达自身利益诉求提供了良好的机会和多元的渠道；三是，提高公共治理水平，在公共治理理论中，治理的结构主要包括政府、企业、非政府组织、公民等主体，公民权是公民参与社会治理的基础，它赋予了公民参与社会事务和社会管理的权利，在治理过程中公民与政府的关系从回应进化到了合作，回应意味着政府通过最大化的集权来掌控权力与制定决策，而合作则强调权力的分化以及公民在行政过程中的参与。

案例 4－2－1　延迟退休：公共政策问题如何体现公共性

“延迟退休年龄”已成为全社会普遍关注的焦点政策问题。实施“延迟退休年龄”的政策，是十八届三中、五中全会提出的重要任务。按照此前人社部给出的时间表，该方案在 2016 年向公众征求意见，2017 年正式出台。人社部新闻发言人也表示，目前方案仍在抓紧制定中。需要综合考虑包括人口结构、人力资源供求、劳动者受教育年限、人口、预期寿命以及社会保障制度进展情况等多种因素。目前，我们正在对这些因素进行综合分析和考虑，会适时向社会公开征求意见。

讨论许久的“延迟退休”政策

延迟退休，也称延迟退休年龄，简称延退，是指国家结合国外有些国家在讨论或者已经决定要提高退休的年龄来综合考虑中国人口结构变化的情况、就业的情况而逐步提高退休年龄或延迟退休的制度。1951 年，我国颁布的《劳动保险条例》中规定了我国男职工的退休年龄为 60 周岁，女职工的退休年龄为 50 周岁；1953 年颁布的《中华人民共和国劳动保险条例》中规定男工人与男职工年满 60 岁，女工人与女职工年满 50 岁可退休养老；1955 年颁布的《关于国家机关工作人员退休暂行办法》中规定退休年龄有“女职工”与“女干部”之分；而从1978年颁布的《国务院关于安置老弱病残干部暂行办法》中，第一次对退休年龄进行了调整，《办法》中规定男年满60周岁，女年满55周岁，参加革命工作年限满10年的干部均可退休；1992年的《中共中央组织部和国家人事部（组通字［1992］22号）文件》中从发挥女领导干部作用和有利于女干部培养选拔的角度规定党政机关、群众团体以及事业单位中担任党务和行政工作的女干部，其退休年龄可到60周岁；1993年颁布的中华人民共和国国务院令第125号《国家公务员暂行条例》中规定男年满60周岁，女年满55周岁应当退休以及公务员在工作年限满20年后男年满55周岁，女年满50周岁或工作年限满30年可提前退休，这一条例沿用至今。

目前，我国现行退休政策下的退休情形及其退休年龄的规定中规定退休分为提前退休、到龄退休以及延迟退休三种情况：提前退休分为三种情形：分别为特殊工种退休（男55周岁，女50周岁）、病退以及退职（男50周岁，女45周岁）、矿产企业员工提前退休；到龄退休则是男60周岁，女工人50周岁，女干部55周岁；干部和专业技术人员则可以延迟退休，男干部、专业技术人员60—70周岁，女干部、专业技术人员55—60周岁。

“延迟退休”政策引发了激烈的讨论。人民网推出“聚焦养老金改革”系列报道，有关养老金是否存在缺口、延迟退休等热点问题引起社会关注，得到网友强烈回应，仅人民网网友留言达三千余条。其中关于延迟退休留言占大多数，9成以上都不赞成延迟退休。根据人民网2012和2013年两次网调显示，反对延退的网友分别占93.9%和68.6%。另一边，建议延长退休年龄的专家反映称，国外退休年龄普遍为65周岁，我国还是60周岁，与国际不接轨。来自企业界的代表则反映，老人退休后，年轻职工跟不上，部分老人60周岁还可以继续工作，但也只能退休后作为返聘人员回到单位，一则没有正常的劳动关系，二则一旦发生工伤，无法获得赔偿，老人的权益无法得到有效保障。人力资源和社会保障部劳动工资研究所专家也表示，据了解，企业中部分技能高、身体好，还有余热需要发挥的老同志，通常愿意延迟退休，在现实生活中早已经有很多人如此做，但是由于法定退休年龄横亘在此，法律对他没有形成特别保护。

“延退”政策的出台，从制定计划到即将实施，受到了大批专家学者的鼓励推动，却也遭受着几乎所有民众的反对，对于这一政策的出台一方面是由于在国际上，中国的退休年龄和其它国家比起来算早的，中国目前的法定退休年龄为男60周岁，女55周岁（干部）或50周岁（工人）。而在欧美国家普遍的退休年龄都为65周岁，美国为67周岁，日本为男65周岁，女60周岁。另一方面，中国各地不断曝出养老金亏空的事件，许多地方的养老金已经入不敷出。中国已经步入老龄化社会，且老人比率不断上升，加之养老金逐年提高支付比，这就使得未来养老金亏空数额会变得越来越大，需要使用更多的财政补贴来添补这一空白；而民众方面，因为受影响的大部分是处于基层工作的人们，特别是即将到来的退休，马上可以休息享清福了，却因此要继续多工作五年，也就意味着除了要多付出五年的劳动外还得多缴纳五年的养老保险，少拿五年的养老金，这当然是所有人都不愿意的。因此“延退”政策的出台也就成了利益相关者与政府间的一场博弈。

“延迟退休”政策出台后利益相关者分析

公共政策的实质是对价值和权利的权威性分配，因而会对不同利益相关者产生不同利益受益或者受损效应，一般可将其分为政策的利益受益者、受损者以及利益无涉者或者说利益中立者。“延迟退休”政策出台的利益相关者可以分为：一是利益受益者，二是政策受损者、中立者两大派别。利益受益者包括中央政府、各级地方政府、对于适龄退休想要留任职务的人（如技术骨干、高层领导等）；利益受损者、中立者包括即将退休的基层职员、刚刚参加工作的职员、已经退休的干部（领导、职员）。

1. 政策受益者：政策出台过程中的支持派

①人力资源和社会保障部。延迟退休是由人社部最初提出来，目的在于缓解目前全国范围内养老金发放的巨大压力，他们是“延退”政策的倡议者和推动者。2008 年 11 月，人社部社会保障研究所负责人就称，有关部门正在酝酿等待条件成熟时延长退休年龄。2010 年 9 月，关于“延迟退休”的话题再度引发热议。起因是在《中国的人力资源状况》白皮书的发布会上，人社部副部长王晓初表示，有专家指出，到 2035 年中国将面临两名纳税人供养一名养老金领取者的情况（目前我国是 9 个劳动年龄人口对应 1 个 65 岁以上老年人口）。人社部部长尹蔚民于 2015 年 3 月 10 日说，希望今年制定出渐进式延迟退休方案，明年报经中央同意后公开征求意见，后年推出。

②中央政府以及地方各级政府。延迟退休势必是为了暂缓眼前庞大的养老金缺口，就目前来看，这个缺口是各级地方政府向中央政府申请补贴发放，加之各级地方部门自己补贴一部分而得以按时发放养老金。另外，有专家也算过一笔账，“延退”政策实行后，退休年龄每延迟一年，我国养老统筹基金可增长 40 亿元、减支 160 亿元，减缓基金缺口约 200 亿元。这极大缓解了中央政府和各级地方政府的财政压力。

③对于适龄退休想要留任职务的人。一般的基层的职员或者公务员到达退休年龄后，自然想要退休，脱离繁忙的工作，享受生活。但是对于高层领导和核心的技术骨干来说，延退意味着继续享受高额的薪酬和掌握巨大的权力，这与基层人员退休的心理必然是不同的，延退对他们来说有着巨大的利益。

2. 延迟退休政策的反对者

相较于政策的支持者（中央政府、各级地方政府、对于适龄退休想要留任职务的人）来说，政策的反对者的势力就略显弱小了，基本就是一些基层工作人员。但是他们是延退政策施行以后受影响最大的人群，虽然上至中央下到各级地方政府均竭力推行“延退”，但是延退在网上依然受到网民几乎一致的反对，在网上搜索“反对延退”的词条，跳出来的“近九成网友反对延退”的词条多达十万余条。同时，中国青年报社会调查中心通过搜狐新闻客户端，对25311人进行的一项题为“你对延迟退休持什么态度”的调查显示，94.5%的受访者明确表示反对延迟退休，仅3.2%的受访者表示支持，2.3%的受访者表示中立或未表明态度，受访者中，60后占19.1%，70后占39.4%，80后占32.9%。延退对他们来说意味着多交五年的“五险一金”（据统计占薪金比率单位为29.8%，个人为11%左右，合计超过个人工资的40%），少拿五年的养老金，这必然会引起巨大的反对声音。

“延迟退休”政策形成分析

从中央带头开始延退计划开始，到2013年8月4日，《中国社会保障改革与发展报告2012》在武汉发布。这份报告由中华全国总工会、国家人社部、武汉大学、华中科技大学、中南财经政法大学、暨南大学、军事经济学院等部门和高校的众多专家、学者共同攻关完成。报告称，延迟退休目前条件并不具备，暂时行不通。再到2014年3月9日上午，人力资源和社会保障部部长尹蔚民表示，人社部会在2020年前，将延长退休年龄的方案推出来，此方案是渐进式的退休年龄办法。

这是一项由始至终都遭受着巨大非议的政策，在结合我国实际情况和民众巨大的抗议下，这个政策最终还是在修改后即将确定实施。从发现养老金缺口开始制定政策，遭到民众的反对，这个阶段一定程度上对政策的延迟推行以及改动有着极大的影响，毕竟这牵扯到生活在基层的群众的利益。

中共十八届四中全会上，已经确定了中国社会保障体系改革的规划蓝图，延迟退休已经是大势所趋，需要尽快细化和落实，变为现实。延迟退休与整个社会保障体系改革紧密联系，牵一发而动全身，互相制约。所以，这项改革要与其他社会保障改革协同推进。改革的实质，是一场社会利益关系的调整，我国的延退应该兼顾公平与效率，延退对于不同的行业、不同的部门、不同阶层以及不同年龄的劳动者们来说，影响的程度各不相同，对于企事业、机关单位影响也各有不同。改革本就是一次社会利益的调整再分配，公平本来就是相对而言的，要做到对所有人公平是不可能的，所以，决策应该寻求绝大多数人的利益，在保证了了绝大多数人的利益以后，再去想办法解决小部分人的困难，降低民众抗议情绪，让群众接受新政策，让政策合理化、合法化。

第三节 公共政策问题的网络空间性

近年来，随着互联网的兴起，越来越多的人开始借助微博、微信等网络平台对时事政治、社会热点问题和社会事件发表自己的看法和观点，通过分析讨论进而逐渐形成有巨大社会影响力的网络舆论。在网络时代，人们借助交互式网络媒介发表自己的观点、交换彼此的认识，形成了代表广大民意的公众意见。当前，网络虚拟社群的影响力日渐增强，越来越成为一支不可小觑的力量。在网络虚拟空间，现实世界中的某一个事件即可引发网络虚拟空间的一场大风暴，网络虚拟社群的参与主体通过间接互动方式交流沟通，形成对某一事件的不同观点和看法，而这些观点和看法既与国家主流媒体的观点有相同之处也有相悖之处，有相悖的观点往往是常态。而日常传播的观点恰恰是意识形态在日常生活中的反映，网络虚拟社群的观点恰恰反映了日常的普通大众的意识形态，其与主流媒体观点冲突的背后是网络虚拟社群不系统的意识形态与国家主流媒体系统的意识形态的冲突，本质上是网络虚拟社群对国家主流意识形态的侵蚀[①]。

一、网络空间发展与公共政策问题构建的新特征

网络空间衍生的公共政策问题是当前信息社会发展的一个新的现象，它将对政府公共治理产生新的影响。[②]

信息技术正通过网络塑造一个似乎与自然和社会并列的虚拟世界。在这一世界之中，信息流动突破了所有界限，实现了社会的再度脱域化，以至于物理空间距离不再成为政策问题建构权获取的障碍。这一方面使社会问题能够瞬间到达每一个网络终端，在得到广泛关注的条件下转化为政策问题；另一方面，在从社会问题向政策问题转化的过程中，人们的意愿表达从网络的任何节点开始，可以自由地进入政策问题建构过程。由此，政策问题不再是既往的地方性

① 杨嵘均．论网络虚拟空间的意识形态安全治理策略［J］．马克思主义研究，2015 年第 1 期。

② 张康之，向玉琼．网络空间中的政策问题建构［J］．中国社会科学，2015 年第 2 期。

问题。同时，政策问题建构权也呈现为在整个网络空间中的扩散状况，表现出流动性特征。在流动的网络空间中，社会的中心—边缘结构失去了存在的根基，进入一个“去中心化”过程。社会结构上的“去中心化”将使人从制度束缚中解放出来，获得真正的自主性。网络结构中的政策问题建构是由自主的个体来完成的，然而由于网络中的个体处在与他人的共生关系之中，因此是在相互影响和高频互动的状态中开展行动的。在此种条件下，政策问题的建构也将在人的合作行动中展开。

一项社会问题一旦在网络上引起关注，就能聚集起足够施压于政府的力量，迫使政府将其确认为政策问题。从当前网络上的信息聚散的情况看，网民们往往更加关注那些与弱势群体相关的社会问题。这也许就是弗雷泽所设想的“正义的尺度”①能够得到应用的场景。网络拉近了人们之间的距离，也为了解对方的观点和理由提供了无限的可能性。这样一来，工业社会中主客体之间的垂直划分被人们之间的水平互动所取代，每一种观点与其他观点相遇时，都是彼此共存的，而不是相互斗争的，从而成就了一个多元文化共存并合作互动的政策问题建构场所。

互联网信息量越来越大，承载的信息越来越多，网民的大量增加，网络开始有自己独立的信息源，经常是网民进行信息发布，然后传统媒体进行跟进，继续报道，传统媒体越来越依靠网络，大量的信息都是从网络得来，传统媒体对网络热点问题进行大规模报道，对网上舆论进行转载，网上的舆论优势成为传统媒体的报道依据。当大量的真实信息掺杂着部分虚假信息的网络舆论迅速升温，网民由于对相关政府言论的抵触情绪，更相信网络舆论所传出的爆料新闻。网络舆论通过在受众认知上和情感上进行影响，使一些政府官方控制的传统媒体的相关言论影响群众的难度加大。网络舆论是网民可以自由发表意见，传播信息的平台，这是一种变相的话语权的转移，话语权由主流媒体转移到普通民众，我们也可以说这是一个舆论中心的转移。批评理论家如霍克海默和阿道尔诺认为“只有电话还依然可以使每个人一个主体”。网络的情况和他们所评论的情况类似。比如科长的日记门事件等，一经网络传播，网络舆论很快转化成社会讨论，迅速在社会引起普遍关注，网络舆论的调控已经是政府官员无法逃避的重要课题②。网络是一个流动的、无界的世界，政策问题建构正是在信息的流动中实现的，在政策问题建构过程中所集结起来的力量，是超越了任何界限的力量。对于社会治理而言，

① 南茜·弗雷泽．正义的尺度［M］．欧阳英译．上海：上海人民出版社，2009 年版。

② 谭威威．政府网络舆论问题及应对策略研究［J］．今传媒，2014 年第 12 期。

政策问题建构一直处于前沿地带，网络空间中的政策问题建构出现的新特征表明，这个前沿地带发生了根本性的变化。可以相信，这一变化将会对整个社会治理产生影响，会带来社会治理体系和方式的重塑。

案例4－3－1　奶粉事件考验网络信息平台社会良知和责任

三鹿毒奶粉事件，在引发我国奶粉安全甚至食品安全信任危机的同时，已经不仅仅是食品等传统行业热议众怒的话题。“肾结石婴儿”恶性事件由三鹿奶粉酿成的消息在网上不胫而走时，几天后，一篇《三鹿集团公关解决方案建议》的帖子使得事件关注的焦点迅速分散化，百度是否如帖子所提及的参与到“300万为三鹿屏蔽负面消息”的公关方案中，也引起各方的猜测。

在三鹿奶粉事件罪犯掺毒制售奶粉整个过程未彻底清查前，百度似乎将也卷入这起恶性事件中。由于难以解释清楚“三鹿集团公关解决方案建议”里面的“300万”的问题，网上自然出现了各种版本的解读和猜测。在此过程中，阿里巴巴旗下网站在播报三鹿奶粉事件的同时，也在转载关于百度负面消息。由此，百度愤而指责阿里巴巴传播谣言，并宣称或将起诉阿里巴巴。阿里巴巴很快从企业的良知与责任做回应。

至此，一起由一家企业奶粉引起的食品中毒的公众事件，考验着社会各方应急能力。而在互联网新闻媒体及网络营销平台，也在考验着作为信息传递的媒体和经营推广商品的网络营销平台的良知和责任。

新闻媒体在报道事件过程、使公众全面清楚地了解事件上起到了很大的作用，在促进事件高度关注和妥善处理上功不可没。而同样作为承担企业和商品信息传递的电子商务或各形式的网络营销公司，不可将自己置之事外，事不关己，对客户隐瞒真相事实，更不能为有毒奶粉在网络交易平台的流通开方便之门。

百度身陷三鹿奶粉事件的另外一场危机公关中，希望诚如百度声明所言：百度从未屏蔽与三鹿事件有关的任何搜索结果，搜索结果说明一切。而百度早就宣布进军C2C电子商务，作为电子商务的即将崛起一员大将，其令人诟病的竞价排名能得到正确处理，在搜索结果的公正性与百度的赢利方面得到平衡。

阿里巴巴针对百度的指责发表声明说：“三鹿奶粉事件，是一个非常恶劣的社会事件，作为全球最大的电子商务社区，无论是出于社区功能定位还是企业良知，都有必要跟进此事”。“人命关天，请牢记自己的良心和良知”，其情其行，当得到肯定。

在这种关头，百度也好，阿里巴巴也好，网络公司包括电子商务均应团结起来，配合三鹿奶粉事件的追查，以便能彻底揭露出它的真相。防止有毒奶粉继续危害社会，防范、杜绝类似事件发生。B2B 商贸搜索引擎一呼百应相关负责人说，而事实是，他们之间却在急于澄清、互相指责，这是非常不应该的。

据悉，三鹿一案使得许多电子商务厂商立即启动预案，对原先商家经营提供的三鹿牌奶粉信息异常谨慎地处理。一呼百应相关负责人介绍，这在一呼百应平台上是原则问题，坚决不让有毒奶粉流入市场，因而在审核上更加严格，以尽自己所能承担应尽的义务和责任。而阿里巴巴也在第一时间把可能的危害信息传递到客商。

二、政策问题构建的“去中心化”①

在现代化的行进中产生了中心—边缘结构，而整个现代社会的发展，也都是以中心—边缘结构为依托的。发生在现代社会的一切行动，都是在中心—边缘结构中展开的，也不断地增强和维护着这一结构。在中心—边缘结构下，政策问题建构都是被归于某一部分某一机构的职能，具体地说，政策问题建构是发生在公共领域中的，活跃于公共领域中的精英却掌握着政策问题的建构权。即便是公众切实地掌握了这一权力，而处于社会中心的社会治理者也掌握着政策信息，并有着公布哪些信息和不公布哪些信息的裁量权，主导着政策问题的界定以及议程设置，公众往往成了呈现在他们面前的已经得到建构的政策问题的消费者。

这充分表明，政策问题建构是一个自上而下的过程，是自社会治理的中心地带开始的，或者直接就是由社会治理的中心地带发起的。在民主体制和语境中，政策过程往往是在社会治理的中心地带发起后，再通过专家和公众的参与，进入一个民主决策的过程。显然，在这一政策过程中，包含着一条自上而下的主线，是具有鲜明线性特征的政策问题建构过程。当然，工业社会已经不再是农业社会的那种地域性社会，而是在社会化大生产、市场经济以及陌生人的互动中形成了广泛的人际交往网络，但是，就基本的社会结构而言，却是一种线性的中心—边缘结构模式。进而言之，民族国家边界的封闭性也会反映在其内部的每一个层级上，可以说，在民族国家内部的每一个层级上都会存在着许许多多次级和更次一级的封闭系统，事实上，每一个领域都构成了一个相对封闭的系统。社会治理往往是在这些系统中进行的，政策问题建构也基本上是在这些系统中完成的。比如，管理工业生产、商业贸易的部分基本上不会去考虑社会救助的事务，不关心这一

① 张康之，向玉琼．网络空间中的政策问题建构［J］．中国社会科学，2015 年第 2 期。

方面的政策问题建构，甚至对这些成为政策问题的社会问题也熟视无睹。也就是说，我们的社会拥有着中心—边缘结构，而自中心辐射出来的是多条线，政策问题建构都是在某条线上进行的，这条线上的人们不会去关注另一条线上的社会问题，因而，也就不会去关心那条线上的政策问题建构。也正是在此意义上，政策问题建构是一种“地方性”的事务，由此而形成的政策依然是在“地方性”的范围内发挥作用的。

现在，这种状况正在发生改变，网络及其信息的高频流动不仅打破了社会治理中心垄断信息和主持信息发布的状况，也填平了中心—边缘结构中不同的线之间的鸿沟，一些重要的、紧迫的社会问题往往是首先在网络上引起了广泛的关注，成为全社会关注的热点。在网络中，每个人都是一个节点，每一个节点都可以与其他节点之间进行多渠道、多方位的信息交流，从而打破了信息的单向传输，进而摧毁了所有的信息中心。信息在网络上的自由流动也就意味着信息中心失去了存在的价值，网络使信息的流动不再按照人为设定的线进行，而是在每一个节点上都呈现出散布辐射，每一个人都可能成为某一具体的信息的中心而在他所在的人群中发布这一信息。一项社会问题的信息，可能会在这样一个人人都可以成为中心而又根本无中心的网络中瞬间达到每一个人那里。这个时候，处于社会治理中心地带的精英也就完全丧失了垄断信息和主导信息发布权的条件。所以，原先那种社会治理中心得以维持特权地位的信息垄断，因为信息的无界扩散而丧失了把持政策问题建构的权力，而且，社会治理中心也不再可能通过划定清晰的边界去抵抗来自边缘的政策问题建构权的要求。所以，网络具有非属地化的特征，是一个全面开放性的无中心的世界，如果使用尤尔根·哈贝马斯的“公共领域”概念来描绘网络的话，那么，它就是一个“全景式”的公共领域，一切社会问题都可以在这里得到无障碍的讨论，并将讨论的结果以动态性的方式随时传递给政府，使政府获得公众的压力而开始考虑如何通过政策的途径去解决这一社会问题。在此过程中，也就实现了社会问题向政策问题的转化。

在网络空间中，单一的、综合性的公共领域已经分解为多元语境的公共舞台，其中，不存在任何单一的标准，更不可能应用某一标准来对所有的修辞和风格加以衡量并筛选。结果，具有不同风格和价值的群体都能参与其中，无财产的工人、妇女、穷人以及不同种族的、宗教的和少数族裔的人，都可以通过自己对话语的运用而获得承认，甚至获得尊重。在网络得到广泛应用的今天，即便是在最为消极的意义上，也应抱持这样一种态度：“既然没有办法确立一种更好的世界观，那么，唯一的策略便是对各种世界观采取来者不拒的态度，承认这样的一个粗陋事实，即世界观是无限多的，它们之间缺乏通约性。一旦意识形态被认为无所不在，且一切均为意识形态，那么，对意识形态的批判将不再被认可，于是社会反思的工作便告终结。”①

① 齐格蒙·鲍曼．寻找政治［M］．洪涛等译．上海：上海人民出版社，2006 年版。

第四节 公共政策问题的构建过程与方法

进入新世纪，西方国家的社会形态出现了网络化、离心化趋势，商品经济、法治非常成熟，非政府组织等民间力量勃兴。在政府体系当中，分权化运动日益加速。伴随着基本生活资料的满足，人们开始关注一些较高层次的政策问题，如环境、人权、主权、全球性问题等。政策问题的构建呈现了多主体参与的特征，政策问题之间的关联性越发增强，政府注重与多元的社会力量进行互动，网络之于政策问题的作用凸显。

在中国，尤其是改革开放以来，社会正在经历着深刻的转型。在转型的过程中，社会分化在加速，民间力量崛起，社会结构的规范体系、观念要素也不断趋向复杂化、多元化。社会矛盾与摩擦在增加，不同社会群体和阶层的利益意识不断被唤醒和强化，对利益的追求成为社会行为的强大动力。不同层次、不同领域的政策问题层出不穷，既有解决民生的政策问题，如医保、社保、失业、就业、教育、农民工进城等，也有较高诉求的人权、民族等政策问题。因此，基于时间序列发展的脉络，一定时期的政策问题都是受一定因素影响、具有自身的构建逻辑且符合一定历史规律的。

一、公共政策问题构建的影响因素

公共政策问题不仅会受一些客观因素的影响，还会受人们主观因素的影响。在客观条件一定的情况下，主观因素的变化（如价值观的更新、人们期望目标的改变等）也会引发许多新的公共政策问题。当然价值观的进步和人们预期目标的降低，也可能让以往人们认为严重的社会问题被渐渐淡化。

根据公共政策问题的定义，在一定程度上我们可以认为公共政策问题是客观事实与主观认定相结合的产物。因此，从这个角度分析公共政策问题界定的影响因素，其内容应该包括对客观现象有关信息的掌握程度、价值观念的影响、界定方法的选择、政府态度的影响四个方面。

1. 对客观现象有关信息的掌握程度。在政策问题界定的过程中，如果对反映政策问题的有关信息资料掌握得越多越充分，问题的界定就越正确、顺利。反之，在缺乏政策问题的信息资料的情况下，界定问题将会面临很大的困难。这就要求在我们准备界定一个政策问题的时候，要采取多种方式尽可能充分地掌握有关的信息资料。

2. 价值观念的影响。由于一个社会公共问题要转变为公共政策问题，除了客观存在、影响范围广等前提条件外，还必须有人们以个人利益、价值观念为基础的主观认定，所以界定的过程必然会受到价值观念因素的影响。不同的价值观念既有可能使问题的界定在社会与政府之间存在差异，也有可能会使在社会与政府各自的范围内产生差异。这就在很大程度上影响了公共问题转化成政策问题的过程。从这个角度来看，政策问题界定也是一种价值观念的选择。

3. 界定方法的选择及有关人员的分析水平。在政策问题界定的过程中，界定方法的选择应用以及有关人员的分析水平将直接影响对问题实质的认识。方法选择不恰当，应用不合适，都会导致政策问题界定的不准确。同时，有关人员的分析水平也会直接关系到对问题的分析。因此，选择恰当的界定方法以及高水平的专业分析人员对政策问题界定非常重要。

4. 政府态度。政府作为社会权威部门的代表，对社会公共问题的态度往往具有很大的权威性和强大的影响力。一个公共问题能否成为政策问题并得到有效地解决，与政府态度积极与否有很大的关系。如果政府态度明确、积极，那么将会加快政策问题界定与解决的速度，也将使对问题的社会认识走向统一。

二、公共政策问题构建的逻辑与过程

公共问题的构建过程实际上也是公共政策问题的界定过程。公共政策问题构建是一个复杂的过程，它因被研究的具体政策问题而有所不同，不存在一个一成不变的程序或图示，它是一个创造性思维的过程。西方学者从个别概括出一般，抽象出问题构建的基本步骤，比如，威廉·N·邓恩认为问题构建通常由问题感知、问题搜索、问题界定和问题陈述四个相互联系、依存的过程组成；韦默和维宁在《政策分析：理论与实践》一书中认为，理解问题的步骤包括三步：评估客户的情况；将它们界定为市场或者政府的失灵；模拟所关注的情况与那些能够由公共政策操纵的变量之间的关系[①]。从国内外学者的研究看，公共政策问题构建虽然是公共政策活动中的一个细微环节，却具有很大的研究空间，特别是我国正处于战略转型期，建

① 鲍丽明．公共政策问题构建研究综述［J］．辽宁经济，2014 年第 1 期。

立有效的政策问题构建机制以提高政策质量及政策效果是政策研究学者亟需解决的问题。

国内主流的政策科学教科书以及相关的理论研究文献中，公共政策问题构建的逻辑步骤主要有三方面内容：（1）以“问题感知”体悟“问题情境”—以“问题搜索”认定“元问题”—以“问题界定”发现“实质问题”—以“问题陈述”建立“正式问题”；（2）认定问题—说明偏差—确定原因—问题表述；（3）发现问题—判断问题—筛选问题。以上三种表述类型的共同缺陷是，过于简单且缺乏详尽和具体的操作程序和操作方法，难以为政策分析从业人员所模仿和学习，也难以为公共决策者提供具体的理论指导。①

李强彬也认为，在“民主的政策科学”的视野中，无论出于公共政策问题界定的社会冲突论，还是社会建构论，协商民主与公共政策问题界定在逻辑上都具有内在的一致性。② 协商民主的理论特质主要是基于这样一个前提：政治偏好是相互冲突的，民主制度的目标就是处理这些冲突，协商民主同自由主义民主尽可能将分散的个体偏好聚合成集体选择的不同观点，它主张经由公开和非强制地对利害相关的议题进行讨论和辩护来做出具有约束力的集体决定。因而，协商起于冲突，是认识和化解冲突的一种机制，协商过程有助于更全面、深刻地认识问题背后的意义，找出更好的解决办法。

厦门大学陈振明教授认为公共政策问题的构建过程如下③：

1. 信息公开，建立事实基本依据。社会生活中总是潜在着各种各样的问题，而对于问题情势的“感知”以及在问题感知和问题察觉基础上进行的问题搜寻，不仅需要政策主体的问题意识与问题态度，更依赖于制度化的信息公开。提供关于政策问题的信息是政策分析最关键的任务，因为问题的察觉与感知离不开基本的事实信息。国务院办公厅发布的《关于进一步加强政府信息公开回应社会关切提升政府公信力的意见》也指出，对于涉及群众切身利益的重要决策，要在政府网站公开征求意见；重要政策法规出台后，要针对公众关切，及时通过政府网站发布政策法规解读信息，加强解疑释惑；对涉及政务活动的重要舆情和公众关注的社会热点问题，要积极予以回应，及时通过政府网站发布权威信息，讲清事实真相、有关政策措施

---

① 杨成虎．论政策问题构建的逻辑与程序［J］．四川行政学院学报，2010 年第 2 期。

② 李强彬．公共政策问题“界定”中的协商民主：逻辑、价值与理由［J］．理论探讨，2012 年第 6 期。

③ 陈振明．公共政策分析［M］．北京：中国人民大学出版社，2002 年版。

以及处理结果等。2015 年，北京市政府首次把“政府网站内容建设”纳入政府绩效考评体系，并组织全市政府网站信息内容建设专题培训。同时，建立第三方评估机制，每月对全市 1141 家政府网站进行检查抽查，定期通报检查报告和整改结果。政府网站“不回应、不及时、不准确、不使用”的问题得到解决，消除“僵尸网站”“睡眠网站”现象。

2. 问题察觉或感知。问题觉察或感知是指某一问题被发现并引导政策制定者更多关注，采取可能性行动的过程。问题觉察或感知阶段，也是促使社会形成关于公共问题的共识的阶段，在这一阶段存在众多的促使问题被觉察或感知的活动者，同时这也就形成了问题觉察或感知的途径。政策问题构建具有主观性和人为性的特点，它是对人们察觉的或体验的问题进行人为的确认。一种社会现象之所以成为政策问题，最终还要取决于人们的主观认定。对于同一个政策问题，不同的人有不同的界定方法，因而也就有不同的解决方案。

3. 政策问题的边界与解释。政策问题的边界就是描述问题存在的地点、存在的时间跨度、产生的环境影响因素与标志性事件、存在的主要矛盾以及问题的相关利益群体，重点关注那些对我们分析问题产生影响的别的问题发展趋势，至于在提交的问题陈述中是否明确表达还是暗示价值观取决于问题本身、委托人以及分析者。对政策问题的解释一般属于因果性解释，且这种解释应当使政策分析者能够综合性地认识政策问题产生的根源，辨识影响政策问题的各种内部环境与外部环境、直接因素与间接因素及其他们之间的相互作用关系，演绎并明确政策问题的形成机理，跟踪及预测政策问题发展的趋势，此过程可以通过建立理论模型或数学模型、查找分析历史经验材料来进行完成。

4. 明确目的和目标。行动者的目的和目标不同直接影响问题解决的政策方案，有些目标或目的必须试探性地加以表述并随着分析的逐步进展而加以修改、完善，而另一些目标和目的则需要加以推测或推导。比如，城市贫困家庭的医疗保障问题，保障公众健康可能是主要目的，而目标则可能是降低医疗保健的成本、简化医疗保健的程序、减轻医疗保健支出对贫困家庭所带来的经济上的影响等。

5. 确定政策范围。确定政策范围就是要分析一个政策问题中所要考虑变量的范围，变量的性质与种类多种多样，它对实际上对最终选择的备选方案产生影响。有时它取决于分析者的工作环境，有时则受到时间和可以利用资源的制约。分析者可以从社区、关注团体和其他行动者中得到关于政策范围大小的重要线索。比如，全国各地出现的出租车降价事件，需要考虑的变量是汽车成品油价的变化、相关政策及其引起的管理费用的增减、交通管理效率的升降、消费者信心反馈等。

6. 分析潜在的收益与成本。可以用报告、图表等形式或量化分析方法来计算、分析相关的利益方的收益与成本情况即损益情况。如果问题得到解决，需弄清楚问题的每个利益相关者的得失；如果问题没有得到解决，也需弄清楚问题的每个利益相关者的得失。

7. 重新审视与思考问题的表述。基于以上过程，对提出的假设进行仿真、模拟与预测，重新审视与思考政策问题的表述是否符合政策的需要，对问题的分析是否具有足够的洞察力，对问题的解决是否有可供选择的备选方案及其相关信息线索。

三、公共政策问题构建的方法

公共政策问题界定是一个议论分析、陈述观点、技术特征明显的过程，其中方法的选择起着关键性的作用。有关政策问题界定的方法，美国学者威廉·邓恩归纳出九大方法，具体包括边界分析、类别分析、多维度分析、层次分析、综摄法、头脑风暴法、假设分析、问题文件法①。

（一）边界分析

邓恩认为，政策分析者很少面临一个单一的、完全界定了的问题；相反，他们面临着多种问题，这些问题散见于整个政策制定过程中，被那些观点和行动相互依赖的利益相关者以明显不同的方式加以界定。

边界分析是问题界定的一个重要方法，它由以下三步构成。

第一步：饱和抽样。

我们可以通过一个多阶段的过程来获得有关利益相关者的饱和抽样（或滚雪球抽样②）。这一过程最初可以从一组或者一群人开始，详细了解他们对有关问题的观点及其差异，要求他们每个人列出另外两位对所讨论问题最支持或者最不支持的人的姓名，如此进行多组抽样，直到不再有新的意见为止。

第二步：诱导性提问。

该步的目的是引出对问题的各种不同陈述。以多种形式引导性地提出各种可供人们思索、探讨的问题，启发被调查者从多方面、多层次为政策问题的界定提供实质性的资料。

---

① 威廉·N·邓恩．公共政策分析导论（第二版）［M］．谢明等译．北京：中国人民大学出版社，2002 年版。

② 滚雪球抽样，是指先随机选择一些被访者并对其实施访问，再请他们提供另外一些属于所研究目标总体的调查对象，根据所形成的线索选择此后的调查对象。这类调查方法主要用于调查十分稀有的人物特征，可以增加和调查群体接触的可能性，且经费相对较低，可行性较强。

第三步：边界估计。

这一步是要估计元问题的边界。帕顿和沙维奇在《公共政策分析和规划的初步方法》一书中提出了确定问题边界的所谓便捷计算方法。便捷计算方法的基本步骤是：(1) 使用引文来找出数据。通过各种资料或者文章的引文来查找数据的来源。(2) 调查数据。对数据来源进行可靠性分析，有许多全国性的或地方的调查材料可以提供有关数据。(3) 通过一些简便的方法进行猜测。有各种猜测方法，如那些不因时间地点变化的比率可以用来猜测一个绝对数；一个已知的变项可以用来猜测另一个变项（假如两者的关系为已知的话）；从相似的现象中借用比率进行测量；因素累加得出估计总数等。(4) 使用专家，向专家请教。除了常见的访谈等方法外，还有一些将专家的推测集合在一起的方法，如头脑风暴法包括口头和书面的自由讨论、画廊式方法等。

除了快速简捷的计算之外，帕顿和沙维奇在《公共政策分析和规划的初步方法》一书中还介绍了快速决策分析、有效的可操作性界定的设计、政治分析与初步分析相对的问题论说等问题界定的方法。这些方法对于快速形成有实用价值的政策建议十分有效。

（二）类别分析

类别分析包括逻辑区分和逻辑归类。所谓的逻辑区分是把一个大类问题分成许多次类的过程，如把污染可分为空气污染、光污染、水污染等；相反的过程则是逻辑归类，即把许多情况、事物和人组成一个更大类别的过程。任何一种分类都依据于分析者的目的，而分析者的目的则依赖于关于问题情境的实质知识。

应用类别分析遵循的规则有：(1) 实质相关性——应根据分析者的目的和问题情境的性质提出分类的基础；(2) 穷尽性——分类系统中的子项必须穷尽，也就是说对所有分析者有意义的主题和情境都必须被涵盖；(3) 排他性——同一层次的子项之间必须互相独立并相互排斥；(4) 一致性——每一层级的分类标准必须统一；每个子项应该根据同一分类原则划分，否则就会导致子项交叉，出现谬误；(5) 层次分明性——分类系统中的层次（子项、次子项和次次子项）应该清晰，如教育问题可按层次分为高等教育、中等教育、初等教育等类别，高等教育又可分为高等专科教育、本科教育、研究生教育等。

（三）多维度分析

多维度分析即一种通过系统地运用个人、组织、技术等多重认识来获得对公共政策问题的全面了解的分析方法。

1. 个人角度

许多政策抉择往往与决策者个人的感知、感情和利益密切相关，因而政策问题的分析必须重视决策者或相关人员的个人感情、感知和利益需求等对政策问题的影响。例如第二次世界大战行将结束时美国之所以向日本投放原子弹，一个重要的政策问题因素在于，当时的美国总统杜鲁门权力地位没有巩固，对特殊利益集团没有影响力，因此，总统试图借果断地投放原子弹来改善自身形象，巩固自身刚刚获得的权力地位。

2. 组织角度

单纯从个人角度分析问题，势必具有很大的局限性。从政策问题的抉择来看，在现代民主国家中，通常并不是个人说了算，而必须涉及某个决策组织，分析组织的组成状态、自我利益、价值取向等因素对有关政策问题的影响。将问题及解决方法看成是从一种组织状态向另一种组织状态有序渐进的一部分。组织角度的主要特征是采用标准的操作程序、规则和机构的常规做法，而且与实现目标、改进业绩只有很低的相关性。同样以二战时在日本广岛投放原子弹为例，从组织的角度看，不投放原子弹的决策将引出深刻的组织恐慌，因为花了 20 亿美元来制造原子弹到底有没有意义无法证实。

3. 技术角度

从纯技术角度进行分析可以探寻到公共政策问题的客观性所在，可以将问题的特征和严重危害程度定量化和定性化地反映出来，以增强分析论证的说服力，从而推动该问题决策进入政府议程。最优化模型是分析有关政策问题的常用的技术，具体使用的技术手段包括概率统计、成本—利益分析、计量经济学以及系统分析等。

多维度分析适用于分析和解决结构不良的问题。对于复杂的公共政策问题，通常都要从多角度对问题的性质、原因和严重性做出分析和判断，否则就很难真正弄清问题所在，也就更难于推动政策议程。

（四）层次分析

层次分析是一种查明问题情境的原因的技术。层次分析帮助分析者分清三种原因：可能的原因、合理的原因和可控的原因。可能的原因是一切有可能促使某一问题产生原因。合理的原因是指以科学研究或直接的经验为基础查明的对某一种问题情境的出现产生重要影响的那些原因。可控的原因指的是一种受政策制定者的控制和操纵的原因。

进行层次分析的规则与分类分析的规则是相同的。分类分析与层次分析的主要区别在于：分类分析包含了对一般概念的划分归类，而层次分析则主要针对问题产生的原因分类。两种分类方法都受分析者所持价值偏好的影响，都有一定的局限性。

（五）综摄法

综摄法是一种对类似问题认识的方法。它帮助分析者在构造政策问题时创造性地运用类比方法。许多研究表明，人们往往不能认识到，表面看来似乎是新问题，实际上不过是披上伪装的老问题，而老问题可能包含着对于看起来似乎是新问题的潜在解决办法。综摄法基于这样的假定，即对于问题之间的相同的或相似关系的认识将极大地增加分析者解决问题的能力。

在构造问题的过程中，分析者可能进行如下四种类型的类比：

1. 个人类比。在构造这种类比时，分析者试图将自己想象为如同政策博弈者（如政策制定者或当事人团体等）一样经历一个问题情境。

2. 直接类比。在构造这种类比时，分析者寻找两个或两个以上的问题情境之间的相似关系。例如在构造吸毒问题时，分析者可能从控制传染病的经验中构造直接的类比。

3. 符号类比。在构造这种类比时，分析者试图发现一个特定的问题情境与某些符号过程之间的类似关系。例如，符号类比经常取之于各种伺服机制（如恒温器和自动驾驶仪）和政策过程之间。在每个案例中，采纳的类似过程被视为来自于环境的不断反馈的结果。

4. 幻想类比。在构成这种类比时，分析者完全自由地探索问题情境与某些想象状况之间的相似性。例如，国防政策有时就使用幻想类比来构造对付核武器攻击的防卫问题。

综摄法依赖于构造适当类比的个别分析者或群体。评估一个问题被概念化的好坏程度的主要标准是比较的似真性，即特定问题情境实际上与另一个被用来类比的情境的相似性程度。

（六）头脑风暴法

头脑风暴法是指由一定数量的人员，如专家或者利益相关者，从各个不同的角度自由地讨论有关问题并因而激发大量的新构想的分析过程和方法。它最初是由奥斯本（Alex Osborn）设计用来加强创造性的一种手段，可以用来产生大量的有关问题的潜在解决办法的建议。头脑风暴法有如下几个简单的程序：

1. 组建团队。头脑风暴小组应根据被研究问题的性质和特点来组成。这实际上是说，所选择的成员应是那些对特定问题有特别知识的人，即专家。

2. 意见的产生。鼓励自由和开放的讨论，不要过早地批评和辩论，尽量激发更多的意见，容忍离谱的观点。

3. 意见评估。仅当在思想产生阶段中所有产生的思想已经穷尽时，才开始进入思想评估阶段。

4. 意见排序。在思想评估阶段结束时，应对政策问题的意见进行排序，并编制有关政策问题的分析及潜在解决办法的建议。

头脑风暴法是一种广泛适用的程序，它包含相对结构化的活动和相对非结构化的活动两种，这依赖于分析者的目的和实际的情境限制。相对非结构化的活动经常在政府机构和公共或私人的思想库中出现。在这里，政策问题的讨论是非正式的且大都是自发的，它包括来自于几个不同科学领域的专家和通才的互动。通过运用各种协调和集中小组讨论的手段，头脑风暴活动也可以相对结构化。这些手段之一是所谓的“持续不断的决策研讨班”的确定，它试图避免常设委员会的受限制的气氛，包括一组高度主动的专家，他们在几年的时间里经常碰头开会。

另一个协调和集中头脑风暴活动的手段是脚本（scenarios）的构造。脚本是有关假设的、可能改变某些问题情境的未来事件的概要。脚本是对想象的某些政策建议的可能未来状况方面的描述。脚本有两种主要类型：操作分析的脚本（operation－analytical）和自由形式的脚本（free－form）。在构造一种自由形式的脚本时，可以不受限制地进行分析和描述。与此相对立，操作分析脚本则只有从现有的世界状况出发，一步一步地表明，一种未来的状况是如何合理地从现有的状况中产生出来。

头脑风暴法与其他问题构造技术的主要差别在于，它所注意的是知识团体，而不是个别专家；同时，头脑风暴法活动的评估并不根据逻辑的一致性或比较的相似性，而是根据头脑风暴小组成员之间所达成的共识。这种将共识作为问题构造绩效标准的主要局限性是，关于问题性质的认识上的冲突可能受到抑制，因此，预先排除了产生和评估潜在创新性的思想、目标和战略的机会。尽管2000年计划项目寻求一种随意的气氛，但项目成功的最后评估是以权威决策者（机构执行官员）和专家（职业协会的咨询委员会）之间所达成的共识作为基础。

（七）假设分析法

假设分析法（Assumption Analysis），是一种旨在将相互冲突的政策问题立论假设，创造性地综合为一体的分析技术。它比上述所有分析方法都更具有综合性，更适合于处理结构不良的问题（即各种解决方案所依据的假设之间有尖锐冲突的政策问题)。因此，这一方法所要做的工作主要是：弄清分析人员、决策者、利害关系人各自对问题所做的基本假设；比较和评估这些假设；检验假设以及假设推论的政策问题在逻辑上的合理性；获得一项崭新的政策。具体说来，它的基本步骤如下：

1. 确定利益相关者。政策问题的觉察和确认往往是由受政策问题影响或能影响政策问题的利益相关者进行的。所以假设分析的首要环节就是确定各方利益相关者，并对他们按与问题关系的亲疏、影响力大小排序。这样就可以排除那些实际上与政策问题不相关的人，并明确分析过程中应考虑的利害关系人的立场、观点和意见等。例如中国长江洪灾问题的利害关系方既有长江沿岸受灾人民，也有沿岸地区各级地方政府以及支援抗灾的中央政府和全国人民。

2. 提出假设。这一阶段的基本任务是找出并确认政策问题所依据的基本假设。每一个政策问题都有其依据的基本假设，政策规划就是依据这些基本假设制定的，而政策问题的基本假设又是从一套原始的资料中归纳出来的，通过追溯政策问题的基本假设以及原始的资料，可以知道政策问题是否是从原始资料推导出来的，政策规划是否是以政策问题的假设为基础推导的。

3. 比较假设。政策问题分析者要对政策问题的各种假设进行比较和评估，目的在于搞清各种假设间的差异、优劣和正确性。通常是从差异最大的两种假设开始对比，看看哪个最合乎事实，不合乎事实的被排除。

4. 汇集假设。汇集前面各阶段所提出的假设和各种解决方案。由利益相关者依据各假设的相对重要性和确定性，排定优先次序。凡是他们认为最重要的假设均应予以汇集，汇集的目的在于建立一组能在大多数利益相关者中取得共识的基本假设。

5. 综合假设。最后根据前面所建立的可接受的假设，创造一个可能解决问题的最优组合或综合方案。政策问题分析者必须善于充分利用专业知识，考虑各种利益相关者的立场、观点，衡量各种可能的矛盾和冲突，组合政策目标和资源，最后得出综合的结论。

假设分析法有几个重要特征：其一，该方法是从问题的可能方案入手，而并非从问题的假定出发，原因是利益相关者对解决问题的方案往往有所了解，而对问题的假设则并不知晓；其二，该方法运作过程中始终运用同一种资料，因为政策问题上冲突常常并不在于事实资料本身，而在于人们对同一资料的不同解释；其三，该方法能对各种冲突性的意见和方案做有效的、创造性的处理，从而精确地认定一个政策问题。

（八）问题文件法

问题文件法（The Issue Paper）是由PPBS（计划—规划—预算系统）在州和地方财政项目的应用而形成的一种界定问题的综合性方法。它被奎德当作一项政策分析的基本方法，认为它试图查明什么是真正的问题，分离出基本目标，弄清知识中的关键空白，提出备选方案和恰当的有效性测量，并查明受影响的群体；它要列出关于这个问题不同方面的政府机构和组织，发现和列举现成可应用于问题的资源。

然而它仅仅只是不同备选方案的效果的比较，否则它就是整个分析过程了。巴顿等人则将这个方法视为一种关于是否进行“研究性分析”（即较复杂、需用较长时间的分析，与之相对的是快速的或基本的分析）的可行性研究，它几乎简要地进行政策分析过程的每一步。

案例4-4-1　被征地农民养老保障政策问题构建分析①

政策问题是获得公共权力主体认知、认同并加以解决的社会公共问题。政策问题构建是政策分析的第一步，也是最为关键的一步。正如学者邓恩所言：“通过恰当的疑问，有些看起来无法解决的问题能够重新构建，以至会凸现问题的解决方案”。西方国家，土地产权关系清晰、国家社会保障制度相对完善，土地上并不附着社会保障功能。如此，土地征用和买卖就成为一个常规市场化过程，市场化的征地补偿与国家层面的社会保障间不发生关联。因而，被征地农民养老保障并没有遭遇重大危机，也不存在被征地农民养老保障政策问题。然而，在我国城市化进程中，与土地非农化越来越快、被征地农民群体日益壮大相伴随的是低水平、不公正的征地补偿和起步晚、发展缓的国家社会保障建设，被征地农民养老保障问题日益成为社会关注、学界探讨的焦点。既有研究多从宏观理论层面或微观技术层面提出了对多种问题解决的对策，但缺乏学理层面的政策问题构建分析，也就无法有效回答“被征地农民养老保障政策问题是什么”，而这正是开展被征地农民养老保障政策研究的逻辑起点。

政策分析中，政策问题构建优于问题解决。构建政策问题有问题搜索、问题界定、问题详述和问题感知。整个过程有一个前提条件，即认识或“感知”到问题情势的存在；从问题情势出发，分析人员开始搜索问题，其目的不是要发现单个问题，

---

①　崔香芬，李放．被征地农民养老保障政策问题构建分析［J］．农村经济，2014年第12期。

而是要找出多个利益相关人形形色色的问题。转型时期被征地农民养老保障政策问题构建过程如下。

（一）被征地农民养老保障政策问题感知

政策分析源于对问题情势的感知。我国被征地农民养老保障问题情势是在我国市场化转型特定社会情境下发生并被感知的。自1949年城市化进程以来，我国政府长期采取了补偿权与社会保障权融为一体的补偿安置办法。计划经济体制下，该办法虽在法理上存在问题，实践中却并没有实质性损害被征地农民切身利益——当国家为各种建设征收农民土地时，被征地农民或可继续耕种重新分配的土地获取养老保障，或可被安排从事非农业生产并相应获取城镇社会养老保障。因此，计划经济时期并不存在被征地农民养老保障政策问题。

20世纪90年代末，在市场化转型特定社会情境下，政府奉行计划经济补偿、市场经济安置的基本思路：政府在为被征地农民提供劳动就业机会及相应养老保障方面的责任在改革的口号下逐渐被弱化；与此同时，被征地农民既无法获得类似于计划经济体制下的妥善的安置，又无法获得市场化征地补偿费用。被征地农民只能通过自我积累与市场竞争来实现养老需求，既不利于被征地农民群体养老保障利益的实现，也不利于社会稳定大局。21世纪初，在没有实现市场化补偿前提下，政府提出用征地补偿所得的大部分资金进入被征地农民社会养老保险制度个人缴费，以解决被征地农民养老后顾之忧，即通常所说的“土地换保障”。该模式中因政府责任未得到充分体现，被征地农民产生大量不满情绪并直接导致其参与积极性不足。因而，被征地农民养老保障问题成为政策问题，出现问题情势并为相关主体所感知。

（二）被征地农民养老保障政策问题搜索

政策问题搜索，旨在确定元问题。其中，利益相关者分析是进行政策问题搜索的有利工具。被征地农民养老保障政策的利益相关者主要包括：政府（主要是地方政府）、村集体以及被征地农民三方面。被征地农民养老保障政策元问题可以概括为养老风险预防与控制问题。

政府。政府既是社会公共利益的代表，同时又是一个独立的利益集体。前者角色决定了其承担着确保所有社会成员平等享有社会保障权，帮助被征地农民群体有效规避土地征收可能出现的养老风险等社会责任；后者角色决定了其行为不可避免会存在一定程度的自利倾向，可能不利于其社会责任的实现。实践中，“土地换保障”实质是有政府参与的强制性自我保障和自我养老储蓄。由此，政府作为社会公共利益代表并没有积极开展有效的养老风险预防与控制行为，而是更多体现出作为一个独立的利益主体的自利性价值取向和利益选择。

村集体。我国农村特殊土地产权制度下，土地归集体所有。因此，国家征用土地必须给予村集体补偿费。“土地换保障”实践中，村集体一般分享到30%—20%的土地补偿费，除用于发展再生产外，原本就包含了被征地农民社会保障费用，理应抽取部分用于被征地农民养老保障费用筹集，以有效防控被征地农民因失去土地可能面临的养老风险。然而，实践中，部分集体出于“自利性”行为也多压低或逃避被征地农民的社会保障费用而将其资金挪作它用，进而导致被征地农民社会保障利益受损。

被征地农民。作为理性社会个体，被征地农民也有自己的养老风险预防意识和养老保障利益主张。征地后，家庭经济来源、消费方式、生活压力等多因素加剧了转型期中国农村社会养老道德风险，使得基于社会道德基础（主要是“孝”道）的家庭养老责任面临挑战，并直接导致了老人在家庭中的边缘化。此时，被征地农民理性地寄希望于在依靠个体储蓄预防养老风险的同时，国家正式组织能够通过正式制度给予积极、合理的保障，共同应对预期养老风险，维护自身的养老保障权益。

（三）被征地农民养老保障政策问题界定

政策问题界定旨在实现从元问题向实质问题的转化。转型时期被征地农民养老保障实质问题是养老风险分配问题。

作为政府征地行为的被动承受方，被征地农民养老风险就个体来说是个人风险，就该群体来说则应包含在社会风险中。可以说，被征地农民养老风险兼具个体性和社会性，并且社会性是其主要属性。一方面，被征地农民个体要通过自身努力，为有效规避因土地征收产生的养老风险承担应有的个体责任；另一方面，政府代表公共利益，在城市化发展中，既要扩大投资与再生产、发展城市经济，又要合理运用公共权力，通过资源合理配置承担主要的被征地农民养老风险预防、转移和补偿责任；对于村集体而言，同样要恰当处理集体经济发展建设与被征地农民养老风险预防、控制二者之间平衡关系。因此，本质而言，被征地农民养老保障问题是我国城市化进程中，政府、集体、个人如何在均衡经济利益与社会利益的基础上实现合理的养老风险分配，以保障被征地农民养老保障利益的公平和效率。

（四）转型时期被征地农民养老保障政策问题详述

问题详述旨在实现从实质问题向具体、规范问题的转化。我国被征地农民养老保障政策问题可以详述为：如何在综合政府、集体与个人三方利益基础上，对因土地征收产生的被征地农民养老风险在政府、集体与个人等相关主体之间进行公平、合理地责任分配，并进一步确定政府、集体与个人养老责任范围，从而明确由哪些主体以何种方式为被征地农民提供何种水平的养老保障。

首先，被征地农民养老风险责任分配要综合政府、集体与个人三方利益。有效综合三方利益就是要实现利益主体之间以及经济发展利益与社会利益之间的合理均衡。忽视政策利益相关者任何方利益或者倚重社会利益或经济利益中任何一方，都有损于社会效率，且不利于被征地农民养老保障利益的实现。其次，明确被征地农民养老保障责任主体、责任范围。现阶段，在被征地农民养老保障政策问题上，明确责任主体、厘清责任范围，可以为被征地农民养老保障责任承担提供理论依据也使得责任落实有据可查，从而有利于有效预防相关主体逃避或者减轻被征地农民养老保障责任。最后，明确被征地农民养老保障实现水平。目前，各地推行的被征地农民养老保障水平参差不齐，大体分为低于农村低保线或者等于农村低保线、城镇最低生活保障金、低于城镇最低生活保障金等。由此，缺乏有关被征地农民养老保障责任定位基础上的养老保障水平定位，不利于被征地农民养老保障利益的有效实现。

总之，养老保障涉及被征地农民切身利益和以人为核心的新型城镇化发展大计，关系社会和谐稳定，意义重大、影响深远。在明确被征地农民政策问题基础上，必须按照十八大报告提出的“改革征地制度，提高农民土地收益分配”的总体构架。在坚持公平、共享的政策价值取向前提下，有效构建和落实政府—个人—集体养老责任共担结构，以城乡社会保障发展一体化为最终目标，重新合理确定被征地农民养老保障水平，不断完善被征地农民养老保障政策，实现“人的无差别发展”，稳妥助推城镇化建设发展。

【思考题】

1. 辨析“私人问题”“社会问题”与“公共政策问题”。
2. 如何理解公共政策问题的公共性?
3. 如何理解公共政策问题的网络空间性?
4. 简述头脑风暴法。

第五章

公共政策方案制定

政策制定是政策过程的首要阶段，是政策科学的核心主题。何谓政策制定？有些政策科学家如德洛尔将政策制定理解为整个政策过程，把政策执行、政策评估等环节称为后政策制定阶段。大多数政策科学家则对政策制定作了狭义的理解，即把它理解为政策形成或政策规划，指从问题界定到方案抉择以及合法化的过程。我们从后一种意义上来理解政策制定。本章将讨论政策制定过程的各阶段、环节或功能活动。

第一节　政策议程

政策制定是一个复杂的活动过程，它由一系列功能活动或环节所构成。安德森认为政策形成涉及三个方面的问题：公共问题是怎样引起决策者注意的；解决特定问题的政策意见是怎样形成的；某一建议是怎样从相互匹敌的可供选择的政策方案中被选中的。[①] 查尔斯·琼斯和迪特·马瑟斯在《政策形成》一文中认为政策形成包括了这样一些问题：政策问题来自何方？如何分清轻重缓急？问题怎样随时间变化？什么人与提案的形成有关？他们怎么做？如何支持提案？体制对方案的形成有何影响？以及出现了什么跨体制因素促成方案发展？等等。[②] 由此可见政策制定过程包含了议程设立、方案规划和方案的合法化等功能活动环节或阶段，而设立议程是政策制定过程中起始阶段的功能活动。

一、政策议程的含义

政策议程实际上也就是政治组织，尤其是国家（政府）确定政策问题的轻重缓急。社会向政府提出了大量的需要采取行动的要求，而在这成千上万的要求中，只有少量受到政策制定者的注意，那些被决策者所关注并感到必须加以处理的问题被提上议事日程。那么，究竟何为政策议程呢？

当前，西方学者对政策议程的争论焦点主要在于政策议程的定义，即“什么是政策议程”。学术界主要从三个角度对其概念进行界定：一是问题角度，如戴维·R. 伊斯顿认为政策议程是“社会问题被认定为政策问题，且被纳入决策机构的议事日程或行动计划的过程”。二是政策制定者角度，如约翰·W·金登认为“政府官员在任何给定时间给予某个受关注的主题编目”就是政策议程。[③] 三是公众参与角

---

① 詹姆斯·E·安德森. 公共决策［M］. 唐亮译. 北京：华夏出版社，1990 年版。

② 斯图亚特·S·那格尔. 政策研究百科全书［M］. 林明等译. 北京：科学技术文献出版社，1990 年版。

③ 约翰·W·金登. 议程、备选方案与公共政策［M］. 丁煌，方兴译. 北京：中国人民大学出版社，2004 年版。

度，如拉雷·N·格斯顿提出，“社会公众在一定时期内对经济、社会和技术领域出现的特定社会问题的关注和聚焦形成公众议程。”[①] 其中较为主流的两个概念界定都是从政策制定者的角度来界定的。詹姆森·E·安德森在《公共决策》一书中提到“那些被决策者选中或决策者感到必须对之采取行动的要求构成了政策议程”。[②] 罗格·W. 科布和查理斯·D. 艾尔德二人在《议程建立的政治》中提出的“一组值得政府合法关注的政治纷争，以及一组按计划应引起决策层积极密切关注的事物”。[③]

我国学者关于政策议程的含义也存在诸多不同看法。邱昌泰认为，政策议程就是政策制定者对于来自社会的强烈需求采取积极的因应行动，并将它列入政府处理公共问题的公共计划时程表，以解决公共问题，满足人类需要。[④] 曾峻认为，政策议程就是公共决策机构决定是否允许某一公共问题进入议程并优先加以解决的过程。[⑤] 陶学荣在《公共政策学》中认为政策议程是“那些已引起深切关注并确认必须解决的公共问题被正式列入政府商讨、规划、研究的议事程序，以决定是否需要对其采取行动、何时采取行动、采取什么行动的政策过程”。[⑥] 张国庆认为，政策议程是将政策问题提上公共部门的议事日程，公共部门正式决定进行讨论和研究，并准备如何制定有效政策加以解决的过程。[⑦] 张金马认为，“政策议程就是将政策问题纳入政治或政策机构的行动计划的过程，它提供了一条政策问题进入政策过程的渠道和一些需要给予考虑的事项。”[⑧]

综上所示，所谓政策议程，是指将某一社会问题纳入公共决策系统的视野、列入政策讨论的范畴，决定对其采取行动以及何时采取行动、采取什么行动的过程。在这一过程中，价值判断标准、政策目标、政策方式、政策界限等是讨论的重点问题。这一过程中不同主体的交互作用力和交互作用的方式最终决定政府对某以特定的公共问题作为或不作为。

将一个政策问题提到政府机构的议程之上是解决该问题的关键一步。一个公共

---

① 拉雷·N·格斯顿. 公共政策的制定——程序和原理［M］. 朱子文译. 重庆：重庆出版社，2001 年版。

② 詹姆斯·E·安德森. 公共决策［M］. 唐亮译. 北京：华夏出版社，1990 年版。

③ Roger Cobb, Charles Elder. Participation in American Politics: the Dynamics of Agenda – Building［M］. Baltimore: Johns Hopinks University Press, 1983.

④ 邱昌泰. 公共政策：当代政策科学理论之研究［M］. 台北：巨流图书公司，1999 年版。

⑤ 曾峻. 公共管理新论：体系、价值与工具［M］. 北京：人民出版社，2006 年版。

⑥ 陶学荣. 公共政策学［M］. 大连：东北财经大学出版社，2009 年版。

⑦ 张国庆. 公共政策分析［M］. 上海：复旦大学出版社，2004 年版。

⑧ 张金马. 政策科学导论［M］. 北京：中国人民大学出版社，1992 年版。

问题或社会问题只有以一定的形式，经过一定的渠道进入政策过程，成为决策者研究和分析人员的对象，才能成为政策问题，也才能通过政策过程得到解决或处理。政策议程的形成过程，也就是问题有望获得解决的过程，就是统治阶级或人民群众反映和表达自己的愿望和要求，促使政策制定者制定政策予以满足的过程，也是政府或执政党集中与综合它代表的阶级、阶层和集团的利益，并通过政策制定予以体现的过程。

二、政策议程的类型

在政治系统中存在多种政策议程，可以从不同的角度对它们加以分类。查尔斯·琼斯在《公共政策研究导论》一书中，从政策活动的功能方面将政策议程分为如下四类：（1）为使问题得到积极的和严肃的研究和认可而提出的问题确认议程；（2）能从确定问题进展到发现解决办法的提案议程；（3）协议或讨价还价的议程，使提案得到支持并能积极和严肃地发展；（4）持续议程，使问题得到持续的检验。① 科布和爱尔德区分了两种基本的议程，即系统议程和政府议程②；张金马主编的《政策科学导论》一书将政策议程分为公众议程和正式议程两种类型。③ 我们认为科布和爱尔德的分类方法比较合理，下面简要介绍这两种议程。④

（一）系统议程

科布和爱尔德认为，系统议程是由那些被政治社区的成员普遍认为值得公众注意，并由与现存政府权威中的立法范围内的事务相关的一切问题组成。系统议程本质上属于讨论议程，表现为众说纷纭的情形。可以从大众传播媒介，甚至从平时的谈话中了解人们对国家大事和各种社会问题的意见。但这并不是说问题就进入了系统议程，因为还未受到党和政府的关注，问题基本上还处于一种社会的广泛的讨论当中。但恰恰由于这种社会的广泛讨论，才形成了一股强大的社会力量，使政策制定者注意和认识到这些问题，经过政策分析把它列入自己的议事日程。这是政策议程的第一个阶段。

一个问题要想成为或达到系统议程的程度，必须具备以下三个条件：（1）该问

① Charles O. Jones. An Introduction to the Study of Public Policy [M]. North Scituate. Mass: Duxbury, 1977.

② 詹姆斯·E·安德森. 公共决策 [M]. 唐亮译. 北京：华夏出版社，1990 年版。

③ 张金马. 政策科学导论 [M]. 北京：中国人民大学出版社，1992 年版。

④ R. Cobb, J. Ross, M. H. Ross. Agenda Building as a Comparative Political Process [J]. The American Political Science Review, 1976, 70 (1).

题必须在社会上广泛流传并受到广泛注意，或者至少也必须为公众所感觉。(2) 大多数人都认为有采取行动的必要。(3) 公众普遍认为，这个问题是某个政府机关权限范围内的事务，而且应当给予适当的关注。

(二) 政府议程

科布和爱尔德认为，政府议程是由那些引起公共官员密切而又积极关注的问题组成的。政府议程是行动的程序，是决策机关和人员对有关问题，依照特定程序予以解决的实际活动过程。它比系统的程序更具体、更明确。例如，大街上的犯罪活动尽管属于系统议程的范围，而政府将面临更为具体的意见去处理这方面的问题。

科布和爱尔德又将政府议程的项目区分为旧的事项和新的事项两类。旧的事项是那些以某种常规的形式出现在政策议程上的事项。例如，公务人员工资的增加，社会保障的增加，以及预算拨款。官员们对这些问题较为熟识，而且处理这些问题的方案在一定程度上也已成型。新的事项是由于特定的情境和事件而产生的，也可能因社会上越来越多的人要求政府对某些问题采取行动引起的。旧的事项被认为常常能从决策者那里获取处理的优先权；决策者总是发现自己的时间有限和满满的政策议程；考虑到旧议程的资历和官员们对之更为熟悉，决策者认为应对它们予以更多的注意。当然，作为新的事项提上政策议程的问题，随着时间的推移，也就会变成旧的事项，环境污染问题和越南战争问题便是最好的证明。

国内有学者认为，按照其建立过程中各项功能活动的先后次序，政府议程可分为四种类型：(1) 界定议程，由一些经过积极而且认真研究的项目所组成；(2) 规划议程，由一些已达到规划阶段的项目所组成；(3) 磋商议程，根据每一规划方案的利害得失，与政策相关的人彼此之间进行磋商；(4) 循环议程，已进入正式议程的每一方案，都要不断接受检验和修正。① 按照这种分类，政府议程是政策议程的第二个阶段。

(三) 两种议程的区别

系统议程和政府议程是政策议程的两个不同阶段，二者有着本质区别。系统议程一般由一些较抽象的项目所组成，其概念和范围都很模糊，仅是发现问题，提出问题，它可以不提出政策方案或解决办法。政府议程则较系统议程来得特定而且具体，它是对政策问题进行界定或陈述的阶段。问题经过一定的描述，为决策系统正式接受，并采取具体方案试图解决的时候，系统议程就转入政府议程。例如，交通

① 张金马．政策科学导论［M］．北京：中国人民大学出版社，1992 年版。

堵塞现象严重影响了人们生活，成为群众议论和关注的话题，但这一阶段还只属于系统议程；等到政府觉察到这一问题的严重性，针对这一问题采取一些具体措施，如控制私人轿车拥有量，减少车流量；加强道路基础设施建设，拓宽路面等等，这时系统议程就成为了政府议程。

在一般情况下，一个政策问题提出的过程是：某一社会问题进入系统议程，然后再进入政府议程，最后形成为政策问题。但实际上，很多问题可能不经过系统议程而直接进入政府议事日程。因为政策决策者可能根据自己对社会发展变化的研究分析，主动寻找问题，把它列入自己的议事日程。当然，一个问题即使能够顺利进入政府议程，最后也会出现不同的结果。例如，可能经过决策者的研究很快制定出相应的政策；也可能由于渠道不畅、机构重叠、行政不力、效率低下，而做不出任何决定。

已成为系统议程的问题并不一定能成为政府议程的问题。同样，提上政府议程的问题，也并不一定是系统议程。有时，一个政策问题在群众中已普遍引起关注和讨论，甚至专家学者和研究机构已对它加以探讨，但执政党和政府并没有把它列入政府议程，有时甚至会采取措施阻止其进入政府议程。在现实生活中，也可以看到，在全国和地方的人民代表大会和政治协商会议上，各级人大代表或政协委员就人民群众普遍关心的问题提出的许多议案、意见和建议并非都能列入政府议程。出现这种情况有多种原因：或是问题本身的性质、规模和影响尚未达到应该或能够解决的程度，或是问题的表达方式和途径不符合既定的组织体制和工作程序，或是政府决策者判断失误（如人口问题），或问题涉及决策者本身的利益，等等。有时也会出现一个政策问题已经列入政府议程，但群众还没有注意到的情况。例如，党和国家领导人以及专家学者预见到某些政策问题、某种危机或突发事件的影响等。

案例 5-1-1　“985 政策”的议程建立

（一）“创建世界一流大学”概念的提出

“985 工程”的核心概念是“创建世界一流大学”，但“创建一流大学”的概念不是北大百年校庆时第一次提出的。1985 年，清华大学第七次党代会提出要逐步把学校建成世界一流的、具有中国特色的社会主义大学，这是有文献记载的国内高校最早提出“创建一流大学”。1986 年北京大学党委研究室在总结北大改革建设工作时明确提出要把创办世界一流大学作为学校的发展目标。1993 年，北大校长丁石孙在“全国高教论坛”上提出“建设具有社会主义特色的一流大学”，这是在国内高等教育界首次提出“创建一流大学”。1994 年 7 月，北京大学第九次党代会提出了

“创建一流大学”的建设目标。1995年，江泽民在为复旦大学90周年校庆题词中提出，“面向新世纪，把复旦大学建设成为具有世界一流水平的社会主义综合大学”，这是国家最高领导人首次提出“创建一流大学”的概念。

（二）北大“211工程”

“985工程”并非高校重点建设方面出台的第一项政策。在1998年“985工程”出台之时，以重点建设100所左右的高等学校和重点学科为主要目标的“211工程”已实施至“九五”中期。“985工程”和“211工程”在政策问题和政策目标上有类似渐进的关系。回顾改革开放以来北大的发展，1977年北大恢复正常教学，同时恢复了研究生制度并开始尝试教学改革。1986年，北大第一次评上了国家重点学科。此后，学校建设进入了相对稳定的发展时期。同年北大党委研究室在总结北大改革建设工作时，明确提出要把创办世界一流大学作为学校的发展目标。1992年，北大政策研究室对全校各学科进行调研，确定了重点与优先发展的学科领域，提出改革与发展的基本思路。

1993年2月，中央颁布《中国教育改革和发展纲要》，国家教委随后发布了《关于重点建设一批高等学校和重点学科的若干意见》，开始规划“211工程”。1993年下半年，北大开始进行申报“211工程”的规划和论证工作。1994年7月，北大第九次党代会讨论通过了《北京大学改革与发展纲要》，提出了“建设一流大学”的发展目标。1994年，教育部提出“211工程”的明确目标，工程进入酝酿准备阶段。1996年，北大“211工程”由国家批准实施，工程批准经费5.3亿元，实际“九五”期间到位资金为5.7亿元。北大在《“211工程”“九五”期间建设总结报告》中认为，“‘211工程’必须继续实施”。同时，北大认为“‘211工程’规划的总体投资强度较低，五年内预计只能在一定程度上改善北大的基础条件”，“创建世界一流大学规划的投资强度有显著的增加，建设目标与内容更为集中，是北大‘211工程’在新时期的继续丰富和提高的基础”。

（三）“985”政策的出台过程

“985”政策的出台先后经历了酝酿、策划、起草、讲话发表、多次重申等一系列过程，其中包括多个人物、部门、机构和社会力量的参与和推动，最终形成中央的教育政策。1998年是北大建校100周年，北大方面进行百年校庆活动筹备期间，国家教委党组书记陈至立和全国教育科学规划领导小组副组长郝克明等人建议北大借百年校庆的机会，向中央“要政策”，争取更多的支持。北大校方、清华校方和教育界其他人士开始共同制定计划。

1998年2月24日，国家教委和北京市联合召开专题办公会议，听取北京大学党委书记任彦申和校长陈佳洱汇报关于百年校庆筹备工作，并着重研究落实校庆工作有关重要事宜。会议由教委主任朱开轩主持，教委党组书记陈至立、北京市政府秘书长刘志华、市教委副主任范伯元出席了会议，国家教委办公厅、人事司、计划建设司、财务司、外事司、高教司、学位办、直属办负责人以及北京大学王义遒、闵维方、迟惠生、陈章良、赵存生等参加了会议。任彦申和陈佳洱提出：(1) 请教委和北京市政府对校庆的工作思路和活动安排提出指导性意见。拟邀请江泽民总书记出席5月4日庆祝大会，并作重要讲话；邀请贾庆林、朱开轩、陈至立等同志出席；请李岚清副总理出席5月2日世界著名大学校长论坛开幕式与5月4日北大图书馆新馆竣工典礼并作讲话；请教委和北京市协助落实重大活动的安排。(2) 希望能以北京市政府名义于5月4日中午在人民大会堂举行招待会。会议议定，北大尽快就邀请江泽民同志等党和国家领导人出席提出方案，然后由教委和北京市两家联衔行文向中办请示，请中办审定。会议结束后将会议纪要报送李岚清副总理。

1998年3月政府换届。4月，陈至立就任教育部长，教育部开始着手《面向21世纪教育振兴行动计划》的制定工作。依照惯例，江泽民总书记在校庆大会上的讲话稿由北大方面起草，负责起草工作的小组当时写的是“创建社会主义一流大学”，草稿报江泽民总书记审批时，江泽民总书记将其直接改为“创建世界一流大学”。“985讲话”由此定稿。

1998年4月29日，江泽民总书记在校庆前夕到北大考察，在讲话中再次强调“要坚定不移地实施科教兴国战略”。1998年5月2日，李岚清副总理在“面向21世纪的高等教育——大学校长论坛”开幕式上发表讲话，强调加快发展高等教育对实施科教兴国战略的重要作用。1998年5月4日，江泽民发表《庆祝北京大学建校一百周年大会讲话》。同一天，中共教育部党组发出《关于深入学习江泽民同志在庆祝北京大学建校一百周年大会上的重要讲话精神的通知》。

1998年5月5日，教育部党组召开会议，学习江泽民总书记4月29日和5月4日的讲话，研究部署教育战线学习贯彻江泽民同志重要讲话精神的意见和措施。陈至立部长作“学习党的十五大精神，深化对教育战略地位的认识”的讲话，强调“为了迎接知识经济的挑战和实现我国的现代化，必须把建设若干所具有世界先进水平的一流大学作为重大和紧迫任务，使其在知识创新能力的提高和创新人才培养方面作出更大贡献。”

1998年8月29日，第九届全国人大常委会第四次会议通过了《中华人民共和国高等教育法》。《高等教育法》第一章第七条规定，“国家按照社会主义现代化建设和发展社会主义市场经济的需要，根据不同类型、不同层次高等学校的实际，推进高等教育体制改革和高等教育教学改革，优化高等教育结构和资源配置，提高高等教育的质量和效益”。这一规定为国家重点扶持部分高校建设提供了法律依据。

1998年10月28日，国家科技教育领导小组召开第二次工作会议，审议并通过了教育部报送的《面向21世纪教育振兴行动计划》。1998年12月，中国科学院向教育部提交《关于将中国科技大学纳入国家高水平大学建设行列的报告》。12月18日，教育部办公厅给出批复意见，认为“中国科技大学是一所有基础有活力的大学，要加强其建设”，建议中科院“提出中国科技大学的建设规划和中科院的投资安排，以便我部统筹考虑”。

1998年12月24日，教育部发布《面向21世纪教育振兴行动计划》，决定在推行“面向21世纪教育振兴行动计划”中，重点支持部分高等学校创建具有世界先进水平的一流大学和一流学科。《计划》指出：“建设世界一流大学，具有重大的战略意义”；“经过长期的建设和积累，我国少数大学在少数学科和高新技术领域已达到和接近国际先进水平，拥有一批高水平的教授，尤其是本科生培养质量较高，为创建世界一流大学创造了条件”；“一流大学建设要有政府的支持、资金的投入”；“要相对集中国家有限财力，调动多方面积极性，从重点学科建设入手，加大投入力度，对于若干所高等学校和已经接近并有条件达到国际先进水平的学科进行重点建设。今后10~20年，争取若干所大学和一批重点学科进入世界一流水平”。这一部分是将“985工程”的实质性内容写入了国家的纲领性政策。

1998年12月23日~25日，教育部直属高校工作咨询委员会第九次全体会议在北京召开。12月25日，国务院副总理、国家科技教育领导小组副组长李岚清到会听取了北京大学、清华大学、浙江大学、四川大学等10余所直属高校咨询委员会就创建世界一流大学所作的专题发言。

1999年1月13日，国务院要求省市各级政府和国务院各部委、各直属机构认真贯彻执行《振兴行动计划》。《面向21世纪教育振兴行动计划》开始全面启动。随后，“985工程”正式启动，国家对北京大学和清华大学分别在3年内投入建设经费18亿元。国家对重点高校的投入力度明显加大，继中国科技大学申请纳入国家高水平大学建设行列之后，其他重点大学也纷纷开始提交申请。经教育部与学校所在省（直辖市）政府和主管部门协商，决定通过共建的方式再重点建设一批高等学校。从1999年7月到1999年11月，先后签署了关于重点共建中国科学技术大学、复旦大学、上海交通大学、南京大学、西安交通大学、浙江大学、哈尔滨工业大学的协议。复旦大学和上海交通大学获得建设经费12亿元，西安交通大学等5所高校各获得6亿元以上数额不等的建设经费。

2000年以来，教育部与有关省市和部门陆续对国内25所高校实行“985工程”重点共建，它们是中国人民大学、北京师范大学、天津大学、南开大学、北京航空航天大学、北京理工大学、东南大学、华中科技大学、武汉大学、大连理工大学、重庆大学、电子科技大学、四川大学、华南理工大学、中山大学、兰州大学、东北大学、西北工业大学、同济大学、中国海洋大学、湖南大学、厦门大学、山东大学、中南大学、吉林大学。“985工程”学校总数达到34所。截至目前，“985”一期工程已经结束，正在进行二期工程的规划论证工作。

问题：“985”政策的议程建立属于政策议程建构的哪一类型？其主要特征是什么？

三、建立政策议程的途径

政府所面临的社会问题非常多，有些社会问题能够顺利进入政策议程，而另一些则难以进入，甚至完全被排除在政策议程之外。那么，社会问题究竟如何才能进入政策议程呢？

詹姆斯·安德森认为社会问题是通过如下途径或方式进入政府议事日程的：（1）政治领导人；（2）危机或者引人注目事件；（3）抗议活动；（4）大众传播媒介。①

科布和爱尔德则认为，建立政策议程的途径可以分为内部和外部途径，其中内部途径为：（1）自然大灾难；（2）不可预测的人为事件；（3）技术变革；（4）民权抗议；（5）工会罢工；（6）生态变化。外部途径为：（1）战争行为；（2）武器技术革新；（3）国际冲突；（4）世界联盟变化②。

在琼斯看来，社会问题进入政策议程的途径有：（1）政治运动；（2）对大量人员造成威胁的事件；（3）大规模的宣传；（4）个人的努力；（5）先前政策的应用。③ 琼

---

① 詹姆斯·E·安德森．公共决策［M］．唐亮译．北京：华夏出版社，1990年版。

② R. Cobb，J. Ross，M. H. Ross. Agenda Building as a Comparative Political Process［J］. The American Political Science Review，1976，70（1）.

③ Charles O. Jones，An Introduction to the Study of Public Policy［M］. North Scituate. Mass：Duxbury，1977.

斯和马瑟斯在《政策形成》一文中将这些观点概括成下表。①

表 5－1－1 社会问题进入政策议程的途径

安德森	科布和爱尔德		琼斯
1. 政治领导人 2. 危机/引人注目事件 3. 抗议活动 4. 大众传播媒介	内部： 1. 自然大灾难 2. 不可预测的人为事件 3. 技术变革 4. 民权抗议 5. 工会罢工 6. 生态变化	外部： 1. 战争行为 2. 武器技术革新 3. 国际冲突 4. 世界联盟变化	1. 政治运动 2. 对大量人员造成威胁的事件 3. 大规模的宣传 4. 个人的努力 5. 先前政策的应用

社会问题要进入政策议程，既要有能够发现问题的观察机制，又要有在公众与政府、上级与下级之间存在良好的沟通机制。因此，我们认为，社会问题进入政策议程的主要途径有如下十种。

1. 政治领袖

政治领袖是决定政策议程的一个重要因素，“无论是出于政治优先权的考虑，还是因为对公众利益的关切，或者两者兼而有之，政治领导人可能会密切关注某些特定的问题，将它们告之公众，并提出解决这些问题的方案。”② 例如，1956 年 1 月中共中央召开的知识分子问题会议，由于受到国家领导人的重视，而将解决知识分子的问题纳入了政府议程。1974 年尼克松政府关于放松《清洁空气法案》中某些污染控制标准的建议，便直接地提上了国会的议程。杰克·沃克在研究了美国参议院政策议程确立之后指出：参议院有一些“活跃的立法者，他们受推动社会变革的愿望和渴望获取改革者声望的迫切心情所驱动，探究那些可能成为参议院决策议程上的新事项的问题”。③

2. 政治组织

政治组织是形成政策议程的基本条件。政策问题是涉及国家和社会全局的大事情，关系到人们的切身利益，因而政策议程的形成往往是一个复杂的过程。通常情

① 斯图亚特·S·那格尔．政策研究百科全书［M］．北京：科学技术文献出版社，1990 年版。
② 詹姆斯·E·安德森．公共决策［M］．唐亮译．北京：华夏出版社，1990 年版。
③ 詹姆斯·E·安德森．公共决策［M］．唐亮译．北京：华夏出版社，1990 年版。

况下单靠个人的力量是难以实现的，必须借助一定的组织形式（如政党、政治团体和社会组织等）。在我国，这些政治组织主要是政府、政党、工会、妇联和青年组织。通过组织来集中、归纳和反映其所代表的集团的利益、要求和呼声，使之列入政策议程，以政策的形式予以满足，是这些组织的主要职能。一个社会问题一旦被某个政治组织提出来，就比较容易引起政府和全社会的关注，从而被列入政策议程。例如，近年来，我国的各民主党派积极开展专题和区域发展规划的调查研究活动，就大政方针和建设、改革的重大问题提出意见和建议，这些意见和建议被列入政策议程的可能性高。

3. 代议制

这是形成政策议程的一个基本途径。代议制是人民群众通过选举产生代表，组成代表大会和议会（国会）等，反映各自所代表的利益、愿望和要求，就有关社会问题形成各种议案、提案、建议等，以引起政府关注或要求政府列入议程。当然，政府采纳是有条件的，通常是根据问题的重要性、迫切性以及解决问题的可能性和价值判断决定取舍的。在多数国家中，代议制是建立政策议程的最主要、最正式的途径。人民代表大会制是我国的根本政治制度，也是广大人民群众参政议政的基本形式。不少有关国计民生、经济和社会发展的重大问题就是首先由人大或其常委会提出来，而后纳入政府议程的。

4. 选举制

这是和代表制度相配套的一种民主制度。社会主义选举制度是社会主义民主政治中公民表达自己意愿的重要途径。选举制度一般用于选举立法机关的代表和政务类公务员，用于对重大决策的投票表决，用于对选举的代表和公务员进行监督和制约。选举的过程实际上是选举人对自己的利益和意愿的一种选择，是对决策者的一种选择，是对政策的一种选择。

5. 行政人员

国家行政机关的工作人员在执行政策以及处理公务的过程中，因其接触范围较广，掌握信息较多，对群众在生产和生活中遇到的实际问题也就比较了解。他们常常能在无意中发现与原有政策相关的新问题，认识到如果不解决这些新问题，就将妨碍原有政策的执行，或者对整个国家和社会公共利益产生不良影响，因而将之列入政策议程。例如，在对国有企业实行股份制改革过程中，某些企业国有资产流失严重，引起了主管部门行政人员的重视，从而将这一问题列入政策议程。

6. 利益集团

戴维·杜鲁门在《政府过程》一书中认为，各种利益团体寻求着某种合理的平衡状态，如果某一事务威胁这种合理平衡的存在，那么，它们便会做出反应。当某一团体的平衡被严重破坏时，各种各样的行为就会出现。如果这种破坏不是太大，那么，团体的领导人将努力使先前的平衡得到恢复……这种努力将使团体求助于政府立即成为必要。如果破坏达到足以使平衡瓦解的程度，则有可能导致其他的行为。利益集团是在政治共同体中具有特殊利益的团体，它们在政治生活中的一个主要目的就是影响决策过程，以便实现自己的目的和主张。各种利益集团就与自己利益相关的问题，单独或联合其他团体向政府提出要求，并通过游说、宣传、助选、抗议和施加压力等手段迫使政府将其列入政策议程。

7. 专家学者

在各自的研究领域中，专家学者通过对课题的分析，能够发现某些重要问题，并能凭其专业优势和特长，运用科学理论和分析技术，对社会发展的趋势和进程进行科学预测。一旦取得对经济建设和社会发展具有巨大和深远影响的成果，也能通过各种渠道，将之列入政策议程。如《2000年中国》的总结报告，为我国制定“七五”计划提供了不少重要建议。

8. 公众

公众在生产和日常生活中，对于某些影响或损害其权益的问题不满，一般通过各种渠道，向政府反映，以求得到解决。在某些情况下，如果问题得不到解决，群众还会采取一些威胁性的方式（如游行、示威、抗议、罢工、暴乱等），向政府施加压力，迫使政府采取行动解决问题。

9. 大众传播媒介

大众传播媒介被誉为“第四种力量”，具有信息量大、涉及面广、影响力强和传播迅速等特点，能形成强大的舆论压力，从而促使政策议程的建立。有的社会问题可能会引起新闻媒介的注意，通过新闻媒介的报道，它们可能成为政策日程上的事务。例如，贫困地区儿童失学的问题，通过新闻媒介的披露，引起强烈的社会反响和政府的高度重视，从而促进了“希望工程”的出台和实施。

10. 危机和突发事件

1958年，当苏联第一颗人造地球卫星发射时，美国政府匆忙将航天技术发展问题提上政策议程。小煤矿爆炸在我国经常出现，这促使政府将关闭小煤矿提上政策日程，并对之采取行动。突发事件会让相关问题的解决变得迫切，促使这一问题被提上政策议程。

四、建立政策议程的策略

政府是如何在大量的社会问题中选出一部分，将之提上议事日程的？或者说，是什么原因使它们被政府注意，并试图去解决？通常有如下四种形式：

（一）社会中部分团体或者个体主动，政府只是有限介入

这大致有四个原因：

1. 政府基本上不知道这些问题的存在，尽管现代政府承担的职能在不断膨胀，政府管辖的范围在扩大，政府也力图通过各种现代科学技术手段，及时获取社会的各种信息，但毕竟这一努力的结果是十分有限的。

2. 政府知道问题的存在，但没有权力去处理。现代政府是个有限的政府，不是具有处理一切问题的权力的万能政府。特别对地方政府来说，因上下、左右各种关系的制约，更难于及时去处理被认为是应该解决的问题。

3. 政府知道问题的存在，也有权力去处理，但无能力办理。政府的一切介入行为，都需要消耗资源。更重要的是一旦要解决这些问题，消耗的公共资源更大。是否有足够资源做保证，政府必须考虑到。

4. 政府知道问题的存在，也有权力与能力处理，但不能马上列入政府的议事日程，政府处理问题有自身的轻重缓急。

（二）政府主动介入发现和解决问题，社会中的团体或个人只是有限介入

政府主动发现并解决问题有下列几种情况：

1. 对于保护环境这一类具有全局性的问题，政府会从更高的层次上关心并加以解决。对部分社会团体或个人来说，更多关心的是眼前与局部利益。

2. 对于弱势群体，他们特别需要政府的主动关心。政府的政策制定者可能会主动发现他们，也有可能十分偶然地涉及对问题的主动关心。

3. 对于在各种利益冲突中始终处于主导地位的那一类人，为了防止他们歪曲事实，或是蓄意制造混乱。政府需要主动干预，保护冲突中的受害者。

4. 出于保护自身利益的需要，政府需要主动发现问题。

此外，在确定议程中，还应注意时间与问题焦点的变化。一旦问题的焦点成为政府决策关注的问题，在经过一段时间后，可能会发生变化。当新事件发生并改变了优先顺序时，某些问题焦点在政策制定者的眼中的地位就会改变；在公众中也一样，这说明了问题焦点随时间变化的方式。例如，在美国，60 年代末 70 年代初外交政策问题焦点在政府议程中的地位很高（主要与越南战争有关）；而在此以后，国内问题如通货膨胀、环境污染、失业、能源短缺等问题则成为焦点。在我国，过

渡时期前后问题的焦点、改革开放前后问题的焦点同样发生了重大变化。例如改革开放以前是以阶级斗争、政治斗争、意识形态领域为焦点，而改革开放之后，则以经济建设为中心。

（三）政府及社会团体与个人都主动

这主要有两种情况：一是政府希望解决的问题与公众要求解决的问题完全一致或基本一致，这时能相当迅速地进行政策问题的构建并顺利地列入议程。二是政府希望解决的问题与公众要求解决的问题完全相反或基本相反。双方的主动行为成了尖锐的冲突行为。由于对事件与环境的理解上，双方产生了差异，而这种差异又会派生出其他各种相关问题，进一步加深了矛盾与冲突。

（四）政府与个人、团体都不主动介入

这种类型从理论上似乎是存在的，但在实践中几乎不多见。“可能是由于受某一事件影响的人没有可利用的方法，也可能由于缺乏能向政府提出请求的组织，或者干脆是由于和其他公共问题相比较，缺乏引起政府注意的竞争力。也可能私人团体或政策制定者都尽力避免确认这种问题。”①

五、建立政策议程的模型

美国学者罗杰·W. 科布在《比较政治过程的议程制定》一文中，根据政策问题的提出者在议程中的不同作用以及扩散其影响力的范围、方向和程序，把政策议程的模型划分为三种类型，即外在提出模型、动员模型、内在提出模型。②

（一）外在提出模型

外在提出模型适用以下情况：

1. 政策问题的察觉和提出者是执政党和政府系统以外的个人或社会团体；
2. 它表达或提出了某个要求；
3. 企图把问题扩散到社会上其他的团体之中，使该问题获得系统议程的地位；
4. 给决策以足够的影响力，使问题能够进入正式议程，以引起决策者的慎重考虑。

根据这种模型建立的政策议程一般需要经历较长的时间，但是政策问题列入正式议程的议事地位，并不意味着就是政府的最后决定，更不能说明实际执行的政策

① 斯图亚特·S·那格尔. 政策研究百科全书［M］. 林明等译. 北京：科学技术文献出版社，1990 年版。

② 张金马. 政策科学导论［M］. 北京：中国人民大学出版社，1992 年版。

就是提出者最初所要求的。相反，提出者的要求可能被完全否定，或者经过大幅度修正。

（二）动员模型

政策议程的动员模型所描述的主要是政治领袖自己提出政策问题，并把它列入政策议程的过程。当政府宣布一个新政策时，就等于将这个问题列入了正式议程，而且它也可能就是政府的最后决定。在此，政策已被决定，之所以还要建立政策议程，是为了寻求社会大众的理解和支持，以便更好地贯彻实施政策。动员模型旨在说明决策者为了执行行政命令，如何将问题从正式议程扩散到公众议程的意图。

（三）内在提出模型

内在提出模型的主要内容是：(1) 政策建议或政策方案起源于执政党和政府内部的某个单位，或者起源于接近执政党和政府的某个团体；(2) 问题扩散的对象是与这个团体或单位有关的团体或单位，而不是一般公众；(3) 问题扩散的目的，是形成足够的压力或影响，促使政策制定者将问题列入正式议程。在整个议程建立和政策形成的过程中，社会大众的直接参与不多，这是因为提出者不希望把问题列入到公众议程中，而希望凭借自身的力量直接将问题纳入正式议程。

以上模型是政策议程三种最典型的模型。在实际政策议程建立过程中，它们往往会形成各种各样的组合。例如，一个问题可能由三个模型中任何一个模型提出，然后进入决策核心；在第二个阶段可能通过动员模型或内在提出模型，由高层次的议程再扩散到低层次的议程。研究任何一个政策议程建立的过程，都需要具体问题具体分析，寻求政策议程的不同特点。

第二节 政策方案规划

方案规划（formulation）是政策制定过程中的一个最重要的环节。政策问题一旦被提上议事日程，接着就进入分析研究并提出解决办法的阶段，即方案规划阶段。

一、方案规划的含义

什么是方案规划？我们先来看看相关教科书的定义：

台湾学者朱志宏认为，“方案规划，即是发展一套处理公共问题的行动方针，其主要目的，是在使应该解决、能够解决的问题，以最有效的方法解决之。”①

林水波、张世贤认为，方案规划“是一个针对未来，为能付诸行动以解决公共问题，发展中肯并且可以接受的方案的动态过程。”②

张金马教授认为，方案规划“指的是为解决某个政策问题而提出一系列可接受的方案或计划，并进而制定出政策的过程。”③

美国学者安德森认为，方案规划“涉及到与解决公共问题有关的并能被接受的各种行动方案的提出。”④

综上，我们认为，所谓方案规划，指的是对政策问题的分析研究并提出相应的解决办法或方案的活动过程，它包括问题界定、目标确立、方案设计、后果预测、方案抉择五个环节。

方案计划有如下几个特征：

第一，方案规划的目的是为了解决既定的政策问题。方案规划的基本任务就是运用分析或研究手段找到问题解决的可操作的方案。政策问题的客观存在是方案规划的前提和基础。问题的确认是方案规划活动的出发点。方案规划是针对特定问题而展开的，问题的性质、范围和程度等决定了方案规划的主要内容。

---

① 朱志宏．公共政策［M］．台北：三民书局，1995年版。

② 林水波，张世贤．公共政策［M］．台北：五南图书出版公司，1982年版。

③ 张金马．政策科学导论［M］．北京：中国人民大学出版社，1992年版。

④ 詹姆斯·E·安德森．公共决策［M］．唐亮译．北京：华夏出版社，1990年版。

第二，方案规划的基本内容是方案设计和方案择优。政策方案的设计是针对要解决的政策问题，运用各种定性与定量的分析手段与方法，设计出一系列可供选择的方案。方案择优就是通过系统的分析、比较和可行性论证，在多个备选方案中确定一个能最大程度地实现既定目标的方案（或方案组合）的过程。方案设计时要关注政策目标，目标明确与否直接影响方案的质量，甚至影响到有效地执行与合理地评估。方案的评估与择优要关注方案的可行性（政治、经济、技术、行政、法律等可行性）论证，充分估计主客观需要与可能，兼顾未来因素对政策的影响，使之建立在充分可行的基础上。

第三，方案规划既是一种研究的活动，又是一种政治行为。方案规划是一系列复杂的活动过程。一方面，方案规划要借助专家学者的力量，遵循科学的原则、手段与方法，来展开问题界定、目标确立、方案设计、后果预测、方案抉择等一系列活动。另一方面，由于政策涉及人们之间利益的调节和分配，规划过程中众多参与者因其利益、价值观和信仰不同而相互影响、相互制约，呈现出一种错综复杂的活动过程。方案规划实际上也就是政府和非政府行为者之间的一种互动过程，而政策就是这种互动的结果。

二、方案规划的原则

政策方案的规划必须遵循如下六条原则：

1. 信息完备原则

信息是方案规划的基础和依据。方案规划实际上就是一个与政策有关的信息的输入—处理（规划方案）—输出的过程。信息的搜集、加工和处理，贯穿于方案规划的整个过程。无论是问题界定、目标确立，还是方案设计、方案择优或者是方案实施过程中的补充、修正或调整，都必须建立在全面、准确的信息资料基础上。政策的科学性是与信息的全面性、真实性成正比的。信息越全面、准确，方案规划就越具有科学性。现代社会是信息社会，信息在政策制定中的地位越来越重要。充分、及时而准确地占有信息，这是方案规划活动成功的根本保证。

2. 系统协调原则

任何事物都处于普遍联系之中，政策本身可以看成是一个系统，而且它也不是孤立存在的，总是与其他政策相联系，处于一个政策体系之中。在方案规划时，要从系统论的观点出发，进行综合的分析。将整体利益与局部利益相结合，内部条件与外部条件相结合，眼前利益与长远利益相结合，主要目标与次要目标相结合。要注意各项政策之间的相互联系、相互影响、相互制约关系，既要考虑到不同层次政策之间的纵向协调，又要考虑到相同层次政策之间的横向协调，从而使各项政策成为一个有机整体，相互支持，协调配套，以产生尽可能好的整体效应。现实生活中，新政策与老政策“打架”，此政策与彼政策“撞车”，小政策与大政策抵触等现象屡见不鲜，就是方案规划缺乏系统性的明显例证。

3. 科学预测原则

预测是方案规划的前提，也是方案规划过程中一个必不可少的环节。方案规划是面向未来的，是作为未来行动的指导方针，是在事情发生之前的一种预先分析和选择，故具有明显的预测性。简而言之，预测就是由过去和现在推知未来，由已知推知未知。对事物未来的发展趋势及其结果的正确与否做出判断，在很大程度上决定着政策的成败。没有预测或预测不科学，必将导致盲目或错误的决策。所谓科学预测，就是在正确的理论指导下，按照科学的原则、程序和方法对未来情况进行估计的活动。随着现代科技进步和经济的高速发展，社会生活日益纷繁复杂、变幻莫测，方案规划中只有运用科学预测，对未来条件变化、方案执行结果及其影响等方面进行预测分析，才有可能制定出正确的政策，避免政策失误。

4. 现实可行原则

政策总是要付诸实施的，要实施就得具备实施的现实条件，即具有可行性。而政策问题的决策，包含了诸多复杂的因素，只有通过综合的、全面的可行性分析，才能得出方案是否可行的结论。为此，要充分占有各方面的实际材料，根据现有人力、物力、财力、时间等主客观条件以及发展过程中的种种变化，对方案进行政治、经济、技术、文化、伦理等方面的可行性分析，从而使方案建立在牢固的现实条件的基础上，使方案的实施具有可操作性并有最大成功的可能。否则，无视现实条件与可能，即使再好的政策也会因无法实施而缺乏实际价值。过去我们在重大工程项目决策中，有的项目不了解市场需求就盲目上马，造成产品积压以及社会劳动和资金的浪费；有的项目原料、燃料、水电供应、交通设施等条件没落实，建成后无法正常投产；有的项目布局不合理，造成长期亏损；等等，这都是我们应引以为鉴的。

5. 民主参与原则

民主的内涵与实质是权力的分享。我国是社会主义国家，人民是国家的主人，让他们充分参与管理国家事务和社会公共生活是社会主义民主的本质要求。方案规划中的民主原则首先就体现在政策是否能真正反映人民的要求和愿望，是否能最终使群众获得利益和实惠。坚持民主原则，还要求政策能保障人民在国家政治、经济、文化生活等各个领域中，享有同等的权利和利益分配；保障广大群众直接参政议政，在参与政策制定的各个活动环节中，充分发挥国家主人翁的作用。特别是要重视发挥专家智囊团的作用。现代政策制定的一个重要特点就是“谋”与“断”的相对分离，科学的知识与方法，已成为方案规划时不可或缺的要素。学有专长者，往往能在方案规划中担任主动积极的角色，以其客观的立场、学术的眼光、科学的手段与方法，对政策问题详细探讨，并提出合理建议。他们不仅为领导决策提供了充分的理论基础，也使得政策的精确度大大提高，对于促进决策的科学化、民主化，具有十分重要的意义。

6. 稳定可调原则

政策作为一种社会生活的指导原则，要有一定的连续性和稳定性，要考虑与原有政策的衔接或过渡，避免朝令夕改，大起大落，影响社会稳定。但是，任何方案规划系统又都是一个开放系统，总是与外界环境处于不断地物质、能量和信息的交换之中。环境变化了，政策也必然随之做出相应的调整与变动。现代社会经济文化交流愈益频繁，各种社会现象之间的联系也愈益紧密。一个问题的决策，往往涉及到众多的相关问题。一个细节的疏忽，往往造成重大的影响。因此，在方案规划时要从长远出发，给政策留有余地，具有适当的可以调节的弹性，并根据对未来情况做出的预测，准备好应变措施。特别要注意执行过程中的信息反馈，一旦发现政策与客观情况不相适应，就应及时调整。

三、政策方案的设计

（一）政策方案设计的主要内容

在确定公共政策问题并确立解决问题的目标后，设计各种备选方案便成为公共政策制定过程的一项基础性工作和中心环节。所谓政策方案设计，就是针对公共政策问题，提出实现公共政策目标的各种具体途径、方式和方法。

对于一般性的、常规性的或较为简单的公共管理问题，可以设计一个政策方案；而对于非常规的或较为复杂的公共政策问题，至少需要拟定两个以上的政策方案供决策者选择。现代公共管理基于社会公共问题的复杂性、决策环境和条件的复杂性以及执行过程的随机性，一般要求拟定多个可供选择的方案，以提高公共政策的水平和质量。

从方案设计的侧重点看，拟定的备选方案的内容存在很大差异。有些政策方案设计的思维来自对过去解决类似问题的重复，政策方案内容中经验成分的比例相对较高；有些政策方案设计的思维来自对同等环境或同等条件下他人政策行动的模仿；有些政策方案设计的思维来自决策者创造性的思维。这三种政策方案设计的模式，在很大程度上主导着政策方案的内容设计与质量。就一般内容而言，任何一项备选政策方案必须包括如下内容：对政策问题的分析判断；明确的政策目标及实现政策目标的具体途径；该政策方案施行的可行性及其客观后果；该政策方案施行的具体程序、步骤、时间安排及所需要的条件等。对于一些重大的公共政策，在拟定政策方案时，还应提出相应的具体行动措施。

（二）政策方案设计的途径与工作步骤

政策方案设计的具体做法，往往根据政策问题的复杂性、重要性和涉及的范围大小而定。有时由某个专人负责拟定，有时成立一个跨部门的专门小组或机构来拟定，有时由不同的人员或机构来分头拟定，有时公共管理部门采取委托的方式把解决有关公共问题的方案交由智囊团体来完成。在初步拟定政策方案后，有时还需要反复论证或在较大范围征求意见以不断对政策方案进行修正。

设计政策方案的工作是一个动态的过程，可以分为若干步骤。它基本上由设想、分析、初步、评定、淘汰等环节组成。人们一般把它分为方案的轮廓设计和方案的详细设计两个步骤。

政策方案的轮廓设计，是指尽可能从多种角度和多种途径，大胆设想、寻找各种方案，而不过多考虑方案的细节，以免局限解决问题的思路。轮廓设计的最大要求是创新，尽可能多地求得解决问题方案的全面性和多样性。在此阶段，一般是从经验和已有的知识入手，成功的经验是政策方案轮廓设想的重要参考内容。但这种经验的正确性，一方面来自政策方案拟定者的素质，另一方面来自经验与科学理论、技术的补充。

方案的详细设计，是指对已有的设想做进一步的加工，使之具体化，形成具有实用价值的方案。此阶段的工作主要有两项：一是对每个备选方案全面细化，确定各种关键因素和程序；二是对方案后果进行评估，通过反复的计算、严格的论证和细致的推敲，经得起怀疑者和反对者的挑剔。

（三）政策方案设计的基本要求

为了确保政策方案的科学性，设计政策方案时一般要遵循如下基本要求：

1. 政策备选方案的整体详尽性

所谓整体详尽性是指在拟定的备选方案中，不应漏掉某些可能的方案，尤其是最好或满意的方案，以免影响决策者的抉择和政策的最终效果。需要说明的是，整体详尽性并不意味着要穷尽所有的备选方案，而是强调在既定的环境条件、既定的认识能力和既定的信息量情况下，要尽可能多地拟定多种政策备选方案，当然，这还要看问题的性质和实际的需要。

2. 注意备选方案之间的相互排斥性

所谓相互排斥性是指提供的各种备选方案之间，在内容上是有差异的，相互排斥的，执行一种方案就不能执行另一种方案，彼此具有独立性。只有如此，才有可能进行选择和必须进行选择。因此，在拟定政策备选方案时，要鼓励大胆创新。

3. 注意掌握充分的信息和充分发挥智囊的作用

政策方案设计是一项复杂的工作。与政策问题有关的信息的完整性、准确性、及时性、有效性，直接关系着政策方案的质量和可行性。为了确保政策方案符合实际、切实可行，在此阶段需要进行大量的信息收集、筛选和处理工作。而对政策信息的收集、加工和整理的过程，实际上也是一个“深入分析判断问题、明确具体目标、推敲行动步骤、预测决策结果的过程”。因此，只有经过全面地、深入地进行调查研究，掌握大量关于政策问题和政策活动所需要的客观、真实、准确的信息，必要时还需要借助一定的方法进行科学预测，才能拟定高水平和高质量的政策方案。同时，现代公共管理中的公共政策制定过程，越来越体现集体决策的原则，而集体决策原则主要体现在政策方案设计过程中要按照民主集中制和群众路线的要求，充分发挥公共部门内外智囊人物、智囊团体、专家学者的参谋、咨询和智囊作用，通过群策群力，拟定解决社会公共问题的好方案和好设想。

第三节 政策方案评估、抉择与完善

一、政策方案的评估与抉择

（一）对备选政策方案的评估

1. 对备选政策方案评估的主要内容

对备选政策方案的评估，简单地讲就是对已经列举的各种政策方案的科学性、可行性及其实施可能收到的效果进行综合评价，以便为确定最终实施的政策方案提供科学依据。

对政策方案的评估主要涉及这样几个问题：“以何种标准判断所拟定方案的优劣？方案的优劣是否存在一定的‘度’？比较不同的方案时以何种标准作为决定作用？如何判断结果的优劣？”我们这里重点介绍对政策方案优劣的价值评判标准。

所谓对政策方案判断的价值标准，就是对政策方案“好”与“坏”的评判依据，这是对政策方案进行评估和抉择时所要解决的首要问题。只有规定一套评审的基本标准或指标，才能对方案本身做出有效的评价和判断。但是，由于公共政策的价值比较复杂，政治、经济、道德、文化、国际关系、意识形态等诸多因素都可能对价值观念发生影响，不像企业经营政策那样，价值标准比较明确，主要是以经济效益来衡量。而且，不同层次、不同性质的政策问题，在不同的环境条件下，其价值指标体系也不尽相同。但任何政策，都必须围绕政策目标的有效实现来确立评判的标准，对公共政策方案的评估也不例外。就一般意义而言，对公共政策方案的评估，应集中在如下方面：

（1）政策方案是否促进生产力的进步和社会公共利益的改善。

（2）政策费用是否合理，包括新旧政策交替的成本、执行新政策的成本是否最少。

（3）政策方案效益如何，即政策方案的实施将带来何种短期收益和长期收益，方案执行可能产生的间接收益或副作用的程度如何。

（4）实施政策方案所需条件能否具备，筹集和利用这些条件需要付出何种代价或成本。

（5）政策方案在实施中对环境变化和意外事件干扰的适应性如何，可能遇到的风险、失败的可能性有多大。

（6）政策方案的可行性程度如何，即政策方案在执行中遇到的政治阻力、法律与政策条件限制有哪些，技术保证如何，社会心理环境如何。

对政策方案优劣的价值评判标准，历来有“最优化”与“满意”之争，即理性决策与有限理性决策之争。现代管理科学大都提倡在管理实践中力求实现最优化的决策，并设计一套数量化的模型进行检验，以达到用最优化的手段实现既定目标。而以西蒙为代表的有限理性决策理论认为，寻求解决问题的最优解是不可能的，实际意义也不是很大，决策者在既定条件和认识能力下只能获得解决问题的满意解。应当说，西蒙的有限理性假设更加符合管理实践，但是它本身也存在缺陷，它没有说明什么标准是令人满意的解，也没有说明令谁满意的问题。所以，我们在评估政策方案时，应当既考虑既定环境条件的约束，同时也不要放弃最优化的追求，思考是否还有更好的政策方案，或政策方案的个别地方是否需要修改。

2. 对政策方案评估时要允许充分论证的自由

在对各种备选政策方案进行评估时，政策决定者必须创造宽松的环境，确保政策方案的论证者、分析者对各种备选方案作出客观的评估，尤其是善于听取反面的不同意见。对此，德鲁克指出：“管理者的决策不是从‘众口一词’中得来的。好的决策，应以相互冲突的意见为基础；应从不同的观点中选择，应从不同的判断中选择。所以，除非有不同的见解，否则就不可能有决策。这是决策的第一条原则。”

不同意见对确保政策方案的优化有四大作用：“不同意见的发表，实质等于提出了更多可供选择的方案；不同意见之间互攻他短，各扬己长，就使各个方案的利弊得以充分显现，从而可以取长补短。同时，争论可以激化人的思维想象力和创造力，彼此相互启示，开阔视野，从而得到最优化方案；不同意见的讨论也是统一决策认识的过程。一旦决策，就可以同心同德、上下一致地实施。既大大减少阻力，又不易走样，有利于发挥大家的主动性和创造能力；不同意见还能提高决策的可靠性。”

为此，政策决定者在对政策方案的论证与评估过程中，不能预设立场，既要听取原拟定方案人员的各种建议与设想，又要听取专家的各种意见；既要听取赞同的意见，也要听取反对的意见；既要重视对方案的正面论证，又要重视对方案的反面论证。

（二）对政策方案的抉择

1. 对政策方案抉择的形式

对政策方案的抉择，即政策方案的选优是公共管理部门的决策核心，（政策决定者）在对各种备选决策方案比较、总体平衡的基础上，选出一个最佳方案，或综合各个方案的优点而形成一个新的最佳方案。这一环节是公共管理部门决策核心在政策制定过程中最主要的任务，也是公共政策制定过程中最为关键的环节，直接关系到公共政策的成败。

为了避免制定错误的政策，公共管理部门的决策核心必须充分了解、咨询参谋人员等政策分析者对各种备选决策方案的评估情况，全面把握每种政策方案的精确性、可行性、经济效益与社会效益以及它们的利弊得失，以做出对其采纳、舍弃或修改的抉择。因此，决策者（个人或集体）的主观价值偏好、人生态度、性格与心理、综合素质、情势判断能力、谋略思想、抉择能力等因素对政策方案的正确选择，至关重要。对政策方案进行选择，并不仅仅意味着从多种备选方案中选择最优者。其实，方案的选择情况是比较复杂的，它至少包括如下形式：

（1）多中选一。即决策核心从多个备选方案中选择一个最符合公共政策目标要求，而且按照全部政策评估与抉择的价值标准之最优者，作为政策制定的最终方案。

（2）重点选一。即决策核心在全面权衡各种备选政策方案后，以政策抉择的几项重要价值指标为依据，从中选择最优者作为公共政策的最终方案。这种方式主要适用于情况紧急或不需要政策方案符合所有评估指标的情况。

（3）综合为一。即决策核心对各种备选政策方案经过比较后，发现它们没有一个在整体上或主要指标上优于其他方案，而将各个或主要的备选方案的优点加以综合，形成一个新方案，作为最终的政策方案。

（4）重新拟定。即决策核心对所有的备选方案都不满意，也无法综合，而将其全部舍弃，让有关部门和人员重新拟定新方案，然后再对新的备选方案进行评估和抉择。

（5）暂缓选择。即决策核心对所有的备选方案都不满意，也无法综合，而且对要解决的政策问题，决策者自己也胸中无数，重新拟定也不会出现更好的方案，就暂时不做选择，等待事态的发展或各种因素明确后再做决定，以避免仓促决断导致决策失误。

2. 抉择政策方案时要确保政策决定者的独立抉择

在抉择政策方案过程中，决策者重视专家、智囊、咨询、参谋人员的意见和建议是正确的，而且这种集思广益也是必要的，但决策者必须保持独立的判断状态，不能一味依赖专家和参谋人员，甚至为他们激烈的争论或某种意见所左右，更不能让他们代替决策者进行决断。因为，一方面政策决定者与专家、参谋人员所处的政治地位、行政地位、法律地位是有差异的，因而观察问题的视角、考虑的因素也是不同的；另一方面，政策决定者对做出的方案抉择要独立承担相应的责任，而专家和参谋人员不必承担责任。所以，作为政策决定者应当在充分听取各种意见和建议基础上，综合考虑各方面的因素，从自身的判断出发，瞄准时机，果断决策，选择最佳效果的政策方案，最终确立公共政策的形式和内容。

二、公共政策方案的修正与完善

（一）通过追踪决策修正政策方案

从理论上讲，当政策方案开始实施后，便进入公共政策的执行阶段，但在实际的公共管理过程中，公共政策制定往往不是一次完成的，公共政策的制定阶段与公共政策的执行阶段在时间上也不是截然分开的。在政策执行的过程中，还必须持续地对政策的执行情况进行考察、监督、测定、评估和核实，尤其是当政策行动方案在具体执行期间出现某些不利情况时，还需要对原有的政策方案进行修改和完善，甚至可能出现推翻既定方案，重新进行政策制定。

所谓追踪决策，是指公共政策方案在全面执行的过程中，由于偶然因素的出现导致主客观条件的变化，或发现公共政策方案中存在重大问题，公共政策目标无法实现时，对公共政策的目标或优选的方案进行的一种修正活动。

追踪决策在客观上反映了公共政策制定动态过程的阶段性和连续性。这就要求政策制定者要有实事求是的态度，要敢于承认现实，正视现实，善于克服各种阻力，并防止因追踪决策而打乱整个管理工作的步骤和安排。

案例 5－3－1　“避税天堂”霍尔果斯

霍尔果斯市位于新疆维吾尔自治区，2010 年 5 月被设为经济特区，推行企业所得税“五减五免”的优惠政策，即 2010 年 1 月 1 日至 2020 年 12 月 31 日，对在开发区内新办的属于《新疆困难地区重点鼓励发展产业企业所得税优惠目录》范围内的企业，自取得第一笔生产经营收入所属纳税年度起，享有企业所得税五年免征优惠。免税期满后，再免征企业五年所得税地方分享部分，采取以奖代免的方式，由开发区财政局将免征的所得税地方分享部分以奖励的方式对企业进行补助。

税收优惠政策实施后引发了在霍尔果斯注册公司的热潮。公开资料显示，2017 年，霍尔果斯新登记注册各类市场主体 14472 户、注册资本金 2015 亿元，同比分别增长 341.6%、288%。其中，影视类、文化类、科技类和投资类企业增长迅速。

为了筑巢引凤而制定的税收优惠，很容易被市场的投机者所利用。大量被税收优惠引来的公司中，部分企业选择在当地注册子公司享受税收优惠，却没有在当地进行经营和生产活动，成为把财务税收挂在霍尔果斯的“壳公司”，这明显违背政策的初衷，并未对当地发展带来新的活力。据当地税务部门的统计显示，每年至少有200家企业各自向霍尔果斯注册的子公司转移2000万元以上利润，这意味仅一年时间，霍尔果斯一地就有40亿税收流失。

近来，影视从业人员涉税问题引发舆论及有关部门关注，国家税务总局责成江苏等地税务机关进行调查核实。霍尔果斯政府已经陆续开始填补税收政策漏洞。比如，之前不要求有实际办公地点的霍尔果斯，已要求注册企业要享受税收优惠，应在当地有实际办公地点和员工，并为员工缴纳社保。同时在享受优惠前应向当地税务部门提交商业合同等相关材料接受审核。（资料来源：搜狐财经、财经网、《新京报》等）

（二）通过局部试点完善政策方案

对一些重大、复杂、具有较大社会影响的公共政策制定活动，在选择行动方案后，还必须进行局部试点，以接受实践的检验。进行试点的目的，在于为全面执行公共政策方案积累经验，并通过试点及时发现问题，降低全面推广或执行时，对社会产生的各种震荡和消极影响，同时，还可以为政策方案的全面执行提供一种社会心理准备。

试点工作必须以科学的方式进行。首先，从“点”的确定上来讲，应该是全局中带有某些典型性、普遍代表性的，它的成功与失败都应具有普遍的意义；其次，在试验过程中，要严格按照既定的方案进行，必要时可以设若干个“对照点”，以鉴别优劣（在特殊情况下，为避免各种人为主观因素的干扰，有时试点还可以不公开）；最后，在总结试点的经验和教训时，必须全面地、实事求是地进行，不能搀杂个人偏见、部门偏见或为迎合上级意图而扩大或隐瞒客观事实，以降低试点的真实效果，从而不利于政策方案的完善。

以上四个阶段，从最一般抽象意义上描述了一项公共政策制定所包括的技术与逻辑程序，但需要说明的是，并不是所有的公共政策制定活动都严格按照上述四个程序进行，实际的公共政策制定往往依据政策问题的不同而呈现很大的灵活性，尤其是解决特殊紧急事件或非常规而又非重大问题的非程序化决策，政策制定的过程更带有很大的非理性和直觉色彩。此外，不同政策制定主体、不同层次的政策，其政策制定过程是有区别的，如政府与居民自治组织间、其他国家机构与各种非政府公共组织间，政策制定过程就各有自己的特点；省级政府部门的政策制定与乡镇基层政府的政策制定，其过程也存在显著差异。

第四节　公共政策合法化

在对政策方案做出抉择之后，必须将该方案合法化成为真正具有权威性的政策，使之能得到有效地执行，这就是政策合法化问题。政策合法化是政策制定的一个必要环节，它的内容广泛，是目前国内政策科学文献探讨得相当不够的一个方面。

一、政策合法化的概念与作用

为了更好地理解政策合法化的主体、程序等问题，有必要先从合法化和政策合法化的概念及作用谈起。

（一）“合法性”与“合法化”概念

合法性与合法化是两个密切相关的概念。“合法性”概念有广义和狭义之分。广义的合法性概念被用于讨论社会的秩序、规范，或规范系统；狭义的合法性概念被用于理解国家的统治类型或政治秩序。广义的合法性概念涉及比法律、政治更广泛的社会领域，并且潜含着广泛的社会适用性。韦伯所谓的合法秩序（legitimate order）是由道德、宗教、习惯、惯例和法律等构成的①。合法性是指符合某些规则，而法律只是其中一种比较特殊的规则。因此，合法性的基础可以是法律程序，也可以是一定的社会价值或共同体所沿袭的各种先例。一个组织是否具有合法性，那就取决于它能否经受某种合法秩序所包含的有效规则的检验。关于狭义的合法性概念，20世纪初，韦伯曾提出了合法统治的三个类型（合理型、传统型、魅力型）的经典理论，此后尤尔根·哈贝马斯又对这一理论进行了进一步的研究。他对狭义的合法性曾有一个简明的解释：合法性意味着某种政治秩序被认可的价值以及事实上的被承认②。统治能够得到被统治者的承认，是因为统治得以建立的规则或基础是被统治者可以接受的乃至认可的、同意的。由此可见，合法性概念无论在广义还是在狭

① 马克斯·韦伯．论经济与社会中的法律［M］．张乃根译．北京：中国大百科全书出版社，1998年版。

② 尤尔根·哈贝马斯．交往与社会进化［M］．张博树译．重庆：重庆出版社，1989年版。

义的用法中都包含着同一要旨：由于被判断或被相信符合某种规则而被承认或被接受。合法的统治体现的是公民对政府或群众对政党的承认，是一种“下”对“上”的承认。

与合法性相伴生的一个概念是“合法化”（legitimation）。它的最基本的意思是：显示、证明或宣称是合法的、适当的或正当的，以获得承认或授权。韦伯的合法性概念本身就包含着一方对合法性的宣称和另一方对合法性的相信。因此“合法化”本身就可以从“合法性”引申出来。“合法性”表示的是与特定规范一致的属性，似乎在表明一种客观性。“合法化”表示的是主动建立与特定规范的联系的过程，明显在强调一种主观性。合法化可以理解为在合法性可能被否定的情况下对合法性的维护①，也即合法化是指合法性的客观基础被质疑的时候为达成关于合法性的某种共识的努力。

（二）什么是政策合法化

尽管政策合法化（legitimation）是西方政策科学家讨论政策制定过程的一个重要方面，但是他们却很少给政策合法化下严格的定义。从字面上看，合法化（legitimate）作为动词，意为“使具有合法性，给予法律力量，使具有权威性、核准或批准”。德国著名学者尤尔根·哈贝马斯（J. Harbermas）认为，合法性（化）是指一种政治秩序被认可的价值，这一概念与政治秩序相关，只能运用于政治领域，“只有政治秩序才拥有或丧失合法性，只有它们才需要合法化。”② 美国政策科学家琼斯在《公共政策研究导论》中说，对于任何一个政治系统而言，至少可以辨别出两种合法化：第一种是那种使政治过程包括批准解决公共问题的特定建议过程的合法化；第二种包括那些政府项目被批准的特殊过程。前者可称为合法化，后者可称为批准。③ 托马斯·R·戴伊在《理解公共政策》一书中把政策合法化分解为三个功能活动，即选择一项政策建议，为这项建议建立政治上的支持，将它作为一项法规加以颁布。④ 倒是我国大陆和台湾的学者力求给政策合法化下较严格的定义。兹举几例：

朱志宏认为，“政策合法化（Policy legitimation），就是赢得多数立法人员对政

---

① 尤尔根·哈贝马斯. 交往与社会进化［M］. 张博树译. 重庆：重庆出版社，1989年版。

② 尤尔根·哈贝马斯. 交往与社会进化［M］. 张博树译. 重庆：重庆出版社，1989年版。

③ Charles O. Jones. An Introduction to the Study of Public Policy（3rd.，ed.）［M］. Monterey, California：Brooks/Cole Publishing Company，1988.

④ Thomas R. Dye，Understanding Public Policy（6th.，ed.）［M］. Englewood Cliffs. N. J.：Prentice－Hall Inc.，1987.

策方案的支持。在美国，政策合法化的过程，就是政策方案经参、众两院多数议员同意，并经总统签署的一个行为过程”。合法化的定义是：“遵循一般所认知的原则或一般所接受的准则。”①

张金马认为，“通常，公共政策要具有合法性，必须经过一个合法化过程，这种使政策具有约束性或合法性的过程可以是一套法律规定的程序，也可以是一套习惯性程序，甚至可以是遵照领袖人物的指示。……无论哪种程序，只要人民认可、接受，都可使政策具有合法性。”“政策合法化是指经政策规划得到的政策方案上升为法律或获得合法地位的过程。它由国家有关的政权机关依据法定权限和程序所实施的一系列立法活动与审查活动所构成。”②

兰秉洁等认为，政策合法化“就是通过法定程序，提交有关机关讨论通过，并以公报、决定、决议等形式向全社会发布，使政策决定取得公认的合法地位和全国人民的认可、接受和遵照执行的效力。”③

彭和平认为，“政策合法化的过程是使各种拟议中的政策方案获得合法地位、具有社会权威性和约束性的过程，它包括政策法律化、政策法规化和政策社会化三个方面。这三个方面的相互结合使公共政策体系成为一个有机的整体。……政策法律化是使公共政策取得法律形式、具有法律效力的过程。它主要是在国家立法机关的权力和活动范围内进行的。……政策法规化的过程是政府通过制定行政法规推行各种政策进行管理的过程。它主要是在政府的活动范围内而不是在立法机关的活动范围内进行。……政策社会化是公共政策成为人们普遍遵循的非法律化的社会规范的过程。政策社会化主要是在执政党或政治团体的活动范围内进行的，并且有一套拟定草案、党内外征求意见、中央正式会议审议通过、正式公布的严格程序。”④

综观以上定义或解释，可以看出，除对政策合法化的目的认识比较一致外，对于其他一些问题，如政策合法化的主体、对象范围、所适用的程序或采取的活动，理解差异很大，有些解释本身前后也欠一致。

我们认为，所谓的政策合法化是指法定主体为使政策方案获得合法地位而依照法定权限和程序所实施的一系列审查、通过、批准、签署和颁布政策的行为过程。这个概念的外延和内涵可以从如下几个方面来把握：

---

① 朱志宏．公共政策［M］．台北：三民书局，1995年版。
② 张金马．政策科学导论［M］．北京：中国人民大学出版社，1992年版。
③ 兰秉洁，刁田丁．政策学［M］．北京：中国统计出版社，1994年版。
④ 彭和平．公共行政管理［M］．北京：中国人民大学出版社，1995年版。

第一，所有的政策，包括中央政策和地方政策、法律和其他形式的政策，都有其合法化过程。这是当前我国政策合法化研究中值得注意的一个问题。政策合法化并不仅限于中央政策或全国性政策的合法化，也不等同于政策法律化。地方政策也要合法化，政策法律化只不过是政策合法化的一种重要而又特殊的形式。研究政策合法化，既要研究法律，更要研究其他形式的公共政策的合法化。

第二，政策合法化是有目的的活动。其目的就是使政策方案获得合法地位，转化为合法有效的政策，具有合法性、权威性和约束性，获得人们的认可、接受和遵照执行的效力，从而使政策有效地发挥规范和指导人们行为的作用，最终实现政策目标，解决政策问题。

第三，政策合法化是法定主体依照法定权限所实施的活动。宪法和组织法对国家机关的权限做了划分，国家机关必须依照法律规定，在各自的权限范围内使相应的政策方案合法化。公共政策体现的是统治阶级的意志，它与个人、企业等所做出的决策不同，具有法定的权威性，对社会具有普遍约束力，只能由法定的国家机关依照法定的权限制定。不具有法定的公共政策制定权力或超越法定权限，都不能使政策合法化。

第四，政策合法化是主体依照法定程序所实施的一系列行为过程。政策的内容、形式和效力范围等不同，政策合法化的主体和程序也就不完全相同，如限制公民人身自由的政策，必须由全国人大依照立法程序使之合法化，而立法机关强调公平、民主，其政策合法化的程序就表现得繁琐、复杂。相对而言，行政机关更强调效率，其政策合法化程序就比较简单。同一国家机关，不同的政策也可能有不同的合法化程序，如国务院制定重大政策，应由国务院常务会议或全体会议讨论决定后由国务院总理签署发布。而一般性政策，国务院总理有权直接签署发布，政策合法化的程序，虽然不尽一致，但都有共同的标准，即要符合法律规定；都有基本的步骤，即包括审查、通过、批准、签署和颁布政策等一系列行为过程。

（三）政策合法化的地位与作用

政策合法化在政策过程中占有举足轻重的地位，在实践上也具有重要意义。这主要表现在如下三个方面：

1. 政策合法化是政策制定过程的重要阶段，又是政策执行的前提。在民主、法治的社会，政策合法化是政策过程必经的一个重要阶段。政策方案只有经过合法化过程，才能成为合法有效的政策，制定政策的目的是通过政策执行的环节来解决政策问题。政策执行要以政策具有合法性为前提，具有合法性的政策，才能取得政策对象的认可、接受和遵照执行的效力。没有经过合法化过程的政策，不具有合法性，就不能付诸执行。因此，政策合法化又是政策得以顺利执行的前提。

2. 政策合法化是决策民主化、科学化和法制化的具体体现。政策合法化是一个吸收民众参与决策、加强政治沟通与协调的过程；也是一个决策选优，对决策方案不断修改、完善，对不良方案过滤、淘汰的过程；更是一个坚持由法定的决策主体，依照法定的权限和程序进行决策，对决策行为实施法制监督的过程。离开政策合法化，所谓决策民主化、科学化和法制化都只能是一句空话。当前，建立健全的有关的决策制度，尤其是重大问题决策前经专家充分论证、重大政策通过前向社会广泛征求意见、行政机关政策文件非经法制工作部门的法律审核把关领导不予签发等实践中行之有效的制度，既是加强决策科学化、民主化和法制化的需要，也是完善政策合法化程序的重要任务。

3. 政策合法化是依法治国的需要。依法治国是现代国家的基本标志。多年来，我国社会主义建设的经验教训表明，国家建设、经济发展、社会管理和公民权利的保障，都有赖于健全的法制。而我们工作中的失误很多是由于法制不健全、人治代替法治所造成的。强调政策合法化，正是强调健全法制，依法治国。当前，政策合法化也是转变政府职能，促进市场经济发育的保障。市场经济就是法制经济，要求政府在法律范围内活动，不得随意以行政命令代替经济规律。政府职能要转向宏观调控，培育和发展统一、开放的市场体系，要努力避免由于政策不合法而造成宏观管理与控制的无序与失调。尤其要注意有些部门和地方借制定政策之机推行“部门利益至上”和“地方保护主义”，损害全局利益，阻碍市场流通，表面上使政策“合法化”，实际上破坏社会主义市场经济建设，根本上与依法治国的原则精神相背离。

二、政策合法化的程序

政策合法化的程序是指政策方案获得合法地位的步骤、次序和方式。从理论上说，政策规划阶段结束后才进入合法化过程。实际上，合法化过程往往又包含有政策规划的行为性质。不同的政策方案，不同的合法化主体，往往导致不同的合法化程序。在描述行政机关和立法机关的政策合法化过程之前，我们先讨论政策合法化程序的相对性问题。

（一）政策合法化程序的相对性

程序表现为次序和步骤，也就有它的起点。政策合法化的程序，应该说是从政策规划的终点——方案选优或者说是政策方案的最终决定后开始的。彼特琴（Hanna Pitkin）曾说：“事实上，无人有最后决定之权，因为根本就没有‘最后决定之权’这回事。”① 明确这一点，对于我们理解政策合法化的过程是必要的。政策合法化过程并不简单地表现为通过与颁布政策。通过政策，就意味着先要讨论、审查政策方案，而这又往往导致对政策方案的某些内容进行修改以取得较多的赞同意见或决策者的满意。这么一来，政策规划阶段所说的对政策方案的“最终决定”也就大打折扣了。似乎一切又从政策规划阶段开始。

我们以实例来进一步说明这个问题。国家计划委员会作为国务院统一领导下的综合管理国民经济计划工作，对国民经济进行宏观调控的经济职能部门，具体负责编制国民经济和社会发展计划。当国家计委经过一系列复杂程序“最终确定”国民经济和社会发展的计划方案后，对它来说，政策规划阶段也就结束，这一方案开始进入合法化过程——报请国务院常务会议审定。国务院审定通过后，根据法律规定，还要报请全国人大审查和批准。因此，相对于国务院来讲，此前的工作都属于政策规划阶段，合法化过程要从报请全国人大审查开始。然而，进入人大后，似乎一切又是从政策规划阶段开始。首先要国务院提出议案，然后人大经一系列法定程序将其列入议程，才能交付代表审议。经审议修改取得比较一致的意见后，政策方案才“最后确定”，才能交付表决。因此，审议阶段似乎又属于政策规划阶段，似乎只有表决、通过、批准、发布才真正属于政策合法化过程。可见，政策合法化与政策规划有时的确难以截然分开，政策合法化的程序是相对的。正如林德布洛姆（Charles E. Lindblom）所说的，政策过程的各个阶段（Stages）常是重叠的（overlapping）。

（二）行政机关的政策合法化过程

政策合法化过程是与政策决策的领导体制紧密相联的。领导体制的不同往往导致政策合法化过程的不同。领导体制从不同的角度可以做不同的划分，如首长制与委员会制，职能制与层级制，集权制与分权制，一体制与分离制等。首长制与委员会制是一种常见的划分。首长制也叫首长负责制或一长制，其法定最高决策权由行政首长一人执掌，其他成员只有建议权，没有决定权。美国总统制就是一种最典型的首长制。有一次林肯召集七位部长讨论问题，七位部长均反对林肯的意见，而林肯最后宣布说：“七人反对，一人赞成，赞成者胜利。”委员会制的最高决策权由委员会各成员共同执掌，各成员权力平等，采取少数服从多数的原则决定政策。我国行政机关领导体制，新中国成立后一大段时间基本上是实行委员会制。1982 年宪法

① 朱志宏．公共政策［M］．台北：三民书局，1995 年版。

则明确规定，从中央到地方的各级行政机关实行首长负责制。我国的行政首长负责制是建立在民主集中制基础上的。在政策决策的过程中，这一点体现得尤为明显。如果单纯从首长负责制的角度看，行政机关的政策合法化过程，凡政策的制定和发布属于本机关的权限，即依照规定不必上报审批的，就可以简单地表现为行政首长对政策方案的决定、签署和政策的公布。然而，在行政首长对政策方案的决定、签署之前，有些做法或制度，如政府法制工作机构对政策方案的审查，特别是重大问题必须经常务会议或全体会议讨论决定的法定制度，是与行政机关的政策合法化过程密切相关的。根据政策合法化程序的相对性原理，我们可以把这些做法或制度也看作是我国行政机关的政策合法化过程。

1. 法制工作机构的审查

目前，我国县以上各级人民政府和相当一部分政府部门都设置了专门的法制工作机构，审查政策方案是它们的一项主要职责。有关部门拟定政策方案后，一般先由法制工作机构审查，审查通过后再报领导审批或领导会议讨论决定。有些单位还建立了“规范性文件非经法制工作机构的法律审核把关，领导不予签发”的制度。法制工作机构对政策方案进行审查，对于保证政府政策的合法性有着重要作用，应予以制度化。应该说明的是，这种审查是协助领导审查，具有参谋、咨询性质，审查的意见仅供领导决策参考。

2. 领导决策会议的讨论决定

根据法律规定，县级以上各级人民政府工作中的“重大问题”，须经政府常务会议或全体会议讨论决定，行政首长召集和主持这两种会议，对会议所讨论的结果和应做出的决定，行政首长拥有最后的决定权。即这两种会议都不采取委员会制的一人一票的少数服从多数的办法，而是大家畅所欲言，集思广益，充分发挥集体智慧的作用，对于应该做出决定的问题，则由行政首长拍板定案。法律规定“重大问题”须经常务会议或全体会议讨论决定，但对“重大问题”的内涵或标准并未界定。如根据《中华人民共和国国务院组织法》第四条的规定，国务院的重大问题必须经国务院常务会议或者国务院全体会议讨论决定。而国务院批准、国务院办公厅发布的《行政法规制定程序暂行条例》第十四条却规定：“行政法规草案由国务院常务会议审批，或者由国务院总理审批。”这就把国务院制定行政法规可以看作是“重大问题”也可以不是“重大问题”。为此，法学界有些学者尖锐地指出：“在国务院，行政立法显系重大问题，应由国务院上述两个会议之一讨论决定，而不能个人说了算”，《行政法规制定程序暂行条例》第十四条的规定“与《国务院组织法》

第四条的规定明显不符。”① 我们理解，政府制定重大政策尤其是国务院制定行政法规显然属于“重大问题”，经由政府常务会议或者全体会议讨论决定，应成为政府重大政策方案，特别是国务院行政法规草案的合法化过程的必经环节。领导决策会议除政府常务会议和全体会议外，还有行政首长办公会议。首长办公会议是一种处理日常决策事务的会议形式，可以由行政首长根据工作需要随时召集，有些政策特别是政府职能部门制定的许多政策就是由首长办公会议讨论决定的。

3. 行政首长签署发布政策

行政首长负责制的最主要内容是行政首长在各级政府机关中处于核心地位，拥有最高决策权和领导权。本级政府制定的政策，由行政首长签署发布。根据规定需要上报审批的政策，则应上报审批后发布。如果是报上一级行政机关审批，其程序如上所述，即由上级行政机关的法制工作机构审查、领导决策会议讨论决定后由行政首长签署或直接由行政首长决定、签署，发布权有的在上级机关，有的则在原政策制定机关。如果是报国家权力机关审查通过的，则进入权力机关的政策合法化程序。需要说明的是，我国的行政首长负责制还包含着“分管领导制度”。在各级政府领导机构中，除了设置一名行政首长，还同时设置若干名副职。这些副职领导人除了作为各级政府的组成人员，参加本级政府的全体会议和常务会议，协助行政首长进行决策外，还直接分管某一领域的日常管理和决策事务，有些政策实际上就是由副职领导人签署。实行副职领导分口把关的“分管领导制度”，能大大补充和加强行政首长的领导能力，是中国行政管理实践中的成功经验。但在实际管理过程中，如何既保证分管领导制度的有效运作，又确保行政首长对全局性行政事务的统一领导，防止形成多头领导，甚至形成副职超越和代替正首长的决策权威；如何加强沟通与协调，防止各自孤立地决定和签署政策，以致形成政策之间相互矛盾，都是值得注意的问题。

政策的发布形式是当前我国行政机关政策合法化过程中一个亟待解决的问题。除行政法规和规章的公布形式比较规范，能较为及时地予以公布外，其他政策的发布往往采取行政机关内部层层转发文件的形式，并未公之于众。这种形式既不利于提高行政效率，也不利于政策的贯彻执行。中央的一些政策转发到基层，有时需要几个月时间，政策所要解决的问题有的早已时过境迁。有的政策，印发份数非常有限，基层单位往往只有一份，以致具体经办人员也“不知道有这个文件”，这又如何能要求公众遵守？我们认为，除确系内部政策外，凡要求公众遵守的公共政策，必须完善发布形式，及时公之于众。

---

① 刘瀚等．依法行政论［M］．北京：社会科学文献出版社，1993 年版。

（三）立法机关或权力机关的政策合法化过程

立法机关，从字面看似乎单指专门从事立法的机关，其实不然。专门从事立法的机关很少。现今大多数国家的立法机关既行使立法职能又行使其他职能，如批准或通过政府提出的计划、预算、决算、质询、罢免和弹劾有关人员，对政府提出不信任案等。议会、国会、人民代表大会等，因其主要职权是立法，所以人们往往把它们看作立法机关的同义语。在我国，人民代表大会是国家权力机关，人大常委会是它的常设机构。国家权力机关包括最高国家权力机关即全国人大和地方各级国家权力机关即地方各级人大。地方人大只有一部分享有地方立法权，如省、自治区、直辖市、所有设区的市的人大等，但地方各级人大都享有本行政区域内的重大事项决定权，如批准本级政府的重要报告或计划等。研究立法机关或权力机关的政策合法化过程，不能局限于立法过程甚至中央立法机关或最高国家权力机关的立法过程。立法机关或权力机关的政策合法化程序，当然不可能完全一致，但基本上包括：提出议案、审议议案、表决和通过议案、公布政策。由于这些程序已有专门的立法学进行研究，我们这里就不做详细描述，仅简单说明一些需要注意的问题。

1. 提出议案

议案是各种议事提案的总称，包括立法议案、预算案、质询案、罢免案等。不能把议案都叫做立法议案。从立法机关或权力机关的议事规则讲，提出议案的同时不一定要提出法律或政策等的具体草案。但政策合法化是将已经过政策规划而获得的政策方案提交审议批准，因此，提出议案的同时也就提出了相应的政策方案。

2. 审议议案

即由有权机关对议案运用审议权，决定其是否列入议事日程，是否需要修改以及对其加以修改的专门活动。对列入议事日程的政策方案的审议，主要围绕下列内容：是否符合政治、经济、文化和社会发展等的需要；是否具有必要性和可行性；是否符合法律和公共利益；征询和协调有关方面的意见和利益；名称、体系、逻辑结构、语言表述等具体问题。

3. 表决和通过议案

经过表决，政策方案如果获得法定数目以上人员的赞成、肯定、同意，即为通过。议案一般采取过半数通过原则，有关宪法的议案一般要三分之二以上的多数通过。有些国家在某些情况下，对议案还要进行全民公决，我国没有这种制度。

4. 公布政策

政策方案经表决获通过后，有的又经过其他机关或其他形式的批准、认可后，即成为正式的政策。但此时的政策还不能执行，还得经过公布程序。公布权不一定都属于立法机关或权力机关，如在多数国家，法律由国家元首公布。在我国，国家主席根据全国人大及其常委会的决定签署主席令公布法律。有些地方国家权力机关如省会市、国务院批准的较大市的国家权力机关制定的地方性法规，还要经上级国家权力机关批准后公布。

三、政策的法律化

政策法律化，顾名思义，就是政策向法律的转化。具体说，是指享有立法权的国家机关依照立法权限和程序，将成熟、稳定而有立法必要的政策转化为法律。它实际上是一种立法活动，所以又称政策立法。

政策法律化的过程就是立法的过程，其程序也就是立法的程序。这里的“法律”或“法”应作广义的理解，包括宪法、（最高国家权力机关制定的）法律、行政法规、地方性法规和规章等。政策法律化的主体也就是有权制定这些法律的国家机关。政策法律化并不是把所有的政策都转化为法律，一般只是将成熟、稳定而有立法必要的政策转化为法律。政策法律化是政策合法化的一种重要而又特殊的形式。

（一）政策法律化的主体

政策法律化的主体就是依法有权把政策转化为法律的国家机关，即享有立法权的国家机关。

三权分立国家，传统上国家立法权只能由议会行使，政府没有立法的权力。20世纪以来，特别是第二次世界大战期间及其后，形势发生了巨大的变化，随着政府职能的扩张，政府也获得一定的立法权。这是对三权分立政体的一个重大突破。现代国家，政府还有扩增立法权的趋势。

我国过去实行的基本上是一种高度中央集权的立法体制。1982 年宪法颁布后，立法体制也取得突破性发展，行政机关被赋予明确的立法权，地方立法权也不断得到发展。从现行立法体制看，享有立法权的国家机关包括：全国人大及其常务委员会，国务院及其各部、各委员会，特定的地方人大及其常委会和政府。其中“特定”主要包括：省、直辖市、自治区，省会市和自治区首府所在地的市，所有设区的市，自治州和自治县等。此外，特别行政区的立法体制还有特别规定。

（二）政策法律化的条件

政策法律化并不是所有政策都转化为法律。只有具备一定条件的政策才转化为法律。

1. 有立法必要的政策

政策与法律的调整范围不完全相同。一般而言，政策对社会生活的调整，其范围要大于法律。有些政策，如执政党调整党内各种关系的政策，对社会不具有普遍适用性，没有必要转化为法律。有些领域，如民族、宗教领域中的许多问题，宜用政策加以引导，不应由法律硬性约束。因此，只有调整属于法律调整范围的社会关系的政策，才有必要转化为法律。

2. 成熟、稳定的政策

政策与法律都要有稳定性，朝令夕改会使人们无所适从，影响政策和法律的权威性，甚至导致政治或经济上的损失。但就政策与法律相比较而言，法律比政策稳定，政策具有更大的灵活性。政策较能适应客观情况的发展变化，易于在实践中不断修改、完善，走向成熟。法律比较定型化、规范化，其制定、修改、补充或废止，都要经过法定的、严格的程序，并受到法定的时间限制。人们对法律稳定性的期望值也比较高。法律的稳定性和政策的灵活性，决定了只有经实践检验是成熟的、具有长期稳定性的政策才能转化为法律。当然这也是就一般情况而言。特别是在改革开放和建立社会主义市场经济体制过程中，很多社会关系要靠法律及时调整，不能机械地等待。

（三）政策法律化是政策合法化的一种重要而又特殊的形式

政策转化为法律，当然就获得合法地位，具有执行权力，且有国家强制力保证实施，从这一点上讲，政策法律化是政策合法化的一种重要形式。但是，从政策过程来讲，政策合法化属于政策制定的范畴，是经政策规划而得到的政策方案获得合法地位的过程，政策方案未经合法化过程就不具有执行效力。而政策法律化则不同，它一般是将已经过实践检验证明是成熟、稳定的政策转化为法律，即该政策已经处于执行阶段，而不是制定阶段。从这点上讲，政策法律化与政策合法化又是不同的，只能是政策合法化的一种特殊形式。当然，政策法律化也不是把政策原原本本地转化为法律，而是一个重新制定政策或者说是立法的过程。从政策包含法律的角度讲，即法律也是一种政策，立法阶段也就是政策制定阶段，法律草案也是政策方案的一种，这种政策方案的合法化过程，同时也就是法律化的过程，在这里，政策合法化过程与政策法律化过程则是同一的。

第五节 公共政策制定过程的社会化

所谓公共政策制定过程的社会化，简单讲是指在公共政策制定过程中提高公民、法人、思想库、利益集团等民间利益表达主体参与政策议程、政策规划的深度与广度，使制定的公共政策决策能够更好地反映社会公共利益。从本质上讲，公共政策制定过程的社会化，是公共政策民主化的重要体现，也是提高公共政策科学性的一个重要保证，同时也是公共管理模式不同于传统公共行政模式的一个重要特征。当然，由于我国公共政策制定中有效的社会参与和社会利益表达机制尚待完善，不能适应当前社会经济发展和政治结构变动的客观形势。因此，探讨公共政策制定过程社会化的发展途径，非常重要。

一、公共政策制定过程社会化的必要性

（一）目前公共政策制定过程中社会化水平还很低

中国目前公共政策制定过程中的社会化水平是比较低的，这主要体现在如下方面：

1. 公共政策制定过程中参与主体主要集中于各级党委

中国共产党作为执政党领导政府机关，负责制定国家社会发展的大政方针和政策。但是，在过去党的一元化领导下，各级党委处于行政工作的第一线，直接管理政府的公共事务，“把本来属于政府行政机关的权力不适当地集中于各级党委。各级党委的权力又往往集中于几个书记，特别是集中于第一书记。”这是“造成和助长一言堂、家长制、个人凌驾于组织之上的一种重要原因。”在现实中，也造成公共政策制定的非理性局面：“执政党包办太多，政府公共政策主体地位不突出，难以充分发挥其公共政策制定中的主动性；人民代表大会和政治协商会议参与公共政策过程不够深入，公共政策的审议、监督和评价不到位；民间思想库、法人组织、利益集团和公民个人，在公共政策参与中难以找到自己的位置。”相对而言，社会力量对公共政策制定的影响力较弱，因而中国的公共政策制定模式带有一定的精英决策色彩，同时也受一定人格化权力结构的影响。

2. 社会公众参与公共政策制定机制的匮乏

公共政策涉及社会各方利益的调整和分配，只有一整套完整的利益表达、提取、吸纳、协调等政策规则和程序才能确保各种利益主体参与公共政策制定过程的有序性。目前，中国共产党的基本政策规范是群众路线和民主集中制的原则规定，至于具体的公共政策制定主体是否听取或是否认真听取群众意见和建议，社会公众在一定程度上还处于“被动”地位。而且，对社会群众参与公共政策制定的具体方式与途径也缺乏法定化的程序，公共政策制定过程的哪些环节必须公开也没有明确规定，社会公众是否参与公共政策制定过程以及参与的程度，还取决于各级党政领导人的政治素质和偏好，从而使公共政策制定过程中公众的参与呈现某种随意性、偶然性、非连续性，公共政策的失误还时常发生。

3. 社会参与公共政策制定过程的渠道匮乏

目前，中国社会公众参与公共政策制定，主要有三种可以利用的正式渠道：

（1）通过选举人大代表和推荐政协委员，以他们的政治活动来间接参与公共政策制定。由于人大和政协在公共政策制定过程中的功能还远没有充分发挥，从而限制了公民利益的充分表达和实现。

（2）党政部门中设立的信息反馈部门收集群众意见和建议。但由于采取层层上报的信息反馈方式，往往受工作人员素质能力及领导人重视程度的影响，因此其功能也受到一定限制。

（3）党政部门的领导通过政策决定前举行的各种座谈会、听证会、调查研究收集决策信息。而这种方式传递的信息和表达的意见与要求则是极为分散的。

可见，社会公众直接、主动、集中表达自己的意见、愿望、要求的渠道尚不完善。在缺乏准确、全面、及时信息收集与畅通信息反馈机制局面下，很难确保制定的公共政策具有较高的质量，也很难保证制定的公共政策能够真正反映民意和社会需求。这势必降低公共政策应有的合法性和权威性，同时也增加了公共政策执行的阻力和难度。

（二）提高公共政策制定过程中社会化水平的必然性

自改革开放以来，中国社会进入了全面转型的发展时期。市场经济的发展促进了社会利益的急剧分化，同时也激活了人们的权利、利益观念；社会开放性程度的提高以及民主政治的发展，公民的政治参与意识和参与能力都在不断增强；社会信息化水平的提高和政策科学研究的不断发展，在客观上要求公共政策制定必须能够反映社会需求，并实现社会利益的有效整合。这是提高公共政策制定过程社会化水平第一个层面的客观必然性。而另一方面，随着公共管理环境的复杂化和变动不居，以及公共管理活动的综合化、专业化、战略化，任何一项政策的决策系统都难以胜任复杂的发展形势，必须加强与广大社会公众的联系，并充分利用社会的各种专家、学者和咨询力量，来提高公共政策的质量与水平。这是提高公共政策制定过程社会化水平第二个层面的客观必然性。由于目前理论界关于第二层面的论述较多，这里主要对第一个层面的客观必然性，进行简要分析。

1. 市场经济催生的利益多元化，要求公共政策制定过程必须有多元化的参与主体

市场经济的发展，打破了传统计划经济体制下“一大二公”的利益分配体制，也改变了“利益无差别”的利益格局。新的产权关系的出现和个人对“单位”依附关系的松动，还造就了一些新的利益群体。有的学者研究，当代中国的主要社会利益群体包括：产业工人、官员、知识分子、农业劳动者、军人等传统型的社会利益群体以及个体私营者、乡镇企业职工、“三资”企业职工、大学生、企业家、“白领”等新兴社会利益群体。尤其是“权力资本群体、实业资本群体、自由职业群体、白领工薪群体、新工人群体、城乡绝对贫困群体、社会异己力量群体（黑社会及社会游离群体）”等新兴利益群体，他们更关注公共政策对自身利益实现的影响。尽管绝大多数社会群体的利益在总体上与国家利益、党的利益是一致的，但是在具体领域却有着多元化的利益要求。我国目前正处于改革和调整时期，一方面，不合理的利益分配格局依旧存在；另一方面，社会各阶层和各群体之间的利益差距越来越大，社会各利益群体之间的利益矛盾和利益冲突越来越凸显。当利益独立的社会阶层和利益群体在自己的利益意识崛起之后，必然要求过问和参与和自身利益关系密切的公共政策的制定，甚至就某些利益关系的重大问题向公共管理部门讨价还价，施加压力。如果没有制度化、程序化的政策制定参与机制，以及充分的利益表达渠道来协调和整合社会各方面的利益，势必造成社会各阶层利益的失衡和社会矛盾的加剧，并可能危及社会的安定和政治的稳定。

2. 社会民主化的发展，促进了公民对公共政策制定过程参与的要求

社会开放和政治民主化进程的加快，使人们越来越认识到：自己是国家和社会的主人，应当通过各种途径来充分地表达自己的意愿和要求，争取、维护和实现自己的利益。如果缺乏制度化的有效参与机制，公民的利益得不到表达，长期如此就会危及政权的合法性。就短期而言，也会降低公众对公共政策的认同度，人们对待公共政策的态度可能是选择逃避的温和方式，或采取对抗的极端冲突方式。如目前在一些地方基层选举中出现的“贿选”、下岗工人围攻政府部门、负担过重的农民

上访以及与政府部门的暴力对抗等，就是非正当政治参与方式的体现。

3. 政策科学在中国的快速发展，为促进公共政策制定过程的社会化提供了理论支持

近年来，中国政策科学发展迅速，取得了一批显著的科研成果，形成了一支数量可观的专门从事政策科学研究和应用的队伍。这些官方或民间的政策研究机构、决策咨询机构对公共政策制定过程的参与越来越频繁，作用也越来越重要，尤其是在提供政策信息咨询、参与政策方案论证、政策分析等方面的影响日益突出。今后，要进一步加大政策研究、政策咨询机构，以及专家、学者对公共政策制定的参与，以提高制定的公共政策的科学性。

4. 网络信息技术的发展，为公共政策制定过程中的社会参与提供了技术支持

近年来，中国的互联网发展迅速。由于网络信息技术在公共管理部门和社会公众中的普及与广泛使用，使公共管理部门与社会公众之间可以实现跨越时空限制的交互式的信息互动，不仅可以使公共决策部门收集有关社会问题信息的深度和广度以及时效方面空前改进，而且为社会公众低成本、大范围、匿名性、直接参与公共政策制定过程提供了技术保障和支持。社会参与公共政策制定能力的提高和技术手段的完善，无疑将有助于提升公共政策制定的社会化水平。

二、公共决策过程社会化的发展途径

鉴于目前中国公共政策制定过程中社会化水平较低的现状已不适应社会发展的客观需要，因此探讨提高中国公共政策制定社会化水平的途径，就显得尤为重要。就中国政治体制和政治结构而言，一些方面还需要调整和改进，以提高对社会各阶层意见的吸纳和整合能力；应大力建立、完善制度化的公民参与政策制定的机制与方式，增加公民参与公共政策制定的机会与渠道；应通过推行政务公开、转变决策观念等，为社会参与公共政策制定营造一个良好的环境。此外，有些直接与公民利益相关的政策制定，则可通过转变政府职能、权力下放等，直接转归或委托各种非政府公共组织部门自行依法做出。

（一）完善政治体制和政治结构，提升对社会各阶层意见吸纳和整合能力

1. 理顺党政关系

中国共产党作为中国的执政党，在公共政策制定过程中主要起政治导向作用，规定制定公共政策的基本价值，确保制定的各项公共政策能够体现人民利益，以实现党的全心全意为人民服务的宗旨。在宏观方面，共产党主要负责国家基本路线、方针、政策的制定，并通过法律形式把党的意志上升为国家意志；在微观方面，各

级党委应改变行政化的运作方式，改变权力过分集中的状况，确保各级国家行政部门能够按照法定职责和法定权限依法制定政策。这就要求减少各级党委对政府部门自主范围内政策制定的直接干预。同时加强对各级政府是否按照社会公共利益的价值准则进行政策制定的监督。

2. 强化各级人大对公共政策制定的提议权、审批权、审查权和监督权

人民代表大会制度是我国的根本政治制度，也是汇总、聚合社会各方面意见、实现人民当家作主的主要方式。宪法赋予各级人大机构和人大代表在制定公共政策过程中享受议案的提议权、制定或修改法律权、重大政策议案的审议权和政府制定的公共政策是否合法的监督权。因此，各级人大及其代表应当广泛了解和听取民众意见、建议、愿望和要求，把反映民意的议案纳入公共政策议程，有时还把重要公共问题的解决方案转化为法律；对于政府部门制定的政策方案要加强审查并监督，依法撤销、纠正政府部门制定的超出法律授权范围、或者是与法律或自己的决议相抵触的政策规定；尤其是对出于政府部门利益制定的政策和行政措施要严格审查并加以纠正；制定各社会力量和公共管理部门参与公共政策制定的规则，规范各项公共政策制定过程中的参与行为，确保政策制定参与的有序性。

当然，更主要的是要改进各级人大代表的产生方式，确保各级人大的代表具有广泛的代表性，并且这些来自社会各阶层的代表能够真正代表其所在阶层的利益，从而通过人大代表的政治活动能够表达和实现他们的愿望和意志。这将是一个复杂的政治改革过程。就当前而言，实现政府及其部门对重大事项的决策权向人大的转移，是理顺人大与政府关系的一项重要内容。

3. 各级政府及其部门是公共政策制定“直接作用者”，要加强对其政策制定过程的监督

除了政治决策和重大事项的决策外，在一般性的政策事项中，各级人民政府及其部门是公共政策制定最重要的主体，理所当然应处于意见综合并进行政策创议、政策规划和政策合法化以及政策方案操作执行设计的最关键部位。为此，应当确保宪法和组织法规定的政府行政部门的各项行政立法权、依法制定社会发展规划和计划的权力、依法制定各项公共政策和采取各项行政措施的权力。同时，由于行政机关实行行政首长负责制，即使依据民主原则进行决策，政府部门制定公共政策时也并不完全一定遵循少数服从多数的原则，因此，应加强对行政机关政策制定过程的监督，尤其是通过完善决策责任追究机制（包括政治责任、法律责任、行政责任、道德责任），来监督和控制各级政府及其部门行政首长对决策权的滥用。

4. 进一步发挥各级政协在公共政策制定过程中的利益表达功能

政治协商会议既是共产党领导的多党合作和政治协商的组织形式，也是各民主党派、各人民团体、各界爱国人士参与公共政策制定的重要途径。由于政协委员具有较明显的社会利益群体和专业知识背景，因而他们的活动对于提取民意、科学决策具有不可替代的功能。今后要进一步发挥政协会议和政协代表在公共政策制定过程中的建议、咨询、对话、协商等功能，同时也应强化政协委员在政协会议或向政府决策部门提出议案的功能，以表达社会各界的愿望和意志。尤其是通过政协委员的大会发言、列席人大会议、旁听和讨论《政府工作报告》，来增强政协对社会各界的利益提取和利益表达功能。

5. 增强各种社会团体在公共政策制定过程中的利益代表功能

这里的关键是要推进工会、妇联、共青团、工商联等全国性半官方组织的体制改革，淡化它们的官方色彩，确保它们能够真正代表本社会领域成员的利益，及时提出反映、维护和实现该领域成员利益的政策议案，增加对政府决策部门建议、评价、监督的能力，通过行使表决权对人大会议通过的有关法案施加影响。

（二）通过健全制度化的参与机制，增加公民参加公共政策制定的机会与渠道

1. 通过立法，确定社会参与公共政策制定的基本程序

应当用法律的形式规定社会团体和社会公众参与、参加公共政策制定的机制，并使之程序化和制度化。如：对于解决重大公共问题的法案，必须按照少数服从多数的民主原则进行表决；对于涉及社会公众切身利益的政策事项，必须举行听证会或征求意见；对有些属于居民自治组织或其他非政府公共组织决策范围的事项，应明确由它们自主决策，政府不得进行具体干预，等等。在实际的公共政策制定过程中，用法律、法规和制度规定公民参与、参加的有关程序，可以防止和克服征求意见“表面化”“走过场”的现象，使决策民主真正落到实处，从而彻底解决“公民们和集团常常感到这只是一种徒有其表的参与，是一种伪装，有时甚至为行政机构所利用，更好地掩盖它独断的决定”这类问题。

2. 增强民间社会团体的利益表达功能

除了要加强工会、妇联、共青团、工商联等一些全国性半官方组织在全国重大公共政策制定过程中的影响外，还应提高民间组织如行业协会、宗教团体、企业家群体、学术研究团体以及下级政府（往往作为地区的利益代表）对公共政策制定过程的参与。尤其应增设反映和代表广大农民利益的全国性农民协会等组织（中国是一个农业大国，农民是中国最庞大的社会利益群体，至今还没有反映和代表农民利

益的全国性组织）。在西方国家，这些利益组织往往能够在有关社会政策问题上形成不同的利益集团。并通过选举、投票等间接方式影响公共政策制定，通过游说、与议员或政府官员直接对话以及游行、示威、抗议等直接方式对公共政策制定施加影响。如何探讨具有中国特色并适合中国政治体制的制度化的社会团体利益表达和利益实现方式，的确是一个非常紧迫而又复杂的政治课题。目前，在中国已经采取的社会团体表达方式，主要有联名给有关党政部门写信、集体上访等。

3. 完善政策研究、决策咨询机构和专家、学者对公共政策制定过程的参与

目前，有些官办的政策研究机构、决策咨询机构变成各级党政领导的“秘书班子”、领导意志和领导决定的“论证班子”，或成为安排离退休干部的“休养所”，没有发挥其在公共政策制定过程中应有的咨询、参谋作用。民间的咨询机构也缺乏同党政部门进行有效沟通的机制与方式，无法有效发挥作用。为此，迫切需要改变这种智囊机构不独立和党政决策部门对政策研究、咨询机构不重视的现状。今后，应当充分发挥民间咨询机构对公共政策问题的认知、政策方案的拟定、政策方案的分析和论证等方面的咨询作用。对于一些比较复杂的、专业性较强的政策制定，还应当吸收一部分专家、学者直接参与整个政策制定过程。

4. 发挥大众传播媒介在公共政策制定中的作用

报纸、电台、电视、杂志、互联网等大众传媒是公共政策制定部门收集信息、了解情况、发现问题的重要渠道，也是普通公民直接向决策中枢表达要求的重要方式。近年来，部分大众传媒对一些基层社会问题的个案进行报道和披露，充当民众参与管道的作用日渐突出，但是还远没有充分发挥其作为政策辩论舞台、形成社会舆论、全面影响公共政策制定的功能。高级机构中群众代表的薄弱和独立传播媒体的缺乏导致信息的许多空白，因而精英对于政治将会如何发展或是基层怎样看待政治的问题所知甚少。这曾经是、并且仍将是真正的危险所在，因为决策者的信息来源主要是依靠官僚等级制，而达到最高层的是对基层情况十分间接和有选择的表述。因此，应当尽快制定《新闻法》，确保大众传媒依法对社会热点问题、公众关注的社会问题进行广泛报道和深度分析，完善社会信息的传播机制和民意的直接表达机制，沟通公民与政府之间的各种信息，这将是实现我国公共政策制定过程社会化的重要途径。

（三）通过推行政务公开，为社会参与公共政策制定营造良好的环境

推进公共政策制定过程的社会化，必须有一个良好的社会环境。这里最主要的是政府各级部门要积极推行政务公开。社会公众的知情权是其实现参政权的基本前

提。因此，各级政府部门要积极推行政务活动的内容公开，尤其是政策制定相关信息的公开化、政策背景和资料的公开化、政策决定理由的公开化、政策所依据的法律法规公开化，以提高公共政策制定过程的透明度。同时还可以慎重地开放各级人大和政协的院外活动（如群众旁听、自由采访、举行新闻发布会等），提高公共政策制定过程的社会参与程度。

此外，各级党政决策部门的领导者还要转变观念，改变“凭经验、拍脑门”的决策方式，确立公共政策是实现社会公正和社会公共利益的政策指导思想，自觉树立民主的决策作风，重视调查研究，关注社会舆论和民意，并善于充分利用咨询机构的力量，全面提高自身的政策素质和决策能力。

【思考题】

1. 什么是政策制定？它包含哪些功能活动环节？
2. 什么是政策议程？社会问题是如何进入政府议事日程的？
3. 系统议程与大众议程有哪些区别？请举例说明。
4. 政策方案规划有哪些基本原则？
5. 如何看待政策合法化的地位、作用与程序？
6. 中国目前公共政策制定过程中的社会化现状、问题及对策。

第六章

公共政策执行

一项好的公共政策，仅仅制定出来是不够的，还需要实施与贯彻。美国学者艾利森（Graham Allison）说过：“在实现政策目标的过程中，方案确定的功能只占10%，而其余的90%取决于有效的执行。”可见，公共政策执行是公共政策从观念、构想走向现实，获得成效的最关键一步，是实现政策目标的必经之途。而现实中，执行恰恰是变数最多、最难掌控、最易导致政策目标偏离的一个环节。正如明朝宰辅张居正所言“天下之事，不难于立法，而难于法之必行”。因此，如何调动政策执行者在落实政策时驾驭全局、调动利益相关者的积极性、规避执行风险、降低执行成本、提高执行效率、增强执行效果等，一直是公共政策领域的重要课题。本章主要介绍和探讨政策执行的含义与作用、政策执行的理论模型、政策执行的过程与手段、政策执行的阻滞等基本问题，以及我国政策执行的现状及基本经验。

第一节　公共政策执行概述

一、公共政策执行研究的兴起

拉斯韦尔和拉纳（H. D. Lasswell&D. Lerner）1951 年出版的《政策科学：范围和方法的新近发展》被认为是公共政策学或政策科学诞生的标志。但学术界对政策执行重要性的认识及研究却相对滞后，在其早期的公共政策研究中，并未赋予政策执行一个重要地位。例如，在德洛尔的政策科学范式中，政策科学被界定为对“政策制定”的研究，旨在改善公共政策制定系统，提高政策制定的质量。美国学者冈恩（L. A. Gunn）曾指出，传统的政策分析关注政策形成，而将政策执行留给了行政人员。这是典型的“政治—行政二分”思路，而对这一思路的支持来源于一个基本假设：政策方案只要一出台，便自然得到贯彻执行，并且执行过程不会产生任何损耗与变形，政府机构能完全理解和认同政策方案，行政人员亦能在政策推行时排除自身能力欠缺、价值判断、利益取向甚至外界环境对此造成的影响。

然而，现实状况对这种假设提出挑战。随着现代“行政国家”现象的出现，行政部门在国家政治生活中的作用不断增加，行政自由裁量权不断扩大，政策执行越来越受到行政部门和行政长官的左右。一个显著的例子来自 20 世纪 60 年代美国总统约翰逊为减少贫困、实现经济社会改革而提出的“伟大社会计划”。该计划推出了一系列振奋人心的公共政策，最终却因执行问题甚多，导致政策目标偏离，有的政策甚至根本没有得到执行，政策严重失败。无独有偶，美国联邦政府创造就业机会的政策项目“奥兰克计划”同样是执行失败的典型案例。普雷斯曼（T. L. Pressman）和威尔达夫斯基（A. Wildavsky）针对失败原因发布了《执行——联邦的计划在奥兰克的落空》研究报告，指出“奥兰克计划”没有取得预定目标，问题就出在它被执行的方式上，尤其是“联合行动”的困难，因而强调“要使政策科学成为行动的科学而不仅仅是理论的科学，就必须重视政策执行问题，不仅重视政策执行本身，而且应当在政策执行与政策制定之间建立密切的联系”①。该报告的发布，首次

① J. L Pressman，A. Wildavsky. Implementation：How Great Expectation in Washington Are Dashed in Oakland［M］. Berkeley：University of California Press，1973.

将公共政策执行带入大众视野，继而掀起了20世纪七八十年代“执行运动”热潮，政策执行研究自此兴起。《执行》一书作为该领域的开创性著作，也成为政策科学或政策分析的学者和学生必读之书，它为政策研究领域带来了一个重大转向，即政策执行不再被视为一个没有问题的、简单的平滑过程。相反，它值得认真研究。

遗憾的是，由于作为研究对象的执行过程涉及因素复杂，效果千差万别，使得执行研究显得十分困难，“执行运动”并未形成成熟和得到公认的理论及范式。20世纪80年代末90年代初，随着政策科学和公共行政科学的发展，以及公共管理学派的兴起，作为一种思潮或时髦的“执行运动”衰落了。

相较于西方，我国对公共政策执行的关注略晚一些，大致始于改革开放，其肇始同样源自对现实困境的回应。但随着改革开放和市场经济发展，政策执行环境日趋复杂，中央与地方、集体与个体等出现了利益诉求的分化，这导致政策执行逐渐呈现出敷衍性执行、对抗性执行、选择性执行、附加性执行等情况。为了解决这些问题，学术界将“政策执行力”作为一个热点问题展开探讨，“政策执行”作为一个章节出现在陈庆云的《公共政策分析》、张金马的《政策分析导论》、孙光的《现代政策科学》等经典著述中。此后，对该课题的研究不断深入，形成专门的研究体系，有针对性的文章与专著较多，如丁煌的《政策执行梗阻及其防治对策——一项基于行为和制度的对策分析》、金太军的《公共执行梗阻与消解》、李宜钊的《政策执行中的复杂性研究》等。随着研究的精细化，还出现了如《教育政策执行研究》《山区避灾移民搬迁政策执行研究》等针对具体领域政策执行的类型化探索。

总体来看，国内公共政策执行研究的展开以西方相关成果为借鉴，结合国内现实，力求实现理论本土化与理论创新。

二、公共政策执行的概念

对公共政策执行的理论界定是展开研究的起点。对此，学者们从不同视角切入，众说纷纭，表述不一。但概括起来，可以划分为“动态”与“静态”两大流派。前者以“行动”为核心，关注政策从制定到实现这一过程中的各类活动；后者则着眼“组织”，强调组织机构对于政策落实的基础性保障作用。

（一）“行动理论学派”对政策执行的理解

该学派的代表人物美国政策科学家查尔斯·琼斯（Charles Jones）明确指出：“政策执行是将一种政策付诸实施的各项活动。在这些活动中，以解释（将项目语言转化为可接受和可行的计划与指示）、组织（资源、机构和使项目生效的方法的建立或重新安排）、应用（服务、款项、工具等的日常供应）这三种最为重要。"[①] 与之持同样观点的还有美国学者范霍恩（C. E. Van Horn）和范米特（D. S. Van Meter），他们认为，政策执行是公共人员和私人或公共团体和私人团体为了致力于实现既定政策所设立目标而采取的各项行动。爱德华兹三世（C. C. Edwards III）和沙堪斯基（I. Sharkansky）将这一理解进一步具体化了，他们将政策执行分解为发布指令、执行指令、拨付款项、办理贷款、提供补助、签订合同、搜集资料、传递信息、安排人事、雇用人员以及建立组织机构等活动。

国内的学者也大多持这一"动态视角"，将政策执行视作一种"行为"和"过程"。如张国庆提出"政策执行是一种活动或行动的过程。其目的是试图将既定的政策目标由一种法权的规定性变为一种可供观察、可供比较的实际结果"[②]；许文惠、张成福将政策执行定义为"国家行政机关将决策中枢系统所输出的指令付诸实施，从而实现行政决策目标的一种行为"[③]；胡宁生认为"公共政策执行应当是政策执行者有选择的、有组织的、复杂的行动过程"[④]。

综上，行动学派关注政策作为行动指南的指导性作用，强调政策执行的关键在于执行部门、个人如何采取行动。认为只要行动建立在对政策的准确理解和切实可行的方法之上，政策目标就能实现。甚至在有的时候，政策本身的局限与不足，可以由完美的执行行动予以弥补。

（二）"组织理论学派"对政策执行的理解

与行动学派不同，组织学派的支持者承认行为在执行中的作用，但更强调组织对行为的调配与优化功能。如斯诺（C. P. Snow）和特里林（L. Trilling）认为："任何一项化观念为行动的行为都涉及某种简化工作，而组织机构正是这种简化工作的主题；是组织把问题解剖成具体可以管理项目，再把这些项目分配给专业化的机构去执行。"[⑤] 因此，尽管政策执行不力的原因是多方面的，但组织问题永远是最关键的因素。只有了解组织的结构形态、工作原理，才能知道政策如何在执行中被塑造。具体而言，组织对政策的影响来自主观与客观两个方面：主观是指"执行意愿"，

---

① Charles O. Jones. An Introduction to the Study of Public Policy ［M］. California：Brooks/Coles Publishing Company，1984.

② 张国庆．现代公共政策导论［M］．北京：北京大学出版社，1997 年版。

③ 许文惠，张成福．行政决策学［M］．北京：中国人民大学出版社，1997 年版。

④ 胡宁生．现代公共政策研究［M］．北京：中国社会科学出版社，2000 年版。

⑤ R. F Elmore. Organizational Models of Social Program Implementation ［J］. Public Policy，1978，26（2）：185－288.

即执行机构能否领会政策，是否主动自愿执行政策。如果其能准确解读政策，且政策目标与组织目标匹配，那么政策就能通过组织或在组织中顺利推行；反之，组织本身则会成为政策落实的阻碍。客观则指“执行能力”，即组织拥有的人力、财力、物力等资源，能否满足政策推行的需求。如果与期望值有差异，则可能限制政策执行的效果。

上述两种关于政策执行的理解均有其合理之处。实际上，“行动”与“组织”这两个要素很难割裂开来。正如陈振明在阐释这一概念时所言：“政策执行是一个动态过程，它是政策执行者通过建立组织机构，运用各种政策资源，采取解释、宣传、实验、实施、协调与监控等各种活动，将政策观念的形态转化为实际效果，从而实现既定政策目标的活动过程。”公共政策执行作为一种始终变化着的行动，依靠的是组织结构的支撑、组织资源的保障、组织制度的规约；而公共政策的组织作为基础，如果缺少了执行者行动的灵活性、序贯性与可调试性，也很难在复杂的政策环境中推动执行工作的开展。因此，笔者在梳理不同流派与诸多学者观点后，认为上述陈振明的解读较好地概括了政策执行的基本流程与特征，故以之作为本书对“政策执行”的概念界定。

三、公共政策执行的意义

无论对“政策执行”含义的理解有多少种，公共政策领域至少达成了一个基本共识，即文本形态或政府话语体系下的公共政策转化为现实形态的政策目标的过程并不是一个直线的过程，政策目标从中央到地方往往经历政策细化或再规划的过程。如何降低出差错的概率，更有效地执行政策，使政策的杠杆作用得以成功发挥，既是发达国家政府正在探索的课题，也是发展中国家亟待解决的难题。

具体而言，政策执行环节对于政策运行机制的重要作用体现在如下三个方面：

（一）确保政策目标的实现

政策的主要目的不是研究问题而是解决现实问题，只有通过政策执行才能直接、实际、具体地解决问题，从而对社会政治、经济、文化等各方面产生作用和影响。因此，政策执行是将政策理想转化为政策现实的唯一途径。但需要注意的是，政策目标更多是对未来的预期，随着执行的展开，政策对象也可能同时发生变化。因此，政策目标实现的过程，其实也是不断修正政策缺陷、弥补政策漏洞的过程。

案例 6－1－1　“赶农民上楼”荒唐在何处？

2015 年 9 月 14 日，山东临沂市平邑县地方镇后东固村村民张继民遭遇强拆，死在自家火灾中。此事一经媒体报道就引起强烈社会反响。这一典型事件发生的根源何在呢？学者贺雪峰认为，山东平邑村民血案是城乡建设用地增减挂钩制度和地方政府急功近利惹的祸；征地拆迁制度保证了农民基本利益，甚至普遍存在农民因为征地拆迁而一夜暴富的情况；农民上楼和征地拆迁的不同，一个根本原因是，征地拆迁所形成的城市建设用地具有巨大增值收益，正是这个增值收益可以给失地农民以巨额补偿，而农民上楼后，土地复垦为耕地没有产生增值收益，地方政府因此没有能力给农民足够的补偿。

经济发展，土地价值日益凸显，但农民却没享受到土地增值的收益，反而受到了损害。中央农村工作领导小组副组长陈锡文曾直言："和平时期大规模的村庄撤并运动古今中外，史无前例。"同时，他也指出，"在这场让农民上楼运动的背后，实质是把农村建设用地倒过来给城镇用，弄得村庄稀里哗啦，如不有效遏制，恐怕要出大事。"

通过土地增减挂钩项目"撤点并居"，在很多地方政府看来，是"助力"新农村建设，"改善农民生产生活条件"。也有不少人认为，把农民"从平房迁到楼房"，正好是农民"就地城镇化"的契机。但实际上，这种"就地城镇化"是缺乏效率的。比如，某些地方的农村城镇化遭遇二次空心化，即出现新型社区几无人住的现象。《经济参考报》对农村社区的调查发现，在河南省新乡市红旗区，新建的农村社区无人居住，"一到晚上，空旷的新社区就陷入黑灯瞎火，宛如'鬼楼'"。

这其实是农民在"用脚投票"。新型社区只是实现了农村形象向城镇的靠拢，农村的产业仍然还是农业，在拆并村庄后，生产上不如以前方便，也不能解决农民扩大就业、提高收入的需求。所以，农村的青壮年劳动力依然会选择到外地打工，新社区高楼变成空楼。《经济参考报》的调查中，一位村民就表示，"因为没别的挣钱门路，集中居住后很多村民继续外出务工，看起来很新的村子依然是空心的。更要命的是，新村距离山上的耕地更远了，对于留守的老人和妇女来说，种地更不方便了"。

城镇化的核心是人，没有生产方式的转变，没有经济基础，运用行政手段一厢情愿地推动生活方式的改变，只能使结果"适得其反"。（资料来源：《中国国土资源报》）

（二）检验政策成效的唯一环节

公共政策制定属于认识的范畴，无论其内容多完美，都仍属于纸上谈兵。一个政策究竟好还是不好，必须要看其对于社会问题是否真正奏效。而这一效果则要通过执行予以检验。当然，执行本身对于政策效果也会产生影响，因此，在执行过程中就需要立足实际情况对政策进行相应的修正与完善，以提升其可操作性和有效性。

案例 6-1-2　环保政策“一刀切”：看似雷厉风行实则是懒政

在陕西省某市，当地打着治理污染、降低雾霾的旗号，设置了多处收费站，对进出城区的重型车辆进行收费，不管这些车辆是不是干净，全部都要收取 10 到 20 元的费用，货车司机们表示苦不堪言。

据了解，这几个收费站从 2017 年 11 月正式运营开始收费后，被多次举报，并在 2018 年 4 月被陕西电视台曝光，停运一段时间后，7 月份再次恢复，继续违法收费。更让人震惊的是，这种行为竟然得到了当地县委的认可。收费价格，也是当地市政府的治污降霾办公室、交通运输局、当地物价局和三个负责冲洗站运营的企业人员共同商议后确定的。由于这种做法性质恶劣，影响很大，生态环境部明确指出，这种行为是典型的“乱作为”，是摆花架子，做表面文章，是打着治污的旗号“污染”。

具体来看，在陕西省某市出现的私设关卡行为，违反了国务院治理公路“三乱”的相关规定；未经批准，设立收费项目，私设收费标准，违反了国家经营服务性收费的相关规定；不分青红皂白搞“一刀切”，违反了生态环境部禁止“一刀切”的规定。

生态环境部认为，这种地方搞“一刀切”的简单粗暴行为，不但达不到污染治理的目的，反而产生了负面影响，是对国家环境保护工作的抹黑。生态环境部要求地方政府以此为戒，不搞花架子，不做表面文章，不影响人民群众正常的生活。

不独环境整治，在移风易俗、行业调控、经验推行等领域，不顾实际、简单粗暴地搞“一刀切”，看似执行政策雷厉风行，实则只顾自己方便，不顾群众方便不方便。避免脱离实际的“一刀切”，需要下更多“绣花”功夫，克服急功近利的思维，拒绝只图省事的懒政。(资料来源：《人民日报》《山西晚报》)

(三) 为后续政策制定提供依据

一项新政策的制定往往要依据先前政策实施后由各种渠道反馈上来的信息，这也被称为政策执行的反馈功能。反馈，作为政策执行系统的最后一个环节，对于原政策的调整和新政策的制定起着关键作用，是防止政策走偏，造成社会损耗的保障。这也是在政策系统中，信息沟通与反馈渠道如此重要的原因，尤其强调要多听取基层政策执行人员和受政策影响利益群体的意见，了解政府政策目标与公众政策期望之间的差距，在后续政策制定时尽可能弥合这种差距。

案例6-1-3　调整中实现的宝钢阻击

20世纪70年代末和80年代初，我国经济领域进入重要改革期。改革所遇到的既得利益集团，并不是来自60年代沿袭而来的苏联式国有企业，更不是50年代末期经济“大跃进”形成的利益版图，而是一种与改革同步发展起来的新型既得利益格局，尤其是通过引进外资、引进先进技术所形成的企业集团。可以肯定的是，凡是已经得到中央财政大力支持的基本建设项目，都对中央的政策采取消极观望的态度，其中有一部分项目明显采取了抵制、拒不执行的策略。

中央的经济导向是非常明显的，要对那些不急需、不具备条件的项目，实行停、缓、并、转、缩。为此，党中央和国务院在1979年4月13日特意批转了国家建委《关于改进当前基本建设工作的若干意见》，要求凡是该停缓的项目，都必须坚决停缓，任何单位和个人都不准搞计划外工程。然而根据当时反映到国务院的数据来看，这些基本建设项目不仅没有得到有效压缩，反而呈现继续扩大的态势。

从1979年开始进入大面积调整和改革的基本建设项目和大型企业项目，被中央政府明确指令必须停缓建的项目，都是一些看上去又洋又大的项目，而且是1977年以来由中央政府主导的22个重大引进项目。从经济的总体容量来看，这些引进项目的总体规模远远超过了国家经济能力所能承受的范围。但是从这些引进项目的进度来看，却是必须深度推进的态势。绝大多数项目的设备都已经陆续抵达建设工地，相当一部分正在紧锣密鼓的建设之中，如果一刀切停缓建，其经济损失非常明显和巨大。而且作为合资项目，外资企业的干预非常严格，如果项目下马，就必须承担对外资方的毁约责任赔偿，还会带来经济层面的国际负效应。在当时，宝钢就是这种左右为难的超大型项目之一。当时，宝钢的引进，是冶金部、上海市委联合促成的排名第一的大项目，冶金部和上海市委对此可谓成竹在胸，志在必得。之所以决定上马宝钢，首先是基于工业发展的需要，满足整个国家生产的钢铁需求。当时的规模设计为年产钢、铁各600万吨，每年向国家提供420万吨钢板和钢管，调出124万吨钢坯，由此填补国内不能生产钢铁新品种的空白。其次是希望在经济建设的层面向日本学习，尽快缩小中日之间的经济差距。1977年9月，冶金部副部长叶志强率领访问团到日本，主要目的就是考察日本的钢铁工业情况。两国之间的落差让中国人震撼。叶志强发现，日本之所以能够在二战之后迅速兴起庞大的钢铁工业，主要方法正是通过引进、吸收和消化先进国家的外来技术，而不是一味地强调自力更生，关起门来发展。叶志强将这样的感受写成调查报告，以国家计委、冶金部、外贸部和上海市委联合上报的方式，呈送给国务院，明确建议，抢建上海钢铁厂。大约3个月之后，国务院同意了这个建议，决定从日本引进成套设备，在上海宝山县新建钢铁厂。由此改革开放启动以来中国最大的工业企业项目出现，“宝钢”成为当时经济发展具有象征性的名词。

但是，作为经济结构调整最主要的推手，陈云在宝钢的问题上，有着自己清晰的判断。事实上，宝钢的确存在很多问题。首先是整个项目的前期论证严重缺失，没有一份经得起推敲的可行性研究报告，如此庞大的工业项目，在投资预算、厂址选择、水电供应、地质状况、环境评价、矿石运输、产品成本等方面，几乎没有经过周密的分析与考虑，所有人似乎都被一种大发展的热情和一种工业差距的紧迫感所驱动，只考虑速度、速度，因而失去了发展的理性。陈云对此是有意见的，因此他亲自去上海召开座谈会，反复考虑项目的设备进口问题和建设工期问题，提出了自己的解决意见。他要求上海市委要立足于国内的经济现实，采取重点向日本购买技术、购买专利，只进口关键设备的思路，其他辅助设备尽量在国内解决，通过这样的方法，抑制住过高的投资和过快的速度，确保宝钢的自主性。不过等到他再次考察听取宝钢工程负责人的汇报之后，陈云似乎又调整了自己的看法，他担心国内对技术的运用能力不够，认为应该重新回到全部购买进口设备的方法。

虽然陈云在宝钢问题上顾忌很多，但上海市委和宝钢工程的建设者们却是一直热火朝天。这一方面是因为宝钢的建设已经成为冶金部、上海市委的一个重要项目，一个能够和中央的整体经济布局相牵制的大型企业。另一方面则是日本企业的技术和设备正在源源不断地抵达宝山。开弓没有回头箭，整个项目必须朝着深度推进，所有事关经济结构和经济方法的讨论，在这个时候都显得多余。多年之后，人们看到，类似于宝山钢铁厂这样的既得利益团体，并无一种严格的利益板块分野，更无意识形态层面的分歧，人们看到的更多是一种经济发展方法的分歧，一种经济结构的平衡问题。这正是新的经济语境下既得利益集团问题的复杂性，国民经济在发展的过程中，似乎没有正面的对手，但阻力却无处不在，有时候阻力甚至就来自自身。陈云看到了这一点，为此他心急如焚，他召开财经委员会全体会议，对宝钢的建设提出了著名的“八条意见”。很快，陈云的意见成为整个财经委的意见，且形成了一份财经委关于宝钢建设问题向中央的汇报报告。中常委进行了圈阅，对宝钢的发展进行了重要调整：第一，宝钢一期工程继续干下去；第二，二期工程延期；第三，二期工程对外已经签署的合同要进行赔偿；第四，已经进口的设备进行妥善保管。显然，这样的政策已经尽可能抑制了宝钢一开始形成的全面铺张的建设态势，体现出了一种清晰的关于经济调整的政策指向。

（根据《宝钢志》（上海古籍出版社）等相关内容改编）

四、公共政策执行的特点

作为政策过程的一个重要阶段，政策执行不仅具有政策生命各个阶段所具有的共性，而且也有其自身的特殊性。具体而言，政策执行主要有以下六个特点：

1. 对象的适用性。所谓对象的适用性，简单地说，就是指一定的政策只适用于一定的对象。任何政策都必须明确其适用范围。在政策中如何准确地表达其适用范围，是影响对象适用性的关键。严格地说，政策执行对象的适用性是指政策的时间效力、空间效力和政策对人的效力。

2. 执行的灵活性。一般来讲，由于政策环境的复杂性和客观条件的多变性，政策制定者往往只是规范某些基本的原则，而把实现政策目标的更多权力交给政策执行部门去承担。因此，在实现政策既定目标的过程中，政策执行机构可以采取多种多样的执行途径。因此，在政策执行过程中，各地方和各部门应结合本地区、本部门的特点，制定切实可行的政策方案，切忌僵化教条、生搬硬套。

3. 执行的有序性。执行的有序性是指政策执行应保持一定的阶段性顺序和过程的连续性。政策执行的有序性要求政策执行程序的每个环节具有时间上的前后次序。政策方案的实施和政策目标的实现是一个循序渐进的过程，政策执行既要着眼于最终目标，又要立足于阶段性目标，要把二者有机地、科学地结合起来，尤其要防止超阶段的执行行为。

4. 过程的动态性。政策执行由一系列活动构成，它是一个思想和行为需要不断变化、不断调整的过程。根据具体情况和变化了的条件以及反馈的信息，不断地改变、修正和调整原定的执行策略、计划和程序，是政策执行过程中在所难免的现象，而且这种不断的调整和变动要贯穿于政策执行的全过程。

5. 执行的协调性。政策执行是各种政策要素在空间上的分配、重组、展开和运动的过程，其中任一要素的发展变化以及各要素的分配方式、比例、组合结构等变化都会直接影响到整个政策执行的进程，它反映了政策执行在空间上所具有的协调性。

6. 执行的时限性。指政策执行中每一个环节都有时间上的要求及政策执行进程的及时完成。政策执行的时限性克服和防止了政策执行主体行为的随意性和随机性，为这些行为提供了外在标准，使之不能任意所为。同时，政策执行的时限性为政策参与者提供了统一化、标准化的时间标准，从而使政策执行行为在时间上连贯和衔接，避免行为各环节的中断。

第二节 公共政策执行的研究路径与理论模型

一、公共政策执行的研究路径

西方的“执行运动”持续了近20年。政策科学家们立足对政策执行实践的考察，做了大量实证分析，撰写了诸多经典论著，建构了种种政策执行研究的理论、模式与路径，大大拓宽了公共政策的研究视野。综而观之，学者们提出的执行研究路径主要有如下四种：

1. 自上而下（top－bottom 或 top－down）路径，或称为“以政策为中心的路径”“政策制定者透视路径”

该路径认为，政策是由上层规划或指定的，它们被翻译或具体化为各种指示，以便由下层的行政官员执行。这是对执行的一种较为传统的认知，其关注焦点在于政策制定者，政策被视为高层决策者“财产”。犹如佩奇（Edward C. Page）所言：“决策的重要性完全取决于它是在科层等级的哪一层做出的……最重要的决策是由政府机构的最高人物做出的……而处于科层等级低层的人们，只是执行这些决策罢了。”[①] 现代政策执行研究正是在“自上而下”取向的影响下起步的，如美国著名政策科学家普雷斯曼（Jeffrey Pressman）和威尔达夫斯基（Aaron B. Wildavsky）就是持这种观点。

2. 自下而上（bottom－top 或 bottom－up）路径

该路径与“自上而下”主张形成鲜明对比，它将参与政策过程的所有行动者都纳入到对政策执行的考量中，而不仅仅是政策制定者。并且关注政策链条中较低及最低层次的利益相关者，将其视作政策执行的基础，认为政策的成功与否依赖于行动者的承诺与技巧。此观点实际上是对当时诸多政策失败的回应，承认仅仅锁定政策制定者或制定过程是一种偏狭的视角。在这一研究取向中，比较有代表性的观点

① Edward C. Page. Political Authority and Bureaucratic Power：A Comparative Analysis［M］. New York：Harvester Wheatsheaf，1992.

有两类：一类是聚焦行政组织内部，从基层角度探索行政执行的效率问题。主张充分利用基层官员的自由裁量权来推进政策执行过程。因为只有离问题最近的一线管理者，具有对问题最广泛深入的了解，掌握解决问题最切实有效的技巧与能力。与前述观点相比，第二种对政策执行的考量显得更为激进，它彻底抛弃了传统科层组织的执行观，从多元行动者互动的角度探索执行过程，被称为“执行结构研究”。其理论主张在于，由于政策牵涉到多种多样的利益相关群体，在这种复杂的关系中，没有一个单一组织或行动者能够掌握政策执行所需的全部资源，因此，最佳的方式是彼此间的共同协作。组织结构不是通过权威来设定的，而是经由“自我选择”过程形成的。

3. 政策/行动连续统（policy/action continum）路径

该路径整合了“自上而下”和“自下而上”的观点，认为政策执行应该是那些寻求将政策执行付诸实践者与那些采取行动者之间随时发生相互作用和谈判的过程。[①] 也即在执行时，两种行动同时发生着，一方面，政策制定者做出限制其他行动者权力的决策；另一方面，行动者也会做出规避决策者权力的决策。政策正是在这样的彼此互动中进行调整，实现妥协，最终落实。

4. 工具选择（instrument－choice）路径

无论是以“自上而下”还是“自下而上”或“上下整合”路径探讨政策过程，给予政策决策的实质或形式的过程总是包含着在可利用的政府工具箱中选择一种或几种工具。[②][③] “工具选择路径”要解决的就是这一问题：为什么政府从许多可利用的工具中选择特定工具，以及是否可以探明工具选择的模式或风格？

除了上述四种研究路径，“执行运动”的倡导者和追随者们还提出了各种执行理论，比较有代表性的包括：把政策执行视为对公共政策采取的广泛行动的“行动理论”；强调组织在政策执行中地位与运作的“组织理论”；将政策看作一种假设，将执行看作一幅地图，关心政策过程中因果关系的“因果理论”；认为政策执行是一个政治上讨价还价过程的“交易理论”；将政策执行理解为政策行动者与环境相互作用的“系统理论”；认为政策执行是不断对政策目标进行重新设计的“演化理论”等。这些理论从不同角度对政策执行过程进行透视，使政策执行的理论体系如

---

① S. Barrett. C. Fudye eds. Policy and Action［M］. London：Mehtuen，1981.

② Christopher C. Hood. The Tools of Government［M］. Chatham：Chatham House，1986.

③ Stephen H. Linder，B. Guy Peter. The Logic of Public Policy Design：Linking Policy Actors and Plausible Instruments［J］. Knowledye in Society. 1991（4）.

同一颗多面的钻石，因有不同的切面、观点的对话、彼此的争论而显得充实饱满又光彩四溢，为后人的进一步探索留下了宝贵财富。

二、公共政策执行的理论模型

政策执行研究的兴起源自实践中一个又一个政策失败的案例，因此，最初的研究也多是对这些困境的针对性回应，这使得政策执行的早期探索呈现出侧重“个案研究”的特征。若干具有现实意义的个案研究逐渐填平了政策制定与政策结果评价之间的沟壑，凸显出政策执行研究作为中间阶段的重要性。但由于个案研究方法本身的缺陷，导致从少量经验发现中概括出普遍命题相当困难，所以迟迟未能建立起具有指导意义的理论模型。直到 20 世纪 70 年代末期，政策执行研究进入了新的阶段，人们开始对早期政策执行研究所接受的基本前提和假定提出挑战，并批评个案式研究对细节的过分关注以至于忽略了普适理论的构建。于是，这一时期学者们的重要贡献便是建立用于政策执行分析的理论模型，初步实现了对该现象的本质认识。

在诸多模型中，具有一定影响力和代表意义的主要有如下几种：

（一）史密斯的过程模型

这是由美国学者 T. B. 史密斯（T. B. Smith）在其《政策执行过程》一文中首次提出的一个分析政策执行因素及其生态—执行的理论模型。史密斯认为，在一些第三世界国家，某政策制定出台后，并不一定被贯彻执行。因为第三世界国家政府倾向于制定某些宽泛而全面的政策，但官僚机构并不具备执行这些政策的能力，而利益集团、反对党以及相关群体和个人都会倾向于去利用这一政策而非执行它。经过研究，他指出：“理想化的政策、执行机构、目标群体、环境因素四者，为政策执行过程汇总所牵涉到的重大因素。具体地说，政策的形式、政策的类型、政策的渊源、范围以及受支持度、社会对政策的印象、执行机关的结构与人员、主管领导的方式与技巧、执行的能力与信心、目标群体的组织或制度化程度、接受领导的情形以及先前的政策经验，文化、社会经济与政治环境的不同，凡此等等均是政策执行过程中影响其成败的所需考虑和认定的因素。”①

综上，史密斯模型阐述了影响政策执行的四个要素：

1. 理想化的政策，即合法、合理、可行的政策方案。具体包括政策的形式、类型、渊源、范围，以及社会对政策的认识。

2. 执行机关，通常指政府中具体负责政策执行的机构。包括执行机构的权力结

① T. B. Smith. The Policy Implementation process［J］. Policy Sciences，1973（2）.

构，人事配备及其工作态度，领导模式和技巧，以及执行人员的情况。

3. 目标群体，即政策对象，泛指由于特定的政策决定而必须调整其行为的群体。包括他们的组织或制度化程度、对领导的认知程度以及先前的政策经验。

4. 环境因素，即与政策生存空间相关联的因素，包括政治环境、经济环境、文化环境、历史环境等。它是政策执行的路径依赖和影响因素。

图6-2-1描述了在政策执行过程中这四个主要变量及其相互关联对政策执行效果的影响过程。史密斯用“处理”一词来表示对政策执行中各组成要素内部及彼此间的紧张、压力和冲突等关系的反映。

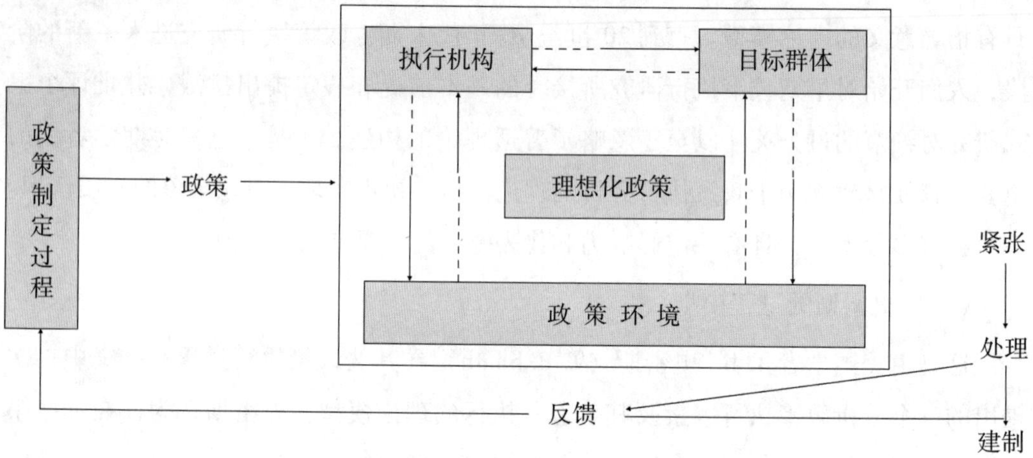

图6-2-1 史密斯的过程模型

运用史密斯模型分析，可以在满足系统整体性的前提下，将政策执行中的要素进行个别和综合的分析。同时，在保证明确政策执行的研究方向及方法的基础之上，可以更加明确政策发展的内在理念，解决政策执行中的实际问题，促进政策的实践意义。

案例6-2-1 “限塑令”为何效果不佳?

2007年12月31日，国务院办公厅向各省、自治区、直辖市人民政府，国务院各部委、各直属机构下发《关于限制生产销售使用塑料购物袋的通知》。《通知》指出，今后各省、自治区、直辖市人民政府，国务院各部委、各直属机构禁止生产、销售、使用厚度小于0.025毫米的塑料购物袋，并将实行塑料购物袋有偿使用制度。这也就是我们所研究的“限塑令”。自2008年6月1日起，在所有超市、商场、集贸市场等商品零售场所实行塑料购物袋有偿使用制度，一律不得免费提供塑料购物袋。“限塑令”自从实施以来，在社会上引起了广泛的影响，同时也在一定程度上改变了人们的有关生活习惯。“限塑令”政策作为一项面向社会及公众的环保政策法规，国家通过强制性的措施提高大众的环保意识，期望取得良好的政策执行效果。政策实施之初，政策的执行部门及政策群体都采取了实际的行动，各地政府相关部门积极开展形式多样的“限塑”宣传活动，引导广大民众认识塑料袋对环境的危害性，自觉抵制使用塑料袋。广大民众也响应政策号召，改进相关生活习惯，养成抵制塑料袋的环保意识。

根据国家发改委介绍，“限塑令”政策实施以来，塑料购物袋使用量和丢弃量明显减少，“白色污染”问题在一定程度上得到遏制。然而，通过一些调查组织的研究却发现，“限塑令”的政策执行力在逐年削弱，无论是限塑规定的有偿使用制度，还是不得销售、使用超薄塑料购物袋，在生产、流通环节都存在部分政策执行失效的现状。政策效力基本局限于大超市和商场等正规零售商。对于占了消费结构近60%的无标识塑料袋，“限塑令”基本上没有起到约束作用。近九成农贸市场违规无偿使用超薄塑料袋，“有偿用袋”的制度执行力也越来越差。以至于当超市和大商场塑料袋的免费使用被限制之后，反而助长了无标识塑料袋的消费，从而架空了“限塑令”减量化的效果。由此不难发现，具体到政策执行的效果层面，政策执行过程中遇到了各类问题及复杂因素，我国“限塑令”政策的价值目标的实现情况并不是很理想。

在“限塑令”到底有没有效这个问题上，多数舆论的看法还是比较接近实际，即在超市、商场等地方成果显著，除此之外效果不甚明显。之所以会出现这样的现象，与消费场景本身确实有很大关系：大型超市本来就方便管理，政策执行也容易到位，而且在大型超市采购量通常较多，准备也较充分，顾客去之前往往会带上专用购物袋；而在小商品市场、路边小摊、小卖部，本身买的东西量就不大，而且往往是临时起意去买，塑料袋往往是非用不可，额外为塑料袋付款很多人就觉得麻烦了，店家往往就把免费提供塑料袋作为默认服务，价格包含在商品之内，而监管部门则很难管得到。在一篇报道中，一位店主提到，她从来没有向顾客加收过塑料袋的费用：“肯定是不环保嘛，但如果人家买一点东西，你还要加收一毛钱塑料袋，那肯定以后别人就不帮衬了。”

更重要的是，在生产环节，也很难限制住那些不可降解的超薄塑料袋。有记者采访了一位塑料制品生产厂的负责人，他回忆称，2008年“限塑令”刚出台时，销量下降十分明显，他们厂塑料袋的销售额就从六七千万下降到两三千万，但近年塑料袋的销量出现了回升，有人还拿着超薄塑料袋上门要厂子帮忙“定制生产”，而想要恢复生产“超薄塑料袋”，对于任何一家注册过的塑料制品企业“在工序上并没有难度”，有的企业就会加入到违规生产的“阵营”中去。

塑料袋零散的消费场景太多、塑料袋生产容易、监管不过来，在这种情况下，“限塑令”确实很难彻底执行，就算实行更严厉的“禁塑令”效果也未必佳。

（中国环保在线、中华网、浙江在线）

依据史密斯模型有关政策执行研究的方法，可将“限塑令”政策执行划分为四个变量进行分析，综合变量之间的影响效果，从系统上深入理解政策变量对于“限塑令”政策执行的作用。

1. 理想化政策。“理想化”的政策是“限塑令”政策执行效果的基础。首先，“限塑令”政策必须具备合法、合理及可行的政策条件。基于“限塑令”政策的政策目标，该政策具备合理的政策形式。其次，“限塑令”政策应该有明确的政策范围及政策针对性。但是“限塑令”政策的实际范围却并未达到准确的标准，政策本身没有做出明确规定，尤其是“限塑令”只对塑料袋标准及收费提出了要求，未设定塑料购物袋的限制目标以及相关的实施计划，导致该政策难以实施有效评估，也缺乏对“限”的程度、衡量标准的说明，影响了政策明确性。同时“限塑令”的颁布旨在通过价格机制来控制塑料购物袋的使用，但缺乏配套的财税措施和监管法规来辅助执行，影响了政策效力的发挥。

2. 政策执行机构。“限塑令”政策文件的发文对象是各省、自治区、直辖市人民政府以及国务院各部委、各直属机构。作为政策的执行机构必须明确具体。然而，“限塑令”政策的执行机构却存在模糊现象。由于具体工作涉及了工商、质检、物价等多个部门，在实际执行过程中，权责分工的不明确和部门间缺乏协调和沟通，也使环境政策的执行出现诸多偏差。加上对“限塑令”执行宣传和监管不到位，群众环境意识得不到提升，“限塑令”难以得到根本落实。

3. 政策目标群体。政策的目标群体主要是指政策的作用对象，也就是“限塑令”政策决定并且必须调整其行为的群体。为了实现“限塑令”的政策执行效果，必须重视公众的接受程度及认可程度，包括公众的争议与质疑。对于公众提出的关于“限塑令”的不公平问题、环保责任转嫁等问题，都有必要给予更详细的规定补充。同时还应该充分采纳非官方团体和个人的意见，完善政策执行条件，取得政策目标群体的认同及接受。

4. 政策环境因素。政策环境是创造政策实施的有力条件，其中包括政治环境、经济环境、文化环境、历史环境等。我国“限塑令”政策在执行过程中缺乏对政策环境因素的重视，在政策宣传与动员引导方面效果都不是很理想。“限塑令”政策的执行缺乏有效的社会动员与广泛宣传，所以致使政策的本质没有得到民众的真正理解，从而忽略了社会文化的修复、塑造功能以及社会成员的广泛参与，没有真正从意识形态改善人们的行为方式。

用以上四个变量分析“限塑令”政策，可以构成一个较为完整的模型。从一个比较全面的视角对我国“限塑令”政策的执行现状进行系统分析，便于提出有针对性的政策执行改善措施。

（二）麦克拉夫林的互动模型

如果说史密斯模型从静态角度解读了影响政策执行效果的诸因素，美国学者麦克拉夫林（M. Mclaughlin）则将这一研究向前推进了一步，从执行主体的角度阐释了政策执行的动态过程。在其1976年所著《互相调适的政策执行：教室结构之变革》中，麦克拉夫林观察了教育政策的实施过程，提出教育政策实施是教育政策实施机构与受影响者之间对教育政策目标和手段不断调适的动态平衡过程，有效的政策实施取决于政策执行者与政策接受者之间相互适应的程度。

具体来说，麦克拉夫林的相互调适模型包括以下四个方面的基本内容：

1. 政策实施者与接受者之间的需求和观点可能并不一致，但基于双方在政策上的共同利益，双方必须放弃或修正自己的立场而主动进行协调、妥协，以达成双方都能认同的政策实施方式。

2. 政策实施者与接受者之间的相互调适过程是一种双向的平等的交流互动过程，而不是传统的自上而下的单向的命令控制过程。

3. 政策实施者的目标和手段富有弹性，因环境因素、接受者的需求等而发生相应变化。

4. 政策接受者的利益、价值与观点将反馈到政策上，以左右政策实施者的利

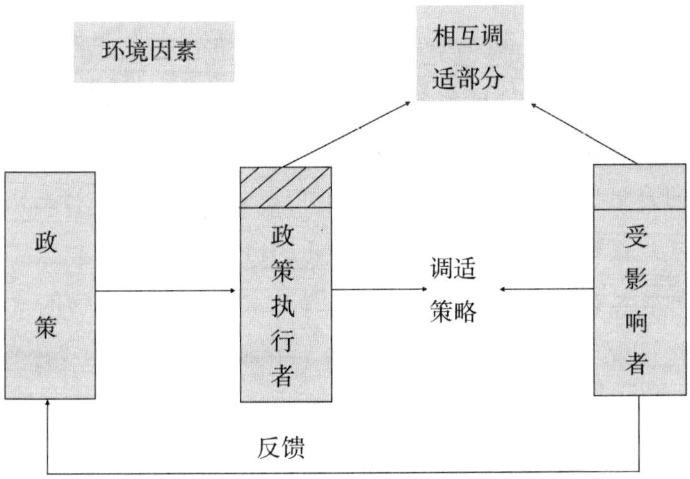

图6－2－2　麦克拉夫林的互动模型

益、价值与观点。

在此分析的基础上，麦克拉夫林强调，政策执行过程就是寻找执行者与接受者都能认同的调适策略的过程。政策实施的有效与否在根本上取决于二者相互调适的程度。该模型的重要贡献在于为政策执行人员赋予了重要功能，承认执行者不是单纯被动地落实政策，而是在具体操作过程中也起着政策制定者的作用。

案例 6-2-2 “农村土地流转政策”背后的政府与农民

农村土地流转是指农村家庭承包的土地通过合法的形式，保留承包权，将经营权转让给其他农户或其他经济组织的行为。通过土地流转，可以开展规模化、集约化、现代化的农业经营模式。农村土地流转首先是为了保障不想种地农民的利益。我国的工业化、城市化进程推动了农民与土地分离，大量的农村劳动力脱离了农业生产进入了工业生产和服务行业，在不放弃承包地的情况下将土地经营权转给他人是进城农民的最优选择。同时，土地流转也是为了满足想种地农民的需要，使一些想种田的农户多一些土地耕种，并提高产出。

中央高度重视农村土地承包经营权流转和发展适度规模经营，制定了一系列的政策和法律。2003 年颁布实施的《农村土地承包法》对土地流转专门作了规定，2005 年制定的《农村土地承包经营权流转管理办法》细化了土地流转的具体要求，2007 年颁布实施的《物权法》进一步强化了对土地承包经营权的物权保护。2008 年中国共产党第十七届中央委员会第三次全体会议又通过了《中共中央关于推进农村改革发展若干重大问题的决定》。近年来，农业部充分利用广播、电视、报刊、网络等多种手段广泛宣传农村土地承包法律政策，每年定期对农村土地承包管理干部、农业大县农业局长和仲裁员进行培训，还对各级农业部门学习宣传和贯彻实施法律提出指导意见和要求。各地按照农业部统一部署，采取开设电话热线、制作专题宣传片、发放资料、张贴标语等多种方式，积极宣传《农村土地承包法》《农村土地承包经营权流转管理办法》等法律政策，不断增强基层干部和广大群众学法用法、依法办事的自觉性。2014 年中办、国办下发《关于引导农村土地经营权有序流转发展农业适度规模经营的意见》（中办发〔2014〕61 号文）以来，农业部通过召开视频会议、部长答记者问、印制学习手册等方式做好文件的宣传贯彻工作，还组织召开了覆盖省、市、县三级的农业系统领导干部专题培训班，配合中组部举办了地市级党政领导专题研究班，各地组织省地两级专题培训 316 期，培训 2.9 万余人。通过这些工作，进一步统一了认识，明确了改革方向。

在一系列政策指导下，我国农村土地流转取得了一定成效，但仍有不足。如，流转范围狭窄，规模较小；流转途径单一，以转包为主，程序简单，流转行为缺乏规范等。具体而言，体现在几个方面：

首先，土地流转政策存在宣传上的困境。由于农民受教育程度普遍较低，其对土地流转政策关注度不高，这给土地流转政策推广造成较大的困难。农民不关心政策，在不了解土地流转政策的情况下盲目进行土地流转，也给土地流转政策执行造成一定的混乱。

其次，土地流转过程中存在诸多不规范行为，导致政策执行偏差。近些年，由于农民种地的经济效益低，大量的农村劳动力外出务工，不少农民无偿转出土地。土地流转过程中口头协议较多，书面协议较少；短期协议较多，长期协议较少；私下流转较多，按规定和程序流转较少。此类失范行为直接导致土地纠纷事件数量增加，提升了政策执行的成本。

再次，政策执行中的农户权益受损。我国《农村土地承包法》第 34 条规定："土地承包经营权流转的主体是承包方。承包方有权依法自主决定土地承包经营权是否流转和流转的方式。"这就意味着土地流转必须建立在农户自愿的基础上。但是在政策执行过程中，有些基层政府或村集体组织违背农民意愿，随意改变土地承包关系，强迫推行土地流转。一些乡镇干部及村委会基层干部随意变更，甚至撤销农户的承包合同，强迫承包户集中流转以集中土地搞招商引资，非法改变土地的用途，严重损害了农民的利益，使农民对土地流转政策产生抵触情绪，不利于土地流转政策的执行。

最后，政策执行中的信息沟通不畅。土地流转信息在转出方、转入方和政府之间进行流通。但是土地流转信息在三方的沟通渠道十分狭窄，三方都难以及时获取所需要的信息。一方面，土地的转入方和转出方获取市场供求信息的渠道十分狭窄，双方只能盲目地搜寻交易对象，常常出现"买方"找不到"卖方"，"卖方"也找不到"买方"的现象，土地流转的效率十分低下。另一方面，政府和农户之间信息沟通渠道也并不十分畅通。政府不能及时把土地流转政策传达给农户，农户也不能及时将需求信息反馈给政府，政府的土地流转政策目标与农户的微观土地流转行动难以协调一致。同时，由于信息不对称，地方政府官员和乡镇干部在流转过程中的寻租行为也不能得到有效的监督。

上述种种执行困境阻碍了农村土地流转政策功能的发挥，是政策推行过程中亟待解决的问题。

从案例描述中不难看出，政策宣传困难、执行行为不规范、信息沟通不畅等问题的背后，隐藏着的是政策实施者（中央及地方政府）与政策接受者（农户）之间互动与调试的不足。政府出于对国家土地资源优化配置和农民生存发展的考虑，制定了一系列政策，却忽略了政策执行过程中可能给农户带来的不便。并且，地方政府作为中央政府与农户之间的中间委托层次，其作为“理性人”的利益追求，反而损害了农户的利益。这些都可以通过麦克拉夫林的“互动模型”予以解释。

1. 从需求层面来看，政策执行者（地方政府）与政策接受者（农户）存在差异，这种差异需要双方通过沟通，彼此让步与妥协，对政策进行合理调整。具体来看，政策执行者的政策目标通常是：“加快土地流转速度，实现规模经营”。在这一政策目标的引导下，就难免会出现强迫农民交出土地参与土地流转的现象。而政策接受的目标通常是满足自己对耕地的需求或在保障自己承包地的前提下安心从事非农业生产的需求，总的来说是保障自己生存和发展的合法权益。虽然其行为结果都是土地转出，但政府与农户的动机是不一样的。动机差异必然导致政策落实时由于利益分配不合预期而产生冲突。如何消除双方差异，需要政府在政策执行中充分考虑到农户的需求，据此调整政策目标和政策执行方式，并了解农户对政策的理解程度与认可程度，用农户能接受的方式进行宣传、解释，从而减少政策执行阻力。

2. 不同地域的农户需求存在差异，故政策执行也不能一以贯之，而应该通过执行方与接受方的互相调适实现政策本土化。我国幅员辽阔，地质条件复杂，政治、经济、文化呈现东西差异和南北差异，环境因素是政策执行者必须考虑的问题之一，不同的环境下农民的需求也不尽相同。在土地流转政策执行过程中，政策执行者必须根据当地的经济条件、地域文化和地质类型来调整政策目标和政策执行方式。例如，在非农业收入占收入比重较大的农村地区，农民对土地的依赖程度较小，政府在政策执行中可以加快土地流转速度，使土地集中到种田大户手中。在这种情况下，政策执行者是以实现规模经营作为政策目标的；在农业收入占收入比重较大的农村地区这样的政策目标执行起来受到的阻力就比较大，但地方政府在土地流转政策执行过程中目标和手段都过于单一，缺乏弹性。大部分地方政府都以“加快流转速度，实现规模经营”和实现政绩为目标，执行手段一般也以行政命令为主，难以适应我国复杂多变的环境，也难以满足农民的需求。

3. 政府与农户在沟通时，应该是平等的双向信息交流，以提升政策的接受度。但现阶段土地流转政策执行模式还是传统“上令下行”的模式，政府出台政策，农民自发流转，缺乏双向的信息交流，政府与农民双方也不处于平等地位，被动地接受政策给自己带来的效果。这样使得农民的需求无法及时传达给地方政府，地方政府的政策意图也不能有效地传达给农民，使政策执行的效果大打折扣。

4. 政府应该为农户搭建意见反馈的平台，将农户纳入政策优化链条中，消除政策执行障碍。目前我国土地流转的听证制度缺失，反馈途径单一，还是以信访和上访为主，而反馈的问题通常得不到解决，甚至没有音讯。农民的利益、价值与观点无法反馈到政策上，农民更无法左右政策执行者的利益诉求、价值取向。同时，由于民意反馈机制的缺失，政府的公权力没有得到有效的制约，容易出现权力寻租行为。这些因素会影响政策执行的效率。作为一项关系国计民生的重大决策，土地流转政策应该依据“重大决策社会稳定风险评估制度”，对利益相关群体进行详尽的社会稳定风险调查、评估与预警，为政策调适奠定基础。

总之，在执行中暴露出来的问题，必须依靠政府与农民持续、深入的互动，才能得到积极解决，从而提升政策执行效果。

（三）巴达奇的博弈模型

“博弈”意为对策、游戏，而作为一种研究理性的决策者之间冲突与合作的理论，博弈论着重研究决策主体的行为在发生直接的相互作用时，人们如何进行决策以及这种决策的均衡问题。在博弈论分析中，一定场合中的每一个对弈者在决定采取何种行动时都有策略、有目的地行事，考虑自己的决策行为对他人可能产生的影响以及他人的行为对自己可能产生的影响，通过选择最佳行动计划，来寻求收益或效用的最大化。

最早运用“博弈论”的概念和方法来分析、研究政策执行过程的主要代表人物是美国政策科学家尤金·巴达奇。在他看来，政策执行的核心问题应放在控制上，因而政策执行过程就会在“议价”“劝服”“策划”这三种不稳定的条件下进行。因此，我们可以把政策执行过程视为是一种赛局，它包括：竞赛者（政策执行人员与相关人员）、利害关系、策略与技术、竞赛的资源、竞赛的规范（取胜的条件）、公平竞赛的规则（不得作弊）、竞赛者之间信息沟通的状况、所得结果的不稳定程度等。政策执行的成功与否，取决于政策执行过程中各方参与者（例如，政策执行人员、政策目标群体等）的策略选择。

巴达奇的政策执行博弈模型将公共政策执行视为各级政府及其部门间的互动博弈，强调的是政策执行的动态过程，这为本书的研究提供了一个观察与分析现实政策执行过程的有效方法，同时也为解释各地方政府在公共政策执行过程中存在的偏差问题提供了依据。基于完全理性人、经济人的假设，利益因素在公共政策执行过程中发挥着重要的作用，因而如何调整规范利益关系，成为公共政策执行过程中的重要议题。

该模型包含的具体内容有：

1. 政策资源的分散。巴达奇指出四种竞赛方式导致政策与资源的分散。第一种是个人或团体轻易地得到政府的钱，却拿不出预期的效果。巴达奇称之为“便宜钱对局”。第二种称作“预算对局”，是指行政机关中实施政策的官员都格外注意与预算官员的关系，争取到预算的多少与所实施的政策的强度有密切的关系。第三种叫作“安逸生活对局”，指由于公务人员的收入有限，因此自然地追求改善工作环境以求一种安逸的享受。第四种对局叫作“争利对局”，意指从地方争取中央补助金形成的政治对局。

2. 政策目标的偏离。在政策的实施阶段，政策目标会有某种程度的改变。或是因为政策内涵不清，或是因为形成政策的共识基础不稳。而公众中也经常发出要求在政策实施中维护他们利益的呼声。所以，经过社会交涉的政策或回到原点，或遭到扭曲，或根本不能产生某种效果。甚至巴达奇认为政策实施是一种利用其他手段的政策延续，所以上述情况都是正常的。

3. 实施机构的窘境。实施机构会因公众的虚与委蛇或全面抵制面临难以摆脱的窘境。另外，社会变动较多、缺少合作意识、社会成员能力太低都会妨碍政策的实施。巴达奇认为，尽管管理学知识可以用到行政执行方面，但管理系统存在许多不能控制的因素。所以，他认为“管理的对局”不容易取胜。

4. 实施资源的浪费。巴达奇认为由于政策实施人员的无能、固执、为满足私利无所不为以及管理权的重叠、任意推卸责任等原因造成实施资源的浪费。

鉴于政策实施是一个漫长的过程，巴达奇认为在实施过程中最容易出现的问题就是延误。此处所说的延误指非故意的延误，这种延误经常发生在计划配合的过程以及集体决策的过程。计划配合中的延误是因为配合双方的选择、交往以及做出某种决定而产生的；集体决策中的延误，是指决策的参与者之间互相协调和揣度，因而延误了初稿工作的进行。实际上，无论是计划配合中的延误还是集体决策中的延误都没有脱出巴达奇的实施对局，可以说延误的两种情况，就是两种对局。不过巴达奇认为，只有通过有关人员的审慎谈判，才能解决延误的问题。巴达奇给我们的重要启发是：在政策实施过程中，实施的策略和技巧是非常关键的，而且策略和技巧是在不稳定的情况下设计的。

（四）雷恩和拉宾洛维茨的执行循环模型

循环模型是美国政策学家雷恩（M. Rein）和拉宾洛维茨（F. F. Rabinovitz）提出的。他们在1978年合著的《实施的理论观》（*Implementation*：*A Theoretical Perspective*）一书中提出了实施循环模型。传统政策实施研究依据行政组织原理分析政策问题，从而使得行政与政策的界限区分不明，循环模式尝试克服上述弊端而重视政策研究的动态取向，并在政策的动态过程中寻找一些特别的、足以解释政策运作的要素就成为政策研究的重点。同时，该模式深受美国著名政治学者伊斯顿的政治系统论的影响，将系统论中的“反馈”观念投入政策过程研究中，从而提出了“循环原理”（Principle of Circularity）。传统政策实施研究中，行政与政策的界限区分不明显，循环模式则重视政策研究的动态取向，并试图在政策的动态过程中探求一些足以解释政策运作的要素。

该模型将政策实施过程分为三个阶段：

第一，拟定纲领发展（Guideline Development）阶段：将立法机关的意图转化为行政机关执行政策的规范和纲领。

第二，分配资源（Resource Distribution）阶段：将政策执行所需的资源平均分配给执行者。

第三，监督执行（Oversight）阶段：对政策执行过程与成果加以评估，确认执行者所承担的行政责任。

这三个阶段是相互循环的过程，并遵循三个原则：合法原则（Legal Imperative）、官僚理性原则（Rational – bureaucratic Imperative）、共识原则（Consensual Imperative）。政策实施的合法原则是指政策实施者必须依法行事。合法原则受四个因素的影响，即民意代表权力与地位的高低、技术可行程度、立法辩论的争议范围和理清程度、立法者与实施者支持法律的程度。政策实施的官僚理性原则是指实施者必须认同将要执行的政策，认为它无论在伦理上、性质上和行动上都是合理的。官僚理性原则包括两项特性：一是一致性原则（principles of consistency）；二是可执行原则（principles of workability）。政策的共识原则是指有影响力的实施者只有在具有争论性的问题上达成共识，实施才可能顺利。

政策实施的循环模型是一个“上令下行”和“下情上达”的过程，其最典型的特征是将政策实施过程看作是相互循环、流通不断的动态过程，因而极为重视分析政策实施要素的重复影响力或循环性，同时强调监控在政策实施中的重要地位。因而，我们可以用图6 – 2 – 3表示政策实施的循环模型。

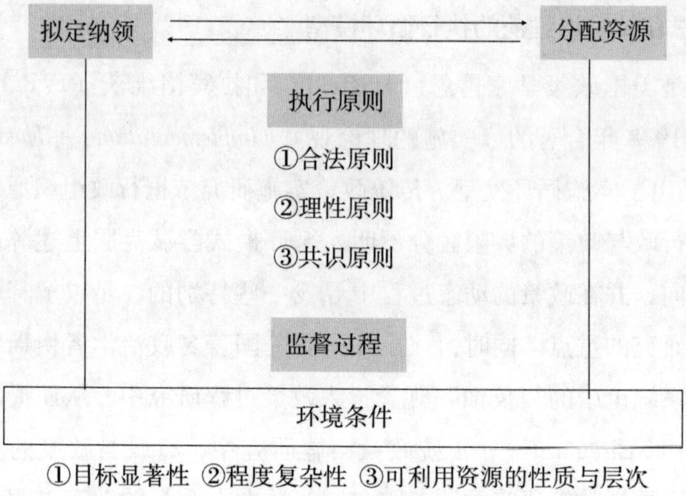

图6－2－3　雷恩和拉宾洛维茨的执行循环模型

（五）系统模型

系统模型，又称“霍恩－米特模型”，是两位美国学者霍恩（C. E. Van Horn）和D. 米特（D. S. Meter）提出的一个政策执行模型。

米特与霍恩在其著作《政策实施过程：一个概念框架》中，将政策的形态区分为两种类型：一个是根据政策变动的幅度确定的；另一个则是由参与实施者对目标的共识程度而定。他们认为，政策变动幅度的大小与目标的共识程度的高低，既影响政策的形态，也影响政策实施的效果。据此，二人的研究得出四条规律：

规律一：政策变动越小，目标共识越高，则实施效果越成功；

规律二：政策变动越大，目标共识越低，则实施效果不明显；

规律三：政策变动越大，目标共识越高，则实施效果好；

规律四：政策变动越小，目标共识越低，则实施效果差。

从两人的以上假定可知，目标共识对政策的影响要强于政策变动。在政府政策实施模型中，米特和霍恩确定了六个变量关涉政策与实施之间的联系。首先是政策的标准和目标以及政策的资源。其次是组织间的沟通与有效实施、实施机构的特点、经济、社会与政治条件以及实施者的意向。确定政策标准或目标的目的在于澄清决策过程中的不清晰之处。把政策资源作为一项重要变量是因为有效地实施政策就要充分地调动各方有利因素。组织间的沟通可以影响政策实施者的意向。实施机构面临的经济、社会与政治环境对实施过程亦有着很强的影响。

米特与霍恩的贡献在于找出了若干有价值的因素，建立了政策与实施之间的关系，而且也说明了各变量之间的关系。政府政策实施模型给我们带来如下的启发：

1. 政策实施的成功部分取决于实施机构的有效沟通。政策目标与标准作为无生命的信息，首先必须通过传播系统传达给实施者的意向。假如在实施中出现了沟通方面的问题，可以从政策的目标和标准、组织沟通与实施活动、执行机构的特点以及执行者的意向四者的互动关系中找到解决问题的方法。

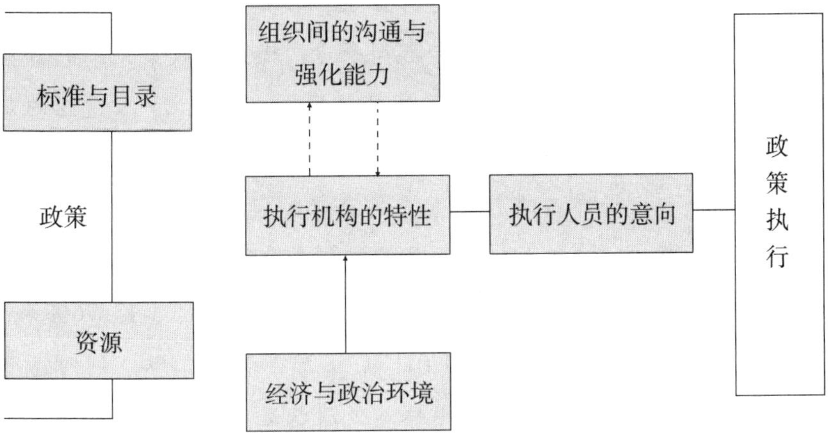

图 6－2－4　米特和霍恩的系统模型

2. 公共政策的质量部分取决于实施机构的行政能力，无能的政府的主要外在特征就在于其公共政策及其实施的无能。在本模式中实施机构的行政能力须从政治资源、组织沟通与实施活动、实施机构的特色，政治、经济与社会环境的互动中去考察。

3. 政策实施的成功与否，不仅需要实施人员了解政策的目标和标准并具备一定的行政能力，而且也需要他们最大限度地认同政策。实施人员在实施政策过程中往往有四种意向：第一种是对政策进行选择性认知；第二种是不愿意执行他们不同意的政策；第三种是实施人员由于各方面的局限，对有些政策根本不了解或所知甚少；第四种是不管对政策理解程度如何，缺乏实施的热情，工作消极。此四种意向都会导致不同程度地对公共政策的拒绝实施，拒绝的理由不外乎认为政策违背了他们个人的价值观念、自我利益、组织认同感或习惯的人际关系。发生这种问题仍需由政策资源、实施机构的特点、组织沟通与实施活动以及实施机构的经济、社会与政治环境的互动中寻找解决问题的办法。

案例 6－2－3　青少年体质健康政策

改革开放以来，我国青少年体质健康状况与经济社会高速发展形成强烈的反差，已成为困扰我国教育与社会发展的重大问题之一。国家历来高度重视这一问题，出台了包括《中小学健康教育基本要求》《大学生健康教育基本要求》《学校卫生管理条例》《学校卫生监督工作规范》《农村义务教育学生营养改善计划》《教育部关于贯彻〈义务教育法〉进一步规范义务教育办学行为的若干意见》等在内的一系列促进青少年体质健康的相关政策。这些政策中既有中央级别的行政法规，也有部门层面的指导文件；既有针对青少年体质健康支持系统各环节的具体要求，也有专门性的活动方案，形成了一套包括教育、体育、卫生、营养、休息等要素在内的政策体系。应该说，不论是从政策文本的层级和类型来看，还是从政策文本的数量和频度来看，青少年体质健康领域都属于“政策高密集区”。然而，令人遗憾的是，高密集的政策并没有产生应有的效果。有文献显示，2010 年以前的 20 年中，我国青少年体质呈持续下降趋势；近年虽有数据显示部分年龄段体质指标有所“止跌”，但问题依然严峻。如肥胖症、近视和传染病等健康问题极为严重：7—18 岁城市男生、女生和农村男生、女生的超重肥胖检出率为 23.23%、13.76%、13.76% 和 8.56%。与 2005 年相比，分别增长了 0.31%、0.61%、0.23% 和 0.27%。同时，青少年近视率持续上升，且呈低龄化趋势。青少年体质健康状况与青少年未来的社会担当产生了尖锐的矛盾。

为何政策目标与政策效果之间会存在偏差？对政策执行系统进行分析或许能给出答案。

根据“霍恩－米特模型”，我们可以提取政策目标与政策绩效之间的多个变量，并以之为基础，对青少年体质健康政策执行的影响因素进行分析。

变量一：政策标准与目标。青少年体质健康政策本身存在一些不足，成为削弱执行效果的首要原因。具体体现在：首先，对政策问题的认知不全面。如学校体育锻炼被视作促进学生体质健康水平提升的重要组成部分，相关部门对此出台了诸多政策，但实际上学生体质下降与教育体制、竞争机制、社会环境、生活方式等因素均有密切关系，若在这些方面没有相应举措，仅靠体育一己之力是无法实现增强学生体质重任的。其次，政策具有短视性与功利性。如《中共中央国务院关于加强青少年体育增强青少年体质的意见》提出，通过 5 年左右的时间，使我国青少年普遍达到国家体质健康的基本要求，耐力、力量、速度等体能素质明显提高，营养不良、肥胖和近视的发生率明显下降。为了衡量政策目标完成程度，同时制定《国家体育锻炼标准》《学生体质健康测试标准》《国家学生体质健康标准》等量化指标。如此一来，会误导人们将考核作为一种压力反映在政策执行的强硬手段上，反而不利于青少年的全面发展。再次，政策表述模糊，指导力度不够。我国青少年体质健康政策主要以行政法规发布，法律效力不足，约束力欠缺。且在文字表述中存在诸多模糊性词语，如《学校体育工作条例》规定："地方各级人民政府在安排年度学校教育经费时，应当安排一定数额的体育经费，以保障学校体育工作的开展，国家和地方各级体育行政部门在经费上应当尽可能对学校体育工作给予支持"。其中，"应当""一定数额""尽可能"等词语给地方政府的政策创设留下了较大空间，会带来敷衍执行、部分执行等情况。

变量二：政策资源。青少年体质健康政策的执行受到经费、物质、人力等多方面的资源限制。比如在国家财政性教育投入上，2012 年突破 2 万亿元，达到 GDP 的 4%，2016 年达到 3. 8 万亿，达到 GPD 的 4. 22%，但这也远低于 7% 的世界平均水平。且经费大部分由地方财政支出，由于利益关系，各地方政府往往压低成本，从而造成执行难的问题。从人力资源来看，我国体育师资力量短缺，且体育教师的文化素质总体较薄弱，其主动学习和再学习能力相对有限，影响了体质训练课程的开展。

变量三：政策执行中的组织沟通与执行活动。从组织沟通层面来看，教育部和国家体育总局 2007 年推出了《国家学生体质健康标准》，建立了国家学生体质健康标准数据库，要求每年各级各类学校上报体质测试结果。然而，多年来体质测试数据总体上报率不足 50%。政策执行组织在纵向沟通上存在障碍，削弱了政策的上传下达。从执行手段来看，政策落实主要通过行政手段，以意见、通知、指示等形式层层发布，宣传力度不够，宣传手段也缺乏多样化，未能依循新媒体时代的特征而及时转变方式方法，这导致青少年本身作为政策影响主体，未能从根本上认识体质健康对于个人的作用，影响了政策的接受度与支持度。

变量四：政策执行机构的特性。我国青少年体质健康政策的具体执行主要由教育系统完成，由于其职能所限，政策权威性相对较弱，极大地影响了执行效果。为弥补其执行力的薄弱，成立了各级体质健康检测和阳光体育运动领导小组，也成立了诸如"新时代青少年体质健康促进中心"等专门性、全国性公益组织，但整个执行组织机构互动不足，未能实现资源整合与效能优化。同时，由于该政策体系涉及面广、结构复杂，相应职能分属体育、教育、宣传、医疗等多个部门，难免出现相互扯皮、打架推诿的情况，不利于政策落实。

变量五：社会、经济和政治资源。社会环境对青少年体质健康政策执行的影响是显而易见的。其中作用最大的莫过于应试教育体制。在"分数第一"的指导思想下，学生疲于学习、培训，分身乏术，没有足够精力关注体育以及体质健康。同时，科技发展带来生活方式的改变，足不出户便可以完成每天的必备生活事务，"宅男"

“宅女”成为一类新兴群体，体育锻炼在个人生活中的价值式微。

变量六：政策执行人员的价值取向。在“分数第一”的教育评价体制下，因害怕体育锻炼影响升学率，作为政策执行第一主体的学校领导，自然不会特别认同青少年体质健康政策。这种价值取向直接影响到各层级的老师以及学生群体，使体育锻炼、体质培育成为可有可无的选项。

综合对“霍恩－米特模型”中六个变量的分析，不难看出，青少年体质健康政策的推行不仅仅是政策本身的问题，也是政策执行者与接受者的问题，同时受到各类资源的限制，只将其放在整个社会的范畴考虑，理顺相关影响因子即彼此间关系，提升实施机构对政策目标的理解与执行能力，提供更多必要的人力、财力、物力，并从根本上提升人们对青少年体质健康的重视程度，才能促进青少年体质健康政策有效执行。

（六）综合模型

这是由美国学者 D. A. 马兹曼尼安（D. A. Mazmanian）和 P. 萨巴蒂尔（P. Sabatier）提出的，因又被称作“马兹曼尼安—萨巴蒂尔模型”。从图 6－2－5 中可以看出政策执行是一个受多种变量影响的相当复杂、多视角的动态过程。马兹曼尼安和萨巴

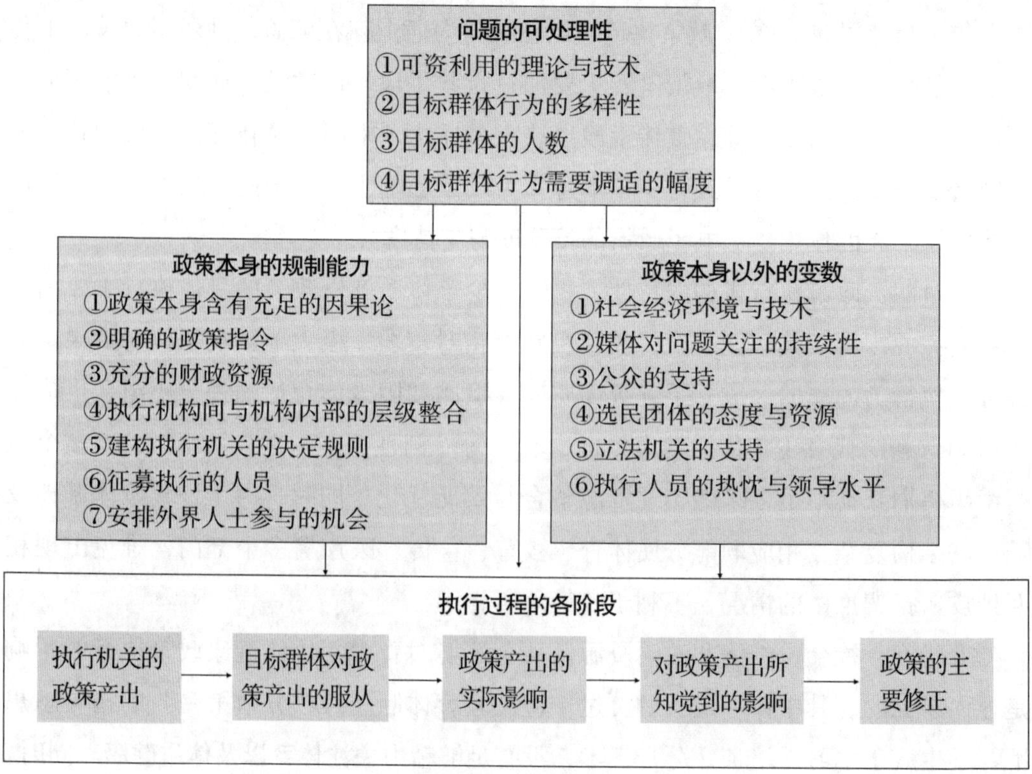

图 6－2－5　萨巴蒂尔和马兹曼尼安的综合模型

蒂尔在“霍恩－米特模型”基础上，将影响政策执行的变量追溯到政策问题，就是把政策问题也视为影响政策效果的一个重要变量。他们列举、分析了许多属于政策问题的影响政策执行的主要因素，并把这些因素归为三大类：

1. 政策问题的特性：

（1）现行有效的理论和技术；

（2）目标群体行为的种类；

（3）目标群体的人数；

（4）目标群体行为需要调适的幅度。

2. 政策本身的可控性变量（法定规则能力）：

（1）明确而一致的政策指令；

（2）政策本身含有的充足因果律；

（3）充分的财政资源；

（4）执行机关间及其各自内部的层级整合；

（5）执行机关的决定规则；

（6）执行机关的人员配置；

（7）公众参与的可能。

3. 政策以外的变量：

（1）社会经济环境与技术；

（2）监督机关的支持；

（3）公众的支持；

（4）传媒的持续关注程度与态度；

（5）支持群体的态度与资源；

（6）执行人员的精神状态及领导策略。

这一模型从多个视角大量地考察了影响政策执行的各种主要变量，为我们分析、指导政策执行提供了一个较完备的思考与实践框架。

第三节　公共政策执行的过程与手段

一、公共政策执行的过程

政策执行是个多元主体参与、多次调整、反复修正的过程。具体而言，可分为政策准备、政策实施与政策总结三个阶段 。

（一）公共政策执行的准备阶段

“良好的开端是成功的一半”，公共政策通常会影响社会较广泛人群，因此政策推行不能莽撞而为，需要做好充分准备，以减少执行过程中的风险，提升执行效果。

1. 政策宣传

政策宣传是政策执行的起始环节。其目的在于向社会公众或目标群体宣传公共政策的意图与内容，加强政策认知，促进政策执行者正确执行政策，并引导政策目标群体向预期方向发展。政策宣传的方式既包括通过法律、规定、命令、细则、办法等形式进行公布，也包括通过各种有影响力的渠道和方式进行政策解释和说明。

在新媒体时代，传统的政策宣传方式受到了极大挑战。比如，在一项政策出台后，一些中央机关、地方政府等还沿袭过去那种层层传达、处处办学习班的习惯做法，耗时耗力，覆盖范围有限，导致人们产生一种“被传达”“被学习”的排斥心理，加之机械而陈旧的领导讲话和政策文本宣读等方式，并不利于人们深刻理解政策含义。为改变这种尴尬状况，部分政府微博、微信等已经开始尝试通过新媒体发布政策，运用有趣的动画、漫画等形式，将政策拆解为通俗易懂的关键要素，推送给广大用户，这样既拓宽了宣传范围，又提高了宣传质量。

案例 6－3－1　微信公众平台成为政策宣传新窗口

2015 年 4 月，新疆阜康市社保局率先在全州社保系统开通“阜康市社保”微信公众平台。该微信公众平台运行三个多月以来，目前受到了 2 万多人次的关注，产生了良好的社会反响，成为宣传社会保险政策、引导业务经办的又一重要窗口。

广泛宣传，扩大平台影响力。为扩大微信宣传覆盖面，增强微信平台的影响力，提升群众对社保政策的知晓率，该局精心设计制作印有微信公众平台二维码的宣传单，在全市重点医疗机构、街道社区、乡镇村进行发放和张贴，广泛宣传、推介微信公众平台及其服务功能，方便广大群众即时扫描二维码加入微信平台，了解最新社保政策、查询个人社保信息。

精心编辑，注重宣传效果。微信平台以“宣传政策、服务群众、传播正能量”为目标，不断创新思路，着力提升宣传效果，尽可能地用通俗、亲和、幽默、诙谐的语言将社保最新政策、局工作动态、业务经办流程及需要重点注意事项等编发成图文并茂的信息，定期发布更新，以增加微信公众平台的实用性和趣味性，如“灵活就业人员每月缴费知多少?”“昌吉州生育保险今年起提标啦!”等，把人们关注的热点政策及时进行发布。

严格把关，提升微信关注度。为充分保证微信平台的质量，达到良好的宣传效果，该局设专人负责维护，对各栏目素材进行及时采编，并调动各科室业务人员参与投稿，拓宽素材来源渠道。同时，提前对要编发的微信帖内容进行统筹安排，对每篇帖子的文字及图片进行严格把关，保障了平台发布微信帖的数量和质量，竭力打造社保“微”服务，提高公众对“阜康社保微发布”的关注度。

（相关内容来源：昌吉回族自治州人民政府网站）

2. 执行计划

一项政策的推出，往往只是从宏观层面和战略层面指出其基本方向与原则，较为抽象。执行计划拟定就是根据实际情况，围绕政策制定出达到政策目标的具体行动方案。

拟定政策计划应遵循以下原则：

（1）客观性原则。编制计划要切实可行，积极可靠，排除臆断；计划的各项指标，不保守也不冒进：既不是唾手可得的，也不是经过努力仍然高不可攀的；对有关人力、物力、财力等条件，必须做到“心中有数”，切不可含糊笼统。

（2）适应性原则。编制的计划要有适应环境变化的弹性机制，特别是要有应对意外情况发生的防范机制。

（3）全面性原则。编制计划要能够统筹方方面面、理顺各种关系，切忌顾此失彼。计划前后衔接、轻重缓急有层次，不同管理层次的计划各有侧重。

（4）一致性原则。执行机构内部各职能部门要做到工作目标和政策目标保持一致，上下级的政策目标保持一致，以增强组织上的统一性和方向上的一致性。

案例 6-3-2 “大气十条”的细化执行

2013 年，《大气污染防治行动计划》（简称“大气十条”）文件出台以后，各界反映很强烈。为使“大气十条”有效落实，环保部门会同国务院有关部门做了大量工作，为政策推行制定了更加细致的计划，概括起来大体上有以下三个方面：

第一，明确责任。把责任分解落实，一是环保部会同发改委、工信部、财政部、住房建设部和能源局等部门把“大气十条”的要求具体细化到实施细则中，对京津冀及周边六省（区、市）提出了细化的要求。比如煤炭削减在实施细则中提出：北京削减1300万吨，天津削减1000万吨，河北削减4000万吨，山东削减2000万吨。这些都是非常细化的具体要求。还有钢铁，要求河北压缩6000万吨产能，也对山东提出具体要求。二是环保部会同有关部门，把“大气十条”的各项任务分解落实到各个部门。这份文件涉及了中央和国家机关的34个部门，共分解了80项任务。在这个文件中，我们明确了什么事情谁来牵头、什么时间完成，都有具体的路线图和时间表，为各部门抓好贯彻落实奠定了基础。三是和全国31个省（区、市）签订目标责任书。包括完成什么样的指标、完成什么样的任务，通过责任书的方式进一步明确，目前全部签署完毕。责任书已经向社会公开。

第二，细化配套政策。这份文件出台以后，要想把它落到实处，一定要有具体的配套、细致的政策措施。环保部会同有关部门细化分解梳理了近期需要完成的22项政策措施，包括6条能源结构调整政策，主要是气代煤和洁净煤的扩大使用等6个方面。还包括10项环境经济政策，主要是价格政策、税收政策、投资政策等10个方面的经济政策。还包括6个方面的管理政策，主要是考核办法、节能环保标准等一共22项。

第三，区域协作。有三件事：一是建立环保部牵头的部际协调机制；二是协调配合建立北京市牵头的京津冀大气污染防治协作机制；三是上海市牵头建立了长三角大气污染防治协作机制。

3. 做好物质准备与组织准备

物质准备与组织准备是确保政策执行顺利进行的重要基础与保障。

物质准备主要涉及财力与物力。政策执行者应该根据政策执行活动中的各项开支编制预算，落实活动经费。设备方面包括交通工具、通信器材、机械设备、办公用品等。充分的物质准备为有效的政策执行创造了有利条件与环境。

组织准备包括政策执行机构的确定、人员的配备、规章制度的制定等。对于常规性政策的执行，应该由原执行机构继续承担，但有时也可通过提高原机构级别或改组机构级别的方式来保证政策顺利进行。如果是非常规性或牵涉面较广的政策，则可以组建临时机构来承担，或采取多部门协同的方式共同完成。在这种情况下，就要特别注意各执行机构之间的权责协调，使分散的人员形成一个整体，防止内部推诿扯皮，实现“1+1>2”的系统整合功能。

需要说明的是，在政策执行的准备阶段所要进行的上述三个事项，是从学理上对复杂事实所做的抽象概括。现实世界里的政策执行其实要更为复杂。一方面，政策执行的“准备阶段”跟其他阶段不乏重叠的可能，难以在时间点上做出截然切分；另一方面，上述三个事项之间亦彼此牵连，无法严格地按照时间顺序展开。案例6-3-3以国务院推动落实“改善营商环境”政策为例，展示了政策执行在准备阶段需要完成的上述三种事项，同时关照了政策执行的复杂性：（1）政策执行过程中伴随着政策内容的更新甚至新政策的发布；（2）有的政策执行要通过发布新政策来予以实现；（3）政策执行是一项持续进行的工作，政策宣传、政策执行计划、政策执行的物质准备和组织准备往往混杂一体。

案例6-3-3　强化政策执行，推动落实“改善营商环境”

近年来，中国始终面临经济下行压力加大和外部风险双重难题[①]。面对压力和风险，中国政府积极出台应对策略并强化落实。“加快改善营商环境”是其中一项重要举措。

营商环境是指伴随企业活动整个过程（即包括从开办、营运到结束的各环节）的各种周围境况和条件的总和，包括影响企业活动的社会要素、经济要素、政治要素和法律要素等方面，是一项涉及经济社会改革和对外开放众多领域的系统工程。

---

① 经济下行就是指衡量经济增长的各项指标都在不断地降低，比如GDP、PPI、CPI等，也就是经济从增长趋势变成下降趋势。这种经济下行所带来的压力即是经济下行压力。

中国大约从2008年开始遭遇经济下行压力。中国的经济主要是以出口导向型为主，也就是说，需求来源于海外。2008年美国金融危机席卷全球，大部分发达国家遭受打击，对中国出口产品的需求随之降低。中国出现了企业库存积压、利润降低、产能过剩等问题。这些都意味着中国经济的下行以及相应的压力。

经济下行压力期，通常也被表述为“新常态”。2014年5月习近平在河南考察时指出，“我国发展仍处于重要战略机遇期，我们要增强信心，从当前中国经济发展的阶段性特征出发，适应新常态，保持战略上的平常心态”。这是新一代中央领导首次以新常态描述新周期中的中国经济。新常态之“新”，意味着不同以往；新常态之“常”，意味着相对稳定，主要表现为经济增长速度适宜、结构优化、社会和谐；转入新常态，意味着中国经济发展的条件和环境已经或即将发生诸多重大转变，经济增长将与过去30多年10%左右的高速度基本告别，与传统的不平衡、不协调、不可持续的粗放增长模式基本告别。

《人民日报》的评论指出：“（面对）经济新常态，需要创新宏观调控思路和方式，培育经济发展的持久动力。从根本上说，就是向改革要动力，向结构调整要助力，向民生改善要潜力；就是要‘激活力’，把该放的权放到位，让市场主体真正放开手脚；就是要‘补短板’，把该做的事做好，增加公共产品有效供给；就是要‘强实体’，把该给的政策给足，夯实发展的微观基础。”

良好的营商环境是一个国家或地区经济软实力的重要体现，是一个国家或地区提高综合竞争力的重要方面。①

进入2018年，国务院首次常务会议的首个议题，就是部署进一步改善营商环境。此后，中国政府接连推出不少开放新政，包括公布更精简的外商投资准入负面清单，实施外企备案管理新规，简化投资者来华开办企业程序，压缩跨境贸易通关时间等。

“政策措施出台了，关键是抓落实。一分部署，九分落实。”“改善营商环境”这一举措得到了持续的推动和落实：通过国务院常务会议、国务院政策例行吹风会等正式会议的通报和新闻媒体的报道，政策本身得到了宣传；国务院利用大督查等举动进一步发现政策执行中的相关问题、了解企业关切、明确了完善政策内容且细化政策执行的时间表。

经过将近一年的试验和总结，国务院办公厅于2018年11月8日发布了《关于聚焦企业关切 进一步推动优化营商环境政策落实的通知》（国办发〔2018〕104号）②。可见，这是一项为了强化落实“改善营商环境”政策而专门出台的政策文本。

概括起来，该项通知显示了落实“改善营商环境”政策的三项行动。这些行动大体上能够跟上文梳理的政策执行准备阶段所要进行的三项工作对应起来。

一、强化政策宣传

该项通知要求：各地区、各部门要对已出台的优化营商环境政策措施及时跟进解读，准确传递权威信息和政策意图，并向企业精准推送各类优惠政策信息，提高政策可及性。对于市场主体关注的重点难点问题，要及时研究解决，回应社会关切，合理引导预期。

此外，如上文所说，国务院常务会议、国务院政策例行吹风会等正式会议的通报和新闻媒体的报道，也是该项政策得到持续宣传的重要通道。比如，2018年11月9日，国务院新闻办公室举行国务院政策例行吹风会，商务部外资司司长唐文弘在会上表示，商务部将切实贯彻落实已经出台的优化营商环境的政策，明确分工、

---

① 2001年世界银行提出“加快发展各国私营部门”新战略，发展出一套衡量和评估各国私营部门发展环境的指标体系，即企业营商环境指标体系。为更好实施促进各国私营部门发展的战略，世界银行成立Doing Business小组，负责企业营商环境指标体系创建（世界银行驻中国代表处的官方网站是：http://chinese.doingbusiness.org/zh/data/exploreeconomies/china）。中国的“2019营商环境便利度分数”是73.64分，对应的“营商环境2019排名”是46位。

② 请见中华人民共和国中央人民政府网：http://www.gov.cn/zhengce/content/2018-11/08/content_5338451.htm.

明确时限，提高政策的落地效应，增强市场主体的获得感。又如，国务院办公厅发布的《关于部分地方优化营商环境典型做法的通报》（国办函〔2018〕46号）①，面向各省、自治区、直辖市人民政府，国务院各部委、各直属机构，通报28项优化营商环境的典型做法，旨在推动形成竞相优化营商环境的良好局面。通过通报典型做法，强化政策认同，无疑也是政策宣传的一种方式。

二、拟定政策执行的进度表

《关于聚焦企业关切 进一步推动优化营商环境政策落实的通知》针对减少社会资本市场准入限制、推动缓解中小微企业融资难融资贵问题、清理地方保护和行政垄断行为等设定了若干具有明确责任主体和落实时间的事项。这样的“时间进度表”无异于为“改善营商环境”拟定了执行计划。这些事项可用表6-3-1加以显示。

表6-3-1 “改善营商环境”政策执行的计划表

序号	落实时间	责任主体以及落实的政策事项
1	2018年11月10日前	国务院审改办、市场监管总局会同有关部门，按时在全国范围内对第一批106项涉企行政审批事项开展“证照分离”改革，逐一制定出台直接取消审批、审批改为备案、实行告知承诺或优化准入服务的具体办法和加强事中事后监管的措施，并于2018年11月10日前向社会公开
2	2018年年底前	修订完成并全面实施新版市场准入负面清单，推动“非禁即入”普遍落实
3	2018年年底前	全面实现货车年审、年检和尾气排放“一次检测、一次收费”，再取消10%以上实行强制性认证的产品种类或改为以自我声明方式实施
4	2018年年底前	提出优化企业注销流程的改革措施
5	2018年年底前	各地区要设立营商环境投诉举报和查处回应制度
6	2018年年底前	市场监管总局牵头，清理废除现有政策措施中涉及地方保护、指定交易、市场壁垒等的内容，查处并公布一批行政垄断案件，坚决纠正滥用行政权力排除、限制竞争行为
7	2018年年底前	商务部督促各地区在省级层面建立健全外资投诉处理机制，及时回应和解决外资企业反映的问题
8	2019年3月底前	发展改革委、商务部负责，全面清理取消外商投资准入负面清单外对外资设置的准入限制，实现内外资准入标准一致

① 请见中华人民共和国中央人民政府网：http：//www.gov.cn/zhengce/content/2018-08/03/content_5311523.htm.

续表

序号	落实时间	责任主体以及落实的政策事项
9	2019年3月底前	修订公布新的行政许可事项清单，清单外许可一律视作违规审批
10	2019年	修订《公平竞争审查制度实施细则（暂行）》
11	2019年	在试点基础上，在全国开展全流程、全覆盖工程建设项目审批制度改革，全部实现各类投资审批在线并联办理
12	2019年	商务部、发展改革委、司法部组织各地区和各有关部门，完成与现行开放政策不符的法规、规章和规范性文件的废止或修订工作 司法部、商务部、发展改革委加快推动统一内外资法律法规，制定外资基础性法律
13	2019年	国务院审改办组织各地区、各有关部门清理各类变相审批和许可，对以备案、登记、注册、目录、年检、监制、认定、认证、专项计划等形式变相设置审批的违规行为进行整治 国务院审改办要组织有关部门试点开展现有行政许可的成本和效果评估，充分听取企业、公众、专家学者的意见，并根据评估结果，及时调整完善相关许可
14	不设定具体时限	抓紧研究提出继续降低企业税负和降低社保费率的具体办法 加强教育、医疗、公证、公章刻制等服务收费监管，开展行业协会商会收费检查 加快推进政务服务标准化，精简行政处罚事项，制定规范自由裁量权的办法，纠正执法随意、“一刀切”执法等现象 对有市场需求的中小金融机构加大再贷款、再贴现支持力度，提高对小微和民营企业金融服务的能力和水平 针对当前民营企业融资难，运用市场化方式支持民营企业债券融资，由人民银行依法向专业机构提供初始资金支持，委托其按照市场化运作、防范风险原则，为经营正常、流动性遇到暂时困难的民营企业发债提供增信支持；条件成熟时可引入商业银行、保险公司资金自愿参与，建立风险共担机制

三、组织准备，加强督查

不论是表6-3-1显示的各“责任主体”——诸如发展改革委、商务部、司法部、国务院审改办、市场监管总局等，还是上述《通知》等所针对的“责成对象”——诸如各省、自治区、直辖市人民政府，国务院各部委、各直属机构等，都算是落实“改善营商环境”政策而有赖的组织基础。面向这些组织所做的部署，则算得上是为落实该项政策而做出的组织准备。整个部署过程则离不开各种人力、物力和财力等物质资源的支撑，这些物质资源算得上是落实该项政策所需要的物质准备。这些物质准备既包括前期已经投入的资源，比如开会所用的会场及其中相应的各种设备；也包括为某个新的具体部署而重新做的投入，比如为研讨某个议题而召集专家，需要为专家支付的劳务费；还包括因为实施该项政策所造成的改变及其带来的那些可能的潜在成本，比如：被废弃的证书、设备等。

此外，上述《通知》还特别强调对政策落实的督促检查。督查是一个有组织的过程，其本身也会耗费一定的物质资源。督查旨在对贯彻执行中央决策部署不力、重大政策落实不到位、重大工程项目严重滞后、推进“放管服”改革不作为乱作为、督查发现问题整改流于形式等问题，依法依规予以严肃问责。营商环境是国务院的一个督查重点。

中国政府对改善营商环境的重视和努力正日益得到认可。世界银行报告称，2018 年全年中国实施的改革数量居东亚太平洋地区之首，因此营商环境全球排名从第 78 位大幅提升至第 46 位，首次跻身全球前 50。

（说明：本例改编自智库·百科、百度百科、中国政府网、中国日报网、中国网财经等）

（二）政策执行的实施阶段

政策执行的实施阶段是实现政策目标的关键环节，主要包括政策试点、政策推广、政策协调与监督等内容。

1. 政策试点

政策试点是指在一项新政策正式推广之前，根据政策对象和适用范围的实际情况，选取有代表性的局部地区或群体试行政策的办法。政策试点既可以发现偏差、及时反馈来验证与完善政策，又可以从中获取实施办法、经验等具有普遍意义的东西，从而为政策的全面贯彻做好准备。对于一些涉及全局、非常规性、风险性较高、影响因素复杂的政策，都应该选取试点，谨慎实施，降低政策执行成本。

由于试点承担着“以点带面”的职能，故试点对象的选取、试点方案的设计和试点经验的总结非常重要。要保证试点地区或群体的代表性与典型性，并在政策试行时尽可能降低人为因素干扰。

案例 6－3－4　中国六大城市跨境电商政策试点大盘点

在中国进出口外贸需求趋紧的背景下，由政府部门运作的跨境电商正蓬勃兴起。2013 年 8 月 29 日，国务院办公厅转发了商务部等 9 个部委《关于实施支持跨境电子商务零售出口有关政策的意见》，自 2013 年 10 月 1 日起在已经开展电子商务通关服务试点的上海、重庆、杭州、宁波、郑州 5 个城市展开新政策试点，2013 年 9 月，广州亦获批成为跨境电子商务试点城市。六大试点的商贸模式各有特色，均取得显著效果。

上海跨境电子商务贸易试点模式为网上直购进口模式、网购保税进口模式，一般出口模式，城市跨境电商在于直购和保税进口以及一般出口。目前，上海跨境贸易电子商务平台（简称“跨境通”）自2013年12月28日上线，逐步完善跨境服务三大模式，目前已经形成直邮中国和自贸赚取模式，业务地区涉及涵盖美国、韩国、澳大利亚、新西兰等多个跨境网购热点国家，跨境电商品牌集聚规模效应初步显现。

重庆的跨境电子商务试点特色在于其是全国唯一具有跨境电商服务四种模式全业务的试点城市，即包括一般进口、保税进口、一般出口和保税出口。2014年6月，重庆西永综合保税区重庆跨境贸易电子商务公共服务平台上线，跨境电商成为重庆西永微电子产业园发展现代服务业的重点方向。

杭州跨境电商产业园，是目前浙江省唯一集“保税进口”与“直购进口”模式于一体的全业务跨境贸易电子商务产业园，并设有跨境一步达。目前，杭州经济技术开发区保税进口业务累计交易订单突破近76万单，位居全国6个试点城市前列。未来，杭州将在原有试点成果基础上，向国家申报中国（杭州）网上自由贸易试验区。

宁波保税区主要从事跨境进口电商贸易，其依托保税区的优势，开展“保税备货模式”，即跨境企业在国外批量采购商品，通过海运备货到保税区制定的跨境仓内，消费者通过网络下订单，电商企业办理海关通关手续，商品以个人物品形式申报出区，并缴纳行邮税，海关审核通过后，商品包裹通过快递公司派送到消费者手中。截至2014年11月27日，保税区已累计引进电子商务企业230家，其中获批跨境进口电商试点企业117家，上线71家，商品备案72家，同时，“跨境购”平台上线。2014年12月16日，宁波保税区“政企通”服务平台完成验收，正式上线运行。

郑州是国内唯一利用综合保税监管场所进行跨境电商试点的城市，可形成以郑州为中心的跨境物品集散中心，电子商务产业集聚效应初步显现，全市有1个国家级电子商务示范基地、5个省级示范基地、2个省级产业园区。2014年，郑州开通了“E贸易”试点平台，平台吸引了包括韩国馆3000多家、德国馆310多家、以色列馆100多家企业到郑州展开业务对接，目前平台已入驻319家企业。“E贸易”主要业务模式为跨境B2C营销模式，所售商品直接与海外生产商联系合作，中间不经过任何代购、代销环节，直接到消费者手中，保证了商品原汁原味的进口质量。

广东作为第一外贸大省，跨境电子商务交易额占全国交易总额的七成。广州跨境电商主要走B2B、B2C两种渠道，2014年11月27日，广州正式开通“21世纪海上丝绸之路”跨境电商平台，并与中国东盟商务理事会签署了《21世纪海上丝绸之路产业合作行动计划书》，以此支持广州跨境电商的发展。另外，随着广州自贸区获批在望，跨境电商在广州白云机场综合保税区的布局激战已经打响。

总体来看，随着首批跨境电商城市试点，跨境电商自2013年以来正逐步变得理性。随着政策的进一步放开、推广，未来前景将会更好，市场仍待开发完善。

2. 政策推广

政策推广指在取得试点经验基础上，政策在更大范围内实施。在这个过程中，要遵循原则性与灵活性统一的原则。所谓原则性，指政策在各地推行时，必须严格按照政策规定去做，不折不扣地实现政策目标；灵活性则是允许在不违背政策精神与方向的基础上，坚持从实际出发，采取灵活多样的方式方法，因地制宜、因时制宜，提高政策与地域、人群等的契合度。

案例6-3-5　更大范围推广中关村促进科技创新试点政策

2010年起，国家在北京中关村自主创新示范区先行先试了金融、财税、人才激励、科研经费等促进科技创新的一系列政策，取得积极成效。当前，必须加快创新驱动，以更大力度推进科技体制机制改革，在更大范围推广实施试点政策，用政府权力的“减法”换取创新创业热情的“乘法”，这有利于激发人们尤其是科研人员的主动性、积极性、创造性，加快创新成果转化，推动高新技术产业成长，打造中国经济发展新动力，促进经济向中高端水平迈进。具体而言，从几个方面进行政策推广：

第一，把6项中关村先行先试政策推向全国。包括加快落实先期已确定推广的科研项目经费管理改革、非上市中小企业通过股份转让代办系统进行股权融资、扩大税前加计扣除的研发费用范围3项政策，以及此次将推开的股权和分红激励、职工教育经费税前扣除、科技成果使用处置和收益管理改革等3项政策。

第二，在所有国家自主创新示范区、合芜蚌自主创新综合试验区和绵阳科技城，推广实施4项先行先试政策，包括：一是给予技术人员和管理人员的股权奖励可在5年内分期缴纳个人所得税；二是有限合伙制创投企业投资于未上市中小高新技术企业2年以上的，可享受企业所得税优惠；三是对5年以上非独占许可使用权转让，参照技术转让给予所得税减免优惠；四是对中小高新技术企业向个人股东转增股本应缴纳的个人所得税，允许在5年内分期缴纳。

第三，围绕鼓励引进海外高层次人才、拓宽科技企业融资渠道、支持设立适应科技企业特点和需求的保税仓库等，研究推动在中关村开展新的政策试点。

第四，依托国家高新区，在天津、湖南长株潭以及东中西部一些地方再建设一批国家自主创新示范区，使先行先试政策在更大范围、更多地区发挥效益。对具备条件建成示范区的高新区，要加强培育指导、加快建设，让创新创业之火形成燎原之势。

3. 政策协调与监督

协调与监督贯穿政策执行的全过程。政策协调是指运用行政、法律、经济等各种手段，调动并利用人力、物力、财力等多种资源，使政策执行过程中所涉及的不同执行机构和人员共同参与、紧密配合。而监督则是在政策执行过程中，为了避免执行人员由于认知偏差、利益追求等导致政策目标偏离，让立法机关、行政机关、公众媒体等主体对其进行监督，及时发现问题并纠正的过程。

案例6-3-6　湖北省运用大数据开展惠民政策落实情况监督检查

2016年，湖北省计划用四个月时间，在17个市州所有县（市、区）运用大数据方式，对城市低保、农村低保、农村五保、医疗救助、城镇保障性安居工程、农村危房改造、农业支持保护补贴（含粮食直补、农资综合补贴）、退耕还林补助8个惠民政策落实情况开展集中检查。检查分动员培训、比对核查、整改问责、总结提高等阶段，主要任务是通过采集、整合、比对2014年以来8个惠民政策落实相关数据信息，发现问题线索，查处违纪违规问题，为惠民政策落实提供纪律保障。

各地各单位将按照统一谋划部署、统一协调指导、统一软件研发、统一核查要求、统一汇总分析“五统一”要求，牢牢抓住线索核查这个关键环节，真实完整采集数据信息，准确把握处置政策，健全政策落实长效机制，确保监督检查工作取得实效。对核查出来的问题线索，要坚持从实际出发，严格按照纪律法律规定，根据问题性质和情节轻重，区分情形，厘清责任，分类处置，保护基层干部干事创业的积极性，最大限度地凝心聚力。

新闻媒体将对8个方面的最新惠民政策进行解读，对惠民资金的发放情况、整改处理结果等公示公开，接受群众监督。要将巡查督导贯穿监督检查工作始终，严肃工作纪律，弘扬党的优良作风，为监督检查工作提供保障。

湖北省运用大数据、互联网等信息化技术手段，对惠民政策的落实进行了精准监督。这为政策的执行提供了坚实的保障。

（三）政策执行的总结阶段

政策执行完毕后，应及时总结，以便为新的政策制定和政策执行方式的调整提供参考。该阶段的第一个环节是执行效果评估，用以检验出政策执行是否达到预期目标。该环节关键在于，是否有科学的指标和严格的程序进行评估，不能靠政策制定者或执行者的主观判断。目前，第三方评估在我国得到了较好推行，有助于弥补传统政府自我评估的缺陷，在促进服务型政府建设方面发挥了不可替代的作用。第二个环节是执行追踪决策，指根据执行信息反馈对政策所做的根本性修正与变革，实现政策优化。

案例 6－3－7　第三方政策评估将进入发展加速期

2013 年 9 月，国务院首次引入第三方评估，委托全国工商联对鼓励民间投资"新 36 条"的落实情况进行评估，这是改革开放以来第一次小范围的第三方政策评估。2014 年，国务院在派出 8 个督察组分赴各地各部门全面督查的同时，委托 4 家机构开展第三方评估。如委托中国科学院、国务院发展研究中心、中国科协等第三方机构对大众创业万众创新、增加公共产品和服务供给、精准扶贫等政策落实情况进行评估等。这些政策对稳增长、扩就业、惠民生都有积极的作用。接受委托承担第三方评估的机构，都在政策方面有较多的研究，熟知重大政策，具有参与评估的基础和能力。

独立第三方机构能够更加客观和公正地对政策落实情况进行评估，发现政策落实过程中的问题，将结果反馈给国务院及相关部门，以解决问题，完善政策，从而使国务院的重大政策落实得更好，并让政策的实施更加科学化，提升整体水平，是促进重大政策不断落到实处的重要方式，是完善国家治理体系的重要组成部分。第三方在政策落实情况的评估过程中，自身的政策水平和评估能力也会得到提高，将进一步提高评估工作水平，使第三方评估工作更加规范、完善和严谨。

二、公共政策执行的手段

（一）行政手段

行政手段是指依靠行政组织的权威，采用行政命令、指示、规定及规章制度等方式，按照行政系统、行政层次和行政区划来实施政策的方法。它具有权威性、强制性、对象的有限性和时效性的特点。

（二）法律手段

法律手段是指通过各种法律、法令、法规、司法、仲裁工作，特别是通过行政立法和行政司法方式来调整政策执行活动中各种关系的方法。它具有权威性、强制性、稳定性、规范性的特点。

（三）经济手段

经济手段是指根据客观经济规律和物质利益原则，利用各种经济杠杆，调节政策执行过程中的各种不同经济利益之间的关系，以促进政策顺利实施的方法。经济手段运用价格、工资、利润、利息、税收、资金、罚款以及经济责任、经济合同等来组织、调节与影响政策执行者和政策对象活动。经济手段有三个特性：第一，间接性；第二，有偿性；第三，关联性。

（四）思想引导手段

思想引导手段是一种以人为中心的人本主义管理方法，它通过运用各种方法做人的思想工作，引导政策执行者和政策对象自觉自愿地去贯彻执行政策，而不从事与政策相悖的活动。常用的思想引导手段有：制造舆论，即在政策执行过程中要大力宣传，使政策内容深入人心；说服教育，即对少数不按政策执行或抵触的对象采取个别谈心方法，做深入细致的思想教育工作，做到以理服人，而不是以势压人、以大话唬人；协商对话，即在政策执行中，决策者和执行者应就政策深层次问题征询群众意见，与群众展开对话协商；批评与表扬，即对政策执行得好的单位和个人给予表扬和鼓励，对执行不力、敷衍塞责者和违抗政策者给予批评和惩罚，以达到弘扬正气、压抑邪气的目的。

第四节 公共政策执行的影响因素

一、政策问题、政策质量与政策执行

一项公共政策能否得到有效执行，除上述因素之外，还取决于政策问题的性质、政策的质量、执行机关的效能、政策对象的情况、政策执行的外部环境等因素。这里着重分析一下前面两个因素对政策有效执行的影响。

公共政策执行的成功与否，与政策要解决的社会问题本身密不可分，这是由社会问题本身的基本特性决定的。政策问题的性质影响有效执行的因素主要表现在三个方面：第一，问题本身所涉及的范围。从现实情况来看，有的政策问题性质比较单一，所涉及的范围较小，那么针对此类问题所制定的政策，执行起来就比较容易，反之难度就会增加。第二，问题本身的复杂程度。一般而论，政策问题的复杂程度取决于问题的成因、问题对社会生活的影响、与其他社会问题的关联性这三个方面。由于政策问题本身的纷繁复杂，即使拿出了较好的政策方案，在执行之中仍然会遇到相当大的阻力和困难。第三，随着问题的产生需要调节的行为量的大小。不同的社会问题涉及的人口会有相当大的差别。随着人员的增多，相互之间的沟通、协调的难度也就加大，所需政府调节的行为量显然也会增大，这就增加了政策执行的难度，必将消耗更多的政策资源。

政策本身的质量优劣是影响政策有效执行的又一个重要因素。可以说，质量好的政策是政策有效执行的重要基础和前提。政策质量的高低主要由以下三个要素来衡量：

1. 政策的可行性程度。政策的可行性，是指既定的政策具备了执行所需要的客观条件，经过政策执行者的主观努力，可以实现客观与主观的统一，最大限度地发挥政策的效力，圆满地实现政策目标。因此，政策目标的明确与否直接关系到政策执行的效果。

2. 政策的合理性程度。一般来说，一项合理的政策是建立在坚实的理论基础之上的。这个理论基础为政策规定提供了令人信服的逻辑前提。例如，“实践是检验

真理的唯一标准”“科学技术是第一生产力”的论断分别在不同的层面构成了我国许多公共政策的逻辑前提。逻辑前提的选择将直接影响政策在一定条件下的合理性。另外，政策的合理性意味着决策者是理性的；政策制定是经过一番周密思考的，而非情绪性的、武断的。

3. 政策的合法化程度。合法化是指公共政策经法定权力机构按照正规的程序予以认可。公共政策一旦合法化，便意味着它取得了政治系统的承认，获得了正式的公共性和权威性，从而使政策在执行过程中能以法律为后盾，减少干扰，排除阻力，确保有效实施。

二、执行主体与政策执行

所谓公共政策执行主体，是指负责组织落实公共政策的人和组织。主要包括国家和地方政府行政机关、司法机关、被赋予执行权的其他公共机关以及供职于这些机关的公职人员。在我国，除上述机关和人员之外，还包括中共各级领导机关、领导者和其他享有执行权的党的干部。

（一）执行主体在政策执行中的地位与作用

任何公共政策的执行活动最终都要依靠各级执行机关和执行人员来进行。执行机关掌握着实施政策的方法、技术和资源，是将政策贯彻于政策对象中去的施动者；政策执行人员的自身素质、政策水平、管理水平的高低直接影响着政策任务的完成。他们可以积极主动地、创造性地执行政策，使政策得以顺利实施；也可能由于软弱无能、效率低下或抵制政策、钻政策空子而造成政策失败。由此可见，执行组织与人员自身的状况直接影响着公共政策目标的实现。

（二）执行者的素质要求

合格的、高素质的政策执行者至少应该具备如下几个条件：

第一，较高的思想政治觉悟；

第二，积极的意向和工作态度；

第三，合理的知识和能力结构；

第四，较高的管理水平。

（三）政策执行组织的合理结构

政策的顺利执行，还需要有一个精干、合理、高效的组织机构。组织机构合理，其功能会大于所有执行人员个人作用的简单相加；组织机构不合理，因内耗而造成的组织功能损失就会大大增加。为使组织机构的配置合理，就要充分考虑执行人员年龄结构、知识结构、能力结构乃至性格志趣方面的协调与互补。

三、政策对象与政策执行

公共政策的目标是多种多样的，但这种目标总要表现为对一部分个人、群体或组织的利益进行分配或调整，表现为对一部分个人、群体或组织行为的指导、制约或改变。这些个体、群体和组织就是政策对象，即政策执行主体在实施政策过程中所发生影响和作用的承受者。政策执行能否达到预期目标，还与政策对象有着直接关系。政策对象认同、接受政策，政策执行就有可能成功；反之，政策执行就会有可能失败。可见，政策对象对政策认同和接受的程度，是对政策能否有效执行影响甚大的一个要素。

政策对象对政策执行的影响，首先表现在政策对象的数量上。一般而言，政策涉及的政策对象的数量越多，执行的难度就越大。其次是政策对象的类型。类型越多，就越难以约束政策对象。最后是政策对象的行为调节和变化的幅度。如果对政策对象的思维方式和行为方式的调整与他们原来的习惯差距较大，政策执行的难度就大。在这种情况下，往往需要“缩小”对政策对象行为的调节量，或采取“渐进”的政策执行方式。

四、外部环境与政策执行

（一）自然环境

公共政策执行系统的自然环境是指与政策执行系统发生密切联系和交互作用的自然条件。这些自然环境因素主要包括：

1. 地理因素，即山川、河流、湖泊、海洋、土壤等自然条件；
2. 生物因素，即植物和动物等自然条件；
3. 宇宙因素，主要指靠近地球表层的大气和空间。

一定的自然环境与一定的政策执行系统有着这样那样的联系，影响着政策执行过程及其结果。因此，政策执行者应该正确认识和分析当地的自然环境条件，因地制宜，趋利避害，展开执行活动，实现政策目标。

（二）社会环境

政策执行系统的社会环境是指由人以及人的活动形成的，并对政策执行活动产生直接影响的各种社会因素。这些因素通过社会的经济、政治、文化、教育、科学、技术、精神、道德风尚、风俗习惯等表现为社会的政治环境、经济环境和社会心理环境等。

1. 政治环境

政策执行者和政策对象所面临的政治环境，不仅可能影响政策对象对政策的接受程度，而且还会影响到政策执行者所采取的行动。通常，影响公共政策执行的政治环境包括三个方面：（1）政治文化；（2）民众的支持与大众传播媒介；（3）国内政局与国际社会。

2. 经济环境

政策执行自然要受到经济环境的制约和影响。通常，经济环境的变化很可能会影响政策对象、一般民众乃至执行者对政策目标的支持，也会影响执行者的执行效率和政策目标的实现。在一般情况下，某一社会的经济越是富有活力，就越有助于各项政策的有效执行；反之，不良的经济环境则会引起人们在认知上、情感上以及评价上的改变。就有些政策本身而言，作用的发挥也取决于其所处的经济环境，例如，在经济萧条时期，就业政策就很难发挥作用。

3. 社会心理环境

一定的社会心理态势是政策能否有效地执行的重要条件。对政策的有效执行具有决定作用的社会心理因素，就是广大民众特别是政策对象对所实施政策的心理承受力。所谓心理承受力，就是一系列变革对社会造成的心理震荡幅度，以及民众对政策的理解和支持程度。政策能否有效地执行，与社会心理承受力有十分密切的关系。当民众的心理承受不了某项政策时，即使政策本身设计得再好，也是难以实施的；反之，如果某项政策符合民众的心理，那么它就会得到民众的拥护，就能够为民众所接受。

案例6-4-1　B市S垃圾处理设施社会稳定风险评估政策执行的影响因素分析

多年来，我国经济、社会建设取得世人瞩目的成就。但在这个过程中，也积累了很多问题，对社会秩序造成威胁。如何在发展中保持稳定成为现阶段必须面对的重要课题。基于此，党和政府对重大决策和重大工程引入“社会稳定风险评估制度”（简称“稳评”），强调维稳的关口前移和风险的源头治理。2011年，国家“十二五”规划纲要首次明确提出“建立重大工程项目建设和重大政策制定的社会稳定风险评估机制”，此后，在党的十八大报告、十八届三中全会《决定》、十八届四中全会《决定》等重要文件中又多次强调了“稳评”对于构建社会主义和谐社会的重要性和必要性。在中央部署下，“稳评”制度于全国各地迅速推行。但从近几年因重大工程所致冲突的频率与数量来看，似乎并未收到预期效果。有的事件中甚至出现原始矛盾激化、事态升级的风险治理悖论。

B市S垃圾处理设施的社会稳定风险评估是一个显著的例子。对该项目社会稳定风险评估起到指导作用的中央与地方政策共有7份，整合看来，这7份政策文件从四个方面对稳评提出了要求：第一，风险评估的目标。应是从根本上“保障广大人民群众根本利益”“正确把握和妥善解决人民群众最关心、最直接、最现实的利益问题”，“从源头上预防和减少不稳定因素”“提高重大决策科学化、民主化、规范化、法治化水平”等。第二，风险评估的操作及流程。(1) 评估时序。要求社会稳定风险评估必须在项目立项之前进行。(2) 评估主体。可以在“重大项目实施部门”和“具备相应评估能力和具有相应资质的社会中介组织”间自行选择，但必须体现“主体多元化”特征。(3) 评估内容。规定“重点围绕拟建项目建设实施的合法性、合理性、可行性、可控性进行评估论证”。(4) 评估方法。“如何评估”的文本论述可分为信息公开与意见征集两部分，对二者的要求均为“多渠道”。第三，对风险防控的规定。要求运用风险评估结果，提出化解对策。实现依照风险等级进行“精细化防控”和以项目生命周期为基础的“追踪型防控”。第四，对风险治理追责的规定。为保证稳评效果，应根据“谁主管谁负责、谁评估谁负责、谁决策谁负责”和“属地管理、分级负责”的原则进行责任倒查。

但在实际执行中，却出现了诸多问题。比如，S垃圾处理设施是在拟建决策确定后才进行稳评，导致稳评成为补充追加的“可选项”而非立项前的“必备项”，风险评估存在“项目本位”倾向，畸化为项目顺利立项的“保护罩”，导致在民意征集时出现操作程序、数据造假等，对民众利益考量不足，偏离了制度设计初衷；评估方法不科学，信息公开不足，虽然搜集了公众意见，却并未运用到决策的调整中。说明会、听证会等协商过程成为走过场的形式主义；对评估对象没有进行精细化分类，将不同群体引发的风险混为一体，共同处置，故难以化解不稳定因素，甚至引发不同利益群体之间的对立与争执，反而扰乱社会秩序。

由于S垃圾处理设施的社会稳定风险评估存在上述种种问题，效果自然也不好，“稳评”政策化解风险的目标未能实现。

一项制度的实施受到制度本身、执行机构、目标群体和环境因素等的公共影响。在B市S垃圾处理设施的社会稳定风险评估工作中，作为目标群体的重大工程利益相关者具有较强的参与稳评工作的渴望，对制度推行并不造成阻力。执行效果受阻主要归咎于地方政府执行意愿与能力不足，而执行意愿与能力进一步受制于制度本身的不完善，以及相应的政治环境的约束。

1. 地方政府的政策执行意愿与能力不足

(1) 执行意愿不高。虽然稳评可以由项目建设方或第三方具体操作，但责任承担主体还是地方政府。因地方政府追求 GDP 的内在冲动短期内难以改变，自然希望对拉动经济作用巨大的各类重大工程能顺利开工，故稳评作为一道限制性关卡，难以得到积极推行。主观动机缺乏容易造成对稳评结果的人为操作，无法起到预测社会风险的目的。因此，将项目稳评的前置性审查权交由地方政府负责，很难保证实现制度的初衷。

（2）执行能力不足。由于稳评工作推广的时间不长，尚未形成专门、固定的管理机构，很多地区都是以党政领导班子和规划、公安等职能部门主管临时组成的“稳评工作小组”“稳评办公室”主持工作。但风险评估作为一项专业性强、技术含量高的研究活动，要求评估者具备评估的专业知识和专业技能，如设计问卷、概率抽样、精算分析、处理数据等，上述组织在这方面的专业人才储备显然比较薄弱。即便委托第三方来具体操作，也可能因为政府管理人员对相关基本知识掌握不足，导致对稳评的认识不深入、认可度不高、难以结合评估结果进行科学决策，与政策目标出现偏差。

2. 稳评政策本身不完善

重大工程社会稳定评估政策还是一个新鲜事物，目前尚处于探索阶段，而中央文件作为指导性意见，又给地方政府的政策本土化与精细化留下了巨大空间。在这个创设、实践、修正的过程中，政策本身的冲突性、模糊性与象征性给实践带来挑战。

（1）政策的冲突性。首先，目标设定的冲突。社会稳定风险评估制度框架中存在经济发展与社会稳定、民主政治之间的冲突。稳评致力于推动社会力量广泛参与决策，但“反对”几乎成为现阶段百姓的唯一诉求，该如何对待这种反对？焚烧厂不修也会带来很多经济和环境问题。可见公众参与稳评的政策设计初衷与地方乃至全国的经济发展目标并不一致，面临两难困局。其次，制度执行机构职能的冲突性。就 S 垃圾焚烧厂而言，该项目数年前便纳入 B 市政府“折子工程”，这显示了官方对该工程的认可与重视。因此，将稳评工作交给政府部门，无疑与其市政建设职能不相吻合，这也是稳评制度推行的阻滞所在。

（2）政策的模糊性。①语言表述的模糊。如对于评估主体，政策文本给出了非常宽泛的界定，且提出“可根据实际情况自行选择”。这样模糊的语言虽给基层制度本土化留出了空间，却也弱化了强制力，不利于执行。又如，对于民意征集的方式，文本表述多用“可以选择（问卷调查、座谈、实地走访等方式）”一词，这为评估方规避那些“有效但也容易失控”的参与渠道提供了条件，导致听证会这类实现民主的“利器”在稳评中普遍缺失。此外，对于评估内容、追责方式、惩戒手段等，在稳评文本中的阐释都具有相当的弹性。这种模糊或许是刻意为之，以避免操作时产生矛盾，但另一方面，也大大降低了政策效力。②责任分工的模糊。“应评未评”或“评而不准”所导致的社会失稳究竟由谁负责，制度表述是“有关部门”“主要责任人”等，而因其对评估主体的模糊化界定，“有关部门”包括了“委托主体”“实施主体”“监督主体”“责任主体”“决策主体”等不同面向，故在整个社会稳定风险评估与防控流程中，责任很难落实到具体某个组织、某个人身上，问责难以实现。

(3) 政策的象征性。“象征性政策”(Symbolic Policy) 源自默里·埃德尔曼(Murray Edelmam) 为代表的象征性政治与政策研究，指政府制定政策的主要目的在于迅速回应社会较为关注的价值，而非政策具体的执行效果。评估者、执行者往往认为该政策主要是为了给项目修建提供一种“舆论支持”，提高其合法性，具有一定的象征意味，因而削弱其执行积极性。

3. 政治环境制约

(1) 以“刚性稳定”为核心的传统稳定观。“刚性稳定”指以封闭性、排他性的政治权力为基础的稳定。这种观念把社会作为对象“管控”起来，目标则在于“绝对”安定。基于此，社会稳定风险评估政策很难实现保障广大人民群众根本利益的价值理性。相反，其作为一种尽早发现公众不满情绪，防范集体行动的管理工具，则得到制度执行者广泛认可。这进一步导致政府对群众意见的征集更多是为实现维稳目的，不愿、也不敢真正将社会力量吸纳到决策过程中。

(2) 以“指标考核”为主导的政治激励机制。在我国，竞争性选拔和任命是产生地方官员的主要方式，而提拔的参照系则是自上而下的干部考核体系。各地区虽标准不一，但都涵盖两项非常重要的指标：经济发展与社会治安。前文已经指出，这两者与稳评的根本目标均存在矛盾。对此，地方政府的工作人员不得不做出优先性选择，而GDP成为首选已是不争的事实。因此，无论社会稳定风险如何评估，尽可能保证项目上马成为不言而喻的共识。

第五节 公共政策执行偏差及矫正

一、什么是政策执行偏差

（一）政策执行偏差的含义

所谓政策执行偏差，是指执行者在实施政策的过程中，由于受主客观因素的制约，其行为效果偏离政策目标并产生了不良后果的政策现象。

政策目标的偏离和不良后果的出现是统一不可分的。政策是否偏离了政策目标，是根据政策执行当中出现的不良后果来确定的。也就是说，政策目标的偏离是执行偏差的本质属性，不良后果是执行偏差的表象特征。

（二）政策执行偏差的表现形式

1. 象征式政策执行

主要指在实施政策过程中，执行主体仅做表面文章，或只做政策宣传而不务实际，或“阳奉阴违”，或前紧后松，或敷衍塞责。其总的特点是政策最终成了一纸空文，根本谈不上解决什么具体的政策问题。

2. 附加式政策执行

主要是指政策在执行过程中被附加了不恰当的内容，使政策的调整对象、范围、力度、目标超越了政策原定的要求，特别是执行者在现行政策目标的基础上再自行增添了若干个新目标。“土政策”往往是附加式政策执行的一种典型表现形式。“土政策”是指打着贯彻上级政策要结合实际的旗号而自行附加额外目标的政策，它另搞一套，使政策执行复杂化，影响政策目标的实现。

3. 残缺式政策执行

主要是指一项完整的政策在执行中只有部分被贯彻落实，其余则被弃置不顾，使政策内容残损不全，不能有效地、完全地实现既定的政策目标。其典型表现就是“断章取义，为我所用”。

4. 替代式政策执行

主要是指在政策执行过程中被换上与现行政策表面上一致而事实上背离的内容。

这是一种极为严重的执行偏差，其政策内容、目标、性质已发生了根本的改变。它的特点是执行者在政策实施过程中“挂羊头，卖狗肉”。这种情况往往发生在政策与执行主体之间出现极为激烈的利益差异和冲突的时候。“上有政策，下有对策”就是一种典型的替代式政策执行。“有利的就执行，不利的就变形”。这就严重地损害了政策的严肃性、权威性和公共利益。

5. 观望式政策执行

主要是指在政策实施过程中，执行主体总是被动观望。它的特点是执行者采取一种“软拖”的手法，能拖的就拖，实在不能拖的只得勉强执行。

6. 照搬式政策执行

主要是指在政策实施过程中，执行主体机械地照搬照抄，“原原本本传达，不折不扣落实”。这样呆板地执行政策往往不能真正地解决问题、实现政策目标。它的特点是执行者把政策的原则性和灵活性严重地分离。

二、政策执行偏差产生的原因

（一）政策问题本身的复杂性

政策实施的成功与否，与政策所要解决的问题的复杂程度密切相关。就一般的情况来看，敏感的政治性政策、直接涉及人们利益分配和调整的经济政策、竞争性和敌对性的外交政策及军事政策、涉及领域众多的综合性政策（如环境保护政策）、创新性较强的政策等，大部分都属于比较复杂的政策。如果执行者对相关政策问题的复杂性没有充分认识，对相关政策的执行难度缺乏足够的思想准备，有可能产生各种形式的政策偏差。

（二）政策质量低劣

主要包括以下几种情况：

1. 政策目标错误或者模糊不清

政策目标的正确与否是衡量政策实施好坏的标准，进而成为政策实施效率的标准。政策目标错误，实施效率越高则失误越大。政策目标模糊不清是指：目标不切实际、难以达到；目标难以比较和衡量；目标没有所期望的明确结果；目标的完成超出政策执行者的职权范围；目标没有规定完成的期限。在这种情况下，执行者在实施政策的过程中往往会显得无所适从。

2. 政策内容混乱

无论是对于同一项政策的目标还是多项政策的目标，如目标之间不一致，相互之间发生冲突，那就意味着政策的内容是相互矛盾的。在执行这样的政策时，执行者要么犹豫不定、裹足不前，要么自相矛盾、产生内耗，影响政策效果，发生执行偏差。

3. 政策标准不合理

决策者在制定政策时，须注意政策标准要切合实际，要指出政策标准的未来可能变化，以便为实施活动的发展提供遵循的方向。否则，政策执行就可能发生偏差。

（三）政策环境的变化

政策环境具有复杂性、多样性、变异性等特点，这些特点给政策执行增加复杂性和困难；在执行政策时，政策环境会出现这样或那样的新情况、新变化、新问题，从而对政策的顺利执行形成挑战。如果执行者对这种挑战应对措施不当，政策执行偏差就有发生的可能。

（四）利益集团的压力

任何政策，势必涉及利益的调整，因而各利益集团必然千方百计地影响公共政策，这不但表现在公共政策制定的时候，同时也表现在公共政策执行的时候。利益集团对公共政策的影响在西方资本主义国家表现得尤为突出。现阶段我国也存在着国家利益、集体利益、个人利益三者之间的矛盾，以及各地区、各行业、各部门之间进行利益分配的问题。

（五）政策资源的不足

缺乏必要的政策资源，那么执行的过程肯定是不会顺利的，执行的结果也难以达到预期的目标，甚至会出现偏离政策目标的情况。

（六）缺乏健全的监督机制

监督体制和方法的不当，监督机构的权力过小或过大，监督制度的不健全，都会对政策执行机构和人员的行为产生重要影响，有可能导致或助长执行偏差的产生与扩大。

三、政策执行偏差的矫正

政策执行偏差的矫正，是指政策主体采取一定的纠正措施，使政策执行回到正确的方向并且消除不良后果的过程。

（一）矫正的对象

1. 政策本身。包括政策的内容、目标、范围、执行方式、程序等的调整。

2. 政策执行组织。包括执行组织的结构、领导者、领导方式、思想与工作作风、规模及管理方式等的调整。

3. 政策目标群体。包括政策目标群体的范围、具体对象、强度的调整。

（二）矫正的途径

以既定的政策为参考对象，执行偏差矫正的途径主要有：

1. 政策修正。指对既定政策的具体内容、适用范围、有关限定等具体规定做某些修正，使之趋向正确、完善、符合实际。

2. 政策增删。指在政策对象不变的情况下，对现行政策的具体条文做某些必要的补充和删减，或者扩大其内容、适用范围和延长其适用期限；或者缩小其内容、适用范围和缩短其适用期限等。

3. 政策更新。指在现行政策基础上做出的革新，除旧布新。它是政策在不改变控制对象的基础上，对现行规范进行整体性调整。

具体方法上，应采取综合治理的系统方法，从完善管理体制、提高执行人员素质、科学诊断政策问题、及时跟踪评估政策效果、强化政策监督控制、加强舆论宣传、政策执行风险评估预控等方面入手。

案例 6－5－1　博物馆免费政策执行的偏差与矫正

中宣部、财政部、文化部、国家文物局于 2008 年 1 月 23 日联合下发《关于全国博物馆、纪念馆免费开放的通知》（以下简称《通知》）。根据《通知》，全国各级文化文物部门归口管理的公共博物馆、纪念馆，全国爱国主义教育示范基地将全部实现免费开放。《通知》指出，文物建筑及遗址类博物馆暂不实行全部免费开放，继续对未成年人、老年人、现役军人、残疾人和低收入人群等特殊群体实行减免门票等优惠政策，可实行低价票政策，对上述群体实行免费或优惠参观，并向社会承诺定期免费日，制定家庭套票、定时段票等灵活多样的门票制度，吸引公众走进博物馆和纪念馆。

该政策实施以来，产生了一定的社会效果。从积极方面来看，主要体现在三方面：首先，经费门槛降低，参观人数增加。以上海博物馆为例，免费前，每天仅 300 人参观，双休日也不过五六百人。而免费后的第一个双休日，到下午三点就超过了博物馆日接待量的极限 3600 人，超过平时的十倍，博物馆只好采取限流措施。至 2008 年底，全国有 1007 个博物馆、纪念馆实现免费开放，观众突破 1.54 亿人次，是 2007 年的 1.6 倍。其次，一定程度上解决了博物馆的经费问题。过去，博物馆的门票收入是其总收入的重要组成部分，但由于客流量小，入不敷出是一些博物馆的常态，导致运行困难。免费政策执行后，门票收入减少部分由中央财政负担，运转经费增量部分则由中央财政按照东部 20%、中部 60% 和西部 80% 的比例补助。

地方财政部门要承担对当地博物馆、纪念馆的资金投入。这一举措大大解决了一些运行困难馆厅的经费问题。再次，增加了博物馆的活力。《通知》不仅对经费进行了规定，还从多个角度出发，对其运营给予了政策与发展方向上的指导，促使博物馆对其内部结构、运营方式进行调整，加强体制机制创新，提高运行效益、彰显社会效益。

在显著积极效应的同时，政策也带来了一些消极效果。最为显著的，是拥挤问题。免费开放不仅带来了散客数量的增加，也使得很多教育机构把博物馆作为学生教育场所，导致人数剧增，空间难以容纳，在应急机制不完善的情况下，存在很多安全隐患。而这进一步导致了参观质量的下降，诸多馆厅客流激增后，在停车场、休息室等硬件方面和服务员接待、讲解等软件方面效果都不甚理想。财政拨付这一举措，也在无形间影响了工作人员的积极性。此外，观众素质参差不齐又导致博物馆展品与设施常被破坏，对国家的物质文化资产造成损失。这些问题尚未得到很好地解决。

博物馆、纪念馆免费开放对于广大群众而言，无疑是极好的“惠民政策”。但执行中却引发了一系列问题，使政策出现偏差。这种偏差是由多方面原因导致的。

首先，政策资源的影响。一方面，免费开放后部分博物馆财力不足。虽然博物馆免费之后，中央财政给予了相应补助，但仍达不到博物馆的运作需求，其中以中西部的中小博物馆困境最为突出。尤其观众数量增加后，需要更多的人力、物力来保障博物馆的服务质量，这对资金支持提出了更高要求，成为博物馆最大的苦恼。另一方面，博物馆工作人员作为政策的一线执行者，其积极性与主动性对于政策推行效果至关重要。但博物馆的事业单位性质不可避免造就了工作人员服务意识的淡薄，尤其免费开放后，财政补贴份额增加，不再需要通过提升馆内软硬件设施来吸引游客，这进一步消磨了工作人员的热情。面对事情多、观众杂、难度大的新工作状态，缺乏应对动力。这无疑给博物馆免费开放带来新的问题。

其次，政策目标群体的影响。社会各个层次的观众是博物馆免费政策的目标群体，但观众素质层次不齐、行为差别较大，难以针对他们制定统一的规则和标准，也很难进行管理，导致政策执行效果打了折扣。

最后，政策执行环境的影响。比如博物馆内部环境，即组织制度、职业认同感、人际关系等，都会影响到工作人员的工作情绪，从而影响新政策的执行效果。而外部环境，如社会对文化生活的需求、对公共场合礼仪的了解与认可等，也会在一定程度上决定政策是否接近其初始目标。

第六节　我国公共政策执行中的问题及解决的思路

我国在公共政策执行中，由于体制、组织以及人员等因素的影响，存在着一些直接影响执行效果的问题，需要我们进行研究，这些问题主要表现为在以下方面：

一、决策主体与执行主体不分，执行缺乏相对的独立性

由于我国实行相对集中的管理体制，因此公共事务的决策权与执行权，主要掌握在各级政府组织手中，尤其是有些部门掌握在主要的领导手中，这种权力的高度集中，不仅会为公共权力的异化与腐败提供基础，同时，也严重干扰了公共政策的有效执行。因此，在我国进行决策、执行、监督三分开具有重要的意义。

二、执行主体缺乏一定的主动性，导致被动与机械执行

由于执行主体缺乏一定的执行自主权，因此，在执行中存在以下现象：（1）无视公共政策的精神实质，不考虑客观环境条件，对相关问题不能因时、因事、因地做出具体分析，机械地生搬硬套公共政策。（2）把执行政策片面地理解为层层传达了即可，对于实际执行情况并不关心。（3）无视公共管理中各种新情况、新问题、新特点，机械地执行陈旧的、过时的公共政策。（4）对于本地区、本部门的实际问题和实际情况并不做深入细致的研究，机械地照搬他人的经验，结果是“水土不服”的执行政策，其结果是使民众的利益受到损害。

我国公共政策执行中普遍存在机械执行现象最根本的原因在体制方面。长期以来，我国实行高度集权的管理体制，在这种体制下，片面强调权力的高度集中行使，上级决策下级执行，下级执行人员没有决策权。此外，公共政策执行中的机械执行与我国的人事管理制度和公共政策回应能力较低有关系。就前者而言，长期以来我们在人事管理中更强调的是上下级之间的指挥与服从关系，是否努力落实上级的各项政策是考核评价执行人员的基本依据之一，而对基层民众的实际需要则缺乏回应。

因此，要解决这一问题，一方面从改革高度集中的管理体制入手，上级机关通过有效地放权和授权，发挥基层的积极性与主动性；另一方面是执行面向基层、面向民众，把执行效果的评估与监督权交给基层民众。

三、执行手段单一化，执行扭曲变形

公共决策执行的基本手段包括法律手段、经济手段、行政手段和思想教育手段，它们在执行中各有优势和局限性。市场经济条件下的公共决策执行应更注重法律手段、经济手段和思想教育手段的运用。

我国在公共决策执行中普遍存在着滥用行政手段的现象，动辄命令、强制，使执行对象从心理上和行为上难以接受，行政手段在执行中扭曲变形。

忽视思想教育手段的运用，当代公共决策执行很多是针对群体的行为，群体的差异性与复杂性，使得公共政策的执行非常复杂与困难，因此，必须通过细致的宣传与教育工作，获得执行对象对公共政策执行的理解、接受、配合，减少决策执行的阻力。而只靠执行人员强制手段是无效的，甚至会引起群众的反感与强烈的不满，其结果是更不利于政策的顺利执行。

公共政策中的野蛮执行严重损害了政府及各类公共管理组织的形象，破坏了执行者与执行对象之间的关系，加剧了双方的矛盾与冲突，造成了公共管理资源以及社会资源的浪费和损失，降低了公共决策的执行效力。

四、越权和滥用权力执行，导致违法行政行为的产生

我国公共政策执行中的越权和滥用职权主要体现在两点：一是超越职权范围进行执法活动，无视上级领导机关、下级行政机关、平行机关、单位或者其他社会组织、社会成员的权力。二是超越法律与制度规定的范围，侵犯公民的人身权与财产权。如把城市收容制度演变为超期限制人身自由；把行政的某些强制措施变成不适当地扣压物资、提高经济处罚标准，甚至是谋取单位和部门的利益等，这些问题在行政执法领域表现得尤为突出。

公共政策执行中的越权和滥用职权，一方面严重地损害了政策和法律的权威性，打乱了公共决策与执行系统应有的权力秩序。另一方面违法行政行为侵犯了民众的利益，败坏了政府形象，其危害性是极大的。对越权的执行行为要按照行政管理的规定，进行责任处分与追究；对于侵犯公民合法权利的执法行为，应按照法律与法规的规定追究法律责任，并承担行政赔偿的责任。

五、执行中的部门利益和集团利益，导致决策目标的偏离

在公共政策执行过程中还有一种现象，就是下级组织与部门，为了各自的利益，歪曲、延缓甚至是抵制政策的执行，从而使上级制定的政策目标无法实现。其表现为：（1）对政策目标的实质精神进行歪曲，对本地区、本部门有利的政策内容加以

“发挥”“扩大”并积极执行，而对不利的内容采取“回避”的态度；（2）对不利于本地区、本部门眼前利益的政策，以各种借口拖延执行，甚至设置障碍，拒不执行，或者是“雷打不动”。防止出现此类现象，主要是加强上级部门对下级部门执行的监督，同时又要建立对执行不力的责任追究制度，从而维护行政组织的权威性，保证政策目标的实现。

【思考题】

1. 什么是公共政策执行?
2. 公共政策执行包括哪些环节?
3. 公共政策执行受到哪些因素的影响?
4. 公共政策执行偏差表现在哪些方面?
5. 中国公共政策执行中存在的问题及对策。

第七章

公共政策效果评估

为什么各地政府召开的价格听证会屡屡沦为“听涨会”？为什么政府提出和强调第三方评估？什么是循证公共政策？这些问题都属于公共政策评估的议题，也是本章关注和探讨的问题。无论是在公共政策执行前，还是在公共政策执行期间，抑或是在公共政策终结后，都需要对公共政策的成本、收益、效率、结果和其他影响进行评估。公共政策是政府部门干预经济和社会发展的重要手段，与此同时，它也受到政府自身和其他利益相关者的广泛关注和监督。

如果行将执行的公共政策无法达到预期目的，或者需要付出沉重的代价以致弊大于利，那么就需要依据政策前评估予以终止。如果正在执行的公共政策存在缺陷、遇到阻力或面临挑战，那么就需要对其可执行性和预期走向予以评估，并在必要时予以调整乃至终止。对于执行完毕并终结的公共政策，出于财政监督、行政问责与政府负责等方面的考量，需要对其成本和效益进行评估，以达到反馈、学习和持续改进的目的。

由此可见，政策评估并不仅限于公共政策结束后的评估，而是贯穿于公共政策的整个生命周期。政策评估为公共政策的利益相关者提供了关键的反馈信号，使他们能够了解公共政策的成效、前景和启示，进而为政策学习、政策改进、政策扩散和政策循环提供线索与依据①。因此，公共政策评估并非可有可无的环节，而是嵌入政策生态系统的关键部分。如果不开展政策评估，任由低效、无效乃至产生负面影响的政策丛生，不仅无助于政策问题的减轻和破解，而且会严重制约公共政策的效益和正面影响，打击社会公众等利益相关者对公共政策的支持和理解，并动摇政

① Mossberger K, Wolman H. Policy Transfer as a form of Prospective Policy Evaluation: Challenges and Recommendations [J]. Public Administration Review, 2003, 63 (4): 428 -440.

府的公信力和合法性。

本章聚焦公共政策评估的重要议题，具体分为如下部分：首先，本章对公共政策评估的基本要素和核心构件进行简要介绍，回答什么是公共政策评估、为什么要对公共政策进行评估、公共政策评估什么、谁可以对公共政策进行评估、如何对公共政策进行评估、公共政策评估之后怎么办。其次，探讨公共政策评估的主要议题，包括政策评估的价值取向、工具选择、利益相关者、循证公共政策、第三方评估等。实验法是公共政策评估中最常用的一种方法，因此本章接下来对随机受控实验、双重倍差法、综合控制方法、回归断点等政策实验评估技术进行简要评述。最后，本章对公共政策评估的争议、最新发展态势和未来前景等进行讨论，以明晰公共政策评估的走向与启示。

第一节　公共政策评估的构成要素

一、公共政策评估的内涵

很多人提出了公共政策评估的不同定义，使我们可以认识到这个概念的复杂性和多面性。例如，Vedung 指出“评估是指对一项正在进行或业已结束的政府干预的组织、内容、管理、产出和效果等的价值进行仔细评价，借此在未来的实践情形下发挥作用”①。

同政策评估相关但不同的概念包括项目评估、绩效测量、绩效评估等。

项目评估（program evaluation）是对具体的项目进行评估，它同政策评估密切相关。工程项目、建设项目、会展项目等，都是独特和一次性的，因此相互之间可比较的程度会受到限制。公共政策在任务分解、功能划分和具体执行时往往会表现为一个个具体的公共项目，此时公共政策评估同项目评估可以互换使用。项目评估关注的是一个个具体、独特和一次性的项目，而公共政策评估则不要求政策是具体的、独特的、一次性的。对一项政策的评估可能包含许多项目的评估，但这些项目评估的总和未必等同于政策评估的结果，因为二者并非简单的加法和减法关系。与此同时，适用于具体项目的评估方法可能未必适用于政策评估，反之亦然。

绩效测量（performance measurement）指对某个对象的绩效予以客观衡量，而不掺杂主观感知的成分。例如，对时间、资金量、人数等的度量，都有客观的指标和标准，而不会因人而异②。绩效评估或绩效评价（performance evaluation）是一个笼统的概念，可以指代对任何对象的绩效予以评估，如员工个人、职能部门、政府整体、具体项目和公共政策。

绩效评估不同于绩效测量，绩效测量是绩效评估的前提条件。评估包括了“估

---

① Vedung E，Six Models of Evaluation. In：Araral E，Fritzen S，Howlett M，Ramesh M，Wu X，editors. Routledge Handbook of Public Policy ［M］. London：Routledge，2013：387 - 400.

② Poister TH，Aristigueta MP，Hall JL. Managing and Measuring Performance in Public and Non-profit Organizations：An Integrated Approach ［M］. San Francisco，CA：Jossey - Bass，2014.

计”的成分，而评价离不开主观的“价值评判”，因此都同客观的绩效测量存在差异。例如，人们对时间的长短、资金的多寡、人数的大小等，都会有其参照系和主观偏见，即便是面对同样的测量结果，也可能得出完全不同的评价结论。政策评估吸收，借用了许多绩效测量和评估的理念与工具，但又不同于绩效测量和评估。

本书认为，公共政策评估是指政府、专业机构和其他利益相关者对某些即将、正在或已经执行的公共政策的成本、收益、效率、结果和影响等进行测量、研判和评价，从而达到明晰政策价值和启发政策行动的目的。

进一步来看，准确地理解公共政策评估的内涵，关键在于如何把握政策效果这一概念。只有了解政策效果包括哪些内容，才能界定公共政策评估的范围和基本准则。对于政策效果的理解，要防止以下两种片面的理解：

1. 将政策效果等同于政策预定目标的实现程度。如有人认为，“公共政策评估是对某项政策完成其目标的总效果的评估”或者“公共政策评估是对现行政策和公共方案在完成其预定目标方面所产生效果的一种客观的、系统的检测”等。这种认识的片面性在于它将公共政策评估的范围局限于政策预定目标的实现上，而无法对政策的所有效果进行全面的考察。我们知道，政策活动涉及面广、参与者众，因而带有很大的不确定性，一项政策执行后产生的许多效果是政策制定者所始料未及的，我们当然不能因为它们没有列入政策的预期目标就不予考虑。有时，这种政策的非预期效果甚至会占据突出的地位，并决定政策的最终取舍。

2. 将政策效果与政策输出混为一谈，即将公共政策评估仅仅视为对政策行为的一种检测，而忽略与政府行为相关的各种环境的变化。我们知道，单纯考察在政策过程中的政府行为是没有意义的，只有将政策输出放在政策周围的大环境中来分析，才能确认政策的实际效果。此外，由于政策资源的有限性，我们所讲的效果是指在一定的成本基础上的效果，并不是说一项政策，只要能取得好的效果，就可以不计成本，不惜代价。因此，研究政策的效果还需同时考虑成本因素。这里所说的成本，既包括投入某项政策的直接成本，还包括由于投入该政策而失去其他机会的间接成本。可以说，在公共政策评估中，评估者所考察的效果实际上是政策的纯效果，即总收益与总成本之差。

二、公共政策评估的发展历程

评估活动的历史由来已久。在原始社会，人们的群体活动方式是：男人主要从事狩猎和捕鱼，而女人则抚养幼儿。采用这种方式基于一种模糊的认识，即这样可以用最小的代价来谋取最大的群体利益。这种认识就可以视为一种古老而又初级的评估行为。人类有记录的公共政策评估活动产生于文字出现以后。古巴比伦人、古犹太人和古埃及人的法典里都记载了有关公共政策评估的内容。中世纪的公共政策评估活动不如古希腊和古罗马时代活跃，因为在这一时期，人们普遍接受政府事务与生俱来、无可改变的观点，因此很少有人对政策进行质疑。到了文艺复兴时期，一代政治哲学家如马基雅维利、霍布斯、洛克、孟德斯鸠等人对政治思想的评估为公共政策评估开创了一个新纪元，并由此奠定了现代国家的哲学基础。稍后的一些思想家也提出了不少公共政策评估的新思想，如亚当·斯密、边沁等人都在他们的著作中提出了实施公共政策就是要以最小耗费取得最大收益的思想，形成了现代公共政策评估中成本收益分析的基础。

在我国，公共政策评估也具有悠久的历史，现在保留下来的历史文献中包含着极其丰富的关于评估的思想和实践活动。例如，二十四史中详尽记载了历代统治者治理国家的经验和教训，《资治通鉴》则更为集中地反映了最高统治者的决策实践，而《孙子兵法》则通过对春秋战国时期大小千百次战争的总结，提出了一整套有关如何做出正确决策的原则和方法。现代意义上的公共政策评估始于20世纪六七十年代的美国。它的产生和发展可以归于以下四个方面的因素：

1. 从1951年美国学者拉斯韦尔第一次提出政策科学的概念以来，经过一批杰出的政策学家的不懈努力，政策科学已日臻完善。其中，公共政策评估作为政策科学的一个重要组成部分，越来越受到人们的重视，开始出现了有关公共政策评估的专业性杂志，大学和研究院普遍开设了公共政策评估的课程。此外，还成立了评估研究的专业协会。

2. 复杂的社会问题、尖锐的社会矛盾，迫使人们对政府活动的有效性问题进行反思，一些重大的政策问题，如贫困问题、通货膨胀等，引起社会各阶层的普遍关注。人们不仅要求政府对其所执行的政策做出说明，而且要求了解政策效果的全貌。

3. 政府部门在其长期的政策实践过程中，也逐步认识到了对政策进行评估的重要性。为了避免和改正政策失误，提高政策活动的效率，保证用较少的投入来获取较多的社会产出，政府对其政策的实际效果日益关注，并积极倡导评估，认真地吸取评估的成果。政府部门的重视，为政府内外的评估者创造了实践机会，并保证了评估资金的来源，这也是公共政策评估兴旺发达的一个重要条件。

4. 现代科学技术的发展为公共政策评估提供了科学的分析方法和手段。系统论的发展为公共政策评估提供了一个新的方法论，数理方法的不断完善使评估有了更为精确化的语言，而电子计算机的普及则为评估者提供了一种快速、准确的分析工具。科学的方法和手段是评估由传统迈向科学的关键，为公共政策评估的深入开展打下了坚实的基础。目前，公共政策评估已成为一种世界性的潮流，社会和经济发展中的种种矛盾，变幻莫测的世界风云，错综复杂的国际关系，使公共政策评估越来越成为一种迫切的需要。西方一些主要发达国家，如英国、法国、日本等和美国一样纷纷建立各种公共政策评估机构，出版公共政策评估的书籍和专业刊物，并将公共政策评估和政府部门的日常工作结合起来。许多发展中国家的政府也逐渐认识到评估活动的重要性，并在实践中竭力倡导和积极组织各种形式的公共政策评估。我国政府也十分重视公共政策评估。改革开放后，各种政策相继出台，如何衡量这些政策的实际效果，以更好地促进经济的发展和改革的实践，是我国政府面临的一个重大问题。政府各级领导开始认识到公共政策评估的必要性和重要意义，各级政策研究机构也正在将公共政策评估列入自己的工作重点，在一些地区和部门，公共政策评估已经成为一项重要的工作制度。

三、公共政策评估的目的

对公共政策进行评估的目的是多元的，并取决于评估主体的利益诉求和价值取向。通常来说，公共政策评估的目的至少包括以下四个方面：

1. 降低公共政策的机会成本。一项公共政策制定与否、如何制定和执行，其中涉及的利弊权衡非常复杂。在政策实施前对其预期成本与收益进行评估，可以避免错误或低效政策的出台而导致难以挽回的损失。推行一项政策而否决其他政策备选方案，就会产生机会成本，即因为其他政策备选方案未被采用而导致的相对机会上的成本。即便是在政策终结以后所进行的评估，也有助于避免其他类似情形下出台同样的政策可能产生的机会成本。

2. 借光、借力与获得合法性。当推行某项政策存有争议、遇到阻力或面临挑战时，需要政策评估提供专业支持。如果经由专业评估而得到的结论有利于政策执行，则为政府部门提供了出台政策的科学依据。来自社会公众和其他利益相关者的支持，也使政策出台有了民众基础和“口实”。与此同时，当政策获得了多数利益相关者的认可或默许时，政府部门因此就得到了社会合法性，这为政策执行提供了有力保障。

3. 强化政策反馈与政策学习。政策评估就像一个预警器或警报器，能够帮助政府部门发现政策方7案及其执行过程中存在的不足和问题，在政策实施前改善，在政策实施过程中刹车或调整，在政策实施后总结经验教训并使政府部门避免重蹈覆辙。某个国家、地区和部门的政策评估，也能够为其他国家、地区和部门提供镜鉴，避免在出台类似政策时犯同样的错误①。与此同时，政策评估有助于发现成功的公共政策，或识别某些领域的“最佳实践”。这就为其他国家、地区和部门提供了学习机会，使他们能够借鉴、移植和复制这些成功实践，并推动公共政策的传播、转移和扩散。

4. 问责：对政府责任与社会承诺的回应。政府部门出台的公共政策，通常耗费的是公共财政资源，干预的对象是社会民众和其他利益相关者，因此负有重大责任。政策评估使政府可以对同政策相关的责任予以回应，并兑现其对社会所做出的承诺。在行政问责日趋强化的情况下，政策评估是对政府部门问责的重要手段之一。政策评估及其由此产生的奖惩措施，就像悬在头顶的“达摩克利斯之剑”一样使政府部门和公共管理者存有敬畏之心，从而更加审慎和认真地制定和执行公共政策。

四、公共政策评估的功能

公共政策评估不能“一评了之”或“为评估而评估”，而是需要达到“以评促建”“以评促改”的目的。如果公共政策评估的结果被搁置一边或束之高阁，而没有得到充分地利用，那么政策评估的效果就大打折扣，甚至无法实现政策评估的预期目的。在政府绩效评估领域，同样存在类似的问题，即政府部门收集了大量绩效数据，但却并没有将之用于管理决策和绩效改进。政策评估所产生的绩效信息如果得不到政府部门的应用，公开披露以引起其他利益相关者的关注，并推动公共政策的持续和循环，就很难达到其既定目标②。

在公共政策评估后，应将评估结果以适当的方式反馈给政策制定和执行的政府部门，并通过适当的途径予以公开披露。公共政策评估可以使政府部门认识到已有政策的优势及存在的不足，并为未来政策的制定和执行提供经验依据，以优化公共政策并避免重蹈覆辙。公共政策评估还可以推动社会共识的形成，促进社会公众和其他利益相关者对政府部门的监督和问责，从而为政策优化提供压力和动力。公共政策评估可以为其他国家、地区和部门制定类似政策提供启示，并推动政策学习和扩散。公共政策评估还能够为研究人员提供宝贵的资料，使其能够进一步开展相关研究并推动政策优化。总而言之，完成公共政策评估之后，如果能够将评估结果及其相关信息予以公开和应用，不仅可以实现政策评估的预期目的，而且能够产生许

---

① Mossberger K, Wolman H. Policy Transfer as a form of Prospective Policy Evaluation: Challenges and Recommendations [J]. Public Administration Review, 2003, 63 (4): 428－440.

② Van Dooren W, Bouckaert G, Halligan J. Performance Management in the Public Sector [M]. London: Routledge, 2015.

多其他的正面影响。

公共政策评估的功能主要体现为以下几个方面：

1. 诊断功能。公共政策评估的基础和首要工作是对政策及其运行状况进行分析，做事实评判，为决策和执行人员把握诊断政策方案或政策运行的实际状况作参考，因此，公共政策评估具有诊断功能。

2. 预测功能。公共政策评估者在事实评判的基础上，依据评估手段、技术还可以对政策方案及其运行状况作价值评判，确定其科学性、可行性，并据此预测政策运行对决策者、执行人员以及利益关系人的影响和需要的满足状况，所以，公共政策评估具有预测功能。

3. 反馈功能。健全的公共政策评估系统，能够及时有效地将政策方案及其运行状况、评估者的判断、预测、建议等信息，反馈到决策者或执行人员，因此，公共政策评估具有反馈功能。

4. 矫正功能。公共政策评估是政策监控机制的重要组成部分，通过事实、价值评判，能够对政策运行进行监督控制，并参与或服务于决策者调整政策运行、矫正政策方案的活动，所以，公共政策评估也具有矫正功能。

5. 总结功能。公共政策评估系统能够对政策运行做阶段性或最终的评审，对政策运行的目标性、效率、影响力等做综合的分析、比较、总结，并为新的政策制定和运行奠定基础。

五、公共政策评估的主体

政府部门出台和执行的公共政策，会影响政府内部和外部的许多利益相关者，如政府官员、普通民众、企业等。与此同时，新闻媒体、学术机构、国际组织等都会关注公共政策的效果和影响。因此，公共政策评估不完全是政府部门一厢情愿的事情，而是有可能引发许多利益相关者的参与和介入。

无论是被动地作为政策评估的信息来源和评估结果的消费者，还是主动地发声和行动，社会公众都会卷入公共政策评估的过程。政策评估既有正式的常规评估，也有非正式的非常规评估，例如民众的抱怨或投诉。新闻媒体、学术机构和国际组织会自发对某些影响较大的公共政策进行第三方独立评估，并推动政府改革和政策调适。与此同时，政府部门也会委托第三方机构对公共政策进行评估，以达到政策反馈和学习、问责和回应等方面的目的。特别是作为出资方的财政部门、捐赠机构、国际组织等，以及作为监督方的审计部门，都会对公共政策进行评估，以确保同公共政策相伴而出的资金和其他资源得到有效利用。

第二节　公共政策评估的主要动议

一、政策评估的价值取向

政策评估前需要明确评估的价值标准（merit criteria），即决定政策是否成功的依据或标尺。换句话说，政策评估的价值取向需要就政策是否实现了预期目标达成共识。例如，Vedung 将政策评估分为 6 个模型，包括目标实现模型（goal - attainment model）、副作用模型（side - effects model）、相关性模型（relevance model）、客户取向模型（client - oriented model）、利益相关者模型（stakeholder model）和学院、同行评议和自评估模型（collegial models：peer review，self - evaluation）。此外还包括经济模型，它关注政策干预的成本而不是价值，可以分为生产力模型和效率模型，重点考察的是“成本—收益或成本—效果”①。

目标实现模型也称为效果模型，旨在关注政策是否实现了预设的目标。目标实现模型固然有其可取之处，但却无法考虑政策的副作用。与之相关的副作用模型则既考虑了政策可能诱发的副作用，也纳入了政策的价值分析。相关性模型认为，政策目标即便实现了，也可能并未解决政策应对的问题。因此，应以政策问题是否解决作为衡量政策效果的依据。

利益相关者模型为政策评估提供了来自不同利益相关者的多角度观点，从而可以为政策评估提供多个不同的图景。客户取向模型就将公民视为客户或顾客，并以客户是否满意为评估政策的依据。但是，在医疗、工程等专业性很强的领域，少数专业或职业利益相关者的观点至关重要。此时，可能会首先邀请政策实施者进行自评估，然后要求外部独立专业人士进行同行评审，以明确政策是否实现了预期目标或解决了需要应对的问题。

由此可见，不同政策模型背后的价值取向和评估标准是不同的，单纯依据某个

---

① Vedung E. Six Models of Evaluation［C］. In Araral E，Fritzen S，Howlett M，Ramesh M，Wu X，editors. Routledge Handbook of Public Policy［M］. London：Routledge，2013：387 - 400.

模型可能得出片面的结论。因此，通常来说需要综合使用多种政策模型进行评估，以得出相对平衡和综合的结果。

二、政策反馈与政策学习

政策评估为决策者和实施者提供了政策起作用与否和作用高低的信息，由此得到的反馈使政策能够不断完善和改进，而不至于原地踏步。公共政策的系统理论认为，反馈是实现系统优化的核心所在。如果政策实施了而无法获知政策是否达到了预期目标，是否解决了期望解决的问题，那么就很难为政策的不断完善和改进提供经验依据。因此，政策评估发挥至关重要的反馈作用，是发出信号并纠正政策系统偏差的关键机制。

政策评估也是政策学习的重要机制，为不同政府和政策部门之间的相互学习提供了契机。政府部门既可以对其他辖区和政府推行的政策进行评估，也可以从他们的评估结果中了解政策；与此同时，可以对自己实施的政策进行评估，以明确是否继续推行或变更政策内容。通过政策评估，可以学习成功的政策经验，避免失败的政策教训，从而使政策学习得以持续不断地进行。

由此可见，政策评估为政策反馈和政策学习都提供了有力支持。对于小范围的政策而言，政策评估可能使其成功的经验被放大、迁移、推广和扩散，借此能够带来更大程度的社会福利提升。政策评估的结果如果是负面的，即政策可能并未实现预期目标或不尽如人意，也有利于及时纠偏并避免更大范围推广。

三、政策评估中的利益相关者参与

如前所述，利益相关者模型是公共政策评估的一个重要模型，与之相关的利益相关者参与理论，认为公共政策评估离不开利益相关者的参与。同过去“闭门造车”的关门决策模式不同，公共政策评估日趋表现为开门纳谏模式。但是，公众参与并不意味着“民粹主义”，或者被“民众牵着鼻子走”。如果这样，那就同“多数人暴政”无异，也就偏离了公众参与的初衷。通常来说，与一项公共政策的评估相关的利益相关者会包括：

（1）利益群体，如有实力的财团或管理人员；

（2）社区，特别是受到政策影响的群体、政策的用户、弱势群体等；

（3）精英人士，如企业家、专家、智库人士、咨询师等；

（4）广泛的公众，指普通大众、纳税人等；

（5）政府官员和相关部门。

政策评估的参与方式可以是多种多样的，如告知、反馈、协商、咨询、对话、合作等。通常来说，政策评估都会邀请上述利益相关者发表意见和做出评价，以为政策评估提供参考依据。例如，民意调查、听证会、协商会等，都是常见的公众参与方式。随着互联网、社交媒体和其他信息技术的迅猛发展和广泛普及，越来越多的公众参与采取了更具创新性的方式，使政策评估的信息反馈更趋多元、迅速和体现互动性。

四、循证公共政策的勃兴

借鉴循证医学（evidence－based medicine）的思想，基于证据的公共政策或循证政策日益勃兴，并成为政策评估领域的一道亮丽风景线。循证医学认为，医生在临床诊疗时应吸收最新的医学研究证据，而不是其在求学训练时阅读的教科书上的陈旧知识。只有这样，才能将最新的证据融入临床诊疗，做出最符合当下医学知识水平的理想决策。

同循证医学类似，循证政策认为政策的出台、实施和评估，都应以证据为基础，用证据说话①。这里的证据主要是我们后文讲到的随机受控实验、政策实验或社会实验等，但也可以是其他类型的。基于证据的公共政策，因为吸收和借鉴了科学知识和证据，其预期效果就可能得到保障。与此同时，采用严谨方法的政策评估所产生的知识和证据，又为其他政策的决策和实施提供了证据基础。

尽管循证政策的讨论日益受到关注，但证据与政策之间的联系却并非理所当然。政策依据的证据在信度和效度方面仍然没有达到令人满意的程度，而公共政策对民主治理和问责的追求则可能同循证思维产生冲突②。实际上，政策过程很少是理性决策的结果，而更多地表现为政治角力和利益博弈的结果。在证据的效力不明显，或者经由不同的解读时，都可能导致循证政策的失败。

五、第三方评估

与政策评估相关的一个议题是第三方评估或外部评估，即由独立于政府部门的第三方机构对公共政策进行评估。之所以提出第三方评估，是因为政府部门主持或委托的政策评估，往往在利益上“脱不了干系”，很难得出客观、公允和令人信服

---

① Sanderson I. Evaluation, Policy Learning and Evidence－based Policy Making ［J］. Public Administration, 2002, 80（1）: 1－22.

② Heinrich CJ. Evidence－based Policy and Performance Management: Challenges and Prospects in Two Parallel Movements ［J］. The American Review of Public Administration, 2007, 37（3）: 255－277.

的结论。与此同时，政策决策和实施部门往往缺乏专业性的知识和人才，很难对环境、工程项目、公共安全等许多专业性政策进行评估。借助于专家参与和智库支持，第三方评估期望能够对政策进行独立评估，借此为还原政策原貌提供依据。

第三方评估被视为政策评估的一个重要发展方向，但它依存于许多条件。首先，第三方机构很难做到独立，往往不得不依附于政府部门，使其评估的独立性大打折扣。其次，第三方机构作为"局外人""外来的和尚好念经"，但往往很难获取用于政策评估的必要信息。与此同时，第三方评估还同一个专业评估社群的发展和培育密不可分，否则就不能实现其预期目标①。

① Yu W, Ma L. External Government Performance Evaluation in China: Evaluating the Evaluations [J]. Public Performance & Management Review, 2016, 39 (1): 144-171.

第三节　公共政策评估的标准

一、公共政策评估标准的基本内涵

公共政策评估在本质上是寻求、证明和确定政策价值的过程。这个过程实际上是从确定评估的价值标准开始的。评估价值标准的选择、排序和组合，将直接影响评估的结论及其合理性和可靠性。因此，公共政策评估标准历来为评估理论所重视。

所谓“公共政策评估标准”，是指进行政策分析评价时应坚持和遵循的客观尺度和水准。就公共政策评估的目的而言，从总量上或整体上把握政策的效果无疑是最重要的，是最终的目的。但科学的总量的把握必须经由若干分量的分析才能完成，可靠的整体的评价必须建立在若干单元评价的基础之上。从这个意义上可以说，整体评估实际上是单元评估的“合成”。那么，整体评估与单元评估在评价标准上是否存在差异？本书认为，整体评估与单元评估在评价标准上是存在明显差异的。整体评估要解决的是一项政策在基本特征上是对的还是错的，是好的还是坏的，是利大于弊还是弊大于利，如此等等。因此，诸如“对错”“好坏”“利弊”等表示原则界限的价值标准是整体评估的主要标准。这一类的标准称之为公共政策评估的首要标准。譬如，人们在评价一项政策时，常会使用诸如此类的评价：“从总体上看，这项政策的社会效果是好的（不好的），基本上达到了（没有达到）政策的预期目的。”就具体的公共政策评估而言，这一类标准的含义往往会因为评估主体价值观的不同而出现差异。例如，在政治的社会影响面上，“精英论”者会偏向于社会秩序，而“民主论”者则会偏向公众的政治参与。尽管如此，整体评估总是要对一项政策的基本情形做出一个评判。这种评判是对单元评估分量合成并加以平衡的结果。其经常的表述形式是：“从总体上看，这项政策的社会效果是好的（不好的），基本上达到了（没有达到）政策的预期目的，但是在某一方面效果不佳（是好的）。”单元评估在标准和方法上与整体评估相比较并没有本质的差别，也需要使用表示原则界限的价值标准。单元评估在标准选择方面有两个特点：（1）单元评估虽然使用表示原则界限的价值标准，但评估的对象只限于某一特定的子系统，因此在应用范围上是狭窄的，在评估结果的表述上相应使用表示区域的限定词；（2）单元评估在评估方法上倾向于尽可能地应用数量化的方法，并相应使用数量概念表示价值。由于单元评估只具有局部的意义，通常不反映事物的性质，因此，单元评估使用的标准可称之为次要标准。

接下来我们所应考虑的就是，应当根据什么标准建立能够反映整体情形的评估分析单元。一般来说，在常态条件下，应当选择相对稳定的、有分量的或者最重要的、最有用的子系统作为评估单元。这是因为，在一定的条件下，子系统的功能作用是不一样的。具有上述特征的那些子系统通常具有主动性，具有影响别的系统的能量，能最大限度地表现整个系统的状况。在现今的社会过程中，子系统在特征上是发展变化的，但其中确实存在一些相对稳定的部分。譬如，“产（产业界）、学（教育界）、研（科技界）”的系统区分，尽管现今已经出现了某些模糊的现象，譬如企业办学校，学校办企业，但系统的基本界限仍然是把握政策整体评估的基础。当然，如果公共政策评估以政策的制定和执行的连续不断的全过程为对象，那么，评估单元的选择相应也应该是一种连续不断的过程。这就是为什么在一段较长的时期内，组织需要不断地选择评估单元，不断地确定次要标准的原因所在。

评估单元的选择必须慎重。在这一方面，理性的选择在于能够证明选择的理由。评估单元的选择之所以重要，是因为评估单元的选择过程就是确定分量单元的过程，同时也是确定次要标准的过程，而单元评估和次要标准一经确定就会成为独立的变量，总量评估和首要标准在一种动态的逻辑过程中实际上成了单元评估和次要标准的因变量。但是，任何政策都有关于政策目标的设定，而政策目标表现的正是一定的价值追求和价值规定。这一价值规定当然是公共政策评估的主要标准之一。从这个意义上说，总量评估和首要标准是自变量，而单元评估和次要标准成了因变量。这说明，在系统与子系统之间以及在子系统与子系统之间存在着交互影响的辩证关系；相应地，在评估标准的选择问题上，自变量与因变量是可以互换或倒置的。与此相关联，有可能在评估的过程错位，把次要标准误作为全系统的主要标准。系统内这种交互影响的关系，大大增加了评估的不确定性和难度。这也就是为什么公共政策评估往往会出现尖锐分歧的原因之一。由此可见，如何准确地把握交互影响的辩证关系，对任何公共政策评估都不能不说是一种挑战。

二、制定公共政策评估标准的原则

制定或选定公共政策评估标准所遵循的原则，也就是整个公共政策评估工作所应遵循的原则，主要包括以下几个方面：

1. 客观性原则。公共政策评估标准的选定要树立科学思想，运用科学方法，实事求是，客观公正。在评估标准面前，人人平等，防止主观臆断，避免因人或因事而选择不同的标准，搞特权和歧视。

2. 系统性原则。公共政策评估标准的选择，需要注重系统理论与方法，考虑各方面的情况，照顾各种利益关系，注意政策运行整体功能和效果的分析评价。

3. 可比性原则。有比较，才有鉴别。所谓政策优劣，总是在比较后才能确定。公共政策评估的重要工作是对政策及其运行进行纵向的比较和横向的比较，因此，公共政策评估标准的选定，必须要具有可比性。

4. 准确性原则。公共政策评估涉及事实的分析、价值的评判、正误责任的归属和利益关系的调整，因此，公共政策评估要力求科学准确，坚持原则性与灵活性、定量分析与定性分析相结合。

5. 实用性原则。公共政策评估的实践性非常强，因此，所选定的公共政策评估标准必须具有可操作性和实用性，不能神秘化、复杂化和太理论化；相反，要切合实际、大众化、简便易行。

6. 导向性原则。公共政策评估对政策及其政策运行以至社会的发展都有一定的导向作用，因此，所选定的评估标准也应遵循导向性原则，以使公共政策评估服从和服务于一个国家的政治、经济、道德、文化和社会的发展。

三、公共政策评估指标

公共政策评估的内容包括成本、收益、效率、结果、影响等，都可以统称为公共政策的绩效（performance）。绩效是一个多维的抽象概念，它指某个对象的表现好坏，具体可以分为经济性、效率性、效果性、回应性等①。对每一项政策进行个案的或比较性的评估都要选择可操作的测评指标，这种测评指标也是政策评估内容的具体化。学者们总结提出了以下指标，可供评估者选择。

1. 政策投入。它是指在政策运行过程中资源投入的质量以及分配状况，实际上是评价政策运行的成本投入，即资金的来源与支出、执行人员的数量与工作时间、政策资源与政策对象的关系等。归纳起来，又包括：（1）交替费用，指新旧政策交替时所必须花费的费用。（2）执行费用，指为了执行新政策所必须花费的人力、物力、财力的总和。（3）时间费用，即资源的时间价值。（4）培训费用，指为了执行

① Boyne GA. What is Public Service Improvement ［J］. Public Administration，2003，81（2）：211－227.

新政策而对执行人员进行培训所花的费用。

2. 政策绩效。它是指政策运行对于实现政策目标的实际结果和对于社会环境的影响力。政策结果有直接的或间接的、经济性的或非经济性的。政策影响力既有人们预料到或期望的，也有未预料到或不期望的。通过政策绩效评估，可以具体考察政策目标的实现状况和政策及其运行对社会的影响与功能作用。

3. 政策效率。它是指政策运行绩效与政策投入之间的比率，表现为政策运行的成本效益和政策系统的运行效率。因此，评估政策效率，一方面，可以考察政策本身在经济上、技术上的优劣；另一方面，又能测定政策系统的组织状况、管理能力和工作水平。

4. 政策回应程度。又称充分性，是指政策的运行对于政策问题的解决，人们需求、价值或机会的有效满足程度。政策的制定和实施的最终目的在于解决社会所提出的问题。即使政策计划和目标实现了，但未能有效地解决社会问题，也不能让人民群众和社会满意与认同。因此，公共政策评估必须将人民和社会对政策的回应程度作为重要标准。

5. 政策公平性。它是指政策及其运行对于社会资源、经济利益、价值、机会等在社会利益群体之间的分配状况、公平程度，利益的公平分配是现代民主、文明和现代化的必然要求和重要指标，政策的公平性也是考察政策及其运行民主化、科学化的重要指标。

6. 政策适合性。它是指政策及其运行与一国国情和利益偏好的适应程度。再理想的政策如果不能适合各国国情，不能为社会所认同和接受，不能适应社会的普遍利益偏好或价值取向，也难以实施下去或者终究要失败。

7. 政策执行力。它是指政策在社会上的实际贯彻执行的能力和状况，包括政策系统克服困难推行政策的方法、措施和能力，以及某一项政策在实际运行过程中的权威性、完整性，公众和社会对政策措施的了解、服从状况等。政策执行力的高低直接决定政策运行的效果，因此，政策评价不能忽视对政策执行力的分析、评价。

8. 政策比较效果。它是指运用纵向比较法或横向比较法、同质比较法或异质比较法对政策及其运行进行比较分析而获取的政策效果。考察政策的比较效果是政策评价的重要方法和重要指标。

9. 社会发展总指标。它是指政策及其运行对社会发展的总体影响状况。在考察上述各指标的基础上，总体地分析、评价政策及其运行对社会发展的影响和作用，是政策评价工作的逻辑归纳。

上述维度之间并非完全一致或高度相关，很多情形下可能导致截然不同的结论。

例如，效率很高的公共政策可能效果不佳，或者回应性缺失，反之亦然。

公共政策评估的核心内容是成本—收益分析（cost－benefit analysis），即应充分考虑公共政策的成本与收益。收益可以分为两种：一种是可货币化的，如实际的补贴；另一种是不可货币化的，包括人的快乐等心理收益。对于许多公共政策的评估，特别是非货币化的社会政策，往往是以潜在受影响群体的支付意愿来近似估计的。

政策前评估时，可以对这些成本和收益予以测算，如果收益超过成本，就适合推行政策。对于后评估来说也一样，都要说明政策产生的真实成本与收益，才能予以综合评估。以电子政务为例，原来你要去政府部门跑几趟才能办理某项手续，往往为了一个“证明”来回跑。这不仅产生交通和时间成本，而且有心情不好的成本在内。政府如果实施了电子政务，你不用跑过去，就可以在家通过官方网站解决问题。这样一来，扣除看得见的交通和时间收益，还有看不见的心情收益。这些看不见的收益就需要货币化，然后将其同看得见的收益加在一起，才是可以同成本相比较的完整收益。

第四节 公共政策评估的类型与方法

政策评估有许多方法和方式，而不局限于一种类型。比如，我们可以依据政策的评估时期所处的政策过程，将政策评估分为前评估、中期评估和后评估。再如，我们可以依据是否能够隔离政策的独立效应，而评估政策的总体效果、净效果和相对效果等。还可以从政策评估的方法出发，将政策评估分为定性、定量和综合评估。或者从政策依据的资料类型，分为主观评估、客观评估和综合评估。因此，政策评估的路径并非唯一，而是完全可以采取许多方法。

一、正式评估和非正式评估

这是从公共政策评估组织活动的形式所做的划分。正式评估是指事先制定完整的评估方案，并严格按规定的程序和内容执行，并由确定的评估者进行的评估。它在公共政策评估中占据主导地位，其结论是政府部门评价政策的主要依据。正式评估具有评估过程标准化，评估方案科学化，评估结论比较客观全面的优点，其缺点是要求的条件苛刻，不仅要有足够的评估经费和系统地掌握相关信息，而且要求评估者自身具备较高的素质。

非正式评估是指对评估者、评估形式、评估内容没有严格规定，对评估的最后结论也不做严格的要求，人们根据自己掌握的情况对政策做出评估。平时大量进行的评估都属于此类，它具有方式灵活、简便易行的优点。通过非正式评估，不但可以全面了解政策的实际效果，还能够吸引社会各阶层的人士参与评估活动，增强公众的参与意识。但由于非正式评估者掌握的信息有限，再加上缺乏科学的程序和方式，因而得出的结论难免粗糙，容易犯以偏概全的错误，同时因其具有随意性，结论也难以搜集和整理。

正式评估和非正式评估是公共政策评估的两种主要方式，它们各有优缺点。正式评估是占据主导地位的评估，直接关系到评估活动的质量，是应该大力提倡，不断改进的一种方式；非正式评估一方面可视为正式评估的必要准备，另一方面也是正式评估的一种重要补充。因此，在公共政策评估中，非正式评估和正式评估缺一不可，都应给予足够的重视。

二、内部评估和外部评估

从公共政策评估机构的地位看，公共政策评估可分为内部评估和外部评估。

（一）内部评估

内部评估是由行政机构内部的评估者所完成的评估。它可分为由操作人员自己实施的评估和由专职评估人员实施的评估。

由政策制定者或执行者所进行的评估是内部评估的一部分，这类评估由于评估的主体本身就是政策的制定者和执行者，因而对整个过程具有全面了解，掌握了第一手资料，有利于评估活动的展开，评估者根据评估结论，对自己的政策目标和政策措施迅速地做出调整，使评估活动真正发生作用。但是要求政府部门对自己的行为做出客观公正的评估，实非易事，这主要是由于：首先，评估就意味着批评，政策制定者和执行人员会尽力避免这样做，在他们看来，这样做无异是对他们本身能力的质疑，影响到自己的声誉，因而评估中往往夸大成绩，掩盖失误；其次，评估往往代表着某一机构的局部利益，这使得公共政策评估容易走向片面性并带有浓厚的主观色彩；最后，公共政策评估是一项复杂而细致的工作，需要评估者系统地掌握有关的理论知识，并熟悉某些专门的方法和技术，对于操作人员来说，往往缺乏这方面的系统训练。

由行政机构中专职评估人员进行的评估也属于内部评估的范围。与操作人员进行的评估相比，由专职人员从事评估工作，可克服缺乏必要的技术方法，无法进行宏观分析等问题。但是，他们也置身于机构内部，这些专职评估仍然受到机构利益的牵制，他们必须处理好与操作人员间的关系，并听命于机构负责人的指示。因此，他们的评估也解决不了内部评估最大的痼疾，很难具备客观性。

（二）外部评估

外部评估是由行政机构外的评估者所完成的评估。它可以是由行政机构委托营利性或非营利性的研究机构、学术团体、专业性的咨询公司、大专院校进行，也可以是由投资或立法机构所组织或由报纸、电视、民间团体等其他各种外部评估者自己组织。外部评估同内部评估相比，常常能够不带偏见，比较客观，但是获取资料困难，评估缺乏权威性，结论也不易受到重视。

由行政机构委托的评估是外部评估的一种最主要的评估方式。受行政机构委托的评估者，往往是研究机构、学术团体、咨询公司或高等院校的专家学者，由于他们较为超脱，一般能够客观地评估政策的是非功过；由于受行政机构委托的关系，评估资料的获取也较为容易，其评估结论也容易被行政机构所接受；而且评估者是掌握评估技术方法的专家，因而能够保证公共政策评估的质量。这是受行政机构委托的评估所具有的优点。但同时，这种评估也有其致命的弱点，即由于评估者在评估经费和评估资料方面受到委托人的制约，为了获得评估经费，评估者可能牺牲原则，做出不科学、不公正的评估结论，从而使公共政策评估的科学性大打折扣。

由投资机构或立法机构组织的评估也是外部评估的一种重要形式。投资部门（如基金会）评估的目的是了解资源的使用情况，防止资源的滥用，侧重点在于经济利益；立法部门评估的目的是了解高额公共投资之后，政策执行的效果如何，是否使政策对象和环境受益，侧重点在于政治利益。一般来说，由投资部门或立法机构组织的评估最为客观和公正，但评估的准确性如何，要取决于评估资料的真实性与充分性如何。由于这种评估的结论对行政机构的利益得失至关重要，因而行政机构往往采取隐瞒真实情况，提供虚假信息的方法影响评估。所以，评估者也可能被虚假信息所迷惑，做出失真的评估结论。

除上述两种类型的外部评估之外，还有一种评估是由社会某些组织、团体和个人自发进行的评估。例如，专门的评估机构、某些研究机构、专家学者、新闻媒体和个人自发地对某些公共政策进行评估。这种评估没有机构或部门利益，反映的是社会公众的观点，因而评估的态度最为客观，但多因经费短缺，评估活动难以深入进行；同时囿于不了解重要的评估资料，评估结论也不被重视。

从以上分析可以看出：内部评估和外部评估各有其利弊，因而，在实践中，我们应把内、外评估结合起来，取长补短，以提高评估质量。

三、事前评估、执行评估和事后评估

从公共政策评估在政策过程中所处的阶段来看，公共政策评估又可分为事前评估、执行评估和事后评估。

（一）事前评估

事前评估是在政策执行之前进行的一种带有预测性质的评估。这种从单纯的事后检测变成事前控制的工具是公共政策评估领域的一次重大突破。

事前评估的内容包含三方面：（1）对政策实施对象发展趋势的预测。政策是面向未来的，对未来的趋势、发展规律把握得如何，决定着政策的成败；（2）对政策可行性的评估，通过分析主客观条件和不利因素，对政策的可行性做出评估。一项政策的实施具有多种可能性，有的政策虽一时可行，但从长远看则弊端重重；有的则是局部可行，而在全局则不可行。通过事前评估就可以使得决策者在选择或实施

政策时，对它做严格的时空限制和规定。（3）对政策效果进行评估。即通过对政策内容和外在环境的综合分析，对政策实施可能产生的效果做出评估。

事前评估要求对评估对象进行全面的、多向的、开放的、动态的测试和研究，要求从根本上尊重科学、尊重事实，一切从实际出发，排除盲目无知的主观性。以收到良好的效果。现代科学技术尤其是计算机的发展，使得人们在政策执行以前就能对政策执行效果做出准确的估计，勾勒出政策的未来轮廓，使决策者看到政策实施的有利因素和成功之处；同时，也对不利因素和失败的可能有一定的思想准备，一旦出现意外情况，也可随机处置，将政策执行所致的损失减至最低程度。这也就是说，事前评估带有一定的超前性和预测性，可以做到防患于未然。当然，在政策实施过程中，有时系统结构产生一定的变化，旧有的稳定性受到破坏，有时会发生意外情况和事件对政策的干扰，因此，事前评估与未来的事实和实际的成效还有一定的距离。

（二）执行评估

执行评估就是对在执行过程中的政策实施情况的评估。由于政策问题的复杂性，政策执行过程中会遇到许多问题，这是政策制定者始料未及的，问题只有通过政策执行才会暴露出来。执行评估，也即具体分析政策在实际执行过程中的情况，以确认政策是否得到严格地贯彻执行，是否作用于特定的对象，是否按照原有政策设计执行，人、财、物是否到位，政策与政策对象和政策环境是否有冲突，政策实施机构是否高效合理，实施人员的原则性、灵活性、创造性和效果如何。从这个意义上说，政策执行评估伴随着政策执行同步进行。它不仅要积累有关资源投入、具体措施、相关事件、实际运行的资料，还要分析、寻找和预测政策设计和执行中的缺陷和失误，并反馈给政策执行人员和决策者作为修订政策、完善执行活动的参考。政策执行评估有利于对政策执行过程进行控制和管理。

一般来说，政策实施过程中出现的问题不外乎两种：（1）政策本身的问题，自身有失误或不适应变化的环境；（2）执行的问题，即未能按计划付诸实施，其原因或为投入的人、财、物等资源缺乏，或是外在因素的干扰，或是执行人员素质低下，或是政策对象的抵制和不合作，或是执行方法欠妥，等等。如此不一而足的问题在执行过程中都会显现出来。通过执行评估可以弄清原因，从而有的放矢，及时因人、因事、因地制宜，或修正政策，或加强某个环节，或弥补资源不足。对群众不了解、不理解的政策要重新做宣传教育解释工作；对于未落实的，要督促落实；对政策实施机构不合理的、效率不高的要调整，人员素质差的要加强训练或补充，使执行过程得到较好地控制和管理。此外，政策执行评估也有助于效果评估，一项政策实施后得失如何，可以从执行过程中联系，得到某种解释。执行评估因其独特的作用，被视为政策执行的重要方法，为执行机关所重视。

（三）事后评估

事后评估是政策执行完成后对政策效果的评估，旨在鉴定人们执行的政策对所确认问题达到的解决程度和影响程度，辨识政策效果成因，以求通过优化政策运行机制的方式，强化和扩大政策的效果。事后评估在政策执行完成以后发生，是最主要的一种评估方式。公共政策评估的主要任务也就是依据一定的标准和方法，具体考察一项政策的执行在客观上对社会、政治系统、自然环境、某些团体和个人产生了什么样的影响，综合分析一项政策的效果，作为政策过程的总结，效果评估对政策所作的价值判断最具有权威性和影响力。根据效果评估可以基本上决定一项政策的延续、改进或中止，以及长期性的政策资源的获取和分配问题。在进行效果评估时，评估者必须注意分清预期效果和意外效果、实际效果和象征性效果、短期效果和长期效果，在此基础上加以综合分析，以便对政策的价值做尽可能全面而客观的判断。为了弥补人们认识能力的局限，也为了尽可能节约政策执行的资源，减少或避免资源的浪费，政策的决策者、规划者和执行者都必须重视效果评估，从中发现政策的成败，及时扬长避短。在效果评估时应特别注意政策影响，即政策产出对个人、团体、社会、自然环境、政治系统发生的作用，以判明政策的影响，以此反观政策的价值。

四、政策影响评估、政策效率评估、政策效益评估

这是根据公共政策评估内容的不同所做的类型划分。

（一）政策影响评估

政策影响评估主要是指政策对其对象产生的作用及各种制约因素对政策产生的作用所进行的分析评估。一项政策的实施，往往会产生正、反两个方面的结果：既有积极的影响，也有消极的影响。例如，兴建三峡工程，既可以发电，又可防洪，但会对文物景观、生态平衡带来不利影响。公共政策评估要对这些相互矛盾、错综复杂的因素进行客观、公正地分析，进而对某项政策的价值做出科学的评判。此外，公共政策评估还应考虑到政策环境对政策结果所产生的影响，比如，战争的突然爆发，会对一个国家既定的内外政策产生重大影响。

政策影响评估的目的，是要确定某项政策是否形成了预期的影响；以及注意是否存在某些重大的预期之外的影响，了解政策产出与政策影响之间的因果关系；在

排除政策本身以外的因素后，衡量政策影响的范围，设法去掉不良的政策影响。

政策影响评估要评价和估计一项政策的净影响。所谓净影响，是指该影响的产生完全是因为政策本身的缘故，排除了其他因素所引起的任何作用。进行政策影响评估要具备两个前提条件，即必须确定衡量政策目标的标准和政策充分运行后政策对象所经受的政策的主要作用。没有这两个条件，政策影响评估就没有意义。

政策是在一定的社会环境之中运行的，每一项政策的影响力，可能是政策本身引起的，也可能是受到其他社会因素的影响。理想的政策影响评估，最好能尽量排除政策本身以外的因素，以显示政策真正的影响力。政策以外的影响因素有：即使没有政策的影响，政策对象也会产生自身的变化；大规模社会变动的影响，其变动的作用如此之大，连政策本身也可能受其左右；偶发事件的干扰；政策执行的偏差等。

（二）政策效率评估

政策效率评估，主要是指对政策在其运行过程中的速度、范围等功能效力的分析评价。政策效率评估的主要内容包括：是否在较短的时间内确定高质量的政策目标和政策方案，是否以最快的速度发动和组织政策的贯彻实施；是否高质量地按实施程序将政策予以落实；是否加强了政策执行中的监督；违反政策纪律的行为是否得到了有效的处理；是否及时地发现和纠正政策运行中出现的新问题、新情况等。因此，一项政策应该持续还是应该终结？资源的投入是否得到有效利用，应该扩大还是应该缩减？这些问题的回答，在很大程度上取决于对该政策效率的评价和估计。

（三）政策效益评估

政策效益评估主要是指对政策运行中或运行程序结束后所产生的有效的结果、成果、收益等进行的评价和估计，即对政策实践的客观结果进行分析、评价和认定。其主要内容是分析和研究政策运行中所产生的结果，解释政策运行好坏的原因，并通过对比不同地区和不同部门政策执行中的差别，以及国外同类政策执行情况的比较，说明在什么情况下能达到最佳的执行效果，或受阻产生负效果的原因，并考虑如何克服这些障碍，消除负效果。

五、基于实验法的政策评估

（一）实验思维与政策评估

公共政策本身是一个“试错”或实验的过程，因此基于实验法的政策评估工具，日益成为其主流选择。实验法同反事实思维密不可分，实验法也与政策评估息息相关，因此我们这里介绍几种常用的政策实验评估法。

对于科学家而言，经由随机受控实验（randomized control trials，RCT）而获得的证据，才是经得起考验的黄金标准。在社会发展和对外援助领域，国际组织、援助国和受援国都开展了大量随机受控实验，试图发现和验证最有效的反贫困、医疗卫生保健、基础教育、公共交通等方面的政策工具。与此同时，基于随机受控实验而开展的政策评估，为政策企业家的崛起和政策创新的扩散，都提供了源源不断的动力①。不过，围绕随机受控实验而引发的争议，也使它的发展前景蒙上了一层阴影。

随机受控实验之所以被视为政策评估的关键基础之一，是因为实验法本身的特点。实验法通过随机分组、操纵和控制，能够验证某项干预或政策同其针对的结果之间的因果关系，从而为其在更大范围内的推广提供了严谨的科学依据。因为随机受控实验可以在政策与其结果之间建立令人信服的因果关系，所以它的证据往往是经得起考验的。

许多公共政策都以社会实验的方式而展开，但却很难对其效果予以评估。一些学者认为，社会科学开展随机实验是“死胡同”。随机实验的劣势或缺陷在于，很多情况下出于实际考虑，无法开展苛刻的随机受控实验。例如，随机受控实验要求随机分组，但多数情况下在实地操作中很难做到。再如，随机受控实验要求严格的控制，但实际上往往很难在实地实验中做到。为此，一些学者建议应该采用准实验，或放松随机受控实验的某些条件。这样一来，虽然得到的结论可能不如随机受控实验那样严谨，但仍然可以说明问题。更为重要的是，随机受控实验可能只是适用于某些“小打小闹”的领域或问题，而无法推及到许多更大的问题。

对于有关随机受控实验的批评，许多学者不敢苟同。实际上，实验是非常科学的一种研究方法，而且方法无优劣高下，就看是否合适对应的问题，而不存在用了某种方法就走入“死胡同”②。虽然一些人对社会实验的伦理负担、可信度和社会成本等表示担忧或提出批评，但通过诸如数据透明化和重复实验等方法，完全可以缓解和解决这些争议。

对于临床医学和新药研发领域的随机受控实验，人们往往并不存在太大的争议

---

① John P. Policy Entrepreneurship in UK Central Government: The Behavioural Insights Team and the Use of Randomized Controlled Trials［J］. Public Policy and Administration, 2014, 29 (3): 257－267.

② 马亮. 公共管理实验研究何以可能：一项方法学回顾［J］. 甘肃行政学院学报，2015年第4期。

或分歧，尽管医药公司成功研发一款新药可能需要花费数十亿美元的高昂费用。但是，一项公共政策涉及千家万户的切身利益，由此带来的经济收益和社会效益同样不可估量。如果公共政策失败，那么由此造成的经济代价和社会损失则会是巨大的、不可估量的和难以逆转的。但吊诡的是，却没有人认为公共政策需要在通过严谨的实验验证以后才可以通过并实施。

（二）政策实验与政策评估

除了经典的随机受控实验，还有几种方法在政策评估中较为常用，包括双重倍差法、综合案例比较和回归断点。

双重倍差法（difference - in - difference，DID）因其简洁性和易操作性，而在政策评估领域被广泛应用①。双重倍差法的原理是对政策实施与否的两组或多组对象进行前后比较，以明确政策实施的净效应。以最简单的两组比较为例，一组推行了政策，另一组则没有。在政策实施前后，对这两组对象的某项政策预期结果进行测量，然后将两组结果的变化相减，就得到了该政策实施的净效应。比如，笔者以广东省县级政府实施的大部门制改革为例，就利用双重倍差法研究了这项改革对公共服务满意度的作用②。

现实中，双重倍差法所基于的政策对象可能并不是随机分组的，这就可能导致基于该方法的政策评估存在偏差。例如，可能是某些容易获取政策收益的群体被优先选中实施该政策，那么他们的收益很难同那些未纳入政策的群体相比较。为了弥补分组样本的偏误，目前开发的许多方法和技术都可以得到某种程度的应用，如倾向评分匹配（propensity score match，PSM）③ 等。

综合控制方法（synthetic control methods，SCM）同双重倍差法类似，但采取了不同的估计策略和技术。类似于案例比较研究法，它通常用于比较单个政策实施的辖区同其他未实施该政策的辖区之间的差异，并据此评估政策的实施效果。以美国加州在 1988 年推行的禁烟法案为例，就可以评估该州相对于其他没有实施该政策的

---

① Imbens GW，Wooldridge JM. Recent Developments in the Econometrics of Program Evaluation［J］. Journal of Economic Literature，2009，47（1）：5 - 86.

② Ma L. Does Super - department Reform Improve Public Service Performance in China［J］. Public Management Review，2016，18（3）：369 - 391.

③ 倾向评分匹配，简称 PSM，是使用非实验数据或观测数据进行干预效应分析的一类统计方法。倾向得分匹配的理论框架是“反事实推断模型”。“反事实推断模型”假定任何因果分析的研究对象都有两种条件下的结果：观测到的和未被观测到的结果。如果我们说“A 是导致 B 的原因”，用的就是一种“事实陈述法”。

州，在减少人均烟草销量方面的影响①。

综合控制方法通常用于比较一个实施政策的辖区同其他辖区的差异，但最近的研究显示，综合案例比较不一定局限于一个案例，而可以拓展到多个案例。该方法固然可取，但往往需要前后多年的连续数据作为评估依据，这就为许多政策评估提出了挑战。以中国为例，有关政策评估的许多数据都是最近才开始披露或收集的，这就很难进行评估。与此同时，该方法所依据的前提假设是期间相关政策领域不发生影响政策效果的重大变故。

对于某些牵扯面较大的社会实验，对其进行评估可以使用回归断点法（regression discontinuity）。回归断点法的原理是，距离较近或接壤的两个辖区（如县或乡镇）之间，在某些政策结果上应该不会存在很大的差异。如果某项政策在其中一个辖区实施了并产生了结果，那么如果在与之接壤的另一个辖区没有发现类似的结果，就可以断定这项政策的确发生了作用。换句话说，正常的政策结果分布曲线是平滑的，不应存在类似人为的“断点”。但如果通过研究发现了这项断点，则可以断定这项政策存在明显的分界线。

以“北暖南寒”这样一项政策为例，就为研究人员提供了理想的自然实验场景。以秦岭—淮河为分界线，中国北方在冬季集中供暖，而南方则分散供暖。北方居民在寒冬中可以享受温暖，但却为此付出空气污染所导致的健康代价。南方居民不得不自行取暖（如开空调），但却没有导致严重的健康影响。研究显示，的确在分界线两边的总悬浮颗粒物和预期寿命存在显著差异，说明冬季供暖导致空气污染、呼吸道疾病和预期寿命减少②。

---

① Abadie A, Diamond A, Hainmueller J. Synthetic Control Methods for Comparative Case Studies: Estimating the Effect of California’s Tobacco Control Program [J]. Journal of the American Statistical Association, 2010, 105 (490): 493 - 505.

② Chen Y, Ebenstein A, Greenstone M, et al. Evidence on the Impact of Sustained Exposure to Air Pollution on Life Expectancy from China’s Huai River policy [J]. Proceedings of the National Academy of Sciences, 2013, 110 (32): 12936 - 12941.

第五节　公共政策评估的程序与模式

一、公共政策评估的程序

所谓程序，是指对某种活动进行的步骤、次序等的规定或计划。许多事务的处理要讲程序，公共政策评估活动也不例外，也要遵循一定的程序或步骤。一般来说，公共政策评估活动存在三个相互关联的程序，即评估准备、评估实施和评估总结。

（一）评估准备阶段

正如一项工程在施工之前要进行严密、精心的设计一样，每项公共政策评估在实施以前也都要进行周密的准备工作。评估准备阶段对于公共政策评估具有重要的意义。如果准备工作比较充分，就能抓住关键的政策问题，明确评估的中心和重点，避免盲目性，使公共政策评估工作顺利进行。评估准备阶段的主要任务包括：

1. 确定评估对象。这是评估工作的第一步。只有解决好评估什么，才能把评估的目的、标准与方法等要素随之确定下来。公共政策的相关性和多样性，决定了在确定公共政策的评估对象时要有所选择，不能随意或胡乱评估某一公共政策。这就要求做到：一方面，选择的评估对象必须确有价值，能够通过评估达到预定的或可能的目的；另一方面，所选择的评估对象又必须是可以进行评估的，即从时机、人力、物力、财力上看均能满足评估所需要的基本条件。

2. 明确评估目的。所谓明确评估目的，就是确定为什么要进行评估的问题。评估目的可能不止一个，但往往要确定其主要的目的。评估目的决定了公共政策效果评估的基本方向。只有解决了为什么要进行评估，才能使各类参与评估者及其直接评估者步调一致，朝着既定的方向迈进。

3. 选择评估标准。评估标准有一般标准，也有具体标准，有国外的标准，也有国内的标准；这就要根据情况做出适当的选择。实践中，评估标准一般都要进一步地量化，即采用“指标体系及其指标体系的集合”来实施评估活动。

4. 培训评估人员。评估人员是公共政策效果评估系统构成要素中最主要的要素。其素质的高低、专业化程度、评估态度、敬业精神、评估立场等都直接影响评估的质量。因此，培训和选择评估人员，提高他们的业务水平及其综合素质至关重要。

5. 撰写评估方案。一个完整的评估方案应包括：（1）阐述评估对象；（2）针对所要评估的公共政策，明确评估的目的、意义与要求；（3）提出评估的基本设想，根据评估目标，确定评估的内容与范围；（4）确定评估标准，决定评估类型，并选择评估的具体方法；（5）写明评估的场所、时间，规定工作进度的有关计划；（6）写明评估经费的来源及筹措与使用等；（7）其他内容。

（二）评估方案的实施

实施评估是整个评估过程中的关键环节，其主要任务是采集评估信息、统计分析评估信息。这一阶段工作的好坏，直接决定着公共政策效果评估的成功与否。大致包括以下几个方面的内容：

1. 采集评估信息。公共政策效果评估的过程，实际上是一个信息过程：收集—整理—反馈—再收集—再整理—再反馈。所以，采集评估信息十分重要，可以说是评估中的一项基础性的工作。其主要任务是利用各种社会调查手段，全面收集有关公共政策制定、法律化、执行等的第一手资料。收集资料的技术与方法有很多种，常用的有：观察法、查阅资料法，如查阅政策运行记录等；调查法，如开会调查、个别访问、问卷调查等；个案法，如典型分析；实验法等。这些方法各有其特点和应用范围，最好是交叉使用、相互配合，务求所获信息具有广泛性、系统性和准确性。

2. 分析评估信息。这个阶段是对采集到的评估信息进行统计分析处理的阶段。由于采集所获得的信息都是原始数据，比较分散、杂乱，所以需要对其进行系统地整理、分类、统计、综合和分析。统计分析的方法很多，根据统计学原理，公共政策效果评估通常采用多变量统计分析等方法，对各类数据进行系统研究。单项指标评估是多变量统计分析方法在评估指标法中的具体化，它是查明各项评估指标的实现程度的基础。如果问题复杂，还可分单项指标和单类指标，如经济类指标中包含成本、利润、税金等多个指标。单项指标都具有较强的业务性，需要较多的具体数据。每个单项指标，在整个评估系统中所处的位置与作用是不相同的，需要确定它们的权重。在各类与各个单项指标的基础上，还要进行整体综合评估。

3. 形成初步结论。在综合统计分析评估信息之后，紧接着就是要运用直接比较法、综合比较法、成本效益分析法、前后对比分析法或统计抽样分析法等具体的方法，给出一个初步的评估结论。在进行评估时，要坚持评估资料的真实性、全面性、多样性和具体分析的客观性、可比性、科学性等几个原则，客观、公正、真实、准确地反映出公共政策的实际效果，给出评估结论。

（三）评估的总结

这是公共政策评估的结束阶段。这个阶段是处理评估结果、撰写评估报告的阶段。公共政策评估离不开价值判断，个人的价值判断受客观条件和一些非理性因素的影响，难免有疏漏。因此，当我们收集评估信息，得出评估后，还必须善加处理。首先，要自我检验、统计分析评估信息所得出的结果的可信度和有效度。其次，让评估结论与政策设计者、决策者、执行者、参与者见面，以便发挥评估的诊断、监督、反馈、完善和开发作用，提高政策的科学性。

评估总结包括以下两个方面的内容：

1. 撰写评估报告。撰写评估报告是出成果的阶段，所以说特别重要，为此要注意三点：①对初步结论要再做一次简明扼要、提纲挈领的分析总结，然后，给出一个正式的评估结论；②在评估报告中，除了要写好价值判断部分外，还必须写好政策建议部分及整个评估工作说明。实践中，有不少的评估人员只重视价值判断部分，对后几部分则不以为然，这是不可取的。③要正确看待决策者对评估报告价值的不同观点。无论评估报告的价值高低抑或好坏，决策者与评估者的认识常常存在着这样或那样的分歧：那些一开始就勉强同意或不赞成对某项公共政策进行评估的决策者，自然对评估报告毫无兴趣；而那些支持评估的决策者，对评估报告所提出的公共政策建议可能有三种态度：全部采纳、部分采纳和不采纳。盲目地全部采纳是不可取的，在此无需再讨论。问题在于部分采纳和不采纳上。对评估者来说，他们总希望自己提出的建议能被决策者所接受。因此，决策者和评估者之间的分歧必然存在，妥善地处理这些问题，对二者就显得很重要。

2. 总结评估工作。在撰写好评估报告之后，接下来就是对评估工作进行系统的总结。总结是对本次评估活动进行一番全面的回顾，评估工作中的优缺点，总结经验，吸取教训，为以后的公共政策评估活动打下基础。至此，公共政策效果评估工作全部结束。

二、公共政策评估的模式

（一）目标达成模式

这一模式是探讨评估问题的传统方法，它主要由两部分组成：（1）目标达成评价。关注的是公共政策的结果与政策目标是否一致。（2）公共政策影响评价。关注的是公共政策结果是不是由政策所造成的。应用目标达成模式依照如下步骤：

（1）明确政策目标及其真正含义，并将其按重要程度加以排序，再把它们转变成可以测量的客体；（2）测定这些预定目标实际上可在多大程度上实现；（3）弄清政策促进或阻碍目标实现的程度。可见，该模式是以预定的政策作为评估的标准和组织者，评估的主要任务是判断预定的政策目标是否已经实现，以及项目在多大程度上有利于目标的实现。

目标达成模式的优点在于：（1）体现了民主。这一模式是以预定的政策目标作为评估的组织者，政府预定的政策目标是公开而法定地被人民代表在代表大会上采纳，体现了政治过程中的民主。同时，政治目标是在责任感之下制定的，政治官员在制定目标时会更多地考虑民众利益和可利用的资源。（2）提供客观的评估标准。目标达成模式以既定的政策作为组织者，以项目目标来判断项目结果，所以可以避免评估者在评估项目的价值问题上持个人的主观标准。（3）具有简单性。这个模式只包含两个主要的问题，即：结果是否与目标一致？结果是否由政策所引起？

目标达成模式的缺陷在于：（1）忽视了成本。政策过程中需要投入大量的人力、物力、财力和时间等各种资源，这些资源在目标达成模式中完全被忽略了。（2）在目标不清的情况下难以运用。但是，公共政策常常存在着不确定性的目标。（3）不考虑意料之外的结果。这一评估模式只考虑预定的项目目标的结果，而忽视那些偶然发现的结果或意料之外的结果。（4）忽视了公共政策制定中“潜规则”的作用。比如，官方宣布的目标可能仅有象征性意义，并不打算真正去实现。在这种情况下，目标达成评估往往是无效的。（5）忽视实施过程。目标达成模式只关心项目结果，而实施过程则被看作是一个黑箱。

（二）附带效果模式

这一评估模式要解决的正是目标达成模式的“困境”，即关注非预期的、预料之外的政策效果。附带效果是指项目目标范围之外的影响，与主要效果——政策制定者有意识地想得到的主要实质性影响——相区别。附带效果模式的特征是预定目标仍然是基本的“组织者”，但要充分考虑到附带效果的存在。

要认识附带效果，应该把政策活动中可能出现的反常效果和零效果相区别。反常效果，是指产生与预期目标完全相反的结果；零效果，是指政策在目标范围内没有产生任何影响。反常效果和零效果都是产生在目标范围之内，而附带效果则是产生在目标范围之外。附带效果可以是预期的，也可能是非预期的。一些政策分析家甚至认为大部分政策效果在决策做出时是非预期的。附带效果不管是否有利，都是综合评价政策活动的关键因素，因此必须重视。政策可能产生副产品，副产品反过来组成或产生新问题，从而又产生新的政策。因此，有关附带效果的信息对于任何一个政府政策的综合性评价来说都是不容忽视的，不及时发现与不及时解决将可能导致更复杂的问题出现。

（三）无目标模式

无目标模式最初是由米歇尔·斯克里文设计的，他批评评估者沉迷于预定的干预目标，被牵着鼻子走。无目标模式的“组织者”是结果——不管是计划内还是计划外的结果。评估者的主要任务是全面观察政策实施，然后找出所有相关的效果。无目标模式对政策效果持广阔的视角，它帮助评估者全面关注结果，尤其是一些可能被忽视的结果。无目标模式与政策效果模式的主要区别是：附带效果模式仍然是“基于目标”之上的，同时辅之于对各种附带效果的考察评估；而无目标模式则完全抛开政策的预定目标和其他事前标准，只分析研究结果，单纯判断结果的价值。

可见，无目标模式是针对目标达成模式忽视附带效果，在目标模糊时束手无策的弊端而提出的。因此，其应用领域也十分广泛。但是，它完全忽视评估标准和预定目标，只依赖于决策者和权力使用者的公正判断，这显然容易导致主观因素的介入，影响评估的客观公正性。此外，这种模式在实践上还存在着操作上的困难。

（四）综合模式

这一评估模式的评估范围比目标达成模式要广泛得多。综合模式认为，评估不应只局限在已得到的结果上，而至少应包括执行，甚至还包括计划。综合模式与目标达成模式的主要区别在于目标达成模式只关注预定的结果和实际的是否相符，而综合模式除了关心结果，也包括判断政府干预的计划、决策和执行阶段。

公共政策可分为“投入”“转换”和“产出”三个阶段。综合模式又在每个阶段中区分了描述和判断两个范畴。描述范畴又细分为意图和观察；判断则分成标准和判断。整个干预过程被分成了12个单元。如此一来，综合模式将整个评估活动划分得细致而全面。每一阶段全面而细致的描述为评估工作提供了丰富的信息。从信息到判断，步步推进，使主观判断建立在客观描述基础之上。而且，在每个阶段，政策价值的实现都被衡量到了。因此，这种评估模式是相当完整的。但是，这一评估模式也有一定的缺陷，如只关注官方的具体目标，不重视成本等。

（五）顾客导向模式

这一模式将政策干预对象的目标、期望、关心甚至需要作为评估的组织原则和价值准则。顾客导向评估的核心是项目是否使顾客的关心、需要和期望得到满足。

顾客导向模式基于这样一种观点：公共行政在市场领域为顾客提供物品与服务，

顾客表明对服务供应的态度会导致服务交付的改进和顾客满意度的提高。应用这一评估模式的关键是定位政策的顾客，即政策的目标对象，得出顾客对项目的看法。顾客导向模式没有明确规定项目的哪些部分应该被评估，它允许进行广泛的、多样性的评估。价值的多元化是顾客导向模式的一个显著特征。评估者会要求顾客对服务的某些方面做出判断和发表看法，而不同的顾客的需要和对公共服务的满意度是不同的，顾客可以在评估中表达不同的意见，甚至是相互冲突的观点。

顾客导向模式的最大优点在于体现了民主和参与。由顾客根据自己的价值观评估公共政策，使顾客处在主动的位置上，而不是被动地接受服务；通过参与评估，顾客可以对服务的供应者表达他们的需求和不满，这必然在一定程度上影响服务供应者，并使之提供更加符合顾客需要的服务。

顾客导向评估主要应用于公共物品和服务的提供领域。但是，顾客的价值标准是以个人利益为准，顾客个人价值的多元化难以形成对政策总的看法。而且，顾客导向模式要获得顾客的看法和需要，要花费很多的时间。因此，这一评估模式不能成为评估的唯一模式，只能起补充作用。

（六）利益相关者模式

利益相关者，是指所有对政策的目标和执行感兴趣并对其具有影响的团体和个人。它和顾客导向模式相似，它们的主要区别是顾客导向模式关心的对象是受影响的一组利益群体，而利益相关者模式关心的是所有对象。应用利益相关者模式首先要找出卷入或对政策的出台、执行和结果感兴趣的主要团体和个人。重要的利益相关者包括：（1）目标群体；（2）直接受益者；（3）直接管理者；（4）资源提供者；（5）外部咨询顾客、供应商以及其他对政策提供支持的人或机构；（6）在本政策环境中可能受到政策结果影响或对其感兴趣的其他机构。

利益相关者模式有许多优点：（1）知识性。利益相关者养成对附带效果和执行障碍的看法为评估者提供进一步研究的知识。（2）应用性。传统的目标达成模式的评估结果往往产生不了什么影响，因为评估者处于孤立地位。而利益相关者模式提高了被关心团体的真正利益被评价的机会，使信息更符合不同利益相关者的真正需要，提高了评估结果应用于实践的可能性。（3）目标管理性。利益相关者模式为没有目标或目标不清楚的公共政策评估提供了解决问题的策略。

（七）经济模式

经济模式最典型的特征是关注成本。这一模式可分为生产率模式和效率模式。生产率模式考虑的是政策的投入产出比。效率模式可从两个方面来衡量，即成本—

利益分析和成本—效能分析。在成本—利益分析中，项目的投入与产出都用货币单位测量；而在成本—效能分析中，投入用货币单位，而产出则根据真实效果计算。

经济模式，是在经济学方法被引进政策科学领域后迅速形成并广泛应用的一种模式。它克服了所有效果模式的共同缺陷：忽视成本，从而把成本即政策投入作为一个重要指标纳入评估范畴。经济模式在现代公共政策评估中因为数字的精确性而广受推崇。但是，必须注意，经济模式不是万能的，它在对政策的社会影响、象征性的效果和软目标等无法用数字精确表达的项目的评估上是无能为力的。此外，它忽视了民主社会政府干预的其他价值准则，比如公正、公平、民主等。

（八）职业化模式

职业化模式，指职业人员根据他自己的价值准则和执行的质量标准来评估其他人员的执行情况，主要是同行评议，如律师评估律师、教授评估教授等。同行评议特别着力于对评估对象做一个全面的质量判断，在一些技术性领域，政治官员们把规划和讨论专业性的技术问题留给受过良好教育的专业人员去完成。首先实施同行评议要选定同行。这个同行应该是具有比被评估的同事具有更专业的知识的专家，并且他们是独立的，并没有实施这一领域的工作；其次，评估者与被评估者应相互作用，职业化模式应认真考虑被评估者的观点，而被评估者要提供相关的资料。职业化模式主要应用于公共生活中的一些目标较复杂、技术难度较大的领域。

第六节 公共政策评估的争议与展望

一、政策评估的争议

对于政策评估而言，不同领域仍然存在分歧。具体来说，相关争议包括如下方面。

首先，公共政策并非发生在真空中，而是会受到政策环境因素的广泛影响，这就使政策评估的复杂性较强。但是，政策所处的环境日趋复杂、动荡和多变，这就使政策评估往往沦为“明日黄花”。与此同时，许多政策会同时出台和执行，使分离各个具体政策的收益与影响变得极为困难。

其次，政策评估的价值取向难以确定或取得共识，往往使政策评估“公说公有理，婆说婆有理”。更为重要的是，不同利益相关者的立场不同，“屁股决定脑袋”也使他们对公共政策的认识和感知不同。因此，对同一项公共政策的评估常常得出截然不同乃至南辕北辙的结论，而政策评估的结论也经常被人质疑和诟病。

值得注意的是，政策评估的专业化程度日益凸显，特别是经济增长、社会救助、节能减排、环境保护等许多专业领域的公共政策日趋复杂，不得不仰赖专业组织和专业人士的参与。随之而来的是政策评估的成本节节攀高，人们对于“政策评估的评估”的呼声日益高涨。

最后，政策评估效果货币化的争议仍然很大，因为许多人认为社会政策可能无法货币化，或者不应像经济政策那样货币化。他们认为，货币化本身就反映了对社会政策的误解，因为社会政策的许多结果都是无法货币化的，或者不应该如此货币化的。但是，如果缺乏一个可以参考和比较的量尺，可能也无法为社会政策评估提供一个可以参考的依据。

二、政策评估的展望

随着政府的日益重视、专业的加快发展、民众的呼声日盛，公共政策评估必将迎来蓬勃发展的春天。我们认为，以下四个方面的发展趋势是令人鼓舞的，它们预示着政策评估的最新发展方向。

（一）循证政策评估

尽管随机受控实验的理念仍然存在很大争议，但人们对于证据不如政治的观点仍然抱有很大认同，循证政策评估的观点越来越受到推崇，并可能在未来得到更大程度的发展。

（二）第三方评估与专业主义

专业智库的发展、咨询公司的崛起、国际组织的促动，这些都为第三方评估提供了发展的温床。与此同时，政策评估越来越同“拍脑袋”式的决策方式挥手告别，而更加趋向于专业化和职业化。政策评估领域的专业导向，使一批专业人士可以发挥作用，并为相关领域的人才培养提供了契机。

（三）公众参与的政策评估

政策评估中公众的声音、身影和影响日趋明显，没有公众参与的政策评估很难有持久的生命力。随着公众参与意识的觉醒、参与渠道的畅通、参与方式的多元化，政策评估中的公众参与也日趋成熟。

（四）政策反馈、学习与扩散

政策评估的作用不仅体现在问责和监督，而且为政策反馈、政策学习和政策扩散提供了基础。政策评估结果将不再被束之高阁，而有可能得到更大程度的使用，并为不同地区和部门的相互学习和借鉴提供条件。与此同时，政策评估所确认的成功政策将得到更大范围的推广，而政策评估所发现的失败政策则不断销声匿迹，从而有助于优化政策生态系统。

【思考题】

1. 辨析“政策评估、项目评估、绩效测量、绩效评估”。
2. 公共政策评估的目的和功能是什么？
3. 公共政策评估的标准有哪些？结合“二孩政策”进行说明。
4. 论述政策评估的类型。
5. 结合案例，论述政策评估的程序。
6. 简述引入第三方评估的意义。

第八章

公共政策变迁与政策周期

“政策过程”是真实政策现象的一种极简模型。前文对政策问题、政策制定、政策执行和政策评估等环节做了介绍，本章拟讨论政策过程的第五个环节。

以政策评估得到结果为依据，一项公共政策可能有三种走向且必居其一，分别是政策接续、政策创新或政策终结。政策接续表示求稳之意，政策创新与政策终结则表示求变之意。可见，相较于其他环节能够聚焦于一种核心行动，在政策过程第五个环节发生的政策行动比较发散。我们姑且采用“政策变迁”这个具有涵括力的概念来命名该环节。

古语说：“逝者如斯，不舍昼夜”。这句话固然有感叹时间流逝的意思，但也表明伴随时间流逝而发生的“变化”实属常事。又曰：“世异则事异，事异则备变”，意思就是情势的变化要求应对策略的调适。在公共政策学里，政策变迁被用来表达公共政策随着时空变化和情势转变而调适的现象。

需要说明的是，本章一并论及政策周期，完全是出于行文逻辑上的通顺，而非引导读者将政策周期视为政策过程的一个环节。

本章共五节。前三节旨在探讨政策变迁的内涵，重点分析“政策变迁是什么”和“政策变迁不是什么”，辨识了政策变迁的若干形态。第四节梳理了关于政策变迁发生机制的学术解释。第五节介绍了政策周期。本章注意附上经典案例或典型事件，以助于理解抽象概念的表意并实现跟既有教材的衔接。

第一节　公共政策的变与稳①

“变”与“稳”是公共政策的两种状态，甚或两种价值观。在真实世界里，人们既希望公共政策是稳定的，以便能够为日常生活提供可靠的预期——相反，变动不居的政策会让人无所适从；同时，人们又希望公共政策总是能够合乎时宜、相机而动，在最佳的时点上做出适度调整——相反，僵化的政策不仅无助于解决实际问题，还会占用有限的公共资源从而造成浪费和低效。

当然，稳定和变迁是相对而言的，并没有确切的频率标准。很难说在多大范围、多长时间内保持的稳定才算政策稳定而非僵化，怎样的变动频率才是适当的政策变迁而非变动不居。不过，这并不妨碍我们做一些思辨分析。

简言之，就公共政策的形态而言，既有求变的一面，也有求稳的一面。“变”与“稳”之于任何一项公共政策或者在任何一个政策领域，都是同时存在而不是非此即彼或孰先孰后。政策稳定是政策变迁的特殊形态。需要强调指出，政策变迁的概念外延里包括政策稳定和政策终结，但是不包括政策僵化和政策的变动不居。

一、政策变迁是动态的公共政策

公共政策是一种现代现象，它是现代国家实施公共管理、维护社会秩序的重要工具，是国家意志的载体，也日益成为国家与社会互动的场域。任何一项公共政策无不是文本、权力、利益、知识和观念的综合体。

在现实生活中，人们通常容易观察或接触到具体的政策——比如教育政策、环境政策、人口政策、产业政策、农牧业政策、保障食品药品安全的政策，等等——却难以触及范围明确、边界清晰的“公共政策”。从认识论的角度看，任何

① 本节的部分文字和图例曾出现在杨腾原所著一书的第一章。见杨腾原著《思想模型与政策变迁：以草原政策及其变迁历程为研究对象》，社会科学文献出版社，2017 年，第 15 – 18 页。

一个观察者只可能观察到具体政策并通过这些观察去归纳政策一般，不可能瞬间把握“公共政策”的全部真相。这是因为，“公共政策”是一个表示总体的概念，它是抽取全部具体政策的共性而综合出来的一种抽象存在，其外延既包括自“公共政策”作为一种现代现象出现以来的全部具体政策，也包括这些具体政策的全部形态——这就使得“公共政策”这个概念在表意上的泛指多于特指从而有失精准。换言之，对于现实生活中复杂的政策现象，仅用“公共政策”这一术语尚无法做到精确完满的表达，还需用其他专门概念去描述其不同侧面。政策变迁就是这样一个专门概念。

政策变迁是指一项或多项当前的政策或其内容被其他政策或新的内容设计所替代的现象。在理想状态下，一项具体的公共政策有其生命周期，即由认定政策问题、政策制定、政策执行、政策评估和政策终结等各环节前后相继所构成的完整过程。不过，就真实世界里的具体政策而言，一方面，政策各环节之间的转换本身就是政策变迁的表现；另一方面，真实的政策却绝少严格地按照这种时间序列依次展开，而是会有其内容、形式、理念、目标乃至知识基础、权力格局、利益结构等诸多方面的变化——这些变化还会有程度上的迥异，可能是渐进的、累积的调整，也可能是新政策对旧政策的完全取代。据此可以认为，政策变迁就是动态的公共政策。尽管公共政策必须讲求稳定性，但是政策变迁才是公共政策的常态。

二、政策变迁的概念体系

如安德森所言，某一政策被正式通过后，便会发生评价和反馈，政策的变化和调整也会随之而来。政策变动有三种形式：（1）现行政策的渐进变化；（2）在特定领域中创立新的法规；（3）新一轮大选后在公共政策方面的大调整。[①] 绝少有政策能一直存在，相反，它们总是处于变动的过程中，变动的程度取决于政策对相关问题的解决程度，在执行过程中暴露的缺点和弊端，与之相关的利益集团的力量的对比变化，等等，同时问题本身以及解决问题的智慧都会随时间而变化。

在概念的表意上，政策变迁跟“政策变化”“政策变动”等表述并没有根本不同，都可用来表达“政策具有可变性且变化才是其常态”之意。变化是指人或事物在形态或本质上产生新的状况，“初渐谓之变，变时新旧两体俱有；变尽旧体而有新体，谓之化。”不过，变化一词属于日常用语，这决定了“政策变化”的表意亦偏于平淡；变动则有“无规律的变化”之意，于是“政策变动”就是指无规律可循

① 詹姆斯·E·安德森．公共决策［M］．北京：华夏出版社，1990 年版。

的政策变迁。相形之下，“变迁”即事物的变化转移，它可指有规律可循的变化，据此，“政策变迁”这个术语既指明了公共政策的可变性，又强调这种变化的规律性，在表意上比“政策变化”和“政策变动”更为准确、丰满且更有学术味道，符合我们对现实生活里实际发生的诸多政策变迁现象的预期。

除了区分表意相似的概念，还应细致讨论另外一组跟政策变迁有所关联的概念，这些概念包括政策稳定、政策僵化、政策变动不居等。可以用图8－1－1对这些概念加以示意。

如图8－1－1，一横一纵两条线交叉在O点，分出四个象限。第一象限表示政策形态正常变化的区域。其中，横线OS表示政策稳定，纵线OR表示政策替代，O点表示政策终结；带箭头的虚线表示政策形态在政策稳定与政策替代之间的变化轨迹，即政策变迁因其变化程度而呈现的不同形态，包括政策维持、政策接续、政策调整、政策创新、政策替代等①。随着变化程度由弱而强，当政策替代发生时，意味着原有政策的终结。据此可以认为，政策变迁是不同程度的政策变迁的总称。相应地，政策变迁的反面是政策变动不居——即没有规律可循、频繁发生的政策变迁，亦称朝令夕改；政策稳定的反面则是政策僵化——即公共政策一成不变且不合时宜的现象。政策变动不居和政策僵化都属于公共政策的非正常状态。

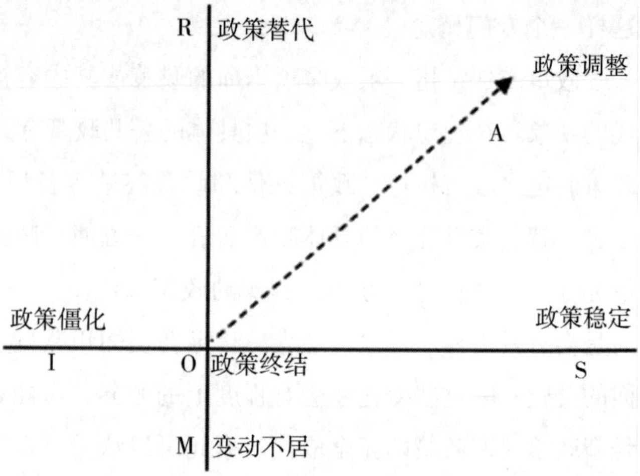

图8－1－1　公共政策的变与稳

“政策变迁”的不同形态反映的是其时间属性和空间属性，即政策变迁发生的时间、频率和位置。主张政策稳定，其实是主张政策在某个时空范围内应该并且能够保持稳定；反对政策僵化，其实是认为政策在某个时空范围内应该有所改变但这种改变却发生得太晚、太慢或根本没有发生。强调政策变迁才是公共政策的常态，是因为真实世界里的政策在某个时空范围内总是有所变化；反对政策变动不居，其实是反对政策在某个时空范围内的变化频率过快或过于随意。指出政策变迁的时空

① 对这组概念，后文还要做进一步的讨论，也可以参考宁骚：《公共政策学（第二版）》，北京：高等教育出版社，2011年版，第409－433页。

属性，旨在强调其发生的范围，从而承认其变化程度上的相对性。

不过，目前尚未有精准的“尺子”去测量从而区分政策稳定与政策僵化、政策调整与变动不居，只能辅以实例。这些概念还有待操作化。[①]

① 关于“概念化”和“操作化”的讨论，可以参考艾尔·巴比：《社会研究方法（第十一版）》，北京：华夏出版社，2009 年版，第 125－148 页。“概念化是对抽象概念的界定和详述；操作化则是特定研究程序的发展，并指向经验观察”（第 134 页）。

第二节　政策变迁的特殊形态

政策稳定与政策终结，属于政策变迁的特殊形态，但在表意上仍属政策变迁的正常状态。但政策僵化和政策变动不居则属于公共政策的非正常状态。所谓正常，即政策稳定、政策终结所表达的含义与现象符合人们的预期，或者保守一点说，人们不会不期待这些情形的发生——尽管它们各自都有弊端；所谓非正常，即政策僵化或政策变动不居所表达的含义与现象偏离人们的预期，或者保守一点说，人们通常不会期待这些情形的发生——尽管事实上它们难以避免。如前所述，政策僵化和政策变动不居不应被纳入政策变迁的概念外延里，也就表明这两种情况同样不属于这里所谓的“特殊形态”。但出于行文的简单，特别是为了用“政策僵化”反衬“政策稳定”，姑且将它们一并在本节加以介绍。

一、政策稳定与政策终结

政策稳定和政策终结是政策变迁的特殊形态。这里所谓的“特殊形态”，不是说这些政策现象在现实世界里太罕见而特殊，而是强调我们其实难以从时间意义上精确把握这些状态。一方面，在现实世界里能够找到的政策稳定的实例其实多是稳中有变的，并不存在绝对的、静止的稳定；另一方面，“终结”本是一次性的，不会“一直终结下去”，但是在真实世界里，终而不结、结后复生、该终结的却留存下来、不该终结的却难以为继等情形皆有存在。如此说来，“政策稳定”和“政策终结”等概念，更多属于逻辑上成立的概念，而未必是用来准确描述真实现象的概念。

（一）政策稳定

1. 政策稳定的内涵

稳定是指在一定的时间进程中，系统受到来自外部和内部的干扰以后能够自动回到原来状态的特性。政策稳定是指政策运行保持一贯性、连续性和协调性。具体表现为：在特定的时间和范围内，政策目标、政策内容不变；在政策执行中，坚持始终如一，不间断、不动摇；在政策调整完善的过程中保持连续性和继承性；在政策体系中保持有序性和协调性。[①] 政策稳定强调政策的主旨、原则的保持和连贯，不因人、因事而随意变动，但它绝不意味着政策一成不变。现实世界里的任何政策都有其力求稳定的初衷。中国的人口政策就是一个范例（表 8－2－1）。

自 20 世纪 70 年代末启动以来，“计划生育”成为中国人口政策的核心要旨，其主要目标指向是“控制人口规模、优化人口结构和提高人口素质”。因此，直到 2016 年 5 月，不管在政策表述和操作方式上有哪些变化，计划生育这一要旨始终保持稳定。其后果之一就是为人们的婚育行为提供了较为稳定的预期，随着人口的代际更替而逐步型塑了人们的婚育观念。不过，中国人口政策的变迁过程中同样存在“政策替代”或“政策终结”的现象，比如：“单独二孩”的出台意味着此前以“一孩化”为主要内容的政策内容被终结了；“全面二孩”政策则是对“单独二胎”政策的终结。在这样一个连续变化的过程中，旧的政策内容被新的方案取代，但是中国的“计划生育政策”本身保持了稳定。

表 8－2－1　中国人口政策中的“变”与“稳”

<table>
<tr><th>时　期</th><th>变　迁</th><th>稳　定</th></tr>
<tr><td>20 世纪 50 年代</td><td>1953 年第一次人口普查之后，发现存在人口快速增长的压力，政府开始大力提倡节制生育</td><td rowspan="3">①计划生育政策自 1982 年以来一直被表述为中国的基本国策。
②控制人口规模、优化人口结构、提高人口素质，是中国人口政策始终坚持的目标。
③长期以来，中国的“现行人口政策”被表述为：提倡晚婚晚育、少生优生，提倡一对夫妇只生育一个孩子。国家干部和职工、城镇居民除特殊情况经过批准外，一对夫妇只生育一个孩子；农村某些群众确有实际困难，包括独女户，要求生二胎的，经过批准可以间隔几年以后生第二胎；不论哪种情况都不能生三胎；少数民族地区也要提倡计划生育，具体要求和做法可由有关省、自治区根据当地实际情况制定。</td></tr>
<tr><td>20 世纪 70 年代</td><td>在全国范围内开展计划生育运动，实施指导性的缓减人口增长速度的生育政策，即“晚、稀、少”，即晚婚、婚后生育间隔 3 年以上、提倡一对夫妇最好生一个，最多生两个</td></tr>
<tr><td>20 世纪 80 年代</td><td>①1980 年，中央发出《关于控制我国人口增长问题致全体共产党员、共青团员的公开信》，提倡一对夫妇只生一个孩子。
②1984 年 4 月 5 日，中央书记处针对计划生育问题召开了办公会议。会议形成的“中发〔1984〕7 号文件”提出：为了在 20 世纪末把全国人口总数控制在 12 亿以内，要继续提倡一对夫妇只生育一个孩子。
③1982 年 9 月，中共十二大把实行计划生育政策确定为基本国策，同年 12 月 4 日第五届全国人民代表大会第五次会议通过的《中华人民共和国宪法》将计划生育政策作为国策写入其中。“现行人口政策”成为一个确定的提法。</td></tr>
</table>

① 金小平. 论政策稳定［J］. 长白学刊，1992 年第 5 期。

时期	变迁	稳定
20世纪90年代	1991年，中央强调，要坚决贯彻落实现行的人口政策，在一定时期内不动摇	④自20世纪50年代起，不管人口政策怎么调整，都是为了响应“人口规模的压力”。所谓“人口规模”，通常是指人口总数（据国家统计局2018年2月28日发布的《2017年国民经济和社会发展统计公报》，2017年末全国大陆总人口139008万人）；也可以特指“老龄人口规模”。
2000－2010年	2001年12月29日第九届全国人民代表大会常务委员会第二十五次会议通过了《中华人民共和国人口与计划生育法》，把人口政策上升为法	
2010年代－至今	①2013年底，中共十八届三中全会通过的《中共中央关于全面深化改革若干重大问题的决定》提出，启动实施一方是独生子女的夫妇可生育两个孩子的政策，逐步调整完善生育政策，促进人口长期均衡发展。 ②2015年10月，中国共产党第十八届中央委员会第五次全体会议公报指出：积极开展应对人口老龄化行动，实施全面二孩政策。 ③2016年1月5日，中央发文明确生育两孩无需审批，由家庭自主安排生育。 ④鉴于全面放开二孩仅能在短时间内使得全国新生儿数量有所增长，长期影响并不大（比如2017年全国新生儿数量同比下降3.53%），有专家呼吁全面放开生育政策，取消对每个家庭可以生育多少个孩子的限制。	

2. 政策稳定的必要性

政策稳定的必要性主要表现在如下三个方面。

首先，政策稳定是公共政策整体性和系统性的要求。任何政策都不是单一的、孤立的，而是相互关联的。各项政策之间存在着纵向一致和横向协调的关系，正是这种系统性和整体性要求政策保持相对的稳定状态。

其次，政策稳定是实现政策目标的需要。解决复杂的政策问题、实现政策目标，从来不是一朝一夕之事。政策的制定者、执行者受主客观因素的制约、受思想观念或心理状态差异的影响，对政策问题的认识和适应都需要时间，需要政策保持稳定以确保时间的充裕。

最后，政策稳定是形成稳定的社会预期、营造稳定的政策环境的需要。持续稳定的公共政策能够形成一种较为稳定的利益格局和社会规范，有助于目标群体形成理性预期，使其相信一项政策及其贯彻实施会实现他们的利益要求，进而在行动上表现出配合和支持，从而形成稳定的社会秩序、降低社会管理成本。

3. 政策稳定的功能

从功能上看，政策稳定不仅反映了政策的制定者和执行者在复杂社会条件下掌控政策的能力，还在更高层次上反映出政策本身的发展变化对社会局势稳定的影响。第一，公共政策作为一种政治措施，它的稳定有利于政局的稳定。政策手段的运用常常能够反映政府治理的能力，政策稳定有助于提高人们对政府的信任程度、形成安定团结的政治局面、促进各项事业的发展。相反，如果政策变迁过快，政策对象从心理上和行为上难以适应，就会削弱政策和政府的可信度，产生一系列严重后果。第二，公共政策作为调整物质利益关系的工具，它的稳定是经济和社会稳定的前提和基础。经济生活的重大动荡往往都是发生在目标群体感知到政策会有显著变化而纷纷采取预防性措施的时候，经济的正常发展因此而受到影响。第三，公共政策作为规范人们行为的准则，它的稳定有利于民心的稳定。当人们习惯于某种行为准则后要改变这种行为需要一定的时间和过程。当政策不稳定的时候，会产生不良的心理效应，造成人们无所适从，减弱政策执行者对政策执行的信心，使政策执行者不负责任的现象增多。总之，政策稳定在政治稳定、经济稳定和社会稳定各个方面都起着至关重要的作用。

当然，政策稳定也可能助长既得利益，假以时日，形成政策变革的阻力①。于是，到底该保持政策稳定，还是该推动变革，在现实世界里就成了不易确定的事情。这里面必然牵涉利益的平衡，也有领导人的偏好，还有外部压力。换言之，从正面来看，保持政策稳定有其必要性，但是“政策稳定”本身却可能是利益固化的结果，从而走向其反面，即发生政策僵化。这提醒我们，应把握好“保持政策稳定”与“发生政策僵化”之间的度——尽管这是很难的，但这个问题必须要提出来并予以重视。

（二）政策终结

1. 政策终结的内涵

政策终结就是基于对政策效果的可靠评价，采取必要措施终结那些不当的、无效的、过时的或多余的政策方案、政策功能、政策工具或政策组织的一种行为。政策终结有两种情形，一是如上文所举人口政策的例子显示，一项政策在总体保持稳定的状态下，具体的政策内容或应对措施随着时过境迁而发生新陈代谢；二是一项政策彻底“寿终正寝”，退出历史舞台。公共政策学所研究的政策终结多为第二种情形。

---

① 李培林．以更大决心突破利益固化的藩篱［J］．求是，2014 年第 13 期。

政策终结为何发生？简单而言，其一，经过审慎评估，当一项政策被认为已经解决了政策问题、实现了政策目标，就没有必要继续存在下去；其二，经过政策执行的检验或对其效果的审慎评估，当一项政策被认为无助于解决政策问题、实现政策目标，也应当适时地加以终结。如此，政策终结有利于节省政策资源、有利于提高政策绩效、有可能避免政策僵化、有利于促进政策优化。①

不过，政策终结归根结底是政治行为，成功的政策终结需要争取反对者的合作，一旦牵涉复杂的利益关系，难免落入“有多少人支持，就有多少人反对”的尴尬境地。

为便于理解政策终结，可举出三项有代表性的例证。一是农业税的废除，二是收容遣送制度的废止，三是2005年启动、2009年3月完成的“新医改方案”对此前“市场化导向的医改”的替代与终结。户籍管理政策有时被视为终而不结、陷入政策僵化的范例。

案例8－2－1　废除“农业税”

农业税是国家对一切从事农业生产、有农业收入的组织和个人征收的一种税，俗称“公粮”。据史料记载，农业税始于春秋时期鲁国的“初税亩”，到汉初形成制度，延续长达2600年。历史上，“皇粮国税”一直牵动着中国的兴衰。尽管中国历史上出现过“两税法”“一条鞭法”“摊丁入亩”等改革，以扩大纳税面，让有地产、有钱财的人多纳税，但由于吏治腐败，负担最终转嫁到农民头上。即使“文景之治”“贞观之治”“康乾盛世”也只是短暂的轻徭薄赋，历代政府始终未能跳出农民负担越减越重的“黄宗羲定律”②。新中国成立之后也长期延续了农业税。1958

---

① （1）所谓节省资源，是因为政策终结意味着政策活动的结束，某种机构、规划、惯例的终止，以及有关人员的裁减。因此，政策终结可以减少人力、物力、财力的无效消耗，从而节省有限的政策资源。（2）提高绩效。当一项政策在实施中失败，无法解决所面临的政策问题时，旧政策的终结就意味着新政策的启动、新规划的诞生以及相关机构和人员的更新与发展，这无疑有利于更好地解决问题，促进政策绩效的提高。（3）所谓避免政策僵化，指的是及时终结一项长期存在但是在发展变化了的环境下不必继续执行的政策。（4）优化政策。政策终结有助于促进政策优化，表现在两个方面：一是政策人员的优化；二是政策组织优化。政策组织的优化是公共政策优化的核心内容，优化的政策人员只有在优化的组织机构中才能制定和执行优化的政策。请参考宁骚主编《公共政策学（第二版）》，高等教育出版社，2011年，第438－439页。

② 黄宗羲定律是由学者秦晖依据黄宗羲的观点而总结出来的某种历史规律：历史上的税费改革不止一次，但每次税费改革后，由于当时社会政治环境的局限性，农民负担在下降一段时间后又涨到一个比改革前更高的水平。明清思想家黄宗羲称之为“积累莫返之害”。相关讨论请见秦晖：《并税式改革与“黄宗羲定律”》，载《农村合作经济经营管理》，2002年第3期，第6－7页；付志宇《三论“黄宗羲定律”是否成立》，载《财政监督》，2017年第6期，第91－93页，等。

年6月3日，第一届全国人民代表大会常务委员会第96次会议通过《中华人民共和国农业税条例》，1994年1月30日，国务院发布《关于对农业特产收入征收农业税的规定》。几十年中，农业税一直是国家财力的重要基石。据统计，从1949年至2000年的52年间，农民给国家缴纳了7000多亿公斤粮食。

2004年，国务院开始实行减征或免征农业税的惠农政策。据统计，免征农业税、取消烟叶外的农业特产税可减轻农民负担500亿元左右，到2005年已有近8亿农民直接受益。2005年12月29日，第十届全国人民代表大会常务委员会第十九次会议经表决决定，第一届全国人民代表大会常务委员会第九十六次会议于1958年6月3日通过的《中华人民共和国农业税条例》自2006年1月1日起废止。这意味着免除农业税的惠农政策以法律的形式固定下来，中国依法彻底告别延续了两千多年的农业税。为纪念这一划时代的举措，2006年2月22日国家邮政局发行了一张名为“全面取消农业税”的纪念邮票（图8－2－1）。

图8－2－1　“全面取消农业税”的纪念邮票

案例8－2－2　废止“收容遣送办法”①

2003年3月发生了“孙志刚事件”②。经《南方都市报》《北京青年报》《中国新闻周刊》《中国青年报》等多家媒体对事件的详细报道和细致分析，舆论注意力逐渐聚焦到其时实施的收容遣送制度。

中国从1951年起开始实施收容遣送制度。当时针对国民党散兵、社会无业游民等人群实施劳动改造，属于行政救济措施。

---

① 本案例部分参考了《“孙志刚事件”引发的社会管理变革》，载于清华大学公共管理学院中国公共管理案例中心编著《中国公共管理案例（第三辑）》，清华大学出版社，2013年，第253－272页。

② 2003年3月17日，正值广州市“两会”前夕。当天晚上，任职于广州某公司的湖北青年孙志刚在前往网吧的路上，因未携带任何证件（身份证、暂住证或外来人员用工证明）被警察拦下并送到当地派出所，18日凌晨被送至广州市天河公安分局收容待遣所，后转送到广州市民政局收容遣送中转站。18日晚，孙志刚称有心脏病，被送至广州市卫生局主管的收容人员救治站。19日晚，救治站当班护工因不满孙志刚的喊叫求助将其调换房间，并授意同屋其他收容人员殴打孙志刚。到20日1时许，孙志刚受到两次轮番殴打，背部软组织大面积损伤而致创伤性休克。20日上午10时许，孙志刚昏迷不醒，经抢救无效逝世于这家救治站。这一事件被称为“孙志刚事件”或“孙志刚案”。

20世纪60年代初，大量灾民涌入城市，收容救济灾民成为一项重要任务。1961年在大中城市设立收容遣送站，以民政部门为主，旨在将“盲目流动人口”收容起来并遣送回原籍。从1972年3月开始，收容遣送工作移交公安部门，旨在打击盲流人员中的刑事犯罪分子。

改革开放后，流动人口剧增，流入城市的人员构成进一步复杂化。1982年，国务院发布了关于收容遣送的正式法规《城市流浪乞讨人员收容遣送办法》（简称《收容遣送办法》）。到发生“孙志刚事件”的2003年，该办法及以它为依据施行的收容遣送制度已实施长达21年。

20世纪90年代，面对“民工潮”等新情况给大城市造成的管理压力，1991年国务院发布了《关于收容遣送工作改革问题的意见》（1991第48号），强调“收容遣送工作不再是单纯的社会救济工作”，并提出了“约束性管理”的要求。1995年，中央社会治安综合治理委员会（即“中央综治委”）于7月召开全国流动人口管理工作会议，确定将收容遣送工作纳入“流动人口管理”的范畴；9月再次发文件强调“加强收容遣送工作”，将对象确定为“无合法证件、无固定住所、无正当生活来源的流浪乞讨人员”。但在各地的执行过程中，“三无”往往被理解为“无身份证、无暂住证、无务工证”。

随着中国城市化进程的加快和城市人口的增加，附加在收容遣送制度上的治安管理功能不断得到强化。民政部、公安部经常联合发文，要求强化收容遣送的力度，受到收容遣送的人员越来越多，从流浪乞讨人员扩展成“三无人员”进而扩展到“无三证人员”。到20世纪90年代末，被收容人员中真正属于救助对象的不到15%，更多是外来务工者，也就是“三证不全”的流动人员——孙志刚被查扣和收容的理由正是“无三证”，尽管他只是没有随身携带。如此，以《收容遣送办法》为依据施行的收容遣送制度在维护城市治安的同时，也挤压着进城务工者的生存空间。

“孙志刚事件”发生之后，在媒体和舆论的质疑声中，以法学专家和律师为主的专业人士则将注意力放在收容遣送制度的“合法性”上。这些专业意见注意到了该制度的法律依据不足、与既有法律规定相冲突甚至“违宪”的情形。先后有8名法学研究者致信全国人大，要求对收容遣送制度进行违宪审查。2003年5月14日，分别来自中国政法大学法学院、北京邮电大学文法学院和华中科技大学法学院的三位法学博士俞江、滕彪、许志勇致信全国人大常委会，称“我们作为中华人民共和国公民，认为国务院1982年5月12日颁布的、至今仍在适用的《城市流浪乞讨人员收容遣送办法》与我国宪法和有关法律相抵触，特向全国人大常委会提出审查《城市流浪乞讨人员收容遣送办法》的建议”。2003年5月23日，贺卫方、盛洪、沈岿、萧瀚、何海波5位学者联合致信全国人大常委会，提请就“孙志刚案”以及收容遣送制度实施状况启动特别调查程序，推动对其进行违宪审查，进入实质性法律操作层面。

2003年6月18日，时任国务院总理温家宝主持召开国务院常务会议，审议并原则通过了《城市生活无着的流浪乞讨人员救助管理办法（草案)》。会议认为，1982年国务院发布实施的《城市流浪乞讨人员收容遣送办法》已不能适应中国经济社会发展和人口流动状况的实际管理需要。6月20日，温家宝签署国务院第381号令，公布《城市生活无着的流浪乞讨人员救助管理办法》，将强制收容遣送改为在受助者自愿基础上予以救助服务。至此，《城市流浪乞讨人员收容遣送办法》被废止，各地收容遣送相关条例和制度也陆续被废止。

案例8-2-3　“新医改方案”对“旧医改方案”的替代

2005年3月，国务院发展研究中心课题组在该中心出版的《中国发展评论》上发表了长篇研究报告，题为《对中国医疗卫生体制改革的评价与建议》。2005年7月15日，《中国青年报》以“国务院研究机构称，中国医改基本不成功”为标题，报道了这份报告，引起各路媒体的广泛转载，进而掀起一场长达数月的有关医疗问题的大讨论。2006年3月，全国“两会”召开，医疗改革话题从民间、媒体走入中国最高权力机构的议程，启动了“新医改”政策制定的进程。2009年3月，《中共中央国务院关于深化医药卫生体制改革的意见》及《医药卫生体制改革近期重点实施方案（2009-2011)》出台，提出建立覆盖城乡居民的基本医疗卫生制度，为所有人提供安全、有效、方便、廉价的医疗卫生服务。这些文件的出台，标志着（新）医疗体制改革的政策制定告一段落，也意味着对此前“市场化导向的医改”思路以及相应的一套措施的替代与终结。①

---

① 关于中国新医改政策议程的详情及其对中国政策议程设置模式的理论意涵，可以参考王绍光、樊鹏著《中国式共识型决策：“开门”与“磨合”》，中国人民大学出版社，2013年版。本书细致梳理了乡村和城市两个空间内“市场化医改”的形成过程及其后果。就其形成过程而言，在农村牧区，20世纪80年代以来，随着集体经济的衰落，合作医疗解体，原来的合作医疗站变成了乡村医生的私人诊所，绝大多数农牧民重新陷入自费医疗的境地；在城市，为了减轻财政压力，于20世纪80年代开启了医院管理和融资体制改革，其方向是减少政府与社会的责任，增加医院（供给方）与个人（需求方）的责任，以便让市场调节机制能够发挥更大的作用。就其后果而言，以市场化的改革不但没有解决医疗费用上涨的问题，反而刺激其大幅上升。到21世纪初，市场化导向的医改弊端越来越明显，“看病难、看病贵”成为百姓的切肤之痛。直到爆发“非典”危机，借助其放大效应，才为反思市场化的医改思路提供了契机（见该书第60、65、68、69页）。

2. 政策终结的对象和方式

政策终结的对象包括功能、组织、政策本身和计划。这四种对象的终结难度是递减的。功能是最难消失的，即使在组织被撤消以后，政策的功能也有可能由别的组织来执行；组织又比政策本身难以终结，这是因为组织会牺牲某一项政策寻求自保。

（1）功能的终结

即终止由政策执行所带来的某种或某些服务；在政策终结的所有内容中，以功能的终结最难。因为一方面，功能的履行或承担，是政府满足人民需要的结果，若予取消，势必引起各方面的反对；另一方面，某项功能往往不是由某项政策单独承担的，而是由许多不同政策和机构共同承担的，要予终止往往需要做大量的组织和协调工作。

（2）机构的终结

伴随着政策终结进行的机构缩减或撤消，就是机构终结。有些机构是专门为某项政策而设立的，随着政策的终止，机构也随之撤消；有些机构，往往同时承担着多项政策和功能，某项政策的终止不足以导致机构的撤消。因此，通常的做法是通过缩小规模、减少经费等办法对机构进行缩减。伴随着政策终结进行的机构缩减或撤消，就是机构终结。机构终结的困难也比较大，因为它关系到有关人员的切身利益，在实施时难免遭到有关人员的强烈抵制，使得机构终结无法顺利进行。这就是为什么我们会在现实生活中看到许多本该随着某项政策历史使命结束而应裁撤的机构仍然存在的原因。

（3）政策本身的终结

与前两种终结相比，政策本身的终结所遇到的阻力较小。这是因为，就某项具体政策而言，其目标比较单纯，如教育政策、社会福利政策等，容易进行评估并决定取舍。另一方面，政策更改的成本远比功能转变、组织调整要少得多，因而容易得到实际部门的认可。再加上政策的可选择性较大，也使得政策本身的终结在操作上比较容易实现，不像机构终结那样受到多方面的牵制和约束，不容易操作，实行起来步履维艰。案例 8－2－2 显示，《城市流浪乞讨人员收容遣送办法》就属于一项被终结的政策，相关机构（比如公安部门、民政部门、卫生部门）和功能（比如维护城市秩序）则得以保持。

（4）计划的终结

即政策的具体计划以及执行措施的终结。在所有终结内容中，计划的终结是最容易达成的。因为具体计划以及执行措施与实际问题连接，结果好坏或影响怎样有目共睹，容易达成共识。

3. 政策终结的方式通常有六种

（1）废止，即直接宣布一项政策的废止。政府根据政治、经济和社会经济形势的发展变化，不定期地清理、废止了大量不合时宜、过时了的政策。例如，中国加入世贸组织后，全国人大常委会和国务院宣布废止了830余项与WTO规则不相符合的国家法律、法规和政策。又如上文所举的案例8－2－2，“废止‘收容遣送办法’”。

（2）替代，指的是新政策替代旧政策，但所面对的问题不变，所要满足的要求不变。在这里，新政策是对旧政策的补充、修正，目的是更好地解决旧政策所没有解决好的问题，以充分实现政策的目标。比如上文所举的案例8－2－3，“‘新医改方案’对‘旧医改方案’的替代”。可以认为，政策终结通常是通过政策替代实现的，但前者强调的是“旧方案被终结”，后者强调的则是“替代旧方案的那个新方案”。后文还要进一步对此加以讨论。

（3）合并，指的是旧政策虽然被终止了，但政策要实现的功能并没有取消，而是将其合并到其他的政策中去。合并政策有两种情况：一是将原有的政策内容合并到现有政策中，作为现有政策的一部分；二是将多个旧政策经过调整，合并成一个新的政策。比如，国务院将原来由各部委分别颁布的一些有关联的单行规章或条例合并成一部完整的行政法规，由国务院来颁布实施，这样就具有了更高的政策权威，也便于各地更好地执行。

（4）分解，指的是将旧政策的内容按照一定的原则分解成几个部分，每个部分各自形成一项新政策。当原有的政策过于庞杂，目标众多以致于影响到该政策的有效执行时，常常采用分解的办法，将原政策按主要的目标分解成几个较小的政策。这样有利于执行者明确政策目标，提高执行效率。

（5）缩减，指的是采用渐进的方式对政策进行终结，以缓冲终结所带来的巨大冲击，逐步协调好各方关系，减少损失。主要表现形式有：缩小对政策的资源投入，减小实施范围，放松对政策执行的控制等。政策缩减的另外一种方式是，把政策中不合时宜部分废除，而保留了原来政策中合理的部分。

（6）政策的法律化，一项经过长期实行，确实有效的政策，为了提高其权威性和强制力，经过立法机关或授权立法的行政机关的审议通过，上升为法律或行政法规。这是另一种意义上的政策终结。比如：表8－2－1提及的“现行人口政策”上升为“人口与计划生育法”；后文案例8－3－1提及的把民族区域自治政策上升为《民族区域自治法》。

4. 政策终结的动力、阻力和策略

在学理上，政策终结系统是一个远离平衡态的开放系统，参与其中的各类主体根据自身对终结行为的态度而形成支持与反对两方联盟，双方围绕旧政策在非线性作用下产生冲突并进行互动，不断地互动与博弈则成为系统得以运转的动力。[①] 既有公共政策理论一般把推动政策终结的力量分为政策反对者、倡导节约者和锐意改革者三种[②]；把阻碍政策终结的力量分为6种：（1）心理上的抵触；（2）机构的持久性；（3）组织和机构对环境的适应性；（4）反对者及其联盟；（5）法律程序上的障碍；（6）终结的高成本。[③]

有研究者指出，这种静态划分法无法充分展现各种力量的动态博弈态势，可以从动态博弈过程视角把政策终结的驱动力归结为触发机制的引动力、政策评估的助动力、执政理念的主动力和公共舆论的外动力四种，其中执政理念是引起公共政策终结的主导力量。把政策终结的阻动力归结为既得利益集团、意识形态障碍、体制惯性和公共舆论四种（图8－2－2）。[④]

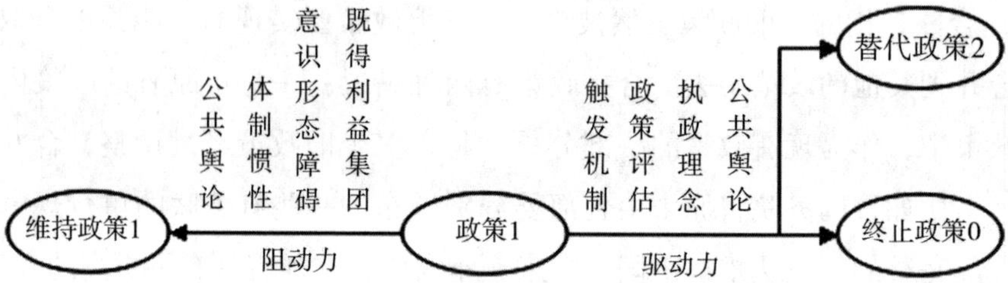

图8－2－2　政策变迁的动力和阻力

公共舆论作为社会心理态度的一种反映，既有可能是推动政策终结的力量，也有可能成为阻碍政策终结的力量。从动力学理论可知，终结政策的推力等于或小于

---

① 曲纵翔. 政策终结系统动力及建模：基于耗散结构论的解释［J］. 东北大学学报（社会科学版），2016年第1期。

② 反对者是指对既有政策持反对意见的政策行为者；节约者是指那些认为终结一项政策能够节省开支、防止公共资源浪费的政策行为者；改革者是指主张废旧立新且将旧政策视为创立新政策的阻碍的那些政策行为者。见 Eugene Bardach. The Implementation Game. Cambridge: MIT Press, 1977.

③ Peter Deleon. Policy Termination as a Political Process. In the Politics of Program Evaluation, ed. Dennis Palumbo, Beverly Hills, 1987.

④ 也有研究把政策终结的阻碍因素概括为两种，即组织的持久性和终结的代价。前者是指跟被终结的政策相配套的一套组织体系的惯性和粘性，后者是指终结一项既有政策需要付出的沉没成本。见宁骚主编《公共政策学（第二版）》，高等教育出版社，2011年版，第439－440页。

终结政策的阻力时，政策维持现状；当终结政策的推力大于终结政策的阻力时，政策才开始走向终结。若终结政策的推力超过终结政策的阻力越多，则政策终结的速度越快，政策就越早被终结。因此，要使一项政策终结有三种可供选择的方法：一是不断增加推力；二是抑制和消减阻力；三是增加推力和消减阻力并举。一般认为，第三种方法通常最为有效，第二种方法次之，第一种方法效果最差。①

不过，由于政策系统总是牵扯着复杂的利益格局，任何政策举动的实质都在于利益调整，政策终结也不例外。所以，即便情势已经到了政策终结的地步，“终结”的结果也不会自动出现，而是要求主张政策终结的人运用高超的政治艺术、采取灵活的策略，加以妥善处理。有研究者认为，顺利完成政策终结需要注意运用6种策略：一是重视说服工作，消除抵触情绪；二是注意因势利导，营造有利氛围；三是公开评估结果，争取支持力量；四是废旧与立新并举，释放终结造成的压力；五是主动试探试点，避免激化矛盾；六是先终结必要部分，减少代价和阻力。②

值得考虑的是，如果政策终结是必要的，那么会不会存在如下两种情形：其一，那些应该加以终结的政策因故难以终结；其二，那些本应继续保持的政策却被终结。

二、政策僵化与变动不居

（一）政策僵化

通常，人们认为政策稳定的反面是政策不稳定。本书认为政策稳定的反面是政策过度稳定，即政策僵化。政策僵化是指既有政策不能跟随变化了的情势做出适时适度的调整，它多被用于描述政策变迁的滞后性甚至政策不作为的现象。政策僵化可能有两种情况，一种是那些确实一成不变的政策——这虽绝少但并非没有（案例8-2-4）；另一种是政策调整变化的速度和频率慢于人们的期待。后一种政策僵化，在真实世界里更为常见，也受到更多关注。

案例8-2-4　“高温津贴”的福利补贴政策一度陷入“政策僵化”

高温津贴是为保证炎夏季节高温条件下国家经济建设和企业生产经营活动的正常进行，保障劳动者在高温作业中的额外劳动消耗或额外费用支出给予的一种工资性补偿。1960年7月1日，由卫生部、劳动部、全国总工会联合制定了《防暑降温

① 刘祖华. 公共政策终结的动力学分析：以取消农业税为考察对象［J］. 成都行政学院学报，2008年第1期。

② 宁骚. 公共政策学（第二版）［M］. 高等教育出版社，2011年，第442-443页。

措施暂行条例》，该条例仅适用于“工业、交通运输业及基本建设工地的高温作业和炎热季节的露天作业”以及“田间作业”，对防范高温作业引起的危险后果作了模糊规定，并未明确规定气温达到多少摄氏度可以停工、哪些工种应该停工或采取什么措施等。截至2007年，该《条例》没有进行过任何修改。从1960至2007年的近50年间，劳动工具、劳动条件都发生了巨大变化，关于劳动者权益的社会理念也早已不复往昔，但是高温条件下劳动者的合法权益却始终缺乏明确的法律保障和政策依据，高温中作业的劳动保护参照的一直就是1960年出台的《条例》。可以认为，在近50年的时间内，高温条件下劳动者的权益保障政策陷入了“一成不变”的政策僵化的境地。直到2007年6月，由卫生部等部门联合发布的《关于进一步加强工作场所夏季防暑降温工作的通知》才明确提出“在高温条件下应当向劳动者支付高温津贴”；2012年6月，国家安监总局等四部门出台的《防暑降温措施管理办法》对高温津贴发放做出进一步细化规定。不过，高温津贴到底给谁发、怎么发、发多少，依然语焉不详，且全国各地、各行各业间的津贴标准悬殊①。当然，一旦注意到2007年以来在“高温补贴”上发生了的政策变迁，就应该承认：没有一成不变的政策。

中国的户籍管理政策通常被视为政策僵化的典型例证。尽管不能说中国的户籍管理没有调整、变化（表8-2-2），但是它的变化慢于社会转型的速度或慢于人们的预期，成了生活的负担甚至麻烦的根源。长期以来，户籍政策被认为建立在城市和农村二元对立的基础上，不能适应社会发展的需求，成为发展市场经济的阻碍力量。城乡二元分割的体制下，城市的就业、住房、医疗、福利、保障和教育等资源配置一直与城市户籍身份紧密相连。对农业户口的人员而言，虽然进城务工已经成为势不可挡的潮流，但户籍身份依然存在，造成福利差距，这其实是一种社会分配的不平等。另一方面，由于管理系统存在漏洞，户籍管理过程中还可能发生寻租现象，造成户籍管理的混乱，给人们的日常生活造成不便（案例8-2-5）。这些证据被用来指出中国的户籍管理政策调整速度和幅度都慢于社会预期，已落入政策僵化的窠臼。

再比如，有研究者就认为，中国生育政策的变迁并非“恰逢其时”，而是“姗姗来迟”。其理由在于：生育率一旦下降就会形成惯性，一时很难刹住车。因此，生育政策的调整应从生育率下降至更替水平之前就应着手进行，而不是等到生育率

① 相关报道可见《给谁发？怎么发？发多少？——聚焦劳动者高温津贴发放》，新华网，http://www.xinhuanet.com//politics/2015-07/15/c_1115933286.htm

下降至更替水平之下时才进行。据此，中国生育政策的再次调整至少应该从20世纪90年代初就开始着手进行。但遗憾的是，中国的生育政策在过去的岁月里“岿然不动”，迟迟不对已经发生了根本性变化的人口与经济社会形势适时做出回应。中国的人口形势早已发生了根本性的变化，计划生育政策本应与时俱进地根据人口与经济社会形势的变化而适时地做出必要的调整。”① 在此意义上，人口政策也有其调整过慢、慢于人口规律所要求的调整节奏，从而表现为政策僵化。

表8－2－2　变化还是僵化：中国的户籍管理政策

1984年10月	国务院发布《关于农民进入集镇落户问题的通知》，规定凡在集镇务工、经商、办服务业的农民和家属，在集镇有固定住所，有经营能力，或在乡镇企事业单位长期务工，准落常住户口，口粮自理
1985年7月	公安部颁布了《关于城镇暂住人口管理的暂行规定》，决定对流动人口实行《暂住证》《寄住证》制度，允许暂住人口在城镇居留，这些规定对《中华人民共和国户口登记条例》中关于超过三个月以上的暂住人口要办理迁移手续或动员其返回常住地的条款，作了实质性的变动
1985年9月	全国人大常委会颁布实施《中华人民共和国居民身份证条例》，规定凡16岁以上的中华人民共和国公民，均须申领居民身份证，为人口管理的现代化打下了基础
1992年8月	公安部发出通知，决定在小城镇、经济特区、经济开发区、高新技术产业开发区实行当地有效城镇户口制度，以解决要求进入城镇落户的农民过多与全国统一的计划进城指标过少之间的矛盾
1997年6月	国务院批转公安部《关于小城镇户籍管理制度改革的试点方案》。根据此方案，已在小城镇就业、居住、并符合一定条件的农村人口，可以在小城镇办理城镇常住户口
1998年8月	国务院批转公安部《关于当前户籍管理中几个突出问题的意见》，主要规定：实行婴儿落户随父随母志愿的政策；放宽解决夫妻分居问题的户口政策；投靠子女的老人可以在城市落户；在城市投资、兴办实业、购买商品房的公民及其共同居住的直系亲属，符合一定条件可以落户。户籍制度进一步松动
2001年3月	国务院批转公安部《关于推进小城镇户籍管理制度改革的意见》，小城镇户籍制度改革全面推进

① 陈友华. 全面二孩政策与中国人口趋势［J］. 学海，2016年第1期。

2014年7月	国务院公布了《关于进一步推进户籍制度改革的意见》，宣告中国实行了半个多世纪的“农业”和“非农业”二元户籍管理模式，将退出历史舞台
2016年4月	已有29个省市自治区经出台户籍制度改革方案，包括河北、河南、山东、山西、陕西、江西、湖南、湖北、广东、广西、黑龙江、吉林、辽宁、重庆、云南、甘肃、青海、福建、江苏、安徽、贵州、四川、新疆、宁夏、浙江、海南、内蒙古、天津、上海。这些地区大都在本地的户籍制度改革方案中明确提出，取消农业户口与非农业户口性质区分，一些地方还提出了具体的实施时间表

案例8-2-5　“户籍被顶替”与“同命不同价”：户籍制引发的麻烦事儿

2015年9月，河南省项城市第二高级中学女教师刘红丽发现自己的户籍被顶替。跟她的身份证号所对应的户籍已落户“北京市东城区”，姓名为“刘方（化名)”，照片是一名陌生女子，曾用名显示为“刘红丽”。经刘红丽本人核查，其项城市的户籍早在2010年9月就被注销。对此，项城市南关派出所户籍民警解释称，“当发现重号户籍时，会保留迁出的，注销原籍的”。刘红丽说，2004年10月左右，她曾将河南大学的毕业证书借给同事赵某，后者称“亲戚家的闺女程方方找工作，想仿造一个毕业证”。发现户籍被顶替之后，刘红丽跟赵某核对，后者确认“刘方的户籍照片的确是仿刘红丽毕业证书那闺女的”，但是对顶替户籍的事不知情。程方方本人也承认户籍顶替属实，她当时办理北京户籍走的渠道是“北京人才引进”，需要“本科”等条件，具体过程她不知情，操办此事的是北京的户籍警察，他已去世。项城市公安局治安大队的民警称，“项城市公安局的户籍管理没有任何毛病，错在北京市公安局”。2016年4月，面对此事的压力，程方方希望刘红丽夫妇能给她“留条活路”。在她看来，顶替户籍一事，“我像贪吃的小孩，没问清来源，忍不住接过了别人递来的棒棒糖。”

此外，户籍制还屡次引起“同命不同价”的争议。“同命不同价”是指在一些案件中，由于受害者的户籍不同，所得到的残疾赔偿金、死亡赔偿金等数额相距甚远的现象。《最高人民法院关于审理人身损害赔偿案件适用法律若干问题的解释》(2003年12月4日最高人民法院审判委员会第1299次会议通过，2003年12月26日颁布，2004年5月1日起实施。共计三十六条）第二十九条规定：死亡赔偿金按照受诉法院所在地上一年度城镇居民人均可支配收入或者农村居民人均纯收入标准，按二十年计算。但六十周岁以上的，年龄每增加一岁减少一年；七十五周岁以上的，按五年计算。据此，在司法实践中，户籍成为判断城镇或农村居民的主要证据。一旦因意外事故引发人员伤亡而涉及补偿事宜时，屡屡发生“同命不同价”的事件，农业户籍能够获得的赔偿远远少于城市户籍。①

（二）变动不居

变动不居是指事物不断变化，没有固定的形态；朝令夕改，就是说早晨发布的命令，太阳还没落山就不作数了，形容政令时常更改，使人无所适从。② 公共政策的变动不居或许会因其“频率”而异，但表达的肯定是负面含义，它在根本上反映的是政策变动的随意性。

本书试举两例分别说明政策的变动不居和朝令夕改。

案例 8－2－6“社员小私有”政策的变动不居③

1952 年 9 月，毛泽东在一次中央会议上提出：“我们现在就要开始用 10 年到 15 年的时间，基本上完成到社会主义的过渡。”1953 年 6 月，中共中央公布了过渡时期总路线，就是要实现“一化三改”：即实现国家工业化和对农业、手工业和资本主义工商业的社会主义改造。农业的社会主义改造又叫农业合作化运动，经历了四个阶段：从 1951 年到 1955 年 7 月为第一阶段，即农业合作化的初期阶段；从 1955 年 7 月到 1957 年为第二阶段，即合作化的高潮阶段；从 1958 年到 1962 年为第三阶段，即农村人民公社化的发展和变动阶段；从 1962 年到 1978 年为第四阶段，即农村人民公社经济调整后较为稳定的阶段。

在 1956 至 1957 年的高级农业生产合作社时期，社员小私有政策相对宽松。这

---

① 相关资料见《“同命不同价”是种户籍病》，新浪网，“新观察”第 225 期。

② 真实世界里是否存在变动不居的政策现象？这也许不易作出事实认定。一个人通常更愿意捕捉和评判那些跟自己的便利有所关联的政策及其形态。一项政策，只要跟他没有利害关系，他未必会在意其变或不变、是正常调整还是变动不居。而有些政策变动，即便能够维护公共利益，可一旦给具体个人造成“不便”，这些人也可能将其斥为“变动不居”。比如，在酒驾入刑之前，道路上酒驾的人恐怕不在少数。酒驾入刑之后，那些惯于酒驾的人，也许会抱有侥幸心理继续酒驾（酒驾入刑之后，笔者身边也有酒驾的人；也不止一次听到亲历者的说法：喝了酒的人，总是觉得自己开车没问题，会坚持开车）。据说，当被查住而面临刑拘时，这些人的第一反应总是按照惯性思维去“想办法”寻求解救、逃脱法律惩罚。当求助无望时，怀想当年没有酒驾入刑时的“便利”，他们未必不会将“酒驾入刑”抱怨为“变动不居”。如此说来，政策到底是否变动不居，跟当事人的主观感知不无关系。酒驾者将给其带来“伤害”的酒驾入刑解读为“变动不居”，这当然是他们出于狭隘私利的误解。但是，当分析出“主观感知”跟“政策变动不居”之间的联系时，我们亦可推论得知：有些真实发生的变动不居，可能因其远离具体当事人的具体利益而不被感知、无人在乎；甚至，当人们习惯了政策的变动不居、习惯了其后果而无力抱怨、宁愿冷漠待之时，其实也就无所谓“变动不居”了。

③ 陈恭正．变动不居的社员“小私有”问题［J］．中国商界，2010 年第 7 期。

一时期，社员被允许拥有以下几种小私有权利：一是有权经营自留地，即把不超过当地每人平均土地面积5%的土地分配给社员种植蔬菜；二是有权拥有必需的生产资料和生活资料，包括社员私有的生活资料、零星的树木、家禽、家畜、小农具、经营家庭副业所需要的工具等；三是有权拥有对自家的阴宅和阳宅的所有权，即社员原有的坟地和房屋地基不必入社。

不过，到了1958至1960年的“大跃进”时期，社员小私有被“共产风”刮得一干二净，社员的自留地被没收，不允许家庭搞副业生产，甚至连社员的房屋、家具等都有可能被无偿“平调”。后来，在1961至1965年的国民经济调整时期，这一时期的前一阶段社员小私有政策基本上恢复到了高级社的状态，但到了后一阶段，随着对“三自一包”的批评，国家再次对社员的小私有做了严格限制。

如此看来，社员小私有的政策可谓时松时紧。松时，社员的日子就好过些；紧时，社员的生活就困难些；松时，农民的生产积极性就高些；紧时，农民的生产积极性就差些。“小私有适合我国农村生产力以畜力、人力为主的发展状况，有利于调动社员积极性，是不可靠行政力量强行取消的。”反过来看，正是行政力量的强行介入，使得社员小私有的政策变动不居。

案例8－2－7　“电摩”和“电车”到底是机动车还是自行车？

真实世界里是否存在朝令夕改的政策现象呢？早上发布傍晚就不作数的政策确实罕见，但是在较短时间内发出前后不一的政策意见，却不鲜见。

2009年12月15日，国家标准化管理委员会发出《关于电动摩托车相关标准实施事项的通知》① 要求“《电动摩托车和电动轻便摩托车通用技术条件》等4项国家标准中，涉及电动轻便摩托车的内容暂缓实施。”这意味着，此前因“超标”而在政策文本中差一点变身为机动车的电动自行车将再次在纸上重新回到自行车道。其实，《电动摩托车和电动轻便摩托车通用技术条件》的发布也不过是在当年6月。从发布到暂缓实施，前后不到半年时间，如此“朝令夕改”，其实恰恰反映了对电动类单车的管理之难。

《电动摩托车和电动轻便摩托车通用技术条件》国家标准（以下简称“电摩标准”）于2009年6月25日发布，拟于2010年1月1日开始实施。这项标准将40公斤以上400公斤以下、时速20公里以上50公里以下由电驱动的两轮或三轮车称为

① 国家标准化管理委员会文件，《关于电动摩托车相关标准实施事项的通知》（国标委工一［2009］98号）。

轻便电动摩托车或电动摩托车，将其划入机动车序列①。这就意味着会有一批“电动自行车”因超过该标准而“升级”为摩托车，需要从慢行道驶入机动车道。相应地，依据《机动车运行安全技术条件》中的相关规定，这类电动车就应该被纳入机动车的管理范围中。进而，依据国家相关法规，这类车辆的驾驶人必须通过上牌照、考驾照、买保险等几道程序才可以合法上路。然而，其一，市场上几乎所有的电动自行车都已超出该“20/40”标准，业内人士称“低于40公斤的车做不出来”；其二，“超标”电动车挤在人行道上，确实会给行人带来安全隐患，但是，把它们“赶上”机动车道，不是越发增加了发生交通事故的可能吗?②

无独有偶。为改变郑州市电动自行车管理无序的状态，市政府在2014年就启动了《郑州市非机动车管理条例》的立法工作。2016年该《条例》被列入郑州市人大常委会当年的立法计划。2017年2月5日，在郑州市十四届人大常委会第二十四次会议上，郑州市政府以该《条例》涉及面宽、调整的事项复杂、立法的前期准备工作还没有完全到位等为由，建议暂缓提请市人大常委会审议。这一“暂缓提请”被视为郑州市在“禁电”这一议题上的拳头再次高高举起却难以落下。

放眼全国，各地都遭遇了“电动车用量大、增量快、事端多”与“管理难”之间的矛盾，但也仍在积极探索政策介入。比如，2018年5月30日，北京市十五届人大常委会第四次会议审议了《北京市非机动车管理条例（草案二次审议稿)》。审议稿提出：“北京市对符合国家标准的电动自行车实行产品销售目录制度；未纳入产品目录的电动自行车，不得在本市销售和登记上牌；电动自行车应当经区级公安机关交通管理部门登记，取得本市电动自行车行驶证、号牌，方可在本市道路行驶；本市对本条例实施之前购买的不符合国家标准的电动自行车设置3年过渡期，过渡期满后，不得上道路行驶。”2018年5月16日，国家市场监督管理总局、国家标准化管理委员会批准发布了新修订的《电动自行车安全技术规范》。该国标将电动自行车的最高车速由20km/h调整为25km/h，整车质量（含电池）由40kg调整为55kg，电机功率由240W调整为400W，并对具有脚踏骑行功能进行了强制性规定。

国家发布的电动车安全技术新标准会否像“电摩标准”、北京市推进的非机动车管理条例会否像郑州市试图出台的“条例”那样遭遇朝令夕改的尴尬，还有待时

① 1999年，由上海自行车集团研究所起草、全国自行车标准化技术委员会编撰、国家质量技术监督局批准出台了《电动自行车通用技术条件》，规定“电动自行车最高时速不超过20公里，整车质量（重量）不大于40公斤”。这里的“电摩标准”系承这一文件而来。

② 相关分析亦可参见吕明合：《“电摩新国标”尴尬在哪?》，南方周末，http://www.infzm.com/content/38550。

间和实践的检验。

之所以发生类似“朝令夕改”的政策现象，究其原因，可以说是技术与管理方面的“双重困境”使然。管理方面的困境有两种表现，一是面对由需求支撑的巨大产品市场和消费者组成的复杂社会，很难用清晰的政策标准施以简单的管理；二是政策总是试图给出理想的、正确的、合乎知识理性的“法度”。结果，政策文本所说的“技术标准”跟人们日常生活里的“事实标准”常常不尽一致。技术方面的困境并不是说国内电动车的研发技术或生产技术不过关，而是一时难以达到政策所要求的那些“对的”标准。当政策表达的管理意见、企业基于成本—利润考量所能采行的技术条件与社会公众的理解三者之间彼此不能协调一致时，政策难免受到非议和搁置，常常不得不以“暂缓实施”收场。

变动不居或者说朝令夕改跟政策僵化是两种反常的、不应出现的政策变迁。不过，这两种反常情形，除了跟复杂社会情境有关，还有着较为一致的根源——那就是任性而僵化的权力结构。

总体上，政策僵化与政策变动不居，是两种受到批评的状况。政策稳定是人们所希望的，但人们不希望它僵化；政策变迁是人们所希望的，但人们不希望它变动不居。

第三节　政策变迁的常规形态

除了上述特殊形态和非正常状态，还需要从概念上把握政策变迁的常规形态①。对此，人们通常会用到政策维持、政策接续、政策调整、政策创新、政策替代等几种说法。这些说法的潜台词是“政策本身没有问题，值得保持和改进”。如前文所述，目前尚未有精准的“尺子”去测量不同程度的政策变迁，所以这里给出的几种政策变迁的形态，尚且只能从释义和示意的层面上做出区分。将图 8－1－1 改造成如图 8－3－1 的示意图，以政策调整为中间状态，政策维持和政策接续在其下方，

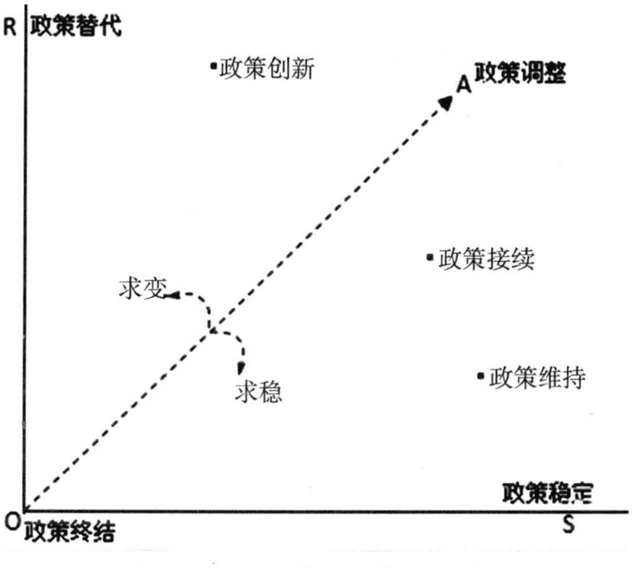

图 8－3－1　政策变迁的常规形态

表达的是“求稳”；政策创新在其上方，旨在“求变”。所以，可以认为，政策维持和政策接续是实现政策稳定的途径；政策调整和政策创新是实现政策变迁的途径。当政策变迁的幅度达到新政策彻底取代旧政策时，就发生了政策替代。政策变迁本

① 除了另有专门说明之外，本部分所用概念主要来自宁骚主编《公共政策学（第二版）》的第 11 章（作者为林震和高兴武）。主要包括：政策维持（第 414－416 页）、政策接续（第 431－434 页）、政策调整（第 425－431 页）、政策创新（421－423 页）。本书力求对这些概念作出补充性的理解。比如，跟该书对政策接续的理解略有不同，本章将政策接续理解为“求稳”的途径。

身则包括从政策稳定到政策替代的全部具体形态。图 8－3－1 里代表政策调整的那条虚线犹如一根可以摆动的指针，当它从政策稳定摆向政策替代时，其运行的全部轨迹就是本章关心的“政策变迁”。

一、政策维持

政策维持就是辨识有助于保持政策稳定的因素并将其用于实现政策稳定的实际行动和过程。政策维持是保持政策稳定的具体行动体系，稳定的政策必有一套相应的政策维持体系。就好比保持身体健康需要持续地摄入营养，保持政策稳定也需要持续地注入政策养分。这样一个“持续注入”的行动过程，就是政策维持。通常，越是具有“政治性”的政策、越是强调原则性的政策，就越要突出政策维持。

关于政策接续，在此试举一例，即中国的民族政策。

案例 8－3－1 中国的民族政策

中国的民族政策实际上是有关“少数民族”的政策，是党和政府根据马克思主义民族理论，结合多民族的基本国情和民族问题长期存在的客观实际制定的，其本质是促进各民族平等团结、发展进步和共同繁荣，是正确认识和处理民族问题的重要行为准则，是中国政策体系的重要组成部分。

中华人民共和国是统一的多民族国家，有 55 个少数民族。新中国成立以来，为促进少数民族政治、经济、文化等各项事业的全面发展，政府陆续制定了一系列民族政策，逐步形成了以宪法关于民族区域自治区的规定为核心，以宪法和民族区域自治法为主干，包括国务院及其职能部门制定的行政法规、部门规章以及民族自治地方制定的自治条例和单行条例，各省、自治区、直辖市和地方各级人大、政府制定的民族方面的法规、行政规定等在内的民族法制体系。

中国的民族政策在维护国家统一和民族团结、保障地方稳定等方面发挥着重要作用。之所以如此，可以说，在于民族政策本身的稳定。这种稳定性，又得益于政策维持，即通过不断注入“政策养分”形成了中国的民族法制体系。

一方面，中国现行的民族政策在内容上始终保持稳定，实现了各项政策之间相互衔接、相互支撑。民族政策的内容包括五个方面，分别是“坚持民族平等团结共同繁荣的基本原则”“民族区域自治”“发展少数民族地区经济文化事业”“培养少数民族干部”和“发展少数民族科教文卫等事业”。《中华人民共和国宪法》（1982 年 12 月 4 日通过，2018 年 3 月 11 日第五次修订）的序言指出，“中华人民共和国是全国各族人民共同缔造的统一的多民族国家。平等团结互助和谐的社会主义民族关系已经确立，并将继续加强。在维护民族团结的斗争中，要反对大民族主义，主要是大汉族主义，也要反对地方民族主义。国家尽一切努力，促进全国各民族的共同繁荣。”《宪法》的总纲强调，“中华人民共和国各民族一律平等。国家保障各少数民族的合法的权利和利益，维护和发展各民族的平等团结互助和谐关系。禁止对任何民族的歧视和压迫，禁止破坏民族团结和制造民族分裂的行为。国家根据各少数民族的特点和需要，帮助各少数民族地区加速经济和文化的发展。各少数民族聚居的地方实行区域自治，设立自治机关，行使自治权。各民族自治地方都是中华人民共和国不可分离的部分。各民族都有使用和发展自己的语言文字的自由，都有保持或者改革自己的风俗习惯的自由。”第一百二十二条再次明确，“国家从财政、物资、技术等方面帮助各少数民族加速发展经济建设和文化建设事业。帮助民族自治地方从当地民族中大量培养各级干部、各种专业人才和技术工人。”

另一方面，作为中国政府管理民族事务的基本政策和重要政治制度，民族区域自治制度具有政策、制度和法律三位一体的结构。要看到，民族区域自治制度有其历史地形成的过程。

（1）1922年7月中共二大通过的《中国共产党第二次全国代表大会宣言》从马克思主义的基本理念出发，对中国本身和世界上的民族问题首次提出了比较详细和系统的论述，提出“用自由联邦制，统一中国本部、蒙古、西藏、回疆，建立中华联邦共和国。”① 此后一直到中共七大，共产党解决国内民族问题的主张包括民族自决、联邦制、民族自治，但基本主张是在“民族自决”的基础上建立多民族的“联邦共和国”。

（2）抗日战争胜利后，中国共产党关于民族政策主张发生了转变，民族自决和联邦制不再被提及，民族区域自治成为调整国内民族关系的政策选择。1945年10月，党中央发出《关于内蒙工作的意见》，提出在内蒙古实行民族区域自治，建立自治政府。1946年2月，党中央明确指示：内蒙古的工作，根据和平建国纲领中关于民族平等自治的要求，不应提独立自决口号。这是中国共产党第一次明确提出放弃民族独立自决的口号。1947年5月1日，内蒙古自治政府成立，这对新中国成立后最终确定实行民族区域自治起到了试验和示范的作用。

（3）1952年8月，中央人民政府发布《民族区域自治实施纲要》。1954年9月，第一届全国人民代表大会召开，通过了新中国的第一部宪法，明确规定：“各少数民族聚居的地方实行区域自治。各民族自治地方都是中华人民共和国不可分离的部分。”宪法用了1节6条的篇幅对自治机关的组成、权利、义务和上级国家机关

---

① 金炳镐．民族纲领政策文献选编［M］．北京：中央民族人学出版社，2006年版。

的职责作了明确说明。

(4) 20世纪50年代末以后，民族区域自治的实行受到“左”的错误路线干扰。中国共产党十一届三中全会后，民族区域自治重现生机，不仅恢复了原来被取消或被合并的民族自治地方，而且新建了一批民族自治地方。2003年10月25日，四川省北川羌族自治县成立，成为“最年轻”的民族自治地方。至此，全国共建立了155个民族自治地方，包括5个自治区、30个自治州、120个自治县。

(5) 1982年《宪法》对民族区域自治政策上升为法律提供了保障。1982年12月4日第五届全国人民代表大会第五次会议通过的《宪法》，不仅重申了“1954年宪法”提出的民族区域自治原则，而且对民族自治地方的行政地位、自治权等作了明确规定。1983年，由乌兰夫负责的“民族区域自治法”起草工作领导小组成立。1984年5月31日，第六届全国人大二次会议审议通过了《民族区域自治法》，并于同年10月1日起施行。《民族区域自治法》共7章67条，以基本法的形式把民族区域自治政策固定下来，使宪法有关民族区域自治的基本原则和精神得到了具体体现。

(6) 为适应建立社会主义市场经济体制和实施西部大开发的要求，20世纪90年代后期启动了《民族区域自治法》的修订工作。2001年2月28日，第九届全国人大二十次会议通过了新修改的《民族区域自治法》，共7章74条，新增7条内容。此次修订，将民族区域自治正式确定为“国家的一项基本政治制度”。这标志着民族区域自治制度已经成熟，标志着我国民族区域自治法制化建设进入了一个新阶段。

二、政策接续

政策接续的字面意思是一项政策沿着既有的政策轨道继续下去。接，即承接；续，即连续。照此理解，政策接续是实现政策稳定的途径之一。

政策接续的规范含义有两种①。其一，政策评估认为政策问题尚未解决、政策目标尚未实现但实践证明既有政策具有可行性和有效性时，据此做出的使政策在原有性质、问题、目标、工具和途径等轨道上继续执行下去的行动选择。其二，政策接续探讨的是调整后的新政策与原政策的联结关系，是一种渐进性和连续性的政策变动。

关于政策接续，在此试举一例，即中国的土地承包政策。

案例8-3-2　土地承包：“三十年不变”

中国实行承包经营制度的土地主要是耕地。2017年10月18日，中国共产党第十九次全国代表大会的政治报告强调，“保持土地承包关系稳定并长久不变，第二

---

① 见宁骚主编，前引书：第376、431页。

轮土地承包到期后再延长三十年。”① 中国土地第一轮承包为期15年，大体开始于1983年，到1997年止；第二轮承包为期30年，即1998年到2027年。第三轮再延长30年，意味着下次到期的年份为2057年。

中国的法律和有关政策对土地承包期都做了明确的规定。在中国农村实行联产承包生产责任制之初，承包期一般都比较短。后来认识到，承包期限过短难以调动承包人增加投入、合理开发土地的积极性，甚至可能导致短期行为和对土地的掠夺式经营；而承包期限太长则不利于对土地利用方式的适当调整以及有关利益的协调。基于这一认识，1984年提出“土地承包期限应当适当延长，一般应在15年以上”。根据这一精神，全国各地陆续将土地承包期确定为15年。1993年，一些较早实行家庭承包经营的地方，第一轮土地承包即将到期，为了及时指导，国家提出，在原定的耕地承包期到期之后，再延长30年不变。此后，随着延包工作的陆续开展，国家有关政策曾多次对土地承包的期限问题做出规定。如，1993年指出，为了稳定土地承包关系，鼓励农民增加投入，提高土地的生产率，在原定的耕地承包期到期后，再延长30年不变。

1997年指出，土地承包再延长30年不变，营造林地和“四荒”地等开发性生产的承包期可以更长。1986年通过并于1998年修改的《中华人民共和国土地管理法》也明确规定，农民集体所有的土地由本集体经济组织的成员承包经营，从事种植业、林业、畜牧业、渔业生产。土地承包经营期限为30年。

从实际情况看，截至2000年，全国已有98%左右的村组开展了延包工作。据统计，在开展延包工作的地方，承包期达到30年的耕地面积占92%，如果扣除沿海发达地区、城镇郊区实行招标承包的责任田以及各地预留的机动地，实行家庭承包的耕地承包期达到30年的占95%以上。承包期不足30年的，大多数在已经或者列入城镇建设规划范围内的城镇郊区。

实践证明，中国实施承包期为30年的土地承包政策，符合目前中国农村的实际做法。三轮土地承包表现出的政策接续，确保了该项政策的稳定。

三、政策调整

政策调整是实现政策变迁的主要方式。调整讲的是可控幅度的、连续的政策变迁。政策调整的实质在于“稳中有变”，但其重心已移向了“变”。所谓政策调整，

① 习近平：《决胜全面建成小康社会夺取新时代中国特色社会主义伟大胜利——在中国共产党第十九次全国代表大会上的报告》，http://cpc.people.com.cn/n1/2017/1028/c64094-29613660.html

是在政策评估和监控所获得的有关政策系统运行（尤其是政策执行的效果）的反馈信息的基础上，对原有政策中不适应政策对象和政策环境变化的部分，采取渐进的方式，进行增删①、修正②和更新③，以便达成预期政策效果的一种政策行为。政策调整的目的在于确保公共政策沿着正确的轨道实施下去，最终达到预期的目标，因此，政策调整的作用表现在纠正偏差、协调关系、保持稳定。政策调整需遵循实事求是原则④、渐进调适原则⑤、追踪反馈原则⑥。

关于政策调整，在此试举一例，即中国的宪法及其修正案。

案例 8－3－3　中国的现行宪法及其修正案

《中华人民共和国宪法》是中华人民共和国的根本大法。中华人民共和国成立后，曾于1954年9月20日、1975年1月17日、1978年3月5日和1982年12月4日通过了四部宪法，现行宪法为1982年宪法。现行宪法历经1988年、1993年、1999年、2004年、2018年五次修订，累计修订52条（表8－3－1）。这些修订都可视为本节所论的政策调整，有的是扩充，比如第一条、第四十条、第五十二条等；有的是删减，比如第三十条。有的是修正，比如第五条、第九条、第三十九条；有的是更新，比如第六条、第十六条、第二十六条，等等。有的是扩充、修正与更新的综合，比如第四十三条。

---

① 增删就是对政策的内容、作用范围和适用时间所作的扩充与缩减。主要有两种方式：一是政策补充。它是在保持实施中的政策的基本框架不变的前提下，或者对其内容加以扩充，或者对其适用范围加以扩大，或者对其适用时间加以延长，其目的是为了拓展现行政策的功能。二是政策删减。它是在继续执行现行政策的条件下，减少其部分内容，缩小其作用范围，缩短其作用时间，其目的是要缩减现行政策的功能。

② 修正就是对正式实施中或正在试行中的政策的具体内容、作用范围所作的修改与订正。主要有两种方式：一是政策修改。即在保持原政策基本框架不变的情况下，对其部分内容、适用范围及有关实施的手段、技术所作出的改动。二是政策修订。即在保持原政策的基本框架不变的前提下，对其主要内容、功能范围所进行的修改订正。这两种调整方式的目的都是为了使具体政策更为精确、完整。

③ 更新就是对实施中的现行政策所作的变革。虽然原先的政策还保留下来，但主要的政策内容、政策目标、政策适用范围、政策执行主体、政策目标团体都程度不等地发生了变化。与先前的政策相比，旧框架已为新的框架所取代。政策更新通常是在一个国家的政治、经济生活出现重大变革的时期发生的政策调整形式。

④ 意思是政策调整应根据事物发展的客观规律进行，不应该是个人意志的产物。

⑤ 意思是政策调整的幅度和范围要考虑到社会承受的程度，不宜过大、过急，以免人们从心理上和行动上难以适应而表现出疑虑和担心。

⑥ 意思是政策调整是动态发展的，它需要不断收集反馈信息，然后提供给决策者，以判断政策对象和政策环境是否发生了变化以及发生了什么样的变化，并最终决定是否要对政策进行调整以及进行什么样的调整。

表 8-3-1 中华人民共和国现行宪法的五次修订

年份	修订内容
1988	第一条 宪法第十一条增加规定："国家允许私营经济在法律规定的范围内存在和发展。私营经济是社会主义公有制经济的补充。国家保护私营经济的合法权利和利益，对私营经济实行引导、监督和管理。"
	第二条 宪法第十条第四款"任何组织或者个人不得侵占、买卖、出租或者以其他形式非法转让土地。"修改为："任何组织或个人不得侵占、买卖或者以其他形式非法转让土地，土地的使用权可以依照法律的规定转让。"
1993	第三条 宪法序言第七自然段后两句："今后国家的根本任务是集中力量进行社会主义现代化建设。中国各族人民将继续在中国共产党领导下，不断完善社会主义的各项制度，把我国建设成为高度文明、高度民主的社会主义国家。"修改为："我国正处于社会主义初级阶段。国家的根本任务是，根据建设有中国特色社会主义的理论，集中力量进行社会主义现代化建设。中国各族人民将继续在中国共产党领导下，在马克思列宁主义、毛泽东思想指引下，坚持人民民主专政，坚持社会主义道路，坚持改革开放，不断完善社会主义的各项制度，发展社会主义民主，健全社会主义法制，自力更生，艰苦奋斗，逐步实现工业、农业、国防和科学技术的现代化，把我国建设成为富强、民主、文明的社会主义国家。"
	第四条 宪法序言第十自然段末尾增加："中国共产党领导的多党合作和政治协商制度将长期存在和发展。"
	第五条 宪法第七条："国营经济是社会主义全民所有制经济，是国民经济中的主导力量。国家保障国营经济的巩固和发展。"修改为："国有经济，即社会主义全民所有制经济，是国民经济中的主导力量。国家保障国有经济的巩固和发展。"
	第六条 宪法第八条第一款："农村人民公社、农业生产合作社和其他生产、供销、信用、消费等各种形式的合作经济，有权在法律规定的范围内经营自留地、自留山、家庭副业和饲养自留畜。"修改为："农村中的家庭联产承包为主的责任制和生产、供销、信用、消费等各种形式的合作经济，是社会主义劳动群众集体所有制经济。参加农村集体经济组织的劳动者，有权在法律规定的范围内经营自留地、自留山、家庭副业和饲养自留畜。"
	第七条 宪法第十五条："国家在社会主义公有制基础上实行计划经济。国家通过经济计划的综合平衡和市场调节的辅助作用，保证国民经济按比例地协调发展。""禁止任何组织或者个人扰乱社会经济秩序，破坏国家经济计划。"修改为："国家实行社会主义市场经济。""国家加强经济立法，完善宏观调控。""国家依法禁止任何组织或者个人扰乱社会经济秩序。"
	第八条 宪法第十六条："国营企业在服从国家的统一领导和全面完成国家计划的前提下，在法律规定的范围内，有经营管理的自主权。""国营企业依照法律规定，通过职工代表大会和其他形式，实行民主管理。"修改为："国有企业在法律规定的范围内有权自主经营。""国有企业依照法律规定，通过职工代表大会和其他形式，实行民主管理。"

年份	修订内容
1993	第九条　宪法第十七条："集体经济组织在接受国家计划指导和遵守有关法律的前提下，有独立进行经济活动的自主权。""集体经济组织依照法律规定实行民主管理，由它的全体劳动者选举和罢免管理人员，决定经营管理的重大问题。"修改为："集体经济组织在遵守有关法律的前提下，有独立进行经济活动的自主权。""集体经济组织实行民主管理，依照法律规定选举和罢免管理人员，决定经营管理的重大问题。"
	第十条　宪法第四十二条第三款："劳动是一切有劳动能力的公民的光荣职责。国营企业和城乡集体经济组织的劳动者都应当以国家主人翁的态度对待自己的劳动。国家提倡社会主义劳动竞赛，奖励劳动模范和先进工作者。国家提倡公民从事义务劳动。"修改为："劳动是一切有劳动能力的公民的光荣职责。国有企业和城乡集体经济组织的劳动者都应当以国家主人翁的态度对待自己的劳动。国家提倡社会主义劳动竞赛，奖励劳动模范和先进工作者。国家提倡公民从事义务劳动。"
	第十一条　宪法第九十八条："省、直辖市、设区的市的人民代表大会每届任期五年。县、不设区的市、市辖区、乡、民族乡、镇的人民代表大会每届任期三年。"修改为："省、直辖市、县、市、市辖区的人民代表大会每届任期五年。乡、民族乡、镇的人民代表大会每届任期三年。"
1999	第十二条宪法序言第七自然段："中国新民主主义革命的胜利和社会主义事业的成就，都是中国共产党领导中国各族人民，在马克思列宁主义、毛泽东思想的指引下，坚持真理，修正错误，战胜许多艰难险阻而取得的。我国正处于社会主义初级阶段。国家的根本任务是，根据建设有中国特色社会主义的理论，集中力量进行社会主义现代化建设。中国各族人民将继续在中国共产党领导下，在马克思列宁主义、毛泽东思想指引下，坚持人民民主专政，坚持社会主义道路，坚持改革开放，不断完善社会主义的各项制度，发展社会主义民主，健全社会主义法制，自力更生，艰苦奋斗，逐步实现工业、农业、国防和科学技术的现代化，把我国建设成为富强、民主、文明的社会主义国家。"修改为："中国新民主主义革命的胜利和社会主义事业的成就，是中国共产党领导中国各族人民，在马克思列宁主义、毛泽东思想的指引下，坚持真理，修正错误，战胜许多艰难险阻而取得的。我国将长期处于社会主义初级阶段。国家的根本任务是，沿着建设有中国特色社会主义的道路，集中力量进行社会主义现代化建设。中国各族人民将继续在中国共产党领导下，在马克思列宁主义、毛泽东思想、邓小平理论指引下，坚持人民民主专政，坚持社会主义道路，坚持改革开放，不断完善社会主义的各项制度，发展社会主义市场经济，发展社会主义民主，健全社会主义法制，自力更生，艰苦奋斗，逐步实现工业、农业、国防和科学技术的现代化，把我国建设成为富强、民主、文明的社会主义国家。"
	第十三条　宪法第五条增加一款，作为第一款，规定："中华人民共和国实行依法治国，建设社会主义法治国家。"

年份	修订内容
1999	第十四条　宪法第六条："中华人民共和国的社会主义经济制度的基础是生产资料的社会主义公有制，即全民所有制和劳动群众集体所有制。""社会主义公有制消灭人剥削人的制度，实行各尽所能，按劳分配的原则。"修改为："中华人民共和国的社会主义经济制度的基础是生产资料的社会主义公有制，即全民所有制和劳动群众集体所有制。社会主义公有制消灭人剥削人的制度，实行各尽所能、按劳分配的原则。""国家在社会主义初级阶段，坚持公有制为主体、多种所有制经济共同发展的基本经济制度，坚持按劳分配为主体、多种分配方式并存的分配制度。"
	第十五条　宪法第八条第一款："农村中的家庭联产承包为主的责任制和生产、供销、信用、消费等各种形式的合作经济，是社会主义劳动群众集体所有制经济。参加农村集体经济组织的劳动者，有权在法律规定的范围内经营自留地、自留山、家庭副业和饲养自留畜。"修改为："农村集体经济组织实行家庭承包经营为基础、统分结合的双层经营体制。农村中的生产、供销、信用、消费等各种形式的合作经济，是社会主义劳动群众集体所有制经济。参加农村集体经济组织的劳动者，有权在法律规定的范围内经营自留地、自留山、家庭副业和饲养自留畜。"
	第十六条　宪法第十一条："在法律规定范围内的城乡劳动者个体经济，是社会主义公有制经济的补充。国家保护个体经济的合法的权利和利益。""国家通过行政管理，指导、帮助和监督个体经济。""国家允许私营经济在法律规定的范围内存在和发展。私营经济是社会主义公有制经济的补充。国家保护私营经济的合法的权利和利益，对私营经济实行引导、监督和管理。"修改为："在法律规定范围内的个体经济、私营经济等非公有制经济，是社会主义市场经济的重要组成部分。""国家保护个体经济、私营经济的合法的权利和利益。国家对个体经济、私营经济实行引导、监督和管理。"
	第十七条　宪法第二十八条："国家维护社会秩序，镇压叛国和其他反革命的活动，制裁危害社会治安、破坏社会主义经济和其他犯罪的活动，惩办和改造犯罪分子。"修改为："国家维护社会秩序，镇压叛国和其他危害国家安全的犯罪活动，制裁危害社会治安、破坏社会主义经济和其他犯罪的活动，惩办和改造犯罪分子。"
2004	第十八条　宪法序言第七自然段中"在马克思列宁主义、毛泽东思想、邓小平理论指引下"修改为"在马克思列宁主义、毛泽东思想、邓小平理论和'三个代表'重要思想指引下"，"沿着建设有中国特色社会主义的道路"修改为"沿着中国特色社会主义道路"，"逐步实现工业、农业、国防和科学技术的现代化"之后增加"推动物质文明、政治文明和精神文明协调发展"。
	第十九条　宪法序言第十自然段第二句"在长期的革命和建设过程中，已经结成由中国共产党领导的，有各民主党派和各人民团体参加的，包括全体社会主义劳动者、拥护社会主义的爱国者和拥护祖国统一的爱国者的广泛的爱国统一战线，这个统一战线将继续巩固和发展。"修改为："在长期的革命和建设过程中，已经结成由中国共产党领导的，有各民主党派和各人民团体参加的，包括全体社会主义劳动者、社会主义事业的建设者、拥护社会主义的爱国者和拥护祖国统一的爱国者的广泛的爱国统一战线，这个统一战线将继续巩固和发展。"

年份	修订内容
2004	第二十条　宪法第十条第三款"国家为了公共利益的需要，可以依照法律规定对土地实行征用。"修改为："国家为了公共利益的需要，可以依照法律规定对土地实行征收或者征用并给予补偿。"
	第二十一条　宪法第十一条第二款"国家保护个体经济、私营经济的合法的权利和利益。国家对个体经济、私营经济实行引导、监督和管理。"修改为："国家保护个体经济、私营经济等非公有制经济的合法的权利和利益。国家鼓励、支持和引导非公有制经济的发展，并对非公有制经济依法实行监督和管理。"
	第二十二条　宪法第十三条"国家保护公民的合法的收入、储蓄、房屋和其他合法财产的所有权。""国家依照法律规定保护公民的私有财产的继承权。"修改为："公民的合法的私有财产不受侵犯。""国家依照法律规定保护公民的私有财产权和继承权。""国家为了公共利益的需要，可以依照法律规定对公民的私有财产实行征收或者征用并给予补偿。"
	第二十三条　宪法第十四条增加一款，作为第四款："国家建立健全同经济发展水平相适应的社会保障制度。"
	第二十四条　宪法第三十三条增加一款，作为第三款："国家尊重和保障人权。"第三款相应地改为第四款。 第二十五条　宪法第五十九条第一款"全国人民代表大会由省、自治区、直辖市和军队选出的代表组成。各少数民族都应当有适当名额的代表。"修改为："全国人民代表大会由省、自治区、直辖市、特别行政区和军队选出的代表组成。各少数民族都应当有适当名额的代表。"
	第二十六条　宪法第六十七条全国人民代表大会常务委员会职权第二十项"（二十）决定全国或者个别省、自治区、直辖市的戒严"修改为"（二十）决定全国或者个别省、自治区、直辖市进入紧急状态"。
	第二十七条　宪法第八十条"中华人民共和国主席根据全国人民代表大会的决定和全国人民代表大会常务委员会的决定，发布戒严令，宣布战争状态，发布动员令。"修改为："中华人民共和国主席根据全国人民代表大会的决定和全国人民代表大会常务委员会的决定，公布法律，任免国务院总理、副总理、国务委员、各部部长、各委员会主任、审计长、秘书长，授予国家的勋章和荣誉称号，发布特赦令，宣布进入紧急状态，宣布战争状态，发布动员令。"
	第二十八条宪法第八十一条"中华人民共和国主席代表中华人民共和国，接受外国使节；根据全国人民代表大会常务委员会的决定，派遣和召回驻外全权代表，批准和废除同外国缔结的条约和重要协定。"修改为："中华人民共和国主席代表中华人民共和国，进行国事活动，接受外国使节；根据全国人民代表大会常务委员会的决定，派遣和召回驻外全权代表，批准和废除同外国缔结的条约和重要协定。"
	第二十九条　宪法第八十九条国务院职权第十六项"（十六）决定省、自治区、直辖市的范围内部分地区的戒严"修改为"（十六）依照法律规定决定省、自治区、直辖市的范围内部分地区进入紧急状态"。

年份	修订内容
2004	第三十条　宪法第九十八条“省、直辖市、县、市、市辖区的人民代表大会每届任期五年。乡、民族乡、镇的人民代表大会每届任期三年。”修改为：“地方各级人民代表大会每届任期五年。”
	第三十一条　宪法第四章章名“国旗、国徽、首都”修改为“国旗、国歌、国徽、首都”。宪法第一百三十六条增加一款，作为第二款：“中华人民共和国国歌是《义勇军进行曲》。”
2018	第三十二条　宪法序言第七自然段中“在马克思列宁主义、毛泽东思想、邓小平理论和‘三个代表’重要思想指引下”修改为“在马克思列宁主义、毛泽东思想、邓小平理论、‘三个代表’重要思想、科学发展观、习近平新时代中国特色社会主义思想指引下”；“健全社会主义法制”修改为“健全社会主义法治”；在“自力更生，艰苦奋斗”前增写“贯彻新发展理念”；“推动物质文明、政治文明和精神文明协调发展，把我国建设成为富强、民主、文明的社会主义国家”修改为“推动物质文明、政治文明、精神文明、社会文明、生态文明协调发展，把我国建设成为富强民主文明和谐美丽的社会主义现代化强国，实现中华民族伟大复兴。”
	第三十三条　宪法序言第十自然段中“在长期的革命和建设过程中”修改为“在长期的革命、建设、改革过程中”；“包括全体社会主义劳动者、社会主义事业的建设者、拥护社会主义的爱国者和拥护祖国统一的爱国者的广泛的爱国统一战线”修改为“包括全体社会主义劳动者、社会主义事业的建设者、拥护社会主义的爱国者、拥护祖国统一和致力于中华民族伟大复兴的爱国者的广泛的爱国统一战线。”
	第三十四条　宪法序言第十一自然段中“平等、团结、互助的社会主义民族关系已经确立，并将继续加强。”修改为：“平等团结互助和谐的社会主义民族关系已经确立，并将继续加强。”
	第三十五条　宪法序言第十二自然段中“中国革命和建设的成就是同世界人民的支持分不开的”修改为“中国革命、建设、改革的成就是同世界人民的支持分不开的”；“中国坚持独立自主的对外政策，坚持互相尊重主权和领土完整、互不侵犯、互不干涉内政、平等互利、和平共处的五项原则”后增加“坚持和平发展道路，坚持互利共赢开放战略”；“发展同各国的外交关系和经济、文化的交流”修改为“发展同各国的外交关系和经济、文化交流，推动构建人类命运共同体。”
	第三十六条　宪法第一条第二款“社会主义制度是中华人民共和国的根本制度。”后增写一句，内容为：“中国共产党领导是中国特色社会主义最本质的特征。”
	第三十七条　宪法第三条第三款“国家行政机关、审判机关、检察机关都由人民代表大会产生，对它负责，受它监督。”修改为：“国家行政机关、监察机关、审判机关、检察机关都由人民代表大会产生，对它负责，受它监督。”

年份	修订内容
2018	第三十八条　宪法第四条第一款中“国家保障各少数民族的合法的权利和利益，维护和发展各民族的平等、团结、互助关系。”修改为：“国家保障各少数民族的合法的权利和利益，维护和发展各民族的平等团结互助和谐关系。”
	第三十九条　宪法第二十四条第二款中“国家提倡爱祖国、爱人民、爱劳动、爱科学、爱社会主义的公德”修改为“国家倡导社会主义核心价值观，提倡爱祖国、爱人民、爱劳动、爱科学、爱社会主义的公德”。
	第四十条　宪法第二十七条增加一款，作为第三款：“国家工作人员就职时应当依照法律规定公开进行宪法宣誓。”
	第四十一条　宪法第六十二条“全国人民代表大会行使下列职权”中增加一项，作为第七项“（七）选举国家监察委员会主任”，第七项至第十五项相应改为第八项至第十六项。
	第四十二条　宪法第六十三条“全国人民代表大会有权罢免下列人员”中增加一项，作为第四项“（四）国家监察委员会主任”，第四项、第五项相应改为第五项、第六项。
	第四十三条　宪法第六十五条第四款“全国人民代表大会常务委员会的组成人员不得担任国家行政机关、审判机关和检察机关的职务。”修改为：“全国人民代表大会常务委员会的组成人员不得担任国家行政机关、监察机关、审判机关和检察机关的职务。”
	第四十四条　宪法第六十七条“全国人民代表大会常务委员会行使下列职权”中第六项“（六）监督国务院、中央军事委员会、最高人民法院和最高人民检察院的工作”修改为“（六）监督国务院、中央军事委员会、国家监察委员会、最高人民法院和最高人民检察院的工作”；增加一项，作为第十一项“（十一）根据国家监察委员会主任的提请，任免国家监察委员会副主任、委员”，第十一项至第二十一项相应改为第十二项至第二十二项。 宪法第七十条第一款中“全国人民代表大会设立民族委员会、法律委员会、财政经济委员会、教育科学文化卫生委员会、外事委员会、华侨委员会和其他需要设立的专门委员会。”修改为：“全国人民代表大会设立民族委员会、宪法和法律委员会、财政经济委员会、教育科学文化卫生委员会、外事委员会、华侨委员会和其他需要设立的专门委员会。”
	第四十五条　宪法第七十九条第三款“中华人民共和国主席、副主席每届任期同全国人民代表大会每届任期相同，连续任职不得超过两届。”修改为：“中华人民共和国主席、副主席每届任期同全国人民代表大会每届任期相同。”
	第四十六条　宪法第八十九条“国务院行使下列职权”中第六项“（六）领导和管理经济工作和城乡建设”修改为“（六）领导和管理经济工作和城乡建设、生态文明建设”；第八项“（八）领导和管理民政、公安、司法行政和监察等工作”修改为“（八）领导和管理民政、公安、司法行政等工作”。

年份	修订内容
2018	第四十七条　宪法第一百条增加一款，作为第二款："设区的市的人民代表大会和它们的常务委员会，在不同宪法、法律、行政法规和本省、自治区的地方性法规相抵触的前提下，可以依照法律规定制定地方性法规，报本省、自治区人民代表大会常务委员会批准后施行。"
	第四十八条　宪法第一百零一条第二款中"县级以上的地方各级人民代表大会选举并且有权罢免本级人民法院院长和本级人民检察院检察长。"修改为："县级以上的地方各级人民代表大会选举并且有权罢免本级监察委员会主任、本级人民法院院长和本级人民检察院检察长。"
	第四十九条　宪法第一百零三条第三款"县级以上的地方各级人民代表大会常务委员会的组成人员不得担任国家行政机关、审判机关和检察机关的职务。"修改为："县级以上的地方各级人民代表大会常务委员会的组成人员不得担任国家行政机关、监察机关、审判机关和检察机关的职务。"
	第五十条　宪法第一百零四条中"监督本级人民政府、人民法院和人民检察院的工作"修改为"监督本级人民政府、监察委员会、人民法院和人民检察院的工作"。
	第五十一条　宪法第一百零七条第一款"县级以上地方各级人民政府依照法律规定的权限，管理本行政区域内的经济、教育、科学、文化、卫生、体育事业、城乡建设事业和财政、民政、公安、民族事务、司法行政、监察、计划生育等行政工作，发布决定和命令，任免、培训、考核和奖惩行政工作人员。"修改为："县级以上地方各级人民政府依照法律规定的权限，管理本行政区域内的经济、教育、科学、文化、卫生、体育事业、城乡建设事业和财政、民政、公安、民族事务、司法行政、计划生育等行政工作，发布决定和命令，任免、培训、考核和奖惩行政工作人员。"
	第五十二条　宪法第三章"国家机构"中增加一节，作为第七节"监察委员会"；增加五条，分别作为第一百二十三条至第一百二十七条。

四、政策创新

政策创新又称政策革新，意为革故鼎新、推陈出新。政策创新是公共政策主体根据变化了的政策环境的要求，主动改变现存政策要素的组合形态或功能，创造新政策的行为和过程，是政策系统对内部要素或外部环境变化所做的调适。可见，政策创新就是那些积极有效的政策变动。如果仅仅指"政策方案在内容上的新变化"，那么政策创新跟政策调整和政策替代或许没有实质区别。这里所谓的政策创新，更多是指政策理念、政策工具、执行方式、政策回应的效果、政策绩效评估的准确性、可靠性、可用性等方面的创新。

关于政策创新，在此试举一例，即中国在产业发展方面的自主创新政策。

案例 8-3-4　“把创新的主动权牢牢掌握在自己手中”

长期观察中国本土企业竞争能力的学者路风①指出，从 20 世纪 80 年代中期开始，中国中央政府以政治决断的方式放弃了“独立自主、自力更生”的政策轨道，选择了“三段式”逻辑的技术政策。所谓技术政策上的“三段式逻辑”，即引进外国先进技术—实现国产化—达到自主开发。②

路风的研究指出：“三段式”政策是失败的，理由在于：引进或合资并没有给中国工业带来技术上的跨越，反倒使其陷入技术依赖的窘境、使中国的经济活动被锁定在低端。

2003 年 6 月，成立了由时任总理温家宝担任组长的中长期科学和技术发展规划领导小组，启动了《国家中长期科学和技术发展规划纲要（2006～2020）》的编制工作。该工作历时两年半，先后有 2000 多名专家参与其中，征求了各部门、地方的意见，十二易其稿，最终在 2005 年 12 月 30 日由国务院颁布实施。2006 年 1 月 9 日至 11 日在北京召开的全国科学技术大会上，中共中央国务院发布了《关于实施科技规划纲要，增强自主创新能力的决定》，对《纲要》进行了全面部署，正式提出了自主创新、建设创新型国家的战略。

2018 年 5 月 28 日国家主席习近平在中国科学院第十九次院士大会、中国工程院第十四次院士大会上发言指出，“自主创新是攀登世界科技高峰的必由之路……实践反复告诉我们，关键核心技术是要不来、买不来、讨不来的。只有把关键核心技术掌握在自己手中，才能从根本上保障国家经济安全、国防安全和其他安全……要努力实现关键核心技术自主可控，把创新主动权、发展主动权牢牢掌握在自己

---

① 路风，北京大学政府管理学院教授。研究方向：企业理论、战略管理、技术创新；组织理论和国家理论；中国工业竞争力、创新和科技政策。代表作品：《单位：一种特殊的社会组织形式》，《中国社会科学》1989 年第 1 期；《国有企业转变的三个命题》，《中国社会科学》2000 年第 5 期；《从结构到组织能力：钱德勒的历史性贡献》，《世界经济》2001 年第 7 期；《走向自主创新——寻求中国力量的源泉》，广西师范大学出版社，2006 年；《光变：一个企业及其工业史》，当代中国出版社，2016 年；等。

② 相关讨论见路风著《光变：一个企业及其工业史》第 366、444-449 页，或者路风，蔡莹莹. 中国经济转型和产业升级挑战政府能力——从产业政策的角度看中国 TFT-LCD 工业的发展［J］. 国际经济评论，2010（5）：23-47.

手中。”①

以2006至2018年这一时段的政策论调为依据，可以认为中国政府重回“核心技术自主创新”的政策轨道，就是对路风等所批评的“三段式”逻辑的技术政策的政策创新。之所以不是政策替代，是因为提倡自主创新也并不摒弃对外开放和技术学习。

五、政策替代

政策替代是指用新政策取代旧政策。如前所述，政策替代是实现政策终结的方式之一。在真实世界里，一项政策被废止却没有一个相应的新方案取代之的情况是鲜见的——前文所举“废除农业税”或许可算一例——政策终结通常是通过政策替代实现的。可以说，只有出现了政策替代，才能认为发生了政策终结。

在表意的重心上，不同于政策终结、政策废止等概念强调旧政策“被终结”这个动作，政策替代强调的是取代旧政策的“那个新政策”。新政策出台以后，旧政策中被替代的部分就自然终结了。需要指出，新政策替代旧政策，通常也意味着政策议程的更迭。换言之，政策替代对应的变化，不仅包括解决问题的思路、方法、程序、工具，也不仅意味着注入更多解决问题的资源、提供更多支撑性条件，还应该包括重新认定政策问题、重新设立政策议程的情形。比如，前文所举“新医改方案”对“旧医改方案”的替代（案例8－2－3），覆盖城乡居民的基本医疗卫生制度，旨在为所有人提供安全、有效、方便、廉价的医疗卫生服务。新方案修正、补充了医疗卫生资源的供给思路，在满足人民对质优价廉的医疗服务的需求方面虽没有变化，但“新医改方案”的出台被认为反映了中国政策议程设置模式的变化②。又如，前文提及中国宪法的案例（案例8－3－3）。新中国成立后，先后于1954年③、1975年④、1978年⑤和1982年⑥通过了四部宪法，可以认为后一部宪法是对前一部的替代。四部宪法继替期间，宪法作为一国根本大法所具备的功能保持不变，

① 习近平．在中国科学院第十九次院士大会、中国工程院第十四次院士大会上的讲话．新华社，http：//www.xinhuanet.com//politics/2018－05/28/c_1122901077.htm.

② 王绍光，樊鹏．中国式共识型决策：“开门”与“磨合”［M］．北京：中国人民大学出版社，2013年版。

③ 张庆福，韩大元．1954年宪法研究［M］．北京：中国人民公安大学出版社，2005年版。

④ 孟庆涛．革命与秩序——以中国1975年宪法为例［D］．西南政法大学，2005年。

⑤ 莫纪宏．1978年宪法在人权保障中的主要特征及其作用［J］．河南财经政法大学学报，2005年第2期.

⑥ 刘荣刚．1982年宪法的制定过程及其历史经验［J］．当代中国史研究，2005年第1期.

即治国安邦的总章程，规定国家的根本任务和根本制度，设定社会制度、国家制度的原则和国家政权的组织方式，明确公民的基本权利义务等。但作为特定社会政治经济和思想文化条件综合作用的产物以及集中反映各种政治力量实际对比关系的要求，四部宪法各自的核心议题和议程有所不同。

总之，当发生了政策替代的现象时，也就意味着发生了政策终结。

第四节 政策变迁的模式与理论解释[①]

前文已经指明，跟任何事物一样，公共政策不会一成不变，政策变迁是公共政策的常态；跟任何一般意义上的变化不同，政策变迁是人类社会的一种复杂现象，是运用政策工具实施公共治理的过程中所发生的复杂现象。探究政策变迁的形态及其发生机制，有助于深入理解公共政策的属性。

政策变迁是如何发生的？这是本节着重梳理的一个问题。

一、政策变迁的发生机制

前文的导语中引用了“事异则备变”这一古语，旨在指出“备变”的必然性和常态性。准确地说，“事异”跟“备变”其实只是先后关系，不必然是因果联系。事异只是备变的必要条件，即，事异会要求备变但备变未必真的会发生；如果确实能观察到备变，则一定能寻找到事异。那么，如何解释政策变迁的发生呢？

（一）政策变迁的一般解释

对公共政策的研究通常包括两块内容，即公共政策的发生学和形态学。前者研究决策行为，这块内容可以被概称为政策过程理论；后者研究公共政策在形态上的变化，这块内容可以被概称为政策变迁理论。公共政策的发生学和形态学均关心政策的供给问题，即政策从无到有、从有到变的所有可能情形。就其字面表意而言，政策变迁是指对既有政策的修改、调整或者新政策取代旧政策的现象。从其内容和形态上看，政策变迁包括政策变动、政策演进或政策范式转移。所谓“内容”即什么变了；所谓“形态”即怎么变的。

为了研究的方便，公共政策学通常将一项具体的公共政策理解为由认定政策问题、择定方案、执行政策、评估效果、政策终结等环节前后相继并周期性循环的政策过程，但实际的公共政策绝少严格地按照这种时间顺序展开，而是会历时地或共

① 本节的部分文字曾以《思想模型：解释政策变迁的一种思路》为题发表在《贵州社会科学》2015 年第 7 期。

时地在其内容、形态、理念、目标乃至知识基础、权力结构、利益格局等诸多方面存有变化。[①] 这种变化还会有程度上的差异，可能是渐进的、累积的调整，也可能是新政策对旧政策的彻底更替。可以认为，政策变迁就是动态的公共政策——尽管公共政策必须讲求稳定性，但是政策变迁才是其常态。本书将“政策变迁”用作中性词，用它来表达公共政策的实际状态，不涉及价值倡导或者优劣比判。

政策变迁已经得到了较多的学术关注。解释政策变迁的研究包括制度主义途径、社会—经济途径、理性选择途径、网络途径等。[②] 其实，政策的发展变化总是受到特定政治环境、政治生态及政治文化的影响与制约。在特定的历史条件和民族习惯思维或领袖人物工作作风、思考方式的作用或影响下，有的国家政府与政党在制定和改变政策的过程中，形成了保守的、经验型的政策变迁模式；有的政府与政党则形成了激进的、创新型的政策变迁模式。

根据库恩的科学进步模式[③]，政策分析学者提出了政策变迁的两种基本模式：（1）政策变迁的常规模式，即政策在保持基本方向或目标的前提下发展演化，或新旧政策之间保持较大程度上的连续性。（2）范式转换（Paradigm shift）或中断—平衡模式，即政策连续过程出现中断或飞跃，新政策取代旧政策。既然这些都是模式，那就必须要有一个可靠稳定的基础，这个基础就是学习，两种不同的政策变迁模式分别以两种不同的学习类型为基础——常规变化模式以“吸取经验教训”的学习类型为基础；范式转换模式以“社会学习”（即对社会、政治、经济和文化发展特别是价值观、意识形态变化的感知）作为基础。

（二）政策变迁的两种模式

1. 政策变迁的常规模式

政策变迁的常规模式，即公共政策表现出来的连续性。大量的公共政策是在某

---

① 杨腾原. 论政策系统与政策过程的关系：基于对国内“公共政策学”研究思路的梳理和反思［J］. 内蒙古大学学报（哲学社会科学版），2013 年第 2 期。

② 杨代福. 西方政策变迁研究：三十年回顾［J］. 国家行政学院学报，2007 年第 4 期.

③ 库恩的《科学革命的结构》一书指出，科学进步表现为“前科学—常规科学—反常—危机—科学革命—新的常规科学”的发展过程，而其中的“常规科学—反常—危机—科学革命”则是科学革命的结构性模式。常规科学是科学家团体在现有范式指导下的知识积累时期，是范式的拓展以及为新的突破奠定基础的时期；反常表示出现了与范式预期不相符合的现象；科学革命从危机开始，它是知识积累、渐进过程的中断，是范式的转换。简而言之，科学进步表现为范式孕育成长成熟的常规科学时期，也包含着范式转换的革命时期，科学进步就是在渐进与突变、积累与革命的交替中实现的。库恩提出的这种“结构性模式”为西方政策分析学者探讨政策变迁及其模式的问题提供了概念框架。托马斯·库恩《科学革命的结构》，北京大学出版社，2003 年版。

种程度上对以往的政策和实践的延续。上文所举案例，包括人口政策、民族政策、土地承包政策等，看似强调政策变迁的某个侧面，但换一个角度看，又无不显示出这些政策在各自领域中的连续性。这一类政策变迁就是“常规的政策变迁”。换言之，这种变迁模式中，允许在没有改变政策基本方向的情况下对现有的政策做出修改和补充。

为什么政策会表现出这种连续性？林德布洛姆①的渐进主义认为，通常，政治上可行的政策与现行政策只有轻微差异，差异巨大的政策是不合时宜的。由于政策目标和价值总是跟现实问题纠缠在一起，难以剥离开来，所以，在现实的决策过程中，决策者与其他参与者必须进行相互调适、不断地进行试错与修正、只能考虑有限的政策方案和有限的政策后果，不可能有全新的、最优的政策。② 现实生活中的决策问题通常不是简单的问题，而是复杂的社会问题。针对这些问题寻求解决方案时，事实上只能采用连续有限比较的方法，即从现状出发，逐步地、小幅度地、部分地实现预期目标。如此，在林德布洛姆看来，通过渐进调适，保持政策的连续性，方可达到政策效果的渐步递增。

政策变迁的常规模式，在于同一批政策参与者或团体长期主宰相关领域政策的制定与执行，相关的政策问题总是被放在相似或相同的脉络和途径中来加以处理。这也就形成了所谓的政策风格。

“政策风格”这个概念的倡导者们认为，每个国家、政府、地区或公共部门往往因政策的连续性而形成不同的政策风格。政策风格是政府解决问题的途径和政府在政策过程与其他行动者之间相互作用的产物，也就是说，政策风格由政府解决问题的途径和政府与社会团体关系的模式这两种因素所决定。

2. 政策范式的转变

政策范式的转变亦称政策风格的改变，范式变化表现为政策连续性的中断，或政策渐进过程的中断。20 世纪 70 年代，以范式为方法论的研究认为，政策变迁是一个既有渐进发展又有间断发生的复杂变化过程。间断—平衡模型关注长期的政策变迁过程，它同时解释政策的渐进性变迁和有重大间断发生的变迁。③

---

① 查尔斯·E·林德布洛姆（Charles Edward Lindblom，1917. 3. —2018. 1. ），中文译为林德布洛姆或林布隆。他是渐进主义（Incrementalism）的提出者和倡议者。

② David Braybrooke and Charles E. Lindblom，A Strategy of Decision：Policy Evaluation as a Social Process［M］. New York：Macmillan，Free Press，1963：66 – 79，81 – 110.

③ Frank R. Baumgartner，Bryan D Jones. Agendas and Instability in American Politics. Second Edition［M］. Chicago：University of Chicago Press，2009.

在此种政策变迁模式中，公共政策这个共同体所持有的“政策范式”，诸如关于社会问题的性质及其解决办法，政策所具有的方向、目标及其所赖以生成的价值观、信念、意识形态等发生转变，而引起这种变化的往往是社会学习过程。根据政策分析学者的观点，一个政策范式是与政策活动者紧密相关的智力构造，它本质上是相关的公共政策活动者所持有的一系列知识、经验、观念。例如，经济政策制定者中的凯恩斯主义学说、制度主义学说、货币主义学说等，这些既有的或正在形成中的知识与观念塑造了政策制定者所要追求的广泛的目标，他们所能感知问题的方式，他们所以针对问题进行思维的类型，他们所会考虑采用的解决问题办法的种类等。“政策范式”概念的倡导者霍尔（Peter A. Hall）分析了政策范式变化过程，他将这一过程划分为如下六个阶段①：

（1）范式稳定性。在这一阶段，居于主导地位的正统被制度化，并进行政策调整。

（2）反常的积累。在这一阶段，与现存正统不相适应或相矛盾的现象出现，或现实世界的发展超越了正统所能解释的范围。

（3）实验。在这一阶段，人们努力扩展现有的范式，以说明反常。

（4）权威的破灭。在这一阶段，人们对官员和专家失去信任，新的参与者向现有的范式挑战。

（5）争议。在这一阶段，争论遍及公共领域，并包含了更大的政治过程（包括选举和党派争论）。

（6）新范式的制度化。在这一阶段，新范式的倡导者经过或长或短的时期而使范式获得支配地位，他们改变现有的组织和决策安排以便使新范式制度化。

二、对中国政策变迁的理论解释

引起政策变迁的因素是多种多样的。这些因素当中，有一目了然的，比如执政者的更迭或是政策本身的失败；也有复杂微妙的，比如整个体制的转变或是政治精英间的幕后交易；有长期积累的，比如城乡二元经济社会结构所带来的种种矛盾或是贫富差距扩大所潜伏的危机；也有突然爆发的，比如国内外某个突发事件引起的一系列相关变革；等等。正是由于这种复杂的因果关系难以用一个或几个理论阐释清楚，所以目前学术界对政策变迁的影响因素的研究还主要停留在对

① Peter A. Hall. Policy Paradigms, Social Learning, and the State: The Case of Economic Policy-making in Britain [J]. Comparative Politics, 1993, 25 (3): 275 - 296.

部分和个别因素的分析上，而没有形成一个完整的系统理论。但有一点是肯定的，那就是要运用多学科、多角度的方法，对具体问题进行具体分析。

政策变迁的原因是多方面的，具体到每一项政策，可能影响其变动的因素是千差万别的。决策者的变动、政策环境的变化、政策资源的限制、政策的失效或低效、政策的合法性受到置疑等都可能引起政策的变迁。

关于中国政策变迁的既有研究，① 分歧主要在于如何看待中国的政策系统——一种看法认为中国的政策系统是威权主义下的封闭系统从而导向“精英决策论”，不论其精英是指政治精英还是社会精英；另一种看法认为中国的政策系统是多元主体互动的开放系统从而导向“行为主体互动论”，只是其互动机制各异。

（一）精英决策论

以美国为主的国外研究者对中国政策变迁所做的研究属于“精英决策论”，其重心从政治精英研究移至派系研究再到官僚组织决策研究及至社会精英研究。政治精英研究将中国归入集权国家的模式，强调高层政治精英在决策中的决定性作用，研究者多将注意力集中在政治领袖的生平。这种模式认为：在集权政治下，高层领导人根据自身对国家利益的理解和偏好来制定重大政策。因此，决策层的人事变动或者权力竞争都会引发政策变迁。②

从 20 世纪 70 年代开始，研究当代中国政治的美国学者试图淡化政治团体之间的权力竞争，将注意力转移到“非正式政治”上，提出了派系、非正式团体等解释性概念，强调各派系之间在错综复杂的关系网络中为了互惠互利而维持权力平衡，各种重大政策也正是权力平衡的产物。③ 相对于派系研究将视角局限在非正式制度的领域，20 世纪 80 年代末 90 年代初，以兰普顿、李侃如和谢淑丽为代表的一批西方学者将注意力转移到研究中国的正式决策体制，主张将中国的政策过程抽象地描述为“分离集权型官僚组织模型”，即在决策权力集中与政府职能分离并存的格局

---

① 对政策变迁理论做出完整梳理的一种尝试可以参考赵德余《主流观念与政策变迁的政治经济学》，复旦大学出版社，2008 年版，第 7 – 24 页。

② 这类研究包括 Klein, Donald. Sources for Elites Studies and Biographical Materials on China. in Robert Scalapino, ed. Elites in the People’s Republic of China. Seattle: University of Washington Press [M], 1962: 609 – 656. Barnett, A. Doak. Cadres, Bureaucracy, and political power in Communist China [M]. New York: Columbia University Press, 1967. Bachman, David. Chen Yun and the Chinese Political System [M]. Berkeley and Los Angeles: University of California Press, 1967.

③ Tsou, Tang. Prolegomenon to the Study of the Informal Groups in CCP Politics [J]. The China Quarterly, 1976, 65: 98 – 114.

下，官僚组织之间的竞争推动了中国的政策变迁。①

进入20世纪90年代中期以后，随着社会精英在政策决策过程中作用的凸显，一些研究者将兴趣转向讨论中国的精英政治与政策参与。② 更有研究者明确指出，中国的政体是一种分散的或分权的权威主义体制，包括中央政府、地方政府、军队、新兴的社会阶层与社会组织、公众舆论等不同的政策行动者，都能对政治产出发挥不同程度的影响，各种政策与政治行动由不同的行动者共同决定。③ 这种对社会精英的关注，其实已经进入行为主体互动论的讨论范围。

（二）行为主体互动论

一般而言，行为主体互动论认为，给定权力的分布结构，公共政策是多元利益主体为了各自经济或政治利益的最大化而相互竞争、谈判、妥协的结果，这些行为主体包括政治家、官僚、利益集团、大众传媒、智库、公众等。相应地，政策变迁就是这些行为主体的权力结构或利益诉求发生改变的结果。薛澜等人把这种研究概括成“利益—权力的研究视角”。④ 针对以威权主义为假设的精英决策论，国内研究者倾向于认为，以美国为主的西方学者因其意识形态偏见和思维定势，坚持将中国的决策体制认定为“威权主义”或者“分离集权模式”。⑤ 实际上，“中国政治的逻

---

① 这类研究包括 David Lampton (ed), Policy Implementation in Post - Mao China [M]. Berkeley: University of California Press, 1987; Kenneth Lieberthal and Michel Oksenberg, Policy Making in China: Leaders, Structures, and Processes [M]. New Jersey: Princeton University Press, 1988; Kenneth Lieberthal and David Lampton, Bureaucracy, Politics, and Decision Making in Post - Mao China [M]. Berkeley: University of California Press, 1992; Kenneth Lieberthal, Governing China: From Revolution through Reform [M]. New York: Norton, 1995; Susan Shirk, The Political Logic of Economic Reform in China [M]. Berkeley: University of California Press, 1993.

② 这类研究包括 Joseph Fewsmith, Dilemmas of Reform in China: Political Conflict and Economic Debate [M]. New York: M. E. Sharpe, 1994; Joseph Fewsmith, Elite Politics in Contemporary China [M]. Armonk, New York: M. E. Sharpe, 2001; Jonathan Unger (ed), The Nature of Chinese Politics: From Mao to Jiang [M]. New York: M. E. Sharpe, 2002; Bruce J. Dickson, Red Capitalist in China: The Party, Private Entrepreneurs and Prospects for Political Change [M]. Cambridge: Cambridge University Press, 2003; Cong Cao, China' s Scientific Elite [M]. New York: Rutledge, 2004; Scott Kennedy. The Business of Lobbying in China [M]. Cambridge Mass.: Harvard University Press, 2005.

③ 托马斯·海贝勒. 关于中国模式若干问题的研究 [J]. 当代世界与社会主义，2005年第5期。

④ 薛澜，林泽梁. 公共政策过程的三种视角及其对中国政策研究的启示 [J]. 中国行政管理，2013年第5期。

⑤ 朱旭峰. 政策变迁中的专家参与 [M]. 北京：中国人民大学出版社，2012年版。

辑已经发生了根本性的变化，而‘威权主义’分析框架则无力把握中国政治中的这些深刻变化”。[①] 现实的决策过程中并非没有其他利益主体的介入并发挥实际影响力，“中国的政治变化绝不是执政精英主观意愿的简单外在化，而是政治精英、知识精英与社会大众三方面因素的制约下，在政治互动过程中，逐渐发展出的新模式。”[②]

除了辨识哪些行为主体参与了中国的政策过程并作用于政策变迁，既有研究致力于描述其互动机制。互动机制大体上有三种：“开门—磨合”机制、学习机制和“理念—话语”机制。可以用图 8－4－1 来简示这三种互动机制的作用逻辑。图 8－4－1 标示了国内—国际、国家/政府—社会/市场两组关系和四种场域，其中❶❷❸❹为国内，❺为国际；又❶为国家/政府，❷❸❹为社会/市场。这些机制的内涵和作用逻辑各异，但都试图对中国政策过程中的行动主体如何互动引致政策变迁做出解释。

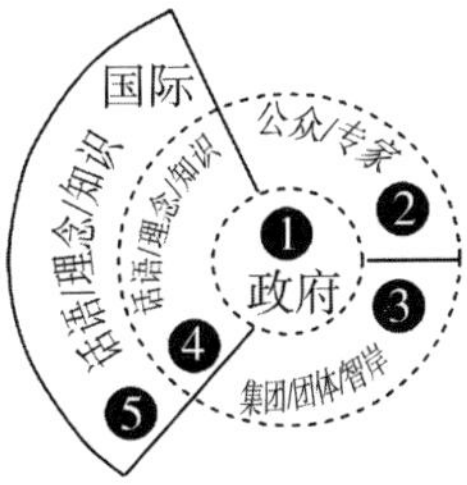

图 8－4－1 行为主体互动论的机制

一种是“开门—磨合”机制。王绍光讨论了中国政策议程设置模式的变化，发现“在议程设置过程中，随着专家、传媒、利益相关群体和人民大众发挥的影响力越来越大，‘关门模式’逐渐式微”[③]。后续研究进一步认为中国“已经形成了一种民主化和科学化水平更高的‘共识型’决策模式”，该模式包括“外三圈”和“内三圈”两类行为主体并以“开门型”参与结构和“磨合型”互动机制为支柱。“内三圈”即图 8－4－1 中的❶，包括政策制定部门、相关部委及部际协调和最高决策者；“外三圈”即图 8－4－1 中的❷和❸，包括普通群众、政策研究群体、国内外有组织的利益团体。决策过程向外三圈的行动者大开进善之门，形成参与度很高的“开门”决策；内三圈所涉决策主体通过下层协商、上层协调、顶层协议这三种方

① 王绍光. 中国公共政策议程设置的模式［J］. 中国社会科学，2006 年第 5 期。

② 萧功秦. 中国的大转型——从发展政治学看中国变革［M］，北京：新星出版社，2008 年版。

③ 王绍光. 中国公共政策议程设置的模式［J］. 中国社会科学，2006 年第 5 期。

式形成“磨合型”互动机制。[①] 朱旭峰细化了作为行动者之一的“专家参与”之于政策变迁的作用，即图8-4-1中的❷之专家。他认为，“专家参与模式的合理选择建立在专家个体及其研究组织所拥有的不同资源优势的基础之上”，“不同的政策变迁过程需要具有特定资源优势的专家方可能实现对政策变迁的影响。”[②] 薛澜等人把重视专家、科学家、思想库等决策主体的研究归入“理性学习视角”，[③] 这就引出行为主体互动的第二种机制。

第二种是“学习机制”，相当于在图8-4-1中❶❷❸互动的基础上引入“知识”要素——知识可能来自❹和❺，也可能内生于政府自身的经验或试验。“学习”是一种典型的互动机制。[④] 一方面，在国别或区域之间，不同国家不同领域决策者所面临的问题具有相似性，在看似迥异的政治制度或政策领域背后都存在着某种普遍性规律，因此可以分享、借鉴彼此的解决方案。[⑤] 另一方面，就中国的政策学习而言，当面对常规的公共问题尤其是由突发危机造成的压力时，决策者会从过往的教训或别人的经验中寻求解决办法。决策层以外的相关行动者有可能组成倡导者联盟并努力接近决策者以期影响政策和制度变化的方向。学习源既可能是本国的政策与制度遗产、国内各地区的实践或者来自国外的实践经验，也可能是在小范围进行

---

① 王绍光，樊鹏．中国式共识型决策：“开门”与“磨合”［M］．北京：中国人民大学出版社，2013年版。

② 朱旭峰．政策变迁中的专家参与［M］．北京：中国人民大学出版社，2012年版。

③ 薛澜，林泽梁．公共政策过程的三种视角及其对中国政策研究的启示［J］．中国行政管理，2013年第5期。

④ 比如，按照霍尔（Peter Hall）的阐述，社会学习（social learning）作为政策过程的常规组成部分，是围绕着对政策目标的理解展开的。随着政策目标在社会主体的互动过程中被修正，决策者也不断对政策目标做出调整，据此判断政策变革的时机并实现对政策过程的掌控（见Peter A. Hall. Policy Paradigms, Social Learning, and the State: The Case of Economic Policymaking in Britain. Comparative Politics, Vol. 25, No. 3 (Apr., 1993), p 278, 289.）又如，萨巴蒂尔等人倡导的政策倡议联盟框架指出，政策变迁有两大动力来源：一是政策倡议联盟；二是外部的干扰因素。在一个政策子系统内，每个政策倡议联盟都试图通过政治资源的积累和以政策为导向的学习来实现其目标。但是，外在于该子系统的干扰因素——比如社会经济条件的变化、其他子系统的产出以及政策系统中主导联盟的变化——将影响政策子系统参与者的资源积累和学习条件。如此，内部学习跟外部因素之间的反复调适推动了政策变迁（见保罗·A·萨巴蒂尔《十年乃至数十年间的政策变迁》。载于保罗·A·萨巴蒂尔、汉克·C·詹金斯-斯密斯编著《政策变迁与学习：一种倡议联盟途径》，邓征译．北京大学出版社，2011年版，第35、37页。）

⑤ Richard Rose. Lesson-Drawing in Public Policy: A Guide to Learning across Time and Space［M］. New Jersey: Chatham House, 1993: 95-143.

的、旨在探索有效工具的地方试验。[①] 这种学习既可能是由地方政府发起并经国际社会、民众和专家团体推动最终启动的中央政府的学习进程，也可能是地方政府的逆向学习，还可能是各级政府、国际社会、媒体和民众等行动者之间“上下互动”的社会学习。[②] 当然，也有人质疑“学习论”所持的知识中立的预设，转而强调政策知识背后来自政策被借鉴方的话语主导权，正是这种话语权力让借鉴方形成了对于“权威”所拥有的政策知识的推崇和跟随。[③]

第三种是“理念—话语”机制，相当于图 8-4-1 中的❹和❺及其在❶的汇集与外化。对这一机制又有三种不同角度的表述逻辑。其一，赵德余采用的是“观念—信念”逻辑，他认为，政府决策层的主流观念决定了公共政策目标与具体政策安排，政策变迁就是政策不断搜索和调整直至决策层主流观念跟社会主流观念相一致并成为相关产业利益集团、社会公众以及政府合作博弈的共同信念。[④] 其二，张海柱采用的是话语竞争逻辑，他认为，不同行动者对特定现象各自做出意义诠释与话语宣称，由此展开话语竞争，最终只有一少部分能够成功实现话语的结构化乃至制度化。因此，一个政策领域内各种话语联盟之间的话语竞争推动了政策变迁的发生。[⑤] 其三，理念建构逻辑，即理念建构了行动者的认知方式、塑造其认定的问题并影响其采用特定政策方案的意愿，即所谓只有适应一国文化和意识形态传统的政策方案才有可能得到认同、模仿或移植。[⑥]

根据上述梳理，可以把精英决策论中的“精英”作为一类行动者归入行动者互动论。分析起来，行为主体互动论会遭遇两种困境：一是能否穷举政策行为者；二是能否准确描述行为者的互动机制及其对政策变迁的作用效果。既有研究的总体思路是试图看清“政策变迁”的外在结构，即各种行动者围绕着政

① 王绍光. 学习机制与适应能力：中国农村合作医疗体制变迁的启示［J］. 中国社会科学，2008 年第 6 期。

② 张毅强. 风险感知、社会学习与范式转移：突发性公共卫生事件引发的政策变迁［M］. 上海：复旦大学出版社，2011 年版。

③ 王程韡. 政策学习与全球化时代的话语权力——从政策知识到“合法性”的寻求［J］. 科学学研究，2011 年第 3 期。

④ 赵德余. 主流观念与政策变迁的政治经济学［M］. 上海：复旦大学出版社，2008 年版。

⑤ 张海柱. 环境政策论争的话语分析——以 PM2.5 争议与环境空气质量标准修订为例［J］. 太平洋学报，2012 年第 6 期。

⑥ 薛澜，林泽梁. 公共政策过程的三种视角及其对中国政策研究的启示［J］. 中国行政管理，2013 年第 5 期。

策议程展开互动，政策及其变迁是这种互动的产出。说到底，这种思路遵从的是“理性人”假设。

显然，如果把解释政策变迁的既有研究梳理成“精英决策论”和“行为主体互动论”，那么既有研究总体上是按照理性人假设探讨了政策变迁的外在结构。

第五节 政策周期

导言指出，本章一并论及政策周期，并非引导读者将政策周期视为政策过程的一个环节。当政策终结发生时，可以认为形成了一个完整的政策过程，同时意味着下一个政策过程的启动，据此，人们引入政策周期这个概念来表达政策过程的循环往复。准确地说，政策周期传递的是特定领域的公共政策螺旋环状的样式，政策过程则是从该螺旋环中截取一截并拉直的特殊样式。据此，应该将政策周期视为政策过程的同义词，甚至应该将政策过程纳入政策周期。换言之，当我们以政策终结的发生为依据去重新审视政策过程时，能够看到政策过程循环往复、螺旋环状的形态。此时，“政策周期”这个概念就显得比“政策过程”这个概念更为形象和准确。

所以说，本章一并论及政策周期，完全是出于行文逻辑上的通顺。研讨政策周期，对包括本章前面四节内容在内的完整“政策过程”具有总结、提升与反思的作用。

一、政策周期的内涵

“政策周期”表达的现象一般有两种，分别为政策的生命周期和政策的变动周期。

政策的生命周期，就是指一个完整的政策过程，即一项政策经过“问题认定—政策制定—政策执行—政策评估—政策终结”这几个前后相继的环节，一旦发生政策终结，就意味着一个政策过程的结束，从而形成一种周期。当新的政策过程开启，则有如有机体的生命现象那般，死生继替、代际更迭、新陈代谢、生生不息，故称之为“政策的生命周期”——可见这是一个比喻的说法。

然而，如前文指出，真正发生“政策终结”的情形鲜见，很多政策的“生命”并不会真的如同有机体那样“死掉”，而是随着政策环境和政策问题的动态变化，确立新的政策目标，并逐步形成新的政策议程，实现整个政策生命周期的循环往复过程。据此，可从以下三个方面理解“政策生命周期”的特征[①]。

---

① 这三项特征缩写自孙蕊等《中国创新政策演变过程及周期性规律》，载《科学学与科学技术管理》，2016 年第 3 期，第 15 – 16 页。

第一，“政策生命”是多种影响因素综合作用的过程。具体来说，随着经济社会发展、外部大环境变化，社会认识逐步发生转变，公共政策模式也随之不断更迭。

第二，政策运行不是在评估和终结之后就销声匿迹，而是通过被修正或调整之后继续发展，开始新一轮的生命周期循环。受政策环境中诸多因素（如国内的政治、经济、社会、文化、生态等方面的因素和国际因素等）的影响，政策问题本身必处于动态变化中，随着问题情境的“时过境迁”，政策制定者形成“新议程”并进行讨论和研究，适时对政策内容做出调整，从而实现政策生命周期循环往复的螺旋式上升。

第三，“政策生命”具有单项政策运行的“小周期”和多项政策协同效应的“大周期”的特征。一方面，单项政策自身在结束一个“小周期”循环后再进入另一个周期循环，期间政策目标、政策主体和政策内容都保持连续性、稳定性和渐进性特征。另一方面，各项政策会发生共时性叠加，受社会发展阶段、政治决策周期、政府领导人更替等多种因素影响，会形成复杂的政策生命周期。此时，就可以使用“政策的变动周期”这个说法了。

政策的变动周期是指在一定的时间范围内同样或相似的政策现象有规律地反复出现。比如，通常认为伴随着经济周期①会跟出政府在加强政策干预与减少政策干预之间的周期性变动。案例 8-5-1 展示了美国学者亚瑟·施莱辛格发现的美国的政策变动周期。②

案例 8-5-1 美国的政策变动周期：三十年河东，三十年河西？

美国的政治及相应的公共政策遵循一个周期性的运行规律，即国家的态度以大约 30 年为周期在自由主义和保守主义之间来回摆动。国家事务存在着一种在公共目的和私人利益之间变动，也就是说，一段时间国家承诺公共目的是解决问题的最好手段，另一段时间又承诺私人利益是解决问题的最好手段。

西奥多·罗斯福在 1901 年代表着改革和进步的时期，富兰克林·罗斯福在 20 世纪 30 年代实行了“新政”，而约翰·肯尼迪则在 20 世纪 60 年代推行了“新边

① 经济周期也称商业周期、景气循环等，一般是指经济活动沿着经济发展的总体趋势所经历的有规律的扩张和收缩；是国民总产出、总收入和总就业的波动，是国民收入或总体经济活动扩张与紧缩的交替或周期性波动变化；包括衰退、萧条、复苏和繁荣四个阶段，表现在图形上亦称衰退、谷底、扩张和顶峰。

② 本部分文字整理自宁骚主编，前引书：第 418-419 页。亚瑟·施莱辛格的英文名为 Arthur Meier Schlesinger Jr.，生于 1917 年，卒于 2007 年。关于他的介绍，可以参考维基百科，https://en.wikipedia.org/wiki/Arthur_M._Schlesinger_Jr.

疆”政策。另一方面，罗纳德·里根在20世纪80年代形成了一个保守主义的时期，而这正是保守的50年代和哈定－柯立芝的20年代的再现。

施莱辛格认为，这个周期之所以是30年并没有什么神秘之处，因为30年是一代人的跨度。人们的政治倾向一般在年轻时受到主流意识形态的影响而得以确立，当他们在30年之后执掌政权时，年轻时培养的政治觉悟就开始发挥作用。随着时间的发展，每个方面都要经历它的自然进程，在理想主义和改革时期，强有力的总统提倡国家事务要积极关注公共利益，并且把政府当作促进普遍福利的工具，最后却被整个过程弄得筋疲力尽，并被最终结果泼了一盆冷水。于是人们又开始转向“新的”主张，它宣称在不受管制的市场下的私人行为和自我利益才是解决问题之道。但这种办法终将使问题变得更为突出，危机变得难以控制，然后不得不要求政府再次出面解决。于是新一轮的改革和政府干预又开始了。施莱辛格由此得出结论说，在过去一百多年中，美国的公共政策在按照一个相当可预见的模式发展，一个主张私有疗法（最小的政府干预）的时期总是紧接着一个重大的政府干预和改革时期。公共政策正是在自由主义和保守主义的交替中循环往复的。

二、影响公共政策发生周期性变动的因素

1. 政策主体的周期性更迭。在两党制或多党制国家中，政府的政策往往随着执政党的轮换更替而呈现明显的周期波动。以美国为例，建立全民医疗保障体系，是民主党近一个世纪以来的“梦想”，但两党更迭使得这项改革可谓旷日持久、异常曲折。受共和党的杯葛，民主党在该项议题上的倡议持续遭遇否决。奥巴马任总统后提出的医保计划好不容易于2010年获得国会通过，但特朗普特宣誓就职未够24小时便签发首道行政命令，践行其竞选期间的承诺，试图叫停“奥巴马医保计划”。[①]

2. 客体的周期性变化。这指的是公共政策所指向的问题具有周期性。比如，某些自然灾害的出现具有周期性。北方草原经常在春夏发生旱灾、冬季发生白灾（即雪灾），这种季节性自然灾害要求当地政府采取应季的救灾行动；在全国范围内，自然灾害发生得比较频繁，特别是每年的夏天由雨季带来的洪涝灾害危害极大，因此一旦灾害出现，相关的地方政府甚至中央政府都要成立相应的领导小组，配备一

---

① 贝拉克·侯赛因·奥巴马，民主党籍政治家，第44任美国总统，2008年11月至2017年1月在任。唐纳德·特朗普，共和党籍政治家，第45任美国总统，2017年起在任。两党围绕美国医改的争论，请参考《路透：美参议院通过议案启动废止奥巴马医改案》，来自参考消息网，http：//www.cankaoxiaoxi.com/world/20170112/1604876.shtml.

定的政策资源来统一指挥抗洪救灾工作。

3. 经济等外部环境的周期性波动。如上文提及，经济发展会产生周期性波动，经济的繁荣和衰退常常交替性存在。其结果是导致公共政策，尤其是经济方面的政策发生相应的变化。

4. 政策的周期性变动还与人们对规律的认识有关。由于受到认识的主体和客体及其相互作用的限制，人们对客观世界的认识是一个复杂的过程。即使是对某一具体事物或过程的正确认识，往往也不是经过一次从实践到认识、从认识到实践的过程就能实现的，而是需要经过实践、认识、再实践、再认识多次反复才能完成。因此，一项政策从不完善到完善的螺旋式发展过程是必然的。另一方面，人类社会是多元的社会，人们的利益存在着差异，因此，受自身利益和意识形态的驱动，人们的政策偏好会左右摇摆，从而导致政策的周期性变更。

此外，不同政策周期的时间长度是不一样的。这种决定时间长度的因素很复杂，但主要和政策目标的大小远近、环境变化以及实施的难易相关。一般说来，政策目标越大越长远，环境情况变化越复杂，实施难度越大，政策的周期越长；反之，政策周期越短。

总之，本章集中讨论政策变迁，旨在关心公共政策的形态。“变”与“稳”是描述政策形态的两个词汇，以“求稳”和“求变”为导向会形成政策变迁的全部常规形态，具体包括政策维持、政策接续、政策调整、政策创新和政策替代。如果承认“变”是绝对的，那么政策稳定也就成了政策变迁的一种特殊形态。除此之外，政策变迁在逻辑上还包括政策终结这种特殊样式。以政策终结为依据，则有“政策周期”的概念。

【思考题】

1. 结合政策变迁的含义，分析政策变迁与公共政策的关系。

2. 辨析“政策变迁与政策稳定的关系”“政策稳定与政策僵化的关系”“政策变迁与政策变动不居的关系”“政策变迁与政策维持、政策接续、政策调整、政策创新、政策终结的关系”以及“政策过程与政策周期的关系”。

3. 你认为政策变迁包括政策僵化或政策变动不居的情形吗?

4. 结合实例说明政策变迁的不同形态。

5. 结合实例分析政策终结的方式、障碍及对策。

6. 既有研究是如何解释政策变迁的发生的？你怎么解释“政策变迁”的现象？

7. 简述影响公共政策产生周期性变动的因素。

8. 本章有多处提及“人口政策”（主要出现在政策稳定、政策调整、政策终结等三处）。请综合起来考虑：人口政策表现的是求稳还是求变？有的意见认为中国的人口政策陷入了政策僵化，应予以终结，对此你怎么看？

第九章

公共政策创新与扩散

政策创新扩散是近半个世纪以来公共政策过程理论一个蓬勃发展的新兴研究领域，其现象的普遍性与理论的延展性使之迅速成为全球公共政策理论研究的前沿问题和一门“显学”。政策创新扩散研究源起于美国，关心的理论问题是在决策过程中政府为何采纳新的项目或政策以及这种采纳创新的行为是如何在全国不同层级、区域政府间扩散的。随着美国20世纪70年代政府改革运动的开展，一系列提升效率的地方首创性改革在全美各州被广泛学习采纳，政策创新及其扩散的政治现象引发了美国政治学界的持续关注。同样是20世纪70年代开始，一场以分权化、私有化和去规制的标志经济自由化改革浪潮席卷全球各国。经合组织国家、亚非拉美各国相继采纳各式各样的财政分权、私有化和规制改革，这些政策实践为研究国家之间的国际政策扩散提供了丰富的经验素材。中国自改革开放以来在经济、政治、社会领域发生了举世瞩目的重大变革，植根于中国共产党革命和建设传统的政策“试点—推广—扩散机制”是理解四十年来我国经济社会跨越式发展的改革方法论秘钥，被众多海内外学者视为党和政府治国理政的政治优势和宝贵经验。改革开放以来的重大政策实践为发展中国特色公共政策过程理论提供了丰沃土壤，新一代政治学与公共管理学人应当把握机遇，总结和提炼解释中国改革与发展的政策创新扩散理论框架。在此背景下，充分理解和辨析西方政策创新扩散理论就是学术界首先要完成的一项基础性工作。本章旨在系统并有重点地评述西方政策创新扩散理论研究的重要理论谱系、最新前沿进展和研究方法演进，以期有利于中国政策创新扩散理论的建立与完善。

第一节 政策创新扩散的缘起与重要概念

一、政策创新扩散的基本概念

政策创新扩散研究先驱美国学者沃克将政策创新定义为一个政府首次采纳的政策或项目，无论这个政策或项目已出现多久，也无论其他政府是否已经采纳它①。不同层级和区域政府相继采纳某项政策或项目的过程就是政策扩散②。理解政策过程理论中的政策创新概念需要特别注意以下几点：第一，政策创新不同于经济学理论和科技发展中的“创新”，它指的是一个政府采纳一项对于自身来说新的政策，而不论这项政策是否曾经在其他政府采纳过，即不追求原创性。本质上，政策创新是政府采纳或不采纳某项新政策的决策行为。第二，政策创新的主体是政府，既可以是地方政府也可以是中央政府。政策创新过程中可能出现各类加速或延缓政策采纳的行动者，他们是政策创新活动的参与者，影响政府是否采纳政策。第三，政策创新的客体，即被采纳的政策或项目既可以是一个具体的政策事项或政策工具，也可以是一种行政理念和宏观战略规划。第四，政策扩散与政策创新往往是一个连续而不可分割的过程，相比而言创新研究侧重于解释政策采纳与否的瞬时状态及其原因，扩散研究则更重视阐明不同政府采纳政策的历时性动态机制③。

随着西方政策创新扩散研究不断丰富和发展，学者定义了许多与政策创新扩散相关但略有区别的概念，容易产生混淆，有待厘清。政策发明（Policy Invention）是指政府采纳具有原创性的政策理念、项目和具体政策方案④。它与政策创新最大

---

① Walker J. L. The Diffusion of Innovations among the American States［J］. The American Political Science Review, 1969, 63（3）：880－899.

② Rogers E. M. Diffusion of Innovations［M］. New York, NY：Free Press, 2003.

③ 朱旭峰. 地方政府创新经验推广的难点何在——公共政策创新扩散理论的研究评述［J］. 人民论坛·学术前沿，2014 年第 17 期。

④ Berry F. S, Berry W. D. State Lottery Adoptions as Policy Innovations：An Event History Analysis［J］. The American Political Science Review, 1990, 84（2）：395－415.

的区别就在于被采纳的政策是否具有原创性。政策创新的概念集合包括并大于政策发明。政策扩展（Policy Expansion）则将政策采纳视作一个连续决策过程，指的是政府在采纳某项政策之后对政策所做的进一步改变①。政策转移（Policy Transfer）指的是将一个政治系统中有关政策、行政安排、机构与思想的知识运用到另一个政治系统的过程。政策转移比政策扩散的定义要严格许多，这一概念多用于研究国与国之间的政策传播过程，常见于欧洲学者论文中。政策学习（Policy Learning）指的是决策者评估其他政府已经采纳过的政策或项目实施成效，以此为依据做出是否采纳该项政策决定的过程②。总体而言，这些概念是西方政策创新扩散研究传统下的衍生物，与政策创新扩散既有区别又有联系，在概念指向上共性大于差异，反映的是政府采纳政策及扩散的不同维度。

二、政策创新扩散研究的三个时期：以《美国政治学评论》论文为标志

自 20 世纪 70 年代以来，西方政策创新扩散研究经历了从无到有、由小到大的发展过程，积累了数以千计的论文、专著等研究文献。Berry 等学者曾将政策创新扩散研究划分为三个阶段：第一阶段是 1970—1990 年，是单因素理论发展时期；第二阶段是 1990—2000 年，是综合理论发展时期；第三阶段是 2000 年至今，是整合理论发展时期③。为便于展现理论发展进程，本书将以点带面，以这一领域的高引用学者和《美国政治学评论》（*The American Political Science Review*）重要论文为中心，有重点地综述理论发展脉络。

（一）政策创新扩散研究开创时期

公共政策领域中政策创新扩散研究的开山之作是 Walker 在 1969 年发表于《美国政治学评论》的《美国各州的创新扩散》④。在反思当时流行政策研究的预算范式之后，Walker 认为要关注政府决策中的政策创新与扩散现象，并提出了开拓性的研

---

① Boehmke F. J., Witmer R. Disentangling Diffusion: The Effects of Social Learning and Economic Competition on State Policy Innovation and Expansion [J]. Political Research Quarterly, 2004, 57 (1): 39-51.

② Meseguer C. Policy Learning, Policy Diffusion, and the Making of a New Order [J]. The Annals of the American Academy of Political and Social Science, 2005, 598 (1): 67-82.

③ Walker R. M., Avellaneda C. N., Berry F. S. Exploring the Diffusion of Innovation Among High and Low Innovative Localities: A Test of the Berry and Berry Model [J]. Public Management Review, 2011, 13 (1): 95-125.

④ Walker J. L. The Diffusion of Innovations Among the American States [J]. The American Political Science Review, 1969, 63 (3): 880-899.

究问题：（1）为什么美国的一些州政府率先通过法案采纳某些新项目以及这些先驱州为何要采纳创新？（2）这类公共服务或规制政策创新是如何在美国各州之间传播扩散的？围绕着类似问题，以 Walker 为代表的一批政治学家通过对全美各州采纳福利、卫生、交通、劳工、税收、规制等领域的数百项政策进行了量化分析。这一时期对创新扩散的因变量编码主要以州立法机关通过的法案采纳时间先后赋以分值来度量创新性，在汇总同一时期数十成百个法案采纳情况后便可以得出美国 50 个州的创新性得分。例如，纽约州和加利福尼亚州是美国公共政策创新的先驱州，许多被全美各州广泛采纳的政策项目都发源于纽约州和加州。

这一时期政策创新扩散的理论解释可以被归结为内部决定因素与外部扩散因素两大理论模型。内部决定因素模式从组织决策研究中借鉴了许多有益理论资源，政府辖区内的经济、社会、政治状况是决定政策采纳与否的重要影响因素①②③。外部扩散模型则关注于组织之间的相互影响，中央政府的强制或指令，地方政府间的学习和竞争、模仿促进了特定政策的传播扩散④⑤⑥。在 1990 年以前，大部分关于政策创新扩散的研究都只关注到了内部决定模型和外部扩散模型中的某一方面，而没有将两者放在同一个模型加以考虑⑦。

（二）政策创新扩散研究的整合理论模型时期

政策创新扩散研究的第二个阶段起始于 1990 年，美国佛罗里达州立大学 Berry 教授夫妇在《美国政治学评论》上发表的《作为政策创新的各州彩票政策采纳：一个事件史分析》。他们指出，现有文献的一大缺陷是内部决定因素和外部扩散这两

---

① Walker J. L. The diffusion of innovations among the American States ［J］. The American Political Science Review, 1969, 63 (3): 880 – 899.

② Savage Robert. Policy innovativeness as a trait of American states ［J］. The Journal of Politics, 1978, 40 (1): 212 – 214.

③ Canon Bradley C, Lawrence Baum. Patterns of adoption of tort law innovations: An application of diffusion theory to judicial doctrines ［J］. The American Political Science Review, 1981: 975 – 987.

④ Berry F. S, Berry W. D. State lottery adoptions aspolicy innovations: An event history analysis ［J］. The American Political Science Review, 1990, 84 (2): 395 – 415.

⑤ Mintrom M., Vergari S. Advocacy colaitions, policy entrepreneur and policy change ［J］. Policy Studies Journal, 1996, 24 (3): 420 – 434.

⑥ Mooney, Christopher Z, Mei – Hsien Lee. Morality policy reinvention: State death penalties ［J］. The Annals of the American Academy of Political and Social Science, 1999, 566 (1): 80 – 92.

⑦ Berry F. S, Berry W. D. State lottery adoptions as policy innovations: An event history analysis ［J］. The American Political Science Review, 1990, 84 (2): 395 – 415.

种解释路径被有意分开了。内部决定模型不会特别指出外部因素影响的作用，而区域模型则通常假定内部特征没有任何影响。内部决定模型被用来分析政策创新的决定因素，而区域模型则用于解释政策模仿和扩散。当时的学者们没有意识到，区域扩散也是政策创新的一种可能的解释。Berry 夫妇整合了内部决定与外部扩散模型，并首次在政策创新扩散研究中运用了事件史方法（Event History Analysis），研究美国各州彩票制度的采纳过程。由于实现了在理论和方法上的重要突破，政策创新扩散研究进入了大发展时期。Berry 夫妇具有开创意义的这篇论文获评为百年来《美国政治学评论》百篇高引用论文。

在整合理论模型时期，政策创新扩散研究在因变量测量和理论解释两方面都实现了长足发展。不同于传统政策创新扩散研究综合多项政策得分来判断地方政府的创新程度，EHA 方法可以直接估计地方政府从不采纳到采纳某项政策的年度概率，理论解释的精确程度大大提升。与此同时，地方政府采纳某项政策的概率既由内部政治、经济、文化等因素决定，也受外部的区域性因素影响，越来越多的影响因素被纳入模型。政策创新扩散研究的政策领域也不断拓展，政策创新扩散研究对象也从美国本土“扩散”到了欧洲、拉美和亚非国家。直至现在，绝大部分政策创新扩散研究依然使用的是整合理论模型和 EHA 方法。

（三）政策创新扩散研究的深化发展时期

政策创新扩散研究进入深化发展时期以 2006 年美国学者 Volden 教授在《美国政治学评论》上发表《作为政策实验室的美国各州：模仿儿童健康保险项目的成功》[①] 为标志。这篇论文为学术界打开了一扇深入探索政策创新扩散微观机制的大门。在 2006 年以前的政策创新扩散研究中，观测样本由“年份—地区”构成，通常估计的是某一地区在特定时间采纳某项政策的概率。现有文献不能回答何种政策更有可能被视为一项成功的政策进而扩散，政策创新中的先驱政府和后进政府是如何互动的等微观机制问题。Volden 以美国各州采纳儿童健康保险项目扩散为案例，引进来自国际关系研究中的配对方法（Dyadic Approach），创造性地识别了政策创新扩散在美国州际之间的影响。具体而言，政治、地理和预算结构相似的两个州之间更有可能实现政策扩散，在联邦制分权决策模式下各州政策学习趋于理性决策，实施政策成功的州更有可能被其他州模仿。此后，配对方法（Dyadic Approach）也迅速在政策创新扩散研究中“扩散”，成为深化发展时期的一项主要研究方法。

---

① Volden Craig. States as Policy Laboratories：Emulating Success in the Children' s Health Insurance Program［J］. American Journal of Political Science，2006，50（2）：294－312.

随着社会科学方法论的不断发展，更好地解释政治现象背后的因果机制成为政策创新扩散研究的核心命题。这一时期政策创新扩散研究不仅满足于探索影响因素，还通过各类量化和质性方法获得确证政策扩散微观机制的经验证据。政策创新扩散本身不仅作为引人瞩目的政治现象被广泛而深入地加以研究，而且逐渐成为政治学、管理学、经济学和社会学等学科理解特定理论现象的新视角。例如，在政策过程研究中被视为有待解释的政策扩散因变量，在比较政治学、政治经济学等领域被用作核心自变量，以此解决棘手的内生性问题①②。

① Acemoglu D., Naidu S., Restrepo P., Robinson J. A. Democracy does cause growth (No. w20004) [R]. National Bureau of Economic Research, 2014.

② Miller M. K. Electoral authoritarianism and human development [J]. Comparative Political Studies, 2015, 48 (12): 349 -370.

第二节　政策创新扩散的基本规律

一、政策创新扩散的类型学分析

政策创新扩散研究中一个重要理论问题是政府究竟采纳了何种政策或项目。从政策领域分类来看，政策创新研究关注极为广泛，包括财税政策、金融管理、社会保障、教育改革、公共卫生（禁烟）政策等内容，几乎涵盖了政府事务的方方面面。从政策类型来看，较为经典的分类是公共服务创新、组织过程创新和公私伙伴创新三类①。公共服务创新指的是公共组织为满足市场或外部使用者需求而提供的新服务。组织过程创新指的是公共组织内部为优化管理流程、提高管理效率而进行的创新，例如政府组织结构的优化、分权与市场化改革以及信息技术更新等。公私伙伴创新指的是现代公共服务提供中的网络与公私伙伴关系方面的改革，此类创新与其他类型最大的不同就是跨边界与市场和非营利组织等服务提供者实现协同治理。此外，在更广义层面上，霍尔曾指出公共政策范式变化中存在三种类型，第一类是基本政策工具设置上的调整；第二类是用以实现政策的基本工具或技术的变化，即使用新的政策工具或方法；第三类是政策目标的变化②。不同类型的政策创新扩散有其自身的独特规律，不可一概而。

创新扩散的具体政策内容属性也会显著影响政策创新扩散过程。Rogers 指出，至少有以下五类属性有利于特定政策被采纳和扩散：相对优势、兼容性、复杂性、可试用性和易观察性③。相对优势指的是一项政策优于现有政策方案的程度，相对优势程度越大采纳者的收益越高；兼容性指的是一项新的政策与原有政策方案、采纳者需求的相似程度，公共组织往往在原有政策基础上推行渐进改革；复杂性是指

① Walker R. M. , Avellaneda C. N. , Berry F. S. Exploring the diffusion of innovation among high and low innovative localities: A test of the Berry and Berry model [J]. Public Management Review, 2011, 13 (1): 95 – 125.

② Hall P. A. Policy paradigms, social learning, and the state: the case of economic policymaking in Britain [J]. Comparative Politics, 1993, 25 (3): 275 – 296.

③ Rogers E. M. Diffusion of Innovations [M]. New York, NY: Free Press, 2003.

一项新政策被潜在采纳者理解与使用的容易程度；可试用性是指一项新政策是否具有被试点和试验的可能性；易观察性是指新的政策对于潜在采纳者而言是否容易被观察到。大量基于政策属性的实证研究发现，通常而言新政策的相对优势、兼容性、可观察性和可试用性对实现政策的采纳和扩散有积极影响，但新政策越复杂往往越不利于实现创新扩散①。

二、政策创新扩散主要模型

西方政策创新扩散研究多聚焦于联邦制国家，政府间关系划分相对清晰，具有高度自主权的地方政府政策创新对于全国而言是一项相对低成本的政策实验。多层级行政管理体制为政策扩散奠定了制度基础，联邦政府、州政府、县政府既在各自管理权限范围内拥有决策相对独立性，地理相邻性、人力和资本的流动性等因素也使得地方政府之间存在相互影响。以政府间关系理论为基础，政策创新扩散的主要模型包括全国互动模型、区域扩散模型、"领先—跟进"模型和垂直影响模型等②。

全国互动模型（The National Interaction Model）的理论假设在于全国范围内存在一个能够令地方政府官员交流的网络，如全国市长协会和全国立法者协会。一项新政策的目标、内容、工具以及实施效果能够通过人际网络迅速被全国其他地区的官员所知悉，地方政府在政策学习机制作用下实现政策扩散。在全国性官员网络中，地方政府官员与先驱州官员交流的频次越多，掌握的信息越全面，采纳新政策的概率就越高③。

区域扩散模型（The Regional Diffusion Model）假设地方政府主要受到地理上的相邻地区或在政治经济文化资源上相似地区政府的影响。最为经典的是邻居模型，即地理上相邻的地方政府更有可能实现政策扩散。另外是特定区域模型，一国之内往往根据地理、文化、历史等因素被分为不同的区域，如美国的新英格兰地区、五大湖区，中国的长三角、珠三角、京津冀等区域，同属于一个区域的地方政府更有可能实现政策扩散。

"领先—跟随"模型（Leader Laggard Model）指的是在全国范围内一些地区通

---

① Tornatzky L. G., Klein K. J. Innovation characteristics and innovation adoption - implementation: A meta - analysis of findings [J]. Engineering Management IEEE Transactions on, 1982, EM - 29 (1): 28 - 45.

② Berry, Frances Stokes, William D Berry. Innovation and diffusion models in policy research [C]. In Sabatier P. A., Weible C. (Eds.). Theories of the Policy Process [M]. Westview Press, 2014.

③ Gray V. Innovation in the States: A diffusion study [J]. The American Political Science Review, 1973, 67 (4): 1174 - 1185.

常是政策创新的先驱，而另一些地区会效仿和跟随先驱者采纳特定政策。在美国，纽约州和加州是许多政策创新的先行者；在中国，改革开放后以广东为代表的沿海地区常常是政策创新的策源地。跟随者通过学习和模仿先行者的政策创新行为，进而决定是否也采纳政策。

垂直影响模型（Vertical Influence Model）在联邦制国家较为常见，各州拥有宪法，并不必然采纳联邦政府制定的政策。地方政府既可以自主学习联邦政府的某些政策，也可能因联邦政府的指令或财政激励而采纳政策。促使地方政府采纳政策的动力（压力）并不来自横向的同级政府，而是来自更高层政府。

从更为基本的政府间关系模式划分，上述四类模型都可以被纳入横向水平扩散模型与纵向垂直扩散模型两大类①。横向水平扩散模型重点关注同级政府间的学习与合作，在众多政策领域中都发现了相邻或相似条件下地方政府更有可能发生政策扩散的证据②③。国际关系与国际政治经济学文献发现，相邻国家和具有相似经济发展水平、政治制度的国家政策扩散的概率更高④⑤⑥。纵向垂直扩散模型主要考虑纵向政府间关系对政策创新扩散的影响。“自下而上”的联邦主义在联邦制国家较为普遍，政策创新由低层级政府向高层级政府扩散，既存在促进政策扩散的“滚雪球”效应，也有可能阻碍政策扩散的“压力阀”效应⑦。另一种“自上而下”的联邦主义则体现为政策由高层级政府向低层级政府扩散的过程，高层级政府通过示范、指令、财政激励等不同方式影响低层级政府政策采纳行为。值得特别说明的是，模型之间并非互斥关系，在政策创新扩散研究中往往可以发现上述多种模型同时具有一定解释力。

---

① Shipan C. R., Volden C. The mechanisms of policy diffusion [J]. American Journal of Political Science, 2008, 52 (4): 840-857.

② Meseguer C. Policy learning, policy diffusion, and the making of a new order [J]. The Annals of the American Academy of Political and Social Science, 2005, 598 (1): 67-82.

③ Weyland K. Bounded Rationality and Policy Diffusion: Social Sector Reform in Latin America [M]. Princeton University Press, 2009.

④ Simmons B. A., Elkins Z. The globalization of liberalization: Policy diffusion in the international economy [J]. The American Political Science Review, 2004, 98 (1): 171 - 189.

⑤ Weyland K. Bounded Rationality and Policy Diffusion: Social Sector Reform in Latin America [M]. Princeton University Press, 2009.

⑥ Brooks S. M. Interdependent and domestic foundations of policy change: The diffusion of pension privatization around the world [J]. International Studies Quarterly, 2005, 49 (2): 273-294.

⑦ Shipan, Charles R, Craig Volden. Bottom - up federalism: The diffusion of antismoking policies from US cities to states [J]. American Journal of Political Science, 2006, 50 (4): 825-843.

第三节 政策创新扩散的影响因素与机制

一、政策创新扩散研究的组织理论视角

政策创新扩散本质上是各级政府组织基于内部、外部因素而做出的决策。因此，从初创时期开始组织理论特别是组织间关系相关概念就是政策创新扩散研究的重要分析工具。组织之间出于自身生存和发展的需要衍生出的资源交换、资源依赖、网络关系等因素构成了影响政策创新扩散的主要变量。

地理相邻效应是在西方政策扩散研究中最为经典的影响因素。众多研究发现，地理上相邻或接近的政府之间更容易发生政策创新扩散，不论是在国内还是国与国之间①②。地理相邻促进政策创新扩散主要原因有三：第一，地理上邻近的政府之间容易形成有效的沟通网络，信息传递成本较低。第二，地理上接近的政府往往面对相似的市场环境和类似公共问题，决策容易受到临近政府的影响。第三，地理相邻的政府很有可能同属于一个政治、经济和文化区域，往往政策采纳具有趋同性。组织之间的资源依赖关系衍生出竞争/合作的组织行为策略，而在联邦制国家政府间的竞争与合作都有可能促进政策创新扩散。一方面，政府之间出于对税基、资本的争夺，争相采纳有利于吸引高端人口流动的政策和项目；另一方面，政府间合作范围越广、程度越深，政府间发生政策创新扩散的概率也就越大。

面对为什么在纷繁复杂的环境中组织的形式却越来越相似这一问题，DiMaggio 和 Powell 提出组织场域中制度性同形的三种机制：强制性同形、模仿性同形和规范性同形③。组织对合法性的需求、对不确定性的回应和对专业性力量的信赖会催生组织同形，在组织决策方面体现为不同政府组织采纳相似的决策。制度性同形并不一定要求

---

① Mooney, Christopher Z, Mei - Hsien Lee. Morality policy reinvention: State death penalties [J]. The Annals of the American Academy of Political and Social Science, 1999, 566 (1): 80 - 92.

② Collier D., Messick R. E. Prerequisites versus diffusion: Testing alternative explanations of social security adoption [J]. American political science review, 1975, 69 (04): 1299 - 1315.

③ DiMaggio P. J., Powell W. W. The Iron Cage Revisited: Institutional isomorphism and collective rationality in organizational fields [J]. American Sociological Review, 1983, 48 (2): 147 - 60.

组织在地理上接近，处于同一组织域中的国家或地方政府往往面临相似的压力。强制性同形一般体现为高层级政府通过制定具有普遍约束力的法律、政策强制要求低层级政府采纳某项新政策。模仿性同形经常出于降低成本与风险考虑，政府采纳已经被广泛实施并被证明有效的政策。规范性同形主要从政策制定的专业性规范维度影响政府采纳新的政策①②。如果某一政策领域的专业性力量（如专家学者）较为强大，为政府决策提供了翔实的依据和政策工具，则容易发生政策创新。

二、政策创新扩散研究的制度分析视角

制度安排是影响决策者的政策选择以及决策者之间互动关系的核心因素。决策者在行动舞台上既受到行动情景的影响，也会受到制度规则、物质资源等条件的约束，政策产出是决策者集合多种因素考虑的综合结果。现有研究中对政策创新扩散的影响因素的分析大多聚焦于政府所嵌入的制度结构。

集权与分权政治体制对创新扩散有显著影响。政策创新扩散研究起源于美国，1932 年美国联邦法院大法官 Brandies 曾提出，“联邦宪法使各州成为试验基地：每个州都可以作为一个实验室，尝试崭新的社会和经济试验，而不对国家其他部分构成任何风险”。早期政策创新文献普遍认为联邦制采取的分权政治结构有利于政策创新扩散的发生③。在联邦制国家，地方政府拥有较为充分的自主决策权，可以根据自身条件和需求进行特定领域的政策试验，被视为容易涌现创新的“政策实验室”④⑤。相反，单一制集权体制强调令出一门，虽然也有纵向政府层级划分，但高层级政府对低层级政府的干预较多，不利于地方政府自主采纳新的政策。然而，近年来也有一些研究通过形式模型推导和实证研究指出，集权体制下同样有可能出现频繁的政策试验⑥。在联邦制下，信息外部性使得由地方政府创新成为一种公共物

---

① Zucker L. G. Institutional theories of organization ［J］. Annual review of sociology, 1987, 13 (13): 443 - 464.

② Haveman H. A., Rao H., Paruchuri S. The winds of change: The progressive movement and the bureaucratization of thrift ［J］. American Sociological Review, 2007, 72 (1): 117 - 142.

③ Peterson P. E., Rom M. C. Welfare Magnets: A New Case for a National Standard ［M］. Washington: Brookings, 1990.

④ Greve H. R., Tuma N. B., Strang D. Estimation of diffusion processes from incomplete data a simulation study ［J］. Sociological Methods & Research, 2001, 29 (4): 435 - 467.

⑤ Shipan, Charles R, Craig Volden. Bottom - up federalism: The diffusion of antismoking policies from US cities to states ［J］. American Journal of Political Science, 2006, 50 (4): 825 - 843.

⑥ Cai Hongbin, Treisman D. State corroding federalism ［J］. Journal of Public Economics, 2004, 88 (3): 819 - 843.

品，容易被其他政府搭便车，进而降低政策创新的动力。单一制结构下如果地方政府的数量和层级达到一定程度，也会有利于政策创新扩散[①]。事实上，政治体制对政策创新扩散的影响尚未有定论，或许抛弃简单的集权/分权二分法，将焦点转向更为实际的政治制度设计和运作过程更有利于建构具有普适意义的理论。

经济发展水平对政策创新扩散的影响较为复杂，要视具体政策领域和政策问题而定。在早期研究中，一般认为地方政府的经济发展水平有利于政策创新，Walker 对全美各州采纳 88 项政策的研究发现，经济发展水平、工业化水平、城市化程度较高的地方政府更倾向于采纳创新[②]。Gray 进一步阐明，经济资源应主要体现为政府财政收入的丰腴程度对政策创新的影响。财政支出方面，政府对不同领域的财政资源分配会对特定政策领域的创新扩散产生作用[③]。实际上，经济资源对政策创新扩散的影响根据具体的政策问题有所不同。对于一般性的公共服务创新而言，财政资源越丰富的地方政府越有实力采纳政策，经济发展水平较低的政府难以承受创新的成本。然而，对于类似彩票和税收之类能够增加政府收入的政策项目而言，往往是财政资源越匮乏的地方政府越有动力采纳相关政策[④]。采用多层级财政体制的国家大部分建立了转移支付体系，政府间财政关系存在相互依赖现象，在高层级政府指令扩散模式下获得更多转移支付的地方政府采纳政策创新的概率更高[⑤⑥⑦⑧]。此外，经济发展水平和财政资源往往与政府能力呈正相关，

---

① Strumpf K. S. Does government decentralization increase policy innovation [J]. Journal of Public Economic Theory, 2002, 4 (2): 207-241.

② Walker J. L. The Diffusion of Innovations among the American States [J]. The American Political Science Review, 1969, 63 (3): 880-899.

③ Gray Virginia. Innovation in the states: A diffusion study [J]. The American Political Science Review, 1973, 67 (4): 1174-1185.

④ Berry, Frances Stokes, William D Berry. Innovation and diffusion models in policy research [C]. In Sabatier P. A., Weible C. (Eds.). Theories of the Policy Process [M]. Westview Press, 2014.

⑤ Daley D. M., Garand J. C. Horizontal diffusion, vertical diffusion, and internal pressure in state environmental policymaking, 1989-1998 [R]. American Politics Research, 2005, 33 (5): 615-644.

⑥ Welch S., Thompson K. The impact of federal incentives on state policy innovation [J]. American journal of political science, 1980, 24 (4): 715-729.

⑦ Allen M. D., Pettus C., Haider-Markel D. P. Making the national local: specifying the conditions for national government influence on state policymaking [J]. State Politics & Policy Quarterly, 2004, 4 (3): 318-344.

⑧ Nicholson-Crotty S. The politics of diffusion: Public policy in the American states [J]. The Journal of Politics, 2009, 71 (1): 192-205.

拥有较高能力的地方政府更有可能雇佣专家进行科学的政策设计和保障新项目顺利执行①。

政治制度中的选举体制是解释西方政策创新扩散的关键变量。为了当选或连任，竞选官员会倾听选民诉求，并以采纳受选民欢迎和支持的政策项目作为回应。因此，当选预期会显著影响官员对新政策的采纳，如果官员感受到较高的竞争压力或者党派之间的政治竞争越激烈，他越有可能采纳选民偏好的新政策，同时越不愿意采纳那些可能得罪选民的不受欢迎的政策（如开征新税）以及争议较大的政策②。此外，竞选存在周期效应，越临近下一次竞选，官员越有可能采纳取悦选民的政策，越不可能采纳开罪选民的政策。政府面对的政策问题严重性对政策创新同样具有显著影响。一般而言，政策问题越严重、政策的受益范围越广，选民对一项新的政策的需求就越强烈，官员为了取悦选民便越有可能采纳新政策③。

三、政策创新扩散研究的“行动—过程”视角

有别于制度结构等宏观因素，晚近以来的政策扩散研究视角逐渐转向中观与微观层面，政策过程中的行动者——政策企业家得到了越来越多的关注。政策企业家与企业家精神源自经济学理论，自 20 世纪 80 年代以来逐渐发展成为解释各类行动者在政策过程中角色与行为的一个理论框架。政策企业家是政策参与者中的一个特殊群体，只有那些愿意为推动政策创新承担风险、具备丰富专业知识与政治能力、具有领导力以及能够以身作则④⑤的行动者才被称为“政策企业家”。

值得注意的是，政策企业家既可能是政府体系外部第三部门的政策的参与者，也可能是决策体系内部的政府官员。政策企业家可以被划分为四种类型，分别是政治企业家、执行企业家、官僚企业家和政策企业家。其中，政治企业家（Political

---

① Young S. P., Heller D. E., McLendon, M. K. State postsecondary policy innovation: politics, competition, and the interstate migration of policy ideas [J]. The Journal of Higher Education, 2005, 76 (4): 363 - 400.

② Berry, Frances Stokes, William D Berry. Innovation and diffusion models in policy research [C]. In Sabatier, P. A., & Weible, C. (Eds.). Theories of the Policy Process [M]. Westview Press, 2014.

③ Stream C. Health reform in the states: A model of state small group health insurance market reforms [J]. Political Research Quarterly, 1999, 52 (3): 499 - 525.

④ Roberts N. Pubic entrepreneurship and innovation [J]. Policy Studies Review, 1992, 11 (1): 55 - 74.

⑤ Mintrom M., Norman P. Policy entrepreneurship and policy change [J]. The Policy Studies Journal, 2009, 37 (4): 649 - 667.

Entrepreneurs）是指在政府中拥有选举的领导职位的政策企业家；执行企业家（Executive Entrepreneurs）是指在政府中拥有委任的领导职位的政策企业家；官僚企业家（Bureaucratic Entrepreneurs）指在政府中拥有正式职位，尽管不一定是领导职位；狭义的政策企业家在正式政府系统之外，在公共部门中引进、转换和执行创新①。不过，学者们对不同类型的政策企业家在政策过程中所发挥的作用并没有进行明确区分②。

现有文献主要讨论了两个问题：第一，政策企业家为何要推动政策创新与扩散。从激励维度来看，政策企业家常会为提升社会声誉、政治晋升③④等因素推动政策创新扩散；从理念维度看，政策企业家也可能为自己所尊奉的信仰和组织利益而行动。第二，政策企业家采用何种策略实现政策创新扩散。基于不同的能力和资源条件，政策企业家会采取建立政策联盟、富有技巧的界定问题、进行政策试验⑤等方式促进政策创新扩散。

四、政策创新扩散的五种机制

随着社会科学理论的发展，越来越多的研究提出需要建立具有机制（Mechanisms）的理论或解释框架，而不是仅仅满足于发现变量之间的相关性。机制不同于影响因素，它是一个能够促进或阻止变化的过程，众多影响因素只有通过机制作用才能产生结果。换言之，如果没有机制的作用，影响因素与结果之间只存在相关关系，而非因果关系。政策扩散的机制即指，假设存在一个先驱政府采纳了某项政策，那么后发政府基于何种原因同样做出了采纳政策的决策，这一过程就是政策扩散的机制⑥。现有文献已经发现，有许多政治、经济、文化因素对政策创新扩散产生影响。然而，公认的政策扩散主要机制只有五种，分别是学习、模仿、社会化、竞争

---

① Roberts N. C., King P. J. Transforming Public Policy: Dynamics of Policy Entrepreneurship and Innovation [M]. San Francisco, CA: Jossey - Bass Inc, 1996.

② 朱亚鹏. 政策过程中的政策企业家：发展与评述 [J]. 中山大学学报（社会科学版），2012 年第 2 期。

③ Schneider M., Teske P. Toward a theory of the political entrepreneur: Evidence from local government [J]. The American Political Science Review, 1992, 86 (3): 737 - 747.

④ Teodoro M. P. Bureaucratic job mobility and the diffusion of innovations [J]. American Journal of Political Science, 2009, 53 (1): 175 - 189.

⑤ Mintrom M., Norman P. Policy entrepreneurship and policy change [J]. The Policy Studies Journal, 2009, 37 (4): 649 - 667.

⑥ Shipan C. R., Volden C. The mechanisms of policy diffusion [J]. American Journal of Political Science, 2008, 52 (4): 840 - 857.

和强制。

学习机制指的是政策制定者对他者采纳的新政策在充分了解信息与有效性基础上的理性决策过程。在学习机制中，后发政府对先驱政府政策采纳绩效的判断至关重要，只有成功的政策或是被定义为“成功”的政策才会被学习。政策领域和问题复杂性不同，并非所有政策目标都能够立竿见影实现，对那些不容易判断效果的政策而言是否获得选民支持、公众民意拥护也是成功与否的重要标准[①②]。在现实中，决策者很难拥有某项政策的完全信息并进行理性决策。因此，决策者往往会选择一些具有良好声誉和经济资源的“明星”政府作为学习的标杆，或者选择学习临近容易获得信息的政府。学习能力是这一机制中的重要因素，具有更高学习能力，如拥有更多高学历专家、职业立法者的地区相对更有可能通过学习机制实现政策扩散[③]。

模仿机制侧重于后进地区对先进地区的刻意效仿，对政策本身的效果和内容并不关注。与学习机制不同，模仿通常是一种非理性过程。一国之内各地区经济社会发展存在差异，相对落后的地区可能不假思索地模仿发达地区的政策[④]。此外，拥有相似的政治经济文化特征的地区之间也容易互相模仿。来自美国的证据显示，政策制定者倾向于模仿与自身有相同党派执政和相似意识形态地区的政策[⑤]。区分学习机制与模仿机制的关键在于，学习机制关注领先地区的政策创新具体做了什么、是否有效，而模仿机制关注的是哪一个政府的政策值得模仿[⑥]。

社会化（规范压力）机制指的是政府采纳某项政策并非因为对其他政府的理性学习或刻意模仿，而是由于周边地区都采纳某项政策带来的规范同形压力。

---

① Gilardi F. Who learns from what in policy diffusion processes [J]. American Journal of Political Science, 2010, 54 (3): 650 - 666.

② Seljan E. C., Weller N. Diffusion in direct democracy: The effect of political information on proposals for tax and expenditure limits in the US states [J]. State Politics & Policy Quarterly, 2011, 11 (3): 348 - 368.

③ Shipan, Charles R, Craig Volden. Bottom - up federalism: The diffusion of antismoking policies from US cities to states [J]. American Journal of Political Science, 2006, 50 (4): 825 - 843.

④ Grupp, Fred W, Alan R Richards. Variations in elite perceptions of American states as referents for public policy making [J]. The American Political Science Review, 1975, 69 (3): 850 - 858.

⑤ Shipan, Charles R, Craig Volden. Bottom - up federalism: The diffusion of antismoking policies from US cities to states [J]. American Journal of political science, 2006, 50 (4): 825 - 843.

⑥ Shipan C. R., Volden C. The mechanisms of policy diffusion [J]. American Journal of Political Science, 2008, 52 (4): 840 - 857.

当采纳某项如禁烟、女权保障政策等已经在社会系统中被广泛认可的政策时，组织为寻求合法性会采纳同样的政策。职业化和专家在规范压力的形成中扮演了重要角色。有研究发现经济自由化政策在拉丁美洲国家的扩散就得益于一批美国经济学家的不断鼓吹①。世界银行和 IMF 等国际组织发布财政、金融等政策的“最佳实践”手册并向各国推荐，这也会使得后发国家迫于规范化压力采纳相关政策。决策者介入职业协会程度越深，专业化水平越高往往越容易形成制度同形，也就是政策扩散②。

竞争机制中决策者基于权衡其他政府已采纳的某项政策对自身带来损益判断是否采纳同样政策。在学习机制中，后发政府通过理性客观地分析先驱州采纳政策的效果，判断政策是否有值得学习；竞争机制中，先驱政府的政策采纳行为实际上影响了后发政府的经济利益。竞争机制可以分为两种，一种是区位选择竞争，即不同政府为吸引劳动力和和资金而争相采纳有利于资本流入的政策。彩票、赌场合法化、社会福利以及个人所得税和企业所得税等政策在美国各州的扩散就是缘于竞争机制，这一效应在州与州之间的边界地区最为明显③。此外，国家之间也存在类似为吸引外资和国际移民而产生的政策扩散现象④。另一种竞争机制是溢出效应，先驱政府采纳某项政策具有一定的正外部性，后发政府因此“搭便车”进而降低政策扩散的概率。例如，在相邻地区中有一个政府率先采纳了污染减排项目，整个区域都在环境改善方面受益，因此降低了后发政府采纳相关政策的动力。

强制机制指的是后发政府因其他政府的经济激励或权威命令而采纳政策的过程。第一种强制机制是横向政府间的政策扩散。在跨国政策扩散文献中，发展中国家接受发达国家和国际组织经济援助的代价之一往往是采纳某些政治、经济改革方案⑤。学者在美国联邦制环境下主要关注垂直扩散，即高层级政府与低层级政府之间的政策互动。强制机制主要发生在自上而下的扩散过程中，高层级政府采用“胡萝卜加

① Simmons B. A., Elkins Z. The globalization of liberalization: Policy diffusion in the international economy [J]. The American Political Science Review, 2004, 98 (1): 171-189.

② Majone G. From the positive to the regulatory state: Causes and consequences of changes in the mode of governance [J]. Journal of Public Policy, 1997, 17 (2): 139-167.

③ Berry W. D., Baybeck B. Using geographic information systems to study interstate competition [J]. American Political Science Review, 2005, 99 (4): 505-519.

④ Genschel P. Globalization, tax competition, and the welfare state [J]. Politics & Society, 2002, 30 (2): 245-275.

⑤ Bush S. S. International politics and the spread of quotas for women in legislatures [J]. International Organization, 2011, 65 (1): 103-137.

大棒”策略，一方面给予低层级政府转移支付作为财政激励，另一方面通过全国性法律和最高法院判例强制地方政府采纳政策。例如，联邦政府往往通过财政补贴来诱使地方政府采纳某项政策①，城市政府如果制定了违背州法律的政策，州政府和议会可以强制撤销②。

① Allen M. D., Pettus C., Haider - Markel D. P. Making the national local: Specifying the conditions for national government influence on state policymaking [J]. State Politics & Policy Quarterly, 2004, 4 (3): 318 - 344.

② Shipan C. R., Volden C. The mechanisms of policy diffusion [J]. American Journal of Political Science, 2008, 52 (4): 840 - 857.

第四节 政策扩散研究的方法及对中国研究的启示

一、政策扩散研究的方法

（一）定量研究方法

量化方法是政策扩散研究自创立以来占据主导地位的研究方法。伴随着社会科学计量技术的不断发展，政策扩散研究也经历了方法论和具体研究方法上的演进。从早期对政策采纳赋值做描述性统计到中期采用多元回归分析，再到 Berry 夫妇引入 EHA 模型估计政策创新风险率、Volden 率先使用配对方法，研究方法的改进和优化有效地提升了政策扩散研究的理论解释力。特别是晚近以来，研究者对空间计量模型、地理信息系统（GIS）和试验法的使用，进一步拓展了政策扩散研究的议题范围，识别并回答了许多传统研究方法路径下难以解释的理论问题。

1. 事件史分析（Event History Analysis）

事件史分析的主要目标是研究事件发生及其影响因素。这一研究方法最早应用于医学、生物和工程领域，如癌症患者治疗的存活时间分析。社会科学领域中，事件史方法对研究结婚、死亡、晋升等事件发生的方式及其决定因素具有较好的适用性。事件史分析比普通最小二乘法更为优越之处在于，它可以解决数据删截和随时间变化解释变量的估计问题。政策创新扩散本质上是研究政府是否采纳某项新政策的决策过程，事件史方法通过估计某一政府在特定时间内采纳政策的概率来识别可能的影响因素。Berry 夫妇 1990 年以彩票政策为案例率先将 EHA 方法引入政策创新扩散研究中，此后 EHA 方法被全球研究者广泛应用于研究于不同国家和领域的政策创新现象。毫不夸张地说，对于政策扩散量化研究而言，EHA 是最为基础也是最为重要的研究方法。

2. 空间计量与 GIS

政策扩散研究的一个关注点是不同的政府之间是否以及如何针对特定的政策进行决策互动，因此空间相关因素一直是重要的解释变量。除了传统的邻居变量编码方式之外，部分熟悉空间计量经济学和地理信息系统的学者尝试运用空间计量模型和 GIS

等方法估计地方政府政策扩散的学习、竞争和模仿效应。例如，Berry 等运用 GIS 在美国州政府彩票政策扩散中较为清晰地区分了相邻政府的学习效应和竞争效应。

3. 配对方法

配对法（The Dyadic Approach）主要来源于国际关系学中对国家与国家之间战争和平关系的研究。这一方法最早由 Volden（2006）引入政策扩散研究，通过对美国 50 个州两两配对发现在儿童保险政策中实施政策成功的州更有可能被其他州模仿。配对法的分析单位与 EHA 不同，是一对地区两两之间的关系/年。在配对关系中，每一个地区都是潜在的政策创新的发送方和接受方，因变量可以充分考虑配对关系中两个地方政府的特质以及他们之间的某种关系。如果说 EHA 方法回答的是某个地区是否采纳某项政策的概率，那么配对方法实际上能够回答 A 地区是否以及在多大程度上学习了 B 地区的政策等更为细致的理论问题①。

4. 实验法

实验法（Experimental Research Design）已经广泛应用于经济学、社会学、政治学等社会科学研究领域中，虽然其使用和解释仍然有一定争议，但不可否认实验法揭示和回答了许多传统研究方法无力解决的问题。Butler，Volden 等人率先在政策扩散研究中运用实验法进行问卷调查，发现美国官员的政策学习意愿受党派意识形态影响，但成功的政策和其他地区同党派官员的采纳会在一定程度上消解意识形态偏见。实验法的目标是通过研究设计控制其他影响因素尽可能排除干扰，设置实验组和对照组，在比较中发现变量之间真正的因果关系②。

（二）定性研究方法

虽然定量方法在政策扩散研究中一直占据主导地位，但定性研究方法同样是不可或缺的，特别是对探索政策扩散因果机制具有重要意义。Weyland③ 对拉丁美洲各国养老金和卫生改革扩散相关论文著作是政策扩散研究中运用定性研究方法的经典文献。此外，Horowitz 关于军事政策创新的研究④，Karch 关于美国州政府社会政策

---

① Braun，Dietmar，Fabrizio Gilardi. Taking ‘Galton’ s Problem’ seriously towards a theory of policy diffusion ［J］. Journal of Theoretical Politics，2006，18（3）：298 -322.

② 马亮. 公共管理实验研究何以可能：一项方法学回顾［J］. 甘肃行政学院学报，2015 年第 4 期。

③ Weyland K. Bounded Rationality and Policy Diffusion：Social Sector Reform in Latin America ［M］. Princeton：Princeton University Press，2009.

④ Horowitz M. C. The Diffusion of Military Power：Causes and Consequences for International Politics ［M］. Princeton University Press，2010.

扩散的研究[①]，Mossberger 关于美国企业特区政策扩散的研究[②]等都是运用定性方法或混合研究方法，并在相关领域中被广为引用的获奖著作[③]。

1. 比较案例法

比较案例法是社会科学常用的定性研究方法，其方法论内核是通过多案例比较有效控制其他自变量对因果机制的干扰。在政策扩散文献中，研究者多采取“理论复制”和“差异复制”的方法，探讨关注的自变量在政策扩散中的作用机制。由于案例是已经发生过的事实，类似实验法完全没有瑕疵的理论复制和差异复制是不存在的，唯有尽可能减少不同政策属性和其他竞争性解释对因果机制的影响。例如，有研究就通过跨区域案例比较揭示中国地方政府采纳行政审批改革创新中的“指令”与“争先”模式[④]。

2. 过程追踪法

定量研究发现的变量之间的因果联系是一种基于共变性的相关关系，自变量导致因变量的因果过程即机制通常难以揭示。过程追踪法通过深入政策扩散案例实践，探究自变量影响因变量的具体过程，证实或证伪原因导致结果的机制[⑤]。过程追踪法认为决策者的信念、时间、顺序和变量组合对于解释因果机制至关重要，政策扩散的诸多影响因素往往需要通过时间、场景等一系列复杂因果链条才能产生作用。越来越多的政策扩散研究使用混合方法，一方面运用量化方法揭示变量之间的相关关系，另一方面运用过程追踪法去探索变量发生作用的机制。

3. 反事实分析法

反事实分析常见于公共政策评估中，其强调通过反事实的逻辑推演识别某一因素在复杂社会系统中的作用，是理解政策扩散因果机制的重要方法。Horowitz 在他的专著中运用苏联解体的反事实假设，论证财政资源不足是俄罗斯无法建设新运载

---

① Karch, Andrew. Democratic Laboratories: Policy Diffusion among the American States [M]. University of Michigan Press, 2007.

② Mossberger K. The Politics of Ideas and the Spread of Enterprise Zones [M]. Georgetown University Press, 2000.

③ Starke P. Qualitative methods for the study of policy diffusion: Challenges and available solutions [J]. Policy Studies Journal, 2013, 41 (4): 561-582.

④ Zhu X. Mandate versus championship: vertical government intervention and diffusion of innovation in public services in authoritarian China [J]. Public Management Review, 2014, 16 (1): 117-139.

⑤ Collier D., Brady H. E., Seawright J. Outdated views of qualitative methods: Time to move on [J]. Political Analysis, 2010, 18 (4): 206-513.

火箭的原因[①]。

二、政策创新扩散对中国研究的启示

政策创新扩散研究在过去的半个世纪以来逐渐发展成为公共政策过程理论的一个新的增长点和重要研究领域。目前国内学界对政策创新与扩散的研究方兴未艾。一些研究考察了中国地方政府创新的动力、内容以及特征[②③④⑤]；也有学者借鉴西方政策扩散经典理论模型探讨中国土地储备制度[⑥]、政府微博[⑦]、政府效能建设[⑧]等领域治理创新扩散的影响因素；还有研究以中国特色的政治、经济制度基础为视角，探索干部异地交流[⑨]等因素在政策创新扩散中的作用。然而，现有文献中能够通过科学的研究设计揭示政策创新扩散一般性规律，并且能够与西方经典理论开展对话并有所突破的研究还为数不多。可喜的是，当前中国政策创新扩散研究迎来了前所未有的发展机遇期。改革开放以来的公共政策实践、特别是当前全面深化改革时期党和政府在推进国家治理体系与治理能力现代化进程中开展的全方位制度创新为学术界提供了丰富的实证素材。随着研究设计和研究方法能力的不断提高，越来越多研究者可以熟练运用各种定量研究、比较案例、过程追踪等方法对政策创新扩散进行系统研究，理论研究的科学性、规范性大大提升。

值此之际，构建中国特色的政策创新扩散理论尚需要在研究范式、研究视角和

---

① Horowitz M. C. The Diffusion of Military Power: Causes and Consequences for International Politics [M]. Princeton: Princeton University Press, 2010.

② 俞可平．应当鼓励和推动什么样的政府创新——对中国地方政府创新奖入围项目的评析［J］．河北学刊，2010 年第 2 期。

③ 何增科．中国政府创新的趋势分析——基于五届“中国地方政府创新奖”获奖项目的量化研究［J］．北京行政学院学报，2011 年第 1 期。

④ 陈家喜，汪永成．政绩驱动：地方政府创新的动力分析［J］．政治学研究，2013 年第 4 期。

⑤ 吴建南，马亮，杨宇谦．中国地方政府创新的动因、特征与绩效——基于“中国地方政府创新奖”的多案例文本分析［J］．管理世界，2007 年第 8 期。

⑥ Zhang Y. Institutional sources of reform: The diffusion of land banking systems in China [J]. Management and Organization Review, 2012, 8 (3): 507 - 533.

⑦ Ma L. The diffusion of government microblogging: Evidence from Chinese municipal police bureaus [J]. Public Management Review, 2013, 15 (2): 288 - 309.

⑧ 吴建南，张攀，刘张立．“效能建设”十年扩散：面向中国省份的事件史分析［J］．中国行政管理，2014 年第 1 期。

⑨ 张克．地方主官异地交流与政策扩散：以“多规合一”改革为例［J］．公共行政评论，2015 年第 3 期。

研究资料方面有所突破。首先，经过国内学术界近十年来的努力，政策创新扩散现象及其理论价值逐渐被越来越多的研究者和公共管理实践者所重视。当前迫切需要研究者深入中央与地方政府内部开展经验研究，广泛运用参与式观察、访谈等方式获取一手数据，尝试打开政策创新扩散的决策“黑箱”。其次，在验证西方政策创新扩散经典理论假设的基础上应当加强对中国本土化制度变量的关注，探索诸如央地关系、晋升激励模式、党管干部制度、行政分包制等具有中国特色的政治实践对创新扩散的影响。不仅将政策创新扩散视为理解中国改革开放以来经济社会发展的一个自变量，更应将其视为有待深入研究和解释的因变量，从而为政策创新扩散一般性理论贡献“中国观点”。最后，应当加强对中国政策创新扩散一手资料数据库的建设工作。目前比较成体系的数据库是中央编译局主持的“中国地方创新奖”项目。学术界应当投入更多精力针对不同政策领域、不同层级政府搜集更为多元化的数据资料，以期获得对政策创新扩散规律更为全面、系统的认识。

【思考题】

1. 何为政策扩散?
2. 简述政策创新扩散的基本规律。
3. 简述政策扩散的影响因素。
4. 简述政策创新扩散主要模型。
5. 简述政策扩散的机制。

下篇
公共政策分析模型与方法

第十章

公共政策决策分析的理论模型

模型就是对原型的抽象与模拟（仿真）。它是以认识主体为一定的认识目的，依据相似性原则而构造出来的一种理念系统，以代表作为研究对象的真实系统，即实际存在的事物。

模型有实物模型和理论模型之分。公共政策分析中运用的模型一般是理论模型。所谓理论模型或者概念模型，指的是一组概念或命题按照其相互间的本质联系被组织在一起，从而形成的一个逻辑结构严整的网络或框架。

模型的认识论意义主要表现为三个方面：(1) 由于模型与原型具有相似性，因此通过解释模型而认识原型的某种本质规定性；(2) 模型是进行科学抽象的重要工具，它能够使人们从某一特定的视角窥视到万象纷繁的现实事物的奥秘并发现其运动规律，从而使研究对象的本质特征得以凸显；(3) 模型是研究过程中资料搜集和经验观察的指南，向研究者指出了研究工作的重点和优先顺序。

之所以在进行公共政策分析时需要借助于模型，是基于以下两个方面的原因：(1) 公共政策学研究的对象是具体的，具有客观实在性，因此这门学科具有突出的实证性；同时整个研究过程又十分强调从中发现有关因素之间的因果关系或一定的相关性。(2) 决策程序是根据模型的特征，人为地编制出的政策制定与执行的步骤顺序；通过它就可以把决策理论、方法和实践结合起来，形成一个可实施的决策流程图，即格式化、标准化、工程化的决策程序，减少决策失误，保证决策的科学性。

第一节　完全理性模型

理性决策模型，也被部分人称为科学决策模型。它的基本出发点是，人们在决策时遵循最大化原则，抉择最优方案，谋求最大效益。作为决策的主体，始终坚持理性化活动，不存在任何非理性成分。

一、完全理性模型的内容

1. 决策者面临的是一个既定的问题，该问题同其他问题的区别非常明显，或者至少同其他问题相比，它是最重要的。

2. 决策者选择决定的各种目的、价值或目标是明确的，或是希望利益最大，或是希望损失最小，而且可以依据不同目标的重要性进行排序。

3. 决策者有可供选择的两个以上方案，面对这些方案，通常在逐一选择的基础上，选取其中一个。假如方案基本是相同的，通常会做相同的决定。

4. 决策者对同一个问题会面临着一种或多种自然状态。它们是不以人们意志为转移的不可控因素。

5. 决策者会将每一个方案，在不同的自然状态下的受益值（程度）或损失值（程度）计（估）算出来，经过比较后，按照决策者的价值偏好，选出其中最佳者。

二、理性决策在实际中必须具备的基本条件

1. 决策过程中必须获得全部有效的信息。

2. 寻找出与实现目标相关的所有决策方案。

3. 能够准确地预测出每一个方案在不同的客观条件下所能产生的结果。

4. 非常清楚那些直接或间接参与公共政策制定的人们的社会价值偏向及其所占的相对比重。

5. 可以选择出最优化的决策方案。

三、对完全理性模型的评价

理性决策模型所要求达到的基本条件，在现实生活中几乎是无法实现的。因此

它遭到了许多学者的强烈批评。其中最突出的是查尔斯·林德布洛姆与赫伯特·西蒙。

林德布洛姆指出：决策者并不是面对一个既定问题，而只是首先必须找出和说明问题。问题是什么？不同的人会有不同的认识与看法。比如物价迅速上涨，需要对通货膨胀问题做出反应。

1. 明确这一问题的症结所在，往往十分困难。因为不同的利益代表者，会从各自的利益看待这些问题，围绕着通货膨胀存在不存在，若存在，其程度和影响怎样，以及产生通货膨胀的原因是什么等问题，人们都会有不同的回答。

2. 决策者受到价值观的影响，选择方案往往会发生价值冲突。比较、衡量、判断价值冲突中的是与非是极其困难的。靠分析是无法解决价值观矛盾的，因为分析不能证明人的价值观，也不可能用行政命令统一人们的价值观。

3. 有人认为“公共利益”可以作为决策标准，林德布洛姆批评了这种认识，认为在构成公共利益要素这个问题上，人们并没有普遍一致的意见，公共利益不表示一致同意的利益。

4. 决策中的相关分析不是万能的。决策受时间与资源的限制，对复杂决策讲，不会做出无穷尽的，甚至长时间的分析，也不会花费太昂贵代价用于分析，或者等待一切分析妥当再作决定，否则会贻误时机。

西蒙进一步补充，决策过程中要收集到与决策状况有关的全部信息是不可能的。决策者处理信息的能力十分有限，不可能对信息做出最优化的处理与分析，因而不能获得百分之百的最佳决策。

第二节　有限理性模型

一、有限理性的内涵

20世纪50年代之后，人们认识到建立在“经济人”假说之上的完全理性决策理论只是一种理想模式，不可能指导实际中的决策。赫伯特·西蒙提出了满意标准和有限理性标准，用“社会人”取代“经济人”，大大拓展了决策理论的研究领域，产生了新的理论——有限理性决策理论。

有限理性的概念是针对完全理性概念提出来的。从认识论的角度讲，从马克斯·韦伯提出理性模型组织即官僚制组织，到经济学家对人的理性模型的假定，都将人和组织假设为即使面临变化不定的客观环境，也能够掌握完全信息，也能够了解所有的决策选择，并且能够按照“效率最大化”和“选择最优化”原则做出正确选择，这也就是所谓的理性。而西蒙通过对组织行为的实际考察认为，人的信息加工和计算能力是有限的，因此，由人组成的任何组织无法完全按照理性模式去行动，即人和组织没有能力同时考虑所面临的所有选择，无法按照“效率最大化”和“选择最优化”原则理性地指导自己的行动。因此，经济学的完全理性在现实生活中是不存在的。西蒙研究发现，人们的实际决策过程与理性选择大相径庭。首先，人们在进行决策时一般不可能制定出解决所有问题的备选方案，而只是面对制定的部分方案进行选择。其次，按照理性的要求，行为主体必须完全了解并预期每项决策产生的结果，而实际上，我们对决策结果的了解总是零零碎碎、不完整的。最后，人们选择决策方案的原则不是“效率最大化”和“选择最优化”原则，而是“满意”原则，即按照顺序成对的比较，从中选择满意或较为满意的方案。

20世纪70年代以来，卡恩曼、特奥斯基和斯罗维克等关于“不确定条件下的个人决策行为”的心理学研究成果，进一步丰富了有限理性的概念。他们认为人们的许多决策是在不确定条件下做出的。这里所说的不确定性主要是指因为缺乏信息或信息不完整而造成的决策困难。在不确定条件下，人们不可能按照理性模式进行决策，而往往凭借以往的经验进行决策。实际上人的认识能力、预测能力、信息处理能力都是有限的。“在信息搜寻成本高昂而成果又不确定的情况下，人们只获取特定的部分信息并保留对其他信息的无知是合乎理性的”。那种传统上将政府也假定为全知全能的公共组织是不对的。全知全能假设不仅误导了政府本身，而且也使民众对政府决策有过高的期望。有限理性使政府决策有其不可逾越的局限性，当这种局限性导致行政决策出现失误时，便产生了行政决策对公共利益的偏离。

二、有限理性模型的主要观点、步骤与评价

（一）有限理性模型的主要观点①

1. 手段—目标链的内涵有一定矛盾，简单的手段—目标链分析会导致不准确的结论。

西蒙认为，手段—目标链的次序系统很少是一个系统的、全面联系的链，组织活动和基本目的之间的联系常常是模糊不清的，这些基本目的也是个不完全系统，这些基本目的的内部和达到这些目的所选择的各种手段内部，也存在着冲突和矛盾。

2. 决策者追求理性，但又不是最大限度地追求理性，他只要求有限理性。

这是因为人的知识有限，决策者既不可能掌握全部信息，也无法认识决策的详尽规律。比如说，人的计算能力有限，即使借助计算机，也没有办法处理数量巨大的变量方程组；人的想象力和设计能力有限，不可能把所有备择方案全部列出；人的价值取向并非一成不变，目的时常改变；人的目的往往是多元的，而且互相抵触，没有统一的标准。因此，作为决策者的个体，其有限理性限制他作出完全理性的决策，他只能尽力追求在他的能力范围内的有限理性。

3. 决策者在决策中追求“满意”标准，而非最优标准。

在决策过程中，决策者定下一个最基本的要求，然后考察现有的备择方案。如果有一个备择方案能较好地满足定下的最基本的要求，决策者就实现了满意标准，他就不愿意再去研究或寻找更好的备择方案了。

这是因为一方面，人们往往不愿发挥继续研究的积极性，仅满足于已有的备择方案；另一方面，由于种种条件的约束，决策者本身也缺乏这方面的能力。在现实生活中，往往可以得到较满意的方案，而非最优的方案。

根据以上几点，决策者承认自己感觉到的世界只是纷繁复杂的真实世界的极端简化，他们满意的标准不是最大值，所以不必去确定所有可能的备择方案，由于感

① 关于有限理性决策模型的案例分析，参照程化琴等．有限理性的决策过程——《民办教育促进法（草案）》制定过程的实证研究［J］．苏州大学学报（哲学社会科学版），2006 年第 3 期。

到真实世界是无法把握的，他们往往满足于用简单的方法，凭经验、习惯和惯例去办事。因此，导致的决策结果也各有不同。

（二）有限理性的决策步骤

1. 情报活动阶段：（1）确定需要解决的问题或所要定出的目标。

2. 设计活动阶段：（2）决定最低标准或水准，使所有被接受的方案都能符合这一标准；（3）选择一个可行方案。

3. 抉择活动阶段：（4）评估这一方案；（5）决定这一方案是否已符合最低标准；（6）如果此方案不符合，再检验其他方案并注意通过评估过程；（7）如果这一方案可行即开始行动。

4. 审查活动阶段：（8）执行之后评定此方案难易程度，并将资料作为提高或降低所定最低标准的参考。

（三）有限理性模型的评价

1. 对人的理性有了一个清醒的认识，对于公共政策制定过程中放弃独断主义具有重大意义。

2. 由于放松了原来理性模型所需的苛刻模型，使得更具操作性。

3. 可以解释政府预算过程中的大部分问题，但是对于重大的政策变迁却无能为力。

4. 有限理性模型本质上是理性模型的变种，并没有完全克服理性主义缺陷。

5. 有限理性对我国许多政策制定具有一定的解释力。

6. 有限理性模型对改变我们原来的决策观念具有重要意义，一方面，决策者不必固步自封地把自己的决策当成一贯正确的，并作为真理的代言人；另一方面，对政策的失误有一个正确的态度，不必要文过饰非。

7. 有限理性模型对我国公共政策发展负面意义也是十分明显，一方面，我国决策的理性主义精神没有确立起来，这种有限理性强调满意，这与过去的狭隘经验主义存在着某种暗合，对中国公共决策发展也会有不利的影响；另一方面，我们的决策问责制没有建立起来，有限理性也可能成为推脱决策失误责任的遁词。

三、有限理性对公共决策的影响

（一）目标冲突

明确的组织目标是组织进行理性决策的前提。但是公共组织的目标模糊是公认的特点之一。作为公共组织的政府在决策过程中存在着许多目标间的相互竞争，如经济发展、环境保护、社会公平、公民素质提升等。这些不同的目标之间并不总是十分和谐的，他们有时会处于互相矛盾、互相对立的状态之中。行政决策往往在实现了一个目标的同时，却又影响了其他目标的实现。即使在某些决策中行政目标不相互矛盾或对立，也有一个处理这些目标的轻重缓急的安排次序问题，有限理性的人很难将这些不同的价值和偏好赋值，从而列出其权重，排好一个优先次序，来指导现实的行政决策活动。有限理性使人具有不可避免的局限性，政府有时会因为对目标认识的缺陷，而使决策偏离了公共利益的趋向。

（二）知识的不完备性

行政决策过程是一个运用知识和信息的过程，我们需要运用知识了解决策所处的客观环境、决策的主客体利益和偏好、决策所需运用的资源和条件；需要运用知识区分不同的价值权重，制定出备选行动方案；需要运用知识预估每个备选方案所能产生的结果，从而在他们之间做出比较选择。但有限理性这一问题依然是人类存在的核心苦恼和稀缺的构造性原因，我们无法了解决策相关因素各方面的信息，无法列出所有的备选方案，无法预知决策方案会产生的结果。有限理性导致的这种知识不完备性，贯穿于整个行政决策过程，从而使行政决策不可避免地会发生失误，导致行政决策对公共利益的偏离。

（三）时间因素

行政决策具有时效性，这种时效性不仅表现在其制定过程要讲求效率，更表现为其在社会发生作用的存续时间具有阶段性。一项行政决策可能在其制定之初是有效的，并为人所接受的。而在其实行过一段时间后，可能会由于社会环境和人们意识观念的变化而不为人们所接受，成为一种有碍公共利益实现的决策。比如《城市流浪乞讨人员收容遣送办法》在“孙志刚”事件发生后，取而代之的是《城市生活无着的流浪乞讨人员救助管理办法》。这种由于时间原因导致的行政决策对公共利益的偏离，也是人的有限理性的表现，解决这个问题的最好途径就是建立对重大决策的备案审查机制。

总之，由于受到有限理性这种影响决策的事实前提的因素的作用，行政决策或多或少地会出现偏离公共利益的趋向。当然，现实中的行政决策对公共利益的偏离可能是这两类因素的交互作用。要想使行政决策充分反映公共利益的需求，就需要恰当的制度设计来抑制政府的自利性和尽力克服政府的有限理性。

四、公共决策机制“理性化”的路径

有限理性导致公共决策偏离公共利益是有着深刻的制度根源的，我们应该从导致有限理性的制度根源入手，尽可能地完善我国的行政决策制度安排，探索并建立适合我国国情的、民主的、科学的决策体制，来有效地克服有限理性所带来的决策偏差。具体政策建议可阐述为如下几点：

1. 依法确立决策权力的合理结构，实行合理分权

依法确定决策权力的合理结构，实行合理分权，即以法律的形式规定各种决策主体的决策权力，建立起多方位、多层次的合理决策权力体系。实现这一目标，要做到依法设立和确定行使行政决策权力主体的地位和资格。理顺决策系统中各种决策主体的关系，明确执政党、政府两者各自的决策权限、职责和范围。要在保证党的领导下，把各级政府置于决策的核心地位，逐步探索并建立起以行政首长负责制为主导的行政决策体制。行政主体的决策权力只有依法设立并具备相应的资格，它们行使权力才具有合法性，才能享有法定的职权，才能进行具体的行政决策活动，才能保证行政决策的效率和承担决策所需的责任。

2. 建立健全行政决策者的法定责任制

行政决策除了要确定行政决策者的决策权限、职责和范围以外，还要确立决策者的法律责任。建立健全行政决策者的法定责任制，应该从行政决策的角度完善行政决策的方案设计责任。行政决策方案是关于实现决策目标和实践活动的具体安排，其安排合理与否，可行与否，科学与否，直接关系到行政决策目标的具体实现问题。为此，对行政决策方案设计的要求就必然是可行、周密、合理和科学的，违背了这些要求，方案无法实施，决策者就要承担方案设计失当或失误责任。

3. 建立行政决策的民主参与机制，营造良好的决策环境

所谓行政决策的民主参与机制，是指政府在做出行政决策时，决策者必须按照社会主义政治民主化建设的要求，将让人民群众参与政府行政决策的过程制度化。“人民当家作主是社会主义民主政治的本质要求。”在我国建立行政决策的民主参与机制，要做到政府在行政决策中要切实建立起民主制度。民主性原则是行政决策的原则之一，民主性原则要求在行政决策过程中要充分发扬社会主义，广开言路、广开思路、尊重实践、尊重人民群众创造的智慧，减少决策的个人色彩。要“深入了解民情、充分反映民意、广泛集中民智、切实珍惜民力的决策机制，推进决策民主化”，只有这样才能真正达到行政决策民主化的根本要求，使国家各项行政决策趋于合情合理，提高政府行政管理的效率。

4. 建立科学决策的保障机制，推进行政决策的科学化

行政决策民主化为决策科学化提供了前提条件，那要真正做到行政决策的科学化，仅有民主化是远远不够的，还必须在行政决策过程中建立和健全行政决策信息

机制来保障行政决策科学化的实现。当今，信息已经成为人类创造财富所需资源中最为宝贵的要素，政府的行政决策离不开信息，信息对行政决策的科学化具有重要作用。我国现行的行政决策系统中已经建立了信息系统，近几年来信息系统在参与我国许多重大决策过程中发挥了重要作用。但是，在现实的行政决策特别是基层政府的行政决策中，信息系统的职能和作用还远未得到真正发挥，严重阻碍着我国行政决策科学化的进程。造成这种局面的原因主要有两方面：一方面是决策层不重视信息对科学决策的作用，因此就不重视信息系统的作用；另一方面是我国目前行政信息系统管理人员的整体素质较低，信息管理人员不能很好地胜任工作。因此，除了要健全我国现行行政决策体制，保障信息系统在决策体系中的地位之外，更要提高信息管理人员的素质，实现行政信息系统的现代化，充分发挥行政信息系统的作用。

总之，政府的有限理性限制和约束了政府决策的科学程度，由于有限理性的存在是客观的必然的，那么科学决策机制的建立和完善也不可能一蹴而就。通过建立有效的政府决策机制，我们的决策肯定会更加科学和成熟，前进的步伐也将会更加稳健，我们的社会也将走向全面、协调、可持续发展，以人为本构建和谐社会的目标也会全面实现。

第三节 渐进决策模型

渐进决策模型最初是由美国著名的政治学家和政策科学家林德布洛姆于 1959 年发表的《“渐进调适”的科学》中提出的，是直接针对传统理性决策模型的缺陷，根据实际政策制定的特点，从“实际上如何做”而不是“应如何做”的角度出发建立的一套有特色的政策制定模型。

一、渐进决策提出的社会背景

林德布洛姆关于渐进决策的思想，在他的早期著作《政治、经济和福利》一书中已具雏形。他在书中提出社会政治过程有四种基本形态：

1. 价格体系

对政治领袖来说，只有服务而无权力，他们不会屈从；但只有权力而无服务，又会失去大众的支持。如价格体系一样，政治领袖控制着社会大众，同时又被社会大众控制，两者相互控制。

2. 层级体系

层级体系是政治领袖为实现其目标，由上而下，层层控制的工具。

3. 多元体制

在美国多元化的政治体系中，存在着多元政治权力中心，并各有其自己的政治领袖。决策经常是在各党派公开地相互竞争中进行。各政治领袖受到多元体制形态的控制。

4. 议价市场

买卖双方要相互讨价还价。妥协的结果是互相退让，选取折衷方案作为成交的价格。在政治上，各政治势力团体，如政党、政治派别与利益集团等，相互妥协、交易，取得一种能牵制各政治领袖的“议价”。

因此，从价格体系角度上看，价格不可能单方面决策；从层级体系角度看，除最高层外，其他层次也无法单方面做决定；从多元体系看，决定是各政治权力中心互动的结果；从议价的角度看，决定又是双方妥协的产物。这样，决策是彼此间相互作用的结果，无一方可以单独做决策。

二、渐进决策模型的核心、内容与特点

（一）渐进决策模型

渐进决策模型把政策制定过程看做是对以往政策行为的不断修正的过程，其中心思想是：政策制定是根据过去的经验，在现行政策的基础上实现渐进变迁，依据现有的政策方案，经过小范围的调适、修订与完善，获得新政策。

渐进分析及渐进决策模型是林德布洛姆对政策科学的主要贡献。林德布洛姆最早提出“政策分析”概念，他批评了传统的政策分析途径，并提出了他的渐进分析途径。首先，林德布洛姆把渐进分析分为三个层次，即简单的渐进分析、断续的渐进分析和战略分析，为深入研究和分析政策问题提供了一个有别于传统政策分析的研究途径；其次，林德布洛姆认为，公共政策不过是过去政府活动的延伸，即政府在旧有的基础上把政策稍加修改，决策者通常是以现有的合法政策为主。林德布洛姆指出，一种和以往政策越不同的方案，就越难预测其后果，也就越难获得一般人对这项政策的支持，其政治可行性就越低。因此，重大创新的政策，后果特别难以预料。因此，在林德布洛姆看来，政策制定基本上应是保守的，而且应该把政策创新限定在“边际性的改革”范围之内。

（二）渐进决策模型的内容

1. 决策者必须保留对以往政策的承诺。

2. 对决策目的或目标的选择，对决策目标所采取行动进行经验分析，两者相互交织密不可分；且决策者只能着重于减少现行政策的缺陷，而不必注重目标的重新改进和手段与方案的重新选择。

3. 决策者只考虑解决种种可供选择方案的一部分，而不必过多分析与评估新的备选方案。可供选择的政策方案与现行政策只有量或程序上的差异，决策者只需着意于对现存政策进行修改和补充。

4. 在面对同一社会问题的不同解决方案时，决策者只能对每一可供选择方案可能产生的某些“重要”后果进行评价。

5. 决策者面临的问题经常被重新鉴定，决策者应着意于对目的—手段、目标—方案进行无限的调适，从而使问题更易处理，而不必关心基础的变革。

6. 处理问题的决定和解决问题的“正确方法”并不是唯一的，考查一个决策的优劣并不是看决策者寻求到了达成既定目标的最有效的手段，而是看决策者是否一

致同意这一决策方案。

7. 渐进决策的形成，从本质上说是补救性的，更多地是为了改革当今的具体的社会弊病，而不是为了未来的社会目标。

（三）渐进决策模型的主张

西蒙对理性模型的实用性和有用性的怀疑，得到了耶鲁大学的政治科学家林德布洛姆的回应。和西蒙一样，林德布洛姆对完全理性决策模型进行了严厉的批评。林德布洛姆认为完全理性是一种抽象的理想。

林德布洛姆致力于发展接近于实际情形中的决策行为的决策理论，形成了政策过程中的渐进决策模型。渐进决策模型把公共政策看作是一个政治过程，在这个过程中，自利的决策者的讨价还价和妥协起着主导的作用，最终达到的决策在实践中便具有十分的可行性。林德布洛姆总结到，渐进决策模型由下列“相互支持的简化和集中战略”组成：

1. 分析局限于少数比较熟悉的政策方案，它们与现实的方案仅有着细小的差别；

2. 分析连结政策目标价值和问题的经验层面，换言之，不需要明确区分价值与紧跟其后的实现价值的手段；

3. 分析更多地关注于补救缺陷而不是追求正面的目标；

4. 分析是一个不断试错的过程；

5. 分析只能发现某一个方案的部分而不是全部的重要可能结果；

6. 政策过程中许多（党派）参与者的存在使分析工作分裂化（每一个参与者都只注意到整体问题的一小部分）。

在渐进决策模型的视角中，公共事务的复杂性使决策者不可能面对一成不变的问题，而是先要找出问题并说明问题。由于时间和资源的限制，公共决策并不可能作穷尽的、花费高昂的资料收集，或者等一切分析妥当再决策，否则贻误时机，且不经济。在林德布洛姆看来，决策制定中通过对早期决策“连续性的有限比较”过程来形成政策，而这些决策往往是他们所熟悉的。决策是一步一个脚印的、逐步前进的过程。完全理性途径是一种根部法，从根本出发，缘于某个基本问题而生成各种方案；而渐进决策模型则是分支法，缘自现实的情况，逐步地改变现有的政策。所以，决策达成的只是与既成政策的细微差别；换言之，对现状的改变是渐进的。

林德布洛姆认为，决策为何无法大幅度地改变现状，这主要是由下面几个原因决定的。首先，讨价还价的活动需要各方参与者共同对有限资源进行分配。在这种情况下，现存分配模式就很容易持续下去，而不是寻找激进的新方案。这是因为，在现有的政策条件下，各方参与者可以明确彼此的成本和收益。然而，政策改变后将会带来什么样的成本和收益，相对来说却很不明确，这就使得难以达成关于改变的一致性。因此，政策结果往往是现实的持续，或者只是一些细小的变化。其次，墨守成规是官僚行为的特性，这在另一方面也促使决策者保持现存的模式。在规则导向和非人格化的官僚体制中，官僚只是按照规章制度办事，这往往会阻碍政策创新，固化现存的制度安排。再次，林德布洛姆指出，在多数的政策领域中，政策选择的一致性是难以达成的。因此，决策者往往会避开那些难以达成一致意见的老问题，这样，与原来政策有着细微差别的决策就会得到维持。

总之，在渐进决策模型看来，决策是解决目前问题的实践活动，而不是追求远大的目标。决策的手段是从试错过程中产生出来的，而不是通过对所有可能的手段进行综合评估。决策者考虑的仅仅是一些熟悉的恰当选择，当他们发现一个可接受的方案时，他们就会停止寻求这个过程。渐进决策模型把公共政策制定过程看作是对以往政策行为的不断修正的过程。它是在以往的政策、惯例基础上制定新政策，只对过去的政策做局部的调整和修改，是过去政策的延伸和发展。换句话说，渐进决策模型经常是修正过去的政策，而不是全面更替。渐进决策模型遵循三个基本原则，即按部就班原则、积少成多原则和稳中求变原则。在渐进决策模型中，一种和以往政策越不相同的方案，就越难预测其后果，也就越难获得一般人对这项政策的支持，其政治可行性就越低。由于重大创新的政策后果特别难以预期，所以渐进决策模型主张，政策制定基本上应是保守的，是不得已而为之的，且应将创新之举限于边际性的改变。

（四）渐进决策模型的特点

由于多元主体的参与制衡，政府的公共政策实际上只是过去政府活动的持续，只是根据过去的经验而对现行的政策做出的局部的、边际性的调适。这种调适源自渐进的政治、渐进的政府决策，并主要通过政党政治来实现。调适的成功与否则取决于是否能够在一种渐进演变的过程中逐步寻获关于既定政策的公共看法。因此，关于政策的社会趋同程度是这个成败的关键。

概括地说，渐进主义政策分析模型有以下特点：

1. 因为现实政治所推行的是渐进政治，对政策问题，各政治领袖与政党的看法大致上达成共识，所能调节或改变的，只是在小的支节问题上，因而是渐进的。在实际政治中，不一定需要用许多理论。

2. 尽管政策分析或制定也会经常出现许多变量，但渐进分析只注重几个重要变量，方案的考虑也只限于少数几个。

3. 价值与事实在渐进分析中交互使用，互为一体。现实政治中的基本价值已达共识，无需再寻求各种不同的价值标准作为决定的标准。

4. 渐进分析着重已有的政策为前提，这样的政策更可能被社会上一般人所接受，并且与实现差距不大，不至于冒险。

按照上面的想法，林德布洛姆认为渐进决策需要遵循三个基本原则：（1）按部就班原则；（2）积小变大原则；（3）稳中求变原则。

三、渐进决策模型的合理性

1. 渐进政治的基本特征是政治领袖对基本政策的看法是一致的，仅对每项政策提出渐进修改而已。每一个竞争政党也只是渐进地改变本身的政策，因而某项政策是在解决某一个既定问题时，经渐进修改而达到完善地步。

2. 渐进决策模型基本是保守的，它以现行的计划、政策、支出为基础。决策者既没有足够时间、智慧或经费，用以调查所有的政策方案，也无法在多种不同的政治、社会、经济和文化价值相互交错作用的情况下，评估出每一项方案的成本与利益。只好以接受以往政策为理由，只审查不至于造成自然、经济、组织与行政失调的方案。

3. 人的智慧与能力是有限的，作为现实主义者，人们不会经常追求唯一的最佳途径，一旦发现有可行的途径，就会停止追求。决策者只有在那些自己熟悉的方案中，不能再满足需求时，才会冒险寻求较根本性的政策改革。

4. 社会由各种不同的阶层，甚至不同的种族组织而成。不同的团体，各有其既定目标。在现阶段多元的社会环境下，为维持社会稳定，政府希望保持现行的计划，不太愿意从事全面性的政策改革。为保证现行计划的连续性，决策过程只能是渐进的。

综上所述，渐进决策模型从认识论与方法论的角度，具有一定的合理性。从认识论上讲，它在于以历史和现实的态度将决策的运行看成是一个前后衔接的不间断过程；从方法论上看，它注重事物变化的量的积累。以量变导致质变，主张通过不间断的修正，达到最终改变政策之目的。

四、渐进决策模型的评价

（一）渐进决策模型的优点

渐进决策模型对我们最大的启示是，公共政策是对旧政策中存在问题的补充和修正。渐进决策模型的关键在于寻找“临界点”，在“老政策是好政策”的指导原则下，根据外界的政治、经济和社会环境来确定渐进模式的速度。从政治经济学的角度看，渐进决策是理性的。这是因为，新的政策将会产生学习成本、与原政策系统的摩擦成本、结构转型成本等。因此，现实中的公共政策是一个逐步演化、完善的渐进过程。在渐进模式的视角下，公共政策会依照固有的惯性，遵循原有的路径缓慢地演变，这种政策惯性对于节约信息成本而言无疑是经济和理性的。

渐进决策模型在政治上也比较可行，该模型对缓解矛盾冲突、维持政治稳定和社会安定，具有现实的重要意义。渐进决策模型是针对理性决策模型的质疑而提出的，认为既然不存在完美无缺的公共政策，就应对现行的公共政策不断进行修正。同时，从统治者的角度来看，作为现行体制下的受益者，他们倾向于维持社会的现状，态度保守，不会轻易改变现行政策，即使改变也是渐变，而非突变。

1. 决策所选择方案与现实状况相差不大，可以预测；

2. 在一时无法搞清人们的各种需求时，渐进方案会以不断尝试的方式，找出一种满意结果；

3. 易于协调各种相互冲突的目标，不会因远离原有目标，搞乱了原目标间的秩序；

4. 渐进方式可以帮助人们检验所做的抉择是否正确，特别在复杂条件下，可以孤立某些因素，比较其利弊；

5. 渐进方式比较稳妥，容易控制，能及时纠正错误，不会造成大起大落的状况。

（二）渐进决策模型的缺点

尽管渐进决策模型在某种程度上正确地描述了公共政策是如何制定的，然而，渐进决策模型也存在一些内在的缺陷。首先，渐进决策模型在理论和实践中都带有维持现状和缺乏变革的保守主义色彩，使公共政策的制定成为修修补补的游戏。批评者指出，渐进决策模型缺少目标导向，决策使人们一直停留在十字路口，找不到前进的方向。渐进决策模型内在地有着过于保守的倾向，它怀疑大规模的改变和创新。其次，渐进决策模型被认为是不民主的，它把决策的范围局限在小部分高级决策者之中。再次，由于渐进决策模型排斥系统的分析和计划，破坏了寻找有益的新选择的动力。在这一点上，批评者指出，渐进决策模型容易产生短视的决策，不利于社会的长期发展。最后，批评者对渐进决策模型的适用性提出了质疑。德罗尔指出，只有在属性前后始终一致的政策问题面前，并且解决方案是现成的情况下，渐进决策模型才能起作用。换言之，渐进决策模型只适用于相对稳定的环境中，而在社会危机面前，渐进决策模型便失去了解释力。

第四节　利益集团分析模型

一、为什么存在利益集团

利益集团为什么会存在？围绕该问题主要有三种解释：

1. 以大卫·特鲁曼（David Truman）和罗伯特·道尔（Robert A. Dahl）等人为代表的传统利益集团理论，认为集团（或组织）的存在是为了增进其成员的利益（特别是不能通过纯粹的个人行动获得的利益），具有共同利益的个人或企业组成的集团，通常总是具有进一步增进这种共同利益的倾向。个人可以通过代表其利益的集团来实现或增进他的个人利益。“这实际上是个人行动的目的是追求他自身利益最大化（理性经济人）命题的推广”。其直接推论就是集团成员会从自身利益出发采取一致的集体行动。该理论进一步认为，社会中的每一个人总是归属于某一个或几个利益集团，这些目击者的各异的利益集团间的相互竞争所施加的压力汇总起来就决定了社会政治活动的进行。

2. 奥尔森等对上述观点提出质疑。他在 1965 年出版的《集体行动的逻辑》一书中指出，有理性、寻求自身利益的个人不会采取行动来实现他们共同的或集团的利益，因为集团利益的公共物品性质会导致集团成员普遍的“搭便车”① 行为。故而，奥尔森认为集团规模大小与个人行为和集团行动的效果密切相关，小集团的行动比大集团更有效。

3. 罗伯特·萨利兹伯里（Robert Salisbur）等人提出的政治企业家理论，他们把利益集团的组织者视作政治企业家。他们认为，集团提供给成员的利益可分为三种

---

① 搭便车理论首先由美国经济学家曼柯·奥尔森于 1965 年发表的《集体行动的逻辑：公共利益和团体理论》(The Logic of Collective Action Public Goods and the Theory of Groups) 一书中提出的。其基本含义是不付成本而坐享他人之利。在财政学上，免费搭车是指不承担任何成本而消费或使用公共物品的行为，有这种行为的人或具有让别人付钱而自己享受公共物品收益动机的人称为免费搭车者。

类型：物质利益、观念利益和团结一致的利益。奥尔森模型强调的是物质利益而忽视了后两种非物质利益。在萨利兹伯里看来，政治企业家之所以愿意作为集团行动的组织者，是因为政治企业家不但可以从集体行动中获得物质利益，而且可以从集体行动过程中获得成就感、名声和荣誉等非物质利益。

由于一个集团通常只代表整个社会中的一小部分成员的利益，所以，奥尔森认为“各种社会组织采取集体行动的目标几乎无一例外地都是争取重新分配则富，而不是为了增加总的产出。换句话说，他们都是“分利集团”。因此，各利益集团都会在各自的势力基础上展开分利竞争，通过各种“院外活动”影响政府官员决策为本集团争取最大利益。

二、利益集团理论代表人物及其主张

利益集团模型的理论代表人物是阿瑟·本特利和戴维·杜鲁门。本特利是集团理论的创始人，他在《政府过程：社会压力研究》（Process of Government：a Study of Social Pressures）一书中指出，社会本身只不过是一些组成社会的群体联合。社会上存在着不同的利益，这些利益都可以由有相同利益个体组成的群体来代表。本特利把利益集团视为政治生活的原料。本特利认为，利益集团是经济、政治生活中起主导作用的基本力量。每个集团都有自身的集团利益，集团利益总是导致集团行动，并且对政府决策施加压力。互相冲突的集团压力的结果是政府政策方向的唯一决定因素。与政府决策控制有关的一切行为，都可以应用互相冲突的利益集团压力的模式加以分析；有关政府的所有事务，都取决于互相冲突的集团压力，政府只是对利益做出调整或平衡。

根据本特利的观点，集团压力的结果，不仅始终是公共政策的决定因素，而且还是公平合理的最初源泉。在他看来，集团的压力大小基本上与人数的多少成正比，大集团的利益通常能够战胜小集团的狭隘利益，多数人的利益将优先少数人的特殊利益。根据本特利的理论逻辑，利益集团间的互动，能够形成社会的均衡，并对政府及其决策活动构成具有决定意义的社会制衡。

在本特利之后，杜鲁门修正了这种群体与利益一一对应的关系。他认为，在政治过程中有两种不同的利益——隐藏利益和外显利益。这两种利益又导致了潜在群体和组织化群体的形成。在杜鲁门看来，隐藏利益支撑着潜在群体，又演化为组织化群体。

杜鲁门认为，当具有共同态度的一部分人正式或非正式地结合成一个团体，以建立、维持与增进共同态度所蕴涵的行为模式，向社会上其他团体提出其主张，并进而谋求实现其主张时，便构成了利益集团。在《政府过程：政治利益与公共舆论》(The Government Process：Political Interests and Public Opinion）一书中，他对利益集团进行了界定，认为利益集团是一种在其成员所持的共同态度的基础上，对社会上其他集团提出要求的集团。

杜鲁门指出，在现代社会中，随着专业化和分工的发展，利益逐渐趋于多元化。与此同时，人与人之间的社会接触增多，相互作用的机会也随之增加。在相互作用的过程中，由于受到利益冲突的其他集团的阻碍，一定的集团逐渐特殊化，他们的互动模式不断得到稳定和强化，关系常规化的结果催生出利益集团的形成。在利益集团的形成过程中，基本的变量是宏观的社会变化。根据杜鲁门的看法，在简单的社会中没有利益集团，利益集团的产生是与社会专业化和复杂化的发展趋势相契合的。这是因为，当一定的社会群体意识到自身处于不利的局面时，便会组织和形成利益集团，利用组织的力量，以组织的面貌和姿态改善与其他集团的力量对比关系。通过形成利益集团，原有分散的成员就可以达到与各种集团相平衡的关系；从整个社会来看，通过利益集团的平衡和互动，达成一定的稳定和均衡。

杜鲁门还指出，政府机构本身也是利益集团的集合体。这些集团彼此相互作用，并同政府之外的利益集团相互作用。由于政府在社会生活中的特殊权力和地位，政府之外的利益集团都会向政府提出自身的要求和主张，要求政府回应并加以实现。因此，政府决策过程实际上是各种利益集团争取影响政策的过程。在这个过程中，利益集团的格局是政策走向的决定因素，一旦利益集团的利益对比发生了变化，政策的利益偏向发生了转移，政策也就随之发生了改变。

集团分析模型认为，公共政策是集团斗争的产物。在现实的政治生活中，存在大量的政治利益集团之间的相互作用和斗争，政府决策就是从不同集团的相互冲突中进行选择。在集团分析模型看来，公共政策是团体间的争斗所达到的平衡，它体现了那些一直试图获取优势并相互竞争着的党派或集团之间出现的均势。在政策过程中，每个集团都希望政府制定的政策能够满足其所争取的利益，公共政策是各利益集团之间互动的结果。

集团分析模型的核心假设在于，集团是个人与政府间发生联系的纽带，集团的存在与斗争是政治生活的基本特征，利益集团之间的互动是政治生活中最重要的事件。当利益集团正式或非正式地向政府提出自己的利益要求时，就涉及到公共政策。在这个过程中，政府扮演一个重要的角色，政府的功能就是使用政策手段处理集团之间的目标或利益的冲突，以公共政策的形式达成妥协方案，并使用行政手段实施达成的公共政策。

三、利益集团分析模型的假设与内涵

（一）利益集团分析模型的假设

集团模型假定：现代政治实际上是各个利益集团为影响公共政策而展开的一系列活动。这个假定可以分解成如下一组命题：

1. 制定政策是政治过程的决定性阶段，而政治过程则是各集团争取影响公共政策的行为过程。

2. 公共政策的制定过程是相互竞争着的集团之间达成力量平衡的过程，每一政策都是集团间妥协的产物。

3. 在现代政治生活中，要由公共权力机构制定合理的、法制化的竞争规则。

4. 在任何时候，公共政策都反映占支配地位的集团的利益。

（二）利益集团分析模型的基本观点

1. 集团决策模型将公共政策看成是集团斗争的产物，正如厄尔·莱瑟姆指出的那样："所谓公共政策，是指某一特定时间里，团体间的争斗所达到的平衡，它体现了那些一直试图获取优势的并相互竞争着的党派或集团之间出现的均势。"

2. 政策过程是一个政治过程，团体间的相互作用和争斗是政治生活的主要内容。

3. 公共政策主要反映占支配地位团体的利益。

四、利益集团分析模型的评价

政治团体的分析方法是一种中观分析法，它是从政治系统的中层分析单位——政治团体着手，向上可以分析整个政治过程，向下亦可以分析团体成员之间及团体与成员之间的利益互动。这种分析方法同时从上下两个方面展开分析，打破了传统比较政治对正规结构和法律结构的研究。

林德布洛姆在分析利益集团活动的必要性时指出，首先，利益集团的活动可以澄清和明确表达公民的需求，为政策问题提供信息和分析。其次，利益集团的活动可以形成可行的议程。林德布洛姆认为，利益集团的活动并不是简单地把片面的或特别利益与共同的利益对立起来，而是为社会每一阶层的成员确立了共同的利益，防止了由于各个个人的利益所造成的难以对付的歧异和冲突。再次，公民可以通过利益集团对政府官员的权力进行监督。公民并不会满足于只是把即将实现的政策制定之权交给官员，而且还希望将监察和影响官员的权力委托给利益集团，监督功能是利益集团的一项主要职能。最后，相互影响在政策制定中有特别的功能。林德布洛姆指出："当分析的问题不可能解决时，官僚组织中的利益集团活动就提供了一种相互解决问题的方式。众多利益集团之间的相互作用能够有效地进行决策，因为任何一个官员根据其本身的权力都不可能对问题做出最后的分析或单独地做出决定。"

因此，集团分析模型的最大启示是，公共政策是利益集团之间力量均衡的结果，是政府受集团压力的综合表现。利益集团平衡的思想，对政策过程的描述是比较中肯的，同时也符合了决策过程中民主和制衡的要求。事实上，只有在多元的社会组织对构成政府有效社会制衡的基础上，公共政策才能真正体现公共性原则，限制政府和领袖的权力。只有在多元利益均衡的格局下，才可以防止精英理论所指出的寡头垄断和寡头铁律，体现公共政策的利益普惠原则，达成社会总体利益的最优化配置。

然而，集团分析模型也存在着一定的问题。首先，它低估了政府决策者在政策制定过程中的独立和富于创造性的作用，无法解释危机时期政府的许多措施的制定。其次，利益集团活动是造成巨大政治不平等的根源。由于各个利益集团不可能行使同等的影响，在权力角逐的过程中会造成极大的政治不平等现象。再次，利益集团在追求自身狭隘或片面的利益时忽视了共同的福利。由于公共政策是利益团体间斗争的产物，并反映占支配地位的利益团体的利益。随着各利益团体力量和影响的消长，公共政策将变得有利于其影响力增加的那些利益团体的利益。因此，该模型下产生的公共政策，反映的是占支配地位的利益团体的利益，而不是社会整体的公共利益。退一步讲，"尽管在实际决策过程中，无论哪一个利益团体，在法理上，还是能力上，都无法取代政府的主导地位，公共政策不一定就反映影响力最大的利益团体的政策要求，但是，这种模型无视公共利益要求的倾向，无疑将是对政府及其政策背离'公共'原则的某种认可"。

第五节　精英决策模型

一、精英主义的兴起与发展

精英主义兴起于19世纪末20世纪初，一经产生便对政治学、历史学、社会学产生了极大的影响。现在普遍认为意大利的两位学者帕累托和莫斯卡是精英理论的创始人。对于精英的定义，不同的人有不同的理解，但有一点是大家认可的，那就是精英是不同于大众的少数人。但是，现代意义上的精英概念主要指的是政治统治集团和政治领袖。

精英主义的创始人之一莫斯卡认为，当时一些自由乐观主义者宣称的民主并不能够实现。他通过对已存在的社会形态进行了考察分析后得出："在一切社会中都存在着两个阶级：统治阶级和被统治阶级。属于统治阶级的永远是少数人，他们行使各种政治职能、垄断政权，并享有政权带来的利益；而被统治阶级则身受统治阶级或合法、或专断粗暴的管辖和控制。"① 帕累托从政治意义上给精英进行了界定，即包括"高度"和"素质"两个方面。所谓"高度"就是某种可以客观判断的成功标准，如职位、财富、得分、声誉等；"素质"是指人的才智、才干、内涵等。美国学者拉斯维尔为了使精英的标准更加客观，易于判断和衡量，对此进行了修正，把"高度"作为判断精英的唯一标准。当然这样也有缺陷，即存在所谓的"精英赝品"。需要注意的是，他们所指的精英特别是帕累托所说的阶级概念，与马克思主义里的阶级概念是完全不同的。前者的统治阶级指的是权力机构中的精英阶层，其地位的获得来源于财富、知识、血统、宗教等，而后者指的是由于在生产关系中占统治地位进而取得政治统治地位的特定阶级。换句话说，阶级内部的成员具有一定的稳定性和时效性，在精英内部则非常不确定，具有流动性，存在着今天是精英明天就成为了"大众"，或以前是大众明天就成为了精英的可能性，帕累托称之为精英的循环或流动理论。

---

① 帕累托．精英的兴衰［M］．刘北成译．上海：上海人民出版社，2003年版。

从以上我们可以看出精英主义从严格意义上讲并不是一个有着完整结构的单一理论，因为事实上存在着各种不同的精英理论和观点，特别是受到集团理论、多元主义和社会主义的批评，传统的精英主义已经逐步衰落。但由于这一术语所揭示的社会政治现象是直接的现实存在，所以依然被广泛使用。新修正的精英主义大大缩小了自己的理论涵盖范围，比如现在流行的新精英主义，它把精英主义的研究范围限定在两个方面：精英决策和精英统治的合法性问题。也就是说，我们现在提到的精英和精英主义所讨论的范围已经大大缩小。首先，精英指的是政治精英；其次，主要考察的是精英决策的相关问题。

二、精英决策模型的基本内容

精英决策模型，是将公共政策看成是反映占统治地位的精英们的价值和偏好的一种决策理论，又称为杰出人物模型，是托马斯·戴伊（T. R. Dye）和哈蒙·齐格勒（Harmon Zeigler）于1975年在《民主政治的讽刺》中提出来的。其基本观点是：不是人民大众通过他们的需求与行动决定公共政策，而是占统治地位的精英们决定了公共政策，然后由政府官员和机构加以实施。换言之，精英模型认为国家重要的政治、经济和社会政策是由“少数精英人物”决定的，公共政策的制定过程就是少数精英的活动过程。

由以下一组命题形成的一个理论框架，在用于公共政策分析时，就被称作决策精英模型。托马斯·戴伊在《理解公共政策》一书中对精英理论的基本观点做了如下概括：

1. 社会分化成掌权的少数人和无权的多数人。只有少部分人才有权为社会分配价值，而群众则不能决定公共政策。

2. 少数的统治者与杰出人物不是被统治的群众代表，他们主要来自社会中社会经济地位较高的那个阶层。

3. 非杰出人物向杰出人物的转化必然是一个缓慢而又持续的过程，从而才能保持社会的稳定并避免发生革命，在非杰出人物中，只有那些接受了杰出人物的一致意见者，才被允许进入统治集团。

4. 在社会制度的基本价值观和维护这一社会制度方面，杰出人物的看法是一致的。

5. 公共政策所反映的不是大众的要求，而是反映了杰出人物的主要价值观，公共政策的变化将是渐进性的，而非革命性的。

6. 活跃的杰出人物很少受群众的直接影响。相反，杰出人物影响群众远远超过群众对他的影响。

三、精英决策模型的启示与评价

戴伊等人的理论，把政策看成是杰出人物行为的产物，只反映他们的价值观，并服务于他们的目标，有其合理性。迄今为止，人们不难发现，现今在任何政治制度下，总是少数人统治着多数人；其次，在任何社会中，政治精英对政治参与的态度可能是影响该社会政治参与性质的一个最具决定性的因素，对大多数政治精英来说，政治参与至多是一种手段，而不是一种基本价值；[①] 另外，人类政治民主的理想形式是最广大的人民直接管理国家，但政治民主的内涵在本质上是由社会经济的整体发展水平所决定的。只要代议制民主制依然是现阶段人类政治民主的主要形式，精英决策就是不可避免的。

首先，精英分析模型认为，公共政策是由掌握统治权的精英人物决定，并由行政官员和行政机关付诸实施，公共政策反映的是精英阶层的偏好、利益和价值选择。因此，精英分析模型一定程度上反映了代议制民主下各国决策的实际可能的情形。精英分析模型对我们最大的启示是，公共政策并非集合大众的意见而形成，而是由社会上少数人所决定，尤其是在一些民主根基并不深厚的地方。

其次，政治精英的分析方法为比较政治研究及比较政策分析开辟了新的研究途径。这是因为，在不同政治系统以及同一政治系统的不同时期，政治精英的基本品质、选拔途径、培养方式与民众的关系等均有不同。通过这些变量的比较，可以发现不同政治系统及同一政治系统不同历史时期中政治精英的基本区别，进而揭示整个系统的差别。

然而，精英分析模型是将公共政策视为反映占统治地位的精英们所持的信念、价值观和偏好的一种决策理论。精英的政策立场不会受到民众舆论的影响，而是民众对政策的看法常受到精英政策立场的影响。政策是从精英向下流至民众，而不是政府响应民情的结果。因此，不是人民大众通过他们的需求与行动决定公共政策，而是占据统治地位的精英决定公共政策，政府只是执行已经决定的政策。从这个角度看，精英分析模型更多地强调了居社会少数的精英阶层的利益，一定程度上偏离了公共政策的“公共”原则，漠视了公众的公共利益。

---

① 塞缪尔·亨廷顿，琼·纳尔逊．难以抉择——发展中国家的政治参与［M］．汪晓寿等译．北京：华夏出版社，1989 年版。

第六节 博弈模型

一、博弈论的概述

博弈论（Game theory）又名“对策论”“赛局理论”，属应用数学的一个分支，表示在多决策主体之间行为具有相互作用时，各主体根据所掌握信息及对自身能力的认知，做出有利于自己的决策的一种行为理论。简单说来就是一些个人或其他组织，面对一定的环境条件，在一定的规则下，同时或先后，一次或多次，从各自允许选择的行为或策略中进行选择并加以实施，各自取得相应结果的过程。

由于冲突、合作、竞争等行为是现实世界中常见的现象，因此很多领域都能应用博弈论，例如军事领域、经济领域、政治外交，解决诸如战术攻防、国际纠纷、定价定产、兼并收购、投标拍卖甚至动物进化等问题。

二、博弈论的基本原理

从上述定义中可以看出，一个完整的博弈一般由以下几个要素组成：博弈的参加者，各博弈方各自选择的全部策略或行为的集合、博弈方的得益、结果、均衡等。

1. 参与者指的是博弈中选择行动以最大化自己效用的决策主体（可以是个人，也可以是团体）。

2. 行动是指参与人在博弈进程中轮到自己选择时所做的某个具体决策。

3. 策略是指参与人选择行动的规则，即在博弈进程中，什么情况下选择什么行动的预先安排。

4. 信息指的是参与人在博弈中所知道的关于自己以及其他参与人的行动、策略及其得益函数等知识。

5. 得益是参与人在博弈结束后从博弈中获得的效用，一般是所有参与人的策略或行动的函数，这是每个参与人最关心的事情。

6. 均衡是所有参与人的最优策略或行动的组合；均衡结果是指博弈结束后博弈分析者感兴趣的一些要素的集合，如在各参与人的均衡策略作用下，各参与人最终的行动或效用集合。

上述要素中，参与人、行动和结果统称为博弈规则，博弈分析的目的是使用博弈规则来决定均衡。

三、博弈的分类

博弈的分类根据不同的标准也有不同的分类：

1. 根据参与人的多少，博弈可以分为二人博弈和多人博弈。

2. 根据参与人是否合作，博弈可以分为合作博弈和非合作博弈。合作博弈和非合作博弈的区别在于相互发生作用的当事人之间有没有一个具有约束力的协议，如果有，就是合作博弈，如果没有，就是非合作博弈。

3. 根据各方得益的不同情况，博弈可以分为零和博弈与变和博弈。零和博弈中各方利益之间是完全对立的。变和博弈有可能存在合作关系，争取双赢的局面。

4. 根据行为的时间序列性，博弈可以分为静态博弈、动态博弈。静态博弈是指在博弈中，参与人同时选择或虽非同时选择但后行动者并不知道先行动者采取了什么具体行动；动态博弈是指在博弈中，参与人的行动有先后顺序，且后行动者能够观察到先行动者所选择的行动。

5. 根据参与人对其他参与人的了解程度，博弈可以分为完全信息博弈和不完全信息博弈。完全信息博弈是指在博弈过程中，每一位参与人对其他参与人的特征、策略空间及收益函数有准确的信息。不完全信息博弈是指如果参与人对其他参与人的特征、策略空间及收益函数信息了解得不够准确、或者不是对所有参与人的特征、策略空间及收益函数都有准确的信息，在这种情况下进行的博弈就是不完全信息博弈。

四、纳什均衡

（一）纳什简介

约翰·福布斯·纳什[①]（John Forbes Nash Jr.，1928 年 6 月 13 日—2015 年 5 月 23 日），又译约翰·纳什，美国数学家，前麻省理工学院助教，主要研究博弈论和微分几何学。1994 年，他和其他两位博弈论学家约翰·C·海萨尼（John Harsanyi）和莱因哈德·泽尔腾共同获得了诺贝尔经济学奖。

1950 年，纳什获得美国普林斯顿高等研究院的博士学位，他在那篇仅仅 27 页的博士论文中提出了一个重要概念，后来被称为“纳什均衡”。

---

① 《美丽心灵》是由朗·霍华德执导，罗素·克劳、詹妮弗·康纳利等主演的剧情片，该片于 2001 年 12 月 21 日在美国上映。该片讲述了患有精神分裂症的数学家约翰·福布斯·纳什，在博弈论和微分几何学领域潜心研究，最终获得诺贝尔经济学奖的故事。

（二）纳什均衡简介

假设有 n 个局中人参与博弈，给定其他人策略的条件下，每个局中人选择自己的最优策略（个人最优策略可能依赖于也可能不依赖于他人的战略），从而使自己利益最大化。所有局中人策略构成一个策略组合。纳什均衡指的是这样一种战略组合，这种策略组合由所有参与人最优策略组成。即在给定别人策略的情况下，没有人有足够理由打破这种均衡。纳什均衡，从实质上说，是一种非合作博弈状态。

纳什均衡达成时，并不意味着博弈双方都处于不动的状态，在顺序博弈中这个均衡是在博弈者连续的动作与反应中达成的。纳什均衡也不意味着博弈双方达到了一个整体的最优状态，以下的囚徒困境就是一个例子。

五、博弈论的经典模型——“囚徒困境”

这个博弈问题是 1950 年图克提出的，它虽然非常简单，但却很好地反映了非合作博弈的根本特征，而且这个博弈模型正是解释众多经济现象，研究经济效率问题的非常有效的基本模型和范式。该博弈模型提出后曾引发了大量的相关研究，对博弈论的发展起了不小的推动作用。故事如下：

警察抓住了两个罪犯，但是警察局却缺乏足够的证据指证他们所犯的罪行。如果罪犯中至少有一人供认犯罪，就能确认罪名成立。为了得到所需的口供，警察将这两名罪犯分别关押，防止他们串供或结成攻守同盟，并分别跟他们讲清了他们的处境和面临的选择：如果他们两人都拒不认罪，则他们会被以较轻的妨碍公务罪各判一年徒刑；如果两人中有一人坦白认罪，则坦白者立即释放而另一人将重判 10 年徒刑；如果两人都坦白认罪，则他们将被各判 8 年监禁。问：两个罪犯会如何选择(即是坦白还是抵赖)？

下面可将整个博弈过程的结果用一矩阵形式表示出来。这种矩阵称为博弈的“得益矩阵（支付矩阵）”。

表 6-6-1　A 与 B 的得益矩阵

	囚徒 B 坦白	囚徒 B 不坦白
囚徒 A 坦白	(-8，-8)	(0，-10)
囚徒 A 不坦白	(-10，0)	(-1，-1)

由表 6-6-1 可见：

(1) 对于囚徒 A 来说，囚徒 B 有“坦白”和“不坦白”两种可能的选择。如果B选择“坦白”，则对A来说，“不坦白”得益为-10，“坦白”得益为-8。如果B选择“不坦白”，则A“不坦白”得益为-1，“坦白”得益为0。若A只考虑自身的利益，则“坦白”为他的最优选择。

（2）同样的，对于囚徒B来说，囚徒A有“坦白”和“不坦白”两种可能的选择。如果A选择“坦白”，则对B来说，“不坦白”得益为-10，“坦白”得益为-8。如果A选择“不坦白”，则B“不坦白”得益为-1，“坦白”得益为0。若B只考虑自身的利益，则“坦白”为他的唯一选择。

囚徒困境反映了一个很深的问题，这就是个人理性与集体理性的矛盾。即使两个囚徒在被警察抓住之前建立一个攻守同盟（死不坦白），这个攻守同盟也没有用，因为它不构成纳什均衡，没有个人有积极性遵守协定。

通过对囚徒困境问题的分析，从中可得到一个重要的结论：一种制度安排，要发生效力，必须是一种纳什均衡，否则，这种制度安排便不能成立。

第七节 制度分析模型

一、制度的界定

关于什么是制度，基本上没有得到一个共识性的意见和答案，至于制度与个人是如何互动并最终产生出决策的，就更加是“仁者见仁，智者见智”了。在制度经济学的研究中，较有代表性的是康芒斯、科斯和诺斯对于制度的界定。

康芒斯认为制度的概念难以把握，但还是应该对制度进行一个界定。在他看来，制度是集体行动控制个人行为的一系列行为准则或标准。或者更通俗地说，制度就是在一定社会范围内，每个人必须遵守的行为准则或规范。“如果我们要找出一种普遍的原则，适用于一切所谓属于制度的行为，我们可以把制度解释为‘集体行动控制个体行动’。”

现代产权经济学以科斯为代表，对制度的分析集中于产权制度或所有权制度。科斯主要是从产权交易规则或产权结构和经济组织形式的角度论述“制度”，在科斯看来，制度就是指一系列关于产权安排、调整的规则，制度就是“规则”或组织形式，其外延非常广泛。科斯指出“对个人权力无限制的制度实际上是无权力的制度……当在各自为改进决策的前提下，对各种社会格局进行选择时，我们必须记住，将导致某些决策改善的现行制度的变化也导致其他决策的恶化。”

诺斯则主张，制度就是指“结构”和“游戏规则”。在诺斯的《经济史上的结构与变迁》中，“结构”一词涉及制度框架。诺斯认为，制度提供了人类相互影响的框架，它们建立了构成一个社会，特别是一种经济秩序的合作与竞争关系。“制度是为约束在谋求财富和本人效用最大化中的个人行为而制定的一组规章、依循程序和伦理道德行为准则。”

二、制度主义的兴起与主要流派

鉴于行为主义[①]存在的局限性，即一味地强调价值中立和研究手段的科学化，

① 在研究对象上，行为主义以政治行为和行为互动代替传统的政策和制度；在研究方法上，行为主义借助各种科学技术手段，对研究对象进行量化和实证分析。行为主义认为，个体的真正偏好只有通过一定的行为才能具体地表现出来；集体现象是个体行为的聚集，个人的偏好只有通过利益聚集机制才能带来最佳的效果。

使政治科学远离了现实政治生活；而从现实来看，主流学者无法应用行为主义的方法来解释世界复杂的变化，他们对60、70年代的美国民权运动、学生运动和越南战争等一系列政治事件和政治现象无能为力。这就引起了越来越多的政治理论家的反思和批判。1984年，马奇和奥尔森发表了《新制度主义：政治生活中的组织因素》一文，他们指出，由于行为主义的影响，作为政治生活基本因素的组织被忽略了，而实际上，组织和法律制度则成为政治生活的主导者。个体"表现出来的"偏好与真正的偏好是存在距离的，集体决策不是个体偏好聚集的结果，而是决策规则影响的产物，而且集体决策无法还原为个体偏好。他们提出用"新制度主义"观点来看待政治生活，重新复兴制度分析的作用。在政治学领域中，新制度主义的兴起与对行为主义理论的批判是分不开的。新制度主义者认为放弃对制度的研究是行为主义的一个主要缺陷。"新制度主义强烈反对把行为确定为政治分析的基础要素；他们不相信行为能够为解释'所有政府现象'提供足够的基础，行为发生在制度环境中，因此，在理解这一概念时，必须考虑制度因素。"

而在经济学领域中，主导二战后西方国家经济实践的主流思潮是新古典经济学和凯恩斯主义，它们使西方国家经历了战后长时期的经济繁荣。但是，到了20世纪70年代，西方各国纷纷陷入"滞胀"的困境，通货膨胀居高不下，经济停滞，失业问题困扰着各国的决策者。这种状况引起了人们对新古典经济学和凯恩斯主义的反思，经济学家开始关注宏观问题，政府作用、政府职能等问题进入了经济学领域。在这种背景下，一批主流经济学家开始深入研究制度、制度变迁及后果、国家和意识形态等，并得出了富有启发性的结论。例如，加尔布雷斯的"制度演进"、诺斯的"制度变迁"和科斯的"产权理论"等，从经济学视角对制度进行研究，开拓了经济学研究的新视野，经济学领域的新制度主义研究逐渐兴起了。

20世纪90年代以来，新制度主义分析范式已经变成超越单一学科，遍及经济学、政治学、社会学乃至整个社会科学的分析路径。豪尔和泰勒认为，在政治科学中就至少有三种不同的新制度主义，即"历史制度主义、理性选择制度主义和社会学制度主义"。美国学者彼特斯也概括出了新制度主义分析范式的各种流派：规范制度主义、理性选择制度主义、历史制度主义、经验制度主义、社会学制度主义、利益代表制度主义和国际制度主义。这些不同学科、不同流派的制度研究共同建构了新制度主义的理论体系。其中，影响较大的是社会学制度主义、理性选择制度主义、历史制度主义和规范制度主义。

（一）社会学制度主义

社会学制度主义倾向于在更广泛的意义上界定制度，制度不仅包括正式规则、程序和规范，而且还包括为人的行动提供“意义框架”的象征系统、认知模式和道德模块。这种界定打破了制度与文化概念之间的界限，倾向于将文化本身也界定为制度。社会学制度主义解释的重点是为什么组织采取一套特定的制度形式、程序或象征符号，这些又是如何在组织内传播的，即：(1)“组织的生态，以及把组织的生物生态模式结合在一起。”环境为组织生存提供机会并维持许多结构，如公共部门的地位可能是预算资源、法律命令、制度的政治支持和群众的政治支持形成的。(2) 对组织符号和价值向度的关注超越了组织的纯功利性视角。组织符号成为认识制度行为的最佳手段。“制度是一种意义系统，制度内的组织行为及个体行为依赖于意义的注入和符号的运用。”(3) 人类生活的当前实践是建立在过去基础之上的，组织实践下面隐藏着历史遗留下的价值和理解力，反映了“制度的历史和积累性本质。这些结构可能随着时间而改变，但是，它们也保留了过去历史的特征”。(4) 社会学制度主义是用制度透视组织，制度和组织实际上是同一个结构。

社会学制度主义认为，制度影响行为的方式是通过提供行为所必不可少的认知模版、范畴和模式影响个体的基本偏好和对自我身份的认同。个体与制度之间的相互关系建立在某种“实践理性”的基础之上，个体或组织寻求以一种具有社会适应性的方式来界定并表达他们的身份。

（二）历史制度主义

历史制度主义强调制度运作和产生过程中权力的非对称性、制度发展过程中的路径依赖和政治结果的多元动因。历史制度主义是“历史的”，历史是克服人类理性局限性的一个主要途径；同时历史制度主义又是“制度的”，它注重以制度为核心来考察历史，以国家、政治制度为中心来分析历史。

历史制度主义力图寻求对不同国家的差异性政治后果做出更好的解释。历史制度主义认为，政治结果的差异源自政治制度的多样性和政治变量之间的结构性关系。例如，20 世纪 70 年代石油危机期间，各国的政策差异以及欧洲各国医疗保健政策的差异等主要是由于一套政治制度的、政策制定机构的联结方式造成的。某种政治结果的出现不是单一原因导致的，存在着多种因素的综合作用。制度因素是推动历史沿着某一路径发展的相对稳定和最为核心的因素之一。“历史制度主义虽然关心制度在政治生活中的重大作用，但是很少有历史制度主义者认为制度是产生某一政治后果的唯一因素。他们尤其倾向于将制度与其他因素一道定位于因果链之中，社会经济的发展程度和观念的分布状况也是他们重点考虑的因素。”

历史制度主义的历史观强调过去对现在的影响，即前一阶段的政策选择往往会决定和影响着后一阶段的政策方案。政治制度的变迁和巩固存在着“路径依赖”①，历史制度主义在致力于发掘重大政治事件以及对人类产生相当影响的政治进程，如国家与社会革命、国家建设、民主化等问题时，不仅要找出那些共时性的结构因果关系，而且还要从事件变迁的历时性模式中发掘出因果关系。

（三）理性选择制度主义

这种分析路径起源于对美国国会制度的研究，关注国会的规则如何影响立法者的行为。理性选择制度主义首先坚持把“理性的个人”作为理论分析的起点，其次，理性选择制度主义认为要对政治现象提供充分的解释，就必须对制度进行分析，因为所有的政治行为都发生在一定的制度背景下。理性选择制度主义在方法论上是个人主义的。它以个人作为基本的分析单元，把制度安排作为主要的解释变量来解释和预测个人行为及其导致的集合结果；个体追求效用最大化的偏好是外生于制度的；个体的行为以计算“回报”为基础；制度的功能在于增进个体的效用，因此，人们通过对制度的重新设计实现制度的变化。

在理性选择制度主义看来，制度就是某种规则，该规则界定、约束了政治行为者在追求自身效用最大化时所采用的策略；遵守制度不是道德、义务使然，而是经过计算认为符合自身的利益，即“结果性逻辑”的结果；制度是可以设计的，其结果主要取决于所设计制度内含的激励与约束。在个人与制度之间，一方面，制度通过塑造人的行为影响政策结果，制度构成了个人的“策略背景”；另一方面，个人也塑造了制度，制度是基于个人的需要才被创造出来的，即个体通过制度的创新提高收益水平。

（四）规范制度主义

规范制度主义认为，人们的行为不是以计算回报为基础，而是以确认“什么是恰当的行为”为基础的，人们的行为是一种规范驱使的行为，即人们的行为遵循

---

① 路径依赖是指人们一旦选择了某个体制，由于规模经济（Economies of Scale）、学习效应（Learning Effect）、协调效应（Coordination Effect）以及适应性预期（Adaptive Effect）以及既得利益约束等因素的存在，会导致该体制沿着既定的方向不断得以自我强化。一旦人们做了某种选择，就好比走上了一条不归之路，惯性的力量会使这一选择不断自我强化，并让你轻易走不出去。道格拉斯·诺斯在《经济史中的结构与变迁》一文中，用“路径依赖”理论成功地阐释了经济制度的演进。诺斯（North, D）创立了制度变迁的“轨迹”概念，目的是从制度的角度解释为什么所有的国家并没有走同样的发展道路，为什么有的国家长期陷入不发达，总是走不出经济落后制度低效的怪圈等问题。诺斯考察了西方近代经济史以后，认为一个国家在经济发展的历程中，制度变迁存在着“路径依赖”（Path Dependence）现象。

“恰当性逻辑”。制度是政治的基本特征，制度分析赋予政治制度更为独立的角色。制度代表了制度化的价值，制度的变化来源于“价值的冲突”。当规则所反映的价值与社会产生矛盾和冲突时，制度就会通过学习和适应逐渐调整。制度的变化是学习、适应和演进的结果。宏观的政策结果无法通过个体行为的还原来解释，个体行为只有纳入到组织、制度中才能得以解释。

新制度主义代表一种经验研究方法，它像关注个体行为一样关注社会政治生活的制度基础，强调制度因素的解释性权力。经济学中的新制度主义承袭其学科传统，关心个体在面临集体行动时如何进行选择的问题；社会学新制度主义倾向于论述制度无所不在的特质；历史制度主义则以政治学中权力与国家等传统论题作为其重新诠释的基础，各个学科的新制度主义以及新制度主义的各个流派在应用制度因素分析社会现实的过程中有着共同的兴趣。

三、旧制度主义与新制度主义

（一）旧制度主义

旧制度主义关注的更多是制度的属性，以及制度如何使个人行为变得更好。由于个人行为的善变，如何使个人行为朝向有利于集体目标的方向，就成为政治制度的主旨和目标。因此，旧制度主义的重点在于制度的规范性导向，以及制度对社会的影响力。比如，亚里士多德就分析了制度的成功要素，并且依此进行制度设计。而霍布斯则希望通过制度使人类摆脱其罪恶本性之害。洛克形成了关于公共机构的契约学说，并且主张民主的制度和结构。孟德斯鸠意识到了政治结构平衡的必要性，而其“三权分立”的学说成为美国政治结构设计的指导原则，即通过权力制衡来弱化政府潜在的专制倾向。因此，旧制度主义的目标是规范性的，它致力于在限定的政治系统中追求最好的制度，相当程度上是以国家为中心的，其主要的研究领域是公共政策的制定和形成，它侧重于对立法、行政、司法等制度和机构进行相对机械的研究。这就是旧制度主义被行为主义所诟病的地方所在。20 世纪中期在美国兴起的行为主义，对旧制度主义这种“制度本位”的倾向进行了批判，把研究重点转向对于个人行为的研究，深入探讨了决策者行为及其对政策过程的影响，掀起行为主义政治学的浪潮。

总之，旧制度主义更多的是从正式制度及成文规则的角度来探讨制度对公共政策的影响，表明公共政策必须在既有制度框架下运作，它比较少关注制度中个人活动的要素，忽略个人活动与制度的相互作用和相互影响。换言之，旧制度主义更多的是以国家为导向，侧重于对宏观层面的制度进行研究，对运作中的制度及其操作规则缺乏用一种动态的视角进行考察，抹杀了个人行为和人类活动的能动性。可以说，旧制度主义是一种静态的制度分析，而比较而言，新制度主义就是一种行动的、动态的制度分析。

（二）新制度主义

新制度主义的兴起，把对个人行为的解释元素纳入到了制度分析的视野。新制度主义保留着旧制度主义的许多特征，同时也从理论和经验层面提出了新的研究方向。一方面，新制度主义沿用旧制度主义的一些假设，但在研究工具和理论关注上吸收了行为主义的理性选择分析的要素，从而丰富了旧制度主义的研究内涵。比如，旧制度主义认为，总统制与国会制的不同点在于正式结构和规则上。而新制度主义则着力于研究这些差异对体制绩效产生的影响。另一方面，新制度主义在一定程度上改变了旧制度主义中以国家为中心的研究倾向。在新制度主义的文献中，社会中的制度安排受到了越来越多的重视，新制度主义开始转向以社会为中心进行研究。

旧制度分析途径停留在政府制度的结构和功能的层面，并没有系统地探讨制度与公共政策的关系，即制度对公共政策产生了什么样的影响。新制度主义着力对这个问题进行了探讨。新制度主义把制度当成一个变量，并着重探讨不同的制度安排对于公共政策的影响是如何的不同。在这方面，以埃莉诺·奥斯特罗姆①为代表的制度学派有着重要的贡献，她分别探讨了集权的制度、分权的制度及多中心的制度下对于可持续发展及自然资源的管理诸方面的不同绩效和影响，结合理性分析的方

---

① 埃莉诺·奥斯特罗姆教授在其代表作《公共事务的治理之道》一书中，针对“公地悲剧”“囚徒理论”和“集体行动逻辑”等理论模型进行分析和探讨，同时从小规模公共资源问题入手，开发了自主组织和治理公共事务的创新制度理论，为解决“公地悲剧”开辟了新的途径，为避免公共事务退化、保护公共事务、可持续利用公共事务从而增进人类的集体福利提供了自主治理的制度基础。此外，1968 年英国加勒特·哈丁教授（Garrett Hardin）在《The tragedy of the commons》一文中首先提出“公地悲剧”理论模型。他说，作为理性人，每个牧羊者都希望自己的收益最大化。在公共草地上，每增加一只羊会有两种结果：一是获得增加一只羊的收入；二是加重草地的负担，并有可能使草地过度放牧。经过思考，牧羊者决定不顾草地的承受能力而增加羊群数量。于是他便会因羊只的增加而收益增多。看到有利可图。许多牧羊者也纷纷加入这一行列。由于羊群的进入不受限制，所以牧场被过度使用，草地状况迅速恶化，悲剧就这样发生了。公地作为一项资源或财产有许多拥有者，他们中的每一个都有使用权，但没有权利阻止其他人使用，从而造成资源过度使用和枯竭。过度砍伐的森林、过度捕捞的渔业资源及污染严重的河流和空气，都是“公地悲剧”的典型例子。之所以叫悲剧，是因为每个当事人都知道资源将由于过度使用而枯竭，但每个人对阻止事态的继续恶化都感到无能为力。而且都抱着“及时捞一把”的心态加剧事态的恶化。公共物品因产权难以界定（界定产权的交易成本太高）而被竞争性地过度使用或侵占是必然的结果。

法，为公共政策的研究提供了一个新的视角。

奥斯特罗姆在学术研究上致力于发展以经验为基础的理论，横跨经济学和政治学及其他社会科学，进行比较制度分析。作为一个制度分析家，她尤其关心公共经济如何提供和生产公益物品以及公共池塘资源，各种各样的公共经济的结构如何影响参与互动的激励机制和模式，以及所得的结果。奥斯特罗姆的制度分析与发展框架，区分了操作、集体选择与立宪选择三个相互作用的层次或领域。在每一个层次，个人和集体的选择都被限定在某种策略选择范围之内。各项制度界定个体或集体行为者充当的角色，并据此联结各个层次。在这个基础上，奥斯特罗姆等政治经济学家提出了多中心的制度安排，他们不认为只有市场和政府两种秩序，而是主张让大、中、小幅规模的政府和非政府的企业相互竞争，又相互合作。总的来说，奥斯特罗姆的制度分析，“集中于物品和服务、个人、制度安排，以及这些因素怎样相互联系导致某些行为而不是其他行为。在这个架构中，不断出现的问题是：确定的制度安排怎样既支持又妨碍个人生产特定的物品或服务呢？或者说，什么样的制度安排创造有可能导致个人生产指定的物品或服务的激励呢?”值得一提的是，奥斯特罗姆并不认为有一个对所有地区都合适的最优形式的组织，她指出，城市公益物品与服务的生产和提供都是困难的，很难确定何种制度安排是最优的。

可见，新制度主义事实上是旧制度主义与理性主义、行为主义互相影响和渗透而发展形成的新的研究途径。就目前的发展现状来看，制度分析和理性主义、行为主义已经实现了对话和融合，其边界也已经逐渐软化和模糊，体现出互相补充而不是互相竞争的关系。正是由于新制度主义的这种综合性和复杂性，新制度主义的研究可以说是当前公共政策研究的重点和难点。

四、历史制度主义的制度观对政策研究的解释性意义①

历史制度主义最能体现新制度主义的特点和主张。如果说社会学制度主义是从宏观角度进行制度分析，注重制度发展的共时性；理性选择制度主义从微观角度进行制度分析，注重制度发展的即时性，那么，历史制度主义则是从中观角度进行制度分析，注重制度发展的历时性，考察政策过程和集团活动对政治科学的意义。因此，社会学制度主义适合于文化研究，理性选择制度主义适合于经济研究，而历史制度主义对制度的理解更适合于政策研究。历史制度主义以制度为中心，用制度的变迁来揭示政治生活的本质，同时又以历史为维度，用历史的发展来克服人类决策

① 庄德水．论历史制度主义对政策研究的三重意义［J］．理论探讨，2008年第5期。

理性的有限性。

历史制度主义制度观的核心在于强调制度在政治分析中的中心地位。历史制度主义从中观层面界定制度，指出“在广义，制度是嵌入政体或政治经济组织结构中的正式或非正式程序、规则、规范和惯例。它们的范围包括如宪法秩序或官僚标准操作程序等规则和管理工会行为或银行——企业关系的惯例。总之，历史制度主义把制度与正式组织及其所制定的规则或惯例相联系起来”①。

在现实生活中，为什么同一类政策在不同国家会产生不同的政策结果呢？为什么不同国家面对同一国际形势时会采取不同的政策呢？对这些问题的回答涉及到各国制度结构的安排。与旧制度主义和行为主义不同，历史制度主义在中层制度结构上寻求国家间政策系统差异的原因。彼得·卡赞斯坦（Peter J. Katzenstein）等人曾对二战后美国、英国、联邦德国、意大利、法国和日本等六国的对外经济政策进行研究，发现这些国家的政策模式的差异原因在于“这些国家中连接国家和社会的政策网络”不同②。例如，美国国内的利益集团、大企业、实业界相当发达，社会权力分散化，故采用自由主义的对外经济政策。而日本国内的大财团、大企业受政府的直接干预，国家与社会的关系紧密，故采用重商主义的经济政策。

在现实性上，政策网络是政策研究领域的一种“制度”。政策网络是一个中观层面的概念，指在政策制定和执行过程中，政府和其他行为者围绕共同利益而结成的一种制度性联系。政策网络包含着三个基本内容：①网络是由各种行为者构成的，每个行为者都有自己的目标且地位是平等的；②网络存在的原因在于行为者之间的相互依赖；③网络行为者采取合作的策略活动来实现自己的目标。

在政策网络中，权力和利益处于重要地位，而利益和权力又该如何界定呢？豪尔指出，制度因素发挥了两个基本作用：①通过政策制定组织来影响政治行为者在政策结果中的权力分布状况；②通过政治行为者的组织地位来影响利益的界定，建立制度性责任和关系③，由此，进一步影响政策方向。因此，影响政策选择的因素不仅包括个人和组织的策略选择，而且还包括个人和组织在政策网络中的政策参与

---

① Peter Hall, Rosemary C. R. Taylor. Political science and the three new institutionalism [J]. Political Studies, 1996, (4): 938.

② Kathleen Thelen, Sven steinmo. historical Institutionslism in Comparative Politics [C]. In: Structuring Politics: Historical Institutionalism in Comparative Analysis [M]. Cambridge University Press, 1992.

③ Peter Hall. Governing the Economy: The Politics of State Intervention in Britain and France [M]. Oxford University Press, 1986: 19.

程度和互动关系。在某种意义上，政策只是政策网络主体之间利益与权力博弈的因变量。要真正了解某项政策的来龙去脉，一个简便方法就是去考察政策网络主体之间的关系。这种思路无疑为政策研究提供了新的视角，即应从中层制度层面来认识政策结果。

在历史制度主义者看来，政策网络中存在着权力、利益和行为三个基本因素。如前所述，权力在政策网络中并不对称，而利益受到权力结构的直接支配，行为则受利益目标和权力结构的约束。

那么，在这种情况下，如何保证不同权力、利益和行为之间的协调呢？科尔巴奇（H. K. Colebatch）相信“在政策过程中，大量的政策活动与在各式各样的参与者之间建立和维持秩序有关。看起来更多的是沟通，而不是决定”①，政策网络“显示亲密和信任：政策是在那些相互了解和信任的人中间做出的”②。政治行为者之间的信任是达到政策秩序的基本条件。当政策网络在政治行为者之间培育起诸如信任、沟通、合作等社会资本时，即使他们之间的权力结构不对称，也能形成一个相对平衡的政策能力。这些社会资本通过社会化融入制度结构，增强制度内部政治行为者之间的沟通，使秩序在制度内部自发形成，并成为制度的显性结构和隐性结构。制度则为合作和信任提供了保障。在制度内部，显性结构改变了个人对行为的理性期望，促使人们关注长远的共同利益，从而提供了一个合作和信任的基础；在制度外部，制度文化和规范形式影响行为者的观念意识，从而为合作和信任提供了信念支持。

于是，权力、利益、行为与制度和政策之间形成两种模式，一种“制度—行为—权力—利益—政策”模式，制度是行为的根源，决定了政治行为者的利益目标，进而影响政策选择；另一种是“行为—权力—利益—制度—政策”模式，制度是产生行为的背景，过滤政治行为者的动机，进而影响政策选择。当然，这两种模式是贯通的，只是选取的角度不同。根据制度观的逻辑基础，历史制度主义一方面认为政策选择是政策网络主体之间的权力博弈的结果，这样的博弈必须处在制度的约束之下；另一方面认为政策选择受到传统文化观念和意识形态的影响，但影响的途径只能是制度，制度起着过滤的作用。进一步分析这种制度逻辑，我们可以发现政策过程中的矛盾往往源于结果性逻辑与适应性逻辑之间的冲突。前一方面遵循了“制度—冲突—结果”模式特点，后一方面遵循了“冲突—制度—结果”模式特点。为

---

① H. K. 科尔巴奇. 政策 [M]. 长春：吉林人民出版社，2005 年版。

② H. K. 科尔巴奇. 政策 [M]. 长春：吉林人民出版社，2005 年版。

了协调政策冲突，政策网络主体应该信任其他主体的行为也是“适应性”的，同时允许别人对自己的政策目标和政策工具进行修正。只有各方在相互谅解和信任的基础上，政策冲突才能被减少到最低限度。所以，在政策研究中，历史制度主义基本上是运用政策冲突来解释政策结果，这也正好体现了上文所讲的该学派对集团冲突理论的吸收。

第八节　系统分析模型

系统决策模型是一种视公共政策为政治系统对来自环境需求反应的决策模型，是美国著名学者戴维·伊斯顿于1979年在《政治生活的系统分析》中提出来的。它将公共政策的制定放在政治、经济、社会与文化环境中进行考察和解释，强调政治系统的环境作用，将政策看成是环境对系统作用下的产出。

一、政治系统模式的几个主要概念

系统决策模型强调政策系统的环境作用，将公共政策制定放在政治、经济、社会与文化环境中进行考察和解释。公共政策是权威性价值分配主体——政治系统对环境做出的一种反应，涉及环境、输入、输出、政治系统等概念。

1. 环境：任何外在于政治系统界限以外的状况和事态，包括社会内部环境和社会外部环境。社会内部环境：生态环境系统、生物环境系统、人格环境系统和社会系统。社会外部环境：国际政治环境系统、国际生态环境系统和国际社会环境系统。

2. 输入：政治系统与其他环境之间的概括性变量，这种变量在最广泛的意义上"包括了系统外部以一切可能的主要方式改变，修改或影响系统的所有事件"。在所有事件中，要求和支持变成主要的输入方式。要求表示构成政治系统环境的个人和团体为了得到一定的利益或实现一定的价值理念而以政治系统为诉求对象提出的采取行动的政策主张。一般地说，环境因素的要求尤其是那些代表广泛或者表现强烈的要求，会直接影响公共政策的规定性。支持表示，个人和团体遵从约定的政治民主方式——选出的结果，遵守法律、缴纳税收，接收政治系统为满足要求而做出的权威性的价值分配，即遵从政策决定。

3. 输出：政治系统制成公共政策（完成了关于价值的权威性分配）并以此影响环境，改变环境因素提出的要求，增强或降低环境因素的支持。

4. 政治系统：一群相互关联的结构与过程，它可进行权威性的社会价值分配。

从一般系统论的观点看，系统的要素是相互联系的，因为政治系统的复杂性，人们视它为黑箱，一般不需要仔细研究清楚它的结构，只求对输入（投入）、系统、输出（产出）之间的关系搞明白就行。它们之间的相互依赖关系也可以用图表示：

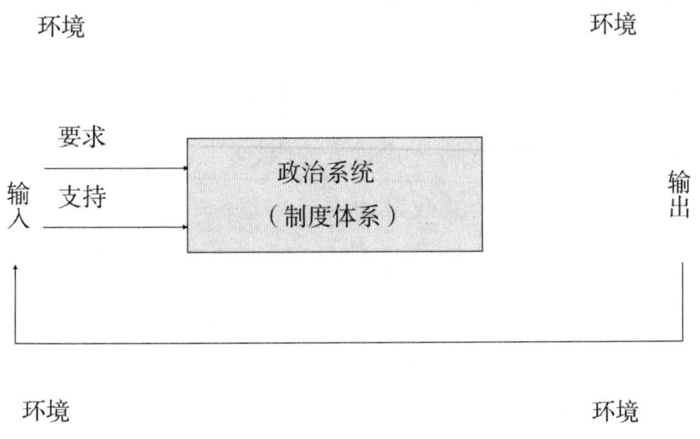

图 10－8－1　政治系统的简化系统

二、系统模型的主要思想

1. 该理论并不关注政治系统内部组织结构和行为过程，只着重环境与政治系统的相互作用和社会反映。

2. 环境是政策形成的绝对条件，研究环境输入是系统模型的一个核心。

3. 环境输入包括两种形式：需求和支持。当个体和团体为适应环境采取行动去试图影响公共政策时，就会向政府提出要求，这称为需求。在特定环境下，各政治个体和集团赞同政府的干预行动时称为支持。需求和支持都是在环境作用下社会政治个体或集团对公共政策的反映，构成了系统的投入。

4. 上面所有系统要素（投入、政治系统、产出）相互联系。系统能够也必须对作用于它的环境做出反应，同时系统也要有保存自己的机制。

5. 系统保存其机制表现在：系统本身的产出要符合民众利益；系统本身要不断完善并具有法律支持的强制力；系统对各种投入，特别是冲突性的投入应有协调解决的措施。

6. 系统要素之间，以及这些要素与环境之间相互影响、相互制约的机制还表现在它的反馈机制上。

三、系统模型的评价

（一）优点

利用系统决策模型，若能对下列问题做出圆满解答，会对政策分析提供有意义的成果：

1. 需求和支持（投入）会在什么样的政策环境下对系统发生影响？

2. 政治系统本身所具有的哪些重要特征，得以将需求和支持转化为公共政策，并使公共政策具有持久效用？

3. 环境的投入，如何影响政治系统的特征？

4. 政治系统的特征，如何影响公共政策的内容？

5. 环境的投入，如何影响公共政策的内容？

6. 公共政策如何作用于环境并反过来对政治系统发生作用？

系统决策模型虽没有很好地说明一项决策中的决定是如何做出的，但它能很好说明政治现象的复杂性和动态性。无论在何种环境里，它都可以解释复杂的社会现象，因而它有广泛的应用性。在稳定的环境里，需求和支持变化不大，政治系统只需渐进地修改公共政策的内容；在快速变迁的环境里，需求和支持变化很大，为适应变化获得自身生存的需要，政治系统必须实行彻底改革，使系统的产出，即公共政策符合新的需求和支持。

（二）缺点

1. 并没有描述政策如何在政治系统中产生，这就存在“黑箱操作”的问题。

2. 在这一理论体系中，并没有体现一定的价值取向。

第九节 公共选择模型

一、公共选择的产生与发展

公共选择理论是二十世纪六七十年代在西方经济学界逐渐形成的一个新的研究领域，它的主要特征是用经济的方法来研究广泛的非市场决策的政治问题，分析现实中的政治个体的行为特征，以及由政治个体组成的政治团体特别是政府的行为特征，为解释社会政治生活中的许多常见的行为和现象提供了一种理论范式。

代表人物布坎南首次系统地将微观经济学的基本假设、原理和方法作为基本分析工具运用于政治决策过程，来研究政治市场上的主体行为和政治市场的均衡，开创地发展了一种与传统经济的市场决策理论相对应的政治决策理论。

以布坎南和塔洛克为领袖人物的公共选择理论成为“政治的经济学”理论，“关键的因素是方法论的移植和创新”，布坎南说：“公共选择是政治上的观点，它从经济学家的工具和方法大量应用于集体或非市场决策而产生。”因此，对公共选择理论的贡献或者说创新价值在于方法论的创新，正如瑞典皇家科学院的颁奖公告所称：“布坎南的贡献在于他将人们从相互交换中各自获益的概念应用于政治决策领域。”不仅如此，我们从丹尼斯·缪勒对公共选择的解释中也可以看出其方法论的重要性。

二、公共选择理论的核心理论与基本特征

（一）公共选择理论的核心理论

公共选择（Public Chioce）指在市场经济条件下，以个人利益最大化为内在动力，通过民主程序投票等实现的对公共经济的理性决策。公共选择理论是对政府决策过程的经济分析。公共选择理论的核心是对投票及其相关决策程序的研究。

1. 公共选择的目的：保证政府按大多数社会成员的意愿来提供公共产品的数量和质量。

2. 公共选择的方法：投票及其他民主形式和程序。

3. 公共选择的机制：各参与主体通过交易来谋求自我利益最大化的实现。

4. 公共选择的过程：个人偏好向社会偏好转化的过程。

5. 公共选择的因素：投票者、中间投票者、政治家、政府部门、利益集团等。

（二）公共选择理论的基本特征

把经济学的研究对象拓展到以往被经济学家视为外部因素而由政治学研究的传统领域；把人类的经济行为和政治行为作为统一的研究对象，从实证分析的角度出发，以经济人为基本假定和前提，运用微观经济学的成本—效益分析方法，解释个人偏好与政府公共选择的关系，研究作为投票者的消费者如何对公共物品或服务的供给的决定表达意愿。

公共选择理论是新政治经济学中最重要、最有影响的理论思潮，其创新价值主要是方法论的移植和创新。公共选择理论的方法论创新包括：将经济学范畴的“经济人”假设移植到政治领域的研究之中，采用了演绎方法和数学模型推理方法，将政府决策或公共决策的分析建立在个人决策的基础上等方面。

三、公共选择理论的方法论启示

作为当代西方经济学和政治学的交叉研究领域以及公共政策研究的经济学途径的典型，公共选择理论取得了丰富的理论及方法论成果，对于公共政策研究具有合理和可供借鉴之处。公共选择模型对我们最大的启示是，公共政策是集体选择的结果。具体而言，公共选择理论对政策分析的启示体现在以下三个方面：

1. 公共选择学者从经济学的假设、理论和方法入手来研究政治和公共决策问题，为公共政策和政治学研究提供了一个新的视野、新的研究途径；它用方法论个人主义来取代作为传统政治学的主导途径的方法论集体主义，是对公共政策研究的政治学途径的有益补充或扩展。

2. 公共选择学者丰富了当代政策科学和政治学理论，如它的非市场决策理论、政府失败论、国家与政党理论、投票规则的损益分析、官僚体制与代议制民主的分析，扩展或补充了当代政策科学和政治学的理论研究。

3. 有助于对当代西方国家公共决策过程的本质及其局限性的认识，也加深了对人类公共决策过程及其规律性的认识。

四、公共选择的两种主要情况：直接民主制和代议民主制

在直接民主制中，公共产品的需求由投票人直接投票决定；在代议制民主制中，公共产品的需求由投票人或者选民选举代表，然后由选民代表投票决定。

公共选择模型从经济学最根本的经济人假设入手，把政治舞台看成一个经济学意义上的交易市场，从供给和需求两个方面进行分析。政治产品（即公共利益）的需求者是广大的选民或纳税人，供给方则是政府官员、政治家和党派。他们的行为都遵循着一个共同的效用最大化准则，就是说，一个选民在投票前总是要在候选人名单中选择那个能给他带来最大预期利益的人，然后才投他的票；一个政治家或政府官员在决策时总是对那个最能满足他自己利益（如权力、金钱、名誉等）的政策议案报以青睐，即公众的利益有可能只是手段而未必总是目的。

【思考题】

1. 简述完全理性决策模型。
2. 简述有限理性决策模型。
3. 简述渐进决策模型，并举例说明。
4. 简述利益集团模型。
5. 简述精英模型。
6. 什么是囚徒困境?
7. 什么是“公地悲剧”? 应该如何避免?
8. 对比新制度主义与旧制度主义。
9. 结合历史制度主义，谈谈为什么同一类政策在不同国家会产生不同的政策结果呢?
10. 简述系统模型。
11. 简述公共选择模型。

第十一章

定性决策方法

定性决策法又称软方法，是一种直接利用决策者本人或有关专家的智慧来进行决策的方法，即是决策者根据所掌握的信息，通过对事物运动规律的分析，在把握事物内在本质联系基础上进行决策的方法。定性决策是依据专家的智慧、经验等进行决策的方法。

第一节 个人判断法

个人判断法（Individual Judgment）是指依靠专家个人对政策问题及其所处环境的现状和发展趋势、政策方案及其可能结果等做出自己的判断的一种创造性政策研究方法。这种方法先征求专家个人的意见、看法和建议，然后对这些意见、看法和建议加以归纳、整理而得出一般的结论。

个人判断方法的优点是保证专家在不受外界影响、没有心理压力的条件下，充分发挥个人的判断力和创造力。但是，这种方法受专家个人的知识面、信息来源及其可靠性、对涉及问题是否感兴趣，甚至个人的先入之见等因素所囿，也缺乏相互启发的氛围。因此，专家得出的个人判断容易带有片面性。

个人判断法可以运用于政策研究过程的各个环节之中。

第二节 头脑风暴法

头脑风暴法（Brain storming）是一种专家会议法，是用来产生有助于查明和概念化问题的思想、目标和策略的方法。它是 1948 年由创造性思维专家奥斯本（Alex F. Osborn）首先提出的一种加强创造性思维的手段，它可以用来产生大量关于解决问题的潜在解决办法的建议。它通过召集一定数量的专家（通常在 10—15 人之间）一道开会研究，共同对某一问题做出集体判断。

一、头脑风暴法的类型

头脑风暴法有各种类型：

1. 直接的头脑风暴法——这是一种依一定的规则，鼓励创造性活动的一种专家集体评估的方法；

2. 质疑的头脑风暴法——这是一种同时召开两个专家会议的集体产生设想或方案的方法（第一个会议按照直接的头脑风暴法的要求进行，第二个会议对第一个会议提出的设想或方法加以质疑）；

3. 有控制的产生设想的方法——这是一种利用定向智力活动作用于产生设想的过程，用于开拓远景设想和独到设想的方法；

4. 鼓励观察的方法——其目的是在一定限制条件下，就所讨论的问题找出合理的方案；

5. 对策创造方法——即就所讨论问题寻找一个统一的方案。

二、头脑风暴法的实施原则

给专家提供了一个充分发挥创造性思维的良好环境，获得真知灼见，采用头脑风暴法组织专家会议时，应遵守如下基本原则：

1. 提出论题或议题的具体要求，限制议题的范围，并规定提出设想时所用的术语，使主题突出，而不至于漫无边际；

2. 不能对别人的意见或建议评头品足、提出怀疑，不要放弃和中止讨论任何一个设想，而要对每一个设想加以认真研究，而不管它是否适当或可行；

3. 鼓励与会者对已提出的设想或方案加以改进和综合，给予准备修改自己的设想者以优先发言权；

4. 支持和鼓励与会者解放思想，创造一种自由讨论的氛围，激发其想象力和创造力；

5. 发言要简练、不要详述，冗长的阐述将有碍创造性气氛，使人感到压抑；

6. 不允许参加者宣读事先准备好的建议一览表。

三、头脑风暴法的操作程序

1. 准备阶段

策划与设计的负责人应事先对所议问题进行一定的研究，弄清问题的实质，找到问题的关键，设定解决问题所要达到的目标。同时选定参加会议人员，一般以5—10人为宜，不宜太多。然后将会议的时间、地点、所要解决的问题、可供参考的资料和设想、需要达到的目标等事宜一并提前通知与会人员，让大家做好充分的准备。

2. 热身阶段

这个阶段的目的是创造一种自由、宽松的氛围，使大家得以放松，进入一种无拘无束的状态。主持人宣布开会后，先说明会议的规则，然后随便谈点有趣的话题或问题，让大家的思维处于轻松和活跃的境界。如果所提问题与会议主题有着某种联系，人们便会轻松自如地导入会议议题，效果自然更好。

3. 明确问题

主持人扼要地介绍有待解决的问题。介绍时须简洁、明确，不可过分周全，否则，过多的信息会限制人的思维，干扰思维创新的想象力。

4. 重新表述问题

经过一段讨论后，大家对问题已经有了较深程度的理解。这时，为了使大家对问题的表述能够具有新角度、新思维，主持人或书记员要记录大家的发言，并对发言记录进行整理。通过对记录的整理和归纳，找出富有创意的见解，以及具有启发性的表述，供下一步畅谈时参考。

5. 畅谈阶段

畅谈是头脑风暴法的创意阶段。为了使大家能够畅所欲言，需要制定的规则是：第一，不要私下交谈，以免分散注意力。第二，不妨碍他人发言，不去评论他人发言，每人只谈自己的想法。第三，发表见解时要简单明了，一次发言只谈一种见解。主持人首先要向大家宣布这些规则，随后导引大家自由发言，自由想象，自由发挥，使彼此相互启发，相互补充，真正做到知无不言、言无不尽，畅所欲言，然后将会议发言记录进行整理。

6. 筛选阶段

会议结束后的一两天内，主持人应向与会者了解大家会后的新想法和新思路，以此补充会议记录。然后将大家的想法整理成若干方案，再根据设计的一般标准，诸如可识别性、创新性、可实施性等标准进行筛选。经过多次反复比较和优中择优，最后确定1—3个最佳方案。这些最佳方案往往是多种创意的优势组合，是大家的集体智慧综合作用的结果。

四、头脑风暴法的实施方法

1. 提出论题

在脑力激荡会议前，订好论题是很必要的。提出的论题一定要表述清楚，不能范围太大，而是要落在一个明确的问题上，比如“现在手机里有什么功能是无法实现，而人们又需要的?”如果论题设的太大，主持人应将其分解成较小的部分，而分别提问。

2. 制作背景资料

脑力激荡背景资料是给予参与者的邀请函中，提供会议背景资料的信件；其包含会议的名称、论题、日期、时间、地点。论题以提问的形式描述出来，并且会举一些设想为例作为参考。背景资料要提前分发给予参与者，这样他们可以事先思考一下论题。

3. 选择与会者

主持人要负责组建脑力激荡专家小组，由部分与会者和一位记录员组成。一般来说小组由十来个成员组成比较行之有效。有许多不同的组合方式，但推荐下文列举的组合：

（1）由几个有经验的成员作为项目核心；

（2）几个项目外的嘉宾，要对论题感兴趣；

（3）一个记录员，负责记录推荐的设想。

4. 创建引导问题

在脑力激荡会议中大家的创造力可能会逐渐减弱。这个时候，主持人应该找出一个问题来引导大家回答，借以激发创造力，比如说：我们能综合这些设想吗？或是说：换一个角度看怎么样？最好在开会前就准备好一些诸如此类的引导问题。

5. 会议的进行

主持人要负责领导着脑力激荡会议并确保遵循基本规则。一般会议分以下几步骤：

热身阶段，向缺少经验的与会者展示一下这种没有批评的氛围。举出一个简单的论题用脑力激荡法来讨论，比如公务员工资需要提高吗？超大城市人口需要疏解吗？或是房地产需要政府干预吗？

主持人宣布论题，如需要再做出进一步解释。

主持人向脑力激荡专家小组征求意见。

如果没有当即提出的设想，主持人提出引导问题来激发大家的创造力。

所有与会者各自说出自己的想法，由记录员做记录。

为表述清楚，与会者往往需要对自己的设想加以详细阐述。

时间到，主持人依照会议宗旨将所有设想进行整理并鼓励大家讨论。

把所有设想归类。

回顾整个列表，以保证每个人都理解这些设想。

去除重复的设想和显然难以实现的设想。

主持人对所有与会者表示感谢并依次给予赞赏。

6. 过程

鼓励参与者把不能陈述的主意记录下来，迟一点再提出。

记录员应该给每个主意编号，以便主持人能使用这些号码鼓励参与者提出更多的建议来达到目标，例如主持人说：我们已经有 44 条，让我们达到 50 条吧！

记录员应该口头重复她或他逐字记录的主意，以确保所记内容与提出者想要陈述的意思相吻合。

当同时有很多主意被提出时，与主题最相关的具有优先权。这是为了鼓励参与者能对前一个主意做更详尽的描述。

在脑力激荡会议中，经理和高层不鼓励参与会议，这是因为这样做可能会约束和降低“四项基本规则”的效果，特别是奇思妙想的产生。

7. 评估

脑力激荡并不是为了提出主意让他人去评估和选择。通常在最后阶段，本组成员会自己评估这些主意并从中挑选出解决问题的方法。

被挑选出来的解决方案不应要求小组成员拥有不具备或不能获得的技能和资源。

如果必须要这种额外资源或技巧，在解决方案的第一部分就必须提出来。

这里需要一个衡量整个过程进展和成功的方法。

贯彻整个解决方案的每一步都必须对小组成员透明，并有责任分配给每一人，以便他们在其中担任重要的角色。

在项目还未明朗时，必须有一个共同的决策过程来推进协作努力的成果并对任务进行重新分配。

在重要转折点上，需要有评判标准来决定小组讨论是否朝着最终的答案行进。

在整个过程中需要不断地鼓励，以便让参与者保持他们的热情。

五、头脑风暴法的优点

1. 它能够发挥一组专家的共同智慧，产生专家智能互补效应；

2. 它使专家交流信息、相互启发，产生“思维共振”作用，爆发出更多的创造性思维的火花；

3. 专家团体所拥有及提供的知识和信息量比单个专家所有的知识和信息量要大得多；

4. 专家会议所考虑的问题的方面以及所提供的备选方案，比单个成员单独思考及提供的备选方案更多、更全面和更合理。

这种方法的主要缺点是：与会专家人数有限，代表性是否充分成问题；与会者易受权威及潮流的影响；出于自尊心等因素，有的专家易于固执己见等。

第三节　德尔菲法

一、德尔菲法的含义

德尔菲方法（Delphi technique）是一种直觉预测技术，它是1948年由兰德公司的研究人员首先发明的，以古希腊神话中的神谕之地、可预卜未来的阿波罗神庙址“德尔菲”（Delphi）命名。这种技术最初是为军事策略问题的预测而设计的，后逐步为政府部门和工商业所采用，并扩展到教育、科技、运输、开发研究、太空探测、住宅、预算和生活品质等领域。

传统的德尔菲方法采用函询调查的形式，向与预测问题有关领域的专家分别提出问题，使专家在彼此不见面的情况下发表意见、交流信息，而后将他们的答复意见加以整理、综合。这样经过多次反复循环，经过技术处理，最后汇总得出一个比较一致的、可靠的预测结果。这种方法有效地避免了专家会议及头脑风暴法中出现的沟通不良，专家易于屈从权威和随大流、人格冲突以及产生敌对情绪等弊端，有助于专家更充分地发表己见以及彼此交流和信息反馈。

二、德尔菲法的特征

1. 吸收专家参与预测，充分利用专家的经验和学识；
2. 采用匿名或背靠背的方式，能使每一位专家独立自由地做出自己的判断；
3. 预测过程几轮反馈，使专家的意见逐渐趋同。

德尔菲法的这些特点使它成为一种最为有效的判断预测法。

资源利用的充分性，由于吸收不同的专家与预测，充分利用了专家的经验和学识。最终结论的可靠性，由于采用匿名或背靠背的方式，能使每一位专家独立地做出自己的判断，不会受到其他繁杂因素的影响。最终结论的统一性，预测过程必须经过几轮的反馈，使专家的意见逐渐趋同。

正是由于德尔菲法具有以上这些特点，使它在诸多判断预测或决策手段中脱颖而出。这种方法的优点主要是简便易行，具有一定科学性和实用性，可以避免会议讨论时产生的害怕权威随声附和，或固执己见，或因顾虑情面不愿与他人意见冲突等弊病；同时也可以使大家发表的意见较快收集，参加者也易接受结论，具有一定程度综合意见的客观性。

三、德尔菲法的基本原则

传统德尔菲法强调这样几个基本原则：

1. 匿名原则——所有参与的专家，以个人身份发表意见，遵守匿名原则，不把身份公开；

2. 循环往复原则——由主持人收集参与者的意见并加以公开宣布，如此循环往复数次（一般为四个回合），允许参与者在参考别人判断的资料之后修正自己的看法；

3. 控制反馈原则——让参与者回答事先设计出的问卷，并使其对收集归纳出的判断论证作总体的衡量；

4. 团体回答统计原则——对所有参与者的意见做综合判断时，通常必须考虑中数、趋势及次数分配等情况；

5. 专家共识原则——德尔菲法的主要目的是使专家达成共识，得出最后预测结果。

20 世纪 60 年代之后，一些政策分析者在传统的德尔菲技术基础上加入价值分析等因素，发展出政策德尔菲法，突破传统德尔菲法的局限，以便分析更复杂的政策问题。政策德尔菲法除了保持传统德尔菲法的循环反复和控制反馈两个原则外，还修改或改进了其他几项原则，如有选择的匿名、信息灵通的多方面的倡导，回答统计的两极化，冲突的建构和电子计算机的辅助。

四、德尔菲法的实施步骤

德尔菲法的具体实施步骤如下：

1. 确定调查题目，拟定调查提纲，准备向专家提供的资料（包括预测目的、期限、调查表以及填写方法等）。

2. 组成专家小组。按照课题所需要的知识范围，确定专家。专家人数的多少，可根据预测课题的大小和涉及面的宽窄而定，一般不超过 20 人。

3. 向所有专家提出所要预测的问题及有关要求，并附上有关这个问题的所有背景材料，同时请专家提出还需要什么材料。然后，由专家做书面答复。

4. 各个专家根据他们所收到的材料，提出自己的预测意见，并说明自己是怎样利用这些材料并提出预测值的。

5. 将各位专家第一次判断意见汇总，列成图表，进行对比，再分发给各位专家，让专家比较自己同他人的不同意见，修改自己的意见和判断。也可以把各位专家的意见加以整理，或请身份更高的其他专家加以评论，然后把这些意见再分送给各位专家，以便他们参考后修改自己的意见。

6. 将所有专家的修改意见收集起来，汇总，再次分发给各位专家，以便做第二次修改。逐轮收集意见并为专家反馈信息是德尔菲法的主要环节。收集意见和信息反馈一般要经过三、四轮。在向专家进行反馈的时候，只给出各种意见，但并不说明发表各种意见的专家的具体姓名。这一过程重复进行，直到每一个专家不再改变自己的意见为止。

7. 对专家的意见进行综合处理。

五、德尔菲法评价

1. 优点：（1）能充分发挥各位专家的作用，集思广益，准确性高；（2）能把各位专家意见的分歧点表达出来，取各家之长，避各家之短。

2. 缺点：（1）权威人士的意见影响他人的意见；（2）有些专家碍于情面，不愿意发表与其他人不同的意见；（3）出于自尊心而不愿意修改自己原来不全面的意见；（4）德尔菲法的主要缺点是过程比较复杂，花费时间较长。

第四节　电子会议法

一、电子会议法的涵义

电子会议分析法（Electronic meetings）是群体预测与计算机技术相结合的预测方法。在使用这种方法时，先将群体成员集中起来，每人面前有一个与中心计算机相连接的终端。群体成员将自己有关解决政策问题的方案输入计算机终端，然后再将它投影在大型屏幕上。

二、电子会议法的评价

（一）优点

1. 匿名。参与公共政策决策咨询的专家采取匿名的方式将自己的政策方案提出来，参与者只需把个人的想法输入键盘就行了。

2. 可靠。每个人作出的有关解决公共问题的政策建议都能如实地，不会被改动地反映在大屏幕上。

3. 快速。在使用计算机进行政策咨询时，不仅没有闲聊，而且人们可以在同一时间中互不干扰地交换见解，它要比传统的面对面的决策咨询的效率高出许多。

（二）缺点

1. 对那些善于口头表达，而运用计算机的技能却相对较差的专家来说，电子会议会影响他们的决策思维。

2. 在运用这种预测方法时，由于是匿名，因而无法对提出好的政策建议的人进行奖励；

3. 人们只是通过计算机来进行决策咨询的，从而是“人—机对话”，其沟通程度不如“人—人对话”那么丰富。

【思考题】

1. 简述德尔菲法。
2. 简述头脑风暴法。
3. 什么是电子会议法?

第十二章

定量决策方法

科学的预测是决策科学化的重要前提。所谓政策预测，是指建立在有关政策问题本质评估的基础上、用以阐明社会发展可能性或趋势的政策方法。它主要说明的是现实与未来的因果关系。

预测分析分为两种：一种是定性分析，一种是定量分析，本节主要研究定量分析。定量分析要求建立在完整的数据统计之上，并要求被预测的过程，从过去到现在以至将来都是平稳发展的。以下是几种常见的定量预测方法，本章将一对一进行介绍。

方　法	时间范围	适用情况
一元线性回归方法	短、中期	自变量和因变量有线性关系
多元线性回归方法	短、中期	因变量与两个及以上自变量有线性关系
趋势外推法	中、长期	被预测变量用时间表示时，用非线性回归
灰色预测法	短、中期	时序发展为指数趋势
马尔科夫预测法	短期	连续时间变化分为多个状态，计算系统状态转移率

第一节 规划分析方法

公共政策规划是指研制一个计划、方法和对策，解决某项公共问题的过程。进行政策规划要解决的问题通常是：在资源有限的情况下，力求找到最优的配置方案，从而使这些资源得到充分、合理地利用，力求获得最大的政策效益。

一、线性规划分析法

线性是指量与量之间的正比关系。在直角坐标系里，这是用一根直线表征的关系。线性，指量与量之间按比例、成直线的关系，在空间和时间上代表规则和光滑的运动；而非线性则指不按比例、不成直线的关系，代表不规则的运动和突变。

线性规划是一种合理利用资源、调配资源的应用数学方法。应用线性规划分析法进行公共政策分析的基本思路是：在满足一定约束条件的基础上，实现政策目标的最大化，即以最小的资源消耗，实现政策最大化的社会经济效益目标。

公共政策的线性规划分析模型的结构由以下三个基本要素组成：

一是变量。每个政策问题都对应着一组未知数，这组未知数与政策问题的目标和从事的活动有关，是非负数变量。

二是目标函数。这是政策目标的数学描述，建立目标函数的目的是求得政策目标的极值。

三是约束条件。这是实现政策目标的客观条件和限制因素，对政策方案及其目标的实现起约束作用。

在线性规划中，目标函数是变量的线性函数，约束条件是变量的线性等式或线性不等式，这种以变量的线性函数为特征的一类的最优化问题就是线性规划问题。利用线性规划在所求得的解中，满足各种约束条件的解称为可行解。在多组可行解中，使目标函数达到极大的可行解，称为最优解。

为说明线性规划的基本内容，举一个有关时间安排问题和人员安排问题的例子：

案例 12－1－1 某工厂的中心调度室，每昼夜24小时都要有调度人员值班。已知每个时段（每4小时为一个时段）所需要的值班人数如下表所示。又知，每一调度室值班人员在任一时段开始上班后，要连续工作8小时（包括轮流吃饭时间）才能满足调度值班工作的要求。为使参加值班的总人数最少，请列出相应的数学模型。

表12－1－1　值班人数

序　号	时　段	每个时段中至少需要值班人员数量	每一时段开始上班工作人数
1	06—10	8	X_1
2	10—14	12	X_2
3	14—18	10	X_3
4	18—22	8	X_4
5	22—02	6	X_5
6	02—06	4	X_6

解：设每一时段开始上班工作的人数分别为 X_1，X_2，……X_1，根据问题所给的条件和要求，可以列出上述问题的线性规划模型为：

满足约束条件：

$$\begin{cases} X_1+X_2\geqslant 12 \\ X_2+X_3\geqslant 10 \\ X_3+X_4\geqslant 8 \\ X_4+X_5\geqslant 6 \\ X_5+X_6\geqslant 4 \\ X_1+X_6\geqslant 8 \\ \quad X_1\geqslant 0 \end{cases}$$

从而求得目标函数（值班人数）

$$\min\text{：}Z=X_1+X_2+X_3+X_4+X_5+X_6$$

该模型是一个求最小值问题的线性函数。

二、目标规划分析法

在公共政策分析过程中，经常碰到大量多目标决策的情况，而且这些目标常常都是相互关联的，使政策目标趋向于多元化。

把几个目标综合成一个目标，把多目标决策问题简化为单目标决策问题，是目标多元化条件下进行政策分析的常用方法。在目标规划分析中，应对政策的每一目标提出一个完成指标，并把目标划分为若干个等级，同时要求首先考虑一级目标的完成，然后才能考虑二级目标。

案例 12-1-2 某工厂生产A、B两种产品，合用一种原料，但单位产品所需要的数量及所耗费的工时都不相同，所获利润也不相同，有关数据见下表。现共有原料100吨，可使用的工时为120小时。在获得最大利润时，哪种方案更优？

表 12-1-2 单位产品所学的数量、耗费工时及利润

单位产品	A	B	可供使用的总量
原料（吨）	2	3	100
工时（小时）	4	2	120
利润（百元）	6	4	

解：分别用 X_1，X_2 表示两种产品的产量，则可得线性规划模型：

$$\text{Max}: z = 6x_1 + 4x$$

$$\begin{cases} 2x_1 + 3x_2 \leqslant 100 \\ 4x_1 + 2x_2 \leqslant 120 \\ x_j \geqslant 0 \ (j = 1, 2) \end{cases}$$

得：两种产品的最优产量为：$x_1 = 20$，$x_2 = 20$

这时，总利润为目标函数的最大值，即

$Z_{max} = 6 \times 20 + 4 \times 20 = 200$（元）

进一步设定限制条件：

一级目标：利润达到280元

二级目标：（1）原料不超过100吨（2）工时不超过120小时，并且规定：二级目标中的两个目标权重之比为1：1（即认为原料超过1吨与工时超过1小时的经济损失相等），则在下列三个方案中，以方案2为最优（见下表）。

表 12-1-3 三个方案情况

方案编号	利润（百元）	原料（吨）	工时（小时）
1	290	110	180
2	280	95	150
3	270	90	120

第二节　不确定性决策方法（后悔值等）

不确定性决策是在决策者已知决策可能面临的自然状态，但各状态出现的概率完全不知的情况下的决策。由于缺乏自然状态的进一步信息，决策者只能根据自己的主观判断，采用某一准则进行决策。接下来，将结合以下案例介绍几种不确定性决策方法：

案例 12－2－1　某公司需要对某种新产品的批量作出决策。市场对该种产品的需求有三种可能，即需求量大、需求一般和需求量小。现有三种决策方案，即大批量生产、中批量生产和小批量生产。经估算，各行动方案在各种需求的情况下的收益值情况如下表，问哪种行动方案最好？

表 12－2－1　三种决策方案　　单位：万元

自然状态 / 行动方案 / 损益值	需求量大 S_1	需求量一般 S_2	需求量小 S_3
大批量生产 A_1	36	14	－8
中批量生产 A_2	20	16	0
小批量生产 A_3	14	10	3

一、悲观准则（小中取大法）

决策者总是从最不利的角度去考虑问题。认为，不论作出什么决策，总会出现最不利的状态与之对应。这样，决策者只能对各决策方案的最小损益值进行比较，从中选择最大者对应的方案为满意方案。因此，该准则也称“小中取大”法。这是一种万无一失的保守型决策者的选择准则。其数学描述如下：

$$r^{*} = \max_{A_i \in A} \left\{ \min_{S_j \in S} R(A_i, S_j) \right\} = \max_{i} \min_{j} \{ r_{ij} \}$$

则 r^{*} 所对应的方案为所选方案。

结合案例 12－2－1，在各行中找出损益值最小的值，列于下表中第五列，然后在该列中找出最大值，对应方案为所选方案。

表 12－2－2 悲观法与乐观法决策表 单位：万元

损益值 / 自然状态 / 行动方案	需求量大 S_1	需求量一般 S_2	需求量小 S_3	悲观法 $\min_j \{r_{ij}\}$	乐观法 $\max_j \{r_{ij}\}$
大批量生产 A_1	36	14	－8	－8	36
中批量生产 A_2	20	16	0	0	20
小批量生产 A_3	14	10	3	3	14

$$r^* = \max_i \min_j \{r_{if}\} = 3$$

故应选择方案 A_3。

二、乐观准则（大中取大法）

与悲观准则相反，在该准则下，决策者总是从最有利的角度去考虑问题，即认为，无论采取何种决策，总会出现最有利的自然状态与之对应。这样，决策者可以对各决策方案的最大损益值进行比较，从中选择最大值，相应的方案为最优方案，也称“大中取大”法。其数学描述如下：

$$r^* = \max_{A_i \in A} \{\max_{S_j \in S} R(A_i, S_j)\} = \max_i \max_j \{r_{ij}\}$$

则 r^* 所对应的方案为所选方案。

这种决策方法是一种偏于冒险的决策方法，在客观条件一无所知的情况下，一般不宜采用这种方法进行决策。

结合案例 12－2－1，在各行中找出损益值最大的值，列于上表中第六列，然后在该列中找出最大值，对应方案为所选方案。

$$r^* = \max_i \max_j \{r_{ij}\} = 36$$

故应选择方案 A_1。

三、乐观系数准则（Hurwicz decision criterion）

这是一种折中的准则，即决策者对客观条件的估计既不乐观也不悲观，主张一种平衡。通常用一个表示乐观程度的系数来进行这种平衡。其数学描述如下：

$$d_i = a\max_j \{r_{ij}\} + (1-a)\min_j \{r_{ij}\} \qquad i = 1, \cdots, m$$

$$r^* = \max_i \{d_i\}$$

则 r^* 所对应的方案为所选方案。

其中，α 为乐观系数（0≤α≤1），当 α=1 时，就是乐观准则，当 α=0 时，就是悲观准则。d_i 为第 i 方案的折中损益值。

结合案例 12-2-1，选乐观系数为 α=0.6，则有：

$d_1=0.6\times36+0.4\times(-8)=18.4$

$d_2=0.6\times20+0.4\times0=12$

$d_3=0.6\times14+0.4\times3=9.6$

故选方案 A_1。

四、后悔值准则（Savage decision criterion）

该准则认为，决策者制定决策之后，如果实际情况没有达到理想的结果，决策者必后悔。该准则将各自然状态下的最大损益值确定为理想目标，将该状态下的各方案的损益值与理想值的差值称为相应方案的后悔值（或称为机会损失值），然后在各方案的最大后悔值中选择一个最小的，相应的方案为最优方案。因此，该原则也称为最小后悔值准则。其数学描述如下：

$$h_{ij}=\max_j\{r_{if}\}-r_{if}\quad i=1,\cdots,m\quad j=1,\cdots,n$$

$$h^*=\min_i\{\max_j\{h_{if}\}\}$$

则 h^* 所对应的方案为所选方案。

式中，h_{ij} 为在状态 S_j 下采取方案 A_i 的后悔值；h^* 为最小最大后悔值。

结合案例 12-2-1，首先按公式 $h_{if}=\max_i\{r_{if}\}-r_{if}$（i=1，…，m；j=1，…，n）计算后悔值，结果如下表：

表 12-2-3　后悔值决策表

后悔值 自然状态 / 行动方案	需求量大 S_1	需求量一般 S_2	需求量小 S_3	$\max_j\{h_{ij}\}$
大批量生产 A_1	0	2	11	11
中批量生产 A_2	16	0	3	16
小批量生产 A_3	22	6	0	22

根据表中数据有：$h^*=\min_i\{\max_j\{h_{ij}\}\}=11$，因此，按此方法应选方案 A_1。

五、等可能准则（Laplace decision criterion）

等可能准则的思想是：认为各自然状态发生的可能性均相同，即若有 n 个自然状态，则每个自然状态出现的概率均为 1/n。这样，就可以求各方案损益值的期望值，取期望值最大所对应的方案为最优方案。其数学描述如下：

$$ER(A_i) = \frac{1}{n}\sum_{j=1}^{n} r_{ij} \qquad i = 1, \cdots, m$$

$$r^* = \max_i \{ER(A_i)\}$$

则 r^* 所对应的方案为所选方案。若有几个方案的期望损益值均为最大，则需要另用悲观准则在这几个方案中选择。

式中，$ER(A_i)$ 为方案 A_i 的期望损益值。

结合案例 12－2－1，因为自然状态只有三个，按各自然状态出现的概率均为 1/3来计算各方案的期望损益值，有

$$ER(A_1) = \frac{1}{3}\sum_{j=1}^{3} r_{1j} = \frac{1}{3}(36 + 14 - 8) = 14$$

$$ER(A_1) = \frac{1}{3}(20 + 16 + 0) = 12$$

$$ER(A_1) = \frac{1}{3}(14 + 10 + 3) = 9$$

故应选方案 A_1。

第三节　风险性决策方法（决策树等）

为了提高决策的客观性，决策者通常需要对决策所面临的自然状态所出现的概率进行统计分析。此时，决策者虽然知道自然状态出现的概率，但仍然不知道哪种自然状态肯定会出现，因此决策仍然具有一定的风险。所以这种条件下的决策称为风险决策，如案例 12－3－1。风险性决策具有以下基本特征：

1. 具备决策者所期望达到的政策目标；
2. 有两种或两种以上的自然状态；
3. 根据不同的自然状态，可以排出两种以上政策方案。
4. 不同政策方案下的损益值是明确的；
5. 决策者对未来出现的何种自然状态不能确定，但知道其出现的概率。

案例 12－3－1　某公司需要对某种新产品的批量作出决策。市场对该种产品的需求有三种可能，即需求量大、需求一般和需求量小。现有三种决策方案，即大批量生产、中批量生产和小批量生产。经估算，各行动方案在各种需求的情况下的收益值情况如下表，问哪种行动方案为最好？

该问题的基本分析可用如下两个表格来描述。

（1）收益（利润）

此处的收益表示利润。食品店在各种决策（订货 25－28 箱）下的收益如下表。

表 12－3－1　不同决策下的收益表　　单位：元

订货＼需求	25 箱	26 箱	27 箱	28 箱
25 箱	150	150	150	150
26 箱	134	156	156	156
27 箱	118	140	162	162
28 箱	102	124	146	168

(2) 损失

食品店的损失分两种情况。第一种情况是订货大于需求时，牛奶因过期而损失，损失价值为损失的箱数乘以每箱进价；第二种情况是当需求大于订货量时，失去获取利润机会的机会损失，其损失值为需求超过订货的箱数乘以每箱利润。食品店在各种决策下的损失如下表。

表 12－3－2　不同决策下的损失表　　单位：元

需求 订货	25 箱	26 箱	27 箱	28 箱
25 箱	0	6	12	18
26 箱	16	0	6	12
27 箱	32	16	0	6
28 箱	48	32	16	0

为了获得每月牛奶不同需求量的概率，食品对过去 20 个月的牛奶需求进行了统计，结果如下表。

表 12－3－3　各种需求量的概率统计分析表

每月需求量（箱数）	各种需求出现次数的统计	各种需求出现的概率
25	2 次	0.1
26	6 次	0.3
27	10 次	0.5
28	2 次	0.1
Σ	20 次	1.0

这样，就得到如下表所示的决策信息（风险决策表）。

表 12－3－4　风险决策表

损益值 状态 方案	25 箱（S_1）	26 箱（S_2）	27 箱（S_3）	28 箱（S_4）
	$P(S_1)=0.1$	$P(S_2)=0.3$	$P(S_3)=0.5$	$P(S_4)=0.1$
25 箱（A_1）	150	150	150	150
26 箱（A_2）	134	156	156	156
27 箱（A_3）	118	140	162	162
28 箱（A_4）	102	124	146	168

接下来，将结合案例 12－3－1 具体分析公共政策的几种风险性决策分析法。

一、最大可能准则

由概率论的知识可知，一个事件的概率越大，则该事件发生的概率就越大。最大可能准则就是在风险决策的情况下，选择一个概率最大的自然状态进行决策，而不考虑其他自然状态，这样，就将风险决策问题变成了一个确定性的决策。

该准则的数学描述如下：

$$P(S_k) = \max_j \{P(S_j)\}$$

$$r^* = \max_i \{r_{ik}\}$$

则 r^* 所对应的方案为所选方案。

用最大可能准则对表 12－3－4 所表述的问题进行决策。

$$P(S_3) = \max_j \{P(S_j)\} = 0.5$$

$$r^* = \max_i \{r_{i3}\} = r_{33} = 162$$

故应选方案 A_3。

显然，此方法简单易行，且应用较广。但要注意的是，该方法适用于有一个自然状态的概率明显大于其他状态的概率，且收益矩阵中的元素相差不大的情况。当各自然状态的概率相差不大时，不宜使用该方法。

二、期望值准则

（一）最大期望收益准则

最大期望收益准则就是先计算各方案的期望收益值，然后加以比较，期望收益最大值所对应的方案为最优方案。其数学描述为

$$ER(A_i) = \sum_{j=1}^{n} P(S_j) \times r_{ij} \qquad i = 1, \cdots, m$$

$$ER(A_k) = \max_i \{ER(A_i)\}$$

则方案 A_k 为最优方案。

用最大期望收益准则对表 12－3－4 所表述的问题进行决策。

解：各方案的期望收益值计算如下

$ER(A_1) = 0.1 \times 150 + 0.3 \times 150 + 0.5 \times 150 + 0.1 \times 150 = 150.0$（元）

$ER(A_2) = 0.1 \times 134 + 0.3 \times 156 + 0.5 \times 156 + 0.1 \times 156 = 153.8$（元）

$ER(A_3) = 0.1 \times 118 + 0.3 \times 140 + 0.5 \times 162 + 0.1 \times 162 = 151.0$（元）

$ER(A_4) = 0.1 \times 102 + 0.3 \times 124 + 0.5 \times 146 + 0.1 \times 168 = 137.2$（元）

$$ER(A_2)=\max_i\{E(A_i)\}=153.8\text{（元）}$$

故方案 A_2 为最优方案。

（二）期望损失准则

最小期望损失准则就是先计算各方案的期望损失值，然后加以比较，期望损失最小值所对应的方案为最优方案。其数学描述为

$$EL(A_j)=\sum_{j=1}^{n}P(S_j)\times h_{ij}\qquad i=1,\cdots,m$$

$$EL(A_k)=\min_i\{EL(A_i)\}$$

则方案 A_k 为最优方案。

式中 h_{ij} 为在状态为 S_j 下作出决策为 A_i 的机会损失。

用最小期望损失准则对例 12－3－1 所描述的决策问题进行决策。由于有了各状态的出现概率，对照表 12－3－2，有如下决策表。

表 12－3－5 期望损失决策信息

状态 / 损失值 / 方案	25 箱（S_1）	26 箱（S_2）	27 箱（S_3）	28 箱（S_4）
	$P(S_1)=0.1$	$P(S_2)=0.3$	$P(S_3)=0.5$	$P(S_4)=0.1$
25 箱（A_1）	0	6	12	18
26 箱（A_2）	16	0	6	12
27 箱（A_3）	32	16	0	6
28 箱（A_4）	48	32	16	0

解：各方案的期望收益值计算如下

$$EL(A_1)=0.1\times0+0.3\times6+0.5\times12+0.1\times18=9.6\text{（元）}$$

$$EL(A_2)=0.1\times16+0.3\times0+0.5\times6+0.1\times12=5.8\text{（元）}$$

$$EL(A_3)=0.1\times32+0.3\times16+0.5\times0+0.1\times6=8.6\text{（元）}$$

$$EL(A_4)=0.1\times48+0.3\times32+0.5\times16+0.1\times0=22.4\text{（元）}$$

$$EL(A_2)=\min_i\{E(A_i)\}=5.8\text{（元）}$$

故方案 A_2 为最优方案，与最大期望收益准则所得结论相同。

可以证明，对于同一问题，用最大期望准则和最小期望损失准则进行决策，其结果是完全相同的。具体如下

由于 $h_{ij}=\max_i\{r_{ij}\}-r_{ij}\qquad i=1,\cdots,m;\quad j=1,\cdots,n$

$$EL(A_i)=\sum_j P(S_j)\,h_{ij}$$

$$\sum_j P(S_j)\left[\max_i\{r_{ij}\}-r_{ij}\right]$$
$$=\sum_j P(S_j)\max_i\{r_{ij}\}-\sum_j P(S_j)r_{ij}$$
$$=\sum_j P(S_j)\max_i\{r_{ij}\}-ER(A_i)$$

对于某一具体的问题，$\sum_j P(S_j)\max_i\{r_{ij}\}=K$ 为常数，因此，当 $ER(A_i)$ 为最大时，$EL(A_i)$ 必为最小。

三、决策树分析法

（一）决策树分析法的含义及意义

决策树（Decision Tree）是在已知各种情况发生概率的基础上，通过构成决策树来求取净现值的期望值大于等于零的概率，评价项目风险，判断其可行性的决策分析方法，是直观运用概率分析的一种图解法。由于这种决策分支画成图形很像一棵树的枝干，故称决策树。

决策树是对决策局面的一种图解。它是把各种备选方案、可能出现的自然状态及各种损益值简明地绘制在一张图表上。用决策树可以使决策问题形象化。决策树便于管理人员审度决策局面，分析决策过程，尤其对那些缺乏所需数学知识从而不能胜任运算的管理人员。

决策法就是按一定的方法绘制好决策树，然后用反推决策树方式进行分析，最后选定合理的最佳方案。

（二）决策树的制作步骤

决策树的制作步骤如下：

1. 绘出决策点和方案枝，在方案枝上标出对应的备选方案；
2. 绘出机会点和概率枝，在概率枝上标出对应的自然状态出现的概率值；
3. 在概率枝的末端标出对应的损益值，这样就得出一个完整的决策树。

在决策树中，不同的图形代表的意义如下[①]：□——决策点，是对几种可能方案的选择，即最后选择的最佳方案。如果决策属于多级决策，则决策树的中间可以有多个决策点，以决策树根部的决策点为最终决策方案。

○——状态节点，代表备选方案的经济效果（期望值），通过各状态节点的经济效果的对比，按照一定的决策标准就可以选出最佳方案。由状态节点引出的分支称为概率枝，概率枝的数目表示可能出现的自然状态数目，每个分枝上要注明该状

① 徐国祥．统计预测和决策［M］．上海：上海财经大学出版社，1998 年版。

态出现的概率。

△——结果节点，将每个方案在各种自然状态下取得的损益值标注于结果节点的右端。

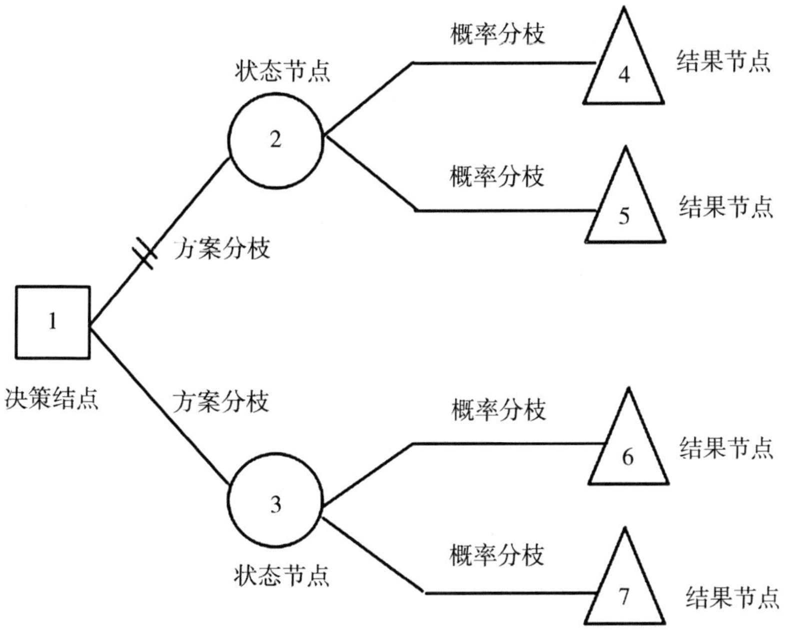

图 12－3－1　决策树

（三）决策树的作用

1. 易于处理较复杂的决策问题

决策树的应用并不仅仅是决策分析的一种简明形象的方法，现实中有些决策问题比较复杂，而决策矩阵表示法只能表示单级决策问题，并且要求所有行动方案所面对的自然状态完全一致，而实际中的有些决策问题难以采取损益矩阵来表示。例如货物运输可以有海路、公路和铁路的选择，而不同路线（亦称行动）可能有不同的状态和概率，此时无法用矩阵法进行决策，而决策树能较容易解决。

2. 易于进行预后验分析

风险型决策方法，是根据预测各种事件可能发生的先验概率，然后再采用期望值标准或最大可能性标准等来选择最佳决策方案。这样的决策具有一定的风险性。因为先验概率是根据历史资料或主观判断所确定的概率，未经试验证实。为了减少这种风险，需要较准确地掌握和估计这些先验概率。这就要通过科学实验、调查、统计分析等方法获得较为准确的情报信息，以修正先验概率，并据以确定各个方案的期望损益值，拟定出可供选择的决策方案，协助决策者作出正确的抉择。虽然正确的抉择可以给决策者带来大的收益，然而，在后期搜集情报中决策者是要为这些情报付出费用，因此，决策者在事前就要分析补充资料能带来多大的收益以及是否值得搜集补充资料，这就是预后验分析。预后验分析是用一套概率对多种策略组合，其中涉及多次计算，过程较复杂，若用决策树来进行则整个过程简单、明了且层次分明。

3. 易于解决多阶段的决策问题

在现实中，有些问题的决策具有阶段性，选择某种行动方案会出现不同的状态，按照不同的状态又要做下一步的行动决策，以致更多的状态和决策。这类风险决策若使用矩阵法决策则步骤过多，计算量大，过程复杂等。若采用决策树方法，则方便简捷、层次清楚，能清楚地显示决策过程。

（四）决策树在风险决策中的应用案例

下面通过一个简单案例来具体描述风险决策，尤其是决策树在决策中的应用。

案例 12－3－2 为了适应市场的需要，某地提出了扩大电视机生产的两个方案。一个方案是建设大工厂，第二个方案是建设小工厂。建设大工厂需要投资 600 万元，可使用 10 年。销路好每年赢利 200 万元，销路不好则亏损 40 万元。建设小

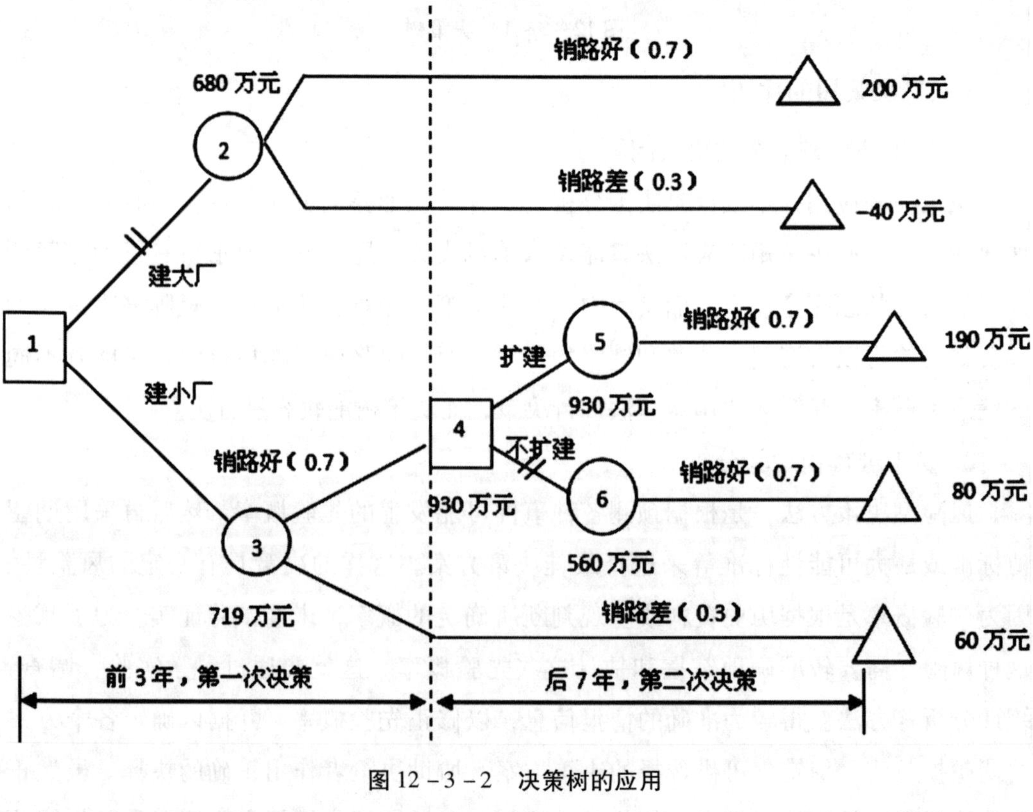

图 12－3－2 决策树的应用

工厂投资 280 万元，如销路好，3 年后扩建，扩建需要投资 400 万元，可使用 7 年，每年赢利 190 万元。不扩建则每年赢利 80 万元。如销路不好则每年赢利 60 万元。试用决策树法选出合理的决策方案。经过市场调查，市场销路好的概率为 0.7，销路不好的概率为 0.3。

计算各点的期望值：

点②：0.7×200×10+0.3×（−40）×10−600（投资）=680（万元）

点⑤：1.0×190×7−400=930（万元）

点⑥：1.0×80×7=560（万元）

比较决策点④的情况可以看到，由于点⑤（930 万元）与点⑥（560 万元）相比，点⑤的期望利润值较大，因此应采用扩建的方案，而舍弃不扩建的方案。

把点⑤的 930 万元移到点④来，可计算出点③的期望利润值：

点③：0.7×80×3+0.7×930+0.3×60×（3+7）−280=719（万元）

最后比较决策点①的情况：

由于点③（719 万元）与点②（680 万元）相比，点③的期望利润值较大，因此取点③而舍点②。这样，相比之下，建设大工厂的方案不是最优方案，合理的策略应采用前 3 年建小工厂，如销路好，后 7 年进行扩建的方案。

第四节 灵敏度分析方法

一、灵敏度分析概述

通常，自然状态概率和条件损益值是不容易估计准确的，从而期望损益值也就不十分准确，因此有必要对状态或条件损益值数据的变动是否影响最优方案的选择进行分析。这种分析叫做灵敏度分析。如果最优方案对这些数据变动的反应是不敏感的，这样决策可靠性就比较大，决策错误的可能性就会比较小。灵敏度分析是指从定量分析的角度研究有关因素发生某种变化对某一个或一组关键指标影响程度的一种不确定分析技术。其实质是通过逐一改变相关变量数值的方法来解释关键指标受这些因素变动影响大小的规律。

灵敏度分析是投资项目的经济评价中常用的一种研究不确定性的方法。它在确定性分析的基础上，进一步分析不确定性因素对投资项目的最终经济效果指标的影响及影响程度。

案例 12－4－1　某工厂打算在甲和乙两种产品中选择一种进行生产。根据以往的经验，如果在市场不发生变化的情况下，生产甲产品，可获得利润 50 万元；生产乙产品，要亏损 15 万元。如果在市场条件发生变化的情况下，生产甲产品，会亏损 20 万元；而生产乙产品，可获得利润 100 万元。根据以往的资料，预测市场不发生变化的概率是 0.7，发生变化的概率是 0.3. 问应该如何决定生产哪种产品？

解：先列出状态概率和损益值，如表所示

生产方案 ＼ 状态概率 ＼ 自然状态	市场不发生变化	市场发生变化
	0.7	0.3
生产甲产品	50	－20
生产乙产品	－15	100

计算各方案的期望收益：

生产甲产品：50×0.7+（−20）×0.3=29（万元）

生产乙产品：（−15）×0.7+100×0.3=19.5（万元）

显然，生产甲产品为最优方案。

假设市场不发生变化的概率从0.7变到0.8，这时两方案的期望利润：

生产甲产品：50×0.8+（−20）×0.2=36（万元）

生产乙产品：（−15）×0.8+100×0.2=8（万元）

显然，生产甲仍为最优方案。

再假设市场不发生变化的概率由0.7变到0.6。这时两方案的期望利润

生产甲产品：50×0.6+（−20）×0.4=22（万元））

生产乙产品：（−15）×0.6+100×0.4=31（万元）

这时，生产乙产品为最优方案。

二、转折概率分析

由上例可以看出，一个方案从最优方案转化为非最优方案，在这个转变过程中有一个概率值点，这个概率值点称为转折概率。最优方案的转化，都有转折概率。

设P代表市场不发生变化的概率，（1−P）则表示市场发生变化的概率，令这两个方案的期望收益值相等，可得到：

$$50\times P\div(-20)\times(1-P)=(-15)\times P\div 100\times(1-P)$$

简化后得：185P=120

所以P=0.65

0.65就是转折概率。当P>0.65时，生产甲产品为最优方案。当P<0.65时，生产乙产品为最优方案。

在实际工作中，需要把概率值和损益值等因素在可能发生的范围内作几次不同的变动，并反复地计算，看所得到的期望损益值是否相差很大，是否影响最优方案的选择。如果这些数据稍加变动，而最优方案不变，则这个方案是比较稳定的，即灵敏度不高，决策可靠性大。反之，如果那些数据稍加变动，最优方案就从原来的变到另外一个，则这个方案是不稳定的，即灵敏度高，决策可靠性小，需进一步分析改进措施。

三、灵敏度分析与公共政策决策

在公共政策决策过程中，灵敏度分析发挥着重要的作用：

1. 确定影响项目经济效益的敏感因素。寻找出影响最大、最敏感的主要变量因

素，进一步分析、预测或估算其影响程度，找出产生不确定性的根源，采取相应有效措施。

2. 计算主要变量因素的变化引起项目经济效益评价指标变动的范围，使决策者全面了解建设项目投资方案可能出现的经济效益变动情况，以减少和避免不利因素的影响，改善和提高项目的投资效果。

3. 通过各种方案敏感度大小的对比，区别敏感度大或敏感度小的方案，选择敏感度小的，即风险小的项目作投资方案。

4. 通过可能出现的最有利与最不利的经济效益变动范围的分析，为投资决策者预测可能出现的风险程度，并对原方案采取某些控制措施或寻找可替代方案，为最后确定可行的投资方案提供可靠的决策依据。

第五节 回归分析方法

回归分析（Regression Analysis）是确定两种或两种以上变量间相互依赖的定量关系的一种统计分析方法。

一、相关与回归的基本概念

（一）变量之间的关系

各种经济变量之间的关系，一般可以分成两类，即完全确定的关系和非确定性的依存关系。

1. 确定性关系或函数关系

如果一个变量值能被一个或若干个其他变量值按某一规律唯一的确定，则这类变量之间就具有完全确定的关系。

例如，当每吨水的价格为 P 元时，居民应缴纳的水费 Y（元）与用水量 X（吨）之间的关系可表示为 $Y = PX$。

2. 非确定性关系

如果变量之间既存在密切的数量关系，又不能由一个（或几个）变量之值精确地求出另一个变量之值，但在大量统计资料的基础上，可以判别这类变量之间的数量变化具有一定的规律性，也称为统计相关关系。

例如：消费支出 Y 与可支配收入 X 之间有一定的关系，在一定范围内，收入增加，在理论上可以估计出增加的消费支出额。但应看到，可支配收入虽然是影响消费支出的重要因素，却不是唯一的因素。因此，根据可支配收入并不能精确地求出消费支出，也就不能用精确的函数关系表达式来表示这两个变量之间的关系。

计量经济学就是研究变量间的非确定关系的，变量间的统计相关关系可以通过相关分析和回归分析来研究。

（二）相关分析

1. 含义

相关分析是通过对经济现象的依存关系的分析，找出现象间的相互依存的形式和相关程度，以及依存关系的变动规律。

2. 类型——从变量间的依存形式看，可分为线性相关和非线性相关。

线性相关反映变量间的依存关系可以近似地表示为一条直线；变量间的依存关系近似地表示为一条曲线则称为非线性相关。

3. 指标

从变量间的相关程度看，可以通过相关系数来度量。两个变量之间的相关程度可以用简单相关系数来衡量；多个变量之间的相关程度可以用复相关系数、偏相关系数等来衡量。

（三）回归分析

1. 回归的定义

回归分析是研究某一被解释变量（因变量）与另一个或多个解释变量（自变量）间的依存关系，其目的在于根据已知的解释变量值或固定的解释变量值（重复抽样）来估计和预测被解释变量的总体平均值。

在研究某一社会经济现象的发展变化规律时，所研究的现象或对象称为被解释变量，它是分析的对象，把引起这一现象变化的因素称为解释变量，它是引起这一现象变化的原因。

被解释变量则反映了解释变量变化的结果。

2. 回归模型的分类

（1）按模型中自变量的多少，分为一元回归模型和多元回归模型。

一元回归模型是指只包含一个解释变量的回归模型；多元回归模型是指包含两个或两个以上解释变量的回归模型。

（2）按模型中参数与被解释变量之间是否线性，分为线性回归模型和非线性回归模型。

对于“线性”的解释：一种是就变量而言是线性的，即线性回归模型是指解释变量与被解释变量之间呈线性关系；另一种是就参数而言是线性的，即线性回归模型是指参数与被解释变量之间呈线性关系；非线性回归模型是指参数与被解释变量之间呈非线性关系。就回归模型而言，通常“线性”是就参数而言的。

（3）按模型中方程数目的多少，分为单一方程模型和联立方程模型。

单一方程模型是指只包含一个方程的回归模型；联立方程模型是指包含两个或两个以上方程的回归模型。

3. 相关与回归的关系

相关分析是回归分析的基础和前提，回归分析则是相关分析的深入和继续。

相关分析需要依靠回归分析来表现变量之间数量相关的具体形式，而回归分析则需要依靠相关分析来表现变量之间数量变化的相关程度。

相关分析只研究变量之间相关的方向和程度，不能推断变量之间相互关系的具体形式，也无法从一个变量的变化来推测另一个变量的变化情况。

此外，在进行回归分析时，应该注意避免“虚假回归”，即只有当变量之间存在高度相关时，进行回归分析寻求其相关的具体形式才有意义；如果在没有对变量之间是否相关以及相关方向和程度做出正确判断之前，就进行回归分析，很容易造成“虚假回归”。

“相关”与“回归”两者具有如下区别：

（1）在相关分析中涉及的变量不存在自变量和因变量的划分问题，变量之间的关系是对等的；而在回归分析中，则必须根据研究对象的性质和研究分析的目的，对变量进行自变量和因变量的划分。因此，在回归分析中，变量之间的关系是不对等的。

（2）在相关分析中所有的变量都必须是随机变量；而在回归分析中，自变量是给定的，因变量才是随机的，即将自变量的给定值代入回归方程后，所得到的因变量的估计值不是惟一确定的，而会表现出一定的随机波动性。

（3）相关分析主要是通过一个指标即相关系数来反映变量之间相关程度的大小，由于变量之间是对等的，因此相关系数是惟一确定的。而在回归分析中，对于互为因果的两个变量，则有可能存在多个回归方程。

二、最小二乘法

（一）最小二乘法的含义及原理

最小二乘法（又称最小平方法）是一种数学优化技术。它通过最小化误差的平方和寻找数据的最佳函数匹配。利用最小二乘法可以简便地求得未知的数据，并使得这些求得的数据与实际数据之间误差的平方和为最小。最小二乘法还可用于曲线拟合。其他一些优化问题也可通过最小化能量或最大化熵用最小二乘法来表达。

最小二乘法的基本思想：最有代表性的直线应该是直线到各点的距离最近。然后用这条直线进行预测。

利用样本回归函数估计总体回归函数，是根据一个给定的包含 n 组 X 和 Y 观测数据的样本，建立样本回归函数，使估计值尽可能接近观测值 Yi。最小二乘原理就是根据使样本剩余的平方和达到最小的准则，确定模型中的参数，建立样本回归函数。

（二）最小二乘估计量

1. 计算与推导

由 $e_i = Y_i - \hat{Y}_i = Y_i - \hat{\beta}_0 - \hat{\beta}_1 X_i$，得 $\Sigma e_i^2 = \Sigma\ (Y_i - \hat{\beta}_0 - \hat{\beta}_1 X_i)^2$ （12-5-1）

对于给定的样本，Σe_i^2 的大小取决于 $\hat{\beta}_0$ 和 $\hat{\beta}_1$ 的大小，即 Σe_i^2 是 $\hat{\beta}_0$ 和 $\hat{\beta}_1$ 的函数。按照最小二乘原理，要求所选定的 $\hat{\beta}_0$ 和 $\hat{\beta}_1$ 应使 Σe_i^2 最小，要做到这一点，可以借助微积分中求极值的方法，用 Σe_i^2 分别对 $\hat{\beta}_0$ 和 $\hat{\beta}_1$ 求偏导数，并令其为零，满足该条件的 $\hat{\beta}_0$ 和 $\hat{\beta}_1$ 可以使 Σe_i^2 最小。即：

$$\frac{\partial \Sigma e_i^2}{\partial \hat{\beta}_0} = 0,\quad \frac{\partial \Sigma e_i^2}{\partial \hat{\beta}_1} = 0$$

可得到：

$$\begin{cases} \Sigma\ (Y_i - \hat{\beta}_0 - \hat{\beta}_1 X_i) = 0 \\ \Sigma\ (Y_i - \hat{\beta}_0 - \hat{\beta}_1 X_i)\ X_i = 0 \end{cases} \qquad (12-5-2)$$

整理后有：

$$\begin{cases} \Sigma Y_i = n\hat{\beta}_0 + \hat{\beta}_1 \Sigma X_i \\ \Sigma X_i Y_i = \hat{\beta}_0 \Sigma X_i + \hat{\beta}_1 \Sigma X_i^2 \end{cases} \qquad (12-5-3)$$

求解得：

$$\hat{\beta}_1 = \frac{n \Sigma X_i Y_i - \Sigma X_i \Sigma Y_i}{n \Sigma X_i^2 - (\Sigma X_i)^2} \qquad (12-5-4)$$

$$\hat{\beta}_0 = \frac{\Sigma Y_i}{n} - \hat{\beta}_1 = \frac{\Sigma Y_i}{n} \qquad (12-5-5)$$

令 $\bar{X} = \frac{\Sigma X_i}{n}$，$\bar{Y} = \frac{\Sigma Y_i}{n}$

$$\hat{\beta}_1 = \frac{\Sigma\ (X_i - \bar{X})\ (Y_i - \bar{Y})}{\Sigma\ (X_i - \bar{X})^2} \qquad (12-5-6)$$

$$\hat{\beta}_0 = \bar{Y} - \hat{\beta}_1 \bar{X} \qquad (12-5-7)$$

令 $x_i = X_i - \bar{X}$，$y_i = Y_i - \bar{Y}$ （离差）

则

$$\hat{\beta}_1 = \frac{\Sigma x_i y_i}{\Sigma x_i^2} \qquad (12-5-8)$$

以上 $\hat{\beta}_0$ 和 $\hat{\beta}_1$ 是根据最小二乘原理求得的，故称为普通最小二乘估计量。

三、一元线性回归

（一）一元线性回归的含义及思想

在回归分析中，只包括一个自变量和一个因变量，且二者的关系可用一条直线近似表示，这种回归分析称为一元线性回归分析。

常用统计指标：平均数、增减量、平均增减量。

（二）一元线性回归预测模型的建立

（1）选取一元线性回归模型的变量；

（2）绘制计算表和拟合散点图；

（3）计算变量间的回归系数及其相关的显著性；

（4）回归分析结果的应用。

（三）一元线性拟合

设变量 y 与 x 成线性关系，即 $y = a_0 + a_1 x$。现在已知 m 个实验点 x_i，y_i（$i = 1$，2，…，m），求两个未知参数 a_0，a_1。

根据最小二乘法原理，参数 a_0，a_1 应使

$$s(a_0, a_1) = \sum_{i=1}^{m} (y_i - a_0 - a_1 x_i)^2$$

取得极小值。根据极小值的求法，a_0 和 a_1 应满足

$$\begin{cases} \dfrac{\partial s}{\partial a_0} = -2\sum_{i=1}^{m} (y_i - a_0 - a_1 x_i) = 0 \\ \dfrac{\partial s}{\partial a_1} = -2\sum_{i=1}^{m} (y_i - a_0 - a_1 x_i) x_i = 0 \end{cases}$$

$$\begin{cases} a_0 + \dfrac{a_1}{m}\sum_{i=1}^{m} x_i = \dfrac{1}{m}\sum_{i=1}^{m} y_i \\ a_0 \sum_{i=1}^{m} x_i + a_1 \sum_{i=1}^{m} x_i^2 = \sum_{i=1}^{m} x_i y_i \end{cases}$$

这就是含有两个未知数和两个方程的正规方程组。

从中解得 a_0，a_1，即

$$\begin{cases} a_1 = \left(\sum_{i=1}^{m} x_i y_i - m\,\overline{xy}\right) / \left(\sum_{i=1}^{m} x_i^2 - m\,\overline{x}^2\right) \\ a_0 = \overline{y} - a_1 \overline{x} \end{cases}$$

其中，

$$\bar{x}=\frac{1}{m}\sum_{i=1}^{m}x_i,\ \bar{y}=\frac{1}{m}\sum_{i=1}^{m}y_i,$$

线性相关系数 $R=l_{xy}/\sqrt{l_{xx}l_{yy}}$，式中

$$l_{xy}=\sum_{i=1}^{m}x_iy_i-m\,\bar{x}\bar{y},\ l_{xx}=\sum_{i=1}^{m}x_i^2-m\,\bar{x}^2,\ l_{yy}=\sum_{i=1}^{m}y_i^2-m\,\bar{y}^2,$$

相关系数是用来衡量实验点的线性特性。

（四）显著性检验之拟合优度检验（r^2）

1. 拟合优度与可决系数

拟合优度是指样本回归直线对观测数据拟合的优劣程度。我们所希望的就是围绕回归直线的剩余尽可能的小。拟合优度通常用可决系数来度量。可决系数是样本回归直线对数据拟合程度的综合度量。在双变量的情况下，通常用 r^2 表示可决系数。

可决系数是建立在对被解释变量总变差分解的基础之上。

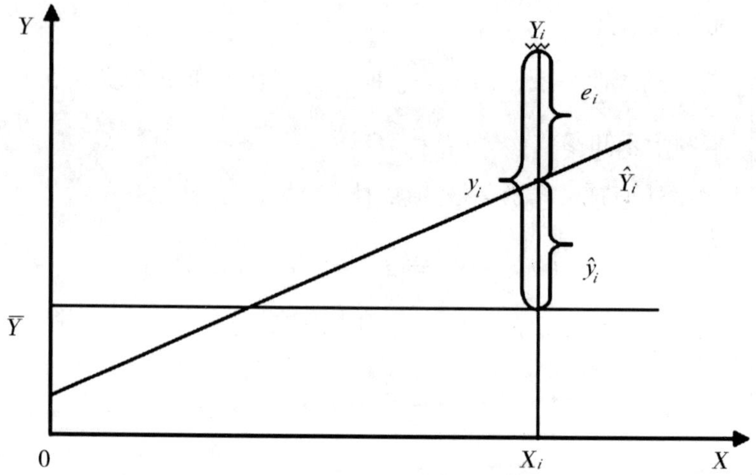

图 12－5－1　总变差分解图

图 12－5－1 中，观测值 Y_i 的离差 $y_i=Y_i-\bar{Y}=Y_i-\hat{Y}_i+\hat{Y}_i-\bar{Y}=e_i+\hat{y}_i$。

其中，$\hat{y}_i=\hat{Y}_i-\bar{Y}$，是样本回归直线所确定的估计值与平均值的差；

$e_i=Y_i-\hat{Y}_i$，是样本观测值与回归直线所确定的估计值之差。

$\hat{y}_i$ 越大，e_i 越小，估计值与观测值越接近，该点拟合的越好；反之，拟合的越差。当 $y_i=\hat{y}_i$ 时，完全拟合。

采用 Σy_i^2 指标进行分析，该指标称为总变差或总离差平方和，简记为 TSS。

$$\begin{aligned}\Sigma y_i^2&=\Sigma\ (e_i+\hat{y}_i)^2\\&=\Sigma e_i^2+\Sigma\hat{y}_i^2+2\Sigma e_i\hat{y}_i\end{aligned}$$

根据$\sum e_i\hat{y}_i=0$，所以有

$$\sum y_i^2=\sum e_i^2+\sum \hat{y}_i^2 \quad (12-5-9)$$

其中，

$\sum \hat{y}_i^2=\sum(\hat{Y}_i-\bar{Y})^2$，称为回归平方和，简记为ESS；

$\sum e_i^2=\sum(Y_i-\hat{Y}_i)^2$，称为残差平方和，简记为RSS。

这样式（12－5－9）也可以记为：

$$TSS=RSS+ESS \quad (12-5-10)$$

当根据样本采用最小二乘法确定了一条回归直线时，TSS的大小是一定的。ESS越大，RSS越小，该回归直线拟合的越好；反之，拟合的越差。

（1）定义：$r^2=\frac{ESS}{TSS}$，r^2称为（样本）可决系数，它是最常用的回归直线拟合优度的度量，表示由回归模型做出解释的变差在总变差中所占的比重。

由式（12－5－10）得

$$r^2=\frac{TSS-RSS}{TSS}=1-\frac{RSS}{TSS} \quad (12-5-11)$$

上式表明，若样本剩余RSS越小，r^2的值就越大，拟合优度越好；反之，RSS越大，r^2的值就越小，拟合优度越差。

（2）可决系数r^2还可以按以下推导出的公式求得：

$$\hat{y}_i=\hat{Y}_i-\bar{Y}=(\hat{\beta}_0+\hat{\beta}_1X_i)-(\hat{\beta}_0+\hat{\beta}_1\bar{X})=\hat{\beta}_1x_1 \quad (12-5-12)$$

$$r^2=\frac{ESS}{TSS}=\frac{\sum \hat{y}_i^2}{\sum y_i^2}=\frac{\sum(\hat{\beta}_1x_i)^2}{\sum y_i^2}=\hat{\beta}_1^2\frac{\sum x_i^2}{\sum y_i^2} \quad (12-5-13)$$

由式（12－5－8）和（12－5－11）可得：

$$r^2=\frac{(\sum x_iy_i)^2}{(\sum x_i^2)(\sum y_i^2)} \quad (12-5-14)$$

（3）r^2具有以下两个性质：

①r^2是一个非负数。

②r^2的取值范围是：$0\leq r^2\leq 1$。

$r^2=1$意味着完全拟合，$r^2=0$意味着被解释变量与解释变量之间没有线性关系，$0<r^2<1$时，r^2越接近于1，拟合效果越好。

2. 相关系数检验

（1）相关系数

相关系数是两个变量之间的相关程度的度量。

定义：

$$r=\frac{\sum\ (X_i-\overline{X})\ (Y_i-\overline{Y})}{\sqrt{\sum\ (X_i-X)^2\sum\ (Y_i-Y)^2}}=\frac{\sum x_iy_i}{\sqrt{\sum x_i^2}\sqrt{\sum y_i^2}} \tag{12-5-15}$$

在一元线性回归中，相关系数在数值上是可决系数开平方。可以根据下式计算：

$$r=\pm\sqrt{r^2} \tag{12-5-16}$$

r 具有以下性质：

①它可以是正值也可以是负值，其符号取决于式（12－5－15）中分子的符号。

②它的取值范围在－1 和＋1 之间，即－1≤r≤＋1。

③它的性质是对称的，X 与 Y 的相关系数 r_{xy} 和 Y 与 X 的相关系数 r_{yx} 是相同的，都是 r。

④它只是线性联系或线性相关的度量，不用来描述非线性关系。

（2）相关系数检验法

相关系数检验法是在建立一元线性回归模型之后，考察两个变量之间是否具有显著的线性相关关系，相关系数检验法的步骤如下：

①根据相关系数的计算公式计算相关系数 r。

②给定显著性水平 α，根据 α 和从相关系数临界值表中查出相关系数临界值的值 r_α（$n-2$），比较 r 与 r_α（$n-2$）的值。若 $|r|\geq r_\alpha$（$n-2$），表明两变量在显著性水平 α 时线性相关关系显著；否则 $|r|<r_\alpha$（$n-2$）表明两变量在显著性水平 α 时线性相关关系不显著。

（五）显著性检验之 F 检验

1. 方差分析

由式（12－5－9）可知：

$\sum y_i^2=\sum e_i^2+\sum \hat{y}_i^2$ 或 TSS = RSS + ESS

对总平方和（TSS）的这两个分量进行研究，就称为从回归角度进行的方差分析（Analysis of Variance，AOV）。

每个平方和都具有相应的自由度，假定给 n 个变量赋予数值，在计算平方和时，总有 k 个变量可以自由取值，即是这 k 个变量线性独立，我们说这个平方和的自由度为 k。与每一个平方和相联系的是它们的自由度。对于一元线性回归模型，TSS 有 $n-1$ 个自由度；ESS 有 1 个自由度；RSS 有 $n-2$ 个自由度。

平方和与自由度之比即为平均平方和。将平方和、自由度及平均平方和列成一个表，该表称为方差分析表（见表 12－5－1）。

表 12-5-1 方差分析表

平方和	自由度	平均平方和
ESS	1	$\hat{\beta}_1^2\sum x_i^2/1$
RSS	$n-2$	$\sum e_i^2/n-2$

2. F 检验统计量定义

从方差分析的角度进行的回归模型整体性检验所采用的检验统计量是 F 统计量。

检验统计量 F 反映平均回归平方和与平均剩余平方和的比较。

$$F=\frac{\hat{\beta}_1^2\sum x_1^2/1}{\sum e_i^2/n-2} \qquad (12-5-17)$$

且 F 服从自由度为 1 和 n-2 的 F 分布。即：$F\sim F(1, n-2)$

可以推导，F 与可决系数 r^2 有以下关系

$$F=\frac{r^2}{1-r^2}(n-2) \qquad (12-5-18)$$

利用检验统计量是 F 可以对回归方程进行显著性检验，即 F 检验。

3. 方程的整体性检验（F 检验）的步骤

（1）提出假设

原假设 H_0：$\beta_1=0$

备择假设 H_1：$\beta_1\neq0$

（2）给定显著性水平 α，查 F 分布表获得临界值 $F_\alpha(1, n-2)$，

（3）根据式（12-5-17）利用样本数据计算检验统计量 F 的值

$$F=\frac{\hat{\beta}_1^2\sum x_i^2}{\sum e_i^2/n-2}=\frac{855303.273}{4212.0909}=203.0591,$$

（4）进行比较，做出判断。

若 $F>F_\alpha(1, n-2)$，差异显著，拒绝原假设，接受备择假设；若 $F\leq F_\alpha(1, n-2)$，差异不显著，接受原假设（见图 12-5-2）。

本例中，203.0591 > 5.32，即 $F>F_{0.05}(1, 8)$，差异显著，拒绝 $\beta_1=0$ 的假设，方程显著不为零。

（六）显著性检验之 t 检验

进行回归系数估计量的检验方法随所构造的检验统计量不同而不同，应用最为普遍的是 t 检验。

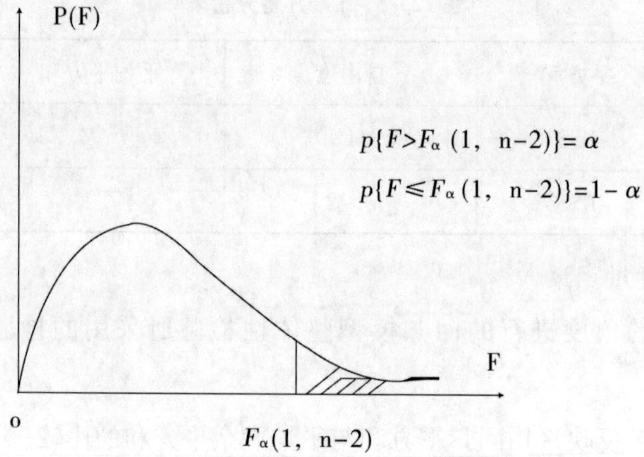

图 12－5－2　阴影部分为 F 检验的否定域

1. t 统计量

回归系数估计量服从正态分布：

$$\hat{\beta}_0 \sim N\left(\beta_0,\ \frac{\sum X_i^2}{n\sum x_i^2}\sigma^2\right),\ \hat{\beta}_1 \sim N\left(\beta_1,\ \frac{\sigma^2}{\sum x_i^2}\right)$$

用 σ^2 的无偏估计量 $\hat{\sigma}^2 = \frac{\sum e_i^2}{n-2}$来代替 σ^2 时，可以构造 t 统计量：

$$r_1 = \frac{\hat{\beta}_1 - \beta_1}{S_e\ (\hat{\beta}_1)} = \frac{\hat{\beta}_1 - \beta_1}{\sqrt{\frac{\sigma^2}{\sum x_i^2}}} \tag{12－5－19}$$

$$t_0 = \frac{\hat{\beta}_0 - \beta_0}{S_e\ (\hat{\beta}_0)} = \frac{\hat{\beta}_0 - \beta_0}{\sqrt{\frac{\sum X_i^2}{n\sum x_i^2}\hat{\sigma}^2}} \tag{12－5－20}$$

所构造的 t 统计量服从自由度为 n－2 的 t 分布，即 t ~ t（n－2）。

2. 回归系数估计量的 t 检验步骤

下面以估计量 $\hat{\beta}_1$ 为例，介绍 t 检验的步骤。

（1）提出假设

原假设 H_0：$\beta_1 = 0$

备择假设 H_1：$\beta_1 \neq 0$

（2）给定显著性水平，查 t 分布表获得临界值 $t_{\frac{\alpha}{2}}$（$n-2$）。

（3）根据式（12－5－19）利用样本数据计算检验统计量 t 的值

$$t_1 = \frac{\hat{\beta}_1 - \beta_1}{Se\ (\hat{\beta}_1)} = \frac{0.5091}{0.0357} = 14.2605。$$

（4）进行比较，做出判断。

若 | t | $t_{\frac{\alpha}{2}}$（$n-2$），差异显著，拒绝原假设，接受备择假设；

若 | t | $t_{\frac{\alpha}{2}}$（$n-2$），差异不显著，接受原假设（见图 12－5－3）。

本例中，14.2605 > 2.306，即 $|t_1| > t_{\frac{\alpha}{2}}$（$n-2$），差异显著，拒绝 $\beta_1=0$ 的假设。

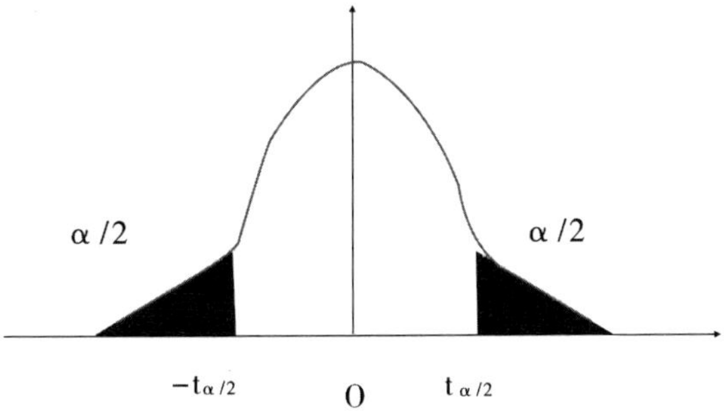

图 12－5－3　阴影部分为 t 检验的否定域

（七）一元线性回归模型案例及其预测

预测就是利用模型已含有过去和现在的样本数据或信息拟合的回归模型，对被解释变量的可能值做出定量的估计。

1. 点预测

根据样本数据，利用最小二乘法，可以得到最小二乘估计值，建立一元回归的预测模型。根据预测模型可以在给定 X 的条件下，求得 Y 的估计值，并进行点预测。

根据样本数据，得到以下样本回归函数

$$\hat{Y}_i=\hat{\beta}_0+\hat{\beta}_1X_1$$

当 $X_i=X_0$ 时，$\hat{Y}_0=\hat{\beta}_0+\hat{\beta}_1X_0$，$\hat{Y}_0$ 为点预测值。

例如，根据所给样本数据，建立了如下样本回归函数

$$\hat{Y}_i=244.5455+0.5091X_i$$

若已知家庭月可支配收入 $X_i=1600$ 元，根据上述模型，可预测家庭的月消费支出 $\hat{Y}_0$ 为：

$$\hat{Y}_0=244.5455+0.5091\times1600=1059.11\text{（元）}$$

2. 区间预测

（1）均值预测

即，对应于给定 X 条件下的 Y 的总体均值的预测。

当给定 $X_i=X_0$ 时，$\hat{Y}_i=\hat{Y}_0$，$\hat{Y}_0$ 是总体均值的 E（$Y_0 | X_0$）一个估计值。

且 $\hat{Y}_0$ 服从于均值为 $E(Y_0 | X_0)$ 的正态分布。根据正态分布与检验统计量 t 的关系，有：

$$t = \frac{\hat{Y}_0 - E(Y_0 | X_0)}{S_e(\hat{Y}_0)} \quad (12-5-21)$$

服从于自由度为 $n-2$ 的 t 分布。式中 $Se(\hat{Y}_0)$ 为 $\hat{Y}_0$ 的标准误差，

$$S_e(\hat{Y}_0) = \hat{\sigma}\sqrt{\frac{1}{n} + \frac{(X_0 - X)^2}{\sum x_i^2}} \quad (12-5-22)$$

给定显著性水平 α 有：

$$P\left[-t_{\frac{\alpha}{2}} \leqslant \frac{\hat{Y}_0 - E(Y_0 | X_0)}{Se(\hat{Y}_0)} \leqslant t_{\frac{\alpha}{2}}\right] = 1 - \alpha$$

或：

$$P[\hat{Y}_0 - t_{\frac{\alpha}{2}} S_e(\hat{Y}_0) \leqslant E(Y_0 | X_0) \leqslant \hat{Y}_0 + t_{\frac{\alpha}{2}} S_e(\hat{Y}_0)] = 1 - \alpha$$

(12-5-23)

上式表明，在重复抽样中，若构造 100 个这样的区间，将会有 $(1-\alpha) \times 100$ 以上的区间包含总体均值 $E(Y_0 | X_0)$。

建立所预测的总体均值 $E(Y_0 | X_0)$ 的置信区间为：

$$[\hat{Y}_0 - t_{\frac{\alpha}{2}} S_e(\hat{Y}_0),\ \hat{Y}_0 + t_{\frac{\alpha}{2}} S_e(\hat{Y}_0)] \quad (12-5-24)$$

（2）个别值预测

即，对应于给定 X 条件下的个别 Y 值的预测。

当给定 $X_i = X_0$ 时，$\hat{Y}_i = \hat{Y}_0$，$Y_i = Y_0$，残差为 e_0，$e_0 = Y_0 - \hat{Y}_0$。

可以证明 e_0 服从于均值为零的正态分布。根据正态分布与检验统计量 t 的关系，有：

$$t = \frac{e_0 - 0}{S_e(e_0)} = \frac{Y_0 - \hat{Y}_0}{S_e(e_0)} \quad (12-5-25)$$

服从于自由度为 $n-2$ 的 t 分布。式中 $S_e(e_0)$ 为 e_0 的标准误差，

$$S_e(e_0) = \hat{\sigma}\sqrt{1 + \frac{1}{n} + \frac{(X_0 - X)^2}{\sum x_i^2}} \quad (12-5-26)$$

给定显著性水平 α 有：

$$P\left[-t_{\frac{\alpha}{2}} \leqslant \frac{Y_0 - \hat{Y}_0}{S_e(e_0)} \leqslant t_{\frac{\alpha}{2}}\right] = 1 - \alpha$$

或：

$$P[\hat{Y}_0 - t_{\frac{\alpha}{2}} S_e(e_0) \leqslant Y_0 \leqslant \hat{Y}_0 + t_{\frac{\alpha}{2}} S_e(e_0)] = 1 - \alpha \quad (12-5-27)$$

上式表明，在重复抽样中，若构造 100 个这样的区间，将会有（1 - α）100 以上的区间包含个别值 Y_0。

建立所预测的个别值 Y_0 的置信区间为：

$$[\hat{Y}_0 - t_{\frac{\alpha}{2}}S_e(e_0), \hat{Y}_0 + t_{\frac{\alpha}{2}}S_e(e_0)] \quad (12-5-28)$$

3. 一元回归模型实例分析

（1）研究目的

依据甘肃某地区统计局提供的 2008—2017 年资料，经过整理，获得以下农村居民人均消费支出和人均纯收入的数据如表 12 - 5 - 2：

表 12 - 5 - 2　农村居民 2008—2017 人均消费支出和人均纯收入数据资料　　单位：元

年度	2008 年	2009 年	2010 年	2011 年	2012 年	2013 年	2014 年	2015 年	2016 年	2017 年
人均纯收入	1577.74	1926.07	2090.13	2161.98	2210.34	2253.42	2366.40	2475.63	2622.24	2936.40
人均消费支出	1310.36	1572.08	1617.15	1590.33	1577.42	1670.13	1741.09	1834.31	1943.30	2184.65

（2）建立模型

以农村居民人均纯收入为解释变量 X，农村居民人均消费支出为被解释变量 Y，分析 Y 随 X 的变化而变化的因果关系。考察样本数据的分布并结合有关经济理论，建立一元线性回归模型如下：

$$Y_i = \beta_0 + \beta_1 X_i + \mu_i$$

根据表 12 - 5 - 2 编制计算各参数的基础数据计算表。

求得：

$$\overline{X} = 2262.035$$

$$\overline{Y} = 1704.082$$

$$\sum x_i^2 = 1264471.423$$

$$\sum y_i^2 = 516634.011$$

$$\sum x_i y_i = 788859.986$$

$$\sum X_i^2 = 52432495.137$$

根据以上基础数据求得：

$$\hat{\beta}_1 = \frac{\sum x_i y_i}{\sum x_i^2} = \frac{788859.986}{126447.423} = 0.623865$$

$$\hat{\beta}_0 = \overline{Y} - \hat{\beta}_1 \overline{X} = 1704.082 - 0.623865 \times 2262.035 = 292.8775$$

样本回归函数为：

$$\hat{Y}_i = 292.8775 + 0.623865X_i$$

上式表明，中国农村居民家庭人均可支配收入若是增加100元，居民们将会拿出其中的62.39元用于消费。

（3）模型检验

①拟合优度检验

$$r^2 = \frac{(\sum x_i y_i)^2}{(\sum x_i^2)(\sum y_i^2)} = \frac{788859.986^2}{1264471.423 \times 516634.011} = 0.952594$$

②t 检验

$$\hat{\sigma}^2 = \frac{\sum y_i^2 - \hat{\beta}_1^2 \sum x_i^2}{n-2}$$

$$= \frac{516634.011 - 0.623865^2 \times 1264471.423}{10-2}$$

$$= 3061.525164$$

$$S_e(\hat{\beta}_1) = \sqrt{Var(\hat{\beta}_1)} = \sqrt{\frac{\hat{\sigma}^2}{\sum x_i^2}} = \sqrt{\frac{3061.525164}{1264471.423}} = 0.049206$$

$$S_e(\hat{\beta}_0) = \sqrt{Var(\hat{\beta}_0)} = \sqrt{\frac{\sum X_i^2}{n\sum x_i^2}\sigma^2}$$

$$= \sqrt{\frac{52432495.137}{10 \times 1264471.423}3061.525164} = 112.6717$$

在显著性水平 $\alpha = 0.05$，$n-2=8$ 时，查 t 分布表，得到：

$$t_{\frac{\alpha}{2}}(n-2) = 2.306$$

提出假设，原假设 H_0：$\beta_1 = 0$，备择假设 H_1：$\beta_1 \neq 0$

$$t(\hat{\beta}_1) = \frac{\hat{\beta}_1 - \beta_1}{S_e(\hat{\beta})} = \frac{0.623865}{0.049206} = 12.67864$$

$t(\hat{\beta}_1) = 12.67864 > t_{\frac{\alpha}{2}}(n-2)$，差异显著，拒绝 $\beta_1 = 0$ 的假设。

③F 检验

提出原假设 H_0：$\beta_1 = 0$，备择假设 H_1：$\beta_1 \neq 0$

在显著性水平 $\alpha = 0.05$，$n-2=8$ 时，查 F 分布表，得到：

$F(1, 8) = 5.32$。

$$F = \frac{\hat{\beta}_1^2 \sum x_i^2 / 1}{\sum e_i^2 / n-1} = \frac{492141.8097}{3061.525164} = 160.7505$$

$160.7505 > 5.32$，即 $F > F(1, 8)$，差异显著，拒绝 $\beta_1 = 0$ 的假设。

（4）预测

当农村居民家庭人均纯收入增长到 3500 元时，对农村居民人均消费支出预测如下：

$$\hat{Y}_0 = 292.8775 + 0.623865 \times 3500 = 2476.405 \text{（元）}$$

$$S_e(e_0) = \hat{\sigma}\sqrt{1 + \frac{1}{n} + \frac{(X_0 - X)^2}{\sum x_i^2}} = \sqrt{\hat{\sigma}^2\left(1 + \frac{1}{n} + \frac{(X_0 - X)^2}{\sum x_i^2}\right)}$$

$$= \sqrt{3061.525164 \times \left(1 + \frac{1}{10} + \frac{(3500 - 2262.035)^2}{1264471.423}\right)}$$

$$= 84.13257219$$

在显著性水平 $\alpha = 0.05$，$n - 2 = 8$ 时，$t_{0.025} = 2.306$

从而

$$\hat{Y}_0 - t_{\frac{\alpha}{2}} S_e(e_0) = 2476.405 - 2.306 \times 84.13257219 = 2282.40 \text{（元）}$$

$$\hat{Y}_0 - t_{\frac{\alpha}{2}} S_e(e_0) = 2476.405 + 2.306 \times 84.13257219 = 2670.41 \text{（元）}$$

$$P[2282.40 \leqslant Y_0 \leqslant 2670.41] = 95\%$$

当农村居民家庭人均纯收入增长到 3500 元时，农村居民人均消费支出在 2282.40 元至 2670.41 元之间的概率为 95%。

四、多元线性回归

在多要素的地理环境系统中，多个（多于两个）要素之间也存在着相互影响、相互关联的情况。因此，多元地理回归模型更带有普遍性的意义。

（一）多元线性回归模型的建立

假设某一因变量 y 受 k 个自变量 x_1，x_2，…，x_k 的影响，其 n 组观测值为（y_a，x_{1a}，x_{2a}，…，x_{ka}），$a = 1, 2, \cdots, n$。那么，多元线性回归模型的结构形式为：

$$y_a = \beta_0 + \beta_1 x_{1a} + \beta_2 x_{2a} + \cdots + \beta_k x_{ka} + \varepsilon_a \qquad (12-5-29)$$

式中：

β_0，β_1，…，β_k 为待定参数；

ε_a 为随机变量。

如果 b_0，b_1，…，b_k 分别为 β_0，β_1，β_2，…，β_k 的拟合值，则回归方程为

$$\hat{Y} = b_0 + b_1 x_1 + b_2 x_2 + \cdots + b_k x_k \qquad (12-5-30)$$

式中：

b_0 为常数；

b_1，b_2，…，b_k 称为偏回归系数。

偏回归系数 b_i（$i=1, 2, \cdots, k$）的意义是，当其他自变量 x_j（$j \neq i$）都固定时，自变量 x_i 每变化一个单位而使因变量 y 平均改变的数值。

根据最小二乘法原理，β_i（$i=0, 1, 2, \cdots, k$）的估计值 b_i（$i=0, 1, 2, \cdots, k$）应该使

$$Q = \sum_{a=1}^{n}(y_a - \hat{y}_a)^2 = \sum_{a=1}^{n}[y_a - (b_0 + b_1x_{1a} + b_2x_{2a} + \cdots + b_kx_{ka})]^2 \to \min \quad (12-5-31)$$

由求极值的必要条件得

$$\begin{cases} \dfrac{\partial Q}{\partial b_0} = -2\sum_{a=1}^{n}(y_a - \hat{y}_a) = 0 \\ \dfrac{\partial Q}{\partial b_j} = -2\sum_{a=1}^{n}(y_a - \hat{y}_a)x_{ja} = 0 \ (j=1, 2, \cdots, k) \end{cases} \quad (12-5-32)$$

将方程组（12－5－32）式展开整理后得：

$$\begin{cases} nb_0 + (\sum_{a=1}^{n}x_{1a})b_1 + (\sum_{a=1}^{n}x_{2a})b_2 + \cdots + (\sum_{a=1}^{n}x_{ka})b_k = \sum_{a=1}^{n}y_a \\ (\sum_{a=1}^{n}x_{1a})b_0 + (\sum_{a=1}^{n}x_{1a}^2)b_1 + (\sum_{a=1}^{n}x_{1a}x_{2a})b_2 + \cdots + (\sum_{a=1}^{n}x_{1a}x_{ka})b_k = \sum_{a=1}^{n}x_{1a}y_a \\ (\sum_{a=1}^{n}x_{2a})b_0 + (\sum_{a=1}^{n}x_{1a}x_{2a})b_1 + (\sum_{a=1}^{n}x_{2a}^2)b_2 + \cdots + (\sum_{a=1}^{n}x_{2a}x_{ka})b_k = \sum_{a=1}^{n}x_{2a}y_a \\ (\sum_{a=1}^{n}x_{ka})b_0 + (\sum_{a=1}^{n}x_{1a}x_{ka})b_1 + (\sum_{a=1}^{n}x_{2a}x_{ka})b_a + \cdots + (\sum_{a=1}^{n}x_{ka}^2)b_x = \sum_{a=1}^{n}x_{ka}y_a \end{cases}$$

(12－5－33)

方程组（12－5－33）式，被称为正规方程组。

如果引入一下向量和矩阵：

$$b = \begin{pmatrix} b_0 \\ b_1 \\ b_2 \\ \cdots \\ b_k \end{pmatrix}, Y = \begin{pmatrix} y_1 \\ y_2 \\ \cdots \\ y_n \end{pmatrix}, X = \begin{pmatrix} 1 & x_{11} & x_{21} & \cdots & x_{k1} \\ 1 & x_{12} & x_{22} & \cdots & x_{k2} \\ 1 & x_{13} & x_{23} & \cdots & x_{k3} \\ \cdots & \cdots & \cdots & \cdots & \cdots \\ 1 & x_{1n} & x_{2n} & \cdots & x_{kn} \end{pmatrix}$$

$$A = X^TX = \begin{pmatrix} 1 & 1 & 1 & \cdots & 1 \\ x_{11} & x_{12} & x_{13} & \cdots & x_{1n} \\ x_{21} & x_{22} & x_{23} & \cdots & x_{2n} \\ \cdots & \cdots & \cdots & \cdots & \cdots \\ x_{k1} & x_{k2} & x_{k3} & \cdots & x_{kn} \end{pmatrix} \begin{pmatrix} 1 & x_{11} & x_{21} & \cdots & x_{k1} \\ 1 & x_{12} & x_{22} & \cdots & x_{k2} \\ 1 & x_{13} & x_{23} & \cdots & x_{k3} \\ \cdots & \cdots & \cdots & \cdots & \cdots \\ 1 & x_{1n} & x_{2n} & \cdots & x_{kn} \end{pmatrix}$$

$$
= \begin{pmatrix} n & \sum_{a=1}^{n} x_{1a} & \sum_{a=1}^{n} x_{2a} & \cdots & \sum_{a=1}^{n} x_{ka} \\ \sum_{a=1}^{n} x_{1a} & \sum_{a=1}^{n} x_{1a}^2 & \sum_{a=1}^{n} x_{1a}x_{2a} & \cdots & \sum_{a=1}^{n} x_{1a}x_{ka} \\ \sum_{a=1}^{n} x_{2a} & \sum_{a=1}^{n} x_{1a}x_{2a} & \sum_{a=1}^{n} x_{2a}^2 & \cdots & \sum_{a=1}^{n} x_{2a}x_{ka} \\ \cdots & \cdots & \cdots & \cdots & \cdots \\ \sum_{a=1}^{n} x_{ka} & \sum_{a=1}^{n} x_{1a}x_{ka} & \sum_{a=1}^{n} x_{2a}x_{ka} & \cdots & \sum_{a=1}^{n} x_{ka}^2 \end{pmatrix}
$$

$$
B = X^T Y = \begin{pmatrix} 1 & 1 & 1 & \cdots & 1 \\ x_{11} & x_{12} & x_{13} & \cdots & x_{1n} \\ x_{21} & x_{22} & x_{23} & \cdots & x_{2n} \\ \cdots & \cdots & \cdots & \cdots & \cdots \\ x_{k1} & x_{k2} & x_{k3} & \cdots & x_{kn} \end{pmatrix} \begin{pmatrix} y_1 \\ y_2 \\ y_3 \\ \cdots \\ y_n \end{pmatrix} = \begin{pmatrix} \sum_{a=1}^{n} y_a \\ \sum_{a=1}^{n} x_{1a} y_a \\ \sum_{a=1}^{n} x_{2a} y_a \\ \cdots \\ \sum_{a=1}^{n} x_{ka} y_a \end{pmatrix}
$$

则正规方程组（12－5－33）式可以进一步写成矩阵形式

$$
Ab = B \tag{12-5-34}
$$

求解（12－5－34）式可得：

$$
b = A^{-1}B = (X^T X)^{-1} X^T Y \tag{12-5-35}
$$

如果引入记号：

$$
L_{ij} = L_{ji} = \sum_{a=1}^{n} (x_{ia} - \bar{x}_i)(x_{ja} - \bar{x}_i) \quad (i,\ j = 1,\ 2,\ \cdots,\ k)
$$

$$
L_{iy} = \sum_{a=1}^{n} (x_{ia} - \bar{x}_i)(y_a - \bar{y}) \quad (i = 1,\ 2,\ \cdots,\ k)
$$

则正规方程组也可以写成：

$$
\begin{cases} L_{11}b_1 + L_{12}b_2 + \cdots + L_{1k}b_k = L_{1y} \\ L_{21}b_1 + L_{22}b_2 + \cdots + L_{2k}b_k = L_{2y} \\ \cdots\cdots \\ L_{k1}b_1 + L_{k2}b_2 + \cdots + L_{kk}b_k = L_{ky} \\ b_0 = \bar{y} - b_1\bar{x}_1 - b_2\bar{x}_2 - \cdots - b_k\bar{x}_k \end{cases} \tag{12-5-36}
$$

（二）多元线性回归模型的显著性检验

与一元线性回归模型一样，当多元线性回归模型建立以后，也需要进行显著性检验。与前面的一元线性回归分析一样，因变量 y 的观测值 y_1，y_2，…，y_n 之间的波动或差异，是由两个因素引起的，一是由于自变量 x_1，x_2，…，x_k 的取值不同，另一是受其他随机因素的影响而引起的。为了从 y 的离差平方和中把它们区分开来，就需要对回归模型进行方差分析，也就是将 y 的离差平方和 S_T 或（L_{yy}）分解成两个部分，即回归平方和 U 与剩余平方和 Q：

$$S_T = L_{yy} = U + Q$$

在多元线性回归分析中，回归平方和表示的是所有 k 个自变量对 y 的变差的总影响，它可以按公式

$$U = \sum_{a=1}^{n} (\hat{y}_a - \bar{y})^2 = \sum_{i=1}^{k} b_i L_{iy}$$

计算，而剩余平方和为

$$Q = \sum_{a=1}^{n} (y_a - \hat{y}_a)^2 = L_{yy} - U$$

以上几个公式与一元线性回归分析中的有关公式完全相似。它们所代表的意义也相似，即回归平方和越大，则剩余平方和 Q 就越小，回归模型的效果就越好。不过，在多元线性回归分析中，各平方和的自由度略有不同，回归平方和 U 的自由度等于自变量的个数 k，而剩余平方和的自由度等于 $n-k-1$，所以 F 统计量为：

$$F = \frac{U/k}{Q/(n-k-1)}$$

当统计量 F 计算出来之后，就可以查 F 分布表对模型进行显著性检验。

第六节 趋势外推方法

一定的外界随机条件对应系统状态的一定表象，把一系列随机条件和对应的表象联接起来的长链条，既体现了系统运动变化的随机性，又体现了系统运动变化的约束性。因此，可以沿着这一链条，由系统的历史和现实的发展趋势推测其未来的发展趋势，即由已知推测未来。趋势外推法就是在大量历史的和现实的随机现象中，寻求它们的“平静的反映”，从而得到系统运动变化的规律，并据此规律推测出该系统未来的状况。这就是应用趋势外推法可以对事物的未来状况进行预测的理论根据。

广义地讲，任何预测方法都是某种推测或推断，而对时间序列而言，推测与推断都是一种外推（由现在推测未来，如移动平均法、指数平滑法等时间序列方法）。“趋势外推法”是根据事物发展的特有规律，推测并着重研究其可能的发展趋势，故由此而得名。趋势外推法是根据变量（预测目标）的时间序列数据资料，提示其发展变化规律，并通过建立适当的预测模型，推断其未来变化的趋势。很多变量的发展变化与时间之间都存在一定的规律性，若能发现其规律，并用函数的形式加以量化，就可运用该函数关系去预测未来的变化趋势。

大量事实证明，事物的发展过程，虽然有时可能出现某种跳跃，但主要还是渐进发展的。在这种情况下，趋势外推法就能为某些技术或经济的未来发展趋势与状况做出科学的预测。实际上，趋势外推法已成为科学技术发展渐进过程的一种主要预测方法，尤其是在技术预测领域中，其应用最为广泛。据统计，约有 80% 的技术预测使用这种方法。这种方法的主要优点是，可以揭示技术发展的未来趋势，并能够定量地估价某些功能特性。利用趋势外推法进行预测，在国外的工业公司和科研机构已经得到了广泛的应用，我国的某些技术和经济部门也已开始应用。

趋势外推法的两个前提假设是：

1. 技术（或经济）发展的因素，不但决定了过去的技术发展，而且在很大程度上也决定着该技术的未来发展。这一前提假设实质上指的是在研究某项技术的过去、现在和未来的整个发展过程中，它保持相对不变，亦即内、外因保持相对不变。

2. 技术或经济的发展过程，一般属于渐进变化，而不是跳跃式变化。这一前提假设实际上是指质的稳定性。

趋势外推预测法是研究变量的发展变化相对于时间之间的函数关系。根据函数关系的形态不同，可分为直线趋势外推预测法、曲线趋势外推预测法。

一、直线趋势外推预测法

直线趋势外推预测法是最简单的一种外推法，适用于时间序列观察值数据呈直线上升或下降的情形。此时，该变量的长期趋势就可用一条直线来描述，并通过该直线趋势的向外延伸，估计其预测值。

1. 线性趋势时间序列的特点

时间序列的变化趋势从图形上看，就是序列呈现某种增长或衰减的趋势，这种趋势是长期趋势。尽管时间序列的项值是各方面因素综合作用的结果，但序列呈现的线性趋势，说明其中有的因素是长期起决定作用而致。必须把这个长期趋势研究清楚，才能进行外推预测。

线性趋势预测的基本思想就是假定影响时间序列的项值的主要因素过去、现在和将来都大体相同，因而只要将其趋势直线加以延伸，便可预测未来的项值。一般而言，这种预测方法只适用于短期或经济平稳发展时期的预测。

常用的预测方法有拟合直线方程法和加权拟合直线方程法（又称折扣最小平方法）。

2. 拟合直线方程法

拟合直线方程法是根据时间序列数据的长期变动趋势，运用数理统计方法，确定待定参数，建立直线预测模型，并用之进行预测的一种定量预测分析方法。

（1）拟合直线方程法的原理

拟合直线方程法的原理就是最小二乘原理。它是依据时间序列数据拟合一条直线形态的趋势线，使该直线上的预测值与实际观察值之间的离差平方和为最小。

设有 n 个时间序列观察值（x_1，y_1），（x_2，y_2），…，（x_n，y_n），待求的拟合直线为 AB，它使 n 个观察值对该直线的离差分别为 e_1，e_2，…，e_n。其中在 AB 直线上方一侧的离差为正离差，下方一侧为负离差。如果简单地以离差代数和 $\sum_{t=1}^{n} e_t$ 的大小来反映该直线是否是最佳拟合直线，则可能出现正、负离差的相互抵消使离差代数和变小，甚至出现完全相抵消的情况，这说明 $\sum_{t=1}^{n} e_t$ 并不能真正反映拟合直线的优劣。因此，为了避免正、负离差的相互抵消，应采用离差平方和 $\sum_{t=1}^{n} e_t^2$ 的大小来反映拟合直线的拟合效果。最小二乘法就是利用数学上的微分求极值原理，将离差平方和趋于最小时的拟合直线作为最佳的一条预测直线方程，从而提高预测的精度。

（2）拟合直线方程法数学模型

设拟合直线方程为：

$$\hat{y}_t = \hat{a} + \hat{b}x_t \tag{12-6-1}$$

式中 $\hat{y}_t$—第 t 期的预测值；x_t—自变量，表示第 t 期的编号的取值；$\hat{a}$—趋势直线在 y 轴上的截距；$\hat{b}$—趋势直线的斜率。

假设 y_t 为时间序列第 t 期实际观察值（$t=1, 2, \cdots, n$），$\hat{y}_t$ 为趋势直线的第 t 期预测值，e_t 为第 t 期实际观察值与其预测值的离差，

$$e_t = y_t - \hat{y} = y_1 - \hat{a} - \hat{b}x_t$$

假设 Q 为总离差平方和，则

$$Q = \sum_{t=1}^{n} e_t^2 = \sum_{t=1}^{n} (y_t - \hat{y}_t)^2 = \sum_{t=1}^{n} (y_t - \hat{a} - \hat{b}x_t)^2$$

上式中，y_t，x_t 的取值均已确定，Q 的大小实际上取决于待定系数 $\hat{a}$，$\hat{b}$ 的取值，也就是说，上式中 Q 实际上是以 $\hat{a}$，$\hat{b}$ 为自变量的二元函数。所以，为使 Q 值为最小，可分别对 $\hat{a}$，$\hat{b}$ 求偏导，并令之为零。即：

$$\frac{\partial Q}{\partial \hat{a}} = \frac{\partial}{\partial \hat{a}} \sum_{t=1}^{n} (y_t - \hat{a} - \hat{b}x_t)^2 = 0 \tag{12-6-2}$$

$$\frac{\partial Q}{\partial \hat{b}} = \frac{\partial}{\partial \hat{b}} \sum_{t=1}^{n} (y_t - \hat{a} - \hat{b}x_t)^2 = 0 \tag{12-6-3}$$

将式（12－6－2）和式（12－6－3）联立求解，得：

$$\hat{a} = \frac{1}{n}\sum_{t=1}^{n} y_t - \hat{b}\,\frac{1}{n}\sum_{t=1}^{n} x_t = \bar{y}_t - \hat{b}\,\bar{x}_t \tag{12-6-4}$$

$$\hat{b} = \frac{n\sum_{t=1}^{n} x_t y_t - \left(\sum_{t=1}^{n} x_t\right)\left(\sum_{t=1}^{n} y_t\right)}{n\sum_{t=1}^{n} x_t^2 - \left(\sum_{t=1}^{n} x_t\right)^2} = \frac{\sum_{t=1}^{n} (x_1 - \bar{x})(y_t - \bar{y})}{\sum_{t=1}^{n} (x_1 - \bar{x})^2} \tag{12-6-5}$$

式中 $\bar{x} = \frac{1}{n}\sum_{t=1}^{n} x_t$，$\bar{y} = \frac{1}{n}\sum_{t=1}^{n} y_t$

此处我们要注意到，自变量 x_t 的取值为 1 到 n，也就是说，自变量 x_t 的取值等于其下标 t，如 $x_1=1$，$x_t=t$。而实际上，从直线趋势法的原理来讲，时间变量 x_t 的取值代表的是时间变量的编号，而这种编号并不一定要从 1 开始。还可以从任一个自然数开始顺序编号，如 $x_1=0$，$x_1=-3$。所以，我们可以利用这样的便利减少我们的工作量，这种方法称为正、负对称编号法。即当时间序列的数据长度 n 为奇数时，取中数（$\frac{n+1}{2}$）的编号为 0，那么 x_t 就构成了以 0 号为中心的正、负数对称的顺序编号，也就是令 $x_t = t - \frac{n+1}{2}$，使得 $\sum_{t=1}^{n} x_t = 0$。如 $n=7$，$\frac{n+1}{2}=4$，那么 x_t 的取值为 $x_1=-3$，$x_2=$

-2，…，$x_4=0$，…，$x_7=3$，此时显然有$\sum_{t=1}^{7}=0$，从而达到简化计算的目的。使用正、负对称编号法时，式（12－6－4）、（12－6－5）可以简化为：

$$\hat{a}=\frac{\sum_{t=1}^{n}y_t}{n}=\bar{y} \quad (12-6-6)$$

$$\hat{b}=\frac{\sum_{t=1}^{n}x_t y_t}{\sum_{t=1}^{n}x_t^2}=\bar{y} \quad (12-6-7)$$

（3）拟合直线方程法的预测步骤

案例12－6－1 某家用电器厂1993～2003年利润额数据资料如（表12－6－1）所示，试预测当时间变量的编号分别为：－5，－4，－3，－2，－1，0，1，2，3，4，5和0，1，2，3，4，5，6，7，8，9时，2004、2005年企业的利润各为多少万元？

解：

①绘制时间序列数据散点图。观察各散点的变化趋势是否可用直线方程来拟合。

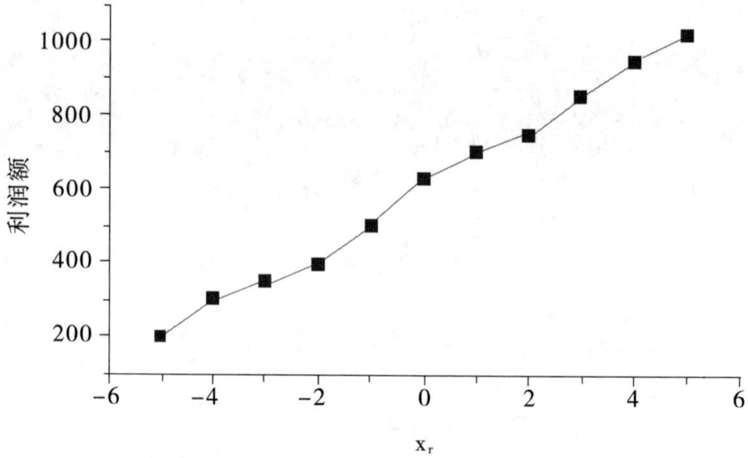

图12－6－1 某家用电器厂年利润散点图

②列表计算求待定系数所需的数据资料。

$$\hat{y}_t=191.0+82.7x_t \quad (12-6-8)$$

表12－6－1 某家用电器厂1993～2003年年利润及拟合直线方程法计算表

单位：万元

年份	利润额 y_t	x_t	x_t^2	$x_t y_t$	$\hat{y}_t$	x_t	x_t^2	$x_t y_t$	$\hat{y}_t$
1993	200	－5	25	－1000	191.0	0	0	0	191.0
1994	300	－4	16	－1200	273.7	1	1	300	273.7
1995	350	－3	9	－1050	356.4	2	4	700	356.4

续表

年份	利润额 y_t	x_t	x_t^2	$x_t y_t$	$\hat{y}_t$	x_t	x_t^2	$x_t y_t$	$\hat{y}_t$
1996	400	-2	4	-800	439.1	3	9	1200	439.1
1997	500	-1	1	-500	521.8	4	16	2000	521.8
1998	630	0	0	0	604.5	5	25	3150	604.5
1999	700	1	1	700	687.2	6	36	4200	687.2
2000	750	2	4	1500	769.9	7	49	5250	769.9
2001	850	3	9	2550	852.6	8	64	6800	852.6
2002	950	4	16	3800	935.3	9	81	8550	935.3
2003	1020	5	25	5100	1018.0	10	100	10200	1018.0
Σ	6650	0	110	9100		55	385	42350	

表 12-6-1 的左边以 $\sum_{t=1}^{n} x_t = 0$ 来进行自变量 x_t 的取值，求得 $\sum_{t=1}^{n} y_t = 6650$，$\sum_{t=1}^{n} x_t^2 = 110$，$\sum_{t=1}^{n} x_t y_t = 9100$。表 12-6-1 的右边以 0，1，2，…，10 对自变量 x_t 进行取值，并求得 $\sum_{t=1}^{n} x_t = 55$，$\sum_{t=1}^{n} x_t^2 = 385$，$\sum_{t=1}^{n} x_t y_t = 42350$。

③确定待定系数，建立预测模型。

按表 12-6-1 左边的编号方法，有

$$\hat{a} = \frac{\sum_{t=1}^{n} y_t}{n} = \bar{y} = \frac{6650}{11} = 604.5,\quad \hat{b} = \frac{\sum_{t=1}^{n} x_t y_t}{\sum_{t=1}^{n} x_t^2} = \frac{9100}{110} = 82.7.$$

直线方程为

$$\hat{y}_t = 604.5 + 82.7 x_t \qquad (12-6-8)$$

按表 12-6-1 右边的编号方法，有

$$\hat{a} = \bar{y}_t - \hat{b}\,\bar{x}_t = 191.0,\qquad \hat{b} = \frac{n\sum_{t=1}^{n} x_t y_t - (\sum_{t=1}^{n} x_t)(\sum_{t=1}^{n} y_t)}{n\sum_{t=1}^{n} x_t^2 - (\sum_{t=1}^{n} x_t)^2} = 82.7$$

直线方程为

$$\hat{y}_t = 191.0 + 82.7 x_t \qquad (12-6-9)$$

④用拟合直线方程求预测值。

按式（12-6-8）进行预测：

$$\hat{y}_{2004} = 604.5 + 82.7 \times 6 = 1100.7\ （万元）$$

$$\hat{y}_{2005} = 604.5 + 82.7 \times 7 = 1183.4\ （万元）$$

按式（12－6－9）进行预测：

$$\hat{y}_{2004}=191+82.7\times 11=1100.7\text{（万元）}$$

$$\hat{y}_{2005}=191+82.7\times 12=1183.4\text{（万元）}$$

可见，由于两种时序列编号方法不同，两条直线方程式（12－6－8）与（12－6－9）的截距不同。但斜率相同，两个拟合直线方程所求得的预测结果完全一样。请读者自己将数据的散点图及拟合曲线画在同一坐标系中，观察其中的异同。

3. 加权拟合直线方程法

（1）加权拟合直线方程法的原理

上述拟合直线方程法是估计线性趋势预测模型的参数的常用方法。其基本思想就是要使预测结果与实际数据的误差的平方和达到最小值。从结构上看，误差平方和$\sum_{t=1}^{n}(y_t-\hat{y}_t)^2$是每年的实际值$y_t$与该年的预测值的偏差值$\hat{y}_t$的平方和，这意味着式$\sum_{t=1}^{n}(y_t-\hat{y}_t)^2$中的每一项都有同样的重要性，即不论这个误差是近期的或是远期的，都赋予同等的权数。但事实上，对于预测精确度来说，近期的误差比远期误差更为重要。如一个经济现象，在预测期前的几期递增趋势明显且稳定，而远期的数量指标曾有过较大的跳动，按最小平方法，尽管时间序列后几期的误差平方都不大，但由于前面开始几期跳跃较大，也会使$\sum_{t=1}^{n}(y_t-\hat{y}_t)^2$较大。这就使得本来预测误差不大，精度较高的预测值也得承认有较大的误差。这是不合理的。因此，在市场预测的实践中，要按照时间先后本着重近轻远的原则，对离差平方和进行赋权，然后再按最小二乘原理，使离差平方和达到最小，求出加权拟合直线方程。这种方法称为加权拟合直线方程法。

假设由近及远的离差平方和的权重分别为α^0，α^1，α^2，…，α^{n-1}，其中$0\leqslant\alpha<1$，$\alpha^0=1$，说明对最近期数据赋予最大权重为1，而后由近及远，按α比例递减。各期权重衰减速度取决于α的取值，α取值越大（越接近于1），衰减速度越慢；反之，α的取值越小（越接近于0），则衰减速度越快。如$\alpha=1$，则就转化为如上述的非加权拟合直线方程法。从该意义上说，加权拟合直线方程法是拟合直线方程法的改进和发展。

（2）加权拟合直线方程法的数学模型

假设加权拟合直线方程为$\hat{y}_t=\hat{a}+\hat{b}x_t$，加权离差平方和为：

$$Q=\sum_{t=1}^{n}\alpha^{n-t}(y_t-\hat{a}-\hat{b}x_t)^2 \tag{12-6-10}$$

要使Q达到最小，应用多元函数求极值的方法，对式（12－6－10）分别求$\hat{a}$与$\hat{b}$的偏导数，并令之为零：

$$\frac{\partial Q}{\partial \hat{a}}=\sum_{t=1}^{n}\alpha^{n-t}y_t-\hat{a}\sum_{t=1}^{n}\alpha^{n-t}-\hat{b}\sum_{t=1}^{n}\alpha^{n-t}x_t=0 \qquad (12-6-11)$$

$$\frac{\partial Q}{\partial \hat{a}}=\sum_{t=1}^{n}\alpha^{n-t}x_t y_t-\hat{a}\sum_{t-1}^{n}\alpha^{n-t}x_t-\hat{b}\sum_{t-1}^{n}\alpha^{n-t}x_t^2=0 \qquad (12-6-12)$$

对以上两式联立进行求解即可得到 $\hat{a}$、$\hat{b}$ 的值。

（3）加权拟合直线方程法的预测步骤

案例 12－6－2　数据资料同案例 12－6－1，当 $\alpha=0.8$ 时，试用加权拟合直线方程法预测 2018 与 2019 年的利润额各为多少万元？

①列表计算有关数据。按式（12－6－11）与式（12－6－12）的要求，分别计算各年的 $n-t$，α^{n-t}，$\alpha^{n-t}y_t$，$\alpha^{n-t}x_t y_t$，$\alpha^{n-t}x_t$，$\alpha^{n-t}x_t^2$，并加总求和，然后代入上式，有：

$$\begin{cases}3536.57-4.5705\hat{a}-36.7179\hat{b}=0\\31302.71-36.7179\hat{a}-329.5377\hat{b}=0\end{cases}$$

联立求解得 $\hat{a}=101.68$，$\hat{b}=83.66$，故预测模型为

$$\hat{y}=101.68+83.66x_t \qquad (12-6-13)$$

②预测值。

当 $x_t=12$ 时，$\hat{y}_{2004}=101.68+83.66\times12=1105.6$（万元）

当 $x_t=13$ 时，$\hat{y}_{2005}=101.68+83.66\times13=1189.26$（万元）

即该家用电器在 2018、2019 年的利润分别为 1105.6、1189.26 万元。

（4）结论分析

比较案例 12－6－1 与案例 12－6－2 的预测结果，可以发现，由于时间序列数据的线性趋势比较明显，又由于加权拟合直线法的加权系数取值比较大（$\alpha=0.8$），使得加权与不加权两种拟合直线法的预测结果很接近。但就一般而言，由于加权拟合直线法按重近轻远的赋权原则，使其预测结果更接近于实际观察值。而且随着 α 取值越小，对近期数据所赋权数就越大，因此近期预测值就越接近实际观察值。但是，要选择一个比较合适的 α 值也是一个比较困难的事，一般要经过若干次试探，使得加权离差平方和 $\sum_{t=1}^{n}\alpha^{n-t}(y_t-\hat{y}_t)^2$ 达到最小为好。

表 12－6－2　某家电企业 2007～2017 年年利润及加权拟合直线法计算表

单位：万元

年份	2007	2008	2009	2010	2011	2012	2013	2014	2015	2016	2017	Σ
x_t	1	2	3	4	5	6	7	8	9	10	11	
利润额 y_t	200	300	350	400	500	630	700	750	850	950	1020	6650
$n-t$	10	9	8	7	6	5	4	3	2	1	0	

续表

年份	2007	2008	2009	2010	2011	2012	2013	2014	2015	2016	2017	Σ
α^{n-t}	0.1074	0.1342	0.1678	0.2097	0.2621	0.3277	0.4096	0.5120	0.6400	0.8000	1.0000	
$\alpha^{n-t}y_t$	21.48	40.27	58.72	83.87	131.07	206.44	286.72	384.00	544.00	260.00	1020.0	3536.57
$\alpha^{n-t}x_ty_t$	21.48	80.52	176.19	335.52	655.25	1238.7	2007.0	3072.0	4896.0	7600.0	11220	31302.7
$\alpha^{n-t}x_t$	0.1074	0.2684	0.5034	0.8388	1.3105	1.9662	2.8672	4.096	5.76	8.00	11	36.718
$\alpha^{n-t}x_t^2$	0.1074	0.5368	1.5102	3.3352	6.5525	11.792	20.07	32.768	51.84	80.00	121.0	329.538
$\hat{y}_t$	185.34	269.0	352.66	436.32	519.98	603.64	687.30	770.96	854.62	938.28	1021.94	
$(y_t-\hat{y}_t)^2$	214.92	961.0	7.08	1319.14	399.20	694.85	161.29	439.32	21.34	137.36	3.76	
$\alpha^{n-t}(y_t-\hat{y}_t)^2$	23.08	128.97	1.19	276.62	104.63	227.70	66.06	224.93	13.66	109.88	3.76	1180.48

二、曲线趋势外推预测法

在很多情况下，变量间的关系由于受众多因素的影响，其变动趋势并非总是一条简单的直线方程，往往会呈现出不同形态的曲线变动趋势。

曲线外推预测法是指根据时间序列数据资料的散点图的走向趋势，选择恰当的曲线方程，利用最小二乘法或拟合法（三点法、三和法）等来确定待定的参数，建立曲线预测模型，并用它进行预测的方法。

常见的曲线外推趋势预测法有二次曲线法、三次曲线法和生长曲线法。

假设曲线趋势外推预测模型为

$$\hat{y}_t=\hat{a}+\hat{b}x_t+\hat{c}x_t^2+\hat{d}x_t^3+\hat{e}x_t^4+\cdots \qquad (12-6-14)$$

式中：$\hat{y}_t$—第 t 期某变量的预测值（因变量）；x_t—时间变量（自变量），$t=1,2,\cdots,n$。

当 $\hat{c}=\hat{d}=\cdots=0$ 时，$\hat{y}_t=\hat{a}+\hat{b}\hat{x}_t$，即为线性趋势外推预测法的模型；

当 $\hat{d}=\hat{e}=\cdots=0$ 时，$\hat{y}_t=\hat{a}+\hat{b}x_t+\hat{c}x_t^2$ 即为二次曲线外推预测法的模型。

下面我们主要介绍二次曲线趋势外推预测法。

二次曲线外推法是研究时间序列观察值数据随时间变动呈现一种由高到低再到高（或由低到高再到低）的趋势变化的曲线外推预测方法。由于时间序列观察值的散点图呈现抛物线形状，故也称之为二次抛物线预测模型。

与拟合直线外推法相同，二次曲线外推法也是根据使其误差最小的标准，确定其待定系数。下面分别介绍两种这样的方法。

1. 用最小二乘法确定待定参数

（1）参数的确定

设 y_t 表示第 t 期的时间序列的观察值；$\hat{y}_t$—第 t 期的预测值；e_t—第 t 期的离差；

Q—离差平方和。由二次曲线外推预测法的模型 $\hat{y}_t=\hat{a}+\hat{b}x_t+\hat{c}x_t^2$，有

$$e_t=y_t-\hat{y}_t=y_t-\hat{a}-\hat{b}x_t-\hat{c}x_t^2$$

$$Q=\sum_{t=1}^{n}e_t^2=\sum_{t=1}^{n}(y_t-\hat{a}-\hat{b}x_t-\hat{c}x_t^2)^2 \qquad (12-6-15)$$

与拟合直线外推法相同的原理，对式（12－6－15）求 $\frac{\partial Q}{\partial \hat{a}}$、$\frac{\partial Q}{\partial \hat{b}}$、$\frac{\partial Q}{\partial \hat{c}}$，并分别令其等于0，则可得关于 $\hat{a}$，$\hat{b}$，$\hat{c}$ 的方程组

$$\begin{cases}\sum_{t=1}^{n}y_t=n\hat{a}+\hat{b}\sum_{t=1}^{n}x_t+\hat{c}\sum_{t=1}^{n}x_t^2\\ \sum_{t=1}^{n}x_ty_t=\hat{a}\sum_{t=1}^{n}x_t+\hat{b}\sum_{t=1}^{n}x_t^2+\hat{c}\sum_{t=1}^{n}x_t^3\\ \sum_{t=1}^{n}x_t^2y_t=\hat{a}\sum_{t=1}^{n}x_t^2+\hat{b}\sum_{t=1}^{n}x_t^3+\hat{c}\sum_{t=1}^{n}x_t^4\end{cases} \qquad (12-6-16)$$

由于 x_t 表示时间序列的编号，如同拟合直线方程法一样，当时间序列观察期的项数为奇数时，令其中间项（$\frac{n+1}{2}$）的编号为0，则 $\sum_{t=1}^{n}x_t=0$，$\sum_{t=1}^{n}x_t^3=0$，…，式（12－6－16）可简化为：

$$\begin{cases}\sum_{t=1}^{n}y_t=n\hat{a}+\ +\hat{c}\sum_{t=1}^{n}x_t^2\\ \sum_{t=1}^{n}x_ty_t=\hat{b}\sum_{t=1}^{n}x_t^2\\ \sum_{t=1}^{n}x_t^2y_t=\hat{a}\sum_{t=1}^{n}x_t^2+\hat{c}\sum_{t=1}^{n}x_t^4\end{cases} \qquad (12-6-17)$$

解上面的方程组可得：

$$\hat{a}=\frac{\sum_{t=1}^{n}x_t^4\sum_{t=1}^{n}y_t-\sum_{t=1}^{n}x_t^2\sum_{t=1}^{n}x_t^2y_t}{n\sum_{t=1}^{n}x_t^4-(\sum_{t=1}^{n}x_t^2)^2}$$

$$\hat{b}=\frac{\sum_{t=1}^{n}x_ty_t}{\sum_{t=1}^{n}x_t^2} \qquad (12-6-18)$$

$$\hat{c}=\frac{n\sum_{t=1}^{n}x_t^2y_t-\sum_{t=1}^{n}x_t^2\sum_{t=1}^{n}y_t}{n\sum_{t=1}^{n}x_t^4-(\sum_{t=1}^{n}x_t^2)^2}$$

（2）预测步骤

案例 12－6－3　某公司1995～2003年的商品销售收入如表12－6－3所示，试预测该公司2004年的销售收入。

表 12-6-3　某公司 1995~2003 年商品销售收入数据表　　单位：万元

年份	1995	1996	1997	1998	1999	2000	2001	2002	2003
销售收入	545	641	764	923	1107	1322	1568	1836	2140

解：

①制散点图。

②根据观察值的散点图的变化趋势确定其属于二次曲线变化趋势后，列表计算二次曲线待定参数所需的数据。计算结果如表 12-6-4 所示。

③计算待定参数，建立预测模型，并计算预测值。

利用表 12-6-4 中的有关数据，代入式（12-6-18）中，计算得：

$$\hat{a}=1107.29,\ \hat{b}=199.53,\ \hat{c}=14.67$$

该例的二次曲线的趋势外推预测模型为：

$$\hat{y}_t=1107.29+199.53x_t+14.67x_t^2 \qquad (12-6-19)$$

当 $x_t=5$ 时，代入上式得

$$\hat{y}_{2004}=1107.29+199.53\times5+14.67\times25=2471.89\ (\text{万元})$$

表 12-6-4　某公司商品销售收入及有关数据计算表　　单位：万元

年份	x_t	销售额 y_t	x_t^2	x_t^4	x_ty_t	$x_t^2y_t$	$\hat{y}_t$	$(y_t-\hat{y}_t)^2$
1995	-4	545	16	256	-2180	8720	543.89	1.23
1996	-3	641	9	81	-1923	5769	640.73	0.07
1997	-2	764	4	16	-1528	3056	766.91	8.47
1998	-1	923	1	1	-923	923	922.43	0.32
1999	0	1107	0	0	0	0	1107.29	0.08
2000	1	1322	1	1	1322	1322	1321.49	0.26
2001	2	1568	4	16	3136	6272	1565.03	8.82
2002	3	1836	9	81	5508	16524	1837.91	3.65
2003	4	2140	16	256	8560	34240	2140.13	0.02
Σ	0	10846	60	708	11972	76826		22.92

2. 用三点法确定待定参数

（1）三点法确定待定参数的思路

用三点法确定待定参数的思路是，在二次曲线模型上选取远、中、近期三点坐标作为预测模型待定参数 a、b、c 的估计值。其具体做法为，使时间序列的总项数 n 为奇数（若为偶数，可删去最初的一个观察期数据）；如果 $n \geq 15$ 时，则在时间序列的远、中、近三期各取 5 个数据项，用权数 w =1，2，3，4，5 由远及近分别赋权并进行加权平均；同理，如果 $9 \leq n \leq 15$ 时，则在时间序列的远、中、近三期各取 3 个数据项，用权数 w =1，2，3 由远及近分别赋权并进行加权平均。以此三个加权平均值作为该二次曲线预测模型上远、中、近三点的纵坐标的数值。即假设远、中、近三期的坐标分别为 M_1（t_1，R），M_2（t_2，S），M_3（t_3，T）；时间序列总项数 n 为奇数，且中间项为 $d=\frac{n+1}{2}$，则当 $n \geq 15$ 时，取远期 5 个观察值 y_1，y_2，y_3，y_4，y_5，其加权平均值为：

$$R=\frac{y_1+2y_2+3y_3+4y_4+5y_5}{1+2+3+4+5}$$

同理，取中期 5 个观察值 y_{d-2}，y_{d-1}，y_d，y_{d+1}，y_{d+2}，其加权平均值为：

$$S=\frac{y_{d-2}+2y_{d-1}+3y_d+4y_{d+1}+5y_{d+2}}{1+2+3+4+5}$$

取近期 5 个观察值 y_{n-4}，y_{n-3}，y_{n-2}，y_{n-1}，y_n，其加权平均值为：

$$T=\frac{y_{n-4}+2y_{n-3}+3y_{n-2}+4y_{n-1}+5y_n}{1+2+3+4+5}$$

另外，也要对远、中、近三点的横坐标 x_1，x_2，x_3，作权数（1，2，3，4，5）相同加权平均值。

$$x_1=\frac{1\times1+2\times2+3\times3+4\times4+5\times5}{1+2+3+4+5}=\frac{11}{3}$$

$$x_2=\frac{(d-2)+2(d-1)+3d+4(d+1)+5(d+2)}{1+2+3+4+5}=d+\frac{2}{3} \qquad (12-6-20)$$

注意 $d=\frac{n+1}{2}$，将其代入式（12－6－20）中，有

$$x_2=\frac{3n+7}{6}$$

$$x_3=\frac{(n-4)+2(n-3)+3(n-2)+4(n-1)+5n}{1+2+3+4+5}=n-\frac{4}{3}$$

于是，以 5 项观察值作加权平均后三点坐标分别为：

$$M_1\left(\frac{11}{3},\ R\right);\ M_2\left(\frac{3n+7}{6},\ S\right);\ M_3\left(\frac{3n-4}{3},\ T\right)$$

将以上三点代入二次曲线预测模型 $\hat{y}_t=a+bx_t+cx_t^2$ 中，有联立方程组：

$$\begin{cases}R=a+\frac{11}{3}b+\left(\frac{11}{3}\right)^2c\\S=a+\frac{3n+7}{6}b+\left(\frac{3n+7}{6}\right)^2c\\T=a+\frac{3n-4}{3}b+\left(\frac{3n-4}{3}\right)^2c\end{cases}\tag{12-6-21}$$

对式（12－6－21）联立求解，则有：

$$\begin{cases}a=R-\frac{11}{3}b-\frac{121}{9}c\\b=\frac{T-R}{n-5}-\frac{3n+7}{3}c\\c=\frac{2(R+T-2S)}{(n-5)^2}\end{cases}\tag{12-6-22}$$

依此类推，如果是用三项数进行加权平均，且权数由远及近取1，2，3，那么，远、中、近期三点的纵坐标分别为：

$$\begin{cases}R=\frac{1}{6}(y_1+2y_2+3y_3)\\S=\frac{1}{6}(y_{d-1}+2y_{d-2}+3y_{d+1})\\T=\frac{1}{6}(y_{n-2}+2y_{n-1}+3y_n)\end{cases}\tag{12-6-23}$$

三点的横坐标分别为：

$$\begin{cases}x_1=\frac{1}{6}(1+2\times2+3\times3)=\frac{7}{3}\\x_2=\frac{1}{6}[(d-1)+2d+3(d+1)]=\frac{6d+2}{6}=\frac{3n+5}{6}\\x_3=\frac{1}{6}[(n-2)+2(n-1)+3n]=\frac{3n-2}{3}\end{cases}\tag{12-6-24}$$

于是，以三项观察值作加权平均后的坐标分别为：

$M_1\left(\frac{7}{3},R\right)$，$M_2\left(\frac{3n+5}{6},S\right)$，$M_3\left(\frac{3n-2}{3},T\right)$。

同理，将三点坐标值代入二次曲线预测模型，则有联立方程式：

$$\begin{cases}R=a+\frac{7}{3}b+\left(\frac{7}{3}\right)^2c\\S=a+\frac{3n+5}{6}b+\left(\frac{3n+5}{6}\right)^2c\\T=a+\frac{3n-2}{3}b+\left(\frac{3n-2}{3}\right)^2c\end{cases}\tag{12-6-25}$$

对式（12－6－25）联立求解，则有：

$$\begin{cases} a = R - \dfrac{7}{3}b - \dfrac{49}{9}c \\ b = \dfrac{T-R}{n-3} - \dfrac{3n+5}{3}c \\ c = \dfrac{2\ (R+T+2S)}{(n-3)^2} \end{cases} \quad (12-6-26)$$

（2）三点法的应用

案例 12－6－4　观察期的数据同例 12－6－3，试按三点法预测该公司 2004 年销售收入为多少万元。

解：

①绘散点图。观察其变化趋势，选择二次抛物线预测模型。

②列表计算待定参数所需数据，建立数学模型并进行预测。

表 12－6－5　某公司商品销售收入及三点法有关数据计算表　　单位：万元

年份	x_t	销售收入 y_t	权重 w	wy_t	$\hat{y}_t$	$(y_t-\hat{y}_t)^2$
1995	1	545	1	545	549.68	21.90
1996	2	641	2	1282	647.44	41.47
1997	3	764	3	2292	774.34	106.92
1998	4	923	1	923	930.38	54.46
1999	5	1107	2	2214	1115.56	73.27
2000	6	1322	3	3966	1329.88	62.09
2001	7	1568	1	1568	1573.34	28.52
2002	8	1836	2	3672	1845.94	98.80
2003	9	2140	3	6420	2147.68	58.98
Σ						546.41

由式（12－6－23）得：

$$R = \frac{545+1282+2292}{6} = 686.5$$

$$S = \frac{923+2214+3966}{6} = 1183.8$$

$$T = \frac{1568+3672+6420}{6} = 1943.3$$

由式（12－6－26）得：

$$c = \frac{2\times\ (686.5+1943.2-2\times1183.8)}{(9-3)^2} = 14.57$$

$$b=\frac{1943.3-686.5}{9-3}-\frac{3\times9+5}{3}\times14.57=54.05$$

$$a=686.5+\frac{7}{3}\times54.05-\frac{49}{9}\times14.57=481.06$$

所以，用三点法建立的二次曲线预测模型为：

$$\hat{y}_t=481.06+54.05x_t+14.57x_t^2 \qquad (12-6-27)$$

将各年的 x_t 值代入式（12－6－27）中，可得各年的内插值 $\hat{y}_t$，并填入表中。

第七节 灰色预测方法

一、灰数简介

（一）灰数

灰色系统理论中的一个重要概念是灰数。灰数是指未明确指定的数，即处在某一范围内的数，灰数是区间数的一种推广。

灰色系统用灰数、灰色方程、灰色矩阵等来描述，其中灰数是灰色系统的基本“单元”或“细胞”。

我们把只知道大概范围而不知其确切值的数称为灰数。在应用中，灰数实际上指在某一个区间或某个一般的数集内取值的不确定数，通常用记号“$\otimes$”表示灰数。

灰数有以下六类：

1. 仅有下界的灰数

有下界而无上界的灰数记为$\otimes \in [\underline{a}, \infty]$或$\otimes(\underline{a})$，其中$\underline{a}$为灰数$\otimes$的下确界，它是一个确定的数，我们称$[\underline{a}, \infty]$为$\otimes$的取数域，简称$\otimes$的灰域。

一棵生长着的大树，其重量便是有下界的灰数，因为大树的重量必大于零，但不可能用一般手段知道其准确的重量，若用$\otimes$表示大树的重量，便有$\otimes \in [0, \infty]$。

2. 仅有上界的灰数

有上界而无下界的灰数记为$\otimes \in [-\infty, \overline{a}]$或$\otimes(\overline{a})$，其中$\overline{a}$为灰数$\otimes$的上确界，是一个确定的数。

一项投资工程，要有个最高投资限额，一件电器设备要有个承受电压或通过电流的最高临界值。工程投资、电器设备的电压、电流容许值都是有上界的灰数。

3. 区间灰数

既有下界$\underline{a}$又有上界$\overline{a}$的灰数称为区间灰数，记为$\otimes \in [\underline{a}, \overline{a}]$。

海豹的重量在20～25公斤之间，某人的身高在1.8～1.9米之间，可分别记为

$$\otimes_1 \in [20, 25],\ \otimes_2 \in [1.8, 1.9]$$

4. 连续灰数与离散灰数

在某一区间内取有限个值或可数个值的灰数称为离散灰数，取值连续地充满某一区间的灰数称为连续灰数。

某人的年龄在30到35之间，此人的年龄可能是30，31，32，33，34，35这几个数，因此年龄是离散灰数。人的身高、体重等是连续灰数。

5. 黑数与白数

当$\otimes \in (-\infty, \infty)$或$\otimes \in (\otimes_1, \otimes_2)$，即当$\otimes$的上、下界皆为无穷或上、下界都是灰数时，称$\otimes$为黑数。

当$\otimes \in [\underline{a}, \overline{a}]$且$\underline{a} = \overline{a}$时，称$\otimes$为白数。

为讨论方便，我们将黑数与白数看成特殊的灰数。

6. 本征灰数与非本征灰数

本征灰数是指不能或暂时还不能找到一个白数作为其“代表”的灰数，比如一般的事前预测值、宇宙的总能量、准确到秒或微妙的“年龄”等都是本征灰数。

非本征灰数是指凭先验信息或某种手段，可以找到一个白数作为其“代表”的灰数。我们称此白数为相应灰数的白化值，记为$\tilde{\otimes}$，并用$\otimes$（a）表示以（a）为白化值的灰数。如托人代买一件价格100元左右的衣服，可将100作为预购衣服价格$\otimes$（100）的白化数，记为$\tilde{\otimes}$（100）=100。

从本质上来看，灰数又可分为信息型、概念型、层次型三类。

1. 信息型灰数，指因暂时缺乏信息而不能肯定其取值的数，如：预计某地区今年夏粮产量在100万吨以上，$\otimes \in [100, \infty]$；估计某储蓄所年底居民存款总额将达7000万到9000万，$\otimes \in [7000, 9000]$；预计西安地区5月份最高气温不超过36℃，$\otimes \in [0, 36]$。这些都是信息型灰数。由于暂时缺乏信息，不能肯定某数的确切取值，而到一定的时间，通过信息补充，灰数可以完全变白。

2. 概念型灰数，也称意愿型灰数。指由人们的某种观念、意愿形成的灰数。如某人希望至少获得1万元科研经费，并且越多越好，$\otimes \in [10000, \infty]$；某工厂废品率为1%，希望大幅度降低，当然越小越好，$\otimes \in [0, 0.01]$。这些都是概念型灰数。

3. 层次型灰数，由层次的改变形成的灰数。有的数，从系统的高层次，即宏观层次、整体层次或认识的概括层次上看是白的，可到低层次上，即到系统的微观层次、分部层次或认识的深化层次则可能是灰的。例如，一个人的身高，以厘米度量是白的，若精确到万分之一毫米就成灰的了。

（二）灰数白化与灰度

有一类灰数是在某个基本值附近变动的，这类灰数白化比较容易，我们可以其基本值为主要白化值。以 a 为基本值的灰数可记为$\otimes(a)=a+\delta_a$ 或$\otimes(a)\in(-,a,+)$，其中 δ_a 为扰动灰元，此灰数的白化值为$\tilde{\otimes}(a)=a$。如今年的科研经费在 5 万元左右，可表示为$\otimes(50000)=50000+\delta$，或$\otimes(50000)\in(-,50000,+)$，它的白化值为 50000。

对于一般的区间灰数$\otimes\in[a,b]$，我们将白化值$\tilde{\otimes}$取为：

$$\tilde{\otimes}=\alpha a+(1-\alpha)b,\ \alpha\in[0,1]$$

定义 1：形如$\tilde{\otimes}=\alpha a+(1-\alpha)b,\ \alpha\in[0,1]$的白化称为等权白化。

定义 2：在等权白化中，取 $\alpha=\frac{1}{2}$而得到的白化值称为等权均值白化；当区间灰数取值的分布信息缺乏时，常采用等权均值白化。

定义 3：设区间灰数$\otimes_1\in[a,b]$，$\otimes_2\in[c,d]$，$\tilde{\otimes}_1=\alpha a+(1-\alpha)b,\ \alpha\in[0,1]$，$\tilde{\otimes}_2=\beta c+(1-\beta)d,\ \beta\in[0,1]$，当 $\alpha=\beta$ 时，称$\otimes_1$与$\otimes_2$取数一致，当 $\alpha\neq\beta$ 时，称$\otimes_1$与$\otimes_2$取数非一致。

在灰数的分布信息已知时，往往采取非等权白化。例如某人 2000 年的年龄可能是 40 岁到 60 岁，$\otimes\in[40,60]$是个灰数。根据了解，此人受初、中级教育共 12 年，并且是在 60 年代中期考入大学的，故此人的年龄到 2000 年为 58 岁左右的可能性较大，或者说在 56 岁到 60 岁的可能性较大。这样的灰数，如果再作等权白化，显然是不合理的。为此，我们用白化权函数来描述一个灰数对其取值范围内不同数值的“偏爱”程度。

对概念型灰数中表示意愿的灰数，其白化权函数一般设计为单调增函数。

一般来说，一个灰数的白化权函数是研究者根据已知信息设计的，没有固定的程式。函数曲线的起点和终点一般应有其含义。如在外贸谈判中，就有一个由灰变白的过程。开始谈判时，甲方说我的出口额至少要 5 亿元，乙方说我的进口额不大于 3 亿。则成交额这一灰数将在 3 亿与 5 亿间取值，其白化权函数可将起点定为 3 亿，终点定为 5 亿。

灰度即为灰数的测度。灰数的灰度在一定程度上反映了人们对灰色系统之行为特征的未知程度。在实际应用中，我们会遇到大量的白化权函数未知的灰数，例如由一般灰色系统之行为特征预测值构成的灰数，就难以给出其白化权函数。

我们认为，灰数的灰度主要与相应定义信息域的长度及其基本值有关。如果考虑一个4000左右的灰数，给出其估计值的两个灰数$\otimes_1 \in [3998, 4002]$和$\otimes_2 \in [3900, 4100]$，显然$\otimes_1$比$\otimes_2$更有价值，亦即$\otimes_1$比$\otimes_2$灰度小，若再考虑一个基本值为4的灰数，给出灰数$\otimes_3 \in [2, 6]$，虽然$\otimes_1$与$\otimes_3$的长度都是4，但$\otimes_1$比$\otimes_3$的灰度小是显而易见的。

二、灰色预测的概念

（一）灰色系统及灰色预测的概念

1. 灰色系统基本概念

灰色系统产生于控制理论的研究中。

若一个系统的内部特征是完全已知的，即系统的信息是充足完全的，我们称之为白色系统。

若一个系统的内部信息是一无所知，一团漆黑，只能从它同外部的联系来观测研究，这种系统便是黑色系统。

灰色系统介于二者之间，灰色系统的一部分信息是已知的，一部分是未知的。

区别白色和灰色系统的重要标志是系统各因素间是否有确定的关系。

在工程技术、社会、经济、农业、生态、环境等各种系统中经常会遇到信息不完全的情况。比如：农业方面，农田耕作面积往往因许多非农业的因素而改变，因此很难准确计算农田产量、产值，这是缺乏耕地面积信息；生物防治方面，害虫与天敌间的关系即使是明确的，但天敌与饵料、害虫与害虫间的许多关系却不明确，这是缺乏生物间的关联信息；一项土建工程，尽管材料、设备、施工计划、图纸是齐备的，可是还很难估计施工进度与质量，这是缺乏劳动力及技术水平的信息；一般社会经济系统，除了输出的时间数据列（比如产值、产量、总收入、总支出等）外，其输入数据列不明确或者缺乏，因而难以建立确定的完整的模型，这是缺乏系统信息；工程系统是客观实体，有明确的“内”“外”关系（即系统内部与系统外部，或系统本体与系统环境），可以较清楚地明确输入与输出，因此可以较方便地分析输入对输出的影响，可是社会、经济系统是抽象的对象，没有明确的“内”“外”关系，不是客观实体，因此就难以分析输入（投入）对输出（产出）的影响，这是缺乏“模型信息”（即用什么模型，用什么量进行观测控制等信息）。信息不完全的情况归纳起来有：元素（参数）信息不完全；结构信息不完全；关系信息（特指“内”“外”关系）不完全；运行的行为信息不完全。

一个商店可看作是一个系统，在人员、资金、损耗、销售信息完全明确的情况下，可算出该店的盈利大小、库存多少，可以判断商店的销售态势、资金的周转速度等，这样的系统是白色系统。

遥远的某个星球，也可以看作一个系统，虽然知道其存在，但体积多大，质量多少，距离地球多远，这些信息完全不知道，这样的系统是黑色系统。

人体是一个系统，人体的一些外部参数（如身高、体温、脉搏等）是已知的，而其他一些参数，如人体的穴位有多少，穴位的生物、化学、物理性能，生物的信息传递等尚未知道透彻，这样的系统是灰色系统。

显然，黑色、灰色、白色都是一种相对的概念。世界上没有绝对的白色系统，因为任何系统总有未确知的部分，也没有绝对的黑色系统，因为既然一无所知，也就无所谓该系统的存在了。

2. 灰色系统的特点

灰色系统理论以“部分信息已知、部分信息未知”的“小样本”“贫信息”不确定型系统的研究对象。

（1）用灰色数学来处理不确定量，使之量化。

在数学发展史上，最早研究的是确定型的微分方程，即在拉普拉斯决定论框架内的数学。他认为一旦有了描写事物的微分方程及初值，就能确知事物任何时候的运动。随后发展了概率论与数理统计，用随机变量和随机过程来研究事物的状态和运动。模糊数学则研究没有清晰界限的事物，如儿童和少年之间没有确定的年龄界限加以截然划分等，它通过隶属函数来使模糊概念量化，因此能用模糊数学来描述如语言、不精确推理以及若干人文科学。灰色系统理论则认为不确定量是灰数，用灰色数学来处理不确定量，同样能使不确定量予以量化。

$$\text{不确定量}\xrightarrow{1,\ 2,\ 3}\text{量化（用确定量的方法研究）}$$

1. 概率论与数理统计；2. 模糊数学；3. 灰色数学（灰色系统理论）

（2）充分利用已知信息寻求系统的运动规律。

研究灰色系统的关键是如何使灰色系统白化、模型化、优化。

灰色系统视不确定量为灰色量。提出了灰色系统建模的具体数学方法，它能利用时间序列来确定微分方程的参数。灰色预测不是把观测到的数据序列视为一个随机过程，而是看作随时间变化的灰色量或灰色过程，通过累加生成和累减生成逐步使灰色量白化，从而建立相应于微分方程解的模型并作出预报。这样，对某些大系统和长期预测问题，就可以发挥作用。

（3）灰色系统理论能处理贫信息系统。

灰色预测模型只要求较短的观测资料即可，这和时间序列分析，多元分析等概率统计模型要求较长资料很不一样。因此，对于某些只有少量观测数据的项目来说，灰色预测是一种有用的工具。

3. 灰色预测

灰色系统分析方法是通过鉴别系统因素之间发展趋势的相似或相异程度，即进行关联度分析，并通过对原始数据的生成处理来寻求系统变动的规律。生成数据序列有较强的规律性，可以用它来建立相应的微分方程模型，从而预测事物未来的发展趋势和未来状态。

灰色预测是用灰色模型 GM（1，1）来进行定量分析的，通常分为以下几类：

（1）灰色时间序列预测。用等时距观测到的反映预测对象特征的一系列数量（如产量、销量、人口数量、存款数量、利率等）构造灰色预测模型，预测未来某一时刻的特征量，或者达到某特征量的时间。

（2）畸变预测（灾变预测）。通过模型预测异常值出现的时刻，预测异常值什么时候出现在特定时区内。

（3）波形预测，或称为拓扑预测，它是通过灰色模型预测事物未来变动的轨迹。

（4）系统预测，是对系统行为特征指标建立一组相互关联的灰色预测理论模型，在预测系统整体变化的同时，预测系统各个环节的变化。

上述灰预测方法的共同特点是：

（1）允许少数据预测；

（2）允许对灰因果律事件进行预测，比如：

• 灰因白果律事件：在粮食生产预测中，影响粮食生产的因子很多，多到无法枚举，故为灰因，然而粮食产量却是具体的，故为白果。粮食预测即为灰因白果律事件预测。

• 白因灰果律事件：在开发项目前景预测时，开发项目的投入是具体的，为白因，而项目的效益暂时不很清楚，为灰果。项目前景预测即为白因灰果律事件预测。

（3）具有可检验性，包括：建模可行性的级比检验（事前检验），建模精度检验（模型检验），预测的滚动检验（预测检验）。

（二）预备知识

1. 生成数

分为累加生成数（AGO）与累减生成数（IAGO）

（1）累加生成数 1 - AGO 指一次累加生成。

记原始序列为

$$X^{(0)}=\{x^{(0)}(1),x^{(0)}(2),\cdots,x^{(0)}(n)\}$$

生成序列为

$$X^{(1)}=\{x^{(1)}(1),x^{(1)}(2),\cdots,x^{(1)}(n)\}$$

上标“0”表示原始序列，上标“1”表示一次累加生成序列。其中，

$$X^{(1)}(k)=\sum_{i=0}^{k}x^{(0)}(i)=x^{(1)}(k-1)+x^{(0)}(k)$$

（2）累减生成数（IAGO）是累加生成的逆运算。

记原始序列为 $X^{(1)}=\{x^{(1)}(1),x^{(1)}(2),\cdots,x^{(1)}(n)\}$，对 $X^{(1)}$ 做一次累减生成，则得生成序列 $X^{(0)}=\{x^{(0)}(1),x^{(0)}(2),\cdots,x^{(0)}(n)\}$，其中，$x^{(0)}(k)=x^{(1)}(k-1)$，规定 $x^{(1)}(0)=0$。

累加生成与累减生成之间的关系如下图所示：

$$X^{(0)}\xrightarrow{1-AGO}X^{(1)}\xrightarrow{IAGO}X^{(0)}$$

2. 关联度

为了定量地研究两个事物间的关联程度，人们提出了各种形式的指数，如相关系数和相似系数等。这些指数大多以数理统计原理为基础，需要足够的样本个数或者要求数据服从一定的概率分布。

在客观世界中，有许多因素之间的关系是灰色的，分不清哪些因素之间关系密切，哪些不密切，这样就难以找到主要矛盾和主要特性。灰因素关联分析，目的是定量地表征诸因素之间的关联程度，从而揭示灰色系统的主要特性。关联分析是灰色系统分析和预测的基础。

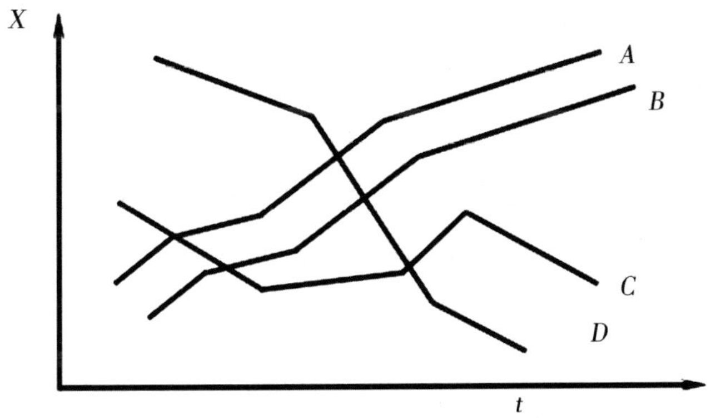

图 12－7－1　时间序列的几何关联性

关联分析是一种相对性的排序分析。从思路上来看，源于几何直观。如图 12－7－1 所示的 A、B、C、D 四个时间序列，曲线 A 与 B 比较平行，我们就认为 A 与 B

的关联程度大。曲线C与A随时间变化的方向很不一致，认为A与C的关联程度较小。曲线A与D相差最大，则认为两者的关联程度最小。

将曲线A与B、C、D的关联程度分别记为r_{AB}，r_{AC}，r_{AD}，则它们之间有如下排序关系：r_{AB}，r_{AC}，r_{AD}，相应的序列｛r_{AB}，r_{AC}，r_{AD}｝称为关联序。

由此可见，关联分析实质上是一种曲线间几何形状的分析比较，即几何形状越接近，则发展变化趋势越接近，关联程度越大；反之亦然。

关联度分析是分析系统中各因素关联程度的方法。计算关联度需先计算关联系数。

（1）关联系数的计算

设参考序列为：$X_0=\{x_0(1),x_0(2),\cdots,x_0(n)\}$

比较序列为：$X_i=\{x_i(1),x_i(2),\cdots,x_i(n)\}$

关联系数定义为：

$$\eta_i(k)=\frac{\min\limits_j\min\limits_l|x_0(l)-x_j(l)|+P\max\limits_j\max\limits_l|x_0(l)-x_j(l)|}{|x_0(k)-x_i(k)|+P\max\limits_j\max\limits_l|x_0(l)-x_j(l)|}$$

（12－7－1）

式中，$|x_0(k)-x_i(k)|$为第k点x_0与x_i的绝对差；$\min\limits_j\min\limits_l|x_0(l)-x_j(l)|$为两级最小差，其中$\min\limits_l|x_0(l)-x_j(l)|$是第一级最小差，表示在$X_j$序列上找各点与$X_0$的最小差；$\min\limits_j\min\limits_l|x_0(l)-x_j(l)|$为第二级最小差，表示在各序列中找出的最小差基础上寻求所有序列中的最小差；$\max\limits_j\max\limits_l|x_0(l)-x_j(l)|$是两级最大差，其含义与最小差相似。$P$称为分辨率，$0<P<1$，一般采用$P=0.5$。

对单位不一，初值不同的序列，在计算关联系数之前应首先进行初值化，即将该序列的所有数据分别除以第一数据，将变量化为无单位的相对数值。

（2）关联度的计算

关联系数只表示了各个时刻参考序列和比较序列之间的关联程度，为了从总体上了解序列之间的关联程度，必须求出它们的时间平均值，即关联度。

因此，计算关联度的公式为：

$$r_i=\frac{1}{n}\sum_{k=1}^{n}\eta_i(k) \tag{12－7－2}$$

另外，定量地表征灰色系统诸因子之间关联程度的指数有两种，按其计算方法的差异，分别称为绝对值关联度和速率关联度。以上我们所介绍的是绝对值关联度的概念和计算，有关速率关联度的问题，在此不作详述。

（三）灰色预测模型

1. GM（1，1）模型

令 $X^{(0)}$ 为 GM(1,1) 建模序列，

$$X^{(0)}=(x^{(0)}(1),x^{(0)}(2),\cdots,x^{(0)}(n)),$$

$X^{(1)}$ 为 $X^{(0)}$ 的 $1-AGO$ 序列，

$$X^{(1)}=(x^{(1)}(1),x^{(1)}(2),\cdots,x^{(1)}(n)),$$

$$X^{(1)}(k)=\sum_{i=1}^{k}x^{(0)}(i),k=1,2,\cdots,n$$

令 $Z^{(1)}$ 为 $X^{(1)}$ 的紧邻均值(MEAN)生成序列

$$Z^{(1)}=(z^{(1)}(2),z^{(1)}(3),\cdots,z^{(1)}(n))$$

$$z^{(1)}(k)=0.5x^{(1)}(k)+0.5x^{(1)}(k-1)$$

则 GM（1，1）的定义型，即 GM（1，1）的灰微分方程模型为

$$x^{(0)}(k)+az^{(1)}(k)=b \qquad (12-7-3)$$

模型符号含义为：

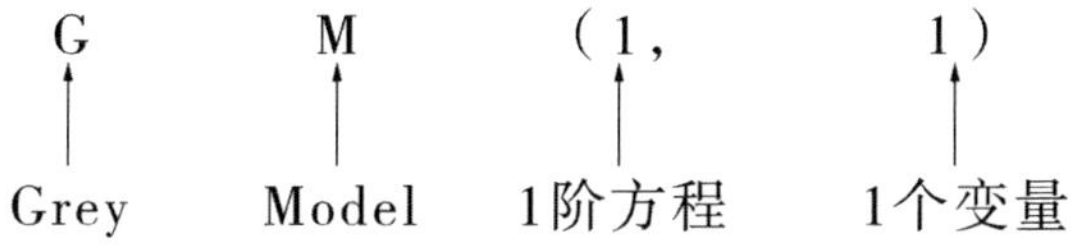

式中 a 称为发展系数，b 为灰色作用量。设 $\hat{a}$ 为待估参数向量，则 $\hat{a}=(a,b)^T$ 灰微分方程（12－7－3）的最小二乘估计参数列满足

$$\hat{a}=(B^TB)^{-1}B^TY_n \text{ 其中}$$

$$B=\begin{bmatrix}-z^{(1)}(2) & 1\\ -z^{(1)}(3) & 1\\ \cdots & \cdots\\ -z^{(1)}(n) & 1\end{bmatrix},\quad Y_n=\begin{bmatrix}x^{(0)}(2)\\ x^{(0)}(3)\\ \cdots\\ x^{(0)}(n)\end{bmatrix}$$

称

$$\frac{dx^{(1)}}{dt}+ax^{(1)}=b \qquad (12-7-4)$$

为灰色微分方程 $x^{(0)}(k)+az^{(1)}(k)=b$ 的白化方程，也叫影子方程。

如上所述，则有

①白化方程 $\frac{dx^{(1)}}{dt}+ax^{(1)}=b$ 的解也称时间响应函数为

$$\hat{x}^{(1)}(t)=(x^{(1)}(0)-\frac{b}{a})e^{-at}+\frac{b}{a}$$

②GM（1，1）灰色微分方程 $x^{(0)}(k)+az^{(1)}(k)=b$ 的时间响应序列为

$$\hat{x}^{(1)}(k+1)=[x^{(1)}(0)-\frac{b}{a})e^{-ak}+\frac{b}{a},k=1,2,\cdots,n$$

③取 $x^{(1)}(0)=x^{(0)}(1)$，则

$$\hat{x}^{(1)}(k+1)=[x^{(0)}(1)-\frac{b}{a})e^{-ak}+\frac{b}{a},k=1,2,\cdots,n$$

④还原值

$$\hat{x}^{(0)}(k+1)=\hat{x}^{(1)}(k+1)-\hat{x}^{(1)}(k)$$

上式即为预测方程。

有关建模的问题说明如下：

①定原始序列 $X^{(0)}$ 中的数据不一定要全部用来建模，对原始数据的取舍不同，可得模型不同，即 a 和 b 不同。

②模的数据取舍应保证建模序列等时距、相连，不得有跳跃出现。

③一般建模数据序列应当由最新的数据及其相邻数据构成，当再出现新数据时，可采用两种方法处理：一是将新信息加入原始序列中，重估参数；二是去掉原始序列中最老的一个数据，再加上最新的数据，所形成的序列和原序列维数相等，再重估参数。

2. GM（1，1）模型检验

GM（1，1）模型的检验分为三个方面：残差检验；关联度检验；后验差检验。

（1）残差检验

残差大小检验，即对模型值和实际值的残差进行逐点检验。首先按模型计算 $\hat{x}^{(1)}(i+1)$，将 $\hat{x}^{(1)}(i+1)$ 累减生成 $\hat{x}^{(0)}(i)$，最后计算原始序列 $x^{(0)}(i)$ 与 $\hat{x}^{(0)}(i)$ 的绝对残差序列

$$\Delta^0=\Delta^0(i),\ i=1,\ 2,\ \cdots,\ n,\ \Delta^0(i)=|x^0(i)-\hat{x}^0(i)|$$

及相对残差序列

$$\phi=\{\phi_i,\ i=1,\ 2,\ \cdots,\ n\},\ \phi_i=\left[\frac{\Delta^0(i)}{x^0(i)}\right]\%$$

并计算平均相对残差

$$\overline{\phi}=\frac{1}{n}\sum_{i=1}^{n}\phi_i$$

给定 α，当 $\overline{\phi}<\alpha$，且 $\phi_n<\alpha$ 成立时，称模型为残差合格模型。

（2）关联度检验

关联度检验，即通过考察模型值曲线和建模序列曲线的相似程度进行检验。按

前面所述的关联度计算方法，计算出 $\hat{x}^{(0)}(i)$ 与原始序列 $x^{(0)}(i)$ 的关联系数，然后算出关联度，根据经验，关联度大于0.6便是满意的。

（3）后验差检验

后验差检验，即对残差分布的统计特性进行检验。

A. 计算出原始序列的平均值：

$$\bar{x}^{(0)}=\frac{1}{n}\sum_{i=1}^{n}x^{(0)}(i)$$

B. 计算原始序列 $X^{(0)}$ 的均方差：

$$S_1=\left(\frac{\sum_{i=1}^{n}[x^{(0)}(i)-\bar{x}^{(0)}]^{2}}{n-1}\right)^{1/2}$$

C. 计算残差的均值：

$$\bar{\Delta}=\frac{1}{n}\sum_{i=1}^{n}\Delta^{(0)}(i)$$

D. 计算残差的均方差：

$$S_2=\left(\frac{\sum_{i=0}^{n}[\Delta^{(0)}(k)-\bar{\Delta}]^{2}}{n-1}\right)^{1/2}$$

E. 计算方差比C：

$$C=\frac{S_1}{S_2}$$

F. 计算小残差概率：

$$P=p\{|\Delta^{(0)}(i)-\bar{\Delta}|<0.6745S_1\}$$

令 $S_0=0.6745S_1, e_i=|\Delta^{(0)}(i)-\bar{\Delta}|$，即 $P=p\{e_i<S_0\}$。

若对于给定的 $C_0>0$，当 $C<C_0$ 时，称模型为均方差比合格模型；如对给定的 $P_0>0$，当 $P<P_0$ 时，称模型为小残差概率合格模型。

表12－7－1 后验差检验判别参照表

P	C	模型精度
>0.95	<0.35	优
>0.80	<0.5	合格
>0.70	<0.65	勉强合格
<0.70	>0.65	不合格

若相对残差、关联度、后验差检验在允许的范围内，则可以用所建的模型进行

预测，否则应进行残差修正。

3. GM（1，1）模型应用实例

案例 12-7-1　某大型企业 2013 年至 2018 年的产品销售额如下表，试建立 GM（1，1）预测模型，并预测 2019 年的产品销售额。

年份	2013	2014	2015	2016	2017	2018
销售额（亿元）	2.67	3.13	3.25	3.36	3.56	3.72

解： 设 $X^{(0)}(k)=\{2.67, 3.13, 3.25, 3.36, 3.56, 3.72\}$

第 1 步　构造累加生成序列

$$X^{(1)}(k)=\{2.67, 5.80, 9.05, 12.41, 15.97, 19.69\}$$

第 2 步　构造数据矩阵 B 和数据向量 Y_n

$$B=\begin{bmatrix} -\frac{1}{2}[x^{(1)}(1)+x^{(1)}(2)]1 \\ -\frac{1}{2}[x^{(1)}(2)+x^{(1)}(3)]1 \\ -\frac{1}{2}[x^{(1)}(3)+x^{(1)}(4)]1 \\ -\frac{1}{2}[x^{(1)}(4)+x^{(1)}(5)]1 \\ -\frac{1}{2}[x^{(1)}(5)+x^{(1)}(6)]1 \end{bmatrix}=\begin{bmatrix} -4.235 & 1 \\ -7.425 & 1 \\ -10.73 & 1 \\ -14.19 & 1 \\ -17.83 & 1 \end{bmatrix},$$

$$Y_n=\begin{bmatrix} x^{(0)}(2) \\ x^{(0)}(3) \\ x^{(0)}(4) \\ x^{(0)}(5) \\ x^{(0)}(6) \end{bmatrix}=\begin{bmatrix} 3.13 \\ 3.25 \\ 3.36 \\ 3.56 \\ 3.72 \end{bmatrix}$$

第 3 步　计算 $\hat{\alpha}=\begin{bmatrix} a \\ b \end{bmatrix}=(B^TB)^{-1}B^TY_n$

$$B^TB=\begin{bmatrix} 707.46375 & -54.41 \\ -54.41 & 5 \end{bmatrix}$$

$$(B^TB)^{-1}=\begin{bmatrix} 0.008667 & 0.094319 \\ 0.094319 & 1.226382 \end{bmatrix}$$

$$\hat{\alpha}=(B^TB)^{-1}B^TY_n=\begin{bmatrix} -0.043879 \\ 2.925663 \end{bmatrix}$$

第 4 步　得出预测模型

$$\frac{dx^{(1)}}{dt}-0.043879x^{(1)}=2.925663$$

$$\hat{x}^{(1)}(k+1)=69.3457e^{0.043879k}-66.6757$$

$$(x^{(0)}(1)=2.67;\frac{b}{a}=-66.6757)$$

第 5 步　残差检验

①根据预测公式，计算 $\hat{X}^{(1)}(k)$，得

$\hat{X}^{(1)}(k)=\{2.67,5.78,9.03,12.43,15.97,19.68,19.69\}(k=0,1,\cdots,6)$

②累减生成 $\hat{X}^{(0)}(k)$ 序列，$k=1,2,\cdots,6$

$$\hat{X}^{(0)}(k)=\{2.67,3.11,3.25,3.40,3.54,3.71\}$$

原始序列：$\hat{X}^{(0)}(k)=\{2.67,3.13,3.25,3.36,3.56,3.72\}$

③计算绝对残差和相对残差序列

绝对残差序列：$\Delta^{(0)}=\{0,0.02,0,0.04,0.02,0.01\}$

相对残差序列：$\phi=\{0,0.64\%,0,1.19\%,0.56\%,0.27\%\}$

相对残差不超过 1.19%，模型精确度高。

第 6 步　进行关联度检验

①计算序列 $x^{(0)}$ 与 $\hat{x}^{(0)}$ 的绝对残差序列 $\Delta^{(0)}(k)$

$$\Delta^{(0)}=\{0,0.02,0,0.04,0.02,0.01\}$$

$$\min\{\Delta^{(0)}(k)\}=\min\{0,0.02,0,0.04,0.02,0.01\}=0$$

$$\max\{\Delta^{(0)}(k)\}=\max\{0,0.02,0,0.04,0.02,0.01\}=0.04$$

②计算关联系数

由于只有两个序列（即一个参考序列，一个被比较序列）故不再寻求第二级最小差和最大差。

$$\eta(k)=\frac{\min\{\Delta(k)\}+P\max\{\Delta(k)\}}{\Delta(k)+P\max\{\Delta(k)\}}(k=1,\cdots,6,P=0.5)$$

求得 $\eta(k)=\{1,0.5,1,0.33,0.5,0.67\}$

③计算关联度

$$r_i=\frac{1}{n}\sum_{k=1}^{n}\eta_i(k)=0.67$$

$r=0.67$ 是满足 $P=0.5$ 时的检验准则 $r>0.6$ 的。

第 7 步　后验差检验

计算：$\bar{x}^{(0)}=\frac{1}{6}[2.67+3.13+3.25+3.36+3.56+3.72]=3.28$

计算 $X^{(0)}$ 序列的均方差：

$$S_1=\left(\frac{\sum[x^{(0)}(k)-\bar{x}^{(0)}]^2}{n-1}\right)^{1/2}=0.3671$$

计算残差的均值：

$$\bar{\Delta}=\frac{1}{6}[\Delta(k)]=0.015$$

计算残差的均方差：

$$S_2=\left(\frac{\sum[\Delta(k)-\bar{\Delta}]^2}{n-1}\right)^{1/2}=0.0152$$

计算 C：$C=\frac{S_1}{S_2}=0.0152/0.3671=0.0414$

计算小残差概率：

$$S_0=0.67450.3671=0.2746$$

$$e_k=|\Delta(k)-\bar{\Delta}|=\{0.15,0.005,0.015,0.025,0.005,0.005\}$$

所有 e_i 都小于 S_0，故小残差概率 $P\ \{e_i<S_0\}\ =1$，而同时 $C=0.0414<0.35$，故模型 $x^{(1)}(k+1)=69.3457e^{0.043879k}-66.6757$ 合格。

第 8 步　预测：

$$k=7,x^{(0)}(8)=x^{(1)}(8)-x^{(1)}(7)=4.23$$

即 2019 年的产品销售额预测值为 4.23 亿元。

4. GM（1，1）残差模型

当原始数据序列 $X^{(0)}$ 建立的 GM（1，1）模型检验不合格时，可以用 GM（1，1）残差模型来修正。如果原始序列建立的 GM（1，1）模型不够精确，也可以用 GM（1，1）残差模型来提高精度。

若用原始序列 $X^{(0)}$ 建立的 GM（1，1）模型

$$\hat{x}^{(1)}(i+1)=[x^{(0)}(1)-\frac{b}{a}]e^{-ai}+\frac{b}{a}$$

可获得生成序列 $X^{(1)}$ 的预测值，定义残差序列 $e^{(0)}(j)=x^{(1)}(j)-\hat{x}^{(1)}(j)$。若取 $j=i$，$i+1$，…，n，则对应的残差序列为：

$$e^{(0)}(k)=\{e^{(0)}(1),e^{(0)}(2),\cdots,e^{(0)}(n)\}$$

计算其生成序列 $e^{(1)}(k)$，并据此建立相应的 GM（1，1）模型：

$$\hat{e}^{(1)}(i+1)=\left[e^{(0)}(1)-\frac{b_e}{a_e}\right]\left[e^{-a_ek}+\frac{b_e}{a_e}\right]$$

得修正模型

$$x^{(1)}(k+1)=\left[x^{(0)}(1)-\frac{b}{a}\right]e^{-ak}+\frac{b}{a}+\delta(k-i)(-a_e)\left[e^{(0)}(1)-\frac{b_e}{a_e}\right]e^{-a_ek}$$

(12－7－5)

其中 $\delta(k-i)=\begin{cases}1 & k\geqslant i\\1 & k\leqslant i\end{cases}$ 为修正参数。

应用此模型时要考虑：

（1）一般不是使用全部残差数据来建立模型，而只是利用了部分残差。

（2）修正模型所代表的是差分微分方程，其修正作用与 $\delta(k-i)$ 中的 i 的取值有关。

5. GM（1，N）模型

如果考虑的系统由若干个相互影响的因素组成，设 $X_1^{(0)}=\{x_1^{(0)}(1),x_1^{(0)}(2),\cdots,x_1^{(0)}(n)\}$ 为系统特征数据序列，而

$$X_2^{(0)}=\{x_2^{(0)}(1),x_2^{(0)}(2),\cdots,x_2^{(0)}(n)\}$$

$$\cdots\quad\cdots$$

$$X_N^{(0)}=\{x_N^{(0)}(1),x_N^{(0)}(2),\cdots,x_N^{(0)}(n)\}$$

为相关因素序列。$X_i^{(1)}$ 为 $X_i^{(0)}$ 的 1－AGO 序列（$i=1,2,\cdots,N$），$Z_1^{(1)}$ 为 $X_1^{(1)}$ 的紧邻生成序列，则称

$$x_1^{(0)}(k)+az_1^{(1)}(k)=\sum_{i=2}^{N}b_ix_i^{1}(k) \qquad (12-7-6)$$

为 GM（1，N）灰色微分方程。

定义

$$\hat{\alpha}=[a\quad b_2\quad\cdots\quad b_N]^T$$

为 GM（1，N）灰色微分方程的参数列，根据最小二乘法可以得出：

$$\hat{\alpha}=(B^TB)^{-1}B^TY$$

式中

$$B=\begin{bmatrix}-z_1^{(1)}(2) & x_2^{(1)}(2)\cdots-x_N^{(1)}(2)\\-z_1^{(1)}(3) & x_2^{(1)}(3)\cdots-x_N^{(1)}(3)\\\cdots & \cdots\\-z_1^{(1)}(n) & x_2^{(1)}(n)\cdots-x_N^{(1)}(n)\end{bmatrix}$$

$$Y=[x_1^{(0)}(2)\quad x_1^{(0)}(3)\quad\cdots\quad x_1^{(0)}(n)]^T$$

称

$$\frac{dx_1^{(1)}}{dt}+ax_1^{(1)}=b_2x_2^{(1)}+b_3x_3^{(1)}+\cdots+b_Nx_N^{(1)} \qquad (12-7-7)$$

为 GM（1，N）灰色微分方程（12－7－6）的白化方程，也称影子方程。

于是，我们有

①白化方程（12－7－7）的解为

$$x_1^{(1)}(t)=e^{-at}\Big[\sum_{i=2}^{N}\int b_i x_i^{(1)}(t)e^{at}dt+x_1^{(1)}(0)-\sum_{i=2}^{N}\int b_i x_i^{(1)}(0)dt\Big]$$

$$=e^{-at}\Big[x_1^{(1)}(0)-t\sum_{t=2}^{N}b_i x_i^{(1)}(0)+\sum_{i=2}^{N}\int b_i x_i^{(1)}(t)e^{at}dt\Big]$$

②当 $X_i^{(1)}$（$i=1, 2, \cdots, N$）变化幅度很小时，可视 $\sum_{i=2}^{N}\int b_i x_i^{(1)}(k)$ 为灰常量，这样，GM（1，N）灰色微分方程（12－7－6）的近似时间响应式为

$$\hat{x}_1^{(1)}(k+1)=\Big[x_1^{(1)}(0)-\frac{1}{a}\sum_{i=2}^{N}b_i x_i^{(1)}(k+1)\Big]e^{-ak}+\frac{1}{a}\sum_{i=2}^{N}b_i x_i^{(1)}(k+1) \quad (12-7-8)$$

其中 $x_1^{(1)}(0)$ 取为 $x_1^{(0)}(1)$。

③累减还原式为

$$\hat{x}_1^{(0)}(k+1)=\hat{x}_1^{(1)}(k+1)-\hat{x}_1^{(1)}(k) \quad (12-7-9)$$

6. 灰色系统模型的基本思路

灰色系统建模的基本思路可以概括为以下几点：

（1）建立模型常用的数据有以下几种：A. 科学实验数据；B. 经验数据；C. 生产数据；D. 决策数据。

（2）序列生成数据是建立灰色模型的基础数据。

（3）一般非负序列累加生成后，得到准光滑序列，对于满足光滑条件的序列，即可建立 GM 微分模型。

（4）模型精度可以通过不同的灰数生成方式，数据的取舍，序列的调整、修正以及不同级别的残差 GM 模型补充得到提高。

（5）灰色系统理论采用残差大小检验、关联度检验、后验差检验三种方法检验、判断模型的精度。

第八节　马尔科夫预测方法

一、马尔科夫预测的基本原理

马尔科夫预测法是马尔科夫过程和马尔科夫链在经济预测领域的一种应用，这种方法通过对事物状态划分、研究各状态的初始概率和状态之间转移概率来预测事物未来状态变化趋势，以预测事物的未来。

具体而言，马尔科夫概率预测法的原理是：一个系统在由一种状态转移至另一种状态的过程中，存在着转移概率，而且这种转移概率可以依据其紧接的前一种状态推算出来，即第 n 次转换得到的结果取决于前一次（第 n－1 次）的结果。系统的这种由一种状态转移至另一种状态的过程成为马尔科夫过程。

（一）马尔科夫链

若时间和状态参数都是离散的马尔科夫过程，且具有无后效性，这一随机过程为马尔科夫链。无后效性可具体表述为如果把随机变量序列 $\{Y(t), t \in T\}$ 的时间参数 t_s 作为“现在”，那么 $t > t_s$ 表示“将来”，$t < t_s$ 表示“过去”，那么，系统在当前的情况 $Y(t_s)$ 已知的条件下，$Y(t)$ “将来”下一时刻所处的情况与“过去”的情况无关，随机过程的这一特性称为无后效性。

（二）状态及状态转移

1. 状态是指客观事物可能出现或存在的状况。在实际根据研究的不同事物、不同的预测目的，有不同的预测状态划分。

（1）预测对象本身有明显的界限，依状态界限划分。如机器运行情况可以分为“有故障”和“无故障”两种状态，天气有晴、阴、雨三种状态。（2）研究者根据预测事物的实际情况预测目的自主划分。如：公司产量按获利多少人为地分为畅销、一般销售、滞销状态。这种划分的数量界限依产品不同而不同。

2. 状态转移是指所研究的系统的状态随时间的推移而转移，及系统由某一时期所处的状态转移到另一时期所处的状态。发生这种转移的可能性用概率描述，称为状态转移概率。

二、状态转移概率矩阵及计算原理

（一）概念

状态转移概率指假如预测对象可能有 E_1，E_2，…，E_n 共 n 种状态，其每次只能处于一种状态 E_i，则每一状态都具有 n 个转向（包括转向自身），即：$E_i \to E_1$、$E_i \to E_2$、…、$E_i \to E_n$，将这种转移的可能性用概率描述，就是状态转移概率。最基本的是一步转移概率 $P(E_j \mid E_i)$，它表示某一时间状态 E_i 经过一步转移到下一时刻状态 E_j 的概率，可以简记为 P_{ij}。

（二）状态转移概率矩阵 P

系统全部一次转移概率的集合所组成的矩阵称为一步转移概率矩阵，简称状态转移概率矩阵。

$$P = \begin{bmatrix} p_{11} & p_{12} & p_{1j} & p_{1n} \\ p_{21} & p_{22} & p_{2j} & p_{2n} \\ p_{i1} & p_{i2} & p_{ij} & p_{in} \\ p_{n1} & p_{n2} & p_{nj} & p_{nn} \end{bmatrix}$$

$$p_{ij} \geqslant 0 \quad \sum_{i=1}^{n} p_{ij} = 1$$

称 P 为状态转移概率矩阵。若一步转移概率矩阵为 P，则 k 步转移矩阵为

$$P^{(k)} = P^{(k-1)} \times P$$

三、马尔科夫链预测

马尔科夫模型预测是利用概率建立一种随机型时序模型进行预测的方法。

预测模型：$S^{(k+1)} = S^{(k)} P$　式中：$S^{(k)}$ 是预测对象 t = k 时刻的状态向量；P 为一步转移概率矩阵；$S^{(k+1)}$ 是预测对象在 t = k + 1 时的状态向量，预测的结果。

根据上述预测模型可得：

$$S^{(1)} = S^{(0)} P$$

$$S^{(2)} = S^{(1)} P$$

$$S^{(k+1)} = S^{(0)} P^{(k+1)}$$

（1）预测模型：式中：$S^{(0)}$ 为预测对象的初始状态向量，是由状态的初始概率组成的向量。对于马氏链，它处于任一时刻 t 的概率可由初始概率初始状态向量和一步转移概率所决定。

（2）适用条件：预测模型只适用于具有马尔科夫性的时间序列，在要预测期

内，各时刻的状态转移概率保持稳定，均为一步转移概率。若时序的状态转移概率随不同时刻在变化，不宜用此方法。此方法一般适用于短期预测。

状态转移概率矩阵 P 全面地描述了预测对象在各个状态之间变化的关系，在预测中有着很重要的作用。它不仅决定了预测对象所处的状态，而且决定着预测对象的变化趋势和最终结果。

若用矩阵关系表示转移概率，即可得到如下转移概率矩阵模型：

$$P=\begin{bmatrix} p_{11} & p_{12} & \cdots p_{1n} \\ p_{21} & p_{22} & \cdots p_{2n} \\ \vdots & \vdots & \vdots \\ p_{m1} & p_{m2} & p_{mn} \end{bmatrix}$$

转移概率矩阵的特点：

（1）确定转移概率矩阵中诸因素的根据是近期收到的资料；

（2）根据马尔科夫的理论，最近一时期的预测结果决定下一时期的概率，即第二次预测的数值只与第一次预测的数值有关，以此类推，第三次预测值只与第二次预测值有关。

【思考题】

1. 铁矿石 A 和 B 的含铁率 a，冶炼每万吨铁矿石的 CO_2 的排放量 b 及每万吨铁矿石的价格 c 如下表：

	a	b（万吨）	c（百万元）
A	50%	1	3
B	70%	0. 5	6

某冶炼厂至少要生产 1.9（万吨）铁，若要求 CO_2 的排放量不超过 2（万吨），则购买铁矿石的最少费用为多少？（百万元）。

2. 某营养师要为某个儿童预定午餐和晚餐。已知一个单位的午餐含 12 个单位的碳水化合物 6 个单位蛋白质和 6 个单位的维生素 C；一个单位的晚餐含 8 个单位的碳水化合物，6 个单位的蛋白质和 10 个单位的维生素 C。另外，该儿童这两餐需要的营养中至少含 64 个单位的碳水化合物，42 个单位的蛋白质和 54 个单位的维生素 C。

如果一个单位的午餐、晚餐的费用分别是 2. 5 元和 4 元，那么要满足上述的营养要求，并且花费最少，应当为该儿童分别预定多少个单位的午餐和晚餐？

3. 某企业需要在是否引进新产品之间进行决策，即开始时有引进新产品和不引进新产品两种方案。若引进新产品，又面临其他企业的竞争。估计有其他企业参与竞争的概率为0.8，没有企业参与竞争的概率为0.2。在无竞争的情况下，企业有给产品确定高价、中价和低价三种方案，其相应的收益分别为500、300和100万元。在有竞争情况下，企业也有给产品确定高价、中价和低价三种方案，但此时各方案的收益大小要受到竞争企业的产品定价的影响，有关数据如下表所示。

竞争企业定价方案			高价	中价	低价
本企业定价方案	高价	概率	0.3	0.5	0.2
		收益（万元）	150	0	-200
	中价	概率	0.1	0.6	0.3
		收益（万元）	250	100	-50
	低价	概率	0.1	0.2	0.7
		收益（万元）	100	50	-100

试用决策树法进行决策。

4. 某承包商向某工程投标，计划采取两种策略：一种是投高标，中标机会为0.2，不中标机会为0.8；另一种是投低标，中标与不中标机会均为0.5。投标不中时，则损失投标准备费5万元。根据下表数据，用决策树做出决策。

方案	效果	可能获利（万元）	概率
高标	好	500	0.3
	一般	300	0.5
	赔	-100	0.2
低标	好	350	0.2
	一般	200	0.6
	赔	-150	0.2

5. 某城区为研究城镇居民月家庭人均生活费支出和月收入的相关关系，随机抽取10户进行调查，其结果如下：

月人均收入x元	3000	3900	4200	5400	5700	7000	7600	8000	8500	10800
月人均生活费y元	2550	3240	3300	3450	4500	5200	5800	6500	7000	7500

利用上述资料：

（1）画出散点图；

（2）计算这两组变量的相关系数；

（3）在显著水平0.05的条件下，对变量x与y进行相关性检验；

（4）如果变量x与y之间具有线性相关关系，求出回归直线方程；

（5）测算人均收入为280元时，人均生活费支出应为多少元？

6. 在国民经济中，社会生产与货运之间有着密切关系，下面列出2008—2017年某地区货运量与工业总产值的统计资料：

年份	2008	2009	2010	2011	2012	2013	2014	2015	2016	2017
工业总产值x（10亿元）	2.8	2.9	3.2	3.2	3.4	3.2	3.3	3.7	3.9	4.2
货运量y（亿吨）	25	27	29	32	34	36	35	39	42	45

利用上述资料：

（1）画出散点图；

（2）计算这两组变量的相关系数；

（3）在显著水平0.05的条件下，对变量x与y进行相关性检验；

（4）如果变量x与y之间具有线性相关关系，求出回归直线方程。

7. 为研究中国各地区入境旅游状况，建立了各省市旅游外汇收入（Y，百万美元）、旅行社职工人数（X_1，人）、国际旅游人数（X_2，万人次）的模型，用某年31个省市的截面数据估计结果如下：

$$\hat{Y}_i = -151.0263 + 0.1179X_{1i} + 1.5452X_{2i}$$

$$t = (-3.066806) \qquad (6.652983) \qquad (3.378064)$$

$$R_2 = 0.934331 \quad \bar{R}^2 = 092964 \quad F = 191.1894 \quad n = 31$$

（1）从经济意义上考察估计模型的合理性。

（2）在5%显著性水平上，分别检验参数β_1，β_2的显著性。

（3）在5%显著性水平上，检验模型的整体显著性。

8. 经研究发现，家庭书刊消费受家庭收入与户主受教育年数的影响，表中为对某地区部分家庭抽样调查得到样本数据：

家庭书刊年消费支出（元）Y	家庭月平均收入（元）X	户主受教育年数（年）T	家庭书刊年消费支出（元）Y	家庭月平均收入（元）X	户主受教育年数（年）T
450	1027.2	8	793.2	1998.6	14

续表

家庭书刊年消费支出（元）Y	家庭月平均收入（元）X	户主受教育年数（年）T	家庭书刊年消费支出（元）Y	家庭月平均收入（元）X	户主受教育年数（年）T
507.7	1045.2	9	660.8	2196	10
613.9	1225.8	12	792.7	2105.4	12
563.4	1312.2	9	580.8	2147.4	8
501.5	1316.4	7	612.7	2154	10
781.5	1442.4	15	890.8	2231.4	14
541.8	1641	9	1121	2611.8	18
611.1	1768.8	10	1094.2	3143.4	16
1222.1	1981.2	18	1253	3624.6	20

（1）建立家庭书刊消费的计量经济模型；

（2）利用样本数据估计模型的参数；

（3）检验户主受教育年数对家庭书刊消费是否有显著影响；

（4）分析所估计模型的经济意义和作用。

后 记

本书是作者联合中国人民大学、中央党校、中国社会科学院大学、南京财经大学、内蒙古大学、中国矿业大学、北京工业大学等国内知名院校的学者历时 3 年编写而成，在此表示由衷的谢意。

同时，作者作为北京工业大学 MPA 负责人，在教学过程中试用了本书，尤其是书中的案例，获得了良好的效果。与此同时，历届北京工业大学 MPA 研究生也为本书的改进提供了诸多建议。

最后，感谢北京大学政府管理学院胡晓宇博士、李强博士、高波博士、于越博士、刘畅博士、王伟博士、王开杰博士、宿杨博士等为本书的编写所贡献的力量。

囿于编者知识及精力，可能本书中还有一些谬误，期待广大读者来信反馈，作者邮箱为 guozhengli@ bjut. edu. cn。

参考书目

1. 李国正. 公共管理学［M］. 首都师范大学出版社，2018 年版。
2. 陈振明. 公共政策分析［M］. 中国人民大学出版社，2002 年版。
3. 威廉·N·邓恩. 公共政策分析导论［M］.4 版. 中国人民大学出版社，2011 年版。
4. 陈振明. 政策科学——公共政策分析导论［M］.2 版. 中国人民大学出版社，2003 年版。
5. 谢明. 公共政策案例：分析与思考［M］. 中国人民大学出版社，2010 年版。
6. 谢明. 公共政策分析概论［M］. 中国人民大学出版社，2010 年版。
7. 严强. 公共政策学［M］. 社会科学文献出版社，2008 年版。
8. 陈庆云. 公共政策分析［M］.2 版. 北京大学出版社，2011 年版。
9. 威廉·D. 贝里等. 线性回归分析基础［M］. 格致出版社，2011 年版。
10. 李元章等. 线性回归模型应用及判别［M］. 华南理工大学出版社，2016 年版。
11. 王松桂等. 线性统计模型［M］. 高等教育出版社，1999 年版。
12. 谢宇. 回归分析（修订版）［M］. 社会科学文献出版社，2013 年版。
13. 夏书章. 行政管理学［M］. 中山大学出版社，2003 年版。
14. 陈振明. 公共管理学（第二版）［M］. 中国人民大学出版社，2017 年版。
15. 陈振明. 公共管理学原理［M］. 中国人民大学出版社，2003 年版。
16. 陈庆云. 公共政策分析［M］. 北京大学出版社，2006 年版。
17. 张国庆. 公共行政学［M］.4 版. 北京大学出版社，2017 年版。
18. 张成福，党秀云. 公共管理学［M］. 中国人民大学出版社，2007 年版。
19. 周志忍. 政府管理的行与知［M］. 北京大学出版社，2008 年版。
20. 王亚南. 中国官僚政治研究［M］. 中国社会科学出版社，1981 年版。
21. 俞可平. 治理与善治［M］. 社会科学文献出版社，2000 年版。
22. 厉以宁. 西方福利经济学述评［M］. 商务印书馆，1984 年版。

23. 黄恒学．公共经济学［M］．北京大学出版社，2009 年版。
24. 吴俊培．公共部门经济学［M］．中国统计出版社，1998 年版。
25. 朱天飚．比较政治经济学［M］．北京大学出版社，2006 年版。
26. 傅军，张颖．反垄断与竞争政策——经济理论、国际经验及对中国的启示［M］．北京大学出版社，2004 年版。
27. 顾昕．中国社会安全网的制度建设［M］．浙江大学出版社，2008 年版。
28. 顾昕．走向全民医保：中国新医改的战略与战术［M］．中国劳动社会保障出版社，2008 年版。
29. 路风．走向自主创新：寻求中国力量的源泉［M］．广西师范大学出版社，2006 年版。
30. 何俊志，任军锋，朱德米．新制度主义政治学译文精选［M］．天津人民出版社，2007 年版。
31. 罗荣渠．现代化新论［M］．北京大学出版社，1992 年版。
32. 董辅礽．经济发展战略研究［M］．经济科学出版社，1988 年版。
33. 张金马．公共政策分析：概念・过程・方法［M］．人民出版社，2004 年版。
34. 林水波，张世贤．公共政策［M］．台北：五南图书出版公司，1982 年版。
35. 伍启元．公共政策（上、下）［M］．香港：商务印书馆（香港）有限公司，1989 年版。
36. 朱志宏．公共政策［M］．三民书局，1995 年版。
37. 邱昌泰．公共政策：当代政策科学理论之研究［M］．台湾巨流图书公司，1999 年版。
38. 卡尔・帕顿，大卫・沙维奇．政策分析和规划的初步方法［M］.2 版．华夏出版社，2001 年版。
39. 丹尼尔・W. 布罗姆利．经济利益与经济制度——公共政策的理论基础［M］．上海三联书店，上海人民出版社，1996 年版。
40. 詹姆斯・E・安德森．公共决策［M］．华夏出版社，1990 年版。
41. 斯图亚特・S・那格尔．政策研究百科全书［M］．科学技术文献出版社，1990 年版。
42. R. M. 克朗．系统分析和政策科学［M］．商务印书馆，1985 年版。
43. 史蒂文・凯尔曼．制定公共政策［M］．商务印书馆，1990 年版。
44. 查尔斯・E・林德布罗姆．政策制定过程［M］．华夏出版社，1988 年版。
45. 查尔斯・E・林德布罗姆．政治与市场——世界的政治—经济制度［M］．上海三联书店，1994 年版。
46. 谭跃进．定量分析方法［M］．中国人民大学出版社，2002 年版。
47. 约翰·罗尔斯．正义论［M］．上海译文出版社，1991 年版。
48. 药师寺泰藏．公共政策［M］．经济日报出版社，1991 年版。
49. 保罗·萨巴蒂尔．政策过程理论［M］．生活·读书·新知三联书店，2004 年版。
50. 米切尔·黑尧．现代国家的政策过程［M］．中国青年出版社，2004 年版。
51. 戴维·韦默，艾丹·维宁．政策分析：理论与实践［M］．上海译文出版社，2003 年版。
52. 弗兰克·费希尔．公共政策评估［M］．中国人民大学出版社，2003 年版。
53. 约翰·W·金登．议程、备选方案与公共政策［M］．中国人民大学出版社，2004 年版。
54. 托马斯·R. 戴伊．理解公共政策［M］．华夏出版社，2004 年版。
55. 托马斯·R. 戴伊．公共政策新论［M］．韦伯文化事业出版社，1999 年版。
56. 托马斯·R. 戴伊．自上而下的政策制定［M］．中国人民大学出版社，2002 年版。
57. 詹姆斯·P·莱斯特，小约瑟夫·斯图尔特，戴维·M·赫奇．公共政策导论［M］．中国人民大学出版社，2004 年版。
58. 叶海卡·德罗尔．逆境中的政策制定［M］．上海远东出版社，1996 年版。
59. 大岳秀夫．政策过程［M］．经济日报出版社，1992 年版。
60. L. 贝塔兰菲．一般系统论［M］．社会科学文献出版社，1987 年版。
61. 郭巍青，卢坤建．现代公共政策分析［M］．中山大学出版社，2000 年版。
62. 方福前．公共选择理论：政治的经济学［M］．中国人民大学出版社，2000 年版。